BIBLIOTECA DE LA ACADEMIA
NACIONAL DE LA HISTORIA
_____*273*_____

Director de la Academia Nacional de la Historia
Ildefonso Leal

Comisión de Publicaciones

Manuel Donís Ríos
Inés Quintero
Germán Carrera Damas
Pedro Cunil Graü
Elías Pino Iturrieta

EXPULSIÓN, EXTINCIÓN Y RESTAURACIÓN DE LOS JESUITAS EN VENEZUELA, 1767-1815

BIBLIOTECA DE LA ACADEMIA NACIONAL DE LA HISTORIA
— *273* —

JOSÉ DEL REY FAJARDO, S.J.

EXPULSIÓN, EXTINCIÓN Y RESTAURACIÓN DE LOS JESUITAS EN VENEZUELA, 1767-1815

Fuentes para la Historia Colonial de Venezuela
CARACAS / 2014

La Academia de la Historia quiere expresar su más profundo agradecimiento a la FUNDACIÓN BANCO MERCANTIL, sin cuyo valioso aporte este libro no habría podido ser editado.

ACADEMIA NACIONAL DE LA HISTORIA

Impresión: Sabias Palabras

Impreso en Venezuela

ISBN: 978-980-7088-70-1
Depósito Legal: lf37220149001802

Reimpreso, con autorización del autor, por:
Lightning Source, an INGRAM Content company
para Editorial Jurídica Venezolana International Inc.
Panamá, República de Panamá.
Email: ejvinternational@gmail.com

Dedicatoria

A la memoria de los jesuitas neogranadinos expulsos en 1767 y extinguidos en 1773.

"Son como restos de un inmenso naufragio en que quedan flotando a la deriva los tesoros y los humildes enseres hasta que los traga el mar.
Sin patria y sin idioma, sin cariño y sin su Compañía, ancianos, pobres y enfermos, ellos y sus escritos fueron errantes hacia el olvido y sólo en el regazo de la muerte se abrieron sus ojos a una más luminosa esperanza"[1].

[1] Walter HANISCH. Itinerario y pensamiento de los jesuitas expulsos de Chile (1767-1815). Santiago de Chile, Editorial Andrés Bello (1972) 170.

INTRODUCCIÓN

El presente libro recoge una trágica y a la vez aleccionadora trilogía que escribió la Compañía de Jesús de Venezuela y Colombia entre 1767 y 1815: nos referimos a la pasión, muerte y resurrección que vivieron los seguidores neogranadinos de Ignacio de Loyola en ese lapso temporal recorrido a lo largo de ese escaso medio siglo.

Se puede afirmar con toda seguridad que las leyes hegelianas que definen el devenir histórico se cumplieron a cabalidad en esos casi 50 años de tempestades revolucionarias, de profundas transformaciones religiosas, sociales y políticas así como también de guerras con sus consecuentes secuelas de muertes, persecuciones y de grandes desplazamientos de masas humanas.

Sin embargo, hay que tener presente que Hegel fue el máximo teólogo de la revolución y quien justificó y mejoró su rostro irracional de horror y violencia al dejar atrás la inquietud kantiana que no lograba comprender cómo ideas tan humanas como las que pregonaba la Revolución podían compaginarse con medios tan inhumanos como la irracionalidad legal de la muerte y del terror indiscriminados.

Mas, para Hegel discípulo, esa irracionalidad agresiva y cruel era sólo la cara visible de la Historia; detrás de esa fachada de cadáveres y ruinas estaba el Espíritu, absolutamente racional, que sopla y empuja a los pueblos hacia la libertad. La historia de los pueblos y de sus Estados se debía mover, por lo tanto, a un nivel más alto que el de la moralidad.

Y este incesante flujo y reflujo de revoluciones y contrarrevoluciones del romanticismo revolucionario patrocinó que el mundo sufriera en esa época las violencias de la vida y se cargase de barro, de sangre y de tierra. E incluso, llegó a clamar con dolor que la historia se había hecho demasiado pesada, demasiado sangrienta, demasiado cargada de destino.

En este marco de referencia debemos ubicar la biografía de la que calificamos como la "Compañía de Jesús intermedia (1767-1814)", la cual, amén de sus trágicos avatares existenciales, tuvo que realizarse como un ente más que fue arrastrado por el vendaval que tomaría forma de huracán con la Revolución Francesa. En ese medio siglo de violencias se operó el tránsito del Antiguo al Nuevo Régimen: el primero había perseguido a los jesuitas como seres indeseables para la sociedad ilustrada; y el segundo, el de la revolución, había tratado de aniquilar a los restos que deambulaban como seres anónimos, pero pensantes, por las calles de Europa.

Tras el enunciado de este sucinto planteamiento intentaremos explicar esa difícil y casi diríamos contradictoria etapa que denominamos la "Compañía intermedia", como vínculo de unión entre la "Compañía primigenia" y la "restaurada", y ello requiere de una justificación capaz de ofrecer una aclaratoria adecuada a esa ruptura del hilo institucional de la Orden fundada por Ignacio de Loyola en 1540 que se aniquila jurídica y políticamente en 1773 y que conoce su resurrección en 1814.

Pero la temática que pretendemos afrontar nos introduce en un verdadero laberinto conceptual y en una auténtica encrucijada histórica de tales magnitudes que necesariamente se impone una especie de carta de navegar a fin de transitar con solvencia por estos mares procelosos.

UNA POSIBLE CLAVE INTERPRETATIVA: LA "UTOPÍA" VS. "TROPÍA"

Por ello hemos juzgado conveniente recurrir a las teorías del sociólogo alemán Karl Mannheim quien estudió la dialéctica de la historia a través de dos conceptos claves que se superponen en el obrar de las sociedades humanas: a una etapa utópica le sucede otra ideológica[1].

---

[1] Karl MANNHEIM. *Ideología y utopía: introducción a la sociología del conocimiento*. Madrid, Ediciones Aguilar (1973) 195-199.

Por "utopía" Mannheim entendía ese momento en el que los hombres intentan poner en práctica sus sueños para construir una sociedad mejor. Por "ideología", el teórico alemán infería los esfuerzos colectivos para congelar la historia y sofocar esos sueños. En definitiva, el curso del devenir histórico está marcado por las "topías" y las "utopías", es decir, que "el camino de la historia lleva de una topía, a través de una utopía, hasta la próxima topía, etc."[2].

Mas, para que el concepto de "utopía" pueda significar el aval y la garantía del proceso dialéctico de auge, decadencia y quiebra que recorrió la biografía de la Compañía de Jesús entre 1540 y 1815 es necesario apelar a las geografías espirituales e intelectuales que diseñan la genuinidad de la utopía a fin de poder percibir las luces que deben irradiar de su interpretación.

Las utopías anteriores a Tomás Moro pueden ser descritas, al decir de von Nell-Breuning, "como la conquista del futuro, la sumisión y exorcización del futuro, a fin de obligarlo a desarrollarse siguiendo las líneas de un modelo preconcebido"[3].

Mas, la concepción del humanista inglés debe ser entendida como una esperanza en las posibilidades del hombre y en la viabilidad de un esfuerzo ético y moral, más allá de la renovación del orden social y de las estructuras políticas de la sociedad[4].

En realidad, aunque la necesidad de modernizar es el sueño de todas las épocas[5], la utopía se define como una creación humana –imaginación

---

[2] Karl MANNHEIM. *Ideología y utopía: introducción a la sociología del conocimiento*, 201.

[3] Oswald von NELL-BREUNING. "Säkularisation und Utopie". *Festschrift Ernst Forsthoff*. Stuttgart (1967) 239.

[4] En realidad se acerca más a un programa práctico que la *República* de Platón o la *Ciudad de Dios* de Agustín de Hipona.

[5] Citado por Jorge SCHWARTZ. *Las vanguardias latinoamericanas*. Madrid (1991) 55. La utopía, cuando asume el cuerpo de la realidad se convierte en una ideología con el peligro de reflejar un rostro de carácter unidimensional y cuando invade el terreno de aquella, el

de otros tiempos e invención de otros espacios– con voluntad constructora de futuro que apela a la razón y a la mano del hombre. Con sus debidas matizaciones, Ruyer la ha sintetizado en la siguiente frase: "Se trata del hombre que juega a ser dios, no del hombre que sueña en un mundo divino"[6].

Sin embargo, la aplicación de estos ideales pronto entra en conflicto con otra realidad también superior. Así lo demuestra la cartografía de la mística hispana durante el XVI pues ofrece un caos de estilos de vida torturados por una nostalgia de valores porque son muchos los mundos interiores que infectó en su búsqueda de Dios. A veces piensa el historiador que navega en un mar de procelas pues, más allá de la Inquisición[7], existen místicos y escolásticos, visionarios y alumbrados, luteranos y erasmistas, perfectistas y quietistas, judaizantes y moriscos, conversos y neoconversos, observantes y reformados, aventureros y picaresca[8]. Se trata de una sociedad embarcada en la exploración de una identidad espiritual que se confunde con la búsqueda de la verdad geográfica, política, ética, estética y científica del nuevo imperio.

En esos terrenos ilimitados que se extienden más allá de la conciencia es lógico que se den puntos de fricción –incluso de tensión– entre la fidelidad a una ley eclesial y la experiencia espiritual propia.

---

utopista se convierte en un fanático ya que la ideología porta consigo el connotado de ideal imposible. Esta dialéctica entre utopía e ideología puede sembrar los gérmenes mortales de la irrealidad en la semilla viva de la utopía. Por todo ello, la genuina utopía atraviesa los tiempos con modelos renovados de esperanza porque porta el germen de una herejía inmanente que fabrica el espacio del anhelo para reproducir en la tierra la visión del paraíso.

[6] Raymond RUYER. *L'Utopie et les utopies*. París, Presses Universitaires de France (1950) 4.

[7] Joaquín PÉREZ VILLANUEVA y Bartolomé ESCANDELL BONET (Edits.). *Historia de la Inquisición en España y América*. I. *El conocimiento científico y el proceso histórico de la Institución (1478-1834)*. Madrid, Biblioteca de Autores Cristianos-Centro de Estudios Inquisitoriales, 1984.

[8] Puede verse una síntesis en: Caro BAROJA. *Las formas complejas de la vida religiosa. Religión, sociedad y caracteres de la España de los siglos XVI y XVII*. Madrid, Akal, 1978.

La asimetría entre el místico y los garantes de la fidelidad legal se inicia desde el momento en que la dogmática eclesial desconfía de la referencia a la absoluta singularidad de la conciencia. Esta confrontación se patentiza en las grandes aventuras místicas del siglo XVI. Mas, en el itinerario de la persona en la sociedad, esta tensión se desplaza, a partir de la Ilustración, hacia el campo ético y se expresa como reivindicación de una libertad de conciencia respecto a todo tipo de autoridad.

En consecuencia, el hombre moderno sustituye la aventura mística en su espacio interior por el dictamen riguroso de la conciencia. Si a ello añadimos la herencia genuinamente racionalista del XIX que ponía en duda la objetividad de esa experiencia y la reducía a un producto de la fantasía, de la sensibilidad o de la enfermedad, podremos concluir que los hábitos intelectuales hodiernos nos han reducido en el mejor de los casos a la concepción verificable, una razón meramente antropológica y moral[9].

Sin embargo, "los místicos -como dice Melquíades Andrés- son teólogos al servicio de la verdad y del ser"[10]. La verdadera mística conduce al servicio activo. La función del contemplativo consiste en iluminar y en actuar, pues el verdadero amor nunca puede estar ocioso, pues, la mística no es ciencia especulativa sino de amor, ya que en definitiva, es una aventura que se inicia en el corazón del hombre porque es allí donde el alma unida a Dios se transforma en pensamiento y deseo, en comunión con Él[11].

En síntesis, cuando estos movimientos interiores del alma y de la conciencia individual se traspolan a una corporación religiosa recorren las mismas rutas y están sometidos a las mismas tensiones, ya que, mística e

---

[9] Puede verse en: Christoph THEOBALD. "La ‹théologie spirituelle›. Point critique pour la théologie dogmatique". En: *Nouvelle Revue Théologique*, 117 (1995) 178-198.

[10] Melquíades ANDRÉS. *Historia de la mística en la Edad de Oro en España y América*. Madrid, Biblioteca de Autores Cristianos (1994) 47.

[11] Melquíades ANDRÉS en su *Historia de la mística en la Edad de Oro en España y América*. Madrid, Biblioteca de Autores Cristianos, 1994 recopila 1200 obras espirituales en el período comprendido entre 1485 y 1750. Véase: pp. 153 a 201.

historia corren casi parejas y el devenir histórico demuestra que el ciclo de auge y decadencia invade por igual a la teología escolástica y a la espiritual.

Y de esta forma regresamos al punto de partida: a la hora de tener una visión retrospectiva de la orden fundada por Ignacio de Loyola dónde se debe ubicar cada una de las dos Compañías que tienen su gozne en la "Compañía intermedia"!

I. LA UTOPÍA DEL CARISMA FUNDACIONAL: LA COMPAÑÍA DE JESÚS PRIMIGENIA

El grupo de amigos de Ignacio de Loyola nunca olvidó aquel día del 15 de agosto de 1534 en que los siete intelectuales de la Sorbona se dieron cita en la colina de Montmartre de París[12] para comprometerse en una gran aventura: "la búsqueda de algo inmenso"[13]. Era la prehistoria de algo insospechado, pues se había sembrado la primera semilla fundacional de lo que devendría en la Compañía de Jesús.

Era la voluntad decidida de participar activamente en los procesos por los cuales el mundo se dilataba por momentos y obligaba a sus constructores a excogitar cada día nuevas trazas para interpretar sus abrumadoras dimensiones y todo ello influyó desde el principio en el modelo de organización que la orden religiosa inventó para hacerse a sí misma eficiente e innovadora[14].

La torturada biografía del vasco de Loyola le enseñaría que las itinerancias espirituales e intelectuales son siempre un camino nuevo e incierto y cuya única opción es seguir adelante y caminar. Por ello hay

---

[12] Philippe LÉCRIVAIN. "Montmartre". En: José GARCÍA DE CASTRO (Director). *Diccionario de espiritualidad ignaciana*, II, 1287-1291.

[13] LACOUTURE. *Jesuitas. I. Los conquistadores*. Barcelona-Buenos Aires-México, Ediciones Paidós (1993) 106.

[14] Véase: Alfonso ALFARO. "Hombres paradójicos. La experiencia de alteridad". En *Misiones jesuitas. Artes de México*. México, 65 (2003) 9-27.

que aceptar como axioma fundamental que las rutas de la modernidad se escribirían con fracasos y con búsquedas atormentadas, pues, el conflicto es el método que redime la utopía. Y el mejor modelo de su filosofía de acción lo constituye "la sustitución de un lugar simbólico (Jerusalén) por un centro operativo (Roma), el cambio de un ideal por una solución"[15] que le obligaría a buscar nuevos ideales.

El P. Jerónimo Nadal (1507-1580)[16], promulgador oficial de las *Constituciones* de la Compañía de Jesús, insistía ante las primeras generaciones que ingresaban en la Orden que los jesuitas "no somos monjes… el mundo es nuestra casa"[17] y que en 1640, al cumplirse el primer centenario de la fundación de la Compañía de Jesús, un extraordinario libro conmemorativo, la *Imago primi saeculi*, destacará en una de sus ilustraciones "unus non sufficit orbis", es decir, "con un mundo no basta"[18].

Y en este contexto expansionista a escala mundial sin precedentes, los ignacianos se convirtieron en exploradores de las culturas ajenas y lograron transformar las imágenes que ellos poseían de sí mismos y del mundo. Y así, estos hombres impulsados por un cometido (su *misión*), trataron de establecer las jerarquías de pertenencia: la firmeza de su obvia identidad de origen (europeos, cristianos, miembros de una orden religiosa, pertenecientes a una élite cultural y social) les permitía incursionar en los mundos ajenos sin padecer crisis de personalidad[19]. Y ciertamente, en muchas oportunidades, lograron construir una retórica de la credibilidad.

---

15   Jean LACOUTURE. *Jesuitas. I. Los conquistadores*, 123.
16   Manuel RUIZ JURADO. "Nadal, Jerónimo". En: Charles E. O'NEILL y Joaquín Mª DOMINGUEZ. *Diccionario histórico de la Compañía de Jesús*. Roma-Madrid, 3 (2001) 2793-2796.
17   Jerónimo NADAL. *Commentarii de Instituto Societatis Jesu*. Roma (1962) 413, 608.
18   *Imago primi saeculi*. Amberes, 1640.
19   Alfonso ALFARO. "Hombres paradójicos", 16.

Dos acciones imprevistas trazarían la historia del éxito de la naciente corporación religiosa y la identificarían con los ideales de los nacientes Estados nacionales y con los nuevos espacios del deseo de una sociedad totalmente nueva: las empresas misioneras en los nuevos mundos y el asumir la educación como factor trascendental de cambio.

La partida de Francisco de Javier a las Indias orientales, traza "la insólita carrera evangelizadora de Javier [que] constituyó la primera gran historia de éxito de los jesuitas"[20]. Pareciera como si el joven navarro fuera el hombre elegido por la nueva orden religiosa para que encarnase lo que ellos significaban. Además, 9 años después surge el reto americano –el del Brasil portugués- al que llegarían los jesuitas en 1549 y ello constituía una nueva utopía para su "Compañía" recién fundada.

La segunda intuición fue la visión del valor transformador de la educación. En efecto, la "Misión educación" es una identidad adquirida más allá del tiempo en que se define el carisma y la misión delineadas por las primeras Constituciones de la Compañía de Jesús, redactadas por el maestro parisiense Iñigo de Loyola. Este hecho convirtió a los jesuitas en la primera orden religiosa que se consagró a la educación media y superior dentro de la Iglesia Católica[21].

La trascendencia de esta decisión fue tan fundamental que la Orden "enseñante"[22] lo fue no sólo de la palabra hablada sino también, y muy especialmente, de la escrita, es decir, de la "publicística", inigualable palestra intelectual para la sociedad del conocimiento[23].

---

[20] Jonathan WRIGHT. *Los jesuitas. Una historia de los "soldados de Dios"*. Santa Perpetua de Mogoda (Barcelona), Debate (2005) 14.

[21] Para el proceso de evolución conceptual de Ignacio y de su Orden: ver Ladislao LUCKAS. *De origine collegiorum externorum deque controversiis circa eorum paupertatem obortis 1539-1608*. Romae, 1961. Ver la bula *Regimini militantis Ecclesiae*, 27 de septiembre de 1540.

[22] Pedro LETURIA. "Perché la Compagnia di Gesù divenne un Ordine insegnante". En: *Gregorianum*. Roma, 21 (1940) 350-382.

[23] Para ello, véase: Carlos SOMMERVOGEL. *Bibliothèque de la Compagnie de Jésus*. Bruxelles-París, 1890-1932, 11 vols.

Luce Giard inicia su visión sobre el aporte de los jesuitas al Renacimiento con lo que él denomina "el deber de la inteligencia"[24], que consiste en enseñar y crear ciencia. Y en tal sentido cita la opinión de William Ashworth, quien afirma: "Se podría avanzar que la Compañía de Jesús fue antes que la Academia del Cimento o la Royal Society, la primera verdadera sociedad científica". También es verdad que más adelante tamiza su afirmación al mostrar sus reservas en la parte de innovación visible en la producción científica de la Compañía de Jesús en el siglo XVII porque los jesuitas se convirtieron en muy eclécticos y porque durante mucho tiempo se adhirieron a una "vista emblemática de la naturaleza"[25].

Wolfgang Reinhard parte del supuesto que la modernización de la Compañía de Jesús se debió a su programa pedagógico y a sus proyectos misionales fuera de Europa. Y estatuye: "Por muy controvertidos que hoy sean, los intentos de adaptar el mensaje cristiano a las concepciones autóctonas y de propiciar un cambio cultural dirigido, que [la Orden] llevó a cabo en sus misiones, representan algunas de las escasas alternativas serias al por lo demás brutal etnocentrismo de la expansión europea por todo el planeta y constituyen, por eso mismo, un experimento de seductora actualidad"[26].

---

[24] Luce GIARD. "Le devoir d'intelligence ou l'insertion des jésuites dans le monde du savoir". En: Luce GIARD (Dir.). *Les jésuites à la Renaissance. Système éducatif et production du savoir*. Paris, Presses Universitaires de France, 1995) XI-LXXIX.

[25] Luce GIARD. "Le devoir d'intelligence ou l'insertion des jésuites dans le monde du savoir", p. XXV.

[26] Wofgang REINHARD. "Gegenreformation als Modernisierung? Prolegomena zu einer Theorie des konfesionellen Zeitalters". En: *Archiv für Reformationsgeschichte*. Güttersloh, 68 (1977) 241. [226-252]. Citado por Michael SIEVERNICH. "La Misión de la Compañía de Jesús: inculturación y proceso". En: José Jesús HERMANDEZ PALOMO y Rodrigo MORENO JERIA (Coord.). *La Misión y los jesuitas en la América española, 1566-1767*. Sevilla, Consejo Superior de Investigaciones Científicas-Escuela de Estudios Hispano-Americanos (2005) 284-285.

Y para concluir este apartado, si recurrimos a una generalización —con su consiguiente exageración— podríamos hacer nuestras las consideraciones del historiador William Bangert cuando establece que la Europa del siglo XII se convirtió en una gran Císter y así lo demostró la penetrante influencia de los cistercienses; y de forma parecida podría decirse que entre 1570 y 1770 el mundo católico llegó a ser un gran Colegio jesuítico. Lo que sí es cierto que ambos casos se dio un influjo cualificado, pues el Císter acabó con las centurias benedictinas de la misma forma como la Ilustración "clausuró lo que se pudo apropiadamente llamar las centurias jesuíticas"[27].

LA UTOPÍA AMERICANA

Es evidente que no podemos referirnos a las diversas respuestas que tuvo el llamado de Ignacio de Loyola en los cuatro continentes conocidos, pues la Compañía de Jesús se había consagrado como una institución con vocación universal. Por ello, circunscribiremos nuestra atención al ámbito americano. Sin embargo, no deja de ser tentador el planteamiento que obligó a los jesuitas a resolver la "ecuación universalidad-localismo" que se traduce hoy día en pensar globalmente y actuar localmente.

Desde otra perspectiva también hay que hacer referencia a que la imaginación, la creatividad y la audacia fueron principios rectores para muchas personalidades jesuíticas que trataron de dar respuesta a los retos que le planteaban las personas, los tiempos y las geografías. De ahí que los mitos y los estereotipos sobre los hombres seguidores al de Loyola se hayan multiplicado en la revisión que realiza la historiografía moderna.

Sin embargo, la principal historia de la Compañía de Jesús es la que se inscribe en el alma de sus seguidores cuando son capaces de convocar la inspiración de grandes sueños, individuales o colectivos, y de responder a los compromisos con la ilusión de un vidente.

---

[27] William V. BANGERT. *Historia de la Compañía de Jesús*. Santander, Editorial Sal Terrae (1981) 520.

Así pues, no es de extrañar que la visión laica actual de la historia de la Compañía de Jesús interprete las encarnaciones espirituales e históricas de tantos seguidores del hijo de Loyola y adquiera muchos rostros cuyas crónicas quizá sólo tengan como punto de encuentro la referencia al élan vital en el que se gestó su inspiración.

En consecuencia, es muy posible que, por citar algunos ejemplos, Inglaterra se mueva en perspectivas muy diferentes[28] a las trazadas por los miembros de Loyola en Francia[29], o en Alemania[30] y lo mismo podríamos decir del resto de los países europeos. Y con respecto a las misiones una es la biografía de la presencia jesuítica en China y otra muy distinta la construida en el Paraguay[31].

La presencia jesuítica durante la época colonial en el Nuevo Mundo marcó huellas indelebles en el alma y en el cuerpo de su geografía y de su historia.

Ciertamente, su acción en la educación de las juventudes, su influjo en la formación del pensamiento criollo, su cooperación a la gestación de economías creativas y abiertas, su inserción en la historia de los pueblos aborígenes esparcidos en las que se consideraron zonas marginales de las tierras descubiertas por Colón, su inspiración para plasmar en el arte un barroco criollizado y su ingente producción científica y literaria sobre un mundo nuevo en hombres y libertad, consagran y definen el aporte de la Orden de Ignacio de Loyola a la biografía de este gran Continente. Por ello, la genuina historia de los pueblos americanos quedaría mutilada sin la voz de la Compañía de Jesús.

---

[28] Jonathan WRIGT. *Los jesuitas. Una historia de los <soldados de Dios>*. Santa Perpetua de Mogola (Barcelona), 2005.
[29] Jean LACOUTURE. *Jesuitas. I. Los conquistadores*. Barcelona-Buenos Aires-México, Ediciones Paidís, 1993.
[30] René FÚLÓP MILLER. *Macht und Geheimnis der Jesuiten. Kulturhistorische Monographie*. Leipzig-Zurich, 1929.
[31] Jean LACOUTURE. *Jesuitas...*, 331-400; 541-590.

El discurso utópico americano nace de la confrontación entre el imaginario europeo de otros mundos presentados –que la cartografía clásica y medieval recogía como "países legendarios"– y el Nuevo Mundo –ese otro mundo posible– que se imagina como mejor porque es depositario del anhelo y la esperanza perdidos en el Viejo Continente.

Los dos arquetipos que definieron la modernidad de la nueva orden religiosa fueron las misiones y la educación y a ellas nos referiremos en este acápite.

Las Reducciones del Paraguay, o la ciudad ideal edificada para los guaraníes suscitó, aun antes que Europa ingresara al siglo de las Luces, una ola de admiración porque injertaba la razón en el mundo del mito, el Estado en una sociedad sin Estado, y la utopía en la historia.

Desde los inicios tomaron conciencia los miembros de la Compañía de Jesús de que su república cristiana debía ser un modelo de género utópico y superar las diseñadas por el viejo mundo. Así lo atestigua uno de los historiadores P. Francisco Javier de Charlevoix en su *Historia del Paraguay*: "Hablo de aquellas Repúblicas cristianas, de las cuales no tenía modelos el mundo, y que han sido fundadas en el centro de la más feroz barbarie con un plan más perfecto que las de Platón, del canciller Bacon y del ilustre autor del Telémaco"[32].

Sus raíces son más profundas que los arquetipos imaginarios europeos que aportaron las diversas nacionalidades de jesuitas que laboraron en la Paraquaria, pues a *La República* de Platón, a la *Ciudad del Sol* de Campanella, a la *Atlántida* de Bacon, o al *Telémaco* de Fenelón hay que añadir, entre otras, los ensayos del comunitarismo de los incas experimentado por el P. Torres Rebollo en el Lago Titicaca y las tentativas formuladas en la Amazonia por Manuel de Nóbrega. Se trata de una concepción profundamente original del cristianismo que los jesuitas inician

---

[32] Pedro Francisco Javier de CHARLEVOIX. *Historia del Paraguay*. Madrid, Traducción del P. Pablo Hernández, I (1913) 21-22.

en el oriente asiático con Francisco de Javier, Alessandro Valignano, Mateo Ricci y se continúa con el genio imaginativo criollo de Antonio Ruiz de Montoya y de Roque González, y el humanismo intrépido de Simone Maceta y Giuseppe Cataldino, entre otros.

Y como anota Jean Lacouture, la reducción fue una especie de colectivo donde se fabricaban civilizados; una forja para sociabilizar y convertir, y todo "diseñado, construido, creado para obligar a una vida en común ordenada por la razón e iluminada por la fe en un Dios único"[33].

Con respecto a la educación debemos insistir en que los jesuitas al asumir la educación de las juventudes en todos sus niveles en Santafé de Bogotá, –así como también en muchas partes del mundo occidental y de la Nueva Granada- se situaron obligatoriamente en las encrucijadas de la historia civil, social, intelectual y económica y, de forma paralela, dentro del ámbito de la historia religiosa en Colombia y Venezuela. De esta forma fueron produciendo un tipo de cultura que trataba de aunar los nuevos descubrimientos y la evolución del pensamiento filosófico con las creencias tradicionales[34].

Con tres rasgos distintivos podemos visualizar el horizonte de la Universidad Javeriana colonial en su tarea de colaborar en la implantación de una comunidad humana, culta, científica y humanista que se preocupara por los valores espirituales, científicos, culturales, sociales y educativos a fin de colaborar a la construcción de las nuevas sociedades en el Nuevo Reino de Granada.

El primero consistió en haber configurado una corporación internacional como lo demuestra la sola enumeración de los centros jesuíticos, europeos y americanos, que se hicieron presentes en la capital neogranadina.

---

[33] Jean LACOUTURE. *Jesuitas. I. Los Conquistadores*. Barcelona-Buenos Aires-México, Ediciones Paidós, I (1993) 557.

[34] Esta afirmación la establece D. MORNET. *Les origines intelectuelles de la Révolution Française*. París (1954) 173.

En segundo término, la pluralidad de personas y mentalidades tan diversas significaron una garantía a la hora de construir los preludios de la sociedad del conocimiento neogranadino.

Finalmente, dentro del ámbito universitario americano podemos afirmar con que la Universidad Javeriana fue parte integral de lo que Mario Hernández Sánchez-Barba denomina el "humanismo jesuítico" que es el alma de la cultura barroca americana "cimiento de una ilustración esencialmente literaria y política que… produce el conflicto eminentemente romántico, expresado en dos direcciones: en la ideología política de la independencia… y en el pensamiento crítico de la realidad económica…"[35].

El modelo creador de las universidades jesuíticas americanas tuvo su prolongación en el colegio indiano y constituye una experiencia revolucionaria porque dotó de la experiencia mínima requerida a las juventudes que se levantaban lejos de los centros de poder en ciudades con demografía inferior a los 500 habitantes. Fue una educación totalmente gratuita y pública y además les garantizaba el ingreso a la universidad.

LAS TOPÍAS FRENTE A LA UTOPÍA

Más allá de la ideologización de la utopía debemos señalar algunas quiebras del ritmo utópico para hacer inteligible las crisis de una corporación internacional que debía servir a sociedades muy diversas con requerimientos diferentes.

Ante la vastedad del tema hemos optado por recurrir a la rica y expresiva síntesis que ofrece Mark Lewis al señalar que en pleno auge de la denominada "Edad de Oro" de la Compañía de Jesús se comenzaron a desparramar las semillas del futuro desastre[36] y para probarlo recurre a

---

[35] Mario HERNÁNDEZ SÁNCHEZ-BARBA. "La ilustración indiana". En: *Historia de España*. XXXI, 2. La época de la ilustración. Madrid, Espasa-Calpe, XXXI (1988) 295.

[36] Mark A. LEWIS, S. J. "I Gesuiti nel Seicento: trionfi, ottimismo, disastro". En: Eugenio LO SARDO (Coordinador). *Athanasio Kircher. Il museo del mondo*. Exposición realizada

la interesante investigación de Geoffrey Treasure[37]. Para ello Lewis hace alusión a tres paradigmas o antinomias altamente significativas[38].

La primera, recurre a las reducciones jesuíticas guaraníes percibidas como una fábula mítica patrocinadora del "buen salvaje" por la élite intelectual de pensamiento europeo; pero como contrapartida sus políticas económicas fueron causa de innumerables conflictos tanto con las autoridades civiles y eclesiásticas, así como también con las clases dirigentes por la competencia que establecían sus logros en la agricultura y el comercio.

La segunda, se dio con la historia creada por los famosos ritos chinos y malabares que atrajeron la admiración de los pensadores de Occidente pero todo ello desencadenó la ira de otras órdenes religiosas ligadas a una modalidad de evangelización más tradicional.

La tercera, se movió en las geografías de la ciencia y el pensamiento, cuyos éxitos engendraron duras críticas por parte de los protagonistas de las corrientes ideológicas contrarias y más concretamente por los jansenistas y los filósofos quienes condenaron entre ambos "la arrogancia" de los jesuitas acabando por coaligarse contra ellos.

Para una visión más completa de estas antinomias recomendamos al lector la obra de Javier Burrieza, *Jesuitas en Indias: entre la utopía y el conflicto*[39].

Es importante precisar que la teoría de Mannheim la tamiza Jeffrey Klaiber al precisar que los jesuitas hacen acto de presencia en el Nuevo

---

en el Palacio de Venecia, Roma, del 28 de febrero al 22 de abril de 2001. Roma, Ed. De Luca (2001) 21.

[37] Geoffrey TREASURE. *The Making of Modern Europe*. London, ed. Metheun (1985) 117-121, por ejemplo, subtitula el estudio que realiza sobre los jesuitas: "Originality, Heroism, and Disaster".

[38] Mark A. LEWIS, S. J. "I Gesuiti nel Seicento: trionfi, ottimismo, disastro", 21-22.

[39] Javier BURRIEZA SÁNCHEZ. *Jesuitas en Indias: entre la utopía y el conflicto. Trabajos y misiones de la Compañía de Jesús en la América Moderna*. Valladolid, Universidad de Valladolid, 2007.

Mundo para poner fin de una vez por todas a la etapa utópica inicial y servir a los intereses del Rey, es decir, para dar paso a la etapa ideológica. Su misión, al parecer, consistía en acomodarse a un nuevo orden post-utópico y en consecuencia entendieron que no podían desafiar el poder real sin poner en peligro sus grandes iniciativas. Y concluye el historiador americano-peruano: "Tenían que sujetarse al mundo real y crear proyectos creativos con prudencia dentro de un mundo que sospechaba de proyectos fuera de lo común. Pero el ideal siempre fue cambiar ese mundo y tomar los pasos necesarios para llegar a Utopía"[40].

En otro contexto, el asombro generado entre los hombres de las Luces o del Romanticismo, coexistió también con sombras, como la de Enciclopedia, que pretendió juzgar la utopía con ojos ideológicos. Hoy, también, la polémica abandona la historia para dar paso a las hipótesis y a las teorizaciones como las del desposeimiento del salvaje por "el otro", o la evaluación arbitraria de las civilizaciones.

Y mientras los expulsos surcaban las aguas del Mar Atlántico camino del exilio, quizá intuyeron las palabras del escritor judío Fritz Hochwälder quien plantea como tesis los aplazamientos del Reino de Dios en la Tierra en su controversial pieza teatral *Das heilige Experiment*[41]. El fin de la utopía nunca puede ser previsto. El núcleo del escritor vienés gira en torno al establecimiento de la justicia y la paz en la tierra.

"La verdad y la paz no son nada si no se encarnan; pero, tan pronto como lo hacen, se ven perseguidas y tienen que refugiarse en el desierto. El hombre aspira sin cesar al reinado de la justicia, pero desde el momento en que éste se perfila en el horizonte, tiene que sacar la espada para defenderlo; entonces la mística, al convertirse en política, se degrada y reniega de sí misma"[42].

---

[40] Jeffrey KLAIBER. *Globalización y evangelización en el siglo XVI y el XXI: ideología versus utopía.* Universidad Antonio Ruiz de Montoya. Lección inaugural, 28 de marzo, 2005.
[41] *Das heilige Experiment.* Zurich, 1941. *Sur la terre comme au ciel.* París, 1952.
[42] Charles MOELLER. *Literatura siglo XX y Cristianismo.* Madrid, Edit. Gredos, IV (1958) 516.

II. LA "GRAN TROPÍA" DE LA EXTINCIÓN: LA COMPAÑÍA INTERMEDIA (1773-1814)

Pero, la historia de la Compañía de Jesús se quiebra de forma violenta a partir de 1759, y así adquiriría un ritmo acelerado en la expulsión de Portugal, Francia, España, Nápoles, Parma y otros estados italianos. Mas, la extinción total de la Orden en 1773 por la autoridad competente vaticana significaría la sentencia de muerte para la institución jesuítica y su consiguiente entierro en la memoria de sus historias civiles y eclesiásticas.

Desgraciadamente las hogueras encendidas en los espacios utópicos en medio del mundo ideológico americano fueron apagadas por Carlos III al expulsar de sus dominios ultramarinos a los jesuitas.

El absolutismo borbónico al firmar la sentencia de muerte contra la orden fundada por el más universal de los vascos en 1540 deseaba reiterar al mundo que el poder absoluto era incompatible con otros poderes que pudieran socavar los principios sagrados del Estado.

De esta manera, una de las fuerzas vitales que había luchado por construir una América acorde con los grandes principios de justicia y solidaridad humanas, a través de la educación del hombre y de todo el hombre, había sido sentenciada al exilio y al silencio y así el sueño neogranadino de la Compañía de Jesús se interrumpe bruscamente en territorios del Nuevo Reino entre el 29 de junio y el 2 de octubre, en nombre del despotismo ilustrado.

El 6 de abril de 1767 –cuatro días después de decretada la expatriación de todos los ignacianos del vasto imperio español- el erudito valenciano don Gregorio Mayans y Siscar (enemigo declarado de la Compañía de Jesús) le escribía a su colega de la Universidad de Cervera José Finestres: "Éste ha sido en España el fin de este *cuerpo*, que de bueno se hizo sabio, de sabio político, y de político nada"[43]. Y el cardenal de

---

[43] A. MESTRE. *Epistolario de G. Mayans y M. Martínez Pingarrón*. Valencia, III (1989) 13 y 58.

Bernis, embajador de Francia en Roma, señalaba que lo que precipitó la caída de los jesuitas en Francia fue "la penuria de sujetos eminentes, porque debe admitirse que desde hacía unos 20 años esta sociedad había decaído mucho"[44].

Pero también a la luz de su devenir histórico es necesario reconocer que esta transnacional de las ciencias, la cultura y la educación no era la primera vez que conocía la dialéctica del exilio pues como certifica Rafael Olaechea: "Huellas y efectos que causaban, por igual, la admiración y el odio, la oposición y el respeto, la reticencia, la apología o la calumnia (pero nunca la indiferencia) como jamás los ha producido ninguna agrupación católica, al igual que tampoco ninguna ha recibido tantos ataques por parte de los adversarios de la Iglesia católica, ni ha conocido en el interior de ésta tantos sinsabores y humillaciones, incluida la mayor de todas: su supresión en 1773"[45].

Sin embargo, el ritmo del auge y la decadencia de la obra de Ignacio de Loyola la describió con precisión espiritual el poeta Novalis (protestante alemán de alma de religiosidad viva y profunda) quien intuyó la dialéctica de la genial creación del fundador de la Compañía de Jesús: "Siempre será esta Compañía –escribía en 1790– un modelo de cualquier sociedad que sienta un ansia orgánica de infinita expansión y de duración eterna; pero también será siempre una prueba de que basta un lapso de tiempo sin vigilancia para desbaratar las empresas mejor calculadas"[46].

Hay que reconocer que Novalis supo intuir el alma de la dialéctica ignaciana con la inspiración de la poesía profunda, cercana a la mística para enfrentar el conflicto y la crisis.

---

[44] BERNIS. *Memoires*. París, Mercure de France (1980) 302-303. Citado por Rafael OLAECHEA. "Historiografía ignaciana del siglo XVIII". En: Juan PLAZAOLA (Edit.). *Ignacio de Loyola y su tiempo*. Bilbao (1992) 70-71.

[45] Rafael OLAECHEA. "Historiografía ignaciana del siglo XVIII". En: Juan PLAZAOLA (Edit.). *Ignacio de Loyola y su tiempo*. Bilbao (1992) 66.

[46] Ricardo GARCIA-VILLOSLADA. *San Ignacio de Loyola. Nueva biografía*. Madrid (1986) 8.

Otra meditación ilustrativa también nos la ofrece la tesis de la investigadora checa Markéta Krízová, quien pretende analizar los orígenes del interés de los reformadores cristianos en el Nuevo Mundo y la adaptación del discurso a las nuevas realidades[47]. Y para ello se sirve del horizonte histórico que traza tanto el auge como la decadencia de las "ciudades ideales" construidas en el "desierto" por los jesuitas en las Misiones del Norte de México y por los hermanos de la Iglesia Moraba en Pensylvania, el valle de Ohio y los alrededores de los Grandes Lagos. El esfuerzo intelectual por captar y describir la historia de dos ensayos "cristianos" pero de diferente signo merece todo el reconocimiento del lector. Y ciertamente la autora ha conseguido sumergirse en la visión profunda de ambos procesos con un equilibrio ejemplar.

En verdad, cuando en una institución que por estatuto debe cultivar tanto la virtud como las letras comienza a no haber espacio para el místico, el visionario, el intelectual, el artista, el poeta y hasta el genuino aventurero quiere decir que se ha fracturado la simetría ideal fundacional y por ende la utopía ha perdido su encanto para dar lugar así a las rígidas imposiciones de la ideología.

Y, como sucede en la política de Estado, también en las órdenes religiosas existe el peligro de que los "intérpretes oficiales" del genuino carisma del fundador en vez de reconocer su incompetencia declaren que el principio generador del carisma ya está obsoleto. Así hace acto de presencia el "funcionariado" que trata de controlar a los movimientos audaces que siempre provoca el fervor místico e inspirador del carisma fundacional.

También es necesario resaltar que fue la calidad de la educación jesuítica la que motivó a la zarina Catalina II de Rusia a llamar a los proscritos a su imperio para entregarles la tarea de modernizar a sus juventudes. Y este hecho tan extraordinario no ha gozado hasta el presente

---

[47] Markéta KRÍZOVÁ. *La ciudad ideal en el desierto*. Proyectos misionales de la Compañía de Jesús y la Iglesia Morava en la América colonial. Praga, Universidad Carolina de Praga, 2004.

de la trascendencia que supuso para la supervivencia de la orden fundada por Ignacio de Loyola frente a las sentencias condenatorias de todo el Occidente.

Con todo, debemos señalar que la "Compañía intermedia" fue una "tropía" obligada y dentro de una lógica formal no se debería incluir en esa categoría conceptual, pues al ser el fin de una utopía se rompía la dialéctica interna de ese proceso histórico.

En verdad, hasta los pequeños sueños de la utopía pasaron a ser parte de los escombros del pasado y todos debieron pensar que esa tumba quedaba de esta suerte sellada para siempre. Contados serían los que creyeron que la "resistencia activa" es capaz de conocer la resurrección de lo que estaba muerto y sepultado.

Pero éste es el tema del presente libro.

III. LA DIFÍCIL RECUPERACIÓN DE LA UTOPÍA: LA "COMPAÑÍA DE JESÚS RESTAURADA"

Si el 21 de julio de 1773 Clemente XIV había sentenciado a muerte legal a 22.847 jesuitas[48] dispersos por todo el mundo, el día 7 de agosto de 1814 Pío VII restituía la carta de ciudadanía eclesiástica a 600[49] sobrevivientes de aquel ejército de excombatientes que, aunque náufragos, supieron resistir a todas las fuerzas adversas hasta alcanzar las orillas de la restauración.

Y en el caso concreto de los miembros de la Provincia del Nuevo Reino de los 228 que expatrió Carlos III en 1767 de su lar americano únicamente pudieron ver la aurora de la restauración 14 sobrevivientes. Tal fue la parte alícuota del precio que hubo que pagar a las exigencias del absolutismo borbónico.

---

[48] Ricardo GARCÍA VILLOSLADA. *Manual de Historia de la Compañía de Jesús*, 558.
[49] BANGERT. *Historia de la Compañía de Jesús*, 526.

Y el arquetipo simbólico de los restaurados lo representa el P. Alberto Montalto, anciano de 120 años, que había ingresado a la orden ignaciana en 1716 cuando la bula *Unigenitus* (8 de septiembre de 1713) de Clemente XI convocó a los pensadores jesuitas a la batalla intelectual contra los jansenistas y curiosamente los ignacianos se ubicaban "al lado del Papa en lo sagrado, sin embargo se profesaban galicanos en lo secular"[50].

En esta oportunidad se cumplía también el axioma ignaciano que "la presencia de ideales difíciles y grandes es madre de la autoridad moral interna"[51].

Con toda justicia se puede preguntar el historiador no sólo sobre las partidas de nacimiento de ambas Compañías, la primigenia firmada en 1540 y la restaurada signada en 1814, sino también sobre las utopías que alumbraron ambos nacimientos.

Para los "restaurados" en 1814 la imagen creadora, innovadora y aventurera del jesuita del Renacimiento y del Barroco es suplantada en 1815 por la de la reacción realista europea y esta nueva partida de nacimiento los convirtió "en peones del conservadurismo borbón y romano, en militantes de la alianza del trono y el altar, en propagandistas de la Restauración, en guardianes del orden establecido en el congreso de Viena"[52].

Así se explica que la alegría del triunfo que devolvía a los extintos en 1814 a la vida pública se viera empañada en algunos sectores por la decepción de no recuperar el imaginario que los había distinguido en la "Compañía primigenia", duda que se extendería hasta la aparición del Breve *Dolemus* (3 de abril de 1882) de León XIII.

---

[50] BANGERT. *Historia de la Compañía de Jesús*, 370. Véase: Pierre BLET. "Jésuites gallicans au XVIIe siècle? A propos de l'ouvrage du P. Guitton sur le P. de la Chaize". En: *Archivum Historicum Societatis Iesu*. Roma, XXIX (1960) 55-84.

[51] Eleuoterio ELORDUY. "El humanismo suareciano". En: *Razón y Fe*. Madrid, 183 (1948) 63.

[52] Jean LACOUTURE. *Jesuitas. II. Los continuadores*. Barcelona-Buenos Aires-México, Ediciones Paidós (1994) 65.

Si a ello añadimos las diversas fórmulas a las que hubo que apelar para la progresiva restauración se comprenderá el desencanto de algunos sobrevivientes.

Una modalidad se instituyó en la aprobación parcial otorgada para Nápoles y Sicilia (1804) a petición de su soberano. Otro modelo fue el proveniente de los decretos reales como los llevados a cabo en España (1815), en Austria (1820) y en Portugal (1829). Otras opciones se acogierton, bien a la "tolerancia religiosa" como es el caso de la Francia de Luis XVIII, Suiza o algunas ciudades alemanas; bien en virtud de la "libertad religiosa" que fue el modelo que adoptaron en general los países anglosajones como Estados Unidos. Finalmente, hay que señalar otro procedimiento que podríamos denominar como "misional", como fue el caso de Hispanoamérica por el que los jesuitas ingresan como una extensión de una provincia española pero previo el permiso de las autoridades republicanas locales.

Indiscutiblemente existe un doble marco referencial que define cada una de las dos Compañías aunque ambas hacen acto de presencia en dos de los grandes períodos de la transición de la historia europea: el Renacimiento y la nueva Europa de las Revoluciones.

La "primigenia", la de 1540, sintonizó a cabalidad con el nuevo mundo renacentista "en uno de los más eminentes ejemplos de adaptación en la historia"[53]. Consciente de los retos que asumía fijó su capital en Roma y su I Prepósito General de la Orden se convirtió en una especie de Presidente de una curiosa República espiritual y cultural con hombres y proyectos dispersos en todo el mundo y por ello lo involucraba en el principales retos de su tiempo[54].

---

[53] BANGERT. *Historia de la Compañía de Jesús*, 523.
[54] W. W. MEISSNER. *Ignacio de Loyola. Psicoanálisis de un santo*. Capedalles (Barcelona), Anaya & Mario Muchnik (1995) 241.

La "restaurada" en 1814 nace con los traumas que supuso la brutal extinción y la difícil sobrevivencia y sintiéndose como víctimas de las filosofías que acabaron imponiendo un cambio de mentalidad radical y por ello tuvieron que pasar "por una experiencia dolorosa, ansiosa y difícil"[55]. Definitivamente, la ciudad de Dios había sido sustituida por la ciudad del hombre y la "Compañía restaurada" se reinsertaba en el mundo occidental fragmentada, acomplejada y con serios problemas para recuperar su identidad. Y hasta el Presidente de lo que fue aquella República espiritual y cultural de la "Compañía primigenia" se sentía ahora lejano del centro del poder de la cristiandad con su humilde base de operaciones en la Rusia Blanca casi como un rehén del imperio ruso.

Pero cuáles eran las ideas-fuerza que trazaban los rumbos de los "restaurados"?

Una línea de vital urgencia fue recuperar los proyectos de su carisma y la naturaleza de las obras que deberían emprender y para ello "recogieron el hilo de su historia allí donde había sido cortado y, guiados por los documentos legales, tal y como habían quedado a mitad del siglo XVIII"[56].

Sin embargo, ¿cómo unificar las claves de la auténtica Compañía de Jesús y cómo transmitirlas a las diversas corporaciones que constituían el grupo de los 600 sobrevivientes?

Varias fueron las escuelas de formación a las que pertenecían los restaurados: desde las anteriores a la extinción hasta las formalizadas en Parma por José Pignatelli y las que se iniciaron en 1779 en la Rusia Blanca.

Pensamos que la ortodoxia espiritual y ascética estaba garantizada, pero nos surgen dudas sobre la disyuntiva que plantea Karl Mannheim si la utopía primigenia renacía bajo el signo de la "ideología", es decir,

---

[55] BANGERT. *Historia de la Compañía de Jesús*, 523.
[56] BANGERT. *Historia de la Compañía de Jesús*, 525.

bajo los esfuerzos colectivos para congelar la historia y controlar esos sueños. Un especialista de la época no duda en afirmar que fue una herencia demasiado opresiva, tal vez, pues los jesuitas restaurados miraban la Compañía antigua más como modelo que como inspiración[57].

Un punto que se debe tener en cuenta es que para 1814 la mayoría de los pensadores, teólogos, moralistas y canonistas eminentes de la "Compañía intermedia" habían fallecido y por ende ese aporte cualificado hubiera sido importante a la hora de llevar a cabo la construcción de la nueva Compañía.

Sin embargo, hay que reconocer que la Compañía restaurada representó los valores de la Europa anterior a 1789 pero quizá fue el único camino por el que pudo volver a la vida pública.

El mismo orden monárquico que dictó su sentencia de muerte la restituía a la escena política europea. Para Bangert se había convertido en "una vieja institución a través de cuya historia se habían entrelazado estrechamente los miles de hilos de pensamiento y sentimiento que la hacían una sola cosa con el mundo de las monarquías absolutas"[58].

Con todo, no deja de llamar la atención la fuerza intrínseca que podían generar los ideales ignacianos y se comprueba al verificar "con qué profundidad este ideal había sido parte de la historia de Europa —y del mundo- ya que sobrevivió y encontró expresión, con diversos grados de fidelidad al original, en numerosas instituciones". Y seguía siendo una fuerza, pues a pesar del caos revolucionario logró captar el corazón de muchos jóvenes europeos[59].

---

[57] Manuel REVUELTA. "Las Cortes de Cádiz y los jesuitas: encrucijada entre la Antigua y la Nueva Compañía". En: MARTÍNEZ MILLÁN, José, Henar PIZARRO LLORENTE, Esther JIMÉNEZ PABLO (coordinadores). *Los Jesuitas. Religión, Política y Educación (Siglos XVI-XVIII)*. Madrid, Universidad Comillas, III (2012) 1859-1906. -----
[58] BANGERT. *Historia de la Compañía de Jesús*, 525.
[59] BANGERT. *Historia de la Compañía de Jesús*, 521.

La restauración en España e Indias. Y en el caso de España no queda más remedio que admitir que los hombres de la Segunda Compañía "tuvieron la desgracia de renacer en una España dividida, bajo el signo de un partido, y ser considerados, sin pretenderlo, como representantes del absolutismo"[60].

Pero serían las Cortes de Cádiz las que fijarían la ruta política del liberalismo contra los jesuitas en el mundo hispánico. Como afirma Manuel Revuelta no fue la Compañía de Jesús la que rechazó al liberalismo, "fue más bien el régimen liberal el que sofocó en España, desde el principio, los brotes de una Compañía que ya había renacido en otras partes. De ese modo parecía establecerse la incompatibilidad entre la Compañía y el régimen liberal, en el que no pocos de los jesuitas supervivientes habían puesto su esperanza, pensando que encontrarían la igualdad y la justicia que les había negado Carlos III"[61]. Y a partir de ese momento se radicalizaría la posición de los regímenes liberales, pues su criterio sería la supresión y no la mera expulsión.

Otro frente lo motivaría la libertad de prensa que ratificaría la reaparición de los tópicos antijesuíticos hasta alcanzar altos grados de virulencia[62]. Y todavía aclarará más esta visión Jonathan Wright al afirmar que: "… nunca ha existido una historia única de los jesuitas, ni un *ethos* jesuítico único que invite sin más vuelta de hoja al elogio o a la

---

[60] Manuel REVUELTA, Manuel. "La Compañía de Jesús restaurada (1815-1965)". En: Teófanes EGIDO (comp.). *Los jesuitas en España y en el mundo hispánico*. Madrid, Fundación Carolina. Centro de Estudios Hispánicos e Iberoamericanos-Marcial Pons Historia (2004) 293-294.

[61] Manuel REVUELTA. "Las Cortes de Cádiz y los jesuitas: encrucijada entre la Antigua y la Nueva Compañía". En: MARTÍNEZ MILLÁN, José, Henar PIZARRO LLORENTE, Esther JIMÉNEZ PABLO (coordinadores). *Los Jesuitas. Religión, Política y Educación (Siglos XVI-XVIII)*. Madrid, Universidad Comillas, III (2012) 1859-1906.

[62] Charles E. O'NEILL et alii. "Antijesuitismo". En: Charles E. O'NEILL y Joaquín Mª DOMÍNGUEZ. *Diccionario histórico de la Compañía de Jesús*, I, 178-189. Ignacio ARBIDE. *Los manantiales de la difamación antijesuítica*. Barcelona, M. Carbonell, Edit., 1933. José Eduardo FRANCO. *O mito dos jesuítas em Portugal, no Brasil e no Oriente (séculos XVI a XX)*. Lisboa, Gradiva, 2006/2007, 2 vols. Christine VOGEL. *Der Untergang der Gesellschaft Jesu als europäisches Medienereignis (1758-1773)*. Mainz, Philipp von Zabern, 2006.

reprobación global, sino que en el mito y el antimito, en las caricaturas rivales del jesuita como un energúmeno de la religión y del jesuita como un héroe de santidad, en sus altibajos de cara a la consideración general es donde se encuentra la esencia de la Compañía"[63].

Pero, más allá del inmovilismo promovido por las adversidades vividas en medio siglo de penurias y miserias, hay que reconocer que también seguían vivas las luces y los requerimientos de lo que había sido la Orden y por ello recuperarían en el camino la apertura a los mundos de la ciencia y a las exigencias de la modernidad. Pero ese tema se adentra en otra historia que es posterior a los objetivos del presente libro.

LA ESTRUCTURA DEL PRESENTE LIBRO

En el trabajo que intitulamos *Expulsión, extinción y restauración de los jesuitas en Venezuela 1767-1815* se dan cita dos historias: la primera es el relato de la resistencia activa y silenciosa de gran parte de los componentes de la extinta provincia del Nuevo Reino; y la segunda, una especie de metahistoria que se centra en indagar si el grado de identidad de la institución fundada por Ignacio de Loyola en 1540 y denominada "Compañía primigenia" es la misma que la "Compañía intermedia (1773-1814)" y la "restaurada" (a partir de 1814).

El intento fundamental de este libro trata de reconstruir ese puente histórico que establece su cabecera en 1767 y alcanza la otra orilla en 1815. Aunque limitada a lo que fue la Provincia del Nuevo Reino de Granada (Colombia, Venezuela y República Dominicana) constituye también un capítulo más en la reconstrucción de la "Compañía intermedia" que se inicia con las ruinas amontonadas desde 1759 en los continentes de Europa, América, Asia y parte de África y que logra alcanzar la resurrección en 1814 aunque diezmada y maltrecha sobre todo en Europa y América.

---

[63] Jonathan WRIGHT. *Los jesuitas*. Una historia de los <soldados de Dios>. Santa Perpetua de Mogola (Barcelona) (2005) 24.

En definitiva, son relatos de una guerra ideológica y política pero asimétrica, entre David y Goliat, entre el poder sin límites y sin ética del absolutismo de Estado frente a una transnacional cuya fuerza residía en servir a la humanidad a través de los valores espirituales y culturales. Es la crónica de un ejemplo de resistencia moral, de firmeza en la identidad de sus creencias en la que la inteligencia supo mantener la vigencia de sus ideales trascendentes desde el destierro, el hambre y la miseria contra la prepotencia y la injusticia estatales a pesar de todos los silencios que trataron de imponerles.

La fortaleza de la "resistencia" demostraría que las sentencias casi universales a muerte a que fue condenada la "Primera Compañía de Jesús" (1758-1773) por los Estados absolutistas y por el Vaticano no sólo no lograron enterrar para siempre a la orden fundada por Ignacio de Loyola en 1540 sino que tuvieron que presenciar y ser testigos de su resurrección.

Pero, también es necesario asumir la conciencia de que las historias interpretadas por los vencidos necesitan de una doble lectura: la primera, debe tener el valor de desentrañar de forma crítica las experiencias vitales a la hora de hacer frente a los poderes constituidos bien civiles, bien eclesiásticos; la segunda, debe erigirse en la clave iluminadora para los resucitados a fin de que no regresen a las huellas que les condujeron a la muerte, pues la quiebra de la memoria histórica permite repetir la derrota de los que perdieron la auténtica carta de navegar.

Mas, para poder comprender la restauración de la Compañía de Jesús en los mundos hispánicos por Pío VII en 1814 conviene tener presente el momento histórico que vivía el imperio español descrito por Miguel Artola: "En la crisis de 1808 el primer hecho destacable es la quiebra total de las personas e instituciones representativas del Antiguo Régimen. Fracasan los reyes, abandonando innoblemente a su pueblo; la Junta de Gobierno, tolerando a Murat como su presidente; el Consejo de Castilla, cursando las órdenes que de aquella recibiera; las Audiencias, aceptándolas, y los capitanes generales, intentando mantener una legalidad periclitada. (…) Todos estos actos y omisiones determinan la desaparición de una estructura política multisecular, que se extingue de manera definitiva en estos días de mayo de 1808, y cuyo vacío será ocupado de manera inmediata por una nueva legitimidad: la popular, nacida del hecho de la rebelión cívica que constituye el punto de partida del levantamiento"[64].

EL PLAN DE LA PRESENTE OBRA ES MUY SIMPLE.

Los marcos cronológicos son muy precisos pues se inician con la expulsión de 1767 en las tierras neogranadinas y concluyen en 1815-1816 con los decretos de restauración en América por parte de Fernando VII. Así pues, quedan fuera de este estudio tanto el largo capítulo de las causas de la expatriación de los jesuitas de España y de sus anejos ultramarinos así como también la nueva historia que comienzan a escribir los "restaurados" a partir de 1814.

La estructura del trabajo se compone tres libros que recogen la secuencia que supone la expulsión, la extinción y la restauración y concluye con tres anexos finales.

El Libro I está dedicado a la "expulsión" y consta de dos capítulos. En el primero se sigue detalladamente lo que significó el "extrañamiento" y cómo se llevó a cabo en cada uno de los domicilios donde residían los jesuitas. El segundo está dedicado a las itinerancias de los exilados tanto terrestres por tierras americanas como marítimas a través de los mares Caribe, Atlántico y Mediterráneo hasta llegar a su destino final en la Legación de Urbino que se asoma al mar Adriático.

A la vez, se describen las estancias en las ciudades-puente del exilio: La Habana, el Puerto de Santa María y la Isla de Córcega. Se trata del primer acercamiento a la psicología íntima de los expatriados, pues su identidad comenzó a moverse entre la convicción y la desmoralización. Por primera vez en el Puerto de Santa María sufrieron el embate de los paradigmas diseñados por el gobierno de Madrid para destruir la unidad

---

[64] Miguel ARTOLA. *La España de Fernando VII*. Barcelona, Biblioteca de historia de España (2005) 67-68.

corporativa de la institución a la que pertenecían. En Córcega experimentarían los duros espacios de una libertad hipotecada, pues de la esperanza pasarían al desencanto y los consiguientes conflictos internos entre la juricidad y la sobrevivencia. Y en la Legación de Urbino vivirían sus últimos años como jesuitas.

El Libro II afronta de lleno las consecuencias de la "extinción" total de la Compañía de Jesús por el papa Clemente XIV. En un primer capítulo se dedica una gran espacio a problemas que van desde la redacción del texto abolitorio hasta las exigencias legales para la correcta intimación del decreto en el marco de las relaciones Iglesia-Estado, pasando por los modos de soborno utilizados por el gobierno español y las personas cercanas al pontífice así como también la literatura subversiva que generó tal decisión.

En los dos capítulos siguientes se recogen las tragedias que tuvieron que enfrentar los expatriados y ahora abolidos tras la aplicación del Breve "Dominus ac Redemptor" (21 de julio de 1773).

El capítulo 4º está dedicada a los trabajos y los días de la nueva cotidianidad: las obligadas exigencias vaticanas y los chantajes continuos a causa de las míseras pensiones que recibían del gobierno español y a la vez se repasan las nuevas opciones de vida de los secularizados, los prófugos, los presos, los casados y los que denominaríamos los "otros" perseguidos.

El capítulo 5º se adentra en una temática sumamente interesante pues estudia los insertados en el mundo intelectual, universitario y cultural de Italia. Como fundamento para la investigación se trazan los planos del edificio bío-bibliográfico levantado por los expulsos en el mundo cultural italiano haciendo énfasis, como es natural, en la importancia del "americanismo" en Europa y sobre todo en el aporte intelectual escrito por los integrantes de la Provincia del Nuevo Reino de Granada.

El Libro III se define por los procesos que tuvieron que seguir las "restauraciones". Sin embargo, se inicia este bloque investigativo con un estudio sobre la Compañía que nunca murió: los jesuitas en la Rusia

Blanca. Además se recogen las dudas sobre los otros posibles "sobrevivientes" al gran naufragio de 1773.

El capítulo 7º intenta trazar a una guía que ilumine los diversos caminos oficiales, semioficiales y privados restauracionistas recorridos y su referencia a los principales protagonistas de estas singulares historias. Sin embargo, se hace hincapié en las instituciones permanentes que se consideraron capaces de realizar el ideal jesuítico. Así merecen una especial referencia la "Compañía del Sagrado Corazón de Jesús" y a la "Compañía de la Fe de Jesús" algunos de cuyos miembros se integrarían a la Compañía restaurada. A ellos hay que añadir varios ensayos protagonizados por exjesuitas en Bélgica, Inglaterra, Irlanda y Estados Unidos. También insistimos en los intentos que fueron los llevados a cabo en Parma, Cerdeña, Nápoles y España.

El capítulo 8º está dedicado al estudio de la Bula *Sollicitudo omnium ecclesiarum* y las diversas reacciones que ocasionó el documento pontificio y los oscuros horizontes que abrió para los extinguidos en 1773.

Antes de concluir considero que es un deber de gratitud manifestar nuestro agradecimiento a los colegas que han colaborado en la dilucidación de algunos problemas muy específicos. En concreto dejamos constancia de los siguientes profesores: Francisco de Borja Medina del Instituto Histórico de la Compañía de Jesús de Roma; a José Antonio Ferrer Benimeli de la Universidad de Zaragoza; a José Martínez de la Escalera y Manuel Revuelta de la Universidad de Comillas (Madrid); Fernando Campo del Pozo de la Universidad de Valladolid; Fabio Ramírez de la Universidad Javeriana de Bogotá y una vez más a la diligente e incansable Sra. Marleni Lozano quien ha tenido la paciencia de organizar todos mis escritos.

LIBRO I
LA EXPULSIÓN

CAPÍTULO I

LA INTIMACIÓN DE LA PRAGMÁTICA SANCIÓN (2 DE ABRIL DE 1767) A LOS JESUITAS DE LA PROVINCIA DEL NUEVO REINO DE GRANADA

El 2 de abril de 1767 firmaba y promulgaba el Rey de España, Carlos III, una *Pragmática-Sanción* por la que expatriaba de todos sus dominios a más de 5.000 miembros de la Compañía de Jesús.

En el caso específico de Venezuela, se truncaba la biografía de una institución religioso-cultural que se había enraizado en tierras patrias desde los albores del siglo XVII y cuya acción espiritual, educativa, social y económica formaba parte no sólo de ciudades como Mérida, Maracaibo, Coro, Caracas y territorios de Guayana, sino que además había contribuido eficazmente al conocimiento humano, geográfico y científico de grandes regiones de nuestra Orinoquia[65].

Ciertamente que el "extrañamiento" había sido planificado con toda cautela, secreto y estrategia, de tal manera que la *sorpresa* pudiera garantizar a los comisionados reales el acceso y la incautación inmediata y total de los archivos, bibliotecas, papeles y haberes que los jesuitas poseían en la amplia geografía que configuraban los dominios españoles en el mundo.

Sin embargo, si el golpe político había sido diseñado con precisión –al menos en España– juzgamos, por el contrario, que en tierras americanas no pudo tener una versión paralela, entre otras razones, por los inmensos territorios en que desplegaba su actividad la Orden de Ignacio de Loyola.

---

[65] "Pragmática sancion de su Magestad, en fuerza, de Ley, para el estrañamiento de estos Reynos á los Regulares de la Compañía, ocupacion de sus Temporalidades, y prohibicion de su restablecimiento en tiempo alguno, con las demas precauciones que expresa". En: José DEL REY FAJARDO. *Documentos jesuíticos relativos a la Historia de la Compañía de Jesús en Venezuela*. Caracas, Academia Nacional de la Historia, III (1974) 103-109.

EL SIGNIFICADO JURÍDICO DEL "EXTRAÑAMIENTO"

Antes de entrar en materia es necesario explicar claramente el significado de la figura jurídica del "extrañamiento".

El propio título del texto legal que definía tan magna decisión recoge los ámbitos de la decisión real: *Pragmática sancion de su Magestad, en fuerza, de Ley, para el estrañamiento de estos Reynos á los Regulares de la Compañia, ocupacion de sus Temporalidades, y prohibicion de su restablecimiento en tiempo alguno, con las demas precauciones que expresa*[66].

La Real Academia fijaba la acepción de la palabra extrañar: "*Extrañar de los reynos a uno*: Es privarle de los privilegios y honores de vasallo, ocupándole las temporalidades, bienes y hacienda de que goza en el Reino, y mandándole salir fuera de los dominios, sin permitirle que pare y viva en parte alguna de ellos"[67].

En otras palabras, se había decretado no sólo la muerte jurídica de la Compañía de Jesús, sino además, de todos y cada uno de sus miembros; además, se les habían expropiado todos sus bienes y como apátridas se les trataba de confinar en la geografía de los Estados de la Iglesia.

Todavía más, cuando corrían noticias de que algunos expatriados habían huido de la Isla de Córcega y habían llegado a Gerona y Barcelona, el monarca emitió una real cédula del 18 de octubre de 1767 en la que calificaba a los expulsados como "proscritos, [e] incurra en pena de muerte, siendo Lego; y siendo ordenado en sacris se destine a perpetua reclusión, a arbitrio de los Ordinarios [Obispos], y las demás penas que corresponden…"[68]. El texto hace referencia al artículo IX de la Pragmática en la que

---

[66] El texto puede verse en: José DEL REY FAJARDO. *Documentos jesuíticos relativos a la Historia de la Compañía de Jesús en Venezuela*. Caracas, Academia Nacional de la Historia, III (1974) 103 y ss.

[67] REAL ACADEMIA ESPAÑOLA. *Diccionario de Autoridades*. Madrid, Editorial Gredos, Edición facsimilar [1737], III (1969) 410.

[68] Francisco de Borja MEDINA. "Extrañamiento y extinción de la Compañía de Jesús: venturas y desventuras de los jesuitas en el exilio de Italia". En: Manuel MARZAL y Luis

además se hace relación a que las Justicias aplicarán "las mas severas providencias contra los infractores, auxiliadores, y cooperantes de semejante intento, castigándolos como perturbadores del sosiego público".

Proscrito era aquel individuo que es declarado público malhechor "dando facultad a cualquiera de que le quite la vida, y algunas veces proponiendo premios a quien lo entregara vivo o muerto"[69].

LA EJECUCIÓN DE LA ORDEN DE EXTRAÑAMIENTO EN LA PROVINCIA DEL NUEVO REINO

A pesar de que en España se habían tomado todo tipo de prevenciones para que la expulsión se llevara a cabo en toda la península y a la misma hora, el 2 de abril de 1767, en los grandes espacios americanos tales previsiones serían irrealizables.

En la Provincia del Nuevo Reino (Colombia, Venezuela e Isla de Santo Domingo) el decreto regio seguiría la siguiente cronología: 12 de junio, Isla de Santo Domingo[70]; 15 de junio, Caracas[71]; 29 de junio,

---

BACIGALUPO (editores). *Los jesuitas y la modernidad en Iberomérica 1549-1773*. Lima, Fondo Editorial de la Universidad Católica-Instituto Francés de Estudios Andinos-Universidad del Pacífico (2007) 468-469.

[69] REAL ACADEMIA. *Diccionario de la lengua castellana, en que se explica el verdadero sentido de las voces, su naturaleza y calidad, con las phrases o modo de hablar, los proverbios o refranes, y otras cosas convenientes al uso de la lengua*. Madrid, en la Imprenta de la Real Academia Española, 1732. [Utilizamos la edición facsimilar. Madrid, Editorial Gredos, II (1969) 1847].

[70] Archivo Histórico Nacional. (La Habana). *Audiencia de Santo Domingo*, leg. 1441. Reproducido en: UTRERA, Cipriano. *Universidades de Santiago de la Paz y de Santo Tomás de Aquino y Seminario Conciliar de la Ciudad de Santo Domingo en la Isla Española*. Santo Domingo, Padres Franciscanos Capuchinos (1932) 406-407. Los 8 componentes de la comunidad jesuítica estuvieron presos en una celda del convento dominico hasta el 23 de agosto, fecha en que fueron embarcados en el barco catalán "Santa María del Socós". Esta embarcación navegó directamente al Puerto de Santa María (Antonio VALLE LLANO. *La Compañía de Jesús en Santo Domingo durante el período hispánico*. Ciudad Trujillo, Seminario de Santo Tomás (1950) 293).

[71] AHN. Jesuitas, 128/1. *Autos formados sobre el estrañamiento y ocupación de temporalidades de los Padres de la Compañía de Jesús de Caracas*, fol., 2.

Maracaibo[72]; 2 de julio, Misiones del Orinoco[73]; 11 de julio, Mérida[74]; 15 de julio, Cartagena[75] y Mompox[76]; 1º de agosto, Santafé de Bogotá[77], Tunja[78] y Antioquia[79]; 8 de agosto, Pamplona[80] y el 2 de octubre es la fecha inicial de la intimación de la real orden en los Llanos de Casanare y Meta[81]. La denominada "operación cesárea" había durado en la geografía neogranadina casi cinco meses.

Cuando la "operación expulsión" llegó a tierras neogranadinas en 1767 los miembros de la Provincia estaban distribuidos de la siguiente manera: 96 en el Colegio Máximo de Santafé de Bogotá; 4 en el Colegio Mayor de San Bartolomé; 6 en el Colegio de Las Nieves; 1 en la Residencia indígena de Fontibón (cerca de Bogotá); 39 en el Colegio-Noviciado de Tunja; 4 en el Colegio de Antioquia; 8 en el Colegio de Cartagena; 4 en el Colegio de Honda; 9 en el Colegio de Mompós; 11 en el Colegio de Pamplona; 7 en el Colegio de Caracas; 4 en el Colegio de Mérida; 4 en la Residencia-Colegio de Maracaibo; 8 en el Colegio de Santo Domingo; 9 en la Misión de Casanare; 5 en la Misión del Meta; 8 en la Misión del Orinoco: 8. Lo que da un total de 228 jesuitas[82].

---

[72] ANCh. *Jesuitas*, 205. *Remisión de Autos*, fol., 8v.

[73] ANCh. *Jesuitas*, 446.

[74] Ildefonso LEAL. "El colegio de los jesuitas en Mérida. 1628-1767". En: *Revista de Historia*. Caracas, 25 (1966) 45. Lamentablemente el autor no cita la fuente archivística de donde transcribió el documento).

[75] ANB. *Curas y Obispos*, t. 14, fol., 113.

[76] ANB. *Temporalidades*, t. 16, fol., 336

[77] José YARZA. "La expulsión de los jesuitas del Nuevo Reino de Granada en 1767". En: J. DEL REY FAJARDO. *Documentos jesuíticos*, III, 76-77);

[78] "Informe del Oidor Benito Casal". En: *Boletín de Historia y Antigüedades*. Bogotá, 2 (1904) 573-576.

[79] ANB. *Temporalidades*, t. 17, fol., 737 y ss.

[80] ANB. *Miscelánea*, t. 89. fols., 471-472.

[81] ANB. *Conventos*, t. 29, fol., 794v.

[82] Hemos seguido la lista elaborada por Juan Manuel PACHECO. "Los jesuitas del Nuevo Reino de Granada expulsados en 1767". En: *Ecclesiastica Xaveriana*. Bogotá, III (1953) 23-78.

EL ACTO JURÍDICO DE LA INTIMACIÓN DE LA PRAGMÁTICA SANCIÓN

Aunque fundamentalmente se siguió el mismo proceso en todos los domicilios que hemos mencionado más arriba, nos circunscribiremos aquí al acto llevado a cabo en Santafé de Bogotá el día 1º de agosto de 1767. Para la narración de los hechos nos guiaremos por el relato de un testigo presencial como fue el P. José Yarza[83].

Las órdenes del arresto se filtraron entre la nobleza y la ciudadanía, pero "no hubo una sola persona, aun entre los aficionados a los jesuitas, que se atreviese a revelar el secreto". El día 31 de julio, festividad de San Ignacio de Loyola, se celebró con toda normalidad. Después de la procesión con el Santísimo en torno a la plazoleta que mira a la fachada de la iglesia "comenzaron a entrar en sospecha de cuanto se tramaba contra ellos, y teniendo noticias seguras del golpe inminente, se prepararon a recibir con resignación cuanto Dios dispusiera sobre ellos"[84].

Tras una noche de mucha tensión interna, "al alborear el primero de agosto", los guardias del virrey, tanto los de caballería como los de infantería, cercaron el Colegio Máximo, "golpearon la puerta y tocaron la campanilla bajo pretexto de llamar a confesión" y las puertas se abrieron "francamente" y "se vieron los claustros religiosos llenos de soldados destinados a prender a tantos corderos"[85]. Los jueces ejecutores fueron el oidor Antonio Berástegui y el fiscal Francisco Antonio

---

[83] Seguimos la narración del P. José Yarza "Expulsio Sociorum, 1767. Narratur historia laborum Societatis inter Indianos, quórum indoles et mores describuntur. Iter exsulium Jesuitarum in Italiam. Suppressio Societatis". Fue publicada la segunda parte por el P. Juan M. Pacheco en *Revista Javeriana*. Bogotá, XXXVIII (1952) 170-183, con el título "La expulsión de los jesuitas del Nuevo Reino de Granada en 1767". Y ese texto lo reprodujimos en el tomo III de *Documentos jesuíticos relativos a la Historia de la Compañía de Jesús en Venezuela*. Caracas, III (1974) 73-90. [Las citas las tomaremos del texto del libro de *Documentos jesuíticos...*].

[84] José YARZA. "La expulsión de los jesuitas...", III, 76.

[85] José YARZA. "La expulsión de los jesuitas...", III, 76.

Moreno y Escandón[86]. Reunida toda la comunidad en la sacristía mayor, el oidor Berástegui les intimó en presencia del escribano y testigos el real decreto[87] y el cronista añade: "prestaron obediencia a la sentencia que les fue intimada de destierro perpetuo de los reinos de España y sus pertenencias"[88].

Pocos, posiblemente, pudieron imaginar el largo calvario que les esperaba. De repente habían perdido su nacionalidad, habían sido despojados de todos sus bienes y se iniciaba una aventura inédita. De protagonistas de un gran proyecto cultural-social-religioso habían pasado a delincuentes, condenados sin ser escuchados, por el más infame de los delitos: traición al rey de España.

La conmoción fue general cuando el 1º de agosto la iglesia San Ignacio amaneció cerrada y todas las entradas de la Universidad Javeriana custodiadas por las fuerzas militares. Y prosigue Yarza: "La desolación y los lamentos de los otros llenaban no sólo las casas de los amigos, sino el aire mismo, tanto que parecía el último día del juicio"[89]. Pero el manual del extrañamiento no contemplaba ninguna remisión para con los expatriados. Así se lo hicieron saber a los jesuitas y así lo trasmite Yarza en su relato: "Después del arresto fue impuesta pena de muerte a la persona seglar que hablase a los jesuitas"[90]. Varios fueron los estamentos de la sociedad santafereña que sufrieron el impacto del derrumbe moral de la Compañía de Jesús. Y así escribe el cronista: "Daba compasión ver el desconcierto de la juventud escolar de la Compañía, que en un momento se vio sin sus maestros y consoladores"[91].

---

[86] José Manuel GROOT. *Historia eclesiástica y civil de Nueva Granada escrita sobre documentos auténticos...* Bogotá, II (1890) 81.
[87] José Manuel GROOT. *Historia eclesiástica y civil de Nueva Granada escrita sobre documentos auténticos...* Bogotá, II (1890) 83.
[88] José YARZA. "La expulsión de los jesuitas...", III, 77.
[89] José YARZA. "La expulsión de los jesuitas...", III, 78.
[90] José YARZA. "La expulsión de los jesuitas...", III, 78.
[91] José YARZA. "La expulsión de los jesuitas...", III, 78.

En este capítulo nos circunscribiremos a reseñar la orden real en los domicilios que hoy se ubican en la República de Venezuela: Caracas, Maracaibo, Mérida y las Misiones del río Orinoco.

Colegio de Caracas. El amanecer del 15 de junio de 1767 significó el amargo fin de una larga e infructuosa espera fundacional[92], protagonizada por los miembros de la Compañía de Jesús que, por espacio de siglo y medio, habían soñado vincularse a la vida religiosa, educativa, política, social y mundana de la ciudad de Caracas[93].

Antes de la aurora de ese día don José Solano[94], Gobernador de Caracas, "apoyado con una partida de tropa arreglada" y tras tomar "las avenidas y calles de la circunferencia de la casa que sirve de colegio a los Padres de la Compañía de Jesús, se introdujo en ella". Llevaba como testigos cualificados al Dr. Gabriel Martín de Ybarra, don Agustín Nicolás de Herrera, el capitán Diego Merino y el escribano público Francisco Buenaventura Terrero[95].

Una vez dentro del recinto requirió el Gobernador, en nombre de Su Magestad, al Superior de la Residencia, P. José Pagés, que juntase a toda la comunidad. Reunida en la sala principal "les leyó su Señoría de verbo ad verbum el citado Real Decreto sobre el extrañamiento que se sirve S. M. hacerles y ocupación de temporalidades". De inmediato procedieron a incautar todos sus bienes, pero se les permitió separar, además de su ropa personal, "sus cajas, pañuelos, tabaco, chocolate y utensilios de esta naturaleza, los breviarios, diurnos y libros portátiles de oraciones para sus actos devotos"[96].

---

[92] AHN. Jesuitas, 128/1. *Autos formados sobre el estrañamiento y ocupación de temporalidades de los Padres de la Compañía de Jesús de Caracas,* fol., 2.

[93] José DEL REY FAJARDO. "Filósofos y Teólogos Jesuitas en la Venezuela colonial". En *Montalbán.* Caracas, 3 (1974) 7-51

[94] María Elena PARRA PARDI. "Solano y Bote, José". En: FUNDACION POLAR. *Diccionario de Historia de Venezuela.* Caracas, Fundación Polar, III, 1173-1174.

[95] AHN. Jesuitas, 128/1. *Autos formados sobre el extrañamiento y ocupación de temporalidades de los Padres de la Compañía de Jesús de Caracas,* fol., 2.

[96] AHN. *Jesuitas,* 128/1, fol., 2v.

La comunidad estaba compuesta por el Superior, P. José Pagés, los PP. Francisco Javier Otero, Demetrio Sanna y Manuel Parada; y los HH. Coadjutores Miguel Schlessinger, Pablo Mar a la sazón en Guatire y Francisco Aguilar en el valle de Caucagua[97]. Mas como el P. Superior estaba recién llegado a la ciudad del Avila y no se había nombrado todavía Procurador del colegio "tuvo su señoría por conveniente" dejar al P. Demetrio Sanna para proceder al secuestro e inventario de todos los bienes de la fundación caraqueña[98].

Consumado el auto legal de la notificación real, se procedió por una parte a la incautación de los bienes, y por otra se les ordenó a todos los presentes, con excepción del P. Sanna, partir para La Guayra hasta la hora del embarque para España. Y "... se pusieron en marcha a poco más de las once de esta mañana con la decencia y asistencia competente, acompañados de el ayudante de órdenes de la tropa veterana y otros oficiales". Mas, antes de abandonar la urbe caraqueña debió escribir el Superior dos cartas abiertas a los HH. Mar y Aguilar "sin más expresión sino que se restituyan instantáneamente"[99].

Antes de concluir el mes de junio sospechamos que se había reunido en La Guayra toda la comunidad del colegio caraqueño. También creemos que de alguna manera tuvo que enterarse el obispo Díez Madroñero, tanto del hecho de la expulsión de los jesuitas como de la precaria situación en que vivían en su reclusión en la ciudad porteña, para escribir la siguiente carta al Gobernador don José Solano:

> Muy señor mío: habiendo yo entendido, aflige sobremanera a los Reverendos Padres Jesuitas el carecer de manjar espiritual de que desean alimentarse con el fervor propísimo de su religioso estado y santo instituto en el hospedaje que V. S. parece haberles puesto en el Puerto de la Guayra sin arbitrio para consolar aquella su aflicción en esta parte, si yo no concurro con mi licencia para que se pueda celebrar el santo

---

[97] AHN. *Jesuitas*, 128/1, fol., 2v.
[98] AHN. *Jesuitas*, 128/1. *Doc. cit.*, fol., 3.
[99] AHN. *Jesuitas*, 128/1. *Doc. cit.*, fol., 2v-3.

sacrificio de la Misa en el oratorio de aquel hospicio, y como sea mi obligación coadyuvar a V. S. en quanto me sea arbitrado que mi limitación juzgase ser en el asunto del servicio de Dios y del Rey como me parece serlo y muy de su agrado el concurrir con V. S. a esta obra de misericordia, remito la licencia que incluyo para que a su arbitrio pueda disponer se use de ella según y como su prudencia le dictase convenir (…) En la actual general visita de este obispado y pueblo de Señor de San Agustín de Guacara a 29 de junio de 1767"[100].

Hasta tal punto llegaba la condescendencia de las autoridades regias con el buen tratamiento que siempre alegan daban a los expatriados.

Sin embargo, la historia local de este proceso se había iniciado el día 10 de mayo de 1767[101]. En esa fecha había recibido don José Solano, a través del Gobernador de Puerto Rico don Marcos de Vergara, una carta-orden del Conde de Aranda del 1º de marzo en el que se ordenaba que remitiese a los Gobernadores de Cumaná, Margarita, Trinidad, Maracaibo y al Comandante de la Provincia de Guayana "los pliegos que acompañaban"[102].

Tras haber dado cumplimiento a tal mandato, procedió Solano a abrir el suyo y "hallé otra carta de orden de V. E. fecha el mismo día que aquella y que V. E. se servía de advertirme que con la carta que acompañaba del Señor Marqués de Grimaldi, y otra del Rey Nuestro Señor que incluía autorizando a V. E. para el caso presente, me pasaba V. E. el pliego adjunto reservado que debía no abrir hasta pasar veinte y cinco u treinta días, y entonces hallaría dentro de él la instrucción y demás conveniente para lo que había de practicar en obedecimiento de las reales intenciones"[103].

---

[100] AGN. *Iglesias*, t., 25 (1767-1769), fol., 89.
[101] AHN. *Jesuitas*, 128/4. *El Señor Fiscal sobre remisión a Contaduría de los autos de extrañamiento y ocupación de temporalidades de los Regulares de la Compañía por lo respectivo a este Colegio*. Caracas, Año de 1771 a 14. Fol., 7
[102] AHN. *Jesuitas*, 128/4. Doc. cit., fol., 7-7v.
[103] AHN. *Jesuitas*, 128/4. Doc. cit., fols., 8-8v.

El 4 de junio de 1767 don Francisco Buenaventura Terrero, escribano público y mayor de Gobierno, certificaba que don José Solano "me ha mostrado dos pliegos en cuarto, cerrados con lacre encarnado, y sellados, el uno con esta subscripción: A Don Joseph Solano. Reservada. Caracas; y el otro con esta: A Don Joseph Solano, Governador de la Provincia de Benezuela. Reservado. Caracas"[104].

El día 15 de junio procedió el Gobernador a dar cumplimiento a la real Orden de incautación de los bienes de los jesuitas y a su expulsión; el propio Gobernador comunicaba al Conde de Aranda, en carta del 11 de julio de 1767, que "... hasta los treinta y cinco [días] no pasé a la ejecución por las diligencias actuadas en cumplimiento puntual de las órdenes e instrucciones de V. E. que el Rey Nuestro Señor se dignó mandarme obedecer y cumplir por la especialísima y particular gracia de sus reales letras escritas de su real mano el primero de marzo de este año"[105].

El día 26 de junio entregaba oficialmente el Gobernador, don José Solano, a don Alonso de Soto la casa y cuanto en ella se contenía, incluidos los inventarios[106], y el 2 de julio de 1767 recibía don Alonso de Soto el nombramiento de Administrador[107].

Intensa parece que fue la actividad de don José Solano en aquellos días. El mismo 11 de julio envió "un piquete de tropa" y cinco capitanes a Cabruta para auxiliar al Comandante de aquella Provincia. También diligenció para que cinco capuchinos, misioneros en la Provincia de Venezuela, pasaran de inmediato a la misión jesuítica de Cabruta para

---

[104] AHN. *Jesuitas*, 128/4. Doc. cit., fol., 1.
[105] AHN. *Jesuitas*, 128/4. Doc. cit., fol., 9.
[106] AHN. *Jesuitas*, 128/1. *Autos formados sobre el extrañamiento y ocupación de temporalidades de los Padres de la Compañía de Jesús de Caracas.* N. 1, fol., 53.
[107] AHN. *Jesuitas*, 128/1. Doc. cit., fol., 59v.: "... le ha hecho cargo y entregado la casa que servía de Colegio a los religiosos de la Compañía de Jesús, con todo lo adyacente de solar, tiendas, fábrica, materiales, alhajas y trastes de casa, papeles, libros y todo lo demás dentro de ella contenido que se inventarió por su señoría a cuya orden y disposición lo hubiese de mantener; y siendo dependiente de esta misma casa todos los otros bienes de haciendas, tierras, esclavos, y demás raíces y muebles que poseían en esta provincia...".

ponerse a las órdenes de don Manuel Centurión, pues como escribe el gobernador caraqueño al Conde de Aranda, "... me parece conveniente que estos capuchinos permanezcan en aquel encargo, porque han observado constantemente llevar consigo algunos españoles, haciendo y facilitando el comercio recíproco entre ellos y los indios y en los lugares más adecuados para el bien de la población y sostener la conquista espiritual, han fundado varias ciudades, villas y pueblos de españoles porque ya en esta provincia no tienen infieles en que emplearse; y porque las nuevas reducciones que en ello tienen se darán la mano con la del alto Orinoco y Río Negro por medio de las de los Jesuitas que les habrá encargado el Comandante de Guayana"[108].

No hemos podido todavía aclarar, por falta de testimonios directos, cuál fue la reacción del pueblo caraqueño ante el hecho consumado de la expulsión de los jesuitas.

Según las informaciones del Gobernador tanto los franciscanos como los dominicos y mercedarios de Caracas se conformaron con la disposición real "y su silencio en el asunto, impuesto bajo de precepto formal de Santa Obediencia por sus Prelados, ha sido prueba real de subordinación". En relación al clero secular sólo resalta Solano la actitud de don Lorenzo José Fernández de León, Juez Provisor y Vicario General de la diócesis de Caracas, quien "llevado de su acostumbrada oposición a la jurisdicción real conformando los incidentes de que he dado parte a S. M. por su real y supremo Consejo de Indias, no le advirtió cosa alguna [al clero]"[109].

La primera que conocemos se debe al sacerdote caraqueño Blas Terrero Atienza, nacido en 1735, quien en su *Theatro de Venezuela y Caracas* escribía: "Entretanto prepara Dios otros sucesos más serios: el primero fue el formidable terremoto del día 21 de octubre de 1766

---

[108] AHN. *Jesuitas*, 128/4. Doc. cit., fols., 2-5. *Carta de don José Solano al Conde de Aranda.* Caracas, 10 de julio de 1767.

[109] AHN. *Jesuitas*, 128/4. Doc. cit., fols., 7-12v. *Carta de don José Solano al Conde de Aranda.* Caracas, 11 de julio de 1767.

(...). El segundo fue el de la proscripción y extinción de los padres de la Compañía de Jesús decretada por la pragmática sanción fecha en el Pardo a 2 de abril de 1767 y ejecutada aquí por este Gobernador [José Solano] el día [en blanco] del mismo año; día verdaderamente trágico en los fastos de la religión; misterioso en los consejos de Dios; inescrutable a los ojos de la carne, y que sólo le conviene al hombre adorarlo entre terrores de la indignación del Señor"[110].

Aunque tardía, también es interesante aducir la opinión del fray Juan Antonio Navarrete quien en 1767 acababa en el Convento de San Francisco sus estudios de Filosofía. En su *Arca de Letras y Teatro Universal*, escrito hacia el año 1815, amén de casi no recordar la expulsión de 1767, muestra poca simpatía hacia los jesuitas[111]. El peso de su argumentación lo fundamenta en la obra del P. Isaac José Berruyer, jesuita francés que escribió la *Historia del pueblo de Dios*. La mentalidad de este escritor estaba imbuida por las ideas de Jean Hardouin "un erudito de prodigiosos conocimientos, pero extraño, paradójico y quimérico"[112]. Como es natural Berruyer tuvo que vivir muchas dificultades tanto dentro como fuera de la Compañía de Jesús.

Sin embargo, debieron guardar gratificantes recuerdos de la sociedad colonial caraqueña para con aquellos hombres que se debatieron por más de un siglo entre el deseo y la esperanza de poder insertarse en la capital venezolana.

Pero sería la geografía histórica caraqueña la que le asignaría para la posteridad —en señal de gratitud- el nombre de la "Esquina Jesuitas" a la proyectada sede del colegio que el autoritarismo regio le impidió nacer.

---

[110] Blas TERRERO ATIENZA. *Theatro de Venezuela y Caracas. Dispónelo de varios documentos auténticos y concordantes dividido en dos eras Eclesiástica y Política*. Caracas, Litografía del Comecio (1926) 165.

[111] Juan Antonio NAVARRETE. *Arca de letras y teatro universal*. Estudio preliminar y Edición crítica de Blas Bruni Celli. Caracas, Academia Nacional de la Historia, I (1993) 355-358.

[112] Georges BOTTERAU. "Berruyer, Isaac Josph". En: Charles O'NEILL y Joaquín M. DOMÍNGUEZ. *Diccionario histórico de la Compañía de Jesús*. Roma-Madrid, I (2001) 421-422.

Colegio de Maracaibo. El día 3 de junio de 1767 recibía un despacho el Gobernador de Maracaibo a través de su colega de Caracas en el que le remitía el *Pliego Reservado* y la documentación prefijada. Cuarenta y ocho horas más tarde acusaba recibo el mandatario marabino, Don Alonso del Río[113], en carta expresa al Conde de Aranda:

> Sirviéndose V. E. decirme que con la carta de el Señor Marqués de Grimaldi y otra de el Rey Nuestro Señor autorizando a V. E. para el caso presente, me pasa el referido pliego reservado, quedo en la deuda hasta que llegue el día de abrirle, si estará dentro la carta de S. M. y si ha podido traspapelarse, pues solo acompaña a la de V. E. la citada del Señor Marqués asegurándole que no porque no se haya incluido dejaré de obedecer lo que el expresado pliego cerrado contenga, por ser públicas las confianzas que la real voluntad ha encargado a V. E. y bajo de su protección nada debo recelar en su obedecimiento[114].

El día 28 de junio se decidió el Gobernador del Río a abrir la carta que contenía el misterioso secreto, pues como afirma en su misiva al Conde de Aranda: "... me vi obligado (por las noticias que condujo aquí una embarcación que vino de Caracas de la extracción de allí a los religiosos jesuitas)"[115]. De esta suerte procedió a la apertura del *Pliego reservado* en presencia del escribano Diego Durán[116] y se encontró con el *Real Decreto* de 27 de febrero y la *Instrucción* con su Adición del 1 de marzo.

---

[113] Omar Alberto PÉREZ. "Río y Castro, Alonso del". En: FUNDACION POLAR. *Diccionario de Historia de Venezuela*. Caracas, Fundación Polar, III, 954-955.

[114] ANCh. *Jesuitas*, 205. *Carta de Alonso del Río al Conde de Aranda*. Maracaibo, 5 de junio de 1767.

[115] ANCh. *Jesuitas*, 205. *Carta del Gobernador de Maracaibo al Conde de Aranda*. Maracaibo, 23 de julio de 1767.

[116] ANCh. *Jesuitas*, 205. *Santa Fee. MARACAIBO. AÑO DE 1767*. Santa Fee. Legajo 9. Nº 1. *Son con esta 4 piezas*. El Gobernador Don Alonso del Rio sobre Remision de Autos de expulsión y ocupacion de templos de Regulares de la Compañía. Secretario de Camara. Payo. (En adelante citaremos = *Remisión de Autos*) fol., 8.

Al siguiente día, 29 de junio, pasó el Gobernador "personalmente en compañía del Escribano y con las precauciones correspondientes a la casa-residencia... a efecto de ejecutar el contenido del citado Real Decreto"[117].

El P. Matías Liñán, Superior, convocó a todos los moradores que en el momento se reducían a dos: el H. Lorenzo Konikc y el H. José Rubio, miembro éste último de la comunidad del colegio de Mérida. Los PP. Juan Antonio Ferraro e Ignacio Julián que estaban de paso para la Isla de Santo Domingo, se encontraban predicando una misión en los Puertos de Altagracia[118]. A ellos debiera haberse juntado el P. Manuel Mosquera, profesor de Humanidades, pero su enfermedad y prematura muerte le habían llevado al sepulcro unos días antes, presumiblemente hacia junio de 1767[119].

Reunidos los tres jesuitas que residían en el momento en la residencia ante el Gobernador y en presencia de los testigos requeridos: D. Antonio de Cabrera, alcalde ordinario; Don Nicolás Francisco Sánchez, alférez real; y el regidor don Gregorio Luzardo, procedió el Escribano a leerles el Real Decreto a lo que el Superior contestó "... que ciegamente lo obedece y que en su observancia y cumplimiento está pronto a la manifestación de todos los bienes que la residencia de su cargo tiene, y a ejecutar todo lo demás que su Señoría, como ejecutor de esta comisión le mandare, y lo firmo..."[120].

Y de inmediato procedió el P. Matías Liñán a hacer entrega de todas las llaves –en total 16- de las dependencias de los inmuebles y se pasó a levantar el inventario[121].

---

[117] ANCh. *Jesuitas*, 205. *Remisión de Autos*, fol., 8v.

[118] ANCh. *Jesuitas*, 205. *Remisión de Autos*, fol., 9v.

[119] ANCh. *Jesuitas*, 205. *Remisión de Autos*, fol., 32v: "Desde el folio ochenta hasta el noventa y tres lo gastado con una nota del Padre Superior; su fecha treinta de junio de sesenta y siete. Que dice no se pusieron los meses de gasto desde febrero hasta junio *por la enfermedad y muerte del Padre Manuel Mosquera...*".

[120] ANCh. *Jesuitas*, 205. *Remisión de Autos*, fol., 9v.

[121] ANCh. *Jesuitas*, 205, *Remisión de Autos*, fol., 10.

El mismo día 29 de junio, de acuerdo con el artículo 26 de la *Instrucción*, fueron trasladados los HH. Lorenzo Rey [Konick] y José Rubio al convento de San Francisco y puestos bajo la tutela del Guardián Fray Benito Pérez[122]. El día 30 llegaron de los Puertos de Altagracia los dos catedráticos de la Universidad de Gorjón y como los franciscanos no disponían en su casa de más espacio, hubo que aposentar al P. Juan Antonio Ferraro en el Real Hospital a cargo del Presbítero Miguel Antonio Puche y al P. Ignacio Julián al cuidado de Fray Pedro Felipe de Cintruénigo, superior de la casa-misión que los Capuchinos de Navarra poseían en Maracaibo[123].

Como podía preverse una reacción contraria de las otras Ordenes Religiosas, convocó el Gobernador el día 30 al br. Pedro José Sánchez, Juez Eclesiástico de la ciudad, y a los dos superiores arriba citados a fin de informarles que "la disposición de S. M. se limita a los Religiosos jesuitas" y además para solicitar su colaboración ante las respectivas comunidades aduciendo como razón que los decretos del Rey se debían "considerar fundados en graves y justas causas"[124].

El mismo día 30 se designa al Maestre de Campo de las Milicias de Maracaibo, don Tiburcio Lorenzo de Campos, como responsable del embargo de las haciendas de los Marañones y de Santa Cruz, sitas en las inmediaciones de Gibraltar, al sur del Lago[125]. Asimismo se le asignaron idénticas funciones a don Jerónimo Villasmil, alcalde de la Santa Hermandad, para el hato y hacienda que se halla "en el partido del Melonal, Sabanas de esta ciudad"; y el propio don Alonso del Río se reservó las acciones pertinentes para El Tejar, "que se halla al frente de esta ciudad en la margen de la Laguna"[126].

---

[122] ANCh. *Jesuitas*, 205. *Remisión de Autos*, fol., 17v.
[123] ANCh. *Jesuitas*, 205. *Remisión de Autos*, fol., 17v.
[124] ANCh. *Jesuitas*, 205. *Remisión de Autos*, fol., 18.
[125] ANCh. *Jesuitas*, 205. *Remisión de Autos*, fol., 18v-19.
[126] ANCh. *Jesuitas*, 205. *Remisión de Autos*, fol., 19.

Las comisiones ad hoc comenzaron a actuar el 1 de julio[127]. Y el día 6 se hallaban "evacuados los inventarios de todo lo que se ha encontrado existente perteneciente a la casa-residencia"[128]. Con todo, ese mismo día exigían al Superior "una razón o informe jurado de todo lo que fuere conducente a esta residencia, así por razón de dependencias como por otra cualquiera causa o motivo"[129]. Mas, sólo el día 12 de julio podría entregar el P. Matías Liñán toda una relación jurada de lo solicitado[130].

El 20 de julio, el Guardián del convento de San Francisco se veía en la obligación de informar al Gobernador que el H. Lorenzo Rey "además de su muy crecida y avanzada edad, está padeciendo graves accidentes habituales que lo tienen imposibilitado para poder seguir cualquiera destino que se le dé por mar o tierra, y que según el estado en que se halla [si] su Señoría intenta ponerlo en alguna marcha será exponerlo a que muera en ella"[131].

Ante esta situación, don Alonso del Río envió a don Jaime Noguer, cirujano de la tropa del Presidio y Castillos, junto con don Juan Vidal y don Luis de Mendoza "que profesan el arte de Cirugía y Medicina" a realizar el reconocimiento oficial del achacoso y viejo jesuita holandés[132]. El dictamen médico obligó a recluir al jesuita en el Hospital el día 23 de julio y allí fallecería, unos meses más tarde, el 17 de febrero de 1768[133].

Y el 1º de agosto de 1767 se cerraría el ciclo de la presencia jesuítica en tierras marabinas con el deseo de convertirse en parte de su cultura. El Escribano Durán, anexó al expediente que tanto hemos utilizado la siguiente nota: "Que hoy, primero de agosto de 1767, salieron de esta

---

[127] ANCh. *Jesuitas*, 205. *Remisión de Autos*, fol., 19v.
[128] ANCh. *Jesuitas*, 205. *Remisión de Autos*, fol., 34v.
[129] ANCh. *Jesuitas*, 205. *Remisión de Autos*, fol., 34v.
[130] ANCh. *Jesuitas*, 205. *Remisión de Autos*, fol., 50v.
[131] ANCh. *Jesuitas*, 205. *Remisión de Autos*, fol., 51.
[132] ANCh. *Jesuitas*, 205. *Remisión de Autos*, fol., 52.
[133] José DEL REY FAJARDO. *Los jesuitas en Venezuela*. Tomo II: *Los hombres*. Caracas-Bogotá (2007) 279.

ciudad para la de Caracas o Puerto de La Guayra al cargo y cuidado del Alférez Don José Antonio Luzardo con cuatro soldados de la tropa de este Presidio, siete religiosos de la Compañía de Jesús (...) y en virtud de lo mandado pongo la presente nota y de ello doy fe"[134].

Misión del Orinoco. Con respecto a la documentación relativa a la expulsión de los jesuitas de la Misión del Orinoco debemos manifestar que, todavía hoy, constituye el hecho histórico más desprovisto de información a pesar de que en nuestro Archivo General de la Nación se conserven los *Papeles de Centurión*[135]. Sin embargo, nos consta que los expedientes se levantaron según lo pautado y remitidos a España en dos remesas: la primera el 20 de julio y la segunda el 29 de septiembre de 1767; de ello da testimonio la correspondencia cruzada entre el Conde de Aranda y el Gobernador Don Manuel Centurión[136].

El 8 de enero de 1768 escribía desde Madrid el Presidente del Consejo: "He recibido *el Quaderno de diligencias* que V. S. me remite en su carta de 20 de julio practicadas por V. S. para el extrañamiento de los Regulares de la Compañía de las Misiones que ocupaban en el Orinoco, ocupación de sus bienes y substitución de los Capuchinos Andaluces"[137].

Y el 19 de febrero –42 días más tarde– volvía a oficiar Aranda al mandatario guayanés: "Con la de Usted del 25 de septiembre pasado *he recibido la Segunda Pieza de los Autos* obrados (...) y he mandado pasar al Consejo en el Extraordinario, para que se reconozca con sus antecedentes"[138].

---

[134] ANCh. *Jesuitas*, 205. *Remisión de Autos*, fol., 53v.

[135] AGN (Caracas). *Papeles del Gobernador Centurión, 1766-1776*. Tomo único. ANCh. *Jesuitas*, 446. *Expulsión de los Misioneros del Orinoco*. Se trata del primer expediente levantado por el Gobernador Centurión en el momento de ejecutar el acto regio.

[136] Astrid AVENDAÑO VERA. "Centurión Guerrero, Manuel". En: FUNDACION POLAR. *Diccionario de Historia de Venezuela*. Caracas, Fundación Polar, I, 774-775.

[137] AGN. *Papeles del Gobernador Centurión*, fol., 70.

[138] AGN. *Papeles del Gobernador Centurión*, fol., 73. (El subrayado es nuestro), ahí mismo aprueba que hubiera puesto en venta todos "aquellos efectos sujetos a corrupción por la humedad y calor de ese país".

El día 30 de mayo de 1767 recibía Don Manuel Centurión el *Pliego-Reservado*, pero solamente vino a abrirlo, según las instrucciones, el 14 de junio y fue entonces cuando tuvo conocimiento de su contenido. Ese mismo día se puso en camino, con cuatro embarcaciones, a fin de remontar las 160 leguas que separaban Carichana de la ciudad de Guayana[139].

Llegado a la capital de las misiones jesuíticas orinoquenses el día 2 de julio esperó "a la hora que se levantaban los Padres de la siesta" para introducirse en la residencia del Superior "tomando con la tropa de mi confianza las avenidas internas, sin dar lugar a que se abriese la iglesia, la cual se mantiene y se mantendrá cerrada mientras se hallan aquí estos religiosos"[140].

El día 2 de julio de 1767 la situación que encontró Centurión fue la siguiente: En Carichana habitaban: el Superior, P. Francisco Riberos, el P. José María Forneri, Procurador, y el P. Everardo Henstebeck, doctrinero. En la Urbana residía el P. Juan Bautista Polo; en Cabruta seguía el P. Antonio Salillas; en la Encaramada el P. Felipe S. Gilij; en San Borja el P. Sebastián Rey; y en el Raudal de Atures, el P. Pedro Español[141].

Reunidos en la sala principal los tres jesuitas presentes en ese momento en Carichana les intimó el Gobernador el real decreto, privándoles después "de toda comunicación externa con persona alguna de palabra o escrito". Exigió del Superior que mandara llamar al resto de los misioneros "a fin de que se restituyan a esta casa instantáneamente, sin otra expresión".

Posteriormente procedió a la ocupación judicial de todos sus bienes. Concluyó sus labores del día 2 tomando la siguiente providencia para reemplazar a los expulsos: "... despaché sujeto de toda confianza

---

[139] Para la expulsión de los jesuitas del Orinoco sólo disponemos del primer informe levantado por Centurión que se conserva en el Archivo Nacional de Chile. *Jesuitas*, 446. El documento lo publicamos en: DEL REY. *Documentos jesuíticos*, III, 53-60.
[140] DEL REY. *Documentos jesuíticos*, III, 57.
[141] DEL REY. *Documentos jesuíticos*, III, 57-58.

con carta ordinaria a los Rdos. PP. Capuchinos Andaluces, misioneros destinados para la conversión del Alto Orinoco y Río Negro que se hallan en el de Cabruta por orden del Gobernador y capitán general de la Provincia de Caracas, don José Solano, dirigidos a mi disposición, para que sin la menor pérdida de tiempo pasen a esta de Carichana en donde se les destinará interinamente al servicio de las funciones parroquiales de las iglesias y pueblos que han evacuado los jesuitas en esta Provincia, hasta nueva disposición"[142].

A partir del día 3 se fueron reuniendo en Carichana los misioneros de la Urbana, San Borja y Atures; y el teniente de infantería D. Pedro Felipe de Llamas arrestó en la Encaramada a los Padres de Cabruta y de esa población, de forma tal que al bajar a Guayana se les unieron estos dos misioneros.

Sólo por el testimonio directo del P. Forneri podemos precisar la fría información de Centurión. El jesuita italiano atendía a los yaruros en Atavaje [Tabaje], a 3 leguas de Carichana, y su población ascendía a 600 almas. Y narrará años después el misionero: "La dicha población quedó desierta el mismo día que don Manuel Centurión me arrestó en Carichana. A esta población ... había ido, cuando en ella encontré al dicho gobernador, que había venido para arrestar a los misioneros jesuitas. Luego que los yaruros supieron mi arresto, huyeron de su población, en la que al día siguiente no encontraron ninguno los soldados"[143].

Colegio de Mérida. El día 11 de julio de 1767 don Ángel Rangel, Teniente de Gobernador y Justicia Mayor de Mérida, acompañado del Escribano de Cabildo y de cinco testigos de excepción, "entre las cinco y seis de la mañana", se introdujo en el colegio San Francisco Javier para intimar la expulsión de sus moradores y la confiscación de todos

---

[142] DEL REY. *Documentos jesuíticos*, III, 59.
[143] Lorenzo HERVÁS Y PÁNDURO. *Catálogo de las Lenguas de las naciones conocidas.* Madrid, I (1800) 227.

sus bienes de acuerdo con lo exigido por la *Pragmática Sanción* de 2 de abril del mismo año[144].

Aunque la comunidad se componía de 5 jesuitas, en el momento de la intimación del decreto de Carlos III sólo encontraron a 3 sacerdotes: el P Manuel Collado, Rector; el P. Vicente Monerris, Profesor de Gramática; y el Padre Javier de Eraso que se encargaba del manejo de la casa y de la Iglesia. Ausentes se encontraban el P. Blas de Aranda en la hacienda del Paguey, cerca de Barinas[145] y el H. José Rubio, encargado de la Hacienda de los Marañones[146], al que la ejecución de la *Pragmática-Sanción* le sorprendió en Maracaibo[147].

A fin de poder llevar a cabo la "cesárea decisión" en la persona del P. Blas de Aranda, que debía encontrarse en el Paguey[148], remitió desde Mérida el 14 de julio don Ángel Rangel un exhorto a don Juan Francisco de la Torre, Teniente Gobernador y Justicia Mayor de Barinas, con los instrumentos legales pertinentes. Muy diligente se mostró don Juan Francisco de la Torre en "la captura" del P. Aranda pues el día 21, "como a las seis de la tarde", daba por recibido el "exorto" en la ciudad de Boconó[149] y a las cinco de la mañana del día siguiente se apersonaba en el Paguey donde llegó a media noche

---

[144] Ildefonso LEAL. "El colegio de los jesuitas en Mérida, 1628-1767". En: *Revista de Historia*. Caracas, N° 25 (1966) 45. Lamentablemente el autor no señala la fuente archivística de donde sacó el documento que publica.

[145] LEAL. *Art. cit.*, 46-47.

[146] ANCh. *Jesuitas*, 205. *Resumen de las 2 Piezas de Autos de ocupación e inventario que se practico en el Colegio de la Ciudad de Mérida.* Fol., 21v.

[147] ANCh. *Jesuitas*, 205. *El Gobernador don Alonso del Rio sobre Remisión de Autos de expulsion y ocupacion de templos de Regulares de la Compañía.* Fol., 9v.

[148] El expediente reposa en el Archivo Arquidiocesano de Mérida. *Religiosos*, caja 1718-1792. *Año de 1767. Diligencias obradas sobre la expulsa de los Reverendos Padres Jesuitas desta ciudad de Barinas. Juez de la causa el Señor Teniente Gobernador Juan Francisco de la Torre.* Fols., 3-29. Véase el fol., 4.

[149] AAM. *Religiosos*, caja 1718-1792. *Doc. cit.,* fol. 3.

> "y al querer venir el día llegué hasta la hacienda, y puestas guardias en todas las puertas y demás partes necesarias, aguardé se abriese la primera puerta, y entrando dentro sin consentir saliese persona alguna pregunté a un sirviente por el R. P. Blas de Aranda a lo que el fámulo me respondió no hallarse dicho Padre en esta hacienda por haberse transportado a la Parroquia de Sn Nicolás de Obispos en esta jurisdicción a ponerse en cura por hallarse gravemente enfermo"[150].

De inmediato procedió a levantar el inventario del Paguey sirviéndose del mayordomo de ella[151]; mas, para acelerar el proceso, dejó a don Florencio Fernández de Toro encargado de la hacienda y de concluir el inventario[152] a fin de poder él, personalmente, dar con el jesuita buscado. Relatamos al por menor la "captura" del P. Blas de Aranda porque revela el espíritu y la forma como procedieron muchos funcionarios regios en la expulsión de los jesuitas.

El 24 de julio dirigió sus pasos don Juan Francisco de la Torre hacia Obispos[153] de forma tal que al amanecer del 25 podía presentarse ante la morada de don Juan José Paredes, cura de la ciudad. Una vez dentro y conducido a la presencia del P. Blas de Aranda le intimó el decreto;

> ... respondió el dicho R. Padre que lo obedecía y obedeció en todo ... y que aunque se sentía gravemente enfermo inhábil de seguir marcha no por eso se oponía al destino que se le diese en cuya consecuencia le previne al R. Padre se aprestase para seguir su marcha en este día para la ciudad de Barinas y en el de mañana para Maracaibo[154].

El jesuita, a pesar del estado de salud en que se encontraba, tuvo que responder por el inventario rendido por el mayordomo del Paguey, por las pertenencias que portaba consigo, por las deudas y débitos de la

---

[150] AAM. *Ibidem,* fols., 4-5.
[151] AAM. *Ibidem,* fols., 5-5v. El inventario corre del fol., 6 al 11.
[152] AAM. *Ibidem,* fol., 11v.
[153] AAM. *Ibidem,* fol., 12v.
[154] AAM. *Ibidem,* fols. 13-13v.

hacienda a su cargo[155]. No se contentó con eso don Juan Francisco de la Torre sino que ese mismo día

> habiendo como a las tres de la tarde determinado seguir la marcha prevenida con el R. P. Blas de Aranda para la ciudad de Barinas y comenzando a practicar las diligencias llegó el Sr. Dr. Juan Joseph Paredes muy compasivo diciéndome que al dicho R. Padre se le había agravado la enfermedad de tal modo que pretendiendo él levantarse de la cama le acaeció un desmayo o cortamente por lo que dicho Señor Dr. tenía a imposible el que se pudiese transportar en la ocasión y así, aun para después, era necesario algún tiempo para hacerse unos remedios y que de seguir marcha era evidente el riesgo de la vida en cuya atención me sirviere prolongar algunos días ínterin dicho Padre se medicinaba y que para ello dicho Señor Doctor estaba pronto a fiar la persona de dicho Padre con todo su caudal que otorgaría escritura de fianza a cuya exclamación no obstante de haber pasado yo y visto lo acaecido y macilento que se hallaba dicho Padre hice llamar a Don Luis de la Ladra, natural de los Reinos de Francia que profesa el arte de la Medicina... para que le visitase y reconociese y habiéndolo efectuado expresó que en el fuero de su conciencia era de sentir que si el dicho Padre se ponía en camino tenía evidente riesgo de la vida por lo que considerando la magnanimidad de Nuestro Rey y Señor en el tratamiento de sus vasallos y por consiguiente que el dicho Señor Doctor es de las personas más acaudaladas que tiene esta jurisdicción de Barinas por tanto se le admite la fianza del R. Padre ínterin esta apto de seguir su destino[156].

El 28 de julio había regresado el fiel Teniente Gobernador de Barinas de nuevo en el Paguey[157] con el objeto de proseguir los inventarios pendientes de la sabana con sus animales. También inventarió ese día la Laguna; el 29 San Silvestre; y el 1° de agosto Mata Azul[158]. Y el 2 de

---

[155] AAM. *Ibidem*, fols., 13v.-15.
[156] AAM. *Ibidem*, fols., 15-16.
[157] AAM. *Ibidem*, fol., 18v.
[158] AAM. *Ibidem*, fols., 19-10v.

agosto podía hacer entrega a don Florencio Fernández del Toro, como depositario, de "toda la hacienda a excepción de lo que puede suceder por ser prendas con pies"[159].

Poco le iba a durar al P. Aranda la tregua conseguida por el valiente Párroco de Obispos. Al recibir don Juan Francisco de la Torre el día 22 de agosto una carta del Gobernador del Maracaibo, con fecha 27 de julio, en la que le ordenaba remitiera al jesuita a Puerto Cabello acompañado de un cabo y un soldado[160] procedió de inmediato a cumplir la orden. Mas, sólo el 7 de septiembre descansaría el teniente Gobernador de Barinas al ver partir al P. Blas de Aranda camino de su destierro definitivo[161]. Pero, antes de abandonar Obispos el jesuita merideño dejaría constancia de que

> ... dicho Señor Teniente tambien me ha entregado un manteo nuevo de safa [sarga] negra o burato, dos camisas de bretaña, dos pares de calzoncillos blancos de lo mismo, dos fundas de almohada de lo propio, una ruana de agua, un par de zapatos todo lo cual mandó hacer nuevo el Señor Teniente. Después de firmado el antecedente recibo el P. Blas de Aranda hizo representación me sirviese de darle quince pesos de plata para comprar pollos y otras cosas necesarias que pudiera ofrecerse en el camino y que esto siempre se acostumbraba en todos los colegios cuando algún R. Padre salía de uno a otro[162].

El día 11 de julio de 1767 comisionaba Don Ángel Rangel a Francisco Javier de Osuna para llevar a cabo la incautación de los bienes de los jesuitas de las Haciendas de Las Tapias, San Jacinto y Santa Catalina con la orden expresa de inventariar "tierras, labores, ganados y demás utensilios de dichas haciendas". Y una vez concluida su misión debía poner todo "en fiel depósito" de don Enrique Dávila[163]. El día 13 entregaba

---

[159] AAM. *Ibidem,* fols., 21-21v.
[160] AAM. *Ibidem,* fol, 22.
[161] AAM. *Ibidem,* fol., 25.
[162] AAM. *Ibidem,* fol., 26.
[163] LEAL. *Art. cit.,* 62-63.

el inventario de Las Tapias[164], el 14 los de Santa Mónica y Santa Catalina[165] y el 15 el de San Jacinto[166]. Por otra parte fue don José Quintero el encargado de realizar idénticas funciones en Cacute alto, Cacute bajo y San Gerónimo[167].

No hemos podido precisar la fecha en que los moradores del colegio San Francisco Javier abandonaron Mérida pero nos consta que el 26 de julio se encontraban en la ciudad de Maracaibo. Y el 1 de agosto, las comunidades de Mérida y Maracaibo seguirían[168], tras tocar en Puerto Cabello, a unirse con los jesuitas que ya habían ido llegando a la ciudad porteña desde las misiones del Orinoco. Y en el caluroso puerto guayreño se les uniría después el P. Blas de Aranda.

---

[164] LEAL. *Art. cit.*, 67.
[165] LEAL. *Art. cit.*, 67-69.
[166] LEAL. *Art. cit.*, 69-70.
[167] LEAL. *Art. cit.*, 71-74.
[168] ANCh. *Jesuitas*, 205. *Remisión de autos,* fols., 53-53v.

CAPÍTULO 2º
EL ITINERARIO DE LA MUERTE DE LA PROVINCIA DEL NUEVO REINO: DEL MAR CARIBE AL MAR ADRIÁTICO

La literatura que a diario escriben los exilios y las disidencias de los hombres que piensan con espíritu crítico o que actúan de acuerdo con las exigencias de su conciencia se puede afirmar que cada día amplía sus fronteras. Esta página negra de la historia humana pareciera estar sentenciada a condena perpetua a pesar de que también existen movimientos liberadores que luchan por su exterminio.

Entre las disidencias y exilios vividos en la España moderna no podemos pasar por alto la expulsión, expropiación y exilio de los casi 5.000 jesuitas que el 2 de abril de 1767 ingresaron a esa, al parecer inagotable, historiografía[169].

En el capítulo anterior hemos seguido la intimación de la *Pragmática Sanción*, firmada el 2 de abril de 1767 por el rey Carlos III, en cada uno de los domicilios que regían los seguidores de Ignacio de Loyola en la denominada Provincia del Nuevo Reino de Granada (Colombia, Venezuela y República Dominicana).

Antes de entrar en materia juzgamos oportuno aducir un texto de Andrés Muriel "panegirista del Gobierno de Carlos III" que traduce un sentimiento muy generalizado: "Por fin, aun cuando la supresión del Instituto hubiese sido necesaria, no había por qué ostentar aparato en ella; por qué arrojar de sus colegios en una misma noche a todos los miembros de tan numerosa corporación sin ninguna distinción; arrancar

---

[169] Antonio MESTRE SANCHÍS y Enrique GIMÉNEZ LÓPEZ (eds.). *Disidencias y exilios en la España moderna*. Alicante, Caja de Ahorros del Mediterráneo-Universidad de Alicante, 1997.

de sus celdas a hombres venerables que consagraban su vida al estudio y a la enseñanza, en que hacían tan señalado servicios a las letras; no respetar la ancianidad, ni dolencia, ni saber, ni virtud; conducir escoltados con tropa hasta los puertos del mar a religiosos ejemplares, cual si fueran reos de Estado, o temibles facinerosos, fue una providencia que mostraba, no energía, sino miedo pueril por parte del Gobierno, si es que hubo sinceridad en tan excesivas precauciones; fue, vuelvo a decir, injusto atropellamiento, medida propia solamente de los Estados acometidos de la fiebre revolucionaria..."[170].

Las itinerancias impuestas por el exilio constituyen relatos de la aventura humana, que por una parte se erigen como invalorables testimonios históricos y por otra parte enriquecen la literatura de las migraciones de expatriados convertidos en apátridas por decreto de los despotismos o de las intolerancias.

Un modelo de esta nueva historiografía nos la presenta Carlos A. Page en su reciente libro *Relatos de exilio*[171] que recoge toda esa rica y compleja gama de producción de historia y literatura testimoniales escritas por los jesuitas de lo que fue la "Provincia del Paraguay"[172].

En el presente capítulo dejaremos constancia de las rutas terrestres y marítimas recorridas por esta caravana errante en busca de un país que les diera asilo. Fue una peregrinación que se inició el día 12 junio de 1767 y que conllevaría casi 13 meses de itinerancias por el Atlántico y el Mediterráneo con las obligadas paradas en La Habana, Puerto de Santa María e Isla de Córcega.

---

[170] Citado por José Manuel GROOT. *Historia eclesiástica y civil de Nueva Granada*. Escrita sobre documentos auténticos. Bogotá, Casa Editorial de M. Rivas & Cª., II (1890) 93-94.

[171] Carlos A. PAGE. *Relatos de exilio. Memorias de los jesuitas expulsos de la antigua Provincia del Paraguay*. Asunción del Paraguay, Consejo Superior de Investigaciones Científicas de España-Fundación Carolina-Consejo Nacional de Investigaciones Científicas y Tecnológicas, 2011.

[172] Modernamente corresponde a los siguientes países: Paraguay, Uruguay, Bolivia y Argentina.

Finalmente, esta "mercancía no deseada y sin gran valor", al decir de los funcionarios hispanos, concluiría en las tierras que se asoman al mar Adriático, mirando hacia la Grecia clásica, a finales del mes de septiembre de 1768 en la denominada "Legación de Urbino".

Mas, para poder dibujar un mapa que recoja la geografía del destierro de los jesuitas neogranadinos expatriados habría que graficarlo de la siguiente manera: En primer lugar, los caminos terrestres y fluviales que tuvieron que recorrer los expulsos hasta llegar a los puertos continentales de embarque: Cartagena para Colombia y La Guayra para Venezuela. Las rutas atlánticas establecían un puente logístico entre La Habana y el Puerto de Santa María en la Bahía de Cádiz. Las rutas mediterráneas significaron el periplo comprendido entre el Puerto de Santa María y los Estados Pontificios que se asoman al mar Adriático con el trampolín de la Isla de Córcega.

Sin embargo, a fin de evitar difusas explicaciones a la hora de comprender el deambular de los expulsos por los espacios del Mediterráneo, hemos juzgado oportuno introducir una breve referencia a las causas que motivaron tan complejos y a veces improvisados movimientos de las "masas jesuíticas" porque de facto no se les puede aplicar otra denominación.

I. LAS RUTAS CONTINENTALES

Las rutas americanas tuvieron su punto final en dos puertos costeros: el caraqueño de La Guayra que dio acogida a todos los ignacianos que laboraban dentro del actual territorio nacional venezolano: los colegios de Caracas, Maracaibo, Mérida y las Misiones de la Orinoquia y a ellos se unirían los integrantes de la comunidad del colegio de Pamplona. Mientras que en la Perla del Caribe se dieron cita los jesuitas que habían desempeñado sus funciones educativas y religiosas en Cartagena, Mompox, Honda, Antioquia, Tunja y Bogotá.

Puerto de La Guayra. Al Puerto de La Guayra irían llegando 5 grandes oleadas de jesuitas que utilizarían este lugar como embarque para la ruta atlántica.

La primera remesa se llevó a cabo en 1767 y se redujo a los habitantes del colegio caraqueño. El 15 de junio les fue intimado el decreto-ley real[173].

Y en el puerto guayreño esperarían hasta el día 11 de julio, fecha en que iniciarían el paso del Atlántico[174]. El capitán y maestre de la fragata San Francisco Javier, propiedad de la Compañía Guipuzcoana, declara el 11 de julio que: "... he recibido del... Comandante de este Puerto, por orden del Señor Don Joseph Solano, Gobernador de esta Provincia de Venezuela, a bordo de dicha fragata las personas de los RR. PP. Jesuitas de la fundación y casa de Caracas, a saber [incluye la información exacta sobre los 7 jesuitas] (...). Los cuales religiosos he de entregar en el Puerto de Santa María a disposición de el Señor Comisario que allí tiene por S. M. el encargo de recibirlos, a cuyo cumplimiento obligo mi persona y bienes y quiero dejar sujeto a las penas que en caso de no hacerlo se me impusieren"[175]. Tal noticia se la confirma, en la misma fecha, don José Solano al Conde de Aranda[176].

La segunda remesa la compondrían los misioneros del Orinoco cuyo itinerario lo conocemos por el P. Felipe Salvador Gilij: Llegados a Guayana los 8 jesuitas el 20 de julio mandó el Gobernador "se trasbordasen a la goleta de Gaspar Vidal" y bajo las órdenes del teniente Pedro Felipe de Llamas "con dos cabos, ocho soldados de su satisfacción y

---

[173] Cfr. J. DEL REY FAJARDO. *La pedagogía jesuítica en la Venezuela hispánica*. Caracas (1979) 33-39.

[174] Los siete jesuitas eran: José Pagés, Francisco Javier Otero, Manuel Parada, Demetrio Sanna, Francisco Aguilar, Francisco Mas y Miguel Schlessinger.

[175] AHN. *Jesuitas*, 128/4. *El Señor Fiscal sobre remisión a Contaduría de los autos de extrañamiento y ocupación de temporalidades de los Regulares de la Compañía por lo respectivo a este Colegio*, fol., 6.

[176] AHN. *Jesuitas*, 128/4. *Doc. cit.,* fol., 9v.

pasaporte e instrucción de S. S. saliesen para el puerto de la Guaira"[177] a donde arribaron el 4 de agosto de 1767[178]. Allí permanecerían 7 meses recluidos en el convento de los franciscanos[179]. Y el viaje a España lo realizarían 39 jesuitas el día 7 de marzo de 1768.

La tercera provenía de las Misiones denominadas de Meta y Casanare y fue mucho más complicada por las dilatadas extensiones de su geografía.

El gobernador Francisco Domínguez de Tejada, encargado de la expulsión de los ignacianos de los inmensos territorios a él encomendados, describía la acción el 6 de noviembre de 1767 de la siguiente manera: "impendió … ciento catorce días, contados desde el en que salí de Chire, y en precisa ocupación gasté ochenta y ocho, de los cuales los treinta y ocho ocupé en transitar por tierra y agua desde Santiago [de las Atalayas] a la primera residencia de los expatriados llamada Tocaría, y de esta a los pueblos de la misión de Casanare y hacienda de Caribabare, de donde seguí a la Misión de Meta y Hacienda de Gravo hasta verificar su embarque y remisión al Gobernador de Venezuela por medio del Comandante de Guayana, en cuyas distancias se cuentan por lo menos trescientas leguas de camino de ida y vuelta[180].

Pero si descendemos a lo concreto trazaremos la siguiente ruta.

El 17 de septiembre, firmaba las respectivas instrucciones el Gobernador de Santiago de las Atalayas para don Andrés de Oleaga[181]. Debía estar acompañado del Alcalde Ordinario de Santiago, don Andrés Ramírez, y diez hombres que "llevarán las armas defensivas y ofensivas". Planificaba asimismo el viaje que debía hacerse por tierra hasta Puerto

---

[177]   DEL REY. *Documentos jesuíticos*, III, 60.
[178]   GILIJ. *Ensayo de Historia Americana.* Bogotá, Academia Colombiana de Historia, IV (1955) 338; I, 33.
[179]   GILIJ. *Ensayo de Historia americana*, IV. 35.
[180]   ANB. *Conventos*, t., 29, fol., 205v.
[181]   ANB. *Conventos*, t., 29. *Testimonio de autos…*, fols., 787-792.

de Garcitas, en el río Gravo, en donde debían aguardar tanto las embarcaciones provenientes del río Meta como los 4 religiosos de los descalzos de San Agustín que sustituirían a los jesuitas. Y, antes de seguir adelante, deberían esperar al primer miembro de la Compañía de Jesús a quien se le intimaría la expulsión en Tocaría[182]. Además, Don Jaime de Hosta debía recoger los misioneros de Apiay y San Juan de los Llanos y debía esperar en Giramena para trasladarse después a Gravo[183]. Contemplaba, asimismo, instrucción que debía adelantar dos hombres a Surimena, Macuco y Casimena "para que unidos con otros dos de los que deben haber en ellos de su escolta, se mantengan allí con disimulo hasta que vuestra merced llegue"[184].

El 2 de octubre se apersonaba Oleaga y su gente en la Procuraduría de Gravo[185], atendida por el P. Martín Soto Río.

Para el día 5 de octubre ya había llegado don Jaime de Hosta con los 3 jesuitas a él encomendados[186].

El 8 de octubre se hallaba Oleaga en Surimena en compañía de los "ocho militares que me siguen" y del P. Agustín de la Encarnación quien debería suplir al P. Cayetano Pfab[187]. El Superior de las misiones precisaría que no sólo el hato es propiedad de los indios sino también las alhajas de la escuela y las herramientas de la carpintería y herrería[188]. Tres días más tarde, el 11 de octubre, remitía a la hacienda de Gravo al

---

[182] ANB. *Conventos*, t., 29. *Testimonio de autos...*, fol., 787v-788.

[183] ANB. *Conventos*, t., 29. *Testimonio de autos...*, fol., 778. En el fol., 784v se especifican mejor las poblaciones asignadas a Hosta: Apiay, Giramena y Guycán. Sin embargo, en la Instrucción de Domínguez (n. 5) sólo se hace mención de los misioneros de Apiay y Giramena.

[184] ANB. *Conventos*, t., 29. *Testimonio de autos...*, fol., 789v.

[185] ANB. *Conventos*, t., 29. *Testimonio de autos.*, 792v.

[186] ANB. *Conventos*, t., 29. *Testimonio de autos...*, fol., 808.

[187] ANB. *Conventos*, t., 29. *Testimonio de autos...*, fol., 809-809v.

[188] ANB. *Conventos*, t., 29. *Testimonio de autos...*, fol., 815.

P. Pfab "bajo custodia y amparo de don Francisco Javier Sánchez a la hacienda de Gravo con dos militares y seis bogas"[189].

El día 11 por la tarde podía hacerse presente el Comisionado en Casimena en compañía del P. José Joaquín de los Dolores, misión al cuidado del P. Juan Silvestre Baños[190]. Concluidos los inventarios, el jesuita fue conducido el día 14 a Cravo[191].

El 15 de octubre alcanzaba el Contador de la Real Hacienda de Guayana el último pueblo jesuítico de la demarcación, San Miguel de Macuco en compañía de Fray Pedro de la Santísima Trinidad[192]. También el P. Roque Lubián, una vez enterado del extrañamiento, rompió todos los papeles "considerando no ser necesarios" y añade: "... y que por lo mismo también repartió entre los dichos indios, luego que tuvo noticia, todo lo que se hallaba en su poder en que no tuvo que detener la consideración por constarle pertenecer a ellos y no haber sido más que un Administrador, por la poca capacidad y alcances que tiene la nación saliva, como todos los demás, para cuidar, conservar y adelantar haciendas, y por esta razón se eximió de todo y quedó únicamente con lo que reza dicho inventario en su casa"[193].

El día 17 era remitido a Gravo al P. Lubián "en una curiara con siete militares" hasta Gravo[194].

En las misiones de Casanare verificamos la siguiente cronología.

El 2 de octubre se presentaba en Pauto don Francisco Domínguez de Tejada, "Gobernador, Justicia Mayor y Corregidor de la Provincia de Santiago de las Atalayas y Llanos de Casanare y Juez en ella", con la

---

[189] ANB. *Conventos*, t., 29. *Testimonio de autos...*, fol., 816.
[190] ANB. *Conventos*, t., 29. *Testimonio de autos...*, fol., 819v-820.
[191] ANB. *Conventos*, t., 29. *Testimonio de autos...*, fol., 832.
[192] ANB. *Conventos*, t., 29. *Testimonio de autos...*, fol., 835.
[193] ANB. *Conventos*, t., 29. *Testimonio de autos...*, fol., 843.
[194] ANB. *Conventos*, t., 29. *Testimonio de autos...*, fol., 845v.

asistencia de Fray Custodio García, franciscano, a fin de intimar la expulsión al P. Manuel del Castillo quien ejercía como cura del pueblo[195].

El 7 de octubre le tocaba al P. Manuel Padilla, cura de San Ignacio de Betoyes, ser víctima de la decisión del rey Carlos III y como en la anterior reducción fue el propio Gobernador acompañado de fray Pedro Sánchez, dominico[196].

El 9 de octubre firmaba fray José Zabala el inventario de la hacienda de Caribabare[197], la mejor y más extensa de todas las misiones jesuíticas llaneras[198] en presencia del gobernador don Francisco Domínguez de Tejada.

El 11 de octubre de 1767 se llevaba a cabo la misma "decisión cesárea" en Tame. El "extrañado" era el P. Antonio de Ayala y era suplantado por Fray Juan de Dios Torres de la Orden de Santo Domingo[199].

El 15 de octubre diligenciaba el Gobernador la entrega del curato de San Javier de Macaguane con la asistencia de Fray Francisco Cortázar de la Orden de Santo Domingo y en presencia del jesuita José Gereda[200].

No hemos podido precisar las fechas exactas, aunque dentro del mismo mes de octubre, del pueblo de San Salvador del Puerto entregado

---

[195] ANB. *Fábrica de Iglesias*, 17, fol., 86.

[196] ANB. *Temporalidades*, 13, fols., 218-224v. En 1775 su misionero fray Domingo de Acuña también levantaría su propio inventario (ANB. *Conventos*, 50, fols., 101-102).

[197] AGN. *Temporalidades*, t. 5, fol., 678. La trascripción del documento en: Héctor Publio PÉREZ ÁNGEL. *La hacienda de Caribabare. Estructura y relaciones de mercado 1767-1810*. Yopal (Casanare) (1997) 229-262.

[198] Véase para comprender su extensión: Héctor Publio PÉREZ ÁNGEL. *La hacienda de Caribabare. Estructura y relaciones de mercado 1767-1810*, 69-75.

[199] ANB. *Conventos*, 32, fol., 403. *Temporalidades*, t. 15, fol., 974v. Es necesario hacer referencia al Inventario que levantó el P. Juan de Dios Torres en 1775 (ANB. *Conventos*, 50, Fol.., 89 y ss).

[200] ANB. *Conventos*, 34, fols., 778-804v. *Temporalidades*, t. 15, fol., 975v.

a fray Tomás Delgado²⁰¹ y del de Nuestra Señora del Pilar de los Tunebos encomendado a Fray Sebastián Pastor²⁰².

Y conforme fueran "desposeyendo" a los jesuitas de sus reducciones deberían ir remitiéndolos a la hacienda de Gravo"²⁰³. Y en esta localidad se congregarían los jesuitas de Meta y Casanare a fin de seguir de allí, todos juntos, a Cabruta²⁰⁴, Guayana, el Delta del Orinoco y La Guayra.

El día 2 de diciembre de 1767 se encontraban los expatriados en Guayana y allí se comprometía don Sebastián de Espinosa ante don Manuel Centurión a entregar en La Guayra a los 14 jesuitas provenientes de las misiones llaneras y a transportarlos en la balandra *El Violón* hasta el puerto caraqueño²⁰⁵.

En total fueron 22 los misioneros a quienes se les aplicó la Pragmática Sanción: 9 pertenecientes a la Misión de Casanare; 5 al Meta y 8 al Orinoco. Por nacionalidades: 9 eran españoles, 8 neogranadinos, 3 italianos, 1 bávaro y 1 alemán. De ellos: el P. Antonio Ayala no pudo seguir a los demás al destierro pues sus enfermedades le obligaron a permanecer en Pore²⁰⁶. El P. Francisco Riberos falleció en La Guayra mientras esperaba proseguir el viaje para el exilio²⁰⁷. De los dos alemanes

---

[201] ANB. *Temporalidades*, t. 15, fol., 975v.

[202] AGN. *Temporalidades*, t. 15, fol., 973v.

[203] ANB. *Conventos*, t., 29. *Testimonio de autos...*, fol., 790-790v.

[204] ANB. *Conventos*, t., 29. *Testimonio de autos...*, fol., 791v.

[205] ANCh. *Jesuitas*, 446. (En: DEL REY FAJARDO. *Documentos jesuíticos*, III, 55-56). Los nombres de los jesuitas expulsos y registrados en Guayana en el documento citado son: José Gereda. Manuel Castillo. Manuel Padilla. Manuel Álvarez. Ignacio Barrios. Martín Rubio. Juan Francisco Blasco. Cayetano Pfab. Roque Lubián. Juan Silvestre Baños. Martín de Soto Río. Miguel Blasco. Bonifacio Plata y el H. Nicolás Juan.

[206] ANB. *Conventos*. t., 29, fol., 802.

[207] AHN. *Jesuitas*, 827/2. *Filiación de los Regulares de la Compañía transferidos...*, nº 161: "… y por haber muerto el Superior [P. Riberos] fue nombrado Vice-Superior [el P. Gilij] en la Guayra". Como fuentes documentales inéditas, además de las ya citadas, véase: "Catálogo general del número de regulares que de la extinguida orden llamada la Compañía de Jesús, existían en los Reynos de España e Indias al tiempo de la intimación del real decreto de

cambiarían de rumbo en el Puerto de Santa María. Con lo cual son 18 los misioneros que desembarcarían en Italia.

En verdad, los hombres de las Misiones llegaron a La Guayra y allí fueron recluidos en el convento de los franciscanos y el viaje a España lo realizaron los 39 jesuitas el día 7 de marzo de 1768[208].

Todavía debemos mencionar dos expediciones más: las comunidades de los colegios de Mérida y Maracaibo y posteriormente la del colegio de Pamplona.

El cuarto envío partiría de Maracaibo y estaría compuesta por los moradores de Mérida quienes ya se encontraban en la ciudad del lago el 26 de julio y el 1º de agosto junto con los integrantes de la comunidad de esa ciudad seguirían[209] su camino como lo proyectó el Gobernador Alonso del Río de la siguiente manera: viajarían por tierra hasta Puerto Cabello y después en barco hasta La Guayra[210].

---

expulsión, firmado por Don Juan Antonio de Archimbaud y Solana". En Archivo de la Provincia de Toledo (APT), Leg. 1.029. En ARSI existe otro ejemplar con anotaciones posteriores sobre las fechas de defunción. Es copia del original autenticado en 104 folios que reposa en Monumenta Histórica S.I. con la signatura: Armadio F. 10. El titulo: *Relación individual de los Ex-Jesuitas muertos de las Once Provincias de España e Indias desde la expulsión hasta el día 30 de junio de 1777.* Dispuesto de Orden del Consejo en el Extraordinario. Por Don Juan Antonio Archimbaud y Solano, Contador General de Temporalidades. ARSI. *Historia Societatis*, 53a. (Catálogo de los difuntos de esta época; la Provincia del Nuevo Reino aparece como Vice provincia del Sagrado Corazón de Jesús). Para las vicisitudes vividas por los expulsos desde su salida de España hasta el lugar de destierro en los Estados Pontificios, véase: José Antonio FERRER BENIMELI."Córcega y los jesuitas españoles expulsos 1767-1768. Correspondencia diplomática". *Paramillo*. San Cristóbal, 14 (1995) 5-196. --- "La expulsión y extinción de los jesuitas según la correspondencia diplomática francesa 1770-1773". En *Paramillo*. San Cristóbal, 17 (1998) 5-386. Enrique GIMÉNEZ LÓPEZ (Edit.). *Expulsión y exilio de los jesuitas españoles*. Alicante, Publicaciones de la Universidad de Alicante, 1997.

[208] GILIJ. *Ensayo de Historia americana*, IV. 35.

[209] ANCh. *Jesuitas*, 205. *Remisión de autos*, fols., 53-53v. Los 7 que partieron de Maracaibo: Matías Liñán, Juan Antonio Ferraro, Ignacio Julián, Manuel Collado, Javier Eraso, Vicente Monerris y José Rubio.

[210] ANCh. *Jesuitas*, 205. *Carta del Gobernador Alonso del Río al Conde de Aranda*. Maracaibo, 23 de julio de 1767.

El P. Blas de Aranda que pertenecía a la comunidad de Mérida se encontraba enfermo en Obispos [Provincia de Barinas] pero el 7 de septiembre tuvo que emprender su marcha hacia el destierro definitivo[211].

La última remesa estaría compuesta por los domiciliados en la institución educativa de Pamplona a quienes el 1º de agosto de 1767 se les aplicó la Pragmática-Sanción del 2 de abril de ese mismo año por el corregidor de Tunja, Domingo Antón de Guzmán. Según la carta del mismo funcionario al virrey santafereño el itinerario prefijado era transitar por tierra vía Cúcuta a San Faustino "y de allí embarcados a Maracaibo"[212].

El 21 de agosto iniciaron el éxodo hacia Maracaibo 9 ignacianos conducidos "por Antonio Becerra y siete hombres de escolta"[213]. Con posterioridad hubo una segunda partida en la que se encontraba el rector Lorenzo Tirado y el P. Cayetano González que quedó enfermo en Cúcuta[214].

Todas las cuatro últimas remesas permanecieron en La Guayra hasta el día 7 de marzo de 1768, fecha en que partieron para el destierro definitivo[215]; en total serían 39 jesuitas provenientes de los colegios de

---

[211] Archivo Arquidiocesano de Mérida. *Religiosos*, caja 1718-1792. *Año de 1767. Diligencias obradas sobre la expulsa de los Reverendos Padres Jesuitas desta ciudad de Barinas. Juez de la causa el Señor Teniente Gobernador Juan Francisco de la Torre*, fol., 25.

[212] ANB. *Miscelánea*, 89, fols., 471-472.

[213] José Manuel GROOT. *Historia eclesiástica y civil de Nueva Granada*, II, p. XXXIII.

[214] José Manuel GROOT. *Historia eclesiástica y civil de Nueva Granada*, II, p. XXXIV. Sobre el P. Cayetano escribía el Virrey:"Si el que usted dice hallarse muy viejo y enfermo estuviere en estado que le impida irse con sus hermanos, podrá quedarse depositado en cualquiera de los conventos de otra orden que no siga su doctrina, con encargo al respectivo prelado para que no le permita comunicación alguna externa por escrito o de palabra, decir misa en público abierta la iglesia ni bajar al confesonario hasta tanto que se proporcione tiempo más benigno, o se decida su enfermedad".

[215] Con respecto a la fecha coinciden todos: GILIJ. *Ensayo de Historia americana*, IV, 35. Juan de VELASCO. *Historia moderna del Reino de Quito y Crónica de la, Provincia de la Compañía de Jesús del mismo reino*, t., III, lib., 4; & 1.

Pamplona[216], Mérida[217], Maracaibo[218] y los de las Misiones de los Llanos[219] y Orinoco[220].

El viaje atlántico lo realizarían, según el P. Velasco en la fragata mercante *La Caraqueña*[221], sin embargo, los documentos oficiales hablan del navío *San Pedro y San Pablo*[222]. Llegaron todos a Cádiz el 30 de abril de 1768[223].

Puerto de Cartagena. Aunque este tramo no afecta directamente a la historia que narramos sin embargo incluimos una breve reseña porque también fue vía obligada para el resto de los jesuitas que laboraban en las zonas andinas.

Las peculiaridades geográficas que implicaba este recorrido aconseja establecer dos etapas netamente diferenciadas: la terrestre que concluía en el puerto de Honda y la fluvial que remataba en Cartagena.

---

[216] Lorenzo Tirado, Salvador Aldaiturriaga, Manuel Gaitán, Francisco Javier Jiménez, Enrique Rojas, Ignacio Zubimendi, Bartolomé Zuleta, Leonardo García, Salvador Rodríguez y Pedro Rojas.

[217] Manuel Collado, Blas Aranda, Javier Eraso, Vicente Monerris, José Rubio.

[218] Matías Liñán, Juan Antonio Ferraro e Ignacio Julián. Los dos últimos de paso para Santo Domingo.

[219] Misión de Casanare: Manuel Álvarez, Ignacio Barrios, Juan Francisco Blasco, Miguel Blasco, Manuel del Castillo, José Gereda, Manuel Padilla y Martín Rubio. Misión del Meta: Cayetano Pfab, Juan Silvestre Baños, Roque Lubián, Bonifacio Plata y Martín Soto-Río.

[220] Pedro Español, José Forneri, Felipe Salvador Gilij, Everardo Hengstebeck, Juan Bautista Polo, Sebastián Rey y Antonio Salillas.

[221] Juan de VELASCO. *Historia moderna del Reino de Quito y Crónica de la Provincia de la Compañía de Jesús del mismo Reino*. (Ms. que reposa en el Archivo de la Provincia de Toledo. Leg., 382), t., III; l., 4; & l.

[222] AHN. *Jesuitas*, Leg., 827/2. *Filiación de los Regulares de la Compañía transferidos de la Provincia de Santa Feé de Bogotá en el Navio nombrado San Pedro y San Pablo que al presente se hallan recidiendo en la Casa Hospicio de esta Ciudad*. Comienza con el número 147 relativo al P. Juan Collado y concluye con el H. Nicolás Juan, nº 183. Después siguen los del colegio de Pamplona, hospedados en el convento de San Juan de Dios.

[223] VELASCO. *Historia moderna del Reino de Quito*, III, lib., 4, & 1.

De Antioquia a Honda. Como arquetipo de la primera modalidad hemos elegido el traslado que debieron realizar los habitantes del colegio de Antioquia hasta el puerto de Honda.

El extrañamiento de los jesuitas neogranadinos, como acabamos de ver, se iniciaría el 12 de junio de 1767 y la caravana errante de expatriados por el rey Carlos III en busca de un país que les diera el asilo sólo lograría alcanzar su destino en los Estados de la Iglesia a finales de septiembre de 1768.

Todavía no se ha estudiado el impacto psicológico que causó entre los ignacianos semejante privación de su ciudadanía española. En los relatos de exilio es frecuente toparse con dictámenes médicos que debían afrontar una realidad eminentemente psicológica.

Citamos como ejemplo el caso del P. Francisco Javier Trías en quien las fuertes tensiones internas se somatizaron al llegar a Mompox en donde debió permanecer enfermo "de plethora" –dirá el médico- "causándole *per dies* la supresión de las funciones naturales"[224]. Su maltrecho estado físico sólo le permitiría proseguir su viaje a Cartagena el día 3 de octubre[225].

Un paradigma de la realidad histórica que tuvieron que vivir los expatriados antes de llegar a los puertos de embarque nos lo ofrece el caso de los jesuitas de Antioquia.

El gobernador de la provincia, José Barón de Chávez, dejaba constancia de la salud de los expulsados y advertirá que los Padres Victorino Padilla, y Manuel Vélez "padecen achaques crónicos que al primero le repite frequentemente cierta suspensión de sentidos a modo

---

[224] ANB. *Temporalidades*, t. 7, fol., 299v. Don Luis Carrillo de Saldaña, médico y cirujano... cerftifico... El P. Xavier Trias se mantiene con fiebre, falta de sueño y de apetencia con una úlcera al fin del intestino recto y otra en el escroto. Mompox, 16 de septiembre de 1767 (Ibidem, fol., 299v).

[225] ANB. *Temporalidades*, t. 7, fol., 299v.

de epilecia"[226]. Asimismo, las instrucciones para el viaje no pueden ser más llamativas: había que esperar a la noche y desembarcar a los Padres en un tejar y esperar a la oscuridad para ser trasladados al lugar de la pernocta[227]. Don Antonio José de la Fuente dejaría constancia el 28 de agosto desde el Puerto de Espíritu Santo que desde que salió de Antioquia fueron días muy duros "porque los aguazeros an repetido de día y de noche" y a los tres "los han traído cargados en lo mas de la montaña"[228].

El 17 de agosto se pondría en camino el P. Victorino Padilla quien desde el día 11 se encontraba indispuesto[229]. Difícil tuvo que ser para el Gobernador ver la partida de un benemérito sacerdote, enfermo y achacoso, que había dedicado tres lustros a atender a la sociedad de Santafé de Antioquia. A este jesuita indefenso se le dio por escolta al Teniente de Capitán José Joaquín de Celis, en compañía de Luis Hernández, el caporal y los mozos de esta cuadrilla para que lo custodiaran a fin de llegar al Puerto del Espíritu Santo[230].

No fue fácil el viaje del P. Padilla pues el duro invierno fue su constante compañero y gráficamente informará su custodio que las lluvias fueron tan grandes "que desbolcanan las montañas"[231]. En la travesía montañosa sufrió dos "paroxismos" tanto que –sigue afirmando su guardián– "lo jusgue muerto"[232] y añade "discurri enterrarlo en esos

---

[226] ANB. *Temporalidades*, 17, fol., 166v.

[227] ANB. *Temporalidades*, 17, fol., 168v.; "…procurara, que proporcione esta jornada quando aiga entrado la noche para que el desembarque sea el mas honesto y moderado, aunque seria mexor a este intento que los Padres se desembarquen en el texar y se le avise al receptor para que embie carruage donde dentren quando este obscuro con lo qual se consigue lo que se desea en este particular".

[228] ANB. *Temporalidades*, 17, fol., 102-102v.

[229] ANB. *Temporalidades*, 17, fol., 101-101v.

[230] ANB. *Temporalidades*, 17, fol., 101v.

[231] ANB. *Temporalidades*, 17, fol., 171v.

[232] ANB. *Temporalidades*, 17, fol., 102.

desiertos"²³³. Mas al fin pudo llegar a su destino en hombros de los peones "aviendolo cargado un gran trecho por tal muerto"²³⁴.

De Honda a Cartagena. El segundo puerto costero que significaba el punto de llegada de las rutas terrestres y fluviales para los jesuitas del Nuevo Reino fue el de la Perla del Caribe donde se dieron cita los jesuitas que laboraban en Cartagena, Mompox, Honda, Antioquia, Tunja y Bogotá.

El itinerario recorrido por los expulsos desde Honda a Cartagena lo podemos seguir gracias a los apuntes del P. Juan de Velasco²³⁵ al hablar de los jesuitas quiteños. Se embarcaron en las Bodegas Reales que dista media legua de la villa de Honda. "Allí hicieron jurídica entrega de los presos a los conductores". Navegaron durante el día y llegaron a hacer la primera noche en "La vuelta de la Madre de Dios". Los días siguientes pernoctaron en: "Hierro nuevo", hacienda que fue del Colegio de Santa Fe; en el Presidio Real de Carare que se reduce a una infeliz casa, con un capitán y ocho soldados "que viven de lo que roban a los pobres indios, con título de impedir los contrabandos"; "San Bartolomé", pueblo pequeño, expuesto a las inundaciones; "Barranca colorada", "en una casa y en toldos"; en el sitio llamado del "Negro Blas" vivieron un acontecimiento curioso. En primer lugar se les negó el hospedaje pero cuando supo el dueño que eran jesuitas se mostró muy pesaroso de la repulsa y procuró servirlos y obsequiarlos cuanto pudo; en "Morales" confesaron a varias personas que no habían podido hacerlo en algunos años; Tamalameque, "ciudad pequeña y muy deteriorada, habiendo sido antes célebre por su mucho comercio clandestino con los holandeses, por el río de el Hacha". Aquí se alojaron en los corredores de un decente palacio de los Rabadanes. Allí conocieron aquel esqueleto de ciudad, donde hay una

---

²³³ ANB. *Temporalidades*, 17, fol., 171v.
²³⁴ ANB. *Temporalidades*, 17, fol., 102.
²³⁵ APT. Legajo, 382. *Historia moderna del Reino de Quito y Crónica de la Provincia de la Compañía de Jesús del mismo Reino*. Escrita por el Presbítero don Juan de Velasco. Tomo III. Año de 1788. Sintetizamos aquí el Libro 3º, & 3: "Viajes de la Plata a Cartagena". (Fols., 220-230).

competente iglesia parroquial y muchas fábricas de sombreros y esterillas; y antes de llegar a Mompox reposaron la noche anterior en la "Ladera de Dña. Margarita".

Como datos curiosos de este tramo del viaje el autor señala que este trayecto sólo puede hacerse por río y durante el día y nunca de noche por los ocultos peligros de los maderos. De igual forma, recoge que la navegación por el Magdalena se computa en dos leguas por hora si el barquillo es de quilla pues de lo contrario apenas alcanza legua y media.

De Mompox Velasco guarda los mejores recuerdos de su viaje como expulso jesuita. Don Martín de Goyeneche, oficial real de la villa, los hospedó en su casa y les dio nobilísimo trato en todo, cual no lo experimentaron ni antes ni después en parte alguna. Amén de las descripciones de su geografía económica y humana apunta la importancia de la "raicilla comúnmente llamada de Mompox" y por otro nombre "bejuquillo" que es el mejor purgante y vomitivo que tiene la medicina.

La bajada de Mompox a Cartagena la realizaron en dos champanes que son embarcaciones muy angostas, aunque largas de 24 a 35 varas, planas y sin quilla y se gobiernan a fuerza de remo. También hace relación a las pernoctas que fueron: "Santa Ana" pueblo reducido. Al día siguiente, antes del mediodía, "tuvieron la deliciosa vista de los encuentros de dos grandes ríos, de la Magdalena con el Cauca, teniendo cada uno cosa de una legua de anchura y disputando el uno al otro la mayoría". Esa noche descansaron en "Zambrano" donde el cura franciscano los hospedó en su casa. Siguiendo la derrota pasaron por Tenerife "ciudad que por deteriorada desde que cayó su comercio no merece el nombre de villa"; "Bodegas reales de Barranca" donde hay capitán con unos pocos soldados aventureros que viven de lo que roban. De inmediato abandonaron el gran río para acceder al "Dique", que es tan estrecho que los peces saltan dentro de los champanes. En las siguientes etapas reposaron en: "Santa Lucía"; "San Estanislao de Koska", nombre que le dio el jesuita que lo fundó y donde fueron muy bien recibidos por aquellas pobres gentes; "Bodegas Reales de Mahates"; la "Ciénaga de Juan Gómez" que es un pedazo de mar muerto y así anclaron dentro de la bahía de Cartagena para desembarcar al día siguiente en la Perla del Caribe.

II. LA TRAVESÍA ATLÁNTICA

Los jesuitas que integraban la Provincia del Nuevo Reino como venimos diciendo iniciarían la travesía atlántica desde dos puertos caribeños. Por la Guayra saldrían los jesuitas que laboraban en territorio venezolano y los de Pamplona y el resto lo efectuaría por Cartagena.

Desde el puerto venezolano la navegación fue directa hasta España pero los expatriados que partieron de Cartagena tuvieron que realizar la travesía en dos fases: en la primera el recorrido fue Cartagena-La Habana y la segunda desde la capital cubana al Puerto de Santa María.

El grueso de los seguidores neogranadinos de Loyola reunidos en Cartagena fueron remitidos a España en dos remesas: 54 en el navío "La Fortuna" y 80 en la fragata "Nuestra Señora de Loreto" en la que se encontraba el P. Provincial Manuel Balzátegui[236].

El primer trayecto lo podemos sintetizar de la siguiente manera: Los 18 integrantes de los colegios de Cartagena, Mompox y Honda se embarcaron en las balandras reales "La Pacífica"[237] y "La Pastora"[238] el

---

[236] ANB. *Miscelánea*, 89, fols., 408-413. *Carta del Gobernador de Cartagena al Virrey Pedro Mesía de la Zerda*. Cartagena, 13 de octubre de 1767. AHN. *Jesuitas*, 827/2. *Filiacion de los Regulares...*, n°., 75, 76, 77. Manuel PACHECO ALBALATE. *El Puerto: ciudad clave en la expulsión de los jesuitas por Carlos III*. El Puerto de Santa María, Concejalía de Cultura del Excmo. Ayuntamiento de El Puerto de Santa María (2007) 293. El autor, al hablar de los navíos que condujeron de América al Puerto a los expulsos, señala para la Provincia de Santafé: "El Loreto, 78. La Peregina, 1. Nuestra Señora del Carmen y San José, "El Bello Indio", 7. Nuestra Señora del Rosario, alias "La Fortuna, 51. San José y las Ánimas, alias "El Aquiles", 1. San Juan Bautista, 16. San Pedro y San Pablo 39. Sin identificar, 7. Total: 200".

[237] En "La Pacífica" viajaron: Ambrosio Battaglia, Juan Fuentes, Ignacio Gutiérrez, Javier Julián, Toribio Medina, Simón Ortiz, Agustín Rueda y Manuel Tejada.

[238] En "La Pastora" viajaron: Felipe Gómez, Juan Bautista Manna, Ignacio Olarte, Felipe Pérez, Salvador Quintana, Juan Soler y Juan Valdivieso.

27 de agosto[239] y llegaron a La Habana el 7 de septiembre con un sujeto menos pues al poco de abandonar Tierra Firme falleció el Padre Joaquín Visner. Se les permitió bajar a tierra y en la Casa Depósito esperaron a la urca San Juan Bautista para el paso del Atlántico[240].

La balandra "Jesús la Pastora" partió de Cartagena y arribó a La Habana el 7 de septiembre. Los viajeros se hospedaron en la Casa Depósito a la espera de la Urca San Juan Bautista que atravesaría el Atlántico el 8 de diciembre y tomaría puerto el 19 de febrero de 1768[241].

El 16 de octubre zarpó de Cartagena la fragata Nuestra Señora del Rosario, alias "La Fortuna" y antes de la gran travesía hizo escala en La Habana y durante todo el trayecto fallecieron tres jesuitas: el H. Leonardo Wilhelm navegando hacia la capital cubana (7 de noviembre), en la propia ciudad el novicio José Pla (22 de diciembre) y el H. Juan de Heredia en el camino hacia Cádiz[242]. Llegaron a Cádiz 51 ignacianos el 27 de febrero de 1768[243].

El navío "El Loreto" partió de Cartagena el 23 de octubre de 1767 y tocó en La Habana el 9 de noviembre por escasez de agua. Ninguno pudo bajar a tierra y el 18 de ese mismo mes enrumbó hacia España y llegó a Cádiz el 9 de enero de 1768. Desembarcaron 78 expatriados[244].

---

[239] ANB. *Miscelánea*, 89, fol., 784.

[240] ANB. *Miscelánea*, 80, fol., 16. *Carta del Gobernador de La Habana Antonio Bucarelli al Gobernador de Cartagena*. Habana, 12 de septiembre de 1767.

[241] PACHECO ALBALATE, Manuel. *Jesuitas expulsos de ultramar arribados a El Puerto de Santa María (1767-1774)*. El Puerto de Santa María (2011). Anexo electrónico.

[242] PACHECO ALBALATE, Manuel. *Jesuitas expulsos de ultramar arribados a El Puerto de Santa María (1767-1774)*. El Puerto de Santa María (2011). Anexo electrónico.

[243] *Ibidem*.

[244] PACHECO ALBALATE, Manuel. *Jesuitas expulsos de ultramar arribados a El Puerto de Santa María (1767-1774)*. El Puerto de Santa María (2011). Anexo electrónico.

También tenemos noticia de que en el bergantín San Juan Nepomuceno se embarcó en Cartagena 1 jesuita del Nuevo Reino y se unió a 17 que provenían de Quito[245].

La nao en la que viajaba el Provincial repostaría en La Habana a donde llegaría, tras 20 días de navegación[246], el 9 de noviembre[247]. Mal recuerdo guardaba el cronista santafereño, P. José Yarza, de esta navegación: "En esta ocasión debieron someterse nuestros pasajeros, no sólo a las necesidades comunes, sino a especiales, porque dañadas las vituallas, parte por el aire, parte por la carcoma, tiña y gusanos, más servían de náusea que de mantenimiento; en la mesa se veían así dentro de los platos insectos tan repugnantes, que para conservar la vida era necesario ponerlos a un lado para tomar un bocado de sustento, y no quedaba otro remedio que la paciencia y sufrir el hambre…"[248].

Por otro lado, Rafael Escobar, en su carta al Virrey de Santafé, no coincidía en lo dicho anteriormente sobre las fechas: "De los 87 que llevó [La Loreto] llegó con uno menos a La Habana el 11 del pasado noviembre, y luego que refrescó de agua y carnes, hizo vela el 18 del mismo, y puede ya estar en España"[249].

El circuito atlántico de las comunicaciones entre la metrópoli y las Indias lo definían fundamentalmente La Habana y el Puerto de Santa María. En realidad, la isla caribeña y la ciudad gaditana son claves para entender el viacrucis a que fueron sometidos los expulsos ya que gracias a sus declaraciones y a la correspondencia oficial se puede atisbar la genuina realidad histórica.

---

[245] *Ibidem.*
[246] José YARZA. "La expulsión de los jesuitas…", III, 81.
[247] José JOUANÉN. *Historia de la Compañía de Jesús en la antigua Provincia de Quito.* II, 621.
[248] José YARZA. "La expulsión de los jesuitas…", III, 81.
[249] ANB. *Miscelánea*, t. 90, fol., 10. *Carta de Rafael Escobar al Virrey.* Cartagena 29 de diciembre de 1767.

El lector puede asomarse a la problemática planteada por la presencia de los jesuitas en La Habana gracias a una interesante síntesis que ofrece Edelberto Leiva Lajara[250].

No se ha podido todavía precisar el monto exacto de los ignacianos que tuvieron que tocar en la capital cubana y la cifra aproximativa nos lleva a 1.014 religiosos de la Compañía de Jesús entre 1767 y 1770.

Las explicaciones consiguientes ilustran lo complejo del caso. En los seis meses finales del año 1767 zarparon hacia La Habana 576 jesuitas de los cuales 16 murieron en el trayecto entre Veracruz, Cartagena y Guatemala; 10 fallecieron en la capital cubana y 21 tuvieron que permanecer en esa ciudad por problemas de salud[251].

Otro tema es el de las esperas. Los llegados a lo largo del año 1767 todos fueron remitidos a España en 9 embarcaciones antes de concluir el año. Pero con los que arribaron en 1768 hubo necesidad de esperar el trasporte transoceánico y en algunos casos tardó meses en aparecer.

Hay que llamar la atención sobre el criterio que mantuvo Antonio María Bucarely, Capitán General de la Isla, que fue en la manera de lo posible mantener a los jesuitas en los propios barcos en que llegaban a La Habana, pero también es verdad que muchos debían hacer transbordo y para ello habilitaron el "Depósito de Regla" –la casa del Marqués de la Real Proclamación- bajo la custodia del capitán José de Cuesta[252].

---

[250] Edelberto LEIVA LAJARA. "Claves de un episodios: La Habana y el Puerto de Santa María en la expulsión de los Jesuitas de España y América". En: *Revista de Historia de El Puerto*. Puerto de Santa María, n°., 45 (2010) 109-135.

[251] Biblioteca Nacional José Martí (BNJM). *Fondo Bachiller*, no. 308. "Lista que comprehende las embarcaz.es en que se conduxeron á este Puerto los Regulares...". Citado por LEIVA LAJARA. "Claves de un episodios: La Habana y el Puerto de Santa María en la expulsión de los Jesuitas de España y América", 120.

[252] AGI. *Cuba*, 1123. "Instrucción para gobierno de D. José de la Cuesta, Capitán del Regimiento de Infantería de Lisboa, comisionado para la custodia, asistencia y buen trato de los Religiosos de la Compañía que llegaren a este puerto y por depósito se coloquen en la Casa del Marqués de la Real Proclamación situada en las inmediaciones de Regla". *Antonio María Bucareli al Conde de Aranda*. La Habana, 6 de septiembre de 1767.

Los que llegaron por el Surgidero de Batabanó se alojaron brevemente en Bejucal "donde la marquesa de San Felipe y Santiago les brindaba las mejores piezas de su casa". Así se explica la habilitación del Depósito de Regla, como refugio para los expulsos, que en 1767 registra la presencia de 87 religiosos mientras que en 1769 ascienden a 283[253]. Este poblado estaba ubicado al otro lado de la bahía y frente a la ciudad de La Habana y por consiguiente ofrecía las mejores garantías para mantener la incomunicación de los expatriados con el resto de los habitantes habaneros[254] y, al parecer, se comenzó a utilizar este "depósito" a partir del 10 de septiembre de 1767[255].

Como dato curioso el historiador cubano Pedro Pruna recoge el malestar en La Habana por la expulsión de los seguidores de Ignacio de Loyola sobre todo en las "clases altas". Y, en este sentido, aduce el testimonio de José Antonio Armona, administrador del correo marítimo estatal, a quien se le acercó una dama rica, "marquesa poetisa latina, crítica" para apostrofarlo con un *"Quis talia fando, temperet a lacrimis?"* (Quién, al narrar tales hechos, podría contener las lágrimas?)[256]. Sin embargo, en la correspondencia oficial el tono era diferente pues el Gobernador de la Isla, Antonio María Bucareli, le escribía el 8 de mayo del año 1768 a Ricardo Wall y le decía que la entrada y salida de los jesuitas causaba "menos novedad que la de cualquier embarcación que viene al puerto"[257].

---

[253] Pedro M. PRUNA GOODGALL. *Los jesuitas en Cuba hasta 1767*. La Habana, Editorial de Ciencias Sociales (1991) 76-77.

[254] LEIVA LAJARA. "Claves de un episodios: La Habana y el Puerto de Santa María en la expulsión de los Jesuitas de España y América", 132.

[255] Biblioteca Nacional José Martí (BNJM). *Fondo Bachiller,* n°., 309.

[256] José Antonio ARMONA Y MURGA. "Noticias privadas de casa, útiles para mis hijos. Recuerdos históricos de mi carrera ministerial en España y América…". En: *Anales y memorias de la Real Junta de Fomento y de la Real Sociedad Económica.* La Habana, serie 4ª, t., IV (1859) 111. Citado por PRUNA GOODGALL. *Los jesuitas en Cuba hasta 1767,* 75. En la nota correspondiente anota que la cita pertenece a Virgilio (*Eneida*, II, versos 6 y 8). La dama pudiera ser Teresa Rosa Beltrán de Santa Cruz y Calvo de la Puerta (1721-1804) esposa del primer conde de San Juan de Jaruco y autora de varias obras poética.

[257] AGI. *Indiferente General*, 1629. *Carta de Antonio María Bucareli a Ricardo Wall.* La Habana, 8 de mayo de 1768.

El propio Armona[258], funcionario adicto a la monarquía, dejará en sus Memorias estas curiosas anotaciones: "La Habana... vino a ser un depósito general de los jesuitas... Hubo temporada en que llegaron a juntarse en La Habana más de trescientos cincuenta individuos de tan ilustre, virtuosa y cándida familia: provinciales, rectores, teólogos, hombres astutos, pacíficos, virtuosos, humildes y turbulentos. Lo más fino, lo más profundo del gobierno jesuítico de las Américas estaba en la bahía, repartido en navíos de guerra, en fragatas y en las anchurosas casas de Regla, donde se puso un comandante militar, con instrucción reservada y tropa que montaba la guardia"[259].

También llama la atención el estudio de los costos. Edelberto Leiva calcula que para 1767 gastó la monarquía 482.568 reales discriminados de la siguiente manera: 81.49 % dedicados a la contratación, preparación y avituallamiento de las embarcaciones; un 15.19 % destinado a las necesidades materiales de los expulsos (comida, ropa, zapatos, etc.) y un 3.31 % se invirtió en la salud médica ofrecida en el convento de Belén y los pagos al médico Matías Cantos. Y el autor llega a la conclusión de que en La Habana el gasto promedio por jesuita fue de 138 reales diarios mientras que en el Puerto alcanzó la suma de 2.301 reales[260].

El mejicano P. Francisco Javier Alegre trasmite una imagen negativa del convento de los betlemitas que sirvió de hospital para los enfermos. Y llegará a escribir que se mantenían "con tanto recelo de las órdenes

---

[258] Era protegido del marqués de Grimaldi y llegó a Cuba para establecer el sistema de correo marítimo para América. Casó en La Habana con una hija de José Veitía y Rentería, Marqués del Real Socorro. En 1776 regresó a España para asumir el cargo de intendente del Reino de Galicia. Sus memorias las escribió en 1787. (PRUNA GOODGALL. *Los jesuitas en Cuba hasta 1767*, 69).

[259] José Antonio ARMONA Y MURGA. "Noticias privadas de casa, útiles para mis hijos. Recuerdos históricos de mi carrera ministerial en España y América...", 111-112. Citado por PRUNA GOODGALL. *Los jesuitas en Cuba hasta 1767*, 76.

[260] LEIVA LAJARA. "Claves de un episodios: La Habana y el Puerto de Santa María en la expulsión de los Jesuitas de España y América", 130.

con que les estrechaba el Gobernador que ni aún se les permitía el consuelo de visitar al Santísimo por la Tribuna de la Iglesia..."[261].

No es fácil todavía hoy tener una visión critica y acertada de la actuación del Capitán General Antonio María Bucareli pues existen testimonios muy acres de los expatriados[262].

Por su formación y creencias el Gobernador de La Habana estaba en la banda contraria a la de los jesuitas. En su correspondencia oficial es perceptible su doble discurso pues mientras escribía a Madrid como responsable de la operación cesárea con cierto desaire, también en la correspondencia personal evidenciaba su posición. En carta al Duque de Losada le manifestaba que "después de nueve meses he tenido lugar de cansarme de sus impertinencias"[263] y en su comercio epistolar con Ricardo Wall se quejaba pues "aún no puedo yo libarme de la gente de la ropa negra, que dan siempre que hacer y ocasionan cuidado"[264].

Para confirmar lo anterior aduciremos dos ejemplos: uno, el de los expatriados de Nueva Granada; el segundo, el de los mejicanos.

El 16 de noviembre de 1767 se dirigía el P. Nicolás Candela, superior de los jesuitas que trasladaba "La Fortuna", al Gobernador de La Habana para notificarle que dos habían fallecido durante la travesía y especifica que "si fue o no por la impericia del cirujano del navío, aunque lo sospecho con grandes fundamentos, no me atreveré a asegurarlo". A continuación solicita que tres o cuatro enfermos puedan

---

[261] Francisco Javier ALEGRE. *Historia de la Compañía de Jesús. Memorias para la historia de la Provincia que tuvo la Compañía de Jesús en Nueva España,* México (1940) 226.

[262] Salud MORENO ALONSO. "Bucareli y el paso de los jesuitas por Cuba camino del destierro". En: *La Compañía de Jesús en América: evangelización y justicia. Siglos XVII y XVIII.* Córdoba, Provincia de Andalucía de la Compañía de Jesús-Junta de Andalucía, Ayuntamiento de Córdoba (1993) 197-202.

[263] AGI. *México,* 1241. *Carta de Antonio María Buareli al Duque de Losada.* La habana, 8 de abril de 1768.

[264] AGI. *Indiferente General,* 1629. *Carta de Antonio María Bucaneli a Ricardo Wal.* La Habana, 13 de mayo de 1769.

ser atendidos en tierra pues de lo contrario "presto será preciso enterrar algunos de ellos, y tal vez, cundiendo de unos a otros por la estrechez e imposibilidad de separarse los sanos de los enfermos, las enfermedades, perecerán otros muchos"[265].

A pesar del silencio del Gobernador Bucareli y de todas las prohibiciones el P. Candela logra escribir una segunda carta el 16 de diciembre en la que persiste en sus peticiones, pero también obtuvo el silencio como respuesta[266]. Sin embargo Bucareli se compadeció a última hora y permitió que desembarcase el novicio Juan Pla y el 22 de diciembre fallecía solo en el hospital de Belén.

La sensibilidad literaria del P. Alegre rechaza desde el comienzo el término de "depósito" donde "la puerta principal estaba siempre cerrada y defendida de buena guardia, fuera de las centinelas que día y noche guardaban los cuatro ángulos. No se permitía entrada, sino a los sirvientes necesarios a las horas precisas, (...) y entraban por disposición del comisario casi desnudos (...). Todos tenían pena de la vida, si de palabra o por escrito trataban con alguno de los padres..."[267].

Antonio García-Baquero analiza el viaje La Habana-Cádiz y señala que por término medio el paso del Atlántico solía durar dos meses "de constante sufrimiento, de no tener constancia de dónde se encontraban, de no poder coordinar sus propios movimientos, de no ser personas, de estar obligados a ser ruda gente marinera cuando en realidad

---

[265] APT. Legajo, 30. José COTANILLA. *Reseña histórica sobre la expulsión general de los jesuitas de ambos mundos.* (Mss.). *Carta del P. Nicolás Candela al Sr. Antonio María Bucareli.* A bordo de La Fortuna y noviembre 16 de 1767. El Gobernador le remite la carta al Conde de Aranda y le comunica que se desentendió y con un escribano y ante el capitán del barco y del P. Candela le insistió n "no permitirles papel ni tinta, pues quedaba responsable de cualesquiera desorden en el particular, interim subsisten a su bordo" (Ibidem).

[266] APT. Legajo, 30. José COTANILLA. *Reseña histórica sobre la expulsión general de los jesuitas de ambos mundos.* (Mss.). *Carta del P. Nicolás Candela al Sr. Antonio María Bucareli.* A bordo de La Fortuna y diciembre 16 de 1767.

[267] ALEGRE. *Historia de la Compañía de Jesús. Memorias para la historia de la Provincia que tuvo la Compañía de Jesús en Nueva España,* 227.

habían forjado su existencia como personas sensibles y delicadas, más atentas al espíritu que a las cosas materiales"[268].

En resumen: en el trayecto Cartagena-La Habana fallecieron tres jesuitas. El navío Nuestra Señora de Loreto llegó el 11 de noviembre a la Isla caribeña y el 18 partió para España. No fue tranquilo el viaje hasta Cádiz, pero tras "noventa días de salida de Cartagena" llegaron a su destino el 6 de enero de 1768[269]. En esta navegación falleció otro jesuita neogranadino[270].

"La Fortuna" entró en el puerto habanero el 13 de noviembre y el 24 de diciembre iniciaría su travesía atlántica para arribar a Cádiz el 26 de febrero de 1768. Por una narración del jesuita santafereño Ignacio Duquesne conocemos las inclemencias de dicha navegación: "... porque las tempestades fueron de las más feroces, y el 5 de febrero fue tal que todos nos tuvimos por náufragos, y sin una particular providencia de Dios no nos hubiéramos librado... Llegó a tanto el hambre que un día no tomamos más que una pequeña taza de sopa llena de gusanos enormes"[271].

Gracias a una comunicación del investigador porteño Manuel Pacheco Albalate conocemos el proceso que se seguía con los expatriados en el Puerto de Santa María.

Una vez arribado el barco a la bahía, el capitán mandaba, en un falucho o pequeña embarcación, el listado de todos los jesuitas que portaba al marqués del Real Tesoro, que por aquellos años era el Presidente de la Casa de la Contratación y esperaba la orden de desembarcar a los jesuitas. Seguidamente éste remitía a las autoridades de sanidad, que

---

[268] Antonio GACÍA-BAQUERO GONZÁLEZ. *Cádiz y el Atlántico: el comercio colonial español bajo el monopolio gaditano*. Cádiz, Diputación Provincial (1988) 283, en: Manuel PACHECO ALBALATE. *El Puerto: ciudad clave en la expulsión de los jesuitas por Carlos III*, 139.

[269] José YARZA. "La expulsión de los jesuitas...", III, 83.

[270] APT. Legajo, 382. *Historia moderna del Reino de Quito y Crónica de la Provincia de la Compañía de Jesús del mismo Reino*. Libro 4º, &. 1.

[271] Citado por PACHECO. *Los jesuitas en Colombia*, III, 532.

después de revisar el barco indicaban si debían guardar cuarentena, y qué tiempo, antes de desembarcar. No hay constancia de largas esperas, siendo lo normal entre uno y tres días.

Desembarcados, en este mismo tipo de faluchos navegaban a El Puerto, e iban dirigidos al conde de Trigona, gobernador político militar de la ciudad, quien a su vez remitía el listado, por lo general, al marqués de la Cañada, quien acompañado del escribano que se designó para todo el proceso de expulsión, empezaban a tomar las filiaciones, en presencia del marqués de la Cañada y del jesuita de mayor rango del grupo, por los distintos colegios, o casas de asiento, en que se les había alojado, a razón de unos seis u ocho por día, por lo que el periodo que transcurría entre el primero y el último estaba en función de los que habían llegado en la misma barcada.

III. EL PUERTO DE SANTA MARÍA

A partir de 1767 esta bella ciudad de la Bahía de Cádiz sería testigo del paso de uno de los exilios más sorprendentes del siglo XVIII: centenares de hombres que en el imperio español habían levantado un gran proyecto intelectual, educativo, social, cultural y religioso y que de repente se habían convertido en malhechores y traidores a España.

Como afirma García-Baquero se trataba de un cargamento de "mercancía no deseada y sin gran valor" en contraposición a los cargamentos que estaban acostumbrados a presenciar provenientes de las Indias[272]. Mas, a partir de septiembre de 1767 presenciarían la llegada de esa primera mercancía humana compuesta por los jesuitas que provenían de La Habana, Puerto Príncipe, Caracas y Campeche[273].

---

[272] Antonio GARCÍA-BAQUERO GONZÁLEZ. *Cádiz y el Atlántico (1717-1788)*. Cádiz, Diputación Provincial (1988) 265.

[273] PACHECO ALBALATE, Manuel. *Jesuitas expulsos de ultramar arribados a El Puerto de Santa María (1767-1774)*. El Puerto de Santa María, Servicio de Publicaciones de la Universidad de Cádiz con la colaboración del CEI Patrimonio Cultural y Natural, 2011.

Eran los restos de un curioso ejército hecho prisionero, sin guerra declarada, en los campos del imperio español donde no se ponía el sol, y cuyo botín había quedado tanto en las grandes ciudades a las que habían servido como promotores del desarrollo científico, humano, religioso y social o como defensores de las fronteras hispanas del Brasil portugués y de las colonias inglesas que devendrían poco después en la nación de Estados Unidos de América.

El bloque fundamental de los neogranadinos fue arribando a este lugar privilegiado de la Bahía de Cádiz a lo largo del primer semestre del año 1768 y allí permanecería la mayoría "por espacio de cinco meses"[274].

Con respecto a este instante de pisar suelo hispano el P. José Yarza, cronista santafereño, anotará en su Diario con la sobriedad del caso: "Desembarcados de las naves… fueron llevados los tan desgraciados al Puerto de Santa María, ciudad bella y espaciosa, y allí colocados con otros muchos reos y prisioneros en un Hospicio…"[275]. En realidad, fueron depositados en el Hospicio de Indias con la salvedad de los llegados de Caracas que lo hicieron en el convento de San Francisco y dos excepciones que se "hospedaron" en el convento de San Francisco de la Observancia[276].

Y el escritor bogotano nos ha legado la siguiente descripción de la vida en el Hospicio. Señala que allí vivieron "por espacio de cinco meses" y que "más parecía un cuartel de soldados que un alojamiento de personas cansadas con la prisión de diez meses". Sobre la habitabilidad anotará que todos los cuartos estaban ocupados así como "los claustros,

---

[274] José YARZA. *Expulsio sociorum, 1767. Narratur historia laborum Societatis inter Indianos quórum indoles et mores describuntur. Iter exsulium Jesuitarum in Italiam. Suppressio Societatis. 1773.* Traducción parcial por Juan Manuel Pacheco y publicada por José DEL REY FAJARDO. *Documentos jesuíticos para la Historia de la Compañía de Jesús en Venezuela.* Caracas, III (1974) 83-84.

[275] José YARZA. "La expulsión de los jesuitas…", III, 83.

[276] PACHECO ALBALATE. *Jesuitas expulsos de ultramar arribados a El Puerto de Santa María (1767-1774).* El Puerto de Santa María, 2011. Apéndice. Ver: Santa Fe.

los corredores, todo lleno de lechos" y añade y "quiénes durmiendo sobre tablas, quiénes sobre el pavimento" y no se podía dar un paso "sin tropezar con alguno, y convenía por la noche caminar tocando el muro o encontrar un guía para no pisar a los demás". En consecuencia, no era de extrañar que por la multitud de personas apenas se podía respirar el aire "y de ahí vinieron a enfermarse muchos de ellos y terminar con la muerte; hubo vez que en que los enfermos llegaron a setenta". En definitiva, "llevaban una vida semejante a la imagen de la muerte"[277].

EL PUERTO DE SANTA MARÍA: PRIMER BALANCE DE LOS EXPATRIADOS

Como este libro está dedicado a los seguidores de Ignacio de Loyola que configuraron la Provincia del Nuevo Reino y de forma más específica a los que laboraron en Venezuela trataremos de circunscribirnos a esa temática.

Para una visión de conjunto del proceso demográfico vivido por los miembros de la Compañía de Jesús en el período que corre entre los años 1767, fecha de la expulsión de los dominios hispánicos y el 1773 fecha de la extinción de la Orden fundada por Ignacio de Loyola, recurriremos a tres documentos claves.

El primero recoge el elenco de jesuitas del Nuevo Reino de Granada a quienes le fue aplicada la Pragmática Sanción del 2 de abril de 1767[278] que se inició en la Isla de Santo Domingo el 12 de junio[279] y

---

[277] José YARZA. *Expulsio sociorum, 1767. Narratur historia laborum Societatis inter Indianos quórum indoles et mores describuntur. Iter exsulium Jesuitarum in Italiam. Suppressio Societatis. 1773.* Traducción parcial por Juan Manuel Pacheco y publicada por José DEL REY FAJARDO. *Documentos jesuíticos para la Historia de la Compañía de Jesús en Venezuela.* Caracas, III (1974) 83-84.

[278] J. M. PACHECO. "Los jesuitas del Nuevo Reino de Granada expulsados en 1767". En: *Ecclesiastica Xaveriana.* Bogotá, III (1953) 23-78.

[279] Archivo Histórico Nacional. (La Habana). *Audiencia de Santo Domingo,* leg. 1441. Reproducido en: UTRERA, Cipriano. *Universidades de Santiago de la Paz y de Santo Tomás*

concluyó el 6 de noviembre del mismo año en que el gobernador de Los Llanos de Casanare y Meta (actual Colombia) podía anunciar el fin de su tarea[280].

El segundo establece un inventario de los ignacianos que llegaron al Puerto de Santa María de la Provincia mencionada a lo largo del año 1768[281].

El tercero data del 1º de enero de 1774 y es el Catálogo por el que se rigió la corona hispana para el control de los que hasta esa fecha habían sido jesuitas[282].

LA DEMOGRAFÍA JESUÍTICA Y SUS ESTADÍSTICAS

Entre 1767 y 1774 esta ciudad de la Bahía de Cádiz presenciaría el trasiego de 2.268 jesuitas procedentes de América y Filipinas[283].

Quién de los ignacianos europeos iba a pensar que regresaría a este puerto como una "mercancía no deseada y sin gran valor" cuando tiempo atrás se había despedido en este mismo lugar del viejo mundo lleno

---

de Aquino y Seminario Conciliar de la Ciudad de Santo Domingo en la Isla Española. Santo Domingo, Padres Franciscanos Capuchinos (1932) 406-407.

[280] ANB. *Temporalidades*, t. 15, fol. 487. La expulsión de los pueblos llaneros se habría llevado así: 2 de octubre, Pauto (ANB. *Fábrica de Iglesias*, t. 17. fols., 86-113); 15 de octubre, Macaguane (ANB. *Conventos*, t. 34, fol. 779); San Ignacio de Betoyes, 17 de octubre (ANB. *Temporalidades*, t. 13, fol., 218).

[281] AHN. *Jesuitas*, 827/2. *Filiacion de los Regulares de la Compañia del nombre de Jesus pertenecientes a la Provincia de Sta. Fee de Bogota venidos en diferentes Navios...*

[282] Archivo de Monumenta Historica Societatis Jesu. Armadio F-10. *Relación individual de los Ex-Jesuitas muertos en las Once Provincias de España e Indias desde la expulsión hasta el día 30 de junio de 1777*. Por don Juan Antonio Archimbaud. Provincia de Santa Fee.

[283] Manuel PACHECO ALBALATE. *El Puerto: ciudad clave en la expulsión de los jesuitas por Carlos III*. El Puerto de Santa María, Concejalía de Cultura del Excmo. Ayuntamiento de El Puerto de Santa María, 2007. Manuel PACHECO ALBALATE. *Jesuitas expulsos de ultramar arribados a El Puerto de Santa María (1767-1774)*. El Puerto de Santa María, Servicio de Publicaciones de la Universidad de Cádiz con la colaboración del CEI Patrimonio Cultural y Natural, 2011.

de fe en su vocación americana y con el respeto y admiración que estos actos generaban entre los habitantes porteños!

No es fácil para el historiador hodierno poder asomarse al estado de ánimo de aquellos hombres que llevaban, por lo menos, 6 meses deambulando por los mares caribes y atlánticos.

Estamos ante la reacción psicológica normal de unos exilados y expatriados por un acto regio totalmente arbitrario, sin mediar el más mínimo derecho a la defensa y sometidos a la más absoluta barbarie. Cómo hombres que se habían dedicado al estudio, la educación, la cultura, las ciencias y a hacer el bien espiritual a la sociedad eran arrancados brutalmente de su medio habitual, tratados peor que si fueran malhechores y sometidos a las peores humillaciones que puede sufrir un hombre de bien!.

Aunque a finales de 1767 arribarían a la bahía gaditana los miembros de las comunidades de Caracas e Isla de Santo Domingo, sería a partir del 1º de enero de 1768 cuando comenzó a llegar el grueso de los jesuitas neogranadinos pues desde esa fecha iban siendo reseñados en el Puerto de Santa María por los oficiales reales los navegantes del "Nuestra Señora de Loreto" y a su vez suscribían la breve historia de su vida, o más bien, su reseña policial[284]. "San Juan Bautista" atracó el 19 de febrero de 1768 y el 6 de marzo la reseña. "La Fortuna": el 27 de febrero de 1768 y el censo de sus ocupantes se inició el 3 de marzo[285]. El "San Pedro y San Pablo": el 2 de mayo de 1768 y el registro el día 6 de mismo mes.

Pero si fijamos la atención en los registros policiales levantados en el Puerto de Santa María a lo largo del año 1768 observaremos que fueron asentados 185 ignacianos provenientes de Venezuela y Colombia:

---

[284] AHN. *Jesuitas*, 827/2. *Filiacion de los Regulares...*, nº., 7. La llegada fue el día 1º y el control policial se inició el día 12: PACHECO ALBALATE. *Jesuitas expulsos de ultramar arribados a El Puerto de Santa María (1767-1774)*. El Puerto de Santa María, 2011. Apéndice. Ver: Santa Fe.

[285] PACHECO ALBALATE. *Jesuitas expulsos de ultramar arribados a El Puerto de Santa María (1767-1774)*. El Puerto de Santa María, 2011. Apéndice. Ver: Santa Fe.

En el navío el Loreto llegaron 78
En la fragata La Fortuna, 51
En la urca San Juan, 16
En el navío San Joaquín alias el Aquiles, 1
En el navío San Pedro y San Pablo, 39[286].
Total: 185.

Sin embargo, quizá pueda llamar la atención del lector la discrepancia entre los datos ofrecidos entre el registro directo del Puerto de Santa María y los recopilados por Manuel Pacheco Albalate también en la documentación oficial[287]:

El Loreto 78
La Peregrina[288] 1
Nuestra Señora del Carmen y San José. "El Bello Indio"[289] 7
Nuestra Señora del Rosario, alias "La Fortuna" 51
San José y las Ánimas, alias "El Aquiles"[290] 1
San Juan Bautista[291] 16
San Pedro y San Pablo 39
Sin identificar 7
Total: 200

De acuerdo con lo establecido por el primer control demográfico la orden de expatriación del rey Carlos III fue aplicada a 228 miembros

---

[286] AHN. *Jesuitas*, 827/2. *Filiacion de los Regulares de la Compañia del nombre de Jesus pertenecientes a la Provincia de Sta. Fee de Bogota venidos en diferentes Navios en esta forma...*

[287] Manuel PACHECO ALBALATE. *El Puerto: ciudad clave en la expulsión de los jesuitas por Carlos III*, 293.

[288] Partió de La Habana el 24 de diciembre de 1767 y llegó a Cádiz el 30 de marzo de 1768.

[289] Bergantín. Salió el 6 de julio de 1767 y llegó a Cádiz el 8 de septiembre. Durante la travesía fue escoltado por el navío del rey "El Dragón".

[290] Navío mercante. Los que se embarcaron el 23 de febrero en La Habana se recuperaban de algunas dolencias "después de haber realizado alguna singladura previa".

[291] Urca. Llegó a La Habana el 1º de marzo de 1768 y partió el 16 del mismo mes. Llegó a Cádiz el 19 de febrero de 1768.

que formaban la Provincia del Nuevo Reino al momento de notificarles la expulsión de los dominios hispanos[292].

Sin embargo, a la hora de pisar suelo español el número de 228 se había reducido según unos informes a 185 y según otros a 200.

La explicación adecuada radica en que los dos primeros contingentes de la Provincia del Nuevo Reino que pisaron la bahía gaditana lo hicieron a lo largo del año 1767 pues su deportación tuvo lugar con anterioridad al resto de la provincia jesuítica: los caraqueños se embarcaron el 11 de julio[293] y los de la Isla de La Española el 23 de agosto[294]. Si a ello añadimos que la comunidad de la Isla de Santo Domingo estaba compuesta por 8 jesuitas[295] y la del Colegio de Caracas integrada por 7 seguidores del de Loyola[296] completaremos el número de 200 que recoge el investigador porteño Pacheco Albalate.

Además, la diferencia entre los 228 jesuitas notificados de la *Pragmática Sanción* del 2 de abril de 1767 y los 200 contabilizados en el Puerto de Santa María observamos que 13 no pudieron seguir a sus

---

[292] J. M. PACHECO. "Los jesuitas del Nuevo Reino de Granada expulsados en 1767". En: *Ecclesiastica Xaveriana*. Bogotá, III (1953) 23-78. Lamentablemente el historiador Pacheco pasó por alto a un segundo José Rubio que hace el número 228.

[293] AHN. *Jesuitas*, 128/4. *El Señor Fiscal sobre remisión a Contaduría de los autos de extrañamiento y ocupación de temporalidades de los Regulares de la Compañía por lo respectivo a este Colegio*, fol., 6.

[294] Archivo Histórico Nacional. (La Habana). *Audiencia de Santo Domingo*, leg. 1441. Reproducido en: UTRERA, Cipriano. *Universidades de Santiago de la Paz y de Santo Tomás de Aquino y Seminario Conciliar de la Ciudad de Santo Domingo en la Isla Española*. Santo Domingo, Padres Franciscanos Capuchinos (1932) 406-407. Los 8 componentes de la comunidad jesuítica estuvieron presos en una celda del convento dominico hasta el 23 de agosto, fecha en que fueron embarcados en el barco catalán "Santa María del Socós". Esta embarcación navegó directamente al Puerto de Santa María (Antonio VALLE LLANO. *La Compañía de Jesús en Santo Domingo durante el período hispánico*. Ciudad Trujillo, Seminario de Santo Tomás (1950) 293).

[295] Los integrantes eran: Pedro Zabala, Francisco Casanova, Antonio Colón, Pedro Millán, Pedro Peraleda Llopis, José Suárez, Gabriel Villalonga y Blas López.

[296] José Pagés, Francisco Javier Otero, Manuel Parada, Demetrio Sanna, Francisco Aguilar, Francisco Mas [Mar] y Miguel Schlessinger.

comunidades al destierro fuera de América por enfermos[297]; 4 encontraron la muerte antes de embarcarse[298]; 3 en el trayecto desde Cartagena a La Habana[299] y otros 3 en el siguiente tramo que concluía en la ciudad del Puerto de Santa María[300]. Y todavía no tenemos noticias ciertas de otros 4 que suponemos dejaron de existir antes de iniciar el viaje oceánico[301]. Todavía quedarían 4 neogranadinos que no aparecen en las listas posteriores[302]. En consecuencia, de los 228 miembros que tenía la Provincia del Nuevo Reino llegaron a España 200.

LA IDENTIDAD DE LOS EXPATRIADOS ENTRE LA CONVICCIÓN Y LA DESMORALIZACIÓN

Si la identidad de la persona humanan está sometida a la erosión del tiempo y de la cotidianidad es lógico que la adversidad verifique su verdadera calidad, porque ésta es la demostración de que la identidad es la sustancia no falsificada de lo mejor de sus convicciones.

---

[297] En Bogotá quedaron enfermos: Benavente, José; Egúrbide, Martín; Terreros, Diego; Valls, José; Zapata, Manuel. En Tunja: Marroquín, Manuel; Molina, José; Asuaje, Ignacio, Quirós, Francisco Antonio, José Peláez. En la ciudad de Cúcuta: González, Cayetano. Antonio Ayala en Pore. Y en Maracaibo, Konik, Lorenzo.

[298] Francisco Granados falleció antes de llegar al puerto fluvial de Honda. Francisco Riberos muy posiblemente en el puerto marítimo de La Guayra. Victorino Padilla en Cartagena. Cristóbal Meliá en Cartagena.

[299] En el viaje de Cartagena a La Habana: Leonardo Wilhelm y Joaquín Visner y en el hospital de La Habana el novicio José Pla.

[300] ARSI. *Historia Societatis*, 53ª, p., 142. Entre los cuadernos del P. José Joaquín Cotanilla (Archivo Histórico de la Provincia de Toledo - Alcalá de Henares: C 94) hay uno titulado "APUNTES HISTÓRICOS S.J." En el fol. 2 escribe: "El navío mercante, tit. "El Laredo", que salió de la Habana el 18 de Noviembre de 1767, llevó a bordo 86 Jesuitas, cuyos nombres son: ..." y en el fol. 3 v. menciona: "P. Xavier Campillo, de Antioquia". Juan Heredia en alta Mar. Toribio Medina en el Puerto de Santa María".

[301] Vicente Ballesteros. Melchor de Moya, Ignacio Sarabia y Leonardo Tristerer.

[302] Hay dos sujetos de los que carecemos totalmente de información: Tomás Ávila y Francisco Cueraltó. Y a otros dos se les permitió abandonar la Compañía y regresar a sus casas: Juan Antonio Coquet y Vicente Palanca.

Pero, también es verdad que la identidad alcanza su pureza auténtica en el fuego del conflicto, y es entonces cuando éste –como el fuego en el crisol– hace desaparecer el lastre del enfrentamiento y brilla sólo la pureza del ideal.

No se puede negar que la Provincia del Nuevo Reino daría una muestra de su genuina identidad con los valores del Instituto de la Compañía de Jesús a través de la larga noche oscura escrita al transitar el doloroso periplo que se inicia con la expatriación (1767), exilio (1768-1773), muerte de la institución en la que habían soñado realizar sus vidas (1773) y el amanecer de la resurrección en 1814.

La primera evidencia de la firmeza de sus convicciones entre los expulsos se puede seguir por la correspondencia que ha llegado hasta nosotros. Aduciremos dos ejemplos.

El P. Juan Valdivieso le escribía a su hermano el 27 de julio: "El día quince de julio de 1767 se nos ha comunicado a todos los jesuitas una cédula de su majestad con la cual nos destierra de los dominios de España, y aunque al presente no sé de cierto para dónde vamos, es regular vamos a la Italia; nada de esto me aflige, ni hasta el presente, desde que entré en la Compañía, me ha venido el menor arrepentimiento, antes bien cada día, gracias a nuestro Dios me hallo (aun en las presentes circunstancias) más alegre y gustoso…"[303].

El joven estudiante de teología de la Universidad Javeriana, Ignacio Duquesne, escribía el 7 de agosto a su madre Ignacia de la Madrid: "Aunque vamos desterrados, todos vamos contentos porque no nos remuerde nada la conciencia; sólo sentimos que el mundo se volverá a aquel estado de cuando no había Compañía, aunque tenemos esperanza de volver dentro de algunos años, que hay revelación de que la Compañía se reduciría a Italia y después se extenderá otra vez por el mundo

---

[303] ANB. *Temporalidades*, 16, fol., 336. *Carta de Juan Valdivieso a Juan García Valdivieso*. Mompox, 27 de julio de 1767.

(...) Ni me pueden desterrar a donde no vea el cielo y la tierra, si no es quitándome la vida, la cual si me quitaren no me podrán quitar la eterna, en donde nos veremos dentro de corto tiempo"[304].

Un nuevo escenario lo constituyó la llegada a la Península Ibérica. Atrás quedaban varios meses de inhumano cautiverio bien en las miserables condiciones que imponía la travesía del Atlántico para unos presos reos de lesa majestad, bien en la reclusión forzada en conventos en el Nuevo Reino y en La Habana.

LOS PARADIGMAS DE LA DESTRUCCIÓN DE LA UNIDAD CORPORATIVA

Y el Puerto de Santa María se convertía en el segundo "test" para los expatriados errantes en busca de una tierra que les otorgara asilo.

Si en Colombia y Venezuela se sintieron "reos y prisioneros" en el Puerto de Santa María sufrirían las primeras "rupturas" que serían el anuncio del hostigamiento implacable de las autoridades españolas a la hora de romper las estructuras que daban fortaleza a la Compañía de Jesús.

El desgaste producido por los interminables viajes oceánicos, la convivencia con otros jesuitas provenientes de América en sus mismas condiciones y la toma de conciencia de que las autoridades españolas los trataban como a una mercancía sin valor y desechable se abrían a nuevos escenarios, nunca por ellos imaginados, que interrogaban con profundidad a la estructura de sus convicciones.

Y en esa enorme gama de preguntas que interpelaban la conciencia de los exilados es necesario asomarse a los estados de ánimo que se movían entre el reforzamiento de las convicciones y la desmoralización que producían las nuevas realidades.

---

[304] *Carta de Ignacio Duquesne a su señora Madre*. Guaduas, 7 de agosto de 1767. En: Eduardo POSADA. "Apostillas". En: *Boletín de Historia y Antigüedades*. Bogotá, 57 (1909) 501.

Y así se explica que comenzaron a aflorar en algunos el descontento, la insatisfacción, la frustración y todas las enfermedades que genera la psicología del cansancio y del agotamiento. Y el malestar fue sembrando desavenencias entre los expulsos. Y así se inicia el resquebrajamiento de la unidad.

LOS MODELOS DE LA "RUPTURA" DE LA UNIDAD JESUÍTICA

La estrategia borbónica para el exterminio de la Compañía de Jesús era clara y trasparente, pero sus métodos se irían desarrollando al compás de la amoralidad de la ética del Estado ilustrado.

Era casi cuestión de estado el promover las deserciones dentro del cuerpo de la Compañía y como para el estado ilustrado el fin justificaba los medios y la primera ruptura de la unidad aplicada a los miembros de la Provincia del Nuevo Reino se llevaría a cabo mediante dos acciones casi paralelas: el "secuestro" de los novicios y el fomento de las "secularizaciones".

Los novicios. El primer resquebrajamiento consistió en separar del resto de la Provincia a los novicios quienes, en un acto de convicción espiritual, habían decidido seguir a los desterrados por su propia decisión. Y el 1º de mayo los trasladaron a Jerez de la Frontera con el fin de verificar la calidad de su vocación![305].

Gracias a los novicios de la Provincia del Paraguay podemos acercarnos a la irritante situación a que fueron sometidos aquellos jóvenes que habían arrostrado todos los peligros por creer en un gran ideal[306].

---

[305] Véase: José JOUANÉN. *Historia de la Compañía de Jesús en la antigua Provincia de Quito.* II, 652-653.

[306] Francisco J. MIRANDA. "Relación de los novicios de la provincia que fue del Paraguay y hoy San José". En: Carlos A. PAGE. *Relatos de exilio. Memorias de los jesuitas expulsos de la antigua Provincia del Paraguay.* Asunción del Paraguay, Consejo Superior de Investigaciones Científicas de España-Fundación Carolina-Consejo Nacional de Investigaciones Científicas y Tecnológicas (2011) 573-623. Las fuentes del documento se encuentran en: Archivo Histórico de Loyola. C19 N03. ARSI. *Assistentiae Galliae,* I-43, Ref. 27.

Para el lector que desee seguir minuciosamente la cotidianidad de estos jóvenes novicios y las presiones de que fueron objeto nos remitimos al escrito del P. Francisco J. Miranda[307].

En vista de la persistencia que mostraban estos jóvenes en la fidelidad a su vocación decidieron las autoridades leerles dos decretos. El primero fue la lectura de la Pragmática Sanción en la celda del Padre Guardián y en presencia de muchos frailes. El segundo fue el que les intimó el gobernador del Puerto de Santa María, conde Berengario Trigona, a cada uno en particular[308].

El 22 de febrero de 1768 los candidatos paraguayos decididos a seguir dentro de la Compañía de Jesús lograron hacer llegar a su Maestro Juan de Escandón —escrito que habla por sí solo—: "Vino a este convento de San Francisco el señor Gobernador a tomarnos la declaración. Exploró nuestra voluntad y halló que perseverábamos todos en seguir a la Compañía, no obstante un nuevo decreto, el más estrecho que se podía pensar, hecho en el Consejo Extraordinario del 8 de este mes [febrero] en que se manifestaba la voluntad del Soberano, ordenando que los novicios que quisiesen seguir la Compañía de Jesús, se costeasen a sus expensas propias el viaje hasta el lugar de su destino, y esto en traje secular, sin permitirnos llevar sotanas, y no contento con esto, añade otra condición durísima que ha de ser forzosamente por tierra. No obstante estas durísimas condiciones, resolvimos unánimes seguir la Compañía del dulce Nombre de Jesús, y hacer nuestro viaje, aunque sea a pie, en traje de peregrinos, a imitación de nuestro Santo Estanislao de Koska, hasta la misma Roma, a fin de conseguir la sotana, que si no es a pedazos y por fuerza no nos la han de quitar"[309].

---

[307] Francisco J. MIRANDA. "Relación de los novicios de la provincia que fue del Paraguay y hoy San José", 592-622.

[308] Francisco J. MIRANDA. "Relación de los novicios de la provincia que fue del Paraguay y hoy San José", 597.

[309] Citada por JOUANÉN. *Historia de la Compañía de Jesús en la antigua Provincia de Quito*. II, 651-652.

Por ese tiempo llegaron los 18 novicios de la Provincia del Nuevo Reino y tuvieron que pasar por el mismo lance de la lectura de los dos decretos y más tarde se les agregaron 7 de México y 2 del Perú[310].

Del convento de San Francisco fueron trasladados a Jerez de la Frontera a y a un cenobio de los Padres de Santo Domingo y "quedaron con el corazón, cubierto de tristeza, porque la vivienda, donde los encerraron con llave, era muy solitaria, sin ventana ninguna al campo, y las que tenía a la calle se podía decir, que estaban cerradas del todo y aunque no lo estuvieran, no se representaban a la vista más que ruinas de antiguos edificios"[311].

No deja de ser irritante la forma cómo se comportaron con los novicios las autoridades regias, pero peor aún algunos religiosos que se prestaron a coaccionar de forma humillante y artera la voluntad firme de estos jóvenes que habían optado por ser fieles a su vocación a pesar del negro horizonte que suponía para su futuro esta decisión.

Quien desee leer los interrogatorios a que fueron sometidos, en confesión, estos noveles seguidores de Ignacio puede verlos in extenso en la obra del P. Juan de Velasco[312]. En esencia, los confesores trataron de hacerles ver a estos jóvenes, llenos del espíritu que habían aprendido en sus casas de formación, que eran reos de tres grandes pecados: infidelidad al rey, desobediencia a la Pragmática Sanción y carencia de caridad para con ellos mismos. Con qué facilidad querían transbasar la culpabilidad moral a la culpabilidad política!. Para una visión

---

[310] Francisco J. MIRANDA. "Relación de los novicios de la provincia que fue del Paraguay y hoy San José", 599.

[311] Francisco J. MIRANDA. "Relación de los novicios de la provincia que fue del Paraguay y hoy San José", 603.

[312] APT. Legajo, 382. *Historia moderna del Reino de Quito y Crónica de la Provincia de la Compañía de Jesús del mismo Reino*. Escrita por el Presbítero don Juan de Velasco. Tomo III. Año de 1788. Libro 4º, & 3: "Heroica constancia de los Novicios". (Fols., 297-314).

de este proceso interno nos remitimos a la obra del diarista Manuel Luengo[313].

En Jerez de la Frontera los allí depositados "combatidos fortísimamente por los dominicanos, habían sido físicamente predeterminados por ellos a dejar, bien que a pesar de su inconsolable llanto, las sotanas. Eran 3 de la Provincia de Santa Fe, todos europeos"[314].

Y el autor citado confiesa que logró recopilar toda la información gracias a la buena voluntad de un Hermano lego por cuyo medio enviaron los novicios el escrito a los Padres del Puerto de Santa María.

El diarista Miranda nos precisa mejor la versión. El día 24 de mayo el alcalde volvió a insistir en el decreto intimado en el Puerto de Santa María. Reunidos en la celda del Prior, amén del dominico y del alcalde, un escribano y un amanuense. Siguieron el mismo proceso que conocemos pues puesta por escrito la decisión de cada novicio debía firmarla. Y escribe el diarista: "A los dos días después separaron de los demás, y les dieron celdas en el convento con libertad de poder andar por él a dos de Santa Fe, que se rindieron cobardemente. Estos dos sólo fueron los únicos desertores de los 25, que había en Santo Domingo, los otros 23 se mantuvieron constantes"[315].

Sin embargo, debemos confesar que no hemos podido confirmar plenamente esa información pues los 18 novicios que salieron de Tunja todos perseveraron menos José Pla que falleció en La Habana; y también tenemos noticia de que el alcalde mayor y teniente de corregidor de Jerez de la Frontera, le comunicó al novicio coadjutor Juan Antonio Coquet que se le concedía "… libre y seguro pasaporte para que se vuelva a

---

[313] Manuel LUENGO. *Memoria de un exilio*. Diario de la expulsión de los jesuitas de los dominios del rey de España (1767-1768). Estudio introductorio y notas de Inmaculada Fernández Arrillaga. Alicante, Universidad de Alicante, 2001.
[314] APT. Legajo, 382. *Historia moderna del Reino de Quito*, fol., 303.
[315] Francisco J. MIRANDA. "Relación de los novicios de la provincia que fue del Paraguay y hoy San José", 608.

su patria en el modo, tiempo y forma que tenga por conveniente, suplicando a los señores jueces y justicia de los pueblos por donde transitare, no le pongan embarazo en su viaje"[316]. Idéntico pasaporte se le concedió al escolar Vicente Palanca pero no era novicio.

Y es bueno preguntarse ¿cómo conseguían los novicios franquear las barreras de los controles a que estaban sometidos? Medina describe con detalle cómo un tal Nicolás fingió ser hermano de un novicio aragonés "a quien decía que quería llevar consigo a casa" y con ciertos artilugios pudo entregar la correspondencia deseada[317].

No acabó ahí la desesperada presión ejercida sobre estos jóvenes, pues el último chantaje consistió en obligarles a abandonar España sin que se les dotara del más mínimo dinero para el viaje. Enterados los expulsos del Puerto les remitieron 500 pesos y "a más de esos dio un eclesiástico piadoso otros 100 pesos para todos ellos, y pagando con estas limosnas y algunas otras que les dieron, [en] un Barco, salieron para uno de los puertos de Italia"[318].

Al parecer se embarcaron en Cádiz el 15 de enero de 1769 y su complicado navegar hicieron su tramo final de la siguiente manera: Salieron de Ajaccio y llegaron a puerto Venere, y mudando allí se hicieron a la vela para Civitavechia, a donde arribaron el día 23 de marzo (...) prosiguieron su viaje con los mismos vestidos que les habían dado en España"[319].

Este planteamiento económico seguiría a los novicios a lo largo de toda su vida aunque en ese momento de generosidad espiritual no lo pudieran percibir. El propio Moñino, pocos mes antes de la extinción,

---

[316] PACHECO ALBALATE. *Jesuitas expulsos de ultramar arribados a El Puerto de Santa María (1767-1774)*. Véase: Apéndice electrónico. Provincia de Santafé: Coquet, Juan Antonio.

[317] F. J. MIRANDA. "Relación de los novicios de la provincia que fue del Paraguay y hoy San José", 605-607. En Jerez volvería a repetir sus acciones (611-612).

[318] APT. Legajo, 382. *Historia moderna del Reino de Quito*, fol., 314.

[319] F. J. MIRANDA. "Relación de los novicios de la provincia que fue del Paraguay y hoy San José", 622.

se veía obligado a escribir: "Yo que he trabajado tanto por la supresión de un cuerpo tan peligroso para la Iglesia, y para los Estados, estoy lleno de compasión por sus miserables individuos, fundándose ésta en principios de caridad, humanidad y política"[320].

Con la extinción de la Orden en 1773 los que eran novicios en el momento de la expulsión de 1767 debían afrontar tan deplorable situación económica que se vieron obligados a apelar a la comprensión real y dirigirse a la corona "confesando su gravísimo error, pidiendo indulto de su exceso e implorando la benignidad Real"[321]. De inmediato los ex novicios de la Provincia del Nuevo Reino remitieron a Madrid el consiguiente Memorial en el que aseguraban que su decisión de seguir a los jesuitas mayores al destierro debía considerarse fruto de su "inexperta juventud" y en consecuencia demandaban un subsidio anual para mantenerse además del socorro del vestuario[322].

Las "secularizaciones". Otro apartado lo escribiría el conglomerado de los que se denominarían "disidentes", desertores, mal contentos, es decir, una serie de actitudes proclives para desembocar en la categoría de los "secularizados".

---

[320] AGS. *Estado*, 5047. *Carta de Moñino a Grimaldi*. Roma, 9 de septiembre de 1773. Citado por Inmaculada FERNÁNDEZ ARRILLAGA. "Los novicios de la Compañía de Jesús: la disyuntiva ante el autoexilio y su estancia en Italia", 272.

[321] AGS. *Estado*, 5047. *Carta de Grimaldi a Floridablanca*. Septiembre de 1773. Citado por Inmaculada FERNÁNDEZ ARRILLAGA. "Los novicios de la Compañía de Jesús: la disyuntiva ante el autoexilio y su estancia en Italia", 272.

[322] AGS. *Gracia y Justicia*, 671. *Carta de Grimaldi a Roda*, 9 de noviembre de 1773. Informa resolución real a Consulta del Consejo sobre representación de catorce novicios de la Provincia de Santa Fe. Los firmantes del Memorial eran: Ramón Casanova, Mariano Constán, Antonio Sellens, Leandro Gonsalbes [González], Diego Sebastián, Francisco Carchano, Juan Petit, Pedro de la Lastra, Vicente Sanz, Andrés de Villa, Francisco Ranier, Vicente de Castro, Francisco Queralto, Manuel Carranza y Juan Bautista Moreno (AGS. *Estado*, 5047: Novicios de la Provincia de Santa Fe suplicando socorro para vestirse decentemente y subsidio anual, pues la Compañía ha sido extinguida. AGS. *Estado*, 671. *Carta de Grimaldi a Floridablanca*, 9 de noviembre de 1773. Citado por Inmaculada FERNÁNDEZ ARRILLAGA. "Los novicios de la Compañía de Jesús: la disyuntiva ante el autoexilio y su estancia en Italia", 272). Si comparamos la lista de los expulsados de Tunja en 1767 observamos que solamente faltan 3: José Pla que falleció en La Habana, Francisco Javier Igaregui y Lorenzo Villaseca.

El primer paso se había dado con la expatriación, incautación de todos los bienes de los jesuitas y el consiguiente destierro del imperio español. La segunda etapa se centraba en la quiebra de la "unidad de cuerpo" que distinguía a la Orden fundada por Ignacio de Loyola en 1540 ya que la corte de Madrid no estaba dispuesta a perder el control sobre esos ex ciudadanos y para ello se serviría del señuelo de las pensiones y la promesa de que podrían regresar a España[323], ofrecimiento que nunca se cumpliría.

Con la destreza adquirida durante casi dos semestres el gobierno hispano (abril de 1767-enero de 1768) se había hecho experta en los resortes que maneja el secuestrador cuando el secuestrado no tiene ningún intermediario ni interlocutor válido sino que irremediablemente debe pactar con su verdugo.

Frente a aquellas masas humanas agotadas por el tedio, la fatiga y el cansancio ocasionados por la travesía del Atlántico la solución consistía en ilusionarlos con falsas promesas de esperanza que nunca llegarían y sobre todo que se les permitiría regresar a sus tierras americanas y una vez allí podrían optar por todos los cargos y dignidades civiles y eclesiásticas[324].

La lección de la "secularización" la descubrió la corte madrileña tras el primer ensayo de libertad en la Isla de Córcega que utilizaron los expulsos españoles mediante el fenómeno de las fugas y las deserciones.

De esta forma, los comisarios regios con la estrategia experimentada previamente con los jesuitas hispanos abordarían a los americanos que llegaban a la Bahía de Cádiz con este "gentil ofrecimiento" que lo formulaba el Consejo Extraordinario a través tanto del gobernador de Cádiz, el siciliano conde de Trigona, (curiosamente hermano del jesuita

---

[323] ARSI. *Hispania*, 145. Copias de las cartas dirigidas al Provincial de Aragón en septiembre y octubre de 1767 por el comisario Luis Gnecco. Véase: Francisco de Borja MEDINA. "Jesuitas andaluces en el exilio. El aspecto humano. (Notas para el estudio de una crisis)". En: *Montalbán*. Caracas, 23 (1991) 109-112.

[324] José JOUANÉN. *Historia de la Compañía de Jesús en la antigua Provincia de Quito*. II, 653.

Vespasiano Trigona que había sido asistente de Italia en la curia generalicia y que había fallecido en 1761), así como también por medio del gobernador del Puerto de Santa María, Guillermo Tirri, marqués de la Cañada. "Se prometía a los que desertaran de la Compañía declararles fieles vasallos de su Majestad y concederles la licencia real para volver a la patria". El procedimiento se iniciaba con la carta a la Penitenciaría a través del gobernador del Puerto y en Roma se encargaría Pedro de Castro de tramitarlas bajo las órdenes del celoso embajador español monseñor Tomás de Azpuru[325].

Lo cierto es que por muy diversas causas, la mayoría explicables, los "disidentes y malcontentos" —como escribirá el diarista cordobense Peramás— fue grande[326]. Para el 10 de junio de 1768 el número de disidentes ascendía a un centenar[327]. La cifra exacta la ofrece Pacheco Albalate especificada por provincias: Santa Fe: 5; Chile: 10; México: 10; Paraguay: 9; Perú: 89; Quito: 5. Total: 128[328]. El 28 de mayo de 1768 fueron trasladados a los conventos de San Francisco y San Agustín.

El proceso requerido para los disidentes exigía que cada uno escribiera su respectiva carta al Conde de Aranda en la que solicitaban ser dimitidos de la Orden y a cumplir la Ordenanza regia de prestar juramento de fidelidad.

Una gran sorpresa constituyó la contestación de Aranda (27 de mayo de 1768), pues en ella se ordenaba que fueran separados los disidentes de los que permanecían firmes en su pertenencia a la Compañía de Jesús y, que de la misma manera, debían ser trasladados a Italia para

---

[325] Francisco de Borja MEDINA. "Extrañamiento y extinción de la Compañía de Jesús: venturas y desventuras de los jesuitas en el exilio de Italia". En: Manuel MARZAL y Luis BACIGALUPO (editores). *Los jesuitas y la modernidad en Iberoamérica 1549-1773*, 456.

[326] Véase en: J. A. FERRER BENIMELI. "La expulsión y extinción...", 243-244.

[327] José JOUANÉN. *Historia de la Compañía de Jesús en la antigua Provincia de Quito*, II, 653.

[328] Manuel PACHECO ALBALATE. *El Puerto: ciudad clave en la expulsión de los jesuitas por Carlos III*. El Puerto de Santa María, Concejalía de Cultura del Excmo. Ayuntamiento de El Puerto de Santa María (2007) 184-185.

obtener la desvinculación que suponían sus votos religiosos y posteriormente se les haría saber la resolución del monarca con respecto a su regreso a la península ibérica.

En el caso de la Provincia del Nuevo Reino esta oferta fue aceptada el año 1768 por cinco jesuitas: 4 neogranadinos y un español. En efecto, solicitaron la secularización: el 25 de junio el P. Bernardo Roel miembro de la comunidad del Colegio Máximo y el 25 de julio su hermano Domingo Roel del colegio bogotano de Las Nieves; el 25 de julio el sacerdote Enrique Rojas que había laborado en las misiones orinoquenses y se encontraba al momento de la expulsión en el colegio de Pamplona; y en la misma fecha el coadjutor Tomás Silva que había servido en el Colegio Máximo de Santafé; del estudiante Miguel Gavira solo tenemos el testimonio de Pacheco Albalate[329].

LOS "OTROS" MODELOS DE "RUPTURA" DE LA UNIDAD JESUÍTICA

Pero amén de las decisiones políticas asumidas en nombre directo de la justicia también pondrían en practica otros modelos de ruptura para aniquilar el cuerpo de la Compañía.

De esta suerte ensayarían otras formas de amputación corporativa como la arbitraria decisión de dictar auto de prisión para con aquellos que consideraban "sospechosos" sin haber mediado ningún tipo de acción judicial. Y también habría que añadir a este catálogo dos modalidades casi imperceptibles: los indultados y la conducta oficial con respecto a los enfermos.

Los indultados. Pero dentro de la conducta férrea oficial observada para con los seguidores de Ignacio de Loyola también hubo sus excepciones. Pacheco Albalate recoge los siguientes casos. El padre Pedro Nolasco Mejía Munibe, de la Provincia de Chile, hijo de los condes de Sierra Bella; el padre Ramón Rospigliosi Ramírez, del Paraguay, lo mismo que el

---

[329] Manuel PACHECO ALBALATE. *El Puerto: ciudad clave en la expulsión de los jesuitas por Carlos III*, 297-299.

estudiante José Rivadavia Rivadeneyra, también de la misma Provincia, pidieron la secularización y se les concedió una «dispensa especial» para viajar de regreso a sus hogares, al Puerto de Buenos Aires[330].

En el caso del Nuevo Reino debemos hacer referencia a 4 casos que se salen de la normativa general aplicada con tanta rigidez a todos los expatriados: dos a quienes se les permitió regresar a sus lugares de origen y otros dos que se pueden calificar de fugitivos sin que el control policial hispano pudiera localizarlos.

En efecto, dentro de las rarísimas excepciones que se otorgaron de regresar a su patria conocemos dos casos de los integrantes de la cohorte colombiana: el estudiante Vicente Palanca y el novicio coadjutor Juan Antonio Coquet.

El 27 de septiembre de 1768 se dirigieron ambos, por separado, al Real y Supremo Consejo de Castilla en el Extraordinario de 27 de septiembre de 1768, a través del Alcalde Mayor, Teniente de Corregidor de la ciudad de Jerez de la Frontera, y en su respuesta se les comunicó que se le concedía "… libre y seguro pasaporte para que se vuelva a su patria en el modo, tiempo y forma que tenga por conveniente, suplicando a los señores jueces y justicia de los pueblos por donde transitare, no le pongan embarazo en su viaje"[331].

Sobre estos casos es conveniente anotar que Archimbaud lo único que pudo anotar sobre cada uno de ellos es que "no goza de pensión"[332].

---

[330] PACHECO ALBALATE. *Jesuitas expulsos de ultramar arribados a El Puerto de Santa María (1767-1774)*. El Puerto de Santa María (2011) 52. Aduce como fuente: AHN. *Jesuitas, 827/6. Lista de los expedientes formados con motivo de la ocupación de temporalidades de El Puerto de Santa María sobre varias instancias y particulares a ex jesuitas, pago de empleados de la comisión y otras cosas.*

[331] Manuel PACHECO ALBALATE. *Jesuitas expulsos de ultramar arribados a El Puerto de Santa María (1767-1774)*. El Puerto de Santa María, Servicio de Publicaciones de la Universidad de Cádiz con la colaboración del CEI Patrimonio Cultural y Natural, 2011. Véase: Apéndice. Provincia de Santafé: Palanca, Vicente y Juan Antonio Coquet.

[332] ARCHIMBAUD. *Relación individual de los Ex-Jesuitas muertos…*, nº 4378 y 4379.

Los fugitivos. La otra modalidad se refiere al estudiante Esteban Bernardo y al coadjutor Francisco Aguilar.

La primera observación es que ninguno de estos dos nombres aparecen en la lista de 1767 y sólo la de 1774 hace referencia a ambos sujetos pero como: *Esteban Tamayo*[333] coadjutor del Colegio de Santafé (¿?) y a *Francisco Aguirre*[334] coadjutor del colegio de Caracas. En ambos casos reza la leyenda "Incierto. Se embarcó para Italia y no consta su llegada".

La segunda es que ambos eran considerados "prófugos" y es posible que se radicaran en Inglaterra[335]. Con todo tenemos noticias de que Bernardo Esteban murió en Bolonia el 13 de marzo de 1793[336] y que Francisco Aguilar en 1773 residía en la legación de Rávena con la Provincia de Toledo[337]. ¿Serán confiables estos últimos datos?

Los presos "políticos". Existe un grupo como de unos 50 seguidores de Ignacio de Loyola sobre los que recaía, «especial orden de detención» por parte del real Consejo. En última instancia, se refería a aquellos que, por aparentes motivos políticos, no llegarían nunca a alcanzar la libertad y tuvieron que peregrinar como presos, tierra adentro, a diferentes conventos[338]. Ninguno de la Provincia del Nuevo Reino pertenecía a este curioso colectivo aunque pudiera presumirse que la intervención de

---

[333] ARCHIMBAUD. *Relación individual de los Ex-Jesuitas muertos...*, nº. 4351

[334] ARCHIMBAUD. *Relación individual de los Ex-Jesuitas muertos...*, nº. 4454.

[335] Miguel BATLLORI. *El abate Viscardo. Historia y mito de la intervención de los jesuitas en la Independencia de América*. Caracas, Instituto Panamericano de Geografía e Historia (1953) 80.

[336] PACHECO. "Los jesuitas de la Provincia del Nuevo Reino de Granada expulsados en 1767", 37.

[337] AGS. *Dirección General del Tesoro*. Inventario 27, Leg., 1.

[338] PACHECO ALBALATE. *Jesuitas expulsos de ultramar arribados a El Puerto de Santa María (1767-1774)*. El Puerto de Santa María (2011) 50. Véase: Inmaculada FERNÁNDEZ ARRILLAGA. *Jesuitas rehenes de Carlos III: Misioneros desterrados de América presos en el Puerto de Santa María (1769-1798)*. Puerto de Santa María, Concejalía de Cultura del Ayuntamiento de El Puerto de Santa María (2009) 95-141.

los de Loyola en el conflicto de Límites de 1750 entre España y Portugal hubiera podido acarrear semejantes medidas del gobierno español[339].

Los enfermos. Otro capítulo interesante es el de los enfermos. Es lógico que al impacto sicológico del destierro se unieran las penalidades de tan inhumanas travesías y los estados de salud débiles de algunos de los expedicionarios.

En julio de 1768 ya habían atravesado el océano unos 1.200 jesuitas indianos y al conocer Campomanes que había 46 enfermos que no podían continuar el viaje a Italia se dirige al Consejo para exponer que en estos valetudinarios "podrá tener mucha parte la afectación y artificio, de que han sido siempre tan fecundos, y no poca la indiscreta compasión de los médicos"[340].

Y el 15 de diciembre de ese mismo año remite el Consejo al señor Trigona el siguiente criterio de acción: "… proceda V. S. a observar a dichos regulares con la mayor escrupulosidad haciendo embarcar en la primera ocasión a todos aquellos en quienes no se advierte peligro próximo de la vida por el hecho de pasar el Mar; y que a los que se quedasen por el grave motivo, los mantenga V. S. en reclusión, sin más condescendencia que la que la piedad de S. M. encarga en la Pragmática del extrañamiento"[341].

Todavía en junio de 1770 la Junta médica se veía obligada a responder ante la presión de las autoridades reales como una especie de objeción de conciencia que "… en el día se hallan algunos de dichos Regulares de más de ochenta años con accidentes habituales, tres ciegos, algunos paralíticos, otros tullidos, inaptos para andar, y muchos asmáticos, reconocen con concepto a lo que previene dicha Real Orden

---

[339] Guillermo KRATZ. *El tratado hispano-portugués de límites de 1750 y sus consecuencias.* Roma, Institutum Historicum S. I., 1954.

[340] AHN. *Jesuitas*, 456, Exp. 40, fol., 2.

[341] AHN. *Jesuitas*, 456, Exp. 40, fol., 2. Citado por PACHECO ALBALATE. *El Puerto…*, 160-161.

que Ninguno de todos tienen, a el que los ancianos y enfermos inclinan deseosos como dicen de la Libertad"[342]. Y como concluye Pacheco Albalate "la consigna era inapelable: que no quedara un solo jesuita en la España borbónica de Carlos III"[343].

En el caso específico de los expatriados neogranadinos conocemos la escueta noticia que ofrece el Informe de la llegada de 1768 y en el índice que antecede la reseña biográfica de cada expulso se anotan los siguientes "enfermos": Hermano Diego de Hito, Hermano Gabriel Caballero, Hermano Juan Sanz, Padre Gerónimo Luis de Grossis, Padre Agustín de Rueda[344].

Dada la consigna de que "no quedara un solo jesuita en la España borbónica de Carlos III"[345] todos tuvieron que seguir las rutas del destierro.

Una excepción fue la del P. Grossis. El día 7 de julio de 1768 fue reconocido por los médicos de la ciudad que emitieron el siguiente informe: "Geronimo Grosi, de 73 años de edad, provincia de Santa Fe, hace ya seis años está paralítico de resulta de dos insultos apoplecticos (sic); hallase hoy escorbútico, imposibilitado de andar, mucha falta de respiración precisando pasar las noches sentado que de otro modo se ahoga, y a esto se sigue suma debilidad y por tanto imposibilitado a transmigrar de un pueblo a otro, sin evidente peligro de su vida. Y certificamos según su edad y dicha debilidad no hay esperanza de que medicina humana pueda mejorarlo".

---

[342] AHN. *Jesuitas*, 456, Exp. 40, fol., 4v.

[343] PACHECO ALBALATE. *El Puerto...*, 162.

[344] Archivo Histórico Nacional. Madrid, *Jesuitas*, 827/2. *Filiación de los Regulares de la Compañía del nombre de Jesus pertenecientes a la Provincia de Santa Fee de Bogota Venidos en diferentes Navios en esta forma...*

[345] PACHECO ALBALATE. *El Puerto...*, 162.

Como pertenecía a la nobleza gaditana, una hermana del jesuita solicitó del rey la posibilidad de trasladar al enfermo a un convento de la misma Comunidad de mínimos que existía en Puerto Real, a sólo diez kilómetros de distancia, pero al que se podía acceder por tierra desde Cádiz, para poderle atender mejor. Allí permaneció hasta el fin de sus días, hecho que tuvo lugar el 2 de abril de 1777[346].

IV. CÓRCEGA Y EL NUEVO STATUS DE LA PROVINCIA DEL NUEVO REINO

Si El Puerto de Santa María había sido el primer control de la caravana humana en busca de asilo, la Isla de Córcega sería el segundo retén policial para aquel curioso grupo de condenados a un destierro todavía desconocido.

¿Cuándo y cómo realizaron los neogranadinos el tramo de Cádiz a Córcega?

La estancia en el Puerto de Santa María, si exceptuamos a los caraqueños y a los isleños de Santo Domingo, se había iniciado con el año 1768 aunque el gran contingente recalaría en la bahía gaditana a lo largo del primer cuatrimestre de ese mismo año.

Con respecto a la partida del Puerto de Santa María hacia Córcega tenemos noticias de que el 7 de marzo de 1768 iniciaron el nuevo viaje los que habían residido en los colegio de Cartagena y Mompox y tras hacer escala en Cartagena desembarcaron en Ajaccio[347].

---

[346] Gracias a unas notas gentilmente cedidas por el historiador del Puerto Manuel Pacheco hemos podido seguir la historia del P. Grossis.

[347] APT. Legajo, 382. *Historia moderna del Reino de Quito y Crónica de la Provincia de la Compañía de Jesús del mismo Reino*, fol., 342.

Por otro lado, si los restantes neogranadinos no realizaron la travesía con los españoles es lógico pensar que lo hicieron con el resto de americanos a quienes el 6 de junio de 1768 se les comunicó de nuevo la orden de abandonar España y partir para Córcega[348].

El traslado se efectuaría a través del convoy compuesto por las naves: "El Buen Consejo", "El Rosario", "El Nerón", "El Jasón" y la nave capitana "Santa Isabel". Los que transportaba "La Constanza" tuvieron que ser trasladados a la "Santa Isabel" en Cartagena porque hacía agua[349].

El "Santa Isabel" trasportaba 103 jesuitas extranjeros; en el "Jasón" viajaban todos los "disidentes"; en el "Nerón" pusieron a 181 jesuitas americanos de los que 15 pertenecían al Nuevo Reino. Los demás se distribuyeron en los restantes buques[350].

El día 15 levaron anclas todos los navíos, el 20 fondearon en Cartagena, el 28 de junio avistaron a Mallorca, el 5 de julio a Cerdeña y el 9 dieron fondo en la bahía de Ajaccio. Según el cronista Yarza la navegación hasta Córcega duró treinta días[351].

El día 16 de julio el Gobernador decidió admitir a los expatriados en la ciudad de La Bastia y el convoy tardó 9 días para hasta llegar a la Bahía de San Florencio. La ruptura de hostilidades entre corsos y

---

[348] José Antonio FERRER BENIMELI. *La expulsión y extinción de los jesuitas según la correspondencia diplomática francesa*. Tomo II. Córcega y Paraguay. [San Cristóbal] (1995) 105 y ss.

[349] Véase: PACHECO ALBALATE, Manuel. *Jesuitas expulsos de ultramar arribados a El Puerto de Santa María (1767-1774)*. El Puerto de Santa María (2011). Apéndice. Santa Fe.

[350] José JOUANÉN. *Historia de la Compañía de Jesús en la antigua Provincia de Quito 1570-1774*. Quito, Editorial Ecuatoriana, II (1943) 654. El cronista Yarza no duda en apuntar que ya se dio una separación por nacionalidades "… repartiéndolos en nueva naves, separados los españoles de los americanos, y unos y ostros de los italianos, sardos y alemanes" (YARZA. "Expulsio sociorum, 1767", III, 84).

[351] José YARZA. "*Expulsio sociorum, 1767. Narratur historia laborum Societatis inter Indianos, quorum indoles et mores discribuntur. Iter exsulium Jesuitarum in Italiam. Suppressio Societatis. 1773*". En: J. DEL REY FAJARDO. *Documentos jesuíticos para la Historia de la Compañía de Jesús en Venezuela*. Caracas, Academia Nacional de la Historia, III (1974) 84.

franceses obligó a los expedicionarios a costear la costa de la Isla "y finalmente, al cabo de cincuenta días de haber partido de Cádiz llegaron al golfo de Bastia, donde colocados en diversos hospedajes *pasaron un mes*"[352].

Según el cronista quiteño Juan de Velasco solo pudieron desembarcar los días 5 y 6 de agosto. De inmediato fueron llevados a una iglesia en donde se vieron obligados a "rendir la obediencia" al comisario español, el genovés Luis Gnecco, quien les entregaba una boleta con el "nombre de una casa, la llave de ella y el número que le correspondía en la puerta". Pronto cayeron en la cuenta de que no se trataba de casas enteras sino "de piezas determinadas, las más, indecentes, estrechas, sin las separaciones de las casas particulares, arrendándolas a razón de una lira por mes, por cada uno"[353].

Si dejamos atrás el hacinamiento en el viaje mediterráneo y nos circunscribimos al lugar de destierro al que fueron arrojados hay que comprender la psicología de Diego de Tienda, uno más de los expatriados hispanos: "… quedábamos en un pueblo tan infeliz, sin casas en que morar, sin utensilio alguno para nuestro acomodo más que el triste colchón, ya que en muchos casos casi inservible, con suma escasez de víveres, carestía de ellos, entre una gente incógnita, montaraz, pobrísima, expuestos a ser robados de lo tal qual que llevábamos, y en una tierra donde no teníamos, ni nos quedaba recurso alguno sino perecer sin medios para salir de ella a buscar en otra limosna"[354].

---

[352] YARZA. "Expulsio sociorum, 1767", III, 85. El itinerario fue el siguiente: el 19 de julio dejaron a Ajaccio pero el viento les obligó a anclar frente a Cerdeña; el día 29 dieron fondo en San Florencio. Como Bastia distaba un día de camino los expatriados optaron por hacer el viaje por tierra y el día 30 se iniciaron las hostilidades entre franceses y corsos lo que impidió realizar esta jornada.

[353] Citado por JOUANEN. *Historia de la Compañía de Jesús en la antigua Provincia de Quito*, II, 656.

[354] Diego de TIENDA. *Diario de la navegación de los Jesuitas de la Provincia de Andalucía desde el Puerto de Santa María y Málaga a Civitavecchia*.

El P. Francisco Antonio Herrera le escribía a su padre: "es inexplicable la amargura en que vivo, cogitabundo, melancólico, flaco y sin hallar jamás reposo"[355]. Y el famoso autor de *Fray Gerundio de Campazas* no se inhibía de escribir en su "Memorial" que los capitanes "nos echaron en tierra más que abandonados que lo harían con una piara de animales inmundos"[356].

Con todo es bueno recoger un momento de la vida de los neogranadinos en tierras corsas. "Aquí se vio el espectáculo más digno de lágrimas; los infortunados desterrados, se vieron forzados por la necesidad a buscar todo lo necesario para la vida; flacos de fuerzas como estaban, lánguidos y macilentos, daban dolor y compasión al que los encontraba; personas bien nacidas, humilladas por la fortuna, se ocupaban públicamente en oficios de criados, dando con ello edificación a loas habitantes del país, y siendo por otro lado la burla y el vilipendio de las gentes. El uno iba a coger agua con una o dos jarras a la fuente, el otro en busca de pan con un saco a la espalda, quien a traer carne, quien finalmente por otras cosas necesarias para evitar la muerte; alojados en casas miserables y obligados a dormir unos sobre otros, expuestos a las últimas miserias..."[357].

Cuando el día 6 de julio de 1768 se les comunicaba la orden de abandonar España y partir para Córcega[358] podrían visualizar que a la isla corsa llegarían: Sacerdotes: 69. Estudiantes: 44. Coadjutores: 31. Total: 144[359].

---

[355] AGS. *Gracia y Justicia*, 668. *Carta de Francisco Antonio Herrera a su padre*. Génova, 8 de enero de 1768.

[356] José Francisco de ISLA. *Memorial en nombre de las cuatro Provincias de España de la Compañía de Jesús desterradas del Reino a S. M. el Rey Don Carlos III*. Madrid (1882) 181.

[357] José YARZA. *Expulsio sociorum, 1767*, III, 85.

[358] José Antonio FERRER BENIMELI. *La expulsión y extinción de los jesuitas según la correspondencia diplomática francesa*. Tomo II. Córcega y Paraguay. [San Cristóbal] (1995) 105 y ss.

[359] Archivo General de Simancas. *Estado*, 5650. *Relación de los Regulares de la Compañía que se embarcaron en Cádiz bajo el Comboy del Navio de S.M. nombrado Santa Isabel con destino a la Plaza de Bastia a la Isla de Corcega, que con su distinción de Provincias se manifiesta en*

De inmediato intuye el lector la falta de un buen grupo de jesuitas que hay que dilucidar. Y, como es natural, el primero está compuesto por los 15 miembros de las comunidades de Caracas y Santo Domingo que habían hecho el viaje con los españoles. A ellos hay que añadir los 18 extranjeros que fueron separados de los hispanos; 2 que habían conseguido el permiso para volver a sus casas[360], 2 que habían quedado por enfermos: uno depositado en el convento de la Victoria de Puerto Real y el segundo en el propio Puerto[361]; 1 que había fallecido en El Puerto[362]. También, los 15 novicios de la Provincia del Nuevo Reino siguieron una ruta distinta a los demás porque desde su arribo a España fueron separados del resto de jesuitas. Todo ello da un total de 53 ignacianos que no aparecen en la lista oficial del viaje del Puerto de Santa María a la Isla de Córcega. Faltarían 3 que ignoramos cómo realizaron su traslado[363].

El cronista Yarza no duda en apuntar que ya se dio una separación por nacionalidades "… repartiéndolos en nuevas naves, separados los españoles de los americanos, y unos y otros de los italianos, sardos y alemanes"[364]. Y los disidentes que harían el viaje en el navío "Jasón"[365].

Además, en el camino hasta el destino final ya habían perdido varios compañeros entre los fallecidos, otros secularizados y los extranjeros habían seguido derroteros distintos.

---

la forma siguiente. Seguimos la transcripción de Ferrer Benimeli: José Antonio FERRER BENIMELI. *La expulsión y extinción de los jesuitas según la correspondencia diplomática francesa*. Tomo II. Córcega y Paraguay. [San Cristóbal] (1995) 186-188.

[360] Juan Antonio Coquet y Vicente Palanca.

[361] Luis Gerónimo Grossis y Agustín Rueda quien se incorporaría más tarde al grupo de los expulsos.

[362] Toribio Molina.

[363] Nos referimos al P. Domingo Roel y a los Hermanos Gabriel Caballero y Tomás Funes.

[364] YARZA. "Expulsio sociorum, 1767", III, 84.

[365] José JOUANÉN. *Historia de la Compañía de Jesús en la antigua Provincia de Quito 1570-1774*. Quito, Editorial Ecuatoriana, II (1943) 654.

Y los italianos que podían haber significado una gran ayuda en los primeros pasos para la aclimatación a esas sociedades provincianas ya habían sido separados del grupo y excluidos del beneficio de la pensión por lo cual es lógico que buscaran en su lar patrio un futuro que les negaba la corona española.

Dentro de este contexto podemos citar a los siguientes: Bernardo Atenolfi regresó a su patria y falleció en Velletri el 13 de enero de 1772[366]. Ambrosio Battaglia laboró en la ciudad de Carpi como consejero espiritual y confesor del colegio[367]. José María Forneri cambió el Orinoco por el colegio de Fano (1769) y de 1770 a 1773 vivió en el de Loreto[368]. El lingüista Felipe Salvador Gilij pronto fue asumido por su antigua provincia. A fines de 1768 vivía en el colegio de Macerata como encargado de la espiritualidad de la institución educativa[369]. El 29 de enero de 1769 se le nombraba Rector del colegio de Monte Santo[370]. El 25 de diciembre de 1770 asumía el rectorado del colegio de Orbieto[371], cargo en el que permanecería hasta la extinción de la Compañía de Jesús[372]. Ignacio Gutiérrez (Gutieres) se incorporó rápidamente a las labores espirituales en el Colegio de Alghero[373]. En la misma institución educativa se desempeñó el P. Juan Bautista Polo en funciones de Procurador[374]. Juan Bautista Manna al regresar a su patria fue confesor en el

---

[366] KRATZ. "Gesuiti italiani nelle Missioni spagnuole", 41.

[367] G. KRATZ. "Gesuiti italiani nelle Missioni spagnuole al tempo dell'expulsione (1767-1768)", 41.

[368] Guglielmo KRATZ. "Gesuiti italiani nelle missioni spagnuole". En: *Archivum Historicum Societatis Jesu*. Roma, XI (1942) 42, n°. 17.

[369] ARSI. *Romana*, 109, fol., 66.

[370] ARSI. *Romana*, 109, fol., 108v.

[371] ARSI. *Romana*, 109, fol., 157.

[372] ARSI. *Romana*, 109, fols., 199 y 233.

[373] Archivo de Monumenta Historica Societatis Jesu. Armadio F-10. *Relación individual...*, n°., 4424. Guillermo KRATZ. "Gesuiti italiani nelle Missioni spagnuole". En: *Archivum historicum Societatis Iesu*. Roma, 11 (1942) 43.

[374] KRATZ. "Gesuiti italiani nelle Missioni spagnuole...", 43.

colegio de Alghero³⁷⁵. Juan Bautista Sales se dedicaría a los ministerios sacerdotales en el colegio de Sezze³⁷⁶. De igual forma, Domingo Scribani consumiría sus últimos días en el colegio de Cotignola³⁷⁷. Salvador Sorbo laboraría en los colegios de Fabriano, Ancona y Recanati³⁷⁸. También el Hermano Coadjutor Juan Gabino Otguiano encontró trabajo en el en el colegio de Iglesias (Italia)³⁷⁹.

Llama la atención el hecho de que, al parecer, el P. Demetrio Sanna no se haya vinculado a su antigua Provincia italiana de origen sino que haya optado por permanecer entre sus colegas del Nuevo Reino. Y en Italia se dedicó a las labores intelectuales y vivía en 1774 en Fano y en Urbino en 1800³⁸⁰.

También los jesuitas de habla alemana fueron marginados y remitidos a sus provincias de origen. Del P. Everardo Hengstebeck sabemos que habiendo regresado a su provincia de Renania Inferior el año 1769 laboraba en la Misión de "Nassovica" dependiente del colegio de Siegen y al año siguiente residía en el Colegio de Münster y desde esa fecha hasta su muerte se dedicó a la Misión de Bremen que dependía del colegio señalado³⁸¹. Según Huonder la muerte le sobrevino en Bremen el 20

---

[375] KRATZ. "Gesuiti italiani nelle Missioni spagnuole", 43.

[376] KRATZ. "Gesuiti italiani nelle Missioni spagnuole…", 41.

[377] KRATZ. "Gesuiti italiani nelle missioni spagnuole al tempo dell'expulsione (1767-1768)". 44.

[378] Guillermo KRATZ. "Gesuiti italiani…", 44.

[379] Guillermo KRATZ. "Gesuiti italiani nelle Missioni spagnuole", 43.

[380] Biblioteca del Instituto Histórico de la Compañía de Jesús. *Resumen general de las quatro Provincias de España e Indias desde la expulsión hasta el día 30 de junio de 1777. Dispuesto, de orden del Consejo Extraordinario, por Don Juan Antonio Archimbaud y Solano, Contador de Temporalidades*. [En adelante citaremos: *Catálogo de Archimbaud*] En el presente caso: Catálogo de Archimbaud, nº. 4450. Sin embargo, los PP. Uriarte y Lecina (AIUL. Papeletas: SANNA, Demetrio) afirman que en 1804 vivía en Fano.

[381] Christoph NEBGEN. *Jesuiten aus Zentraleuropa in Portugiesisch- und Spanisch-Amerika. Tomo 3: Neugranada (1618-1771)*, 154.

de mayo de 1772[382]. Antonio Meislz regresó a su provincia de Austria y residía en Marburg de 1769 a 1771; en 1772 en Leoben y en Graz en 1773[383]. Cayetano Pfab, ya en tierras germanas, se afincó en Ingoldstadt dedicado a los ministerios sacerdotales mas a partir de 1772 fungió como regente del convictorio local y desde 1773 director del internado en donde desarrolló un papel muy importante de consejero en la crisis del joven Juan Miguel Sailer. Y desde 1776 se desempeñó como párroco de Grossalfalterbach en donde el encontró la muerte el 19 de julio de 1780[384]. Es llamativo el caso del arquitecto Miguel Schlessinger quien al parecer permaneció con sus hermanos en religión en el destierro italiano pues vivía el 1º de enero de 1774 en Sinigaglia y falleció el 21 de diciembre de 1793[385].

LOS ESPACIOS DE UNA LIBERTAD HIPOTECADA.

En verdad, Córcega se erigía como el nuevo enigma en la itinerancia mediterránea para aquellos expatriados que durante un año habían sido sometidos a un sistema carcelario ambulante e inhumano. Es lógico pensar que en su nuevo navegar por aguas mediterráneas soñaran en sus imaginarios, aunque fuera un espejismo momentáneo, con un primer respiro de libertad al pensar que iban a cambiar el barco y el convento por toda una Isla.

Además, si creyeron que al pisar naciones extranjeras se liberaban del control hispano estaban equivocados pues en Córcega aprenderían que en adelante tendrían una doble vigilancia: la del país que pisaban

---

[382] HUONDER. *Deutsche Jesuitenmissionäre*, 152.

[383] LUKACS. *Catalogus generalis seu Nomenclator biographicus personarum Provinciae Austriae Societatis Iesu (1551-1773)*, II, 990.

[384] Herbert GERL. *Catalogus Generalis Provinciae Germaniae Superioris et Bavariae Societatis Jesu 1556-1773*. Sin lugar de edición ni fecha, p. 313. Christoph NEBGEN. *Jesuiten aus Zentraleuropa in Portugiesisch- und Spanisch-Amerika. Tomo 3: Neugranada (1618-1771)*, 171-172.

[385] ANCh. *Jesuitas*, 431.

y el implacable seguimiento de lo que podríamos denominar como los cuerpos de seguridad de la monarquía hispana.

Fuera de los dominios del imperio español ¿qué podía significar el pensar en instalarse en los espacios geográficos corsos en los que la guerra había traído desolación e inseguridad y falta de perspectivas de futuro?[386].

Todavía más, aherrojados en una inhóspita isla que se debatía en guerras con su propietaria que era la República de Génova, privados de todo tipo de información oficial, tanto civil como eclesiástica, sobre cuáles eran los escenarios que deberían todavía recorrer y teniendo como futuro un horizonte totalmente negro, es necesario deducir que hombres formados para la ciencia y el pensamiento y que conocían los misteriosos hilos de la política internacional montaran sus teorías en medio de la más absoluta desolación.

Pero en realidad se movían dentro de los escasos horizontes informativos de que disponían los expatriados y sólo intuían una posible continuación de las calamidades del exilio. Pero en esa atmósfera confusa tuvieron que sospechar que quizá su estancia en la isla se abría a un confinamiento largo e irresponsable por parte del gobierno hispano que de esa forma se deshacía de ese ejército humano al que querían convertir en despojo y chatarra.

Con todo, la supuesta "libertad" adquirida en Córcega se erigía como un llamado para recobrar la institucionalidad y revisar la identidad; pero la recuperación de la primera debería esperar hasta el destierro definitivo en los Estados de la Iglesia y la segunda les llevaría a meditar el futuro de su existencia tras las experiencias vividas por los jesuitas españoles.

---

[386] James BOSWELL. *Etat de la Corse, presentation, traduction et notes de Jean Vivies*. París, 1992. Paul ARRIGHI. *La vie quotidienne au Corse au XVIIIe siècle*. París, 1970.

LAS ACTITUDES INTERNAS PARA ENFRENTAR EL FUTURO

Cuál era el nuevo estado anímico en que se encontraban aquellos exilados, apátridas, para quienes el haber dedicado tantos meses a cumplir un destierro sin horizontes es lógico que se formularan en su interior muchas y enfrentadas meditaciones y conversaciones que acongojaban a esta inusitada ola de emigrantes sin lugar de asilo.

Pensamos que las reflexiones provenían de campos muy distintos, desde el puramente espiritual hasta el más acendrado político pasando por las ricas experiencias vividas por pensadores, predicadores y hombres que se habían movido en todos los estamentos de las sociedades española y americana.

Una primera toma de posición provenía de los que podríamos señalar como institucionalistas-espirituales, para quienes el mantenimiento de la unidad de sus miembros y su cohesión interna era la mejor garantía de supervivencia. Ciertamente, era el grupo mayoritario. Por ello era apremiante volver a la cotidianidad que había regido sus vidas antes de la expulsión[387]. El escritor Luengo, infatigable diarista de la cotidianidad de los exilados, sostenía que había que asumir de forma espiritual las dificultades del momento como una prueba de Dios a la firmeza de la vocación y el amor a la Compañía.

Aunque es normal que en tiempos de grandes privaciones prosperen las "revelaciones" y "apariciones" no creemos que hayan tenido mucho peso entre los expulsos las profecías que alentaban el pronto regreso a España y la restitución de la Orden ignaciana. Ciertamente, fue copioso el caudal profético que acompañó a la expulsión[388] y, sin

---

[387] Manuel LUENGO. *Memorias de un exilio. Diario de la expulsión de los jesuitas de los dominios del Rey de España (1767-1768)*. Estudio introductorio y notas de Inmaculada Fernández Arrillaga. Alicante, Universidad de Alicante (2001) 296:"Se han formado en esta plaza y arrabal de Calvi casi tantas casas, comunidades, como colegios teníamos en España, y por lo común conservan sus nombres antiguos, y los mismos superiores que tenían allá".

[388] Antonio FERRER DEL RÍO. *Historia del reinado de Carlos III en España*. Madrid, II (1856) 195-202. Manuel DÁLVILA Y COLLADO. *Reinado de Carlos III*. Madrid, III

lugar a dudas, fue conocido por la comunidad jesuítica y como anotan Giménez López y Martínez Gomis debieron tener un doble efecto. Para algunos sirvió de motivo de esperanza y en otros su no cumplimiento les condujo a una mayor desmoralización[389].

Una segunda corriente fue evolucionando rápidamente y cobijaba a los que creían que la Compañía iba a llegar a su fin y había que adaptarse a una nueva vida. Y se abrían a tres situaciones: los que pensaban que había que esperar a la evolución de los acontecimientos y los que parecían decidirse bien por la fuga, bien por la secularización.

Los que optaban por la espera parece que los fotografió, en parte, Fernando Coronel quien desde Calvi escribía a Azpuru: "no sé cómo tienen paciencia los que quedan para tolerar las incomodidades que aquí sufren, porque los han estrechado tanto los franceses en los alojamiento que duermen los más en caballerizas y otras pocilgas, pero he podido averiguar que el motivo principal que tienen para dejar de secularizarse muchos, no es la vocación, sino es la esperanza de ver enterrar la Madre, y que no puede tardar porque la ven agonizar tiempo hace"[390].

DE LA ESPERANZA AL DESENCANTO

Cómo interpretar los conflictos internos personales y colectivos surgidos al enfrentar las dimensiones del golpe psicológico que habían recibido los todavía errantes por el Mediterráneo y la supuesta libertad adquirida que les abría las posibilidades de enfrentar semejante tragedia.

(1891) 117-118. Véase: Enrique GIMÉNEZ LÓPEZ y Mario MARTÍNEZ GOMIS: "La secularización de los jesuitas expulsos (1767-1773)", 286.

[389] Enrique GIMÉNEZ LÓPEZ y Mario MARTÍNEZ GOMIS: "La secularización de los jesuitas expulsos (1767-1773)", 286.

[390] AMAE. *Santa Sede*, 547. Carta de Fernando Coronel a Azpuru. Calvi, 4 de junio de 1768. Citado por Enrique GIMÉNEZ LÓPEZ y Mario MARTÍNEZ GOMIS: "La secularización de los jesuitas expulsos (1767-1773)", 287.

Una primera turbación les hizo tomar conciencia que los poderes patrios los había arrojado como indeseables a la isla corsa y les hacía vivir la dura realidad de lo que significaba el haber perdido la nacionalidad y con ella la incautación de todos sus bienes materiales y culturales para finalmente lanzarlos a un periplo de itinerancias en busca de asilo.

Arrojados en última instancia en la Isla de Córcega con intensas negociaciones diplomáticas por parte de España, Francia y Génova entraban en un escenario que por una parte se había convertido en un verdadero hervidero político, y por otra la sobrevivencia estaba condicionada a la pobreza de la isla y a la guerra que sostenían los corsos nacionalistas contra los genoveses.

Pero el golpe moral, diríamos que casi incurable, fue la noticia de su rechazo a desembarcar en los Estados de la Iglesia y por ello se sentían abandonados por los que consideraban sus dos inconmovibles apoyos, el papa Clemente XIII y su General Lorenzo Ricci.

Todavía sigue siendo objeto de polémica la actitud de Clemente XIII, pues entre los expulsos existía la creencia de que no sólo el Pontífice se negaba a recibirlos en los Estados Pontificios sino que el propio General, el P. Lorento Ricci[391], había sido instigador de la idea de que el Jefe de la cristiandad no los recibiera en sus territorios[392], es fácil comprender el sentimiento de derrota y de frustración que impregnaba la ya miserable vida de los residentes en Córcega.

En este punto es necesario clarificar que Carlos III, de forma unilateral y comunicándosela al Pontífice como hecho consumado, le remitía al Papa aquella "mercancía" (como despectivamente se decía en las cartas de sus ministros) de 5000 hombres para que los acogiera bajo "su inmediata, santa y sabia dirección".

---

[391] Georges BOTTEREAU. "Ricci, Lorenzo". En: Charles E. O'NEILL y Joaquín Mª DOMINGUEZ. *Diccionario histórico de la Compañía de Jesús*, II, 1656-1657.

[392] Francisco de Borja MEDINA. "Ocaso de una provincia de fundación ignaciana: la Provincia de Andalucía en el exilio (1767-1773)". En: *Archivo teológico granadino*. Granada, 54 (1991) 68-69.

Clemente XIII reaccionó de inmediato con el breve "Inter acerbissima" (16 de abril de 1767) en el que le pedía al monarca español que reconsiderara su decisión. Pero no hubo marcha atrás[393].

Cuando el Papa impide el desembarco de los jesuitas españoles lo hace por razones de Estado. Hay que comprender que la decisión unilateral de Carlos III de depositar más de 5000 expatriados en los Estados de la Iglesia, por cuenta propia y sin contar con el "placet" del Vaticano, infringía todas las normas internacionales de respeto entre los estados. Además, esta agresión pretendía desconocer que el Papa había tenido que recibir antes a los jesuitas expulsos de Francia y de Portugal.

Con respecto al P. Lorenzo Ricci hay que reconocer que su actuación ha sido muy discutida por algunos sectores, sin embargo, pensamos que no pudo hacer más de lo que estaba en sus manos. Con la supresión de la Orden en 1773 fue encarcelado injustamente en el castillo de Sant'Angelo sin juicio de ningún tipo. Falleció en prisión el 24 de noviembre de 1775 y en su lecho de muerte dejó como testamento: "Declaro y protesto que la Compañía de Jesús suprimida no ha dado ningún motivo para su supresión (…) que yo no he dado ningún motivo para mi prisión (…). Por lo demás no pretendo que en virtud de esta protesta se pueda juzgar culpable delante de Dios a ninguno de los que han hecho daño a la Compañía de Jesús y a mí"[394].

Esta decisión impactó en el estado de ánimo de los expulsos peregrinos lo describe así el diarista andaluz: "Esta respuesta [del P. General Ricci] dejó a los jesuitas españoles por una parte excluidos de su Patria natural y por otra sin recurso, ni asilo alguno en lo humano para buscar

---

[393] Véase: Isidoro PINEDO. "Expulsión de la CJ [Compañía de Jesús] de España y de sus dominios y exilio en Italia (1767-1814). I. Expulsión de España". En: Charles E. O'NEILL y Joaquín Mª DOMÍNGUEZ. *Diccionario histórico de la Compañía de Jesús*, II, 1351. El Papa en este punto estuvo inspirado por las ideas del Secretario de Estado, Luigi Torrrigiani, batallador incansable contra el regalismo borbónico y de los soberanos católicos de la segunda mitad del siglo XVIII.

[394] Georges BOTTEREAU. "Ricci, Lorenzo", II 1657.

otra, no teniendo ya un palmo de tierra, no sólo para reclinar la cabeza, mas ni aun para fijar el pie, sólo pendientes de la Divina Providencia, cuando la humana, por razones de estado los dejó abandonados a su fortuna en medio del mar aunque a vista de tierra"[395].

Finalmente, en 1768 el Papa recibió a los expulsos y expatriados en los Estados eclesiásticos.

LA TENSIÓN LÍMITE DE LA DESMORALIZACIÓN: ENTRE LA JURICIDAD Y LA SOBREVIVENCIA

Pero en la mente torturada de los expulsos no encajaban las noticias difusas que tenían de las negociaciones diplomáticas entre los Estados comprometidos en el destino final de aquella mercancía humana que pululaba en Córcega.

La inmediata reacción humana ante este estado de abandono sin horizontes consistió en buscar desesperadamente soluciones inmediatas y posteriormente vendrían las consideraciones jurídicas que legitimaran un nuevo modo de vida.

Ciertamente, si en el Puerto de Santa María los oficiales del Estado español habían fomentado la figura de la "secularización" como un fenómeno de rebeldía ante la oscuridad del dilema de sus vidas, en la Isla de Córcega serían los mismos jesuitas quienes frente a los enigmas de las incertidumbres y sin auspicios de nuevas luces ensayarían la figura de la deserción, bien a través de la mera fuga clandestina, bien por medio de la huida en busca de una solución jurídica, bien a través de la ya institucionalizada "secularización".

---

[395] Citado por Francisco de Borja MEDINA. "Ocaso de una provincia de fundación ignaciana: la Provincia de Andalucía en el exilio (1767-1773)". En: *Archivo Teológico Granadino*. Granada, 54 (1991) 50.

Los jesuitas españoles que habían precedido a los americanos en casi 8 meses en Córcega habían ensayado esos tres los modelos de acción en su búsqueda obsesiva de la libertad: la fuga, la huida y la secularización.

La "fuga clandestina" era una aventura para dejar atrás el infierno vivido aunque supusiera correr hacia lo incierto. En los primeros días de agosto de 1767 llegaron a Génova y Livorno los primeros fugitivos hispanos de la geografía corsa y el 2 del mismo mes los primeros que alcanzaron la ciudad eterna. Esto demuestra la celeridad con que se abrió este escape de la prisión en que se erigía Córcega. La obsesión de los desterrados era volver a España[396]. De esta modalidad hablaremos en un capítulo posterior.

La "huida" representaba en deseo irresistible de buscar una solución a poder ser jurídica frente a la falta de horizontes que se vivía en la Isla de Córcega.

Ya en octubre de 1767 la corte madrileña giraba instrucciones a Juan Cornejo para que las autoridades genovesas no obstaculizaran la huida de los que intentaran la fuga "ya sea porque desean mejorar de clima, o ya porque hayan resuelto dimitirse de su orden"[397].

Pero la "huida" conllevaba dos graves problemas morales. El primero, según la legislación canónica vigente, todo abandono de la comunidad en que residía el religioso suponía una "apostasía". Y el segundo, aclaraba que quien podía romper los lazos de los votos que habían pronunciado era el P. General de la Compañía de Jesús.

La noche oscura que aprisionaba las mentes de aquellos miserables abandonados en las tierras corsas les llevó a muchos jesuitas a pensar "que no es apóstata el que huya en el caso presente y con la dicha

---

[396] Enrique GIMÉNEZ LÓPEZ y Mario MARTÍNEZ GOMIS: "La secularización de los jesuitas expulsos (1767-1773", 263.

[397] AGS. *Estado*, 5651. *Carta de Grimaldi a Juan Cornejo*. San Lorenzo, 27 de octubre de 1767.

intención"[398]. Y, como es natural, la confusión mental alimentaba el desespero hasta el punto que el Provincial de Andalucía, P. Fernando Gomero, no consideraba "ilícita" la huida de Córcega dadas las intolerables circunstancias que vivían, pues, incluso se había extendido la creencia de que las dimisorias eran coyunturales y que posteriormente podrían reingresar a la Compañía[399].

La reacción de la corte fue inmediata y se refirió al artículo VI de la *Pragmática Sanción* que sancionaba con la pérdida de pensión quien saliese del Estado eclesiástico. Pero pronto vendrían las acomodaciones legales. En una primera instancia se amplió la sanción para los que abandonasen la Isla pero como el criterio de Madrid sólo perseguía la aniquilación de la Orden del de Loyola matizaron que no perderían la pensión los que se fugaran a los Estados Pontificios.

Enterado el P. Lorenzo Ricci de que habían llegado 15 fugitivos disfrazados de marineros, abates o nobles seglares y que no sólo los alojaba Pedro Castro sino que además recibían 6 escudos mensuales delató esta anomalía a Su Santidad. El razonamiento del General de los jesuitas era correcto: cómo aceptaba el Ministro de España a aquellos que habían sido expulsados por su gobierno con el agravante de ser apóstatas de su religión. Sin embargo, la desbandada de la isla corsa proseguía su sangría y todos seguían el camino del Vaticano y de la Embajada española y no la de la Curia generalicia[400].

Finalmente, pronto se dieron cuenta los expatriados que la única vía válida que se les ofrecía para su "liberación" era la de la "secularización" y por ende Roma era el lugar idóneo para conseguirla. Por ello, la mayoría de las fugas y las huidas acabarían en la ciudad eterna con la búsqueda del documento pontificio que los secularizara.

---

[398] Manuel LUENGO. *Memorias de un exilio. Diario de la expulsión de los jesuitas de los dominios del Rey de España (1767-1768)* 364.
[399] Enrique GIMÉNEZ LÓPEZ y Mario MARTÍNEZ GOMIS: "La secularización de los jesuitas expulsos (1767-1773)", 285.
[400] ARSI. *Hispania*, 247. Ricci "Esplusione", [65].

Hay que considerar dos vertientes a la hora de explicar el fenómeno de la "secularización": la primera es la civil y la segunda la religiosa.

La secularización era el modo como el gobierno español fomentaba la invitación para abandonar la Compañía de Jesús y solicitar el pase de sus miembros al clero diocesano. Y, en este sentido, llegaban el 2 de noviembre de 1767 a Ajaccio los comisarios Pedro Laforcada y Fernando Coronel con la misión específica de favorecer las secularizaciones[401]. Y el cronista del exilio, Manuel Luengo, recogía así la presencia de estos dos comisarios: "se reduce hasta ahora a hacer el oficio de tentadores y demonios, con el fin de reducirnos a pequeño número y aun acabar con nosotros, haciéndonos dejar a todos la Compañía y salir al siglo"[402].

Dentro de la correspondencia interna diplomática utilizaron la expresión de tender un "puente de plata" a los ignacianos que abandonaran su disciplina religiosa[403]. Y el puente de plata conllevaba estructuras burocráticas adicionales, como un funcionario a tiempo completo en Roma para que gestionara ante la Penitenciaría la obtención de las dimisorias y otros beneficios adicionales y "ser considerados nuevamente como fieles vasallos del rey, y dejar abierta la esperanza al perdón y aun *posible regreso* a los dominios de Su Magestad"[404].

Sin lugar a dudas el gobierno madrileño supo explotar la añoranza de la patria de los exilados y a la vez mantener una calculada ambigüedad respecto a un hipotético regreso de los secularizados. Regreso que nunca se llevaría a cabo con la consecuente desilusión y desengaño de los burlados. Para Madrid lo más importante era debilitar al cuerpo de la Compañía sin importarle el recurrir al engaño y a las falsas promesas.

---

[401] Amplia información en: Enrique GIMÉNEZ LÓPEZ y Mario MARTÍNEZ GOMIS: "La secularización de los jesuitas expulsos (1767-1773)", 266 y ss.

[402] Manuel LUENGO. *Memorias de un exilio. Diario de la expulsión de los jesuitas de los dominios del Rey de España (1767-1768)* 446-447.

[403] AGS. *Estado*, 5044. *Carta de Grimaldi al Conde de Fuentes*. San Lorenzo, 31 de octubre de 1767.

[404] Enrique GIMÉNEZ LÓPEZ y Mario MARTÍNEZ GOMIS: "La secularización de los jesuitas expulsos (1767-1773)", 268.

Con toda razón señalan Enrique Giménez López y Mario Martínez Gomis que más que cualquier oferta para aquellos náufragos de la vida "la posibilidad de retornar a sus lugares de origen y reencontrase con sus familias, como ya hemos comprobado, [era] el mayor acicate para dimitir de la Compañía, obtener el perdón real y suplicar la licencia que permitiera el ansiado regreso"[405].

Desde el punto de vista del derecho canónico había que recorrer otros caminos. Por la normativa eclesiástica los solicitantes debían dirigirse primero General de los jesuitas y obtenida la venia de éste se procedía con esa acta a la Penitenciaría vaticana para que tuviera efecto definitivo y a ese escrito se le denominaba "rescripto". Además, desde el punto de vista civil tenían los recipiendarios que someterse a las normas dictadas por el gobierno español a través del Consejo Extraordinario.

En verdad, a los comienzos, Clemente XIII otorgó los indultos a cuantos los solicitaron a través de la Penitenciaría evitando el requisito previo de la anuencia de la Compañía de Jesús.

Como afirma Borja Medina, éste es un punto que amerita un serio estudio pues esta conducta influyó de forma decisiva en las defecciones que se dieron en ese tiempo en la Compañía de Jesús. Ciertamente, el Prepósito General asumió una postura inhibicionista "por tratarse de una cuestión de Estado y no de religión" e idéntica argumentación manejaba el Papa a la hora de recibirlos en los Estados de la Iglesia[406].

---

[405] Enrique GIMÉNEZ LÓPEZ y Mario MARTÍNEZ GOMIS: "La secularización de los jesuitas expulsos (1767-1773)". En: Enrique GIMÉNEZ LOPEZ (Edit.). *Expulsión y exilio de los jesuitas españoles*. Alicante, Publicaciones de la Universidad de Alicante (1997) 276.

[406] Francisco de Borja MEDINA. "Extrañamiento y extinción de la Compañía de Jesús: venturas y desventuras de los jesuitas en el exilio de Italia". En: Manuel MARZAL y Luis BACIGALUPO (editores). *Los jesuitas y la modernidad en Iberoamérica 1549-1773*. Lima, Fondo Editorial de la Universidad Católica-Instituto Francés de Estudios Andinos-Universidad del Pacífico (2007) 459.

Pero el investigador del Instituto Histórico de la Compañía de Jesús de Roma anota que esta actitud fue propia "más bien de un espíritu pusilánime, incapaz de afrontar la situación, por más difícil que ésta fuera". Aunque de seguidas reconoce que Ricci era perfectamente consciente de lo que se avecinaba pero, "al parecer, no encontraba otro modo para conjurarlo que recomendar la discreción en el hablar público y privado"[407].

En verdad, la situación política y social de los reinos de España se volvía cada día más tensa y el Consejo de Estado a través de una real cédula del 18 de septiembre de 1766 había normado el respeto que se merecían el rey, la familia real y el Estado[408]. Ante esta situación el General Ricci se dirigía el 29 de octubre de ese mismo año al Provincial de la Provincia de Quito y le recordaba en primer lugar la prudencia en las palabras de sus súbditos para corregir el celo indiscreto a fin de evitar las funestas consecuencias pues de lo contrario los superiores deberían imponer severos castigos[409]. Lo que se le escapaba al General de los jesuitas que el influjo progresivo de ciertas corrientes ideológicas sobre el creciente peligro público que representaban los seguidores de Ignacio de Loyola se erigía en cuestión de Estado y que por ende en esa lucha de principios los ignacianos debían salir en defensa de su propia orden religiosa y del papado.

Si el exilio corso fue tentación continua de fuga para los espíritus que buscaban recobrar la libertad, en el caso concreto de los venezolanos sólo tenemos constancia de la huida del P. Felipe Salvador Gilij, misionero del Orinoco.

---

[407] Francisco de Borja MEDINA. "Extrañamiento y extinción de la Compañía de Jesús: venturas y desventuras de los jesuitas en el exilio de Italia", 459.

[408] Fue inserta después en la ley 7, título 8, libro I de la *Novísima Recopilación de las Leyes de España*.

[409] APQu. Cartas de Generales IV. *El P. Lorenzo Ricci al Provincial de la Provincia de Quito*. Roma, 29 de octubre de 1766. Gran parte del texto lo reproduce Borja Medina en: "Extrañamiento y extinción de la Compañía de Jesús: venturas y desventuras de los jesuitas en el exilio de Italia", 460.

El 19 de febrero de 1784 escribía Nicolás de Azara a Floridablanca desde Roma para solicitar que recobrara la pensión perdida por haber huido de Córcega ya que "no pudo resistir a la tentación de venir a Roma a ver a sus parientes después de tantos años de ausencia". Y la razón fundamental aducida es el éxito de "una Historia del Orinoco" en la que "se habla muy bien de los españoles y de nuestra legislación americana, haciendo la apología de nuestra conducta en aquellas partes, vindicándola de las calumnias con que una infinidad de escritores extranjeros procuran denigrarla"[410].

EL INTEMPESTIVO FINAL EN LA ISLA DE CÓRCEGA

Pero, un acontecimiento diplomático impondría pronto una nueva realidad. El 6 de agosto de 1764 se había firmado en Compiège un Tratado entre Génova y Francia con el fin de ayudar a la República genovesa en la lucha que sostenía con el independentista Paoli. Mas, el 15 de marzo de 1768, en la misma ciudad se firmaba otro tratado que sustituía al anterior y en el que vendía sus derechos a Francia por un millón de francos y se fijaba el 15 de agosto del mismo año para ser agregada la Isla al reino de Francia[411]

De nuevo los borbones se entrecruzaban con la maltrecha Compañía de Jesús y en consecuencia la suerte de los seguidores de Ignacio de Loyola estaba echada.

En los meses posteriores Córcega se convertiría en una isla saturada de militares, jesuitas y migraciones internas que huían de los nuevos propietarios. Como es natural se fue incrementando la presencia de tropas francesas a la vez que las genoveses iban desalojando sus viejas posiciones y paralelamente los nacionalistas corsos dirigidos por el general Paoli se disponían para su estrategia final.

---

[410] Archivo General del Ministerio de Asuntos Exteriores de Madrid. Embajada de Roma. *Santa Sede*, 355. Oficios de Embajada 1784, fol., 25.

[411] J. A. FERRER BENIMELI. *La expulsión y la extinción…*, 103. El documento lleva por título: *Tratado entre el Rey y la Serenísima República para el envío de un cuerpo de tropas a Córcega*.

Con la llegada a Bastia del general francés marqués de Chauvelin se aceleraba el proceso de transición de la Isla de Génova a Francia. Una medida fue avisar a los superiores jesuíticos que debían abandonar la Isla en corto plazo. Y el comisario español convocó el día 29 de agosto a todas las autoridades ignacianas para una reunión. Al día siguiente se dispuso del plan de evacuación sin discusión posible pues en el caso de los quiteños en una tartana que sólo cabían 20 tenían que viajar 100. Y como sucede cuando el poder impone su autoridad sin más criterio que su decisión inconsulta la respuesta a las objeciones fue "que si no cabían en estos, fletasen otros a su costa".

Y el día 31 de agosto, a las cinco y media de la tarde, abandonaban la Isla los jesuitas americanos e iniciaban el que sería su último tramo de itinerancia marítima[412].

Y otra vez se vieron obligados a vivir la amarga experiencia de ser expulsados de España, despedidos de Córcega, rechazados por Génova, a la vez que Roma les cerraba sus puertos[413].

En las costas italianas finalizaría el día 2 de septiembre de 1768 la itinerancia marítima iniciada un año antes en las costas de La Guayra y de Cartagena de Indias.

V. LAS RUTAS ITALIANAS

Breve sería la estancia en la conflictiva Isla pues el 31 de agosto tenían que abandonarla los americanos[414] y solamente el 2 de septiembre se les permitiría desembarcar en la península italiana.

El plan diseñado por España, Francia y la República de Génova consistía en que los jesuitas fueran llevados a Porto Fino para de allí ser trasportados en pequeñas falúas a Sestri con orden de pasar por tierra al

---

[412] JOUANÉN. *Historia de la Compañía de Jesús en la antigua Provincia de Quito*, II, 658.
[413] J. A. FERRER BENIMELI. *La expulsión y la extinción...*, 112.
[414] JOUANEN. *Historia de la Compañía de Jesús en la antigua Provincia de Quito*, II, 658.

estado confinante de Parma para llegar a los Estados Pontificios de forma tal que el Papa tuviera que aceptarlos como un hecho consumado[415].

El 2 de septiembre entraron en la rada de Puerto Fino pero no les permitieron saltar a tierra y así permanecieron 6 días en suma indigencia dentro de las pequeñas embarcaciones.

Y como en tiempo de desventuras todo el mundo trata de beneficiarse del débil tuvieron que pagar 5 pesos por persona a fin de poder fletar nuevas embarcaciones y así llegaron a Sestri el día 8.

El día 10 iniciaron su peregrinaje terrestre rumbo a los Estados Pontificios los neogranadinos y de éstos "sólo 20 salieron montados en mulas de carga y con albardones y todos los demás a pie". Y el cronista quiteño capta la partida de ese ejército maltrecho: "… emprendieron la marcha sin más desayuno que el de un par de higos y un pedazo de queso podrido, y comprando cada cual un pedazo de palo para bordón[416].

Al día siguiente salieron de Varese para alcanzar Borgotaro, primer lugar del ducado de Parma, donde fueron bien recibidos y obsequiados en el convento de Santo Domingo[417].

El cronista santafereño describe gráficamente el paso por las montañas de Génova y Parma de aquellos hombres "cansadísimos de su largo peregrinar de un año entero. Caminaban a pie, apoyados tan solo en un bastoncito, trepando por los montes, bañados en sudor, conservando tan sólo la humana vida, faltos de fuerzas y muertos de hambre"[418].

---

[415] José M. MARCH. *El restaurador de la Compañía de Jesús beato José Pignatelli y su tiempo*. Barcelona, Imprenta Revista "Ibérica", I (1935) 254.

[416] Citado por JOUANÉN. *Historia de la Compañía de Jesús en la antigua Provincia de Quito*, II, 659. Y añade: "Fue indecible el trabajo que experimentaron en aquella jornada pues sobre el quebranto y debilidad de tantos malos días en el mar y en Puerto Fino, sin comer, hicieron a pie este camino de montañas, lleno a cada paso de aguas, en que era preciso descalzarse".

[417] *Ibidem*. A partir de este momento el P. Velasco se concentra en los jesuitas quiteños.

[418] José YARZA. "Expulsio sociorum, 1767", III, 88.

El itinerario fue el siguiente: del 15 al 18 atraviesan los montes hasta Borgo di Toro y en esta población descansaron hasta el día 20. Ese mismo día 20 llegan a Fornovo y el 21, en carruajes, pasan ante las murallas de Parma y llegan a Reggio. El 22 alcanzan Rubiera, comen en Módena y arriban a los estados Pontificios. Esa misma tarde avistaron Bolonia en cuyos alrededores pernoctaron. El 23 cruzaron por Castel San Pietro y se detuvieron en Imola. Y el 24 entraron en Faenza[419].

No deja de ser curioso el testimonio del P. Yarza sobre su paso por Parma. En su diario apuntará que aquel gran príncipe dio órdenes muy provechosas y de gran consuelo par aquellos miserables viajeros, los cuales distribuidos en coches fueron llevados, a expensas de su benefactor, a los estados del Papa"[420]. El gran príncipe era Fernando I de Borbón que había expulsado de su ducado a los jesuitas el 3 de febrero de 1768.

Poco duraría el auxilio del mandatario parmés pues desde Forli Gande hasta Ancona se vieron obligados a caminar a pie, divididos en grupos "sin otro bagaje que el vestido puesto y un bordón en la mano." y de esta forma pasaron "de un mar al otro, del Ligúrico al Adriático"[421].

Pero el rosario de desventuras no había concluido. A pesar de que en Ancona habían sido bien recibidos por sus habitantes recibieron orden de regresar a Sinigaglia para recibir las asignaciones fijadas "y saber su destino". Y así se les asignó a los neogranadinos la Legación de Urbino[422].

Pensamos que esta contramarcha se debió a la concesión definitiva que otorgó Clemente XIII a los ignacianos hispano americanos para que pudieran fijar sus residencias en alguna de las cuatro Legaciones: Ferrara, Bolonia, Ravena y Urbino[423].

---

419   Enrique GIMÉNEZ LÓPEZ y Mario MARTÍNEZ GOMIS. *La expulsión y exilio de los jesuitas españoles*, 201.

420   José YARZA. "Expulsio sociorum, 1767", III, 88-89.

421   José YARZA. "Expulsio sociorum, 1767", III, 89.

422   José YARZA. "Expulsio sociorum, 1767", III, 89.

423   JOUANEN. *Historia de la Compañía de Jesús en la antigua Provincia de Quito*, II, 660.

El destino final de los miembros de la Provincia del Nuevo Reino fueron algunas pequeñas localidades de la Marca de Ancona y del ducado de Urbino, como Pesaro, Fano, Sinagaglia, Gubio y otras[424].

Y el P. José Yarza, cronista de los desterrados jesuitas neogranadinos, pinta la llegada de sus colegas a su destierro definitivo de la siguiente forma: "... llegaron con los vestidos destrozados, faltos de fuerza, lánguidos, macilentos, descoloridos, quemados por el sol, tanto que los nativos del país mostraban horror, llenos de enfermedades y dolencias contraídas por la gran diversidad de climas, víveres, cárceles, navegaciones y, cuantos padecimientos se puede imaginar"[425].

VI. EL DESTINO FINAL: LA LEGACIÓN DE URBINO

Finalmente, tras el largo peregrinar en busca de un asilo pudo llegar aquella "mercancía no deseada y sin gran valor" a la Legación de Urbino, Estados de la Iglesia, en septiembre de 1768.

La burocracia hispana asignó a los jesuitas neogranadinos la Legación de Urbino y así en su capital Gubbio y en pequeñas ciudades como Fano, Pérgola, Senigallia, Fossombrone y otras tuvieron que instalarse todos los que habían laborado en los territorios que hoy configuran las Repúblicas de Venezuela, República Dominicana y Colombia[426].

---

[424] J. A. FERRER BENIMELI. *La expulsión y la extinción...*, 113-114.

[425] José YARZA. "*Expulsio sociorum, 1767. Narratur historia laborum Societatis inter Indianos, quorum indoles et mores discribuntur. Iter exsulium Jesuitarum in Italiam. Suppressio Societatis.* 1773". En: J. DEL REY FAJARDO. *Documentos jesuíticos para la Historia de la Compañía de Jesús en Venezuela*. Caracas, Academia Nacional de la Historia, III (1974) 89.

[426] En el Archivo de la Provincia de Toledo (Legajo, 382) se encuentra una interesante manuscrito intitulado "Historia moderna del Reino de Quito y Crónica de la Provincia de la Compañía de Jesús del mismo Reino". Escrita por el Presbítero don Juan de Velasco. Tomo III. Año de 1788. Aunque fundamentalmente se refiere a Quito se pueden encontrar cantidad de noticias que fueron comunes a todos los expatriados.

Con la llegada del colectivo neogranadino a la pequeña ciudad de Gubio, sita en la región que se asoma al mar Adriático, se rescató la toma de conciencia de que tenían que comenzar de nuevo a construir un futuro y para ello se imponía la rápida reestructuración de todo el aparato organizativo, la recuperación de la vida comunitaria y el diseño de un nuevo proyecto que afrontaría una nueva realidad totalmente inédita. Por fin podían comenzar a restaurar sus ideales primigenios.

Mas, la primera pregunta que debe formularse el historiador es ¿Qué podía hacer ese grupo de hombres en un país extranjero, en unas ciudades pobres y pequeñas, saturadas de huéspedes que además no hablaban el idioma de sus habitantes?

De entrada podríamos aseverar que todos estaban excluidos del mercado laboral. Por razones obvias los 31 hermanos coadjutores; en menos grado los sacerdotes pero en qué podían emplearse mientras no pudieran servirse del italiano para sus ministerios y de no tener ninguna institución que garantizara sus acciones sacerdotales. Creemos que no debió ser fácil saber pactar con el tedio, la inactividad y la sensación de fracaso.

Pero el verdadero problema lo constituían los jóvenes que debían formarse para el futuro y no disponían de ninguna universidad provinciana que los pudiera acoger.

Con todo, pronto surgieron caminos para su adaptación, pues, una vez reagrupados pudieron seguir sus estudios en una especie de prolongación de lo que había sido la Universidad Javeriana de Bogotá.

El día 5 de diciembre de 1768 se dio comienzo en Gubbio a las clases de Filosofía y Teología para los jóvenes jesuitas del Nuevo Reino que habían aceptado el reto de la expulsión[427]. En otras palabras, el espíritu

---

[427] Archivio Vescovile. Mss., 15. *Geniale antimodernum philosophicum antiquo Aristotelicum...* elaboratum a R. A. P. Joachimo Leal e S. I. Eugubii, 1768. Mide 13 por 19; circa 100 páginas. En el último folio dice: "El día 5 de diciembre se abrieron, o comenzaron las aulas theologica, y philosophica de los Jesuitas desterrados aqui en Gubbio. Año de 1768".

de supervivencia intelectual y jesuítica les llevó a crear en la pequeña ciudad de Gubio un remedo extremadamente pobre pero esperanzador de lo que había sido la Universidad Javeriana en Santafé de Bogotá. Sin biblioteca, sin instalaciones adecuadas, sin ningún tipo de ayudas es lógico que los hombres que habían consagrado sus vidas a las ciencias eclesiásticas en tierras neogranadinas realizaran el esfuerzo sobrehumano por levantar un nuevo edificio científico para sustituir al que habían construido siglo y medio antes en la gran sabana bogotana.

Y una prueba fehaciente la encontramos en el Archivo Vescovile de Gubbio en donde reposan los manuscritos de los siguientes jesuitas: Antonio Julián[428], Joaquín Leal[429], Diego de la Pava[430], José Térez[431] y Gabriel Villalonga[432].

También es lógico preguntarse: ¿qué pasó con otros profesores javerianos como José Pagés (1709-¿?)[433], Manuel Balzátegui (1715-1792)[434] y Jaime de Torres (1711-¿?)[435] entre otros?.

---

[428] Archivio Vescovile. Mss., 53. Volumen único. Anno 1769: *Tractatus theologico-scholasticus...* Mss., 66. En otro volumen único: *Tractatus de vera Christi Ecclesia*. MSS. 67. En otro volumen único: *Sistema Theologicum Scholastico docmatico de Dei Scientia et Providentia*.

[429] Archivio Vescovile. Mss., 15. *Geniale antimodernum philosophicum antiquo Aristotelicum....* Mss. 18: *Tractatus de Animastica*. Mss. nº., 113. *Tertia pars Philosophiae sive Ontologia*. Mss, nº, 114. *Pars prima Philosophiae. Logica rationalis*. Mss. 115. *Pars Tertia Philosophiae sive Psicología*. Mss., nº., 129. *Pars altera Philosophiae, seu Phisica universales*.

[430] Archivio Vescovile. Mss. 53. *Dissertationes Theologicae de visione Dei. Tractatus theologico--moralis de saluberrimo sacramento penitentiae*. Mss., 66. Volumen corporativo: *Tractatus theologigus de Incarnati Verbi Misterio. Tractatus theologicus de fide divina. Tractatus theologicus Docmagtico-Scholasticus*.

[431] Archivio Vescovile. Mss. 66. *Tractatus theologicus de Deo Trino*. Mss., 67: *Tractatus Tehologico Moralis de Matrimonio*.

[432] Archivio Vescovile. Mss. 67. *Ad Tractatum Theologicum Moralem de Contractibus*.

[433] José DEL REY FAJARDO. *Catedráticos jesuitas de la Javeriana colonial*. Bogotá, CEJA (2002) 259-261.

[434] José DEL REY FAJARDO. *Catedráticos jesuitas de la Javeriana colonial*. Bogotá, CEJA (2002) 41-45.

[435] José DEL REY FAJARDO. *Catedráticos jesuitas de la Javeriana colonial*. Bogotá, CEJA (2002) 331-333.

Sobre las actividades académicas podemos repetir lo que escribe el P. Velasco sobre los jesuitas quiteños: "Se tenían asimismo en la Casa de Estudios las funciones literarias de la juventud con todas las formalidades antiguas, de modo que la aplicación a las letras, la observancia, la unión y la caridad fraterna hacían llevar con paciencia, conformidad y aun con gusto todos los trabajos, penalidades y miserias del destierro"[436].

En definitiva, la vida institucional se había recuperado y la formación académica y espiritual se había impuesto en medio de tantas dificultades. Así lo demuestra la ordenación sacerdotal para los jóvenes jesuitas que habían decidido seguir su vocación contra tantas contrariedades.

El 21 de febrero de 1769 presentaba el P. Manuel Balzátegui, Provincial, al obispo de Gubbio D. D. Paulo Orefici la lista de los jesuitas neogranadinos que debían recibir las Órdenes sagradas. Así recibieron la ordenación sacerdotal: Esteban Lloret, Mateo Guzmán, Raimundo Verger, Andrés Pasqual. Suponemos que a lo largo del año 1769 o quizá al año siguiente llegarían al sacerdocio los siguientes estudiantes de teología que recibieron las órdenes menores: Esteban Font, Francisco Javier Julián, Juan Bautista Oliver, Francisco Cerdá, Manuel Fernández, Pedro Solana, Joaquín Subías, Antonio Miñana, Diego Jiménez, José Antonio Gutiérrez, Ignacio Duquesne y Francisco de Hinojosa[437].

Otra duda que no hemos podido esclarecer es cuándo los novicios se insertaron en el resto de la Provincia. Ya vimos que en el Puerto de Santa María fueron segregados de los demás neogranadinos e incluso su itinerario a Italia fue distinto[438].

---

[436] Citado por: José JOUANÉN. *Historia de la Compañía de Jesús en la antigua Provincia de Quito 1570-1774*. Quito, II (1943) 664.

[437] Archivio Vescovile. *Ordinazioni*, b.27/13. Manuel BALZÁTEGUI. *Elenchus Clericorum Regularium Societatis Iesu Provinciae Novi Regni Granatensis ordinandorum ab Illmo. Ac Revdmo. D. D. Paulo Orefici Episcopo Lugubiensi*.

[438] Inmaculada FERNÁNDEZ ARRILLAGA. "Los novicios de la Compañía de Jesús: la disyuntiva ante el autoexilio y su estancia en Italia", 272.

Volvemos a tener noticia de ellos cuando solicitan "socorro para vestirse decentemente y subsidio anual pues la Compañía ha sido extinguida". El documento es suscrito por los siguientes: Ramón Casanova, Mariano Constán, Antonio Sellens, Leandro Gonsalbes [González], Diego Sebastián, Francisco Carchano, Juan Petit, Pedro de la Lastra, Vicente Sanz, Andrés de Villa, Francisco Ranier, Vicente de Castro, Francisco Queralto, Manuel Carranza y Juan Bautista Moreno[439].

Si comparamos la lista de los expulsados de Tunja en 1767 observamos que solamente faltan 4: José Pla, Francisco Javier Igaregui, Lorenzo Villaseca y Antonio Coquet. Sin embargo se debe clarificar que José Pla falleció en La Habana en 1767 y los dos siguientes aparecen en la lista de los novicios beneficiados "en virtud de orden de 23 de noviembre anterior [1773] del Ilustrísimo Señor Don Manuel Ventura de Figueroa"[440]. El último Juan Antonio Coquet ya hemos visto que se le permitió regresar a su casa.

En consecuencia, todos los novicios de Tunja menos uno perseveraron en su vocación y suponemos que entre 1769 y 1770 tuvieron que unirse al resto de los compañeros.

Con respecto a los secularizados observamos ya en tierras de Gubio cierto movimiento. A lo largo de 1769 solicitarían el indulto correspondiente: el 10 de enero el hermano coadjutor Juan Ceara que residió en el Colegio Máximo de Bogotá; el 10 de octubre el sacerdote Manuel Parada que había sido profesor de humanidades en el colegio de Caracas y el 28 de octubre el profesor de filosofía y teología en la Universidad Javeriana el P. Francisco Javier Trías.

Pero sería el año 1770 el que alcanzaría el mayor número de secularizados: el 28 de marzo el coadjutor del Colegio Máximo, José Hernández;

---

[439] AGS. *Estado*, 5047: *Novicios de la Provincia de Santa Fe suplicando socorro para vestirse decentemente y subsidio anual, pues la Compañía ha sido extinguida*. Véase: AGS. *Estado*, 671. *Carta de Grimaldi a Floridablanca*, 9 de noviembre de 1773.

[440] ARCHIMBAUD. *Provincia de Santa Fe*. Nota que antecede al número 4402.

el 31 de marzo el coadjutor del Colegio Máximo, Nicolás Quiroga; el 7 de abril el coadjutor de Tunja José Vargas; el 11 de agosto el coadjutor del colegio de Honda Manuel Tejada y el sacerdote que residía en 1767 en el Colegio Máximo Sebastián Torres; el 26 de agosto lo conseguiría el profesor del colegio de Pamplona, Salvador Aldaiturriaga.

El año 1771 daría el mismo paso el 4 de noviembre el coadjutor del Colegio Máximo José Castillo y el año 1772 lo formalizarían: el 26 de junio el coadjutor del colegio de Tunja Facundo Tirado y el 1º de noviembre el estudiante Ramón Verger[441].

Si establecemos un balance de los secularizados llegamos a la siguiente conclusión: 5 en el Puerto de Santa María[442] y 12 en Gubio lo que arroja un total de 17[443], distribuidos de la siguiente manera: 7 sacerdotes[444], 9 hermanos coadjutores[445] y 1 estudiante[446]. Esta información

---

[441] Toda la Información la ofrece una fuente tan segura como Archimbaud en su: *Provincia de Santa Fe. Catálogo*. El 12 de septiembre de 1768 dejaba la vida terrena el cartagenero Francisco Tatis, en Bastia. Manuel Gaitán (Fano, 30 de septiembre de 1768). Francisco Javier Jiménez (Fosombrone, 27 de noviembre de 1768). Pedro Rojas (Fosombrone, 27 de noviembre de 1768). Matías Liñán, Pérgola, 30 de noviembre de 1768). Pedro Zabala (Orciano, 28 de febrero de 1769). Juan Miguel González (Roma, 15 de junio de 1770). Ignacio Padilla (Pérgola, 6 de febrero de 1771). Miguel Blasco (Orciano, 15 de febrero de 1771). Jerónimo Geláez (Gubio, 19 de junio de 1772). Juan Díaz (Ferrara, 24 de septiembre de 1772). Pedro Apresa (Gubio, 24 de marzo de 1773). Antonio Naya (Gubio, 1º de julio de 1773). Francisco Velásquez (Bolonia, 30 de agosto de 1773). Bartolomé Ruiz (Pérgola, 8 de septiembre de 1773).

[442] En el Puerto de Santa María: El H. Manuel Gavina; los PP. Bernardo y Domingo Roel; P. Enrique Rojas; el H. Tomás Silva.

[443] El año 1769: el H. Juan Ceara y los PP. Manuel Parada y Francisco Javier Trías. En 1770: los HH. José Hernández; Nicolás Quiroga; José Vargas; Manuel Tejada y los PP. Sebastián Torres y Salvador Aldaiturriaga. En 1771: el H. José Castillo. En 1772: el H. Facundo Tirado y el estudiante Ramón Verger.

[444] Bernardo Roel y Domingo Roel; Manuel Parada; Enrique Rojas; Francisco Javier Trías; Sebastián Torres; Salvador Aldaiturriaga

[445] Manuel Gavina; Tomás Silva; Juan Ceara; José Hernández; Nicolás Quiroga; José Vargas; Manuel Tejada; José Castillo; Facundo Tirado.

[446] Ramón Verger

corrige la que se ha venido utilizando hasta el presente que habla de: 6 sacerdotes; 7 estudiantes; y 13 hermanos coadjutores[447].

También los difuntos ameritan un capítulo aparte pues antes de ser abolidos los jesuitas por el Sumo Pontífice hemos de reseñar al menos 15 defunciones[448].

Mas, la aparente paz en que al parecer iban construyendo los expatriados en los Estados Pontificios iba siendo socavada de forma pertinaz e implacable por las cortes borbónicas dispuestas a no claudicar ante el último reducto que era el papa Clemente XIII.

En diciembre de 1768 había nombrado el P. Lorenzo Ricci, General de los jesuitas, algunos Provinciales y había conservado en las patentes los nombres geográficos de las antiguas provincias españolas. Al enterarse en Madrid de semejante "desafuero" le mandó al embajador de España se presentase "al General de la Compañía con notario y testigos, y protestase con energía contra tal acto". Y así lo hizo el 12 de junio el representante Tomás Azpuru "intimando al P. General, en nombre del rey, el mandato de derogar cuanto antes aquellas denominaciones, y que en adelante no se había de usar el título de Asistente de España o Procurador u otro oficio con denominación española". Además, el cambio debía promulgarse antes de 30 días, a contar de la fecha de intimación, "todos los jesuitas desterrados cesarían de percibir la pensión señalada, sin esperanza alguna de volverla a recobrar"[449].

En consecuencia, todas las Provincias que integraban la "Asistencia de España" pasaron a ser Viceprovincias con denominaciones distintas a las que habían utilizado hasta ese momento: La de México se denominó de la Santísima Trinidad con sede en Bolonia y Ferrara; la de Quito, San

---

[447] Enrique GIMÉNEZ LÓPEZ y Mario MARTÍNEZ GOMIS: "La secularización de los jesuitas expulsos (1767-1773)", 289-291.

[448] Toda la documentación proviene de ARCHIMBAUD. *Provincia de Santa Fe*.

[449] José M. MARCH. *El restaurador de la Compañía de Jesús beato José Pignatelli y su tiempo*. Barcelona, Imprenta Revista "Ibérica", I (1935) 285.

Joaquín y Santa Ana con sede en Ravena; la de Perú, San Juan Bautista con sede en Ferrara; la de Chile, San Casiano con sede en Imola; la del Paraguay, San José, con sede en Bolonia y Ferrara[450]. Y aunque la *Synopsis historiae Societatis Jesu* expresamente excluye a la Provincia del Nuevo Reino en la reorganización adoptó por nombre "Viceprovincia del Sagrado Corazón" según aparece en los catálogos de difuntos que reposan en el Archivo Romano de la Compañía de Jesús[451] y deducimos que su sede se radicó en la pequeña ciudad de Gubio.

Pero el verdadero estallido se escucharía el día 2 de febrero de 1769 al fallecer el papa Clemente XIII[452]. Según parece la causa de su muerte fue el Oficio o Memoria que había preparado el embajador de Portugal sobre la extinción de la Compañía en el que se cercaba al pontífice de tal manera que no aparecía salida alguna[453].

Se puede afirmar que desde ese momento se desataron abiertamente todas las fuerzas adversas a la Compañía de Jesús y, sin lugar a dudas, se había ingresado en la recta final que llevaría a su muerte definitiva a la institución fundada por Ignacio de Loyola en 1540.

Si quisiéramos no remontarnos a causas lejanas podríamos señalar el embate final se inicia hacia el año 1765 cuando don Manuel de Roda y Arrieta (1708-1782)[454] fue designado como Ministro de Gracia y Justicia por Carlos III. Se inició entonces una campaña anti romana a la hora de proponer un candidato a obispo en España. La selección tenía como criterio distinguirse por "la lucha teológica contra el molinismo;

---

[450] J. B. GOETSTOUWERS. *Synopsis historiae Societatis Jesu*. Lovanii, Typis ad Sancti Alphons (1950) 356.

[451] ARSI. *Historia Societatis*, 53ª.

[452] Hans KÚHNER. *Lexicon der Päpste*. Zürich, Fischer Büherei (1960) 165.

[453] Una síntesis en: José M. MARCH. *El restaurador de la Compañía de Jesús beato José Pignatelli y su tiempo*. Barcelona, Imprenta Revista "Ibérica", I (1935) 288-290. AGS. *Estado*, 5054. Recoge tanto el Dictamen como el resumen oficial.

[454] Isidoro PINEDO. "Roda y Arrieta, Manuel", En: Charles E. O'NEILL y Joaquín Mª DOMINGUEZ. *Diccionario histórico de la Compañía de Jesús*. Roma-Madrid, IV (2001) 3384-3385.

la aversión por las moral laxista; el catolicismo <ilustrado>; el regalismo; el episcopalismo; la línea austera, no barroca en la predicación y pastoral; y la lucha general contra los jesuitas"[455]. Y de esta forma fue configurándose en la península ibérica un cuerpo episcopal marcadamente regalista y adverso a Roma.

Como estudiaremos en los capítulos siguientes, la idea de la extinción era una descarada preocupación de las cortes borbónicas que aflora de forma oficiosa en mayo del mismo año 1767 como se desprende de la correspondencia mantenida entre el ministro galo, duque de Choisel y su embajador en España el marqués de Ossun.

Mas, la primera vez que en la correspondencia diplomática franco-hispana se habla de la extinción de la orden fundada por Ignacio de Loyola es el 11 de mayo de 1767 que recoge la conversación mantenida con el rey de Francia.

En síntesis, propone el ministro que los monarcas de España, Francia, Austria y Portugal debían unirse "para convencer al Papa a disolver absolutamente la orden religiosa de los jesuitas; que ya no haya general ni miembros de esta sociedad". Para el conocimiento de este proceso que se inicia desde este momento nos remitimos al estudio que le dedica al tema Ferrer Benimeli[456].

Un segundo paso se llevó a cabo en la intervención del gobierno hispano en el cónclave que eligió el 19 de mayo de 1769 al cardenal Lorenzo Ganganelli con el nombre de Clemente XIV[457]. El hilo de la

---

[455] Isidoro PINEDO. "Compañía de Jesús. Tres hitos de su historia. II. Supresión". En: Charles E. O'NEILL y Joaquín Mª DOMÍNGUEZ. *Diccionario histórico de la Compañía de Jesús*. Roma-Madrid, I (2001) 879.

[456] José A. FERRER BENIMELI. "Carlos III y la extinción de los jesuitas". En: *Paramillo*. San Cristóbal, 9-10 (1990) 417-436.

[457] Isidoro PINEDO IPARRAGUIRRE. "La intervención del gobierno de Carlos III en el cónclave de Clemente XIV (1769)". En: *Paramillo*. San Cristóbal, 9-10 (1990) 437-449. Para una visión general del cónclave: Luigi BERRA. "Il diario del conclave di Clemente XIV del cardinale Filippo Maria Pirelli". *Archivio della Società di Storia Patria*, nº16-17 (1962-1963)

narración no nos permite detenemos en este trascendental hecho histórico para la Compañía de Jesús y para ello remitimos al lector a sus fuentes[458]. Pero la mayoría de los autores que estudian el cónclave están de acuerdo en afirmar que la elección del nuevo papa giró sobre un doble quicio: "el enflaquecimiento del poder pontificio y la abolición de la Compañía de Jesús"[459].

Mas, a pesar de que Clemente XIV se había comprometido a poner punto final al problema jesuítico entendía que tal decisión conllevaba una enorme responsabilidad y por ello pedía tiempo, actitud que desesperaba a las cortes borbónicas[460].

Antes de cerrar este capítulo pensamos que es conveniente establecer un balance de lo acaecido en esos años que corrieron desde 1767 hasta la extinción de 1773.

Un primer resumen es el levantado en El Puerto de Santa María por los oficiales regios en 1768 nos presenta el siguiente cuadro:

Nueva España: 45 comunidades con 562 regulares.
Perú: 25 comunidades con 413 regulares.
Chile: 26 comunidades con 313 regulares.
Paraguay: 21 comunidades con 437 regulares.
Quito: 21 comunidades con 219 regulares.
Santafé: 17 comunidades con 201 regulares.
Filipinas: 15 comunidades con 113 regulares[461].

25-319. Francisco José BELMONTE MAS. "El cónclave de 1769 en la correspondencia diplomática". En: *Revista de Historia Moderna*. Alicante, n°., 18 (2000) 67-84.

[458] José M. MARCH. *El restaurador de la Compañía de Jesús beato José Pignatelli y su tiempo*. Barcelona, Imprenta Revista "Ibérica", I (1935) 311-371. Enrique JIMÉNEZ LÓPEZ. *Misión en Roma. Floridablanca y la extinción de los jesuitas*. Murcia, Universidad de Murcia, 2008.

[459] José M. MARCH. *El restaurador de la Compañía de Jesús beato José Pignatelli y su tiempo*, 288.

[460] Un resumen puede verse en: José M. MARCH. *El restaurador de la Compañía de Jesús beato José Pignatelli y su tiempo*, 295-371.

[461] M. PACHECO ALBALATE *Jesuitas expulsos de ultramar arribados a El Puerto de Santa María (1767-1774)*. El Puerto de Santa María (2011) 51.

Un segundo punto de referencia lo constituye el número de jesuitas secularizados provenientes del mundo hispánico: 405 sacerdotes, 189 estudiantes, 291 coadjutores. Es decir, que de 5.046 expulsos habían abandonado la Orden 885 miembros lo cual supone el 17,5 %[462].

En el caso específico de la Provincia del Nuevo Reino de Granada podemos aportar las siguientes cifras y para ello nos regiremos por el Informe de Archimbaud: Total de los llegados al Puerto de Santa María: 201.

Pero en el estudio detallado del documento observamos que para esa fecha habían fallecido 15[463], habían desaparecido de los controles dos[464] y el P. Gerónimo Grossis quedó depositado en el convento de la Victoria de Puerto Real. A este número hay que añadir, como hemos especificado más arriba, los que habían abandonado la Compañía de Jesús 7 sacerdotes[465], 9 hermanos coadjutores[466] y 1 estudiante[467]. Y también se deben contabilizar los 18 extranjeros que partieron hacia sus respectivos países al seguir el resto de los españoles en búsqueda de un pedazo de tierra que los recibiera como exilados.

---

[462] Enrique GIMÉNEZ LÓPEZ y Mario MARTÍNEZ GOMIS: "La secularización de los jesuitas expulsos (1767-1773", 289-291.

[463] Francisco Tatis (Bastia, 12 de septiembre de 1768). Manuel Gaitán (Fano, 30 de septiembre de 1768). Francisco Javier Jiménez (Fosombrone, 27 de noviembre de 1768). Pedro Rojas (Fosombrone, 27 de noviembre de 1768). Matías Liñán, Pérgola, 30 de noviembre de 1768). Pedro Zabala (Orciano, 28 de febrero de 1769). Juan Miguel González (Roma, 15 de junio de 1770). Ignacio Padilla (Pérgola, 6 de febrero de 1771). Miguel Blasco (Orciano, 15 de febrero de 1771). Jerónimo Geláez (Gubio, 19 de junio de 1772). Juan Díaz (Ferrara, 24 de septiembre de 1772). Pedro Apresa (Gubio, 24 de marzo de 1773). Antonio Naya (Gubio, 1º de julio de 1773). Francisco Velásquez (Bolonia, 30 de agosto de 1773). Bartolomé Ruiz (Pérgola, 8 de septiembre de 1773).

[464] Esteban Tamayo y Francisco Aguirre de quienes dice: "Se embarcó para Italia y no consta de su llegada".

[465] Bernardo Roel y Domingo Roel; Manuel Parada; Enrique Rojas; Francisco Javier Trías; Sebastián Torres; Salvador Aldaiturriaga

[466] Manuel Gavina; Tomás Silva; Juan Ceara; José Hernández; Nicolás Quiroga; José Vargas; Manuel Tejada; José Castillo; Facundo Tirado.

[467] Ramón Verger.

En consecuencia, de los 228 jesuitas que integraban la Provincia del Nuevo Reino antes del decreto de expulsión, llegaron al Puerto de Santa María 200 y el 1º de enero de 1774 quedaban como abates fieles a su vocación 157 distribuidos de la siguiente manera: 74 sacerdotes, 42 escolares y 46 coadjutores[468].

Así concluía la historia institucional de los jesuitas, aunque algunos de sus miembros continuaron aisladamente en la vida cultural y política no solo de Italia sino de otros países europeos[469].

Sin embargo, el cronista José Yarza se esfuerza por dejar un testimonio digno de mención. A su juicio la actitud de la población de Gubio no pudo ser más caritativa hacia aquellos nuevos huéspedes y quedaban edificados "de su proceder, mirándolos como hombres del otro mundo, desterrados de la fortuna". Y concluye su crónica el santafereño: "… la gratitud de los jesuitas hacia los de Gubio permanecerá profundamente impresa en sus corazones por la acogida que les dieron y el buen afecto mostrado, que se continuó constantemente durante los cinco años que vivieron en Gubio los jesuitas; no hay términos suficientes para alabar los buenos tratamientos con que señaló la ciudad de Gubio al tenerlos por un lustro dentro de sus muros"[470].

---

[468] Archivo de Monumenta Historica Societatis Jesu. Armadio F-10. *Relación individual de los Ex-Jesuitas muertos en las Once Provincias de España e Indias desde la expulsión hasta el día 30 de junio de 1777*. Por don Juan Antonio Archimbaud. Provincia de Santa Fee. La diferencia que establecen ambas sumas: 162 y 157 opinamos se debe a que la primera incluye en su sumatoria

[469] Miguel BATLLORI. *La cultura Hispano-italiana de los jesuitas expulsos*. Madrid, 1966. Alexander VIVIER. *Nomina Patrum ac Fatrum qui Societatem Jesu ingressi in ea supremum diem obierunt* (7 augusti 1814-7 augusti 1894). Parisiis, 1897.

[470] José YARZA. "La expulsión de los jesuitas del Nuevo Reino de Granada en 1767". En: J. DEL REY FAJARDO. *Documentos jesuíticos*, III, 89.

LIBRO II
LA EXTINCIÓN

CAPÍTULO 3º

EL BREVE *DOMINUS AC REDEMPTOR* (21 DE JULIO DE 1773) Y SUS IMPLICACIONES LEGALES

I. LOS PRELUDIOS A LA EXTINCIÓN DE LA COMPAÑÍA DE JESÚS (1772-1773)

Hasta hace poco tiempo este capítulo de la supresión de la Compañía de Jesús en la historia de los pueblos americanos se solía saldar, en general, con pocas líneas, sin embargo, en las postrimerías del siglo XX, se ha desencadenado un mar de estudios e investigaciones que han obligado a reescribir esta tragedia de la vida intelectual, cultural, espiritual, educativo y social que sacudió de muy diversas formas las conciencias de muchos grupos enfrentados tanto en el mundo occidental como en el oriental[471].

Ciertamente, un acontecimiento histórico de tal magnitud es lógico que conllevara intensas negociaciones internacionales y se movilizaran además todos los poderosos resortes de los aparatos gubernamentales interesados en lograr la muerte de la Compañía de Jesús.

En el caso de los seguidores ignacianos americanos este proyecto tuvo su génesis inicial con la expulsión de los jesuitas de Portugal, Francia

---

[471] Todo el movimiento mundial sobre el tema puede verse a través de los interesantes estudios de: Miguel BATLLORI. "Historia y cultura de la Ilustración". En: *Archivum Historicum Societatis Iesu*. Roma, fascículo 97 (1980) 449-479. IDEM. "Sobre los jesuitas en el setecientos". En: *Archivum Historicum Societatis Iesu*. Roma, LVI (1987) 171-208. IDEM. "Antes y después de la expulsión". En: *Archivum Historicum Societatis Iesu*. Roma, fascículo 64 (1989) 169-185. IDEM. "Los jesuitas en tiempos de Carlos de Borbón y de Tanucii. De fines del siglo XVII a principios del XIX". En: *Archivum Historicum Societatis Iesu*. Roma, LVIII (1989) 355-371. IDEM. "En torno a los jesuitas, del renacimiento a la contrarreforma". En: *Archivum Historicum Societatis Iesu*. Roma, LIX (1990) 117-132. IDEM. "En la doble conmemoración pluricentenaria de la Compañía de Jesús (1540-1990) y de San Ignacio de Loyola (1491-1991)". En: *Archivum Historicum Societatis Iesu*. Roma, LXI (1992) 189-209.

y España (1759-1767)[472] a los que habría que añadir los de las dos Sicilias (20-30 de noviembre de 1767)[473], Parma (7-8 de febrero de 1768) y Benevento (junio de 1768)[474].

El proceso entra en su fase final con la red de intrigas de los monarcas de la Casa de Borbón encaminadas a extinguir totalmente la Compañía de Jesús por la autoridad competente que era la del Sumo Pontífice de Roma (1767-1773).

En verdad, en esta componenda internacional de poderes jugaron un papel protagónico aunque con actitudes distintas y las "cortes católicas" por un lado y las luteranas y ortodoxas por otro[475].

De esta forma actuaron como protagonistas los monarcas José I de Portugal, Carlos III de España, Luis XVI de Francia, la emperatriz María Teresa de Austria, la zarina Catalina II de Rusia, Fernando IV de Nápoles, Federico II de Prusia. Estas acciones fueron secundadas por ministros como el portugués Sebastián Carvalho (marqués de Pombal)[476]; los españoles Jerónimo Grimaldi, Manuel de Roda y Arrieta y Pedro Rodríguez de Campomanes[477]; el francés Étienne François de Choiseul;

---

[472] José Antonio FERRER BENIMELI. "Estudio comparativo de la expulsión de los jesuitas de Portugal, Francia y España". En: VV.AA. *Homenaje a don Antonio Domínguez Ortiz*. Granada, Universidad de Granada, Consejería de Innovación, ciencia y empresa, III (2008) 311-326.

[473] Francesco RENDA. *L'espulsione dei gesuiti dalla Due Sicile*. Palermo, Sellerio, 1993. José M. MARCH. *El restaurador de la Compañía de Jesús beato José Pignatelli y su tiempo*. Barcelona, Imprenta Revista "Ibérica", I (1935) 259-261.

[474] Mario FOIS. "Italia". En: Charles E. O'NEILL y Joaquín Mª DOMÍNGUEZ. *Diccionario histórico de la Compañía de Jesús*. Roma-Madrid, III (2001) 2093.

[475] La fuente de información más segura es: Ludovico PASTOR. *Historia de los Papas en la época de la Monarquía absoluta*. Clemente XIV (1769-1774). Barcelona, Editorial Gustavo Gili S. A., XXXI (1937) 118-250.

[476] António LEITE. "Carvalho, Sebastiao José de. Pombal (marqués de). En: Charles E. O'NEILL y Joaquín Mª DOMÍNGUEZ. *Diccionario histórico de la Compañía de Jesús*, I, 672-675.

[477] Isidoro PINEDO. *Luces y sombras de los ministros de Carlos III*. Mss.

el napolitano Bernardo Tanucci[478] y el británico William Pitt aunque de forma indirecta[479]; los Secretarios de Estado del Vaticano como Lázaro Opizio Pallavicini; el cardenal francés François-Joachim de Pierre de Bernis[480]; los hispanos Tomás Azpuru[481] y José Moñino[482]; confesores reales como el P. Joaquín de Osma o pontificios como el franciscano Inocencio Buontempi y finalmente afectaría a tres Sumos Pontífices: Clemente XIV[483], Pío VI[484] y Pío VII.

[478] Rosa MINCUZZI. *Bernardo Tanucci: ministro di Ferdinando di Borbone. 1759-1776*. Bari, Dedalo, 1967. Gaetano CERCHIELLO. "La estrategia antiromana de Bernardo Tanucci ante los acontecimientos de 1768". En: *Revista de historia moderna*. Alicante, n°., 18 (1999-2000) 41-66. Ana SÁNCHEZ MONTAGUD. "Nápoles en la correspondencia del cardenal Torrigiani (1758-1762)". En: Enrique GIMÉNEZ LÓPEZ (Edit.). *Y en el tercero perecerán. Gloria, caída y exilio de los jesuitas españoles en el s. XVIII*. Alicante, Universidad de Alicante (2002) 147-162.

[479] Isidoro PINEDO. "¿Intromisión británica a propósito de la extinción de los jesuitas?". En: *Revista de Historia Moderna*. Alicante, 15 (1996) 201-212.

[480] Jean-Paul DESPRAT. *Le Cardinal de Bernis: la belle ambition (1715-1794)*. Paris, Perrin, 2000.

[481] Miguel Ángel MUÑOZ ROMERO. "La cuestión jesuita desde la embajada de Tomás Azpuru en Roma (1767)". En:)". En: INSTITUTO DE ESTUDIOS VASCOS. *Esteban de Terreros y Pando: vizcaíno, polígrafo y jesuita. III Centenario: 1707-2007*. Bilbao, Universidad de Deusto (2008) 563-580. Isidoro PINEDO IPARRAGUIRRE. "Los jesuitas en su primer año de expulsión (1767) a la luz de la correspondencia de la embajada española en Roma". En: *Letras de Deusto*. Bilbao, 28 (1998) 211-222.

[482] El libro fundamental es: Enrique GIMÉNEZ LÓPEZ (Ed.). *Cartas desde Roma para la extinción de los jesuitas. Correspondencia, julio 1772-septiembre 1774. Conde de Floridablanca*. Alicante, Publicaciones de la Universidad de Alicante, 2009. Además: Enrique GIMÉNEZ LÓPEZ. *Misión en Roma. Floridablanca y la extinción de los jesuitas*. Murcia, Universidad de Murcia, 2008. Francisco BELMONTE. "José Moñino en Roma: el Breve de extinción de la Compañía de Jesús". En: Antonio MESTRE SANCHÍS y Enrique GIMÉNEZ LÓPEZ (eds.). *Disidencias y exilios en la España moderna*. Alicante, Caja de Ahorros del Mediterráneo-Universidad de Alicante (1997) 739-746.

[483] Ludovico PASTOR. *Historia de los Papas en la Época de la Monarquía absoluta*. Clemente XIV (1769-1774). Barcelona, Editorial Gustavo Gili S. A., XXXIX, 1937. J. CRETINEAU-JOLY. *Clemente XIV y los jesuitas, o sea, Historia de la destrucción de los jesuitas*. Madrid, Establecimiento Tipográfico-Literario de D. Nicolás de Castro Palomino y Compañía, 1848. J. CRETINEAU-JOLY. *Defensa de Clemente XIV y respuesta al Abate Gioberti, o sea complemento a la Historia de la destrucción de los jesuitas*. Madrid, Establecimiento Tipográfico-Literario de D. Nicolás de Castro Palomino y Compañía, 1848.

[484] Ludovico PASTOR. *Historia de los Papas en la Época de la Monarquía absoluta*. Pío VI (1775-1799). Barcelona, Editorial Gustavo Gili S. A., XXXIX, 1960-1961, 2 vols.

Mas, sin lugar a dudas sería el monarca español Carlos III la cabeza siempre obsesionada para llevar hasta el fin en esta campaña[485].

Ante un panorama tan complejo hemos optado por referirnos exclusivamente a tres caminos de los muchos utilizados por las "monarquías católicas" para formalizar el entierro de los jesuitas: en primer lugar, cómo la diplomacia borbónica presionó al Papa para lograr sus objetivos; en segundo término, cuál fue el aporte de los sobornos y de la corrupción en este proceso: y finalmente, cuál fue el papel de la literatura clandestina ante la aparente reticencia del pontífice romano a dar respuesta rápida a las exigencias borbónicas.

II. LAS PRESIONES DE LAS CORTES BORBÓNICAS ANTE LA SANTA SEDE PARA EXTINGUIR LOS JESUITAS

Al parecer el primer documento escrito oficioso que alude directamente a la abolición de los jesuitas data del 11 de mayo de 1767 cuando todavía los ignacianos españoles vivían la odisea mediterránea de no encontrar lugar de asilo para su destierro.

El ministro francés Choisel le relataba en esa fecha a su embajador en Madrid, Osun la entrevista que había mantenido con su monarca. Y a continuación recoge su proposición formulada al Rey que sería muy bueno que los reyes de Francia, España, Portugal y la Emperatriz de Austria se uniesen para convencer al Papa de disolver absolutamente la orden religiosa de los jesuitas. Y añade: "Si el Papa se determinase a este acto sensato a petición de las principales potencias, creo que haría un gran bien a la religión fomentando la aproximación a la Santa Sede y fortificando esa unidad tan necesaria para el mantenimiento de la buena doctrina; unidad que se romperá insensiblemente si el

---

[485] José Antonio FFERRER BENIMELI. "Carlos III y la extinción de los jesuitas". En: *Paramillo*. San Cristóbal, 9-10 (1990) 417-436.

Papa se empeña en sostener un Orden reprobada por las potencias católicas"[486].

Sin embargo, no hay que olvidar que la idea de la supresión la había manejado el marqués de Pombal como una amenaza en la ruptura de relaciones entre la Santa Sede y el reino de Portugal[487].

Sin lugar a dudas, había comenzado la acción decisiva del proyecto borbónico que acabaría llevando al sepulcro a la institución fundada por Ignacio de Loyola en 1540 y en la que se dieron cita los principales actores políticos del momento aunque no todos actuaron con los mismos sentimientos[488].

Desde la perspectiva vaticana se darían dos etapas netamente diferenciadas: la primera, la representa la posición pro-jesuítica de Clemente XIII; y la segunda, se inicia con el nombramiento de Clemente XIV en 1769 y sus idas y venidas hasta capitular en 1773.

Al hombre de hoy no deja de llamarle la atención la profunda ingerencia de las cortes católicas en la elección de los papas, pues además se daba el caso de que había cardenales que eran embajadores de los reinos católicos y también eran electores del nuevo pontífice. Pero el trasfondo que se movía en esos momentos era evidente. Los monarcas protagonizaban una política regalista que se reducía fundamentalmente a dos acciones: por una parte, luchaban contra lo que ellos designaban como la ingerencia de la "Corte romana"; y por otra, trataban de legitimar

---

[486] Archives Diplomatiques. París. *Correspondence Politique. Espagne*, vol., 548, fol., 405-406. Citado por José Antonio FERRER BENIMELI. "Carlos III y la extinción de los Jesuitas". En: *Paramillo*. San Cristóbal, 9-10 (1990) 419.

[487] Antonio LEITE. "Carvalho, Sebastián José de. Pombal (marqués de)". En: Charles E. O'NEILL y Joaquín Mª DOMÍNGUEZ. *Diccionario histórico de la Compañía de Jesús*, I, 674.

[488] William V. BANGERT. *Historia de la Compañía de Jesús*. Santander, Editorial Sal Terrae (1981) 441-521. Ricardo GARCÍA VILLOSLADA, Ricardo. *Manuel de Historia de la Compañía de Jesús*. Madrid, Compañía Bibliográfica Española S. A. (1954) 524-580.

las acciones de sus gobiernos en orden a nacionalizar las instituciones eclesiásticas y sustraerlas al control del pontificado[489].

En este contexto fue elegido Papa el 19 de mayo de 1769 el cardenal Ganganelli que adoptó el nombre de Clemente XIV[490]. Entre las condiciones que impuso el grupo español sobresalen dos: que "no turbe los sagrados derechos de la soberanía" y "que se obligue a extinguir a los jesuitas"[491].

No tardó Carlos III en hacerle llegar al nuevo pontífice su carta gratulatoria que concluía con estas palabras: "Todos mis anhelos se dirigen a mantener esta misma Religión pura e inmaculada, como nos la dejó Jesucristo, y conservar la paz interior, la justicia y el buen orden en mis pueblos sin confusión de jerarquías. Para lograrlo necesito el auxilio de Vuestra Santidad, por cuya mano espero ver disipado todo origen de discordia"[492].

Y el 30 de noviembre el nuevo pontífice escribió en carta autógrafa al monarca hispano: "Consideramos nuestro deber informar a vuestra sacra real Majestad sobre nuestras intenciones, siempre dispuestas a darle prueba del cumplimiento de nuestras obligaciones. Hemos tomado el cuidado de reunir los documentos que nos sirvan para componer el *motu proprio* concertado, con el cual justificaremos ante todo el mundo la sabia conducta tenida por vuestra Majestad al expulsar a los inquietos y turbulentos jesuitas…"[493].

---

[489] Isidoro PINEDO IPARRAGUIRRE. "La intervención del gobierno de Carlos III en el cónclave de Clemente XIV (1769)". En: *Paramillo*. San Cristóbal, 9-10 (1990) 439.

[490] Para el cónclave puede verse: Ludovico PASTOR. *Historia de los Papas en la época de la Monarquía absoluta*. Clemente XIV (1769-1774), 3-72.

[491] Isidoro PINEDO IPARRAGUIRRE. "La intervención del gobierno de Carlos III en el cónclave de Clemente XIV (1769)". En: *Paramillo*. San Cristóbal, 9-10 (1990) 445 y ss.

[492] AGS. *Estado*, 5013, fol., 55. *Carta del rey Carlos III a Clemente XIV*. Aranjuez, 20 de junio de 1769.

[493] Augustinus THEINER. *Clementis XIV Pont. Max. Epistolae et Brevia selectiora ac nonulla alia acta pontificatus ejus*. Florentiae, Tipis Aloysii Niccolai (1854) 42-43.

Mas, para poder seguir el preciso y minucioso itinerario diplomático recorrido entre Madrid, París, Lisboa, Nápoles, Viena y Roma el lector deberá recurrir a los estudios del catedrático de la Universidad de Zaragoza José Antonio Ferrer Benimeli quien ha seguido todo el proceso a través de la correspondencia mantenida entre el embajador galo en Madrid y su ministro Choisel[494].

En el presente estudio nos detendremos únicamente en la fase final de este bochornoso acontecimiento histórico.

La redacción del texto. Instrucciones muy precisas debía traer el embajador José Moñino cuando ya en la tercera audiencia con Clemente XIV, el 30 de agosto de 1772, se atrevió a poner en manos del Pontífice un documento que intituló *Apunte o Nota latina* (pues estaba redactado en latín)[495].

Prácticamente entregaba al Sumo Pontífice un pequeño esquema de lo que sería la parte dispositiva del Breve *Dominus ac Redemptor*. La redacción venía en dos columnas: en la de la derecha se precisaban los 18 artículos que debería contener el documento y en la de la izquierda, de forma paralela, se exponían las causas en que se fundamentaba cada artículo.

N°. 1. En la derecha: No se deben especificar las causas de la extinción sino decir: "por causas gravísimas y urgentísimas y por motivos racionales de prudencia y buen gobierno de la Iglesia universal, los cuales se reservan en el pecho y ánimo de su Santidad por iguales gravísimas causas".

---

[494] José Antonio FERRER BENIMELI. "La expulsión y extinción de los jesuitas según la correspondencia diplomática francesa (III-1770-1773". En *Paramillo*. San Cristóbal, 17 (1998) 5-386. Enrique GIMÉNEZ LÓPEZ. *Misión en Roma. Floridablanca y la extinción de los jesuitas*. Murcia, Universidad de Murcia, 2008.

[495] Enrique PACHECO Y DE LEYVA. *La intervención de Floridablanca en la redacción del Breve para la supresión de los jesuitas (1772-1773)*. Madrid, Junta para Ampliación de Estudios é Investigaciones Científicas, Escuela Española en Roma (1915) 71-89.

En la izquierda: Así se evitarán discordias y disputas sobre ellas; se salvan los temores del Papa sobre si las causas están suficientemente probadas para un juicio o sentencia, y sobre la irritación de los jesuitas. Además, siendo las causas tan notorias, los jesuitas verán que son tratados por el Santo Padre con caridad y afecto paternal. De esta suerte la bula se acomodaría al espíritu de otras extinciones y "al concepto de una pragmática de expulsión".

Nº., 2. La bula debe mandar en virtud de santa obediencia al clero secular y regular y a los mismos individuos de la Compañía de Jesús que no defiendan, impugnen, escriban ni hablen de esta supresión, ni del instituto de la Compañía, que prohíba bajo pena de excomunión injuriar a persona alguna por este motivo.

Nº., 3. Hay que exhortar a los príncipes cristianos a que contribuyan a esto mismo, estableciendo igual providencia en sus estados, de modo que su súbditos observen el mismo silencio.

Nº., 4. Hay que exhortar también a los fieles a que tengan presente que todos son discípulos de Cristo e hijos de la Iglesia, alimentados con la misma leche de la doctrina católica; que todos son hermanos verdaderos, y como tales se deben amar, aborreciendo las divisiones, discordias, emulaciones, etc.

Nº., 5. Bajando a los pormenores de la ejecución, propone Moñino que los novicios salgan de la Compañía y sean restituidos a sus familias.

Nº., 6. Que los profesos no promovidos a las sagradas órdenes (es decir, los escolares y los coadjutores temporales, como explica en la columna izquierda) salgan también libres de la obligación de los votos, y se les exhorte a elegir un estado conforme a sus fuerzas y a su conciencia.

Nº., 7. A los profesos ordenados "in sacris" [es decir, los sacerdotes] se les dé facultad de abandonar las casas de la Compañía y de entrar en otra orden religiosa, o de quedarse bajo la obediencia de un obispo como sacerdotes seculares.

N°., 8. Sin embargo, a aquellos profesos ordenados "in sacris" que o por defecto de congrua sustentación o de propio domicilio no se atreviesen a abandonar las casas de la Compañía, se les pueda permitir que sigan viviendo en ellas, con tal de que vistan como sacerdotes seculares y estén sometidos al ordinario [obispo] del lugar.

En la columna izquierda. De esta suerte además de satisfacer a la humanidad y honestidad, hacía resplandecer la piedad y prudencia del Papa. (Sin embargo, en el texto enviado a Madrid añadía que "no sabiendo el Papa qué hacerse con tanto jesuita, y recelando que en Alemania otras partes no quisiesen despojarlos de sus casas, me pareció se ocurría por este medio a todo, sin perjuicio nuestro").

N°., 9. En cada diócesis el obispo debía elegir dos o tres eclesiásticos, los cuales tenían que tomar conocimiento de las rentas de la extinguida Compañía para de esta forma proveer a la manutención de los exjesuitas que se quedaren en las antiguas casas y encarguen a un eclesiástico de buena vida del gobierno de cada una las dichas casas.

N°., 10. El obispo, oída la potestad secular y con su intervención, en lo que le pertenezca por derecho, privilegio o costumbre legítima, proceda al destino de las casas; salvo cuando la misma potestad secular determine proponer a la Santa Sede otro destino.

Columna izquierda: este artículo miraba a cortar oposiciones de la corte imperial y de otras, a quienes quedaba abierto el recurso. [Ni España respetó este artículo].

N°., 11. El obispo concederá o negará a los exjesuitas las licencias para predicar y oír confesiones.

N°., 12. Los exjesuitas podrán seguir enseñando en los colegios con tal de que sean retirados de la dirección de ellos y de que sólo permanezcan en ellos los que den esperanza de que abandonarán las discordias y contiendas.

N°., 13. En lugar de los exjesuitas habitantes en las antiguas casas que vayan faltando, no se sustituyen con otros,

N°., 14. Por lo que toca a las casas de Roma (eran 18) la ejecución de todo esto se confíe a una Congregación de Cardenales.

Columna izquierda: "Vistos los temores del Papa le he procurado quitar por este medio la inmediata odiosidad en Roma, que es la que más siente".

N°., 15. A esta Congregación Cardenalicia se puede dar la facultad de resolver todas las dudas sobre la ejecución de la bula.

N°., 16. En cuanto a las misiones cuidará de la ejecución la Congregación de Propaganda Fide.

N°., 17. Cese y se extinga del todo perpetuamente la autoridad del General y de los demás superiores de la Compañía, y se prohíba en ella cualquier cambio, reforma, instancia y aun recurso mientras no se haya efectuado la ejecución de la bula.

N°., 18. Se debe exhortar a los príncipes a dar auxilio a esta constitución..

Y añadía Moñino que sería muy necesario que, al momento de promulgación de la bula, el General de la Compañía y sus Asistentes saliesen de Roma a un lugar separado y remoto que a cada uno se señalase. Si, además, a la promulgación siguiera la creación de nuevos cardenales "Roma, llena de alegría y esplendor, alabaría en gran manera la prudencia del Santo Padre, su justicia y su equidad"[496].

Sin embargo, el proceso fue lento dadas las dudas y antinomias internas y externas en que se debatía Clemente XIV. Las audiencias se

---

[496] Hemos seguido casi al pie de la letra el resumen de Antonio de ALDAMA. "Cómo se escribió el Breve 'Dominus ac Redemptor' (21 de julio 1773)". En: *Spirituaità ignaziana*. Roma (1973) 185-187.

repitieron con regularidad con excepción del mes de octubre en que el Pontífice estuvo retirado en Castel Gandolfo.

Mas, por una carta de Moñino[497] a su ministro Grimaldi del 19 de noviembre de 1772 podemos conocer el inicio del tramo final que consiguió doblegar a Clemente XIV a fin de que firmara el documento de extinción de la Compañía de Jesús[498]. Prácticamente reproduce la entrevista mantenida con el Papa y viene a establecer como una síntesis de lo que sería el Breve *Dominus ac Redemptor* y el hecho le obliga a José M. March a escribir: "He aquí invertidos los papeles: Moñino convertido en pontífice máximo, saliendo por los fueros de la religión y dando lecciones al Papa, aunque no era teólogo; pero era ministro regalista y volteriano y tenía en su mano la fuerza"[499].

El golpe final lo consiguió el ministro español en la audiencia del 29 de noviembre –diez días después- en la que se decidió la redacción del documento y para ello debía encargarse al cardenal Negroni como Secretario de Breves pero, al parecer, se negó a ello sin aducir razones[500].

Señala también que, a su juicio, habían influido de forma decisiva algunos acontecimientos como el "Monitorio de Parma", las concesiones otorgadas a la Emperatriz austriaca y la acción directa del confesor del Papa el franciscano Inocencio Buontempi[501], de quien llegará a afirmar "será menester confesar que este Padre ha sido el principal influjo, y como tal le debemos ser muy agradecidos"[502].

---

[497] Todas las negociaciones ante la Santa Sede las ha recogido Antonio FERRER DEL RÍO (Ed.). *Obras originales del Conde de Floridablanca y escritos referentes a su persona*. Colección hecha e ilustrada por D. Antonio Ferrer del Río. Madrid, Biblioteca de Autores Españoles, Tomo quincuagésimo noveno (1924) p. XI-XXVI.

[498] AGS. *Estado*, 5039, 103. *Carta de Moñino a Grimaldi*. Roma, 19 de noviembre de 1772. El texto lo transcribe MARCH. *El restaurador de la Compañía de Jesús*, I, 334-335.

[499] MARCH. *El restaurador de la Compañía de Jesús*, I, 335.

[500] José Nicolás AZARA. *El espíritu de D. José Nicolás de Azara, descubierto en su correspondencia epistolar con D. Manuel de Roda*. Madrid, Imprenta de J. Martín Alegría, II, 375.

[501] AGS. *Estado*, 5040. *Carta de Moñino a Grimaldi*. Roma, 3 de diciembre de 1772.

[502] AGS. *Estado*, 5.040. *Carta de Moñino a Grimaldi*. Roma, 24 de diciembre de 1772.

Por esos días el Papa le había manifestado al cardenal Bernis: "Es cierto que han transcurrido tres años y medio de mi pontificado, pero he trabajado sin cesar y ya he conseguido hacer perder el crédito de los jesuitas entre la nobleza, la prelatura, en la curia y ante el pueblo; era preciso abrir el camino para llegar al fin; y ya me lo he abierto. Cuando la supresión sea ya un hecho entonces revelaré a vuestra eminencia los motivos de mi dilación y entonces me daréis la razón"[503].

El 13 de diciembre, dado que Negroni seguía enfermo, el Papa propuso a Monseñor Juan Jacinto Zelada y Escobar, arzobispo titular de Petra y Secretario de la Congregación del Concilio quien era confidente de Moñino y además ambicionaba el capelo cardenalicio[504] pero no era bien visto por Tanucci, Roda y otros. Sin embargo, el 21 de diciembre encargó oficialmente Clemente XIV a su candidato la redacción del documento pontificio[505].

Los borradores del documento pontificio. Dada la importancia trascendental que tuvo el Breve *Dominus ac Redemptor* juzgamos oportuno seguir las huellas de su redacción.

El primer borrador corresponde al embajador español quien recogía el contenido de las conversaciones mantenidas con el Papa amén de su primer papel "Apunte o Nota latina" del que hemos hablado más arriba. Así pues, éste es el primer papel de trabajo que entregó Moñino al curial romano, Mons. Zelada, para que iniciara su trabajo[506].

---

[503] Citado por Ludovico PASTOR. *Historia de los Papas en la Época de la Monarquía absoluta*. Pío VI (1775-1799), 214.

[504] Le fue otorgado el cardenalato en el consistorio del 19 de abril de 1773 (GIMÉNEZ LÓPEZ. *Misión en Roma. Floridablanca y la extinción de los jesuitas*, 108).

[505] MARCH. *El restaurador de la Compañía de Jesús*, I, 342.

[506] Sobre Zelada escribe Moñino: "Hice ver a Zelada con tres palabras todo cuanto tenía que decirle; éstas se redujeron a encargarle el secreto, la armonía y la brevedad, acordándole la gran carta que jugaba, y lo mucho que iba a ganar o perder en ella. Hecho esto, le leí e impuse en la minuta que yo tenía formada con anticipación para una bula formal, y me parece que no le disgustó su contexto. Después de mis explicaciones, le entregué la minuta,

La "Minuta de Moñino" se divide en tres partes. La primera, viene a ser una introducción o proemio típico de la literatura vaticana. La segunda, corresponde a la parte narrativa y la tercera a la dispositiva[507].

La parte narrativa es recogida en su esencia en el Breve *Dominus ac Redemptor* pero en sus fuentes de información no pontificias se refiere a dos escritos que ilustran la tendencia ideológica del embajador español.

El primero hace referencia a una carta escrita por el cuarto Concilio Provincial de Méjico el 26 de octubre de 1771 y dirigida a Carlos III[508]. Entre las observaciones curiosas podemos aducir la lista de las supresiones de órdenes religiosas con el nombre de los doce papas que protagonizaron dichas resoluciones y la cita de Jeremías sobre "aedificare et plantare" y "evellere et destruere"[509].

El segundo se refiere al libelo calumnioso que apareció en Roma el año 1759: *Appendice alle Riflessioni del Portoghese sul Memoriale del P. Generale de' Gesuiti presentato alla Santita di PP. Clement XIII...*[510] cuyo autor jansenista trataba de demostrar la actitud desobediente de los jesuitas frente a los papas desde Paulo IV hasta Clemente XIII y para ello se había servido de algunos documentos que reposaban en el archivo de Propaganda Fide pero sin hacer referencia a las respuestas dadas por los

---

y me aseguró que trabajaría, y me vería al fin de la semana". (Antonio FERRER DEL RÍO (Ed.). *Obras originales del Conde de Floridablanca y escritos referentes a su persona*, p. XX).

[507] El texto de Moñino lo reproduce Enrique *La intervención de Floridablanca en la redacción del Breve para la supresión de los jesuitas (1772-1773)*. Madrid, Impr. De Blass (1915) 102-120.

[508] Manuel GIMÉNEZ FERNÁNDEZ, *El Concilio IV Provincial Mexicano*, Sevilla, Gavidia (1939) 72-87.

[509] Más información en: Antonio de ALDAMA. "Cómo se escribió el Breve 'Dominus ac Redemptor' (21 de julio 1773)". En: *Spirituaità ignaziana*. Roma (1973) 190-193.

[510] Giovanni Gaetano BOTTARI. *Appendice alle Riflessioni del Portoghese sul Memoriale del P. Generale de' Gesuiti presentato alla Santita di PP. Clement XIII, felicemente regnate. Osia risposta dell' amico di Roma all' amico di Lisbona]. Supplément aux "Réflexions d'un portugais" sur le Mémorial présenté par le P. Général des Jésuites à notre Saint Père le pape Clément XIII, ou réponse de l'ami de Rome à son ami de Lisbonne*. Gênes, s. n, 1759.

ignacianos a esas acusaciones. Por supuesto, silencia por completo la inmediata contestación proveniente del P. Francisco Antonio Zaccaria[511].

En la parte dispositiva Moñino recoge lo escrito en la *Nota latina* con algunas añadiduras y precisiones sobre todo relativas a la posesión de los bienes jesuíticos[512].

El segundo borrador podríamos denominarlo la "Minuta de Zelada" y ya estaba concluida el 28 de diciembre[513] y sólo mostró algunos reparos de poca monta[514]. Según Ferrer del Río únicamente "propuso cuatro reparos de corta consideración que se allanaron inmediatamente"[515]. En realidad incluyó algunas observaciones más pero sin importancia[516]

El 4 de enero de 1773 ponía el redactor en manos del Papa el documento solicitado que venía a ser una bula muy extensa. Sobre el tema afirma Moñino que Zelada fue eficacísimo: "... así en desvanecer los escrúpulos de Clemente XIV sobre que pudieran algunos atribuir a algún

---

[511] Francesco Antonio ZACCARIA. *Lettere dell'abate N.N. milanese ad un prelato romano apologetiche della Compagnia di Gesu' contro due libelli intitolati Riflessioni sopra il memoriale presentato da'PP. Gesuiti alla Santità di Papa Clemente XIII ... e Appendice alle Riflessioni; tomo secondo, che contiene tre lettere apologetiche contro Le Riflessioni.* Fossombrone, per Gino Bottagrafi e Compagni, 1760. Es interesante la carta tercera del Apéndice, pp., 66-95.

[512] Antonio de ALDAMA. "Cómo se escribió el Breve 'Dominus ac Redemptor' (21 de julio 1773)", 192-193.

[513] El texto puede verse en: PACHECO y DE LEYVA. *La intervención de Floridablanca en la redacción del Breve para la supresión de los jesuitas (1772-1773)*. Madrid, Impr. De Blass (1915) 137-155.

[514] Enrique PACHECO y DE LEYVA. *La intervención de Floridablanca en la redacción del Breve para la supresión de los jesuitas (1772-1773)*. Madrid, Impr. De Blass (1915) 121 y ss.: "Zelada ha examinado mi esbozo de la bula de disolución y lo ha aprobado y lo elogia sobre toda ponderación. Por su parte propuso cuatro modificaciones sin importancia para las cuales di enseguida mi beneplácito".

[515] Antonio FERRER DEL RÍO. *Historia del reinado de Carlos III en España*. Madrid, Imprenta de los señores Matute y Compagni, II (1856) 442-443.

[516] Antonio de ALDAMA. "Cómo se escribió el Breve 'Dominus ac Redemptor' (21 de julio 1773)", 193.

pacto del cónclave lo que resultara de este negocio, como en determinarle a que la extinción se publicara por letras en forma de breve"[517].

El día 6 de enero Zelada entregaba el texto corregido y venmia a ser la minuta de la bula y tras la aprobación de Moñino fue entregada al Papa. Al día siguiente enviaba el embajador español a su rey el escrito y desde España se difundió entre los confidentes de la corona y también se le hizo llegar a Tanucci. Y el efecto fue casi inmediato pues las tropas napolitanas fueron retiradas de la frontera de los Estados Pontificios[518].

El Papa empleó todo el mes de enero en leer y corregir el escrito de Zelada y la depuración del texto consistió fundamentalmente en cambio de palabras[519]. Con todo, el 10 de enero manifestaba Clemente XIV que antes de publicar la bula era necesario tomar varias medidas: relevar a los nuncios de París y Viena, lograr la conformidad de las cortes católicas y por ende incluía a los príncipes italianos y finalmente había que solucionar algunas cuestiones formales como la firma del Datario, cardenal Carlos Alberto Guidoboni Cavalchini, y del encargado de Breves, cardenal Andrés Negroni contrario a la extinción[520].

En la audiencia del 24 de enero el embajador español sugirió al pontífice que en vez de utilizar el modelo de una bula era preferible la fórmula del breve papal, porque reducía el número de personas que debían ser consultadas y dos días después Zelada le comunicaba a Moñino que el Papa se había decidido por la última proposición[521].

---

[517] Antonio FERRER DEL RÍO (Ed.). *Obras originales del Conde de Floridablanca y escritos referentes a su persona*, p. XX.

[518] PASTOR. *Historia de los Papas en la época de la Monarquía absoluta*. Clemente XIV (1769-1774), 217.

[519] Enrique PACHECO y DE LEYVA. *La intervención de Floridablanca en la redacción del Breve para la supresión de los jesuitas (1772-1773)*, 64.

[520] GIMÉNEZ LÓPEZ. *Misión en Roma. Floridablanca y la extinción de los jesuitas*, 90.

[521] AGS. *Estado*, 5040. Moñino a Grimaldi. Roma, 28 de enero de 1773.

Y como es natural, de inmediato, las respectivas cortes borbónicas conocieron la minuta del documento. Y el 11 de febrero Clemente XIV entregaba por medio de su confesor Inocencio Buontempi el proyecto, al parecer definitivo, al embajador de España para que éste lo remitiera a Carlos III y éste desde Madrid, con la anuencia papal, lo hacía circular el 5 de marzo al rey de Francia y a la emperatriz austriaca María Teresa, el 6 al monarca portugués y el 9 al soberano de Nápoles[522].

A lo largo del proceso la corte de Viena fue una auténtica incógnita pues Clemente XIV no quería llegar a tomar la decisión suprema sin contar con el respaldo de María Teresa de Austria. Y en abril comenzaron a despejarse las dudas gracias a las negociaciones diplomáticas ya que la emperatriz fijaba su posición frente al derecho de "disponer de los bienes y del personal de la Compañía"[523]. La solución fue suprimir las cláusulas tajantes en la aplicación del Breve y optar por una redacción más ambigua que dejara imperfecta una providencia de tales consecuencias. Y con las enmiendas consiguientes se presentaron ante el Papa Zelada y Buontempi el 16 de mayo y con ello quedó zanjado el problema[524].

La "Minuta de Negroni". El 20 de mayo recibía el cardenal Negroni, Secretario de Breves, la minuta a fin de proceder a la redacción definitiva la cual debía tratar de conjugar todas las modificaciones sugeridas, sobre

---

[522] MARCH. *El restaurador de la Compañía de Jesús…*, I, 345-346. Francisco BELMONTE. "José Moñino en Roma: el Breve de extinción de la Compañía de Jesús". En: Antonio MESTRE SANCHÍS y Enrique GIMÉNEZ LÓPEZ (eds.). *Disidencias y exilios en la España moderna*. Alicante, Caja de Ahorros del Mediterráneo-Universidad de Alicante (1997) 739-746.

[523] Ana SAMPER CORTÉS. "Un acercamiento al proceso de la extinción de la Compañía de Jesús, a través de la correspondencia diplomática del Conde de Mahony, embajador español en Viena". En: Enrique GIMÉNEZ LÓPEZ (Edit.). *Y en el tercero perecerán. Gloria, caída y exilio de los jesuitas españoles en el s. XVIII*. Estudios en homenaje al P. Miquel Batllori i Munné. Alicante, Universidad de Alicante (**2002**) 383-405.

[524] GIMÉNEZ LÓPEZ. *Misión en Roma. Floridablanca y la extinción de los jesuitas*, 97-102.

todo por María Teresa⁵²⁵. El 7 de junio presentaría Negroni al Pontífice su texto en el que parece que su principal función consistió en darle el estilo curial vaticano y en la corrección de algunas palabras[526].

Pero conforme se aproximaba la fecha fatídica para la Compañía de Jesús Clemente XIV jugaba con las promesas de los "príncipes católicos" materializadas en el compromiso de devolver Aviñón y Benevento a los Estados Pontificios por lo que el Papa condicionaba esta exigencia a la mencionada entrega[527].

La firma del Breve, su promulgación y su intimación. Juzgamos necesario hacer algunas observaciones sobre los tres actos jurídicos antes mencionados.

La firma. En un despacho del 3 de junio informaba Moñino a su ministro que el cardenal Negroni tenía orden confidencial de producir los breves de extinción y de ejecución para diecisiete o dieciocho nuncios y comisionados lo cual equivalía a un mes más de dilaciones forzosas[528].

Y el acoso del embajador español llega sonar como irrespetuoso e incluso irreverente, impropio de un auténtico diplomático por ello siempre será un misterio saber cómo y por qué Clemente XIV toleró semejante actitud. Lo cierto es que las dilaciones del anciano pontífice enardecían sobre todo al representante de Carlos III ante el Vaticano.

---

[525] GIMÉNEZ LÓPEZ. *Misión en Roma. Floridablanca y la extinción de los jesuitas*, 102-103. Sin embargo Aldama pone el 18 de mayo como fecha de entrega (ALDAMA. "Cómo se escribió el Breve 'Dominus ac Redemptor' (21 de julio 1773)", 194).

[526] El texto puede verse en: Archivo Secreto Vaticano. *Secretaria Brevium*, vol., 3801 (47). ALDAMA. "Cómo se escribió el Breve 'Dominus ac Redemptor' (21 de julio 1773)", 194-195.

[527] GIMÉNEZ LÓPEZ. *Misión en Roma. Floridablanca y la extinción de los jesuitas*, 117-118.

[528] Enrique GIMÉNEZ LÓPEZ. *Cartas desde Roma para la extinción de los jesuitas. Correspondencia, julio 1772-septiembre 1774. Conde de Floridablanca*, 367-370. Antonio FERRER DEL RÍO (Ed.). *Obras originales del Conde de Floridablanca y escritos referentes a su persona*, p. XXI.

En la audiencia del 17 de junio le expresaba a Moñino: "El Papa firmó en efecto el Breve de extinción, y además se ha valido de mi para que imprima con todo secreto, evitando las consecuencias de infidelidad que temía en la imprenta de la Cámara [Apostólica], o en otra cualquier mano de quien se hubiese de fiar el cardenal Negroni"[529]. Y en la correspondencia del 24 de junio le complementaba la información con el hecho de que "he puesto en este palacio la imprenta y que habremos de sufrir el gasto de la impresión, porque no me parece decente formar después una cuenta y pedir al Papa su importe"[530].

El 8 de julio el persistente ministro español podía comunicar a su jefe en Madrid que el Santo Padre quiso mostrarme su buena fe "entregándome el Breve original de extinción extendido por la Secretaría de Breves para confrontarle por mi mismo con la minuta enmendada con mi acuerdo; y efectivamente está conforme". También anota que la data es de julio pero está en blanco el día[531].

El 15 de julio confirma Moñino que Su Santidad le envió la minuta relativa a la creación de la Congregación de Cardenales para que dijese lo que me parecía, y yo me he conformado, y me conformaré, con todo lo que en esta líneas me propongan por no estorbar la breve conclusión de un asunto tan fastidioso, especialmente cuando estos puntos ejecutivos no nos importan cosa alguna"[532].

---

[529] GIMÉNEZ LÓPEZ. *Cartas desde Roma para la extinción de los jesuitas*, 376. (AGS. *Estado*, 5040. *Carta de Moñino a Grimaldi*. Roma, 17 de junio de 1773).

[530] GIMÉNEZ LÓPEZ. *Cartas desde Roma para la extinción de los jesuitas*, 376. (AGS. *Estado*, 5040. *Carta de Moñino a Grimaldi*. Roma, 24 de junio de 1773).

[531] GIMÉNEZ LÓPEZ. *Cartas desde Roma para la extinción de los jesuitas*, 387-388. (AGS. *Estado*, 5043. *Carta de Moñino a Grimaldi*. Roma, 8 de junio de 1773).

[532] GIMÉNEZ LÓPEZ. *Cartas desde Roma para la extinción de los jesuitas*, 387-392. (AGS. *Estado*, 5043. *Carta de Moñino a Grimaldi*. Roma, 15 de junio de 1773). En su carta del 1º de julio había escrito a Grimaldi: "los cardenales par la congregación serán: Marefoschi, Corsini, Zelada, Carafa y Casali. De los tres primeros tengo gran satisfacción, pero no de los dos últimos… Agregaría el Papa dos prelados, que serán Pallota y Alfani. El primero es Tesorero de la Cámara y el segundo muy contrario a jesuitas" (GIMÉNEZ LÓPEZ. *Cartas desde Roma para la extinción de los jesuitas*, 385). Y en la carta del 15 de julio informaba que

En la audiencia del día 18 de julio el Papa la informó a Moñino que consideraba "que era cruel en impedir a los jesuitas" que celebraran la festividad el día 31 de su fundador el vasco Ignacio de Loyola[533].

Sin embargo, el 22 de julio le reclamaba el embajador español al confesor papal que al Breve le faltaban todavía la firma y la fecha y añadía que hasta los jesuitas no fueran suprimidos ni el nuevo nuncio entraría en París ni les serían devueltos los territorios de Aviñón y Benevento. Esta presión tuvo su efecto pues de inmediato se presentó Bontempi para comunicarle al diplomático hispano que se podía imprimir el Breve y enviarlo a Madrid[534].

Y los trabajos de impresión del tan ansiado documento se llevaron a cabo en una imprenta instalada en la embajada de España[535] a partir del 24 de julio y cuatro días más tarde la tarea estaba concluida y de inmediato Moñino le remitía el primer ejemplar a Bontempi "para que lo pusiese a los pies del Santo Padre"[536].

El día 6 de agosto convocó el Pontífice a la comisión de Cardenales que debían llevar a cabo lo decidido en el Breve *Dominus ac Redemptor*[537] y el supuesto secreto les debía obligar bajo pena de excomunión.

---

en lugar de Pallota "concurrirá Macedonio como Secretario, y me alegro porque es persona de mi íntima confianza" (*Ibidem*, 395).

[533] Archivo del Ministerio de Asuntos Exteriores. *Santa Sede*, 436. *Moñino a Grimaldi*. Roma, 22 de julio de 1773.

[534] Ludovico PASTOR. *Historia de los Papas en la Época de la Monarquía absoluta*. Clemente XIV (1769-1774), vol., 37, p. 241.

[535] AGS. *Estado*, 5040. *Moñino a Grimaldi*. Roma, 24 de junio de 1773.

[536] MARCH. *El restaurador de la Compañía de Jesús*..., I, 351-352.

[537] GIMÉNEZ LÓPEZ. *Cartas desde Roma para la extinción de los jesuitas*, 406. (AGS. *Estado*, 5043. *Carta de Moñino a Grimaldi*. Roma, 5 de agosto de 1773). En esta fecha le comunica que al día siguiente se convocará la Comisión de Cardenales.

Finalmente, Clemente XIV retuvo la "Minuta de Negroni" hasta el día 12 de agosto fecha en que le entregó al encargado de Breves que pusiera la fecha de 21 de julio[538]. En resumen: aunque el Breve *Dominus ac Redemptor*[539] aparece rubricado por el Papa Clemente XIV[540] el 21 de julio de 1773, sin embargo, su intimación tuvo que esperar a la publicación de un Breve complementario, *Gravissimis ex causis* (13 de agosto de 1773)[541] que regulaba la juricidad y la metodología que debía utilizarse para lograr tan trascendental decisión.

Aunque algunos piensan que no se guardó el secreto pues la *Gaceta de Madrid* en su edición del 31 de agosto daba noticia de la reunión del día 6 de agosto y de la composición de la Congregación[542], sin embargo, pensamos que el diario madrileño se guió por el Breve *Gravissimis ex causis* que se promulgó el 13 de agosto.

En dicho documento que se designaba la Congregación de cardenales[543] encargados de llevar por fin lo dispuesto para la abolición de la

---

[538] ALDAMA. "Cómo se escribió el Breve 'Dominus ac Redemptor' (21 de julio 1773)", 197: "Consta por una nota autógrafa del cardenal, que se conservaron la misma minuta" (nota 58 en la página 203).

[539] *Breve de nuestro muy santo Padre Clemente XIV por el qual su Santidad suprime, deroga, y extingue el instituto y orden de los Clérigos Regulares, denominados de la Compañía de Jesús, que ha sido presentado en el Consejo para su publicidad.* Madrid. En la imprenta de Pedro Marín, 1773. (El texto que reposa en el archivo de UCAB es bilingüe. Una copia fue publicada en J. A. FERRER BENIMELI. "La expulsión y extinción de los jesuitas según la correspondencia diplomática francesa 1770-1773". En *Paramillo*. San Cristóbal, 17 (1998) 319-384. También es interesante: Antonio M. de ALDAMA. "Cómo se escribió el Breve <Dominus ac Redemptor>". En: *Spiritualità ignaziana*. Roma, (1973) 183-206.

[540] Charles E. O'NEILL. Christopher J. VISCARI. José ESCALERA. "Clemente XIV". En: Charles E. O'NEILL y Joaquín Mª DOMÍNGUEZ. *Diccionario histórico de la Compañía de Jesús*. Roma-Madrid, III (2001) 3000-3003. Augustin THEINER. *Histoire de Pontificat de Clement XIV. d'après des documents inédites des Archives Secrètes du Vatican*. París, Firmin Didot, 1852, 2 vols.

[541] *INSTITUTUM Societatis Jesu*. Florentiae, Ex Typographia a SS. Conceptione, I (1892) 328-330.

[542] *Gaceta de Madrid*. 31 de agosto de 1773. Pag., 310.

[543] Andrés San Mateo in Merulana Corsino, Mario de San Agustín Marefusco, Francisco de San Clemente Carafa, Javier de San Silvestre y Martín ad Montes Zelada, Antonio de San

Compañía de Jesús y en ella se facultaba a la comisión "para la ejecución de nuestro dicho Breve, aunque sea sumariamente, sin forma judicial y por vía de inquisición, contra todas las personas de cualesquiera clase, estado o condición que sean, que retuvieren, ocuparen u ocultaren efectos, bienes, libros, papeles, muebles y otras cualesquiera cosas que hayan pertenecido a la nominada Compañía"[544].

Según Pastor la Comisión estaba conformada de la siguiente manera: Marefoschi, presidente; Macedonio, secretario y la integraban los cardenales Corsini, Zelada, Casali y Carafa. Como asesores Alfani junto con el dominico Mamachi y el franciscano observante Carlos Cristóbal da Casale[545]

Unos días después recogía el P. Luengo, expulso en la ciudad de Bolonia, la noticia de la Comisión y asumía tal decisión de la siguiente manera: "En estos dos últimos correos de Roma, en que nos pintaban bastante magnífica la fiesta de San Ignacio con grande concurso del pueblo, aunque de los Cardenales sólo el Camarlengo Rezzonico fue a decir Misa al altar del Santo, se aseguraba constantemente que allí había una especie de calma en nuestras cosas y que todo estaba como parado y suspenso, y se atribuía en todo o en mucha parte a estar el Papa tomando como el año antecedente no sé qué género de baños. Pero las últimas cartas nos cuentan una noticia cierta que tiene un semblante muy malo, y quiera el cielo no sea principio de nuevos y mayores trabajos. Este día 6, que acaba de pasar, se juntó delante del Papa por la primera vez una nueva Congregación que Su Santidad ha formado y se compone de los Cardenales Mario Marefoschi, Francisco Caraffa Trayetto, Francisco Zelada y

---

Gregorio ad Velum Areum Casali. Maestro Vicente Macedionio y Onofrio Alfano (*Gravissimis ex causis*, 328-329).

[544] Clementis XIV. Congregatio Cardinalium et consultorum exequendo Brevi suppressionis Societatis Iesu praeponitur. *Gravissimis ex causis*. Datum Romae, die decimo tercio Augusti MDCCLXXIII. En: *INSTITUTUM Societatis Jesu*. Florentiae, Ex Typographia a SS. Conceptione, I (1892) 328-330-330.

[545] PASTOR. *Historia de los Papas en la época de la Monarquía absoluta*. Clemente XIV (1769-1774), 242.

Antonio Casali. El primero, por genio, por política, por interés y aun por religión, es enemigo declarado de los jesuitas. En segundo y tercero están vendidos a las Cortes de Madrid y Nápoles. El cuarto, que es del mismo Roma y tiene algún crédito de integridad y rectitud, no ha dado hasta ahora señales, a lo menos claras, de ser enemigo de los jesuitas, aunque no deja de ser algún indicio de que está pronto a hacerles mal el haber sido promovido a la Púrpura en estos tiempos y circunstancias, en que sólo hay premio en Roma para los enemigos de la Compañía. (…). Los dos Secretarios que ha nombrado el Papa para esta Congregación no pueden ser mejores para hacer todo el mal que se quiera a los jesuitas. Uno es Monseñor Macedonio, napolitano de nación, muy querido del Papa, su Secretario de Memoriales y que tiene muchas ganas de llegar joven y por caminos extraordinarios a la Púrpura. Al otro basta nombrarlo, pues es Monseñor Onofre Alfani, famosísimo ya en este Diario"[546].

Tan importante documento había sido impreso, en latín y en secreto, en Roma y enviado inmediatamente a Madrid y a las demás cortes borbónicas. Ese mismo año el gobierno español traduce el documento al castellano y la edición bilingüe la promulga el 16 de septiembre y le añade otra real cédula del 12 de octubre[547]. La impresión fue de 8.340 ejemplares y costó 30.300 reales y 8 maravedises[548].

Mas, para no alargar más este acápite remitimos al lector a la detallada revisión que realiza José Antonio Ferrer Benimeli de la prensa española desde el día 15 de junio hasta el 14 de diciembre del mismo año de 1773[549].

---

[546] Manuel LUENGO. *Diario*, 12 de agosto de 1773.

[547] *Breve de nuestro muy santo Padre Clemente XIV por el qual su Santidad suprime, deroga, y extingue el instituto y orden de los Clérigos Regulares, denominados de la Compañía de Jesús, que ha sido presentado en el Consejo para su publicidad*. Madrid. En la imprenta de Pedro Marín, 1773.

[548] AGI. *Indiferente General*, 3087. Citado por Walter HANISCH. *Itinerario y pensamiento de los jesuitas expulsos de Chile (1767-1815)*. Santiago de Chile, Editorial Andrés Bello (1972) 88.

[549] FERRER BENIMELI. "La expulsión y extinción de los jesuitas según la correspondencia diplomática francesa (III-1770-1773". En *Paramillo*. San Cristóbal, 17 (1998) 274-315.

La promulgación. Como observa Bangert, este tan trascendental instrumento legal pontificio no siguió el procedimiento formal exigido para la promulgación de un breve pues "el documento debía ser anunciado en el Campo di Fiori y sus copias fijadas en las puertas del Vaticano"[550] y el día 18 de agosto no era posible encontrar un ejemplar impreso en Roma[551]. Sin embargo, hay que reconocer que, en principio, la promulgación es un elemento de la ley tan indispensable, que sin ella la ley es letra muerta.

La *intimación* fue el 16 de agosto pero de ello trataremos más adelante.

III. LOS MANEJOS SECRETOS UTILIZADOS PARA LA CONSECUCIÓN DEL BREVE

Sin embargo, antes de pasar adelante debemos hacer todavía una ligera referencia a otros resortes que utilizó la "diplomacia de las cortes católicas" para conseguir sus fines: el soborno y el fomento de la literatura bien clandestina bien panfletaria.

El soborno. En efecto, de forma paralela a la redacción del texto del Breve proyectado se desarrolló una serie de corruptelas que las recoge en un interesante capítulo Enrique Giménez[552] quien llega a afirmar que "pese a que Moñino sentía cierta repugnancia a utilizar el soborno, no había más remedio que hacerlo para obtener la ansiada extinción, que supondría el aumento de la gloria de Carlos III, y la paz entre la Iglesia y los Estados católicos"[553]. Y desde Madrid fue aceptada esta corrupción

---

[550] William V. BANGERT. *Historia de la Compañía de Jesús.* Santander, Editorial Sal Terrae (1981) 483.

[551] Ludovico PASTOR. *Historia de los Papas en la época de la Monarquía absoluta. Clemente XIV (1769-1774)*, 245.

[552] Enrique GIMÉNEZ LÓPEZ. *Misión en Roma. Floridablanca y la extinción de los jesuitas.* Murcia, Universidad de Murcia (2008). Capítulo 3: "Vísperas y sobornos" (p. 77-96).

[553] Enrique GIMÉNEZ LÓPEZ. *Misión en Roma. Floridablanca y la extinción de los jesuitas*, 87-88.

pues Grimaldi le escribía a Moñino el 26 de enero en los siguientes términos: "… ha visto el Rey la última confidencial de V. S., y aprueba cuanto V. S. ha hecho y dicho a Buontempi y a la Bischi, y lo que V. S. sugiere respecto de Zelada. Salgamos del negocio y a todo se cumplirá según V. S. sugiera"[554].

No pasó desapercibido este asunto al historiador Ludovico Pastor quien al relatar las preocupaciones que angustiaban al Papa sobre todo por la actitud de Viena y Florencia afirma que "en estas circunstancias se hacía todo lo posible por influir en el infortunado Papa, sobre todo por parte de sus confidentes, los cuales, lo mismo que otros, habían sido sobornados"[555].

Así pues, si el embajador español había triunfado en esta oscura batalla se debe, entre otras causas, a que sobornó a tres de los más cercanos consejeros de Clemente XIV: el franciscano Inocenzo Buontempi, confesor del Papa, a quien Moñino le entregó un obsequio de 10.000 escudos y a Juan Jacinto Zelada y Escobar, autor del texto pontificio, a quien se le entregaron 8.000 escudos y dos canonjías en Sevilla y Córdoba[556]. A ellos hay que añadir Viittoria Bischi cuya familia pertenecía al círculo más intimo del Papa[557].

El 24 de junio de 1773 había escrito Moñino a Grimaldi: "Sería bueno mandarme un crédito de diez mil escudos para Buontempi, cuya entrega no haré mientras no esté publicada la providencia. Esta cantidad,

---

[554] Archivo del Ministerio de Asuntos Exteriores. *Santa Sede*, 436. *Carta de Grimaldi a Moñino*. El Pardo, 26 de enero de 1773. (GIMÉNEZ LÓPEZ. *Misión en Roma*, 88).

[555] Ludovico PASTOR. *Historia de los Papas en la Época de la Monarquía absoluta*. Pío VI (1775-1799), 214.

[556] Ludovico PASTOR. *Historia de los Papas en la época de la Monarquía absoluta*. Clemente XIV (1769-1774) 213-214. GIMÉNEZ LÓPEZ. *Misión en Roma. Floridablanca y la extinción de los jesuitas*, 88-89 precisa mejor los montos que fueron superiores a lo que creyó Pastor.

[557] GIMÉNEZ LÓPEZ. *Misión en Roma. Floridablanca y la extinción de los jesuitas*, 87-88.

con la de Zelada, compone los seis mil doblones con poca diferencia que insinué en otra carta"[558].

Ni puede ser peor la imagen final que de Nicolao Bontempi que recoge von Pastor. Se trasladó a la casa generalicia de los franciscanos y allí le presentó al General de la Orden P. Marzoni los siguientes Breves de su protector Clemente XIV. En el primero le liberaba de toda dependencia de sus superiores. En el segundo se le facultaba para secularizarse cuando lo creyera conveniente. En el tercero se le concedía mantener todos sus bienes. Al verificar que la Ciudad Eterna no era el lugar propicio para su residencia se retiró a Monte Porzio, en los Albanos, donde atormentado de remordimientos de conciencia pasó los últimos años de su vida[559].

Y en un ámbito distinto dirá Bangert que "la voz de Moñino resonaba en todas sus frases [del Breve *Dominus ac Redemptor*]... y que como recompensa de su sórdida victoria, recibió de su Rey el título de Conde de Floridablanca"[560].

Los otros modos de soborno. A todo esto habría que añadir el diseño de una política mucho más sutil desarrollada por la Santa Sede en connivencia con los embajadores acreditados en Roma a fin de garantizar el éxito de la "operación extinción" con el criterio de que el fin justifica los medios.

Pero estos planteamientos ameritan una seria investigación. Con todo señalaremos algún ejemplo. Es evidente que algunos de los que habían sido amigos de los jesuitas fueron promovidos a ciertos cargos y beneficios eclesiásticos como retribución a la renuncia a sus viejas querencias.

---

[558] GIMÉNEZ LÓPEZ. *Cartas desde Roma para la extinción de los jesuitas*, 383. (AGS. *Estado*, 5040. *Carta de Moñino a Grimaldi*. Roma, 24 de junio de 1773).

[559] Ludovico PASTOR. *Historia de los Papas en la época de la Monarquía absoluta.* Clemente XIV (1769-1774), 462-463. Un resumen en: GÓMEZ FERREYRA. *A dos siglos de una inválida extinción, 1773-21 de julio-1973*, 16.

[560] William V. BANGERT, William V. *Historia de la Compañía de Jesús*. Santander, Editorial Sal Terrae (1981) 484.

El arzobispo de Sevilla Francisco de Solís se había distinguido por su ardiente filo jesuitismo. Cuando expulsaron a los ignacianos de Portugal le escribió al Papa una sentida carta el 10 de junio de 1759 en la que se hacía solidario con la orden perseguida por Pombal y en 1767 reiteraría su devoción ignaciana[561]. En una lista de limosnas otorgadas por 13 obispos españoles a los jesuitas franceses expulsados de su país sobresale la generosidad del arzobispo sevillano[562]. De repente cambió su actitud y fue uno de los más acérrimos propulsores de la extinción de la Compañía de Jesús.

Otro caso sintomático lo ofrece Juan Jacinto Zelada y Escobar, consultor del Santo Oficio. Si nos guiamos por la literatura epistolar mantenida entre Azara y Roda el personaje era ambicioso y pro jesuita[563]. En su declarado deseo de ascenso debió ver la gran oportunidad en las promesas del embajador español Moñino y por ello cambio rápidamente de bando y entre otros servicios para conseguir el cardelanato fue el ser redactor del Breve *Dominus ac Redemptor*[564]. Las dudas de Azara siempre persistieron y así escribió: "¿Qué dirá usted al saber que el gran cardenal Zelada se ha hecho francés, sin dejar de ser romano y español?"[565].

En todo caso quien desee seguir de cerca la evolución de Zelada puede recorrer con paciencia la correspondencia de Moñino con Grimaldi para cerciorarse de otros pormenores[566]

---

[561] Francisco de la Cruz RAVIGNAN. *Clément XIII et Clement XIV par le R. P. Xavier de Ravignan de la Compagnie de Jésus*. Paris, Julien, Lanier et C., II (1854) 151 y 418. Parte de la primera carta la transcribe MARCH. *El restaurador de la Compañía de Jesús*, I, 322-323.

[562] MARCH. *El restaurador de la Compañía de Jesús...*, I, 323.

[563] Véase: Teófanes EGIDO e Isidoro PINEDO. *Las causas <gravísimas> y secretas de la expulsión de los jesuitas por Carlos III*. Madrid, Fundación Universitaria Española (1994) 178-180.

[564] GIMÉNEZ LÓPEZ. *Misión en Roma. Floridablanca y la extinción de los jesuitas*, 21-22.

[565] José Nicolás de AZARA. *El espíritu de D. José Nicolás de Azara, descubierto en su correspondencia epistolar con D. Manuel de Roda*. Madrid, Imprenta de J. Martín Alegría, II (1846), 413.

[566] Véase: Enrique GIMÉNEZ LÓPEZ (Ed.). *Cartas desde Roma para la extinción de los jesuitas. Correspondencia, julio 1772-septiembre 1774. Conde de Floridablanca*. Alicante, Publicaciones de la Universidad de Alicante, 2009.

De esta forma, las investigaciones futuras irán aclarando esta historia de deslealtades.

La literatura subversiva. Pero todavía nos resta acceder a otra fórmula ensayada por los ministros borbónicos, pues al verificar que el acoso diplomático constante a que sometían al Papa parecía interminable decidieron desplegar una campaña publicitaria, propia de un estado totalitario moderno, a fin de obtener su objetivo final por cualquier clase de medios.

El desespero que producían las vacilaciones de Clemente XIV generaba un inquietante malestar entre los que luchaban por enterrar de una vez por todas a los jesuitas y por ello recurrieron a difundir entre el cuerpo diplomático acreditado ante la Santa Sede dos libelos intitulados *Reflessioni delle Corti Borboniche sul Gesuitismo*[567] y otro que se denominaba *Defensa de su Santidad*[568]. El infatigable diarista P. Luengo, siempre a la caza de noticias sobre la orden de Ignacio de Loyola, no duda en afirmar que la paternidad del documento se debe a Moñino ya sea "porque lo haya escrito y mandado imprimir o porque, compuesto por otro, lo ha adoptado y hecho suyo, que para el caso es lo mismo"[569].

La temática es reiterativa: se trata de provocar al Papa para que acabe de extinguir a la Compañía y para ello alega el deseo que manifiestan las cortes católicas. En este sentido recuerda las promesas hechas desde 1769 y lo poco decente que resulta faltar a la palabra dada. Se le chantajea con el dilema que supone abandonar un territorio de la Iglesia [los Estados de Aviñón y Benevento] por cuatro sacos de carbón [la Compañía de Jesús]. Después, se permite dar varios consejos para facilitar la extinción. Finalmente, ataca las acciones que defienden la conducta dilatoria del Pontífice.

---

[567] *Riflessioni delle corti borboniche sopra l'affare gesuitico*. [Roma?] s.e. [1772?].

[568] José MOÑINO Y REDONDO, Conde de Floridablanca. *Obras originales del Conde de Floridablanca y escritos referentes a su persona*. Madrid, Rivadeneyra (1867) 201 y ss.

[569] Manuel LUENGO. *Diario*, 13 de abril de 1773.

Mas, aun en los estados en que es perseguida la libertad encuentran los oprimidos formas inteligentes para contrarrestar las campañas difamatorias. Los géneros de la literatura clandestina son insospechados, pues en última instancia es la creatividad del ser humano que se enfrenta a la codicia moral del Estado.

Según Luengo de inmediato se dieron tres respuestas al libelo. La primera, muy breve, manuscrita que es atribuida al P. Francisco Antonio Zaccaria (1714-1795)[570] y trata de probar que es falsa la promesa del Papa para extinguir la Compañía[571]. La segunda, anónima y también manuscrita, es muy larga y más trabajada que la anterior[572]. La tercera, es impresa no se sabe si en Florencia o en Roma de 90 a 100 páginas y se titula *Irriflessioni dell'autore d'un foglio intitolato riflessioni delle corti borboniche sul gesuitismo*[573]. Dado su carácter clandestino los jesuitas pensaron que el autor podía ser bien el P. Girolamo Lagomarsini (1698-

---

[570] Mario ZANFREDINI. "Zaccaria, Francesco Antonio". En: Charles E. O'NEILL y Joaquín Mª DOMÍNGUEZ. *Diccionario histórico de la Compañía de Jesús*, IV, 4063-4064.

[571] Manuel LUENGO. *Diario*, 13 de abril de 1773: "Para demostrar su asunto propone por una parte la grandísima disonancia de dicha promesa y por otra pondera mucho las luces, la instrucción y la integridad de Clemente XIV, y de estos dos principios concluye que no se puede creer que Su Santidad haya hecho jamás semejante promesa. Está este papelito, a mi parecer, muy superficial y escrito muy deprisa".

[572] Manuel LUENGO. *Diario*, 13 de abril de 1773: "Está dividida en dos partes y en la primera se trata con algo más de extensión y nervio el mismo asunto que en la otra de que acabamos de hablar; y en la segunda, permitiendo y suponiendo como cierto que Su Santidad haya hecho la promesa de extinguir la Compañía, prueba muy bien, con mucho vigor y perspicuidad, que no está obligado a su cumplimiento y mucho menos del modo con que quieren los Ministros que haga la abolición prometida".

[573] Carlo BENVENUTI. *Irriflessioni dell'autore d'un foglio intitolato riflessioni delle corti borboniche sul gesuitismo*. Con L'Appendice aggiunta nelle seconda edizione. Se si possano distruggere i Gesuiti questione proposta e risoluta in Francia nel 1769. Presentemente tradotta in italiano. E con: *L'ecclesiastico vero amico del papa e dei principi* in risposta alle *Riflessioni delle corti borboniche sopra l'affare gesuitico*. [Roma?] s.e. [1772?]. Véase: SOMMERVOGEL. *Bibliothèque*, VIII, 1313-1314. Archivo Histórico de Loyola. Luengo. *Papeles Varios*, 3-197.

1773)⁵⁷⁴, bien el P. Julio Cordara (1704-1785)⁵⁷⁵ pero en realidad fue el P. Carlos Benvenuti (1716-1797) y al descubrirse su autoría tuvo que huir a Varsovia donde fue acogido por la familia Potocki⁵⁷⁶. En este contexto ya profetizaba el propio Luengo: "Porque por lo demás es evidente que, si el autor no es un loco, no habrá comunicado su secreto a tres si basta que lo sepan dos para imprimir o publicar su escrito, pues es constante que, si en el día se supiera el autor de cualquiera de estos tres papeles, se le cortaría la cabeza en la plaza mayor de Roma"⁵⁷⁷. El propio diarista reconoce que "sea quien fuere el autor de esta obra, tiene una pluma excelente, una fantasía brillante y un modo de pensar grande, sublime y elevado"⁵⁷⁸.

Las *Irriflessioni* constituyen una respuesta precisa a los diversos temas planteados por las *Riflessioni delle corti borboniche sul gesuitismo*. Con respecto a las supuestas promesas de extinción del Pontífice es una "irreflexión" pues en oportunidades el derecho natural puede eximir el mantenerlas. Entre los daños que ocasionaría la abolición de la Orden señala en primer lugar la injuria que se irroga al Papa al suponerlo carente de buena fe; hace alusión a la campaña que se inició en 1758 contra los jesuitas que empieza con los horrores cometidos por Pombal; critica el arrogarse las cortes borbónicas el título de único árbitro en este asunto para sugerir que se conceda un decreto de secularización para los que quieran y acabar así con la tiranía a que han sido sometidos por el General Lorenzo Ricci. A ello contrapone la verdadera historia escrita por los expulsos españoles y portugueses. Responde también los

---

574   Mario ZANFREDINI. "Lagomarsini, Girolamo". En: Charles E. O'NEILL y Joaquín Mª DOMÍNGUEZ. *Diccionario histórico de la Compañía de Jesús*, III, 2261. SOMMERVOGEL. *Bibliothèque*, IV, 1364-1375.

575   Mario ZANFREDINI. "Cordara, Giulio Cesare". En: Charles E. O'NEILL y Joaquín Mª DOMÍNGUEZ. *Diccionario histórico de la Compañía de Jesús*, I, 950-951.. SOMMERVOGEL. *Bibliothèque*, II, 1411-1432,

576   SOMMERVOGEL. *Bibliothèque*, I, 1312-1314.

577   Manuel LUENGO. *Diario*, 13 de abril de 1773.

578   *Ibidem*.

argumentos concretos de los adversarios y del dominico Tomás María Mamachi⁵⁷⁹, según Luengo, "no solamente dice lo [que] yo ya dejé escrito, que es un Teólogo venal, sino que señala el sitio donde va cobrando sus pagas"⁵⁸⁰. También, analiza el tratado *Sur la destruction des Jésuites* de d'Alembert y por ello anexa un apéndice intitulado *Se si possano distruggere i Gesuiti questione proposta e risoluta in Francia nel 1769*.

Pero no sólo en Roma se movía este tipo de literatura clandestina. También en España se dio una copia de panfletos que se redactaron con la intención de hacerlos llegar al rey a través de su confesor, pero se trata de unos escritos clandestinos que criticaban las políticas regalistas encaminadas a la persecución de la iglesia y las respuestas se centran en hacer ver como odiosa la sagrada persona del rey en sus ministros, como irreligiosos los altos tribunales y la decisión de someter al clero las decisiones del trono.

Así califica Teófanes Egido el libro del sacerdote Francisco de Alba intitulado la *Verdad desnuda*⁵⁸¹ y a su autor lo describe como "estrafalario y pintoresco", como el arquetipo "del clásico vagabundo clerical" y su actuación como grotesca⁵⁸².

---

[579] Curiosamente es quien otorga el "imprimatur" al IV tomo del *Saggio di Storia Americana... Tomo IV. Stato presente di Terra Ferma*. Roma MDCCXXXIV. En la edición castellana: Felipe Salvador GILIJ. *Ensayo de Historia Americana. Estado presente de la Tierra Firme* [Tomo IV]. Bogotá, Biblioteca de Historia Nacional (1955) pp., XXVI-XXVII.

[580] *Ibidem*. Luengo le dedica en su *Diario* (1º de mayo de 1773) un largo escrito en el que ensaya una biografía del dominico en el que remite también a su obra *Ortodoxia de Palafox, o Catolicidad y Religión sana de Palafox*. Se refiere a *Alethini Philarete Epistolarurn De Ven. Johannis Palafoxii Angelopolitarum Primum Tum Oxomensis Episcopi Orthoodoxia*. Tonurs Secundus. An. MDCCLXXXII, obra de la que hablaremos más adelante.

[581] Francisco de ALBA. *La verdad desnuda al Rey N. S.* [Salamanca] [s.i.s.a.] [1770].

[582] Teófanes EGIDO. "Regalismo y relaciones Iglesia-Estado (s. XVIII)". En: Ricardo GARCÍA VILLOSLADA. *Historia de la Iglesia en España*. Vol. IV. La Iglesia en España de los siglos XVII y XVIII. Madrid, Biblioteca de Autores Cristianos (1979) 243-244. Más tolerante se muestra Rafael Olaechea cuando lo ubica entre la acción de los fiscales y los jesuitas expulsos para quienes era una especie de mártir de la verdad y por ende víctima de los ministros de Madrid (Rafael OLAECHEA. "Anotaciones sobre la inmunidad local en el XVIII español". En Miscelánea Comillas. Madrid, nº., 46 (1966) 305).

Sin embargo, los desterrados de Italia no tenían la misma percepción ni de Francisco de Alba ni de esta literatura clandestina, pues se erigía como una forma de presión social frente a los acontecimientos e intereses políticos que pretendían reducir a la nada a los expulsos de los dominios españoles.

En sentido contrario el desterrado P. Luengo le dedica en su *Diario* la entrada correspondiente al 3 de septiembre de 1772[583] y consta de bastantes páginas. Francisco de Alba había nacido, al parecer, en Villa de Alba del Tormes y estudiado en la Universidad de Salamanca. Fue misionero popular por tierras aragonesas y protegido del obispo de Teruel, Rodríguez Chico.

El 7 de junio un criado del autor introdujo en Madrid según algunos 4.000 ejemplares aunque otros afirman que no bajaron de 2000 y con tal éxito que "pudieron introducir muchísimos en Palacio, en los cuartos de los Infantes y Príncipes y aun en el del mismo Rey, de suerte que en uno o dos días quedó enteramente inundado Madrid del libro de *La Verdad Desnuda* y otros muchos ejemplares del mismo se esparcieron por las Provincias y ciudades de España"[584].

Huyó de Madrid y se dirigió a Roma con la intención de entregar al Papa su libro aunque sólo consiguió hacerle llegar un ejemplar al Secretario de Estado el cardenal Pallavicini y siguiendo los consejos del ex jesuita Jaime Andrés abandonó discretamente la ciudad eterna sin logar su objetivo. Y como afirma Luengo salió "más pobre, más desarrapado y andrajoso que había entrado en aquella ciudad, por haber tenido también la desgracia, sobre el mal despacho de su principal negocio, de no encontrar allí una persona a quien había sido recomendada desde España y que verosímilmente le hubiera socorrido y provisto de algún dinero". Le aconsejaron que se escondiese en los estados de la emperatriz de Austria y así buscó refugio primero en Mantua y después en Gorizia.

---

[583] Manuel LUENGO. *Diario*, 3 de septiembre de 1772.
[584] Manuel LUENGO, *Ibidem*.

Mas los férreos controles hispanos en tierras italianas pronto lograron interceptar la correspondencia de Alba[585]. Pero gracias a una indigna delación de un ex jesuita vizcaíno, llamado José Andonaegui –hermano coadjutor- lo delató a Campomanes y de esta forma fue capturado y preso[586].

Así se explica cómo la denuncia desde Génova por D. José María Andonaegui y Prados –el delator- dio luz verde para incoar el expediente en el Consejo de Castilla que ordenó la quema del impreso en 1772 y también el destierro del autor[587].

Gracias a una carta interceptada por los ministros españoles en tierras italianas sabemos que el P. José Pignatelli recibió la siguiente carta: "Ya días ha, el famoso Alba ha esparcido por Madrid y otras partes de España un impreso que contiene tres representaciones al Rey, manifestando los descalabros que padece la Religión en el reino, y los funestos males que por esto amenazan a la Corona. Emplaza y pide certamen, desafiando a liquidar la verdad a los Ministros y Fiscales del Rey. Ha puesto este impreso al ministerio en la mayor consternación. Se ha mandado recoger sobre gravísimas penas. No puedo decir más; las resultas Dios dirá"[588].

Sin embargo, llama la atención de que los papeles de este controvertido personaje despertaron la curiosidad del viajero Rodríguez Lasso y descubrió que sus escritos reposaban en Piazza de Spagna y anota: que se "En un quarto reservado estaban los papeles y libros de los exjesuitas,

---

[585] Archivo de la Embajada de España en Roma. *Expediente nº., 1.* Años 1772-1779, nº., 116. El auditor Vincenti le informaba al Secretario de Estado, cardenal Pallviccini: "El obispo de Teruel se comunicaba con don Francisco de Alba, el del consabido libro, y le remitía algunas limosnas por detrás". Luego explica que la intermediaria era una carmelita descalza de Teruel.

[586] Archivo Vaticano. *Nunciatura de España*, 438. *Proposte del Conte Vincenti*, 1732-1734

[587] Francisco AGUILAR PIÑAL. *Bibliografía de autores españoles del siglo XVIII*. Madrid, Consejo Superior de Investigaciones Científicas, I (1981) 95-96.

[588] Archivo de la Embajada de España en Roma. *Expediente nº., 1.* Años 1772-1779, nº., 115. Citado por MARCH. *El restaurador de la Compañía de Jesús*, I, 331.

y los que se cogieron en Florencia a D. Francisco de Alba, autor del papel intitulado *La verdad desnuda* que está preso en Peruggia"[589].

Todavía más, el intrigante embajador de España podría escribir el 29 de julio "... y también debo imprimir dos obritas reservadas para publicarse en caso que los contrarios no guarden el silencio que impone el Breve; todo con acuerdo de S. S."[590].

IV. LAS EXIGENCIAS JURÍDICAS PARA LA INTIMACIÓN DEL BREVE *DOMINUS AC REDEMPTOR* Y SUS CONSECUENCIAS

No es fácil para el hombre de hoy, formado en el espíritu del "estado de derecho", poder entender este fenómeno histórico tan brutal como fue la expulsión de los jesuitas del imperio español (1767) y la extinción en 1773 de la orden religiosa fundada por Ignacio de Loyola en 1540 por meros decretos sin mediar el más mínimo juicio.

Esta consideración ha llevado a la crítica histórica moderna a tratar de explicar con más serenidad el hecho histórico que la muy papista Compañía de Jesús fuera aniquilada precisamente por un papa y en contraposición fuera resguardada por un luterano como Federico II de Prusia y defendida y conservada por una cismática como Catalina II de Rusia.

En efecto, mientras el papa Clemente XIV abolía a la Compañía de Jesús como orden religiosa de la Iglesia Católica y reducía a sus hombres a ser meros "abates", por otra parte dos países no católicos se oponían a tal decisión y no permitían la promulgación del Breve Pontificio *Dominus ac Redemptor* en sus respectivos países.

---

[589] Enrique GIMÉNEZ LÓPEZ Jesús PRADELLS NADAL. "Los jesuitas expulsos en el viaje a Italia de Nicolás Rodríguez Lasso (1788-1789)". En: *Revista de Historia Moderna*. Alicante, nº 15 (1996) 242.

[590] GIMÉNEZ LÓPEZ. *Cartas desde Roma para la extinción de los jesuitas*, 404. (Archivo del Ministerio de Asuntos Exteriores. *Santa Sede*, 436. *Carta de Moñino a Grimaldi*. Roma, 29 de julio de 1773).

En verdad, existía en esos tiempos una simetría de poderes entre la cruz (la iglesia) y la espada (el estado) a los que en principio debía someterse la conciencia de cualquier religioso tanto por concepto de lealtad al rey así como por el título de lealtad a la iglesia.

¿Cómo explicar la interacción en la conciencia del hombre de iglesia de las decisiones cuando la cruz y la espada no podían conciliarse?

Trataremos de explicar el radio de acción de cada uno de los poderes, temporales y espirituales, en los ámbitos de la conciencia del hombre de fe a fin de dar luz al conflicto que enfrentamos en este momento.

I. *El poder del Estado.* La desmesurada influencia del poder del estado en la conciencia religiosa del ciudadano del siglo XVIII se explica por el influjo de las teorías estatistas y antipapales que cada día asumían mayores influjos en las cortes europeas.

A lo largo de los siglos XVII y XVIII se había ido operando en Occidente una serie de movimientos teológico-espirituales que también afectarían la vida política y adquirirían identidades propias en cada una de las grandes naciones católicas exigiendo mayor autonomía frente a Roma. En este sentido, podríamos hacer mención del jansenismo[591], el quietismo[592], el febronianismo[593], el galicanismo[594] y el josefinismo[595].

---

[591] Para la visión histórico-teológica, véase: Pierre BLET. "Jansenismo". En: Charles E. O'NEILL y Joaquín Mª DOMÍNGUEZ. *Diccionario histórico de la Compañía de Jesús.* Roma-Madrid, III (2001) 2126-2130.

[592] Eulogio PACHO y Jacques LE BRUN. "Quiétisme". En: M. VILLER, F. CAVALLERA, J. DE GUIBERT. *Dictionnaire de Spiritualité ascetique et mystique, doctrine et histoire.* París, Beauchesne, XII/II (1986) 2756-2842.

[593] Véase: Leo JUST. "Febronianismus". En: Josef HÖFER y Karl RAHNER. *Lexicon für Theologie und Kirche.* Freiburg, Verlag Herder, IV (1960) 46-47.

[594] Pierre BLET. "Galicanismo". En: Charles E. O'NEILL y Joaquín Mª DOMINGUEZ. *Diccionario histórico de la Compañía de Jesús.* Roma-Madrid, II (2001) 1552-1555.

[595] Véase: Josef LENZENWEGER et alii. *Historia de la Iglesia católica.* Barcelona, Editorial Herder (1989) 494-501.

Para poder tener una visión general de lo que significaba en España el regalismo aducimos la síntesis que ofrece Isidoro Pinedo: a) obtener y retener el control de los nombramientos eclesiásticos más importantes; b) administrar los bienes de las diócesis en la situación de sede vacante, muchas veces prolongada; c) recortar las inmunidades eclesiásticas, tanto personales (fueros y tribunales especiales), como reales (exención de impuestos) y locales (derechos de asilo); d) fomentar iniciativas desamortizadoras de los bienes eclesiásticos (por ejemplo el ducado de Parma desde 1764); e) legitimar los recursos de fuerza (<appel comme d'abus> o recurso civil contra la <fuerza> que hacían o se presumía que hacían los jueces y tribunales eclesiásticos); establecer el <exequatur> o <pase regio> como una aduana que impidiera la publicación de cartas o normas de la Santa Sede que el monarca o su gobierno juzgara lesivas a su prerrogativa real; g) acreditar en Roma un <agente de preces> que canalizara y regulara todas las peticiones de dispensas y beneficios de sus súbditos dirigidas a los dicasterios pontificios, así como las correspondientes pagas de tasas; h) nacionalizar en lo posible la Iglesia, favoreciendo las doctrinas y los intentos de potenciar la autoridad de los obispos, recortando la del papa, y fomentando la autonomía de los institutos religiosos con respecto a Roma, al favorecer el nombramiento de prepósitos generales del país[596].

En última instancia, el propio Vaticano había cavado su propia fosa en el mundo de las exigencias diplomáticas, pues, la promulgación del Breve pontificio, *Dominus ac Redemptor*, debía contar con el "placet" de los Estados donde la Compañía de Jesús laboraba en sus múltiples facetas religiosas, culturales, educativas, científica y sociales.

Y ese era precisamente el caso con la zarina Catalina II de Rusia que siempre se negó, a pesar de las presiones de las cortes borbónicas, a dar su consentimiento al documento romano aunque también es verdad que en Silesia se llevaría a cabo la extinción en 1776 y en Prusia Oriental en 1780.

---

[596] Isidoro PINEDO. "Regalismo". En: Charles E. O'NEILL y Joaquín Mª DOMINGUEZ. *Diccionario histórico de la Compañía de Jesús*. Roma-Madrid, IV (2001) 3319-3321.

II. *El poder de la Iglesia*. Estamos ante un complicado planteamiento, pues por una parte lo jurídico-canónico e histórico roza con la teología moral y a ésta se accedía en aquellos tiempos según un doble criterio: "la iglesia de la caridad" o la "iglesia del derecho" cuando en realidad debían ir juntas.

Es bueno recordar un antecedente muy ilustrativo como es la supresión de los templarios por su fuerza económica y política. En Castilla y Aragón se les consideró inocentes y dignos de ayuda; pero se les aplicó la ley regalista a la que se plegó el papado. Quedaba al margen la conciencia con derecho a la defensa.

En el caso concreto de la extinción de la Compañía de Jesús todavía surgía otro nuevo problema, pues además del acto jurídico civil que dependía del "placet" de un Estado soberano también la Santa Sede exigía otro acto jurídico eclesiástico totalmente distinto que era el de la "intimación" del breve a todos los miembros de la Compañía de Jesús dispersos por todo el mundo.

En este sentido Clemente XIV añadió a su documento *Dominus ac Redemptor* otro Breve complementario, *Gravissimis ex causis* (13 de agosto de 1773), que regulaba el modus operandi dentro del ámbito eclesiástico. En consecuencia, designó una comisión de cinco cardenales y cuatro asesores para llevar a cabo la supresión a la que hay que añadir la carta de la comisión a los obispos[597].

Y la pregunta obligada es: cuál era la situación jurídica de aquellos jesuitas a quienes nunca les fue notificada la sanción pontificia!.

III. *La respuesta de la conciencia individual y colectiva de los expatriados y abolidos*

Pero si el historiador debe analizar con cuidado tanto las exigencias civiles como las eclesiásticas pautadas por los concordatos reguladores

---

[597] *INSTITUTUM Societatis Jesu*. Florentiae, Ex Typographia a SS. Conceptione, I (1892) 328 (creación de la comisión de 5 cardenales) y **321** (carta de la comisión a los obispos).

de las relaciones Iglesia-Estado, también es verdad que a ello hay que sumar un nuevo planteamiento que es el de la conciencia de cada sancionado tras la decisión del Pontífice de Roma de extinguir a la Compañía de Jesús.

En otras palabras: ¿cómo conciliar la lealtad a los mandatos del rey, a los del papa y a los de la propia conciencia cuando todas entraban en conflicto?

Es evidente que desde los imperativos categóricos de la moral de cada uno de los miembros de la Compañía de Jesús la decisión papal era tajante: estaban extinguidos!. Sin embargo, desde la perspectiva legal surgían dudas, pues en ciertos casos no se habían cumplido las exigencias impuestas por los protocolos jurídicos ya que no se debe olvidar que las imposiciones del Breve *Dominus ac Redemptor* (21 de julio de 1773) estaban reguladas en su instrumentación a través del Breve *Gravissimis ex causis* (18 de agosto de 1773).

¿Cuál debía ser la respuesta ante los nuevos conflictos planteados por los enfrentamientos entre el voto de obediencia y la imposibilidad de su cumplimiento?

Esta antinomia no era nueva en la Orden religiosa de Ignacio de Loyola. En sus grandes luchas por la libertad y por la búsqueda de una empatía en pro de la aceptación de la alteridad, los jesuitas habían librado batallas trascendentales.

Sobre los planos del espíritu crítico, de la episteme universal y de la lógica científica edificaría Mateo Ricci «los ritos chinos» y esta imponente arquitectura de la «otredad» sería arrasada como una síntesis de lo imposible[598]. Análogo periplo recorrería Roberto Nóbili con "los ritos malabares" en la India y sus huellas quedan vigentes en la historia de las ideas y de las creencias.

---

[598] Jean LACOUTURE. *Jesuitas. I. Los conquistadores*. Barcelona-Buenos Aires-México, Ediciones Paidós (1993) 331-400.

Sin lugar a dudas, el reto de la asimilación de otras cosmovisiones conlleva siempre un dilema que se asoma, en último término, a dos vertientes extremas: o la asimilación con el riesgo de lo desconocido, o el cataclismo como fórmula de renuncia a lo arriesgado.

A nuestro parecer el clímax de la historia de los derechos de los indígenas en la América hispana se pone a prueba dentro de la Compañía de Jesús con las decisiones de la Expedición de Límites de 1750.

Tras largas y secretas conversaciones entre los dos países ibéricos se llegó al *Tratado firmado en Madrid a 13 de enero de 1750 para determinar los límites de los Estados pertenecientes a las coronas de España y Portugal en Asia y América*[599]. En esas mismas fechas se dirigía el P. Francisco Retz, General de la Compañía de Jesús, a sus súbditos del Paraguay para que cumplieran con lo estipulado en el Tratado[600]. El Gobierno español había solicitado al P. General de la Compañía de Jesús, por medio del confesor real P. Francisco Rábago, que tomara las medidas necesarias a fin de que los misioneros del Paraguay colaboraran a la evacuación de las 7 reducciones canjeadas por la colonia del Sacramento[601].

Mas el 9 de noviembre de ese año fallecía el P. Retz y el 4 de julio de 1751 era elegido para sustituirle el P. Ignacio Visconti. Diez y siete días más tarde le escribía el nuevo General a los Provinciales del Paraguay, Perú, Quito y al Superior de la misión una carta explicativa de su posición[602].

---

[599] Antonio ASTRAIN. *Historia de la Compañía de Jesús en la Asistencia de España*. Madrid, VII, (1925) 640. Según el autor el documento se encuentra en AGI. 124-4-9.

[600] Antonio ASTRAIN. *Historia de la Compañía de Jesús en la Asistencia de España*, VII, (1925) 644.

[601] AGS. *Estado*, 7387, fol., 32. *Carta del P. Rábago al P. Barreda*. Madrid, 1 de febrero de 1753: "Lo segundo que no pude escusar, fué escribir a nuestro Padre General, que facilitase la ejecución de un tratado que el Rey había hecho, creyéndole conveniente; en lo que hice lo que me mandaron; y lo que nuestro Padre no podía negar, debiendo suponer que cada uno sabe lo que le importa; y que no había inconveniente en la ejecución". Citado por KRATZ. *El tratado hispano-portugués de límites de 1750 y sus consecuencias*. 45.

[602] La carta la transcribe íntegra ASTRAIN. *Historia de la Compañía de Jesús en la Asistencia de España*, VII, 644-646.

Mandaba a los misioneros "en virtud de santa obediencia y pena de pecado mortal" no sólo obedecer prontamente y sin excusas la entrega de los siete pueblos indicados en el Tratado sino, además, convencer a los indígenas para que "sin resistencia, sin contradicción y sin excusas, entreguen inmediatamente sus pueblos a la corona de Portugal". Fundamentaba el General de la Orden su mandato en dos razones para él poderosas. Primera, que muchos de los más poderosos de Francia, Inglaterra, Holanda, Portugal y España han impresionado a la corona de Portugal "que son tan gruesos los tesoros y comercio que tienen los jesuitas en aquellas partes del Paraguay, que no entregarán los siete pueblos de indios Guaraníes como no sea por fuerza de las armas". Segunda, era tal la presión internacional que se llegó a pedir que el tratado se ratificara sólo cuando en uno de sus artículos quedase expresado con toda claridad el temor de ambas colonias a que los jesuitas aceptaran tal disposición e incluso se fijara el mutuo compromiso de obligar a los misioneros a la evacuación de los pueblos por las armas si fuera necesario. Como el Rey de España no aceptara tal proposición tan denigrativa para la Compañía de Jesús, salió el monarca garante de la Orden y empeñó su real palabra en nombre de los jesuitas[603].

Pronto los misioneros redactaron su *Representación que los Padres Curas y compañeros de las doctrinas hacen al Confesor del Rey Fernando VI, Padre Francisco Rábago, sobre los cargos de conciencia que resultan a Su Majestad en la ejecución del tratado del 1750 entre España y Portugal* en la que fijan su posición y concluyen:

> De todo lo cual se sigue legítimamente, que no es lícito llevar los indios guaraníes de sus siete pueblos a otras tierras, ni desposeerlos de sus tierras y bienes raíces, ni enseñar o decir, que tal se puede hacer en conciencia. Luego no es fácil concordar la ejecución del real tratado con la debida observancia de tan sagrados decretos. Luego no es materia ésta, en que nuestra conciencia está segura del acierto,

---

[603] *Ibidem.*

obedeciendo a una ley civil y humana, a que tan claramente contradicen la ley natural, la divina, la eclesiástica y la civil[604].

También algunos Profesores de la Universidad de Córdoba defendían ser nulas las cláusulas del tratado, referentes a este punto y, por consiguiente, sin vigor la orden del P. General de la Compañía de Jesús[605].

Una vez más la razón de estado sentenciaba los sueños de la utopía. La expulsión de los jesuitas de todos los dominios del imperio español en 1767 constituyó una tragedia que ha dejado marcas profundas en la historia de los pueblos americanos.

Fritz Hochwälder lo ha recogido en el diálogo que mantienen el enviado del Rey de España y el P. Provincial de la Provincia del Paraguay en su famosa obra *Das heilige Experiment*. El poder del Estado increpa así al representante de la utopía:

> ¿Qué habéis hecho de este país? ¿De estas pampas y estos bosques, que probablemente nunca habríamos explorado sin vosotros? ¡Un reino de amor y de justicia! Sembráis y cosecháis sin la codicia de la ganancia; los indios cantan vuestras alabanzas, y abandonan a nuestros colonos. Vuestros productos viajan a través del mundo, y los mercaderes españoles corren a la quiebra. Habéis instituido el reino de la paz y de la abundancia, mientras que la Madre Patria padece la miseria y el descontento. Este país que hemos conquistado al precio de nuestra sangre ¡lo engrandecéis contra nosotros! No sois, en nuestro Estado, más que un pequeño ejemplo. Nosotros nos extendemos a fuerza de guerras; vosotros a fuerza de paz. Nosotros nos disgregamos; vosotros os reunís. Mañana tendréis treinta y cinco reducciones; dentro de unos años setenta... ¿En cuánto tiempo todo el continente?... ¿Y os imagináis que podemos mirar todo esto sin hacer nada para impedíroslo? Estaríamos locos, si no os expulsáramos antes de

---

[604] AHN. *Jesuitas*, 120. ASTRAIN. *Historia de la Compañía de Jesús en la Asistencia de España*, VII, 650-651.

[605] AGI. *Buenos Aires*, 21. *Carta del P. Escandón al P. Robles*. Buenos Aires, 21 de marzo de 1765. En: KRATZ. *El tratado hispano-portugués de límites de 1750 y sus consecuencias*, 61.

que sea demasiado tarde. Tenéis que desaparecer. En el nombre del mismo imperio que os ha permitido vuestra experiencia civilizadora. Tenéis que desaparecer para poner fin a esta experiencia que se torna peligrosa. ¡Hay que ponerle fin![606].

Pero en esta oportunidad el enfrentamiento interno no era entre un grupo de súbditos jesuitas y su autoridad máxima que era el General de la Orden porque en conciencia se veían impedidos de cumplir un mandato impuesto por la obediencia sino entre la Orden de Ignacio de Loyola y la máxima autoridad de la Iglesia que le había dado la existencia y por ende tenía plena facultad para clausurarla. Y como exclamará Lacouture "extraña 'obediencia' aquella que se doblega ante la injusticia"[607].

En definitiva, a la hora de precisar la legalidad del Breve *Dominus ac Redemptor* hay que apelar a dos instrumentos legales que definían claramente el modus operandi. El primero, era el Breve *Gravissimis ex causis* y el segundo que no suele ser citado era la "Circular de la Comisión ejecutiva del Breve"[608] en la que se ordenan tres cosas: 1º que el obispo promulgue las letras apostólicas, es decir, la ley; 2º que las promulgue local y personalmente (rite denuntiet publicet et intimet); 3º que esta promulgación deba preceder para que tenga valor la abolición.

Así pues, la "promulgación" es un elemento de la ley tan indispensable que sin ella la ley es letra muerta. Además se especifica la clase de promulgación que el legislador ha determinado y en consecuencia el efecto de la voluntad del legislador es la obligación de la ley.

---

[606] Fritz HOCHWÄLDER. *Das heilige Experiment.* Zurich (1941) 41-42.

[607] Jean LACOUTURE. *Jesuitas. II. Los continuadores*, 17.

[608] *Encyclica missa ad omnes Episcopos a Congregationes dicta de abolenda Societate Jesu, simul ad ununquemque Episcopum exemplar Brevis extinctionis Dominus ac Redemptor, de mandato Sanctissimi, ut illud Breve omnes Episcopi puvblicent, ac promulgent*, etc. (En: Pablo VILLADA. "El primer centenario del restablecimiento de la Compañía de Jesús en todo el mundo". En: *Razón y Fe*. Madrid, 39 (1914) 211-212).

V. LA INTIMACIÓN DEL BREVE *DOMINUS AC REDEMPTOR* (16 DE AGOSTO DE 1773)

Aunque el implacable acoso al anciano pontífice no tenía límites, Clemente XIV no quiso acceder a las intolerantes demandas de los embajadores borbónicos que exigían sin contemplaciones la inmediata promulgación e intimación del breve *Dominus ac Redemptor* firmado y sellado el 21 de julio, aunque a posteriori. Ciertamente tuvo un gesto de tolerancia y no quiso ofender en un momento tan trágico la sensibilidad de los que iban a ser "extintos" y en consecuencia no accedió a la promulgación del Breve el día 31 de julio festividad Ignacio de Loyola, fundador de la orden.

Como hemos visto más arriba el día 13 se hacía público un texto complementario, el breve *Gravissimis ex causis*, con el que la comisión citada debía comenzar a actuar[609]. Y la intimación del *Dominus ac Redemptor* se llevó a cabo en Roma el día 16 de agosto[610]. El texto latino-castellano del Breve fue editado en Madrid[611] y consta de 52 páginas y 41 números.

Tras una breve introducción el cuerpo del documento se divide en tres partes: las dos primeras son de carácter histórico y la tercera es la parte dispositiva que de facto es la más importante en orden a su ejecución.

La primera parte realiza una revisión histórica sobre el modo de proceder que han tenido los Pontífices en torno a la reforma o a la abolición de la Órdenes religiosas. Clemente XIV se remonta hasta Inocencio III

---

[609] *INSTITUTUM Societatis Jesu*. Florentiae, Ex Typographia a SS. Conceptione, I (1892) 328 (creación de la comisión de 5 cardenales) y 321 (carta de la comisión a los obispos).

[610] Charles E. O'NEILL. Christopher J. VISCARI. José ESCALERA. "Clemente XIV". III, 3002.

[611] CLEMENTE XIV. *Breve de nuestro muy Santo Padre Clemente XIV por el qual su Santidad suprime, deroga, y extingue el instituto y orden de los Clérigos Regulares, denominados de la Compañía de Jesús, que ha sido presentado en el Consejo para su publicación*. Año 1773. En Madrid. En la Imprenta de Pedro Marín. Dado en Roma en Santa María la mayor, con el Sello del Pescador, el día 21 de Julio de 1773, año quinto de nuestro Pontificado".

y menciona por orden cronológico las principales supresiones desde los templarios en 1313 y las tres últimas en 1668. En ninguna de ellas adoptó el Papa un proceso judicial sino que obró por plenitud de su poder "según los preceptos de la prudencia" sin admitir apelación o defensa.

La segunda parte viene a ser la secuencia de la primera pero aplicada a la Compañía de Jesús. En este capítulo se restringe fundamentalmente a señalar los lados oscuros de la corporación ignaciana. Así, estipula que "en esta Compañía ya desde sus mismos comienzos se desarrollaron múltiples gérmenes de discordia y de envida, no sólo en su interior sino también contra otras Órdenes, contra el clero secular, contra academias, universidades, centros públicos de enseñanza y hasta contra los soberanos en cuyos Estados tuvieron acogida"[612].

A continuación trata de recapitular sus relaciones con los príncipes de los Estados y recuerda la investigación solicitada por Felipe II a Sixto V y otras acusaciones y polémicas de las que es testigo la historia. De seguidas, contrapone la piedad y magnanimidad de muchos príncipes hacia la Compañía y son ellos los que decretaron la expulsión de sus territorios de los religiosos de dicha corporación, llevados del amor a la unidad de la Iglesia; sin embargo, inspirados por el interés de una duradera pacificación de toda la Iglesia, insisten además en la total abolición de la Orden[613].

En la tercera parte que es la dispositiva recopila las razones por las que el Papa se ve obligado a tomar tan trascendental decisión.

"Porque ella ya no puede dar los ricos y óptimos frutos de utilidad para la cual fue instituida"[614]. Además "mientras ella subsista es casi o en absoluto imposible restablecer de forma duradera la verdadera paz de la Iglesia"[615]. Así "movidos pues de estas gravísimas causas, e impelidos de otras razones que nos dictan las leyes de la prudencia, el mejor gobierno

---

[612] *Breve*, n°., 17.
[613] *Breve*, n°., 22-23.
[614] *Breve*, n°., 25.
[615] *Breve*, n°., 25.

de la Iglesia universal"[616] concluye que "tras maduro examen, de ciencia cierta y en la plenitud de poder apostólico, extinguimos, suprimimos y abolimos la Compañía de Jesús"[617].

Y Pastor anota que cada una de las disposiciones ejecutivas particulares "responden en absoluto a aquellos dieciocho puntos de la minuta del 6 de septiembre" que recibió el Papa de manos de Moñino[618].

La intimación en Roma. Sin lugar a dudas, el P. General, Lorenzo Ricci, fue avisado del golpe que se avecinaba por el Rector del colegio de Florencia que el Gran Duque tenía en su poder la copia del breve de abolición a través de la corte de Viena pero no acababa de persuadirse[619].

El día 16 de agosto, a la misma hora, era intimada la decisión pontificia a los rectores de los colegios y casas de los jesuitas en Roma y todos sus haberes fueron sellados por mano de un notario. Y, como es natural, el proceso se inició por la curia generalicia y fue el secretario de la Congregación, el cardenal Macedonio, acompañado de soldados y policía quien se hizo presente en la Casa del Gesù y notificó al P. Lorenzo Ricci y a sus asistentes el Breve que abolía la Compañía de Jesús[620].

Nicolás de Azara describe el acto de las intimaciones romanas de la siguiente manera: "El lunes 16 por la noche a las ocho, fueron cercadas de tropa y esbirros todas estas casas de jesuitas. Iba a cada una de ellas un prelado comisionado para hacer la operación, el cual entró con la tropa, y los esbirros se quedaban fuera, haciendo la ronda. Llamaban al superior de la comunidad, y les notificaban la orden del Papa, leyéndoles

---

[616] *Breve,* n°., 25.

[617] *Breve,* n°., 25.

[618] L. PASTOR. *Historia de los Papas en la época de la Monarquía absoluta. Clemente XIV (1769-1774),* 247.

[619] Tommaso TERMANINI. *La vita del P. Lorenzo Ricci Generale della Compagnia di Gesù.* Trascrizione e note di F. Coralli. En: *Archivum Historiae Pontificiae.* Roma, Pontificia Universitas Gregoriana, 44 (2006) n°., 54.

[620] L. PASTOR. *Historia de los Papas en la época de la Monarquía absoluta. Clemente XIV (1769-1774),* 243 y 245.

la bula de supresión de su instituto. Luego embargaban todos los efectos de la casa, y enviaban cada jesuita a su cuarto con orden de no juntarse etc. Por ocho días han de estar así, y entretanto se les hacen vestidos de abates..."[621].

Los reportes de la embajada española al ministerio de Madrid informaban de la absoluta tranquilidad en la realización de la ansiada "operación extinción". Azara apuntará que "todo se hizo con suma quietud, y las iglesias estuvieron abiertas a la hora regular, con misas que fueron a celebrar religiosos de otras órdenes avisados de antemano"[622]. Y el embajador informará que "todo se ha hecho con gran paz y quietud" y de seguidas añade así "... se ha destruido un gran fomento de inquietud en la Iglesia universal, disipando el origen de infinitas discordias, partidos y turbaciones en los Estados"[623].

Queremos resaltar la importancia de la correspondencia del día 19 de agosto en la que Moñino le manifiesta a Grimaldi la obligación de dejar testimonio de gratitud a aquellas personas que recomienda "y merecen alguna demostración".

"Para Azara sería bueno darle la plaza para el Consejo de Hacienda". Lo mismo sugiera para Roa. Don Francisco Bermúdez, Tesorero extraordinario vino a ser el puente con la "Casa Bischi para destacarla del partido jesuítico y conseguir que no turbase a Buontempi"; y para la esposa podría el Rey en caso de quedar viuda "6.000 reales de pensión con las mismas calidades y comprensión de los hijos que gozan las viudedades de los montepíos". A Anduaga "lo hallo utilísimo para plaza

---

[621] José Nicolás AZARA. *El espíritu de D. José Nicolás de Azara, descubierto en su correspondencia epistolar con D. Manuel de Roda*. Madrid, Imprenta de J. Martín Alegría, II (1846) 435-437.

[622] José Nicolás AZARA. *El espíritu de D. José Nicolás de Azara, descubierto en su correspondencia epistolar con D. Manuel de Roda. Ibidem.*

[623] GIMÉNEZ LÓPEZ. *Cartas desde Roma para la extinción de los jesuitas*, 415, 417. (Archivo del Ministerio de Asuntos Exteriores. *Santa Sede*, 436. *Carta de Moñino a Grimaldi*. Roma, 19 de agosto de 1773).

en esa Secretaría de Estado". A Bischi[624] "me había ocurrido hacerle Gentilhombre de la Boca o de la Casa del Rey, puesto que en esta clase hay muchos que no le exceden en calidad".

Más breve es la referencia a Zelada pues escuetamente escribe: "no digo de Zelada otra cosa sino que merece que V. E. le escriba expresivamente las gracias, y le asegure de la satisfacción con que el Rey se halla de su amor y celo, manifestándole la Real gratitud"[625].

Hemos dejado para el final al confesor papal Buontempi dada la importancia que asumió en el asunto de la extinción de los jesuitas: "Este hombre ha sido el barómetro de todo, y al fin lo hecho grandemente. Dudo, según sus explicaciones, si tomará o no el regalo de los 10.000 escudos, pero tómelo o no veo que sus ideas conspiran a alguna consignación. Pensando en no gravarnos con tal cosa, me ha ocurrido que se pudiera darle una pensión sobre Obispado de 2.000 ducados, dispensando el Papa y habilitándole el Rey. Si este fraile no fuera tan necesario, no que quebrara la cabeza el contentarle; pero, habiendo que tratar otras cosas, no sosiego sino le dejamos satisfecho"[626].

Todos estos "procedimientos" la corte de Madrid los consideraba normales en el criterio de que el fin justifica los medios.

---

[624] La familia Bichi merece un estudio aparte. Niccola Bischi era comisario de la Annona. Su esposa Victoria tenía lejanos lazos de parentesco con el Papa. Como apunta Giménez, Vittoria Bischi tenía "un grandísimo ascendente sobre Buontempi, a quien trata con una dominación y una llaneza escandalosa; y ella, que en el día está llena de riquezas, anhela con ansia por honores y distinciones del marido". Y Azara la suponía amante de Buotempi, deseoso éste de ser cardenal y ella *principesca*" (GIMÉNEZ LÓPEZ. *Cartas desde Roma para la extinción de los jesuitas*, 16).

[625] GIMÉNEZ LÓPEZ. *Cartas desde Roma para la extinción de los jesuitas*, 419-420. (Archivo del Ministerio de Asuntos Exteriores. *Santa Sede*, 436. *Carta de Moñino a Grimaldi*. Roma, 19 de agosto de 1773).

[626] *Ibidem*. MARCH. *El restaurador de la Compañía de Jesús...*, I, 350 afirma que en "... gratitud por los servicios que ha prestado en asuntos muy importantes, ha venido S. M. en asignarle una pensión anual de mil y quinientos escudos romanos que deberá gozar mientras viva" (AGS. *Estado*, 5043. *Grimaldi a Moñino*. San Ildefonso, 7 de septiembre de 1773).

Por otra parte, a pesar de la información oficial de la embajada hispana que pretendía pintar en su correspondencia con Madrid que todo estaba a favor del golpe de la abolición sin embargo la situación real no era tan clara en la capital de la cristiandad.

De facto la mayoría de los cardenales eran contrarios a la extinción y por ello el anónimo *Riflessioni delle corti borboniche sopra l'affare jesuítico*, editado según parece por orden de Moñino en 1772, insinuaba la necesidad de "formar un grupo de cardenales fieles, con los cuales se pudiese contar en el caso presente". De esta suerte, ingresaron en el sacro colegio los nuncios de París Bernardino Giraud y el de Viena José Garampi por miedo a que pudieran estorbar la extinción e ingresaron los antijesuitas Antonio Casali, Francisco Caraffa de Trajetto y Zelada[627].

Nos llama la atención una nota del P. Luengo del 14 de mayo de 1776. Por ella tenemos conocimiento de que el dominico Tomás María Mamachi "ha dado a luz un primer tomo de Cartas en las que se impugna la celebérrima y perniciosísima obra de Justino Febronio". Lo que abre nuestra curiosidad es que se sospecha en Roma de forma muy vehemente que "este tomo que ha publicado Mamachi, con el mismo título, orden y método, o con otro título y disposición, había sido escrito por el jesuita Onorio Stefanuci (1706-1775), que en tiempo de Sede Vacante murió en el Castillo de San Ángel. En este asunto hay dos cosas ciertas. La primera es que de Roma se asegura que el P. Mamachi se apoderó de los papeles de aquel sabio y laborioso jesuita, cuando fue repentinamente preso y llevado al Castillo; y la segunda, mucho más cierta que la otra, que este fraile griego es muy capaz de esta vileza e infamia, y de otras mucho mayores"[628].

Ciertamente, es muy difícil poder corroborar las afirmaciones de Luengo pues debería confrontarse bien con la bibliografía édita de Stefanucci cuando hace referencia a una posible fuente de inspiración como sería su obra *De appellationibus ad Romanum Pontificem dissertatio*

---

[627] MARCH. *El restaurador de la Compañía de Jesús...*, I, 347.
[628] Manuel LUENGO. *Diario*, 14 de mayo de 1776.

canonica[629]; bien a su extensa producción manuscrita que debió vivir los avatares inescrupulosos de las policías de entonces.

Sin embargo, la opinión del embajador español Moñino quien el 4 de febrero de 1773 informaba sobre un libro aparecido de un religioso dominico [Mamachi] "que utilizaba el pseudónimo de Alethino Filarete". En este caso, se trataba del "tomo segundo de la Ortodoxia del venerable Juan Palafox, obispo primero de La Puebla y luego de Osma" escrito en latín[630]. Y añade el representante de la corte de Madrid: "El punto está en que, habiendo entrado en Roma un diluvio de sátiras y papeles contra la ortodoxia del Venerable, se empezó a temer que se llevasen de calle los impugnadores la autoridad de la Congregación de Ritos y del Papa en la aprobación de escritos y asuntos doctrinales. A lo menos, se temió que tantas invectivas hiciesen alguna impresión en muchos ánimos. Así Roma trata ya más de defenderse a sí misma que de defender a Palafox, y vea Vm. por qué, sin embargo, se encargó a Mamachi que escribiese; y otros muchos, sin insinuación, han hecho otro tanto, creyendo hacer este servicio a Roma". Más adelante expresa que una vez estampada la obra hubo que costearla. Y concluye su largo informe: "Luego que se imprimió el tal libro observaron muchos lo que Vm. me dice sobre el modo de tratar a la Iglesia de Utrecht y a varios hombres grandes. Yo mismo, cuando tuve lugar, leí algo, y me disonaron varias expresiones, y habiendo hablado con el apoderado de Utrecht, acordamos que en el tomo siguiente hiciese Mamachi las explicaciones que se pudiesen para templar lo que ya había soltado. A este fin he tenido una conferencia con este religioso, y parece que se prestará a un medio prudente, sobre que *haré* que su General le estreche"[631].

---

[629] Horace STEFANUCCI. *De appellationibus ad Romanum Pontificem dissertatio canonica.* Romae, ex typographia Generosi Salomoni, anno reparatae salutis, MDCCLXVIII.

[630] *Alethini Philarete Epistolarurn De Ven. Johannis Palafoxii Angelopolitarum Primum Tum Oxomensis Episcopi Orthoodoxia.* Tonurs Secundus. An. MDCCLXXXII.

[631] GIMÉNEZ LÓPEZ. *Cartas desde Roma para la extinción de los jesuitas*, 305. (Archivo del Ministerio de Asuntos Exteriores. *Santa Sede*, 438. *Carta de Moñino a Roda.* Roma, 4 de febrero de 1773).

A la muerte del polémico cardenal, en 1792, el abolido Francisco Javier Miranda redactó el siguiente comentario: "Una de las más notorias y excelentes cualidades de fray Mamachi era su odio inmortal a los jesuitas, a quienes *públicamente* en *sus* escritos, y mucho más ocultamente *con* sus tretas griegas, les hizo todo el mal que pudo. Con el titulo de defender al obispo Palafox de la nota de hereje jansenista, que se le oponía a su causa de beatificación, escribió una obra sobre el catolicismo ortodoxo de aquel "in nota diebus illis" Venerable, en la cual cubrió de tinta a los jesuitas, con sus negras calumnias, pero no pudo justificar de la nota de hereje a su pretendido santo"[632].

La pre intimación a los jesuitas italianos. Aunque va más allá de los límtes de nuestro estudio este tema, sin embargo, debemos hacer referencia al modo progresivo cómo se fue ejecutando en los Estados Ponticios la extinción a través de la correspondencia interna entre la embajada de Roma y el Ministerio de Madrid.

La lectura reposada del epistolario deja la impresión, una vez más, de la prepotencia de José Moñino en sus relaciones con el Pontífice romano y su increíble protagonismo en la "operación extinción".

Para el representante hispano se había constituido en una permanente obsesión el poder contemplar el rápido entierro de la Compañía de Jesús. A pesar de ver cómo Clemente XIV iba dando sus pasos acomodados a su estrategia se veía obligado a escribir a la corte madrileña: "Aquí oigo al Papa y a todos que nada de esto me interesa mientras no se disipe el cuerpo que forman el General y sus asistentes, y se estingan sus facultades..."[633].

La línea de acción rectilínea del embajador la trazaba el 10 de junio y consistía en conseguir cuanto antes la firma del Breve de extinción,

---

632   Archivo de Loyola. LUENGO. Ms. Bolonia (1792), fol., 9v.
633   GIMÉNEZ LÓPEZ. *Cartas desde Roma para la extinción de los jesuitas,* 387. (Archivo del Ministerio de Asuntos Exteriores. *Santa Sede,* 436. *Carta de Moñino a Grimaldi.* Roma, 8 de julio de 1773).

pero el Papa condicionaba ese pedimento con la restitución previa de Benevento y Aviñón y además le adelantaba que quería "ocupar varios efectos de los jesuitas y diferentes papeles que conducían a que no obscureciesen aquellos, insinuándome que estas ocupaciones se debían hacer en Ferrara, Urbino y otras partes"[634].

Sin embargo, dicha política ya se había puesto en práctica el 8 de marzo y el P. Manuel Luengo la reseña de la siguiente manera: "… que ayer 8 del corriente, como a las 8 de la mañana, abrió el Emmo. Arzobispo D. Vicente Malvezzi visita apostólica en la Residencia de los jesuitas italianos de aquella ciudad. Llegó a la hora dicha su Eminencia, con un tren bastante grande y con numeroso acompañamiento, a la portería de la Residencia y, habiendo entrado dentro y juntándose la pequeña Comunidad, a presencia de uno o más Notarios y de un Canónigo de la Colegiata, llamado Rusconi, a quien ha hecho su Asociado en la visita, les dijo su Eminencia de palabra, sin mostrar ni hacer leer Breve alguno o Rescripto del Papa, que Su Santidad le había nombrado su Visitador apostólico. Quedaron aquellos Padres con esta novedad, como se deja entender, muy conturbados y atónitos, y más que todos el Superior, a quien nos pintan un hombre encogido, pusilánime y de poquísimo espíritu. Y así, sin haberse ni siquiera atrevido el Superior a pedir el Breve del Papa, sin algún género de protesta y sin más ceremonias ni formalidades que las dichas, empezó el Eminentísimo Arzobispo a obrar en calidad de Visitador"[635].

El 24 de junio podía escribir Moñino: "No dudo que el Papa publicará la extinción porque la veo completamente ejecutada en los Colegios de Bolonia, donde se han cerrado las iglesias; se han quitado las licencias de confesar y predicar; han sido enviados a sus casas los escolares y otros muchos; y se ha tomado posesión de los bienes a nombre de la Reverenda Cámara, nombrándose personas que las administren; y me

---

[634] GIMÉNEZ LÓPEZ. *Cartas desde Roma para la extinción de los jesuitas*, 371-372. (Archivo del Ministerio de Asuntos Exteriores. *Santa Sede*, 436. *Carta de Moñino a Grimaldi*. Roma, 10 de junio de 1773).

[635] Manuel LUENGO. *Diario*, 8 de marzo de 1773.

persuado que en las demás partes del Estado Pontificio se vaya haciendo progresivamente lo mismo…"[636].

Un aliado de España y sus políticas fue, de facto, el cardenal de Bolonia Vicente Malvezzi quien tras llevar a cabo las acciones antes descritas[637] les hizo pensar a los jesuitas que todas ellas formaban un plan dirigido a forzar al P. Lorenzo Ricci a que pidiera él mismo la abolición[638].

En verdad la "operación extinción" se había puesto en movimiento en los Estados de la Iglesia. El 8 de julio lo confirmaba el funcionario español: "También me habló el Papa de los Breves expedidos a Ferrara, Urbino y Montalto, y efectivamente he visto las instrucciones comunicadas a los ejecutores; por donde se ve que en aquellas Legaciones y parajes se está ya ejecutando la extinción a estas horas, supuesto que se mandan cerrar los noviciados, despedir los novicios y escolares con prohibición de vestir la ropa en otra parte bajo pena de excomunión mayor; secularizar a otros conforme al espíritu del Breve de extinción"[639].

El siguiente paso consistió en iniciar en Roma el mismo proceso de desmantelamiento pues el 15 de julio podía informar Moñino que se había notificado a los novicios de Roma que se restituyesen a sus casas y el propio Pontífice le expuso al inefable embajador que "ha aprehendido tenazmente que los jesuitas de otros Estados se vendrían a éste si no se quitaba primero de en medio los abrigos que podrían hallar"[640].

---

[636] GIMÉNEZ LÓPEZ. *Cartas desde Roma para la extinción de los jesuitas*, 381. (Archivo del Ministerio de Asuntos Exteriores. *Santa Sede*, 436. *Carta de Moñino a Grimaldi*. Roma, 24 de junio de 1773).

[637] Lo confirma Tommaso TERMANINI. *La vita del P. Lorenzo Ricci Generale della Compagnia di Gesù*. Trascrizione e note di F. Coralli. En: *Archivum Historiae Pontificiae*. Roma, Pontificia Universitas Gregoriana, 44 (2006) n°., 50.

[638] MARCH. *El restaurador de la Compañía de Jesús*, I, 350.

[639] GIMÉNEZ LÓPEZ. *Cartas desde Roma para la extinción de los jesuitas*, 387. (Archivo del Ministerio de Asuntos Exteriores. *Santa Sede*, 436. *Carta de Moñino a Grimaldi*. Roma, 8 de julio de 1773).

[640] GIMÉNEZ LÓPEZ. *Cartas desde Roma para la extinción de los jesuitas*, 392-393. (Archivo del Ministerio de Asuntos Exteriores. *Santa Sede*, 436. *Carta de Moñino a Grimaldi*. Roma, 15 de julio de 1773).

El paso definitivo concluyó con la deposición del P. General Lorenzo Ricci y su consiguiente encarcelamiento.

LA INTIMACIÓN DEL BREVE PONTIFICIO A LOS JESUITAS NEOGRANADINOS

En vista de que no conocemos hasta el momento la relación directa de los acontecimientos producidos por el Breve *Dominus ac Redemptor* a los expulsos de la Provincia del Nuevo Reino nos serviremos de los testimonios directos de los cronistas de otras provincias hermanas y cercanas para poder comprender la nueva historia que convertía a los jesuitas expulsos en "abates" que era la indumentaria habitual de los clérigos italianos.

El documento pontificio vino a conocerse en la Romaña de forma extraoficial el 22 de agosto, es decir, un mes después de su firma y 6 días después de su promulgación[641].

Una primera observación del cronista quiteño recoge la reacción de los franciscanos de Faenza pues apenas tuvieron conocimiento del documento "cuando se juntaron todos ellos y cantaron en comunidad el *Te Deum laudamus* por el suspirado y señalado triunfo de Su Santísimo Padre Fr. Lorenzo Ganganelli, con escándalo y admiración de varios seculares"[642].

Pero la promulgación de tan importante documento constituía un acto jurídico solemne. El documento pontificio llevaba consigo una carta dirigida a cada obispo en la que le ordenaba la intimación y ejecución del Breve a los ignacianos residentes en su respectiva diócesis y además debía tomar posesión de sus bienes en nombre de la Santa Sede y para los usos que el Papa señalare[643].

---

[641] Seguiremos el escrito del P. Juan de Velasco a través de JOUANÉN. *Historia de la Compañía de Jesús en la antigua Provincia de Quito 1570-1773*, II, 664-668.

[642] Citado por JOUANÉN. *Historia de la Compañía de Jesús en la antigua Provincia de Quito 1570-1773*, II, 664.

[643] INSTITUTUM *Societatis Jesu*. Florentiae, Ex Typographia a SS. Conceptione, I (1892) 328 (creación de la comisión de 5 cardenales) y 321 (carta de la comisión a los obispos).

El Conde Hipólito Vincenti, encargado de negocios de Roma en España, entregó a las autoridades hispanas el Breve pontificio junto con la decisión de la Comisión de los 5 Cardenales y una carta en la que solicitaba se remitiera toda esa documentación a los obispos de Indias. El hecho de que los bienes de la Compañía de Jesús pasaran a los obispos y a la Santa Sede molestó al Gobierno de Carlos III y los fiscales del Consejo de Indias opinaron que la decisión sobre los bienes emanaba de la autoridad temporal del Papa y no de la espiritual y concluyen que las providencias reales no son invalidadas por el Breve porque el soberano dispone de ellas como soberano temporal de sus estados[644].

En el caso de Ferrara como el cardenal Giraud estaba ausente delegó en el Vicario para dar el debido cumplimiento. El día 28 de agosto reunidos en la casa donde vivía el Provincial de Aragón ordenó el Vicario a un notario público que leyese el breve de Clemente XIV. Acabada la lectura preguntó si se tenía por promulgado el Breve y el Provincial, en nombre de la Provincia respondió afirmativamente y añade el cronista: "y así murió [la Provincia de Aragón] obedeciendo, al séptimo año de destierro de España y el 233 después de fundada por San Ignacio"[645].

Según el P. Juan de Velasco fue el día 25 de agosto fue intimado a "todos los abolidos" esparcidos en las cuatro Legaciones[646]. Y con toda razón escribe José M. March que "todo este largo tiempo [6 años de expulsos] fue una agonía continuada, que sólo terminó con la muerte más sensible, para un buen religioso, que es la de su propia religión"[647].

En 6 años se había desmontado aquel colectivo que había atendido dos universidades en el Nuevo Reino: la Javeriana de Bogotá y la de

---

[644] Véase: Walter HANISCH. *Itinerario y pensamiento de los jesuitas expulsos de Chile (1767-1815)*. Santiago de Chile, Editorial Andrés Bello (1972) 87-88.

[645] José M. MARCH. *El restaurador de la Compañía de Jesús beato José Pignatelli y su tiempo*, I, 364.

[646] JOUANÉN. *Historia de la Compañía de Jesús en la antigua Provincia de Quito 1570-1773*, II, 664.

[647] MARCH. *El restaurador de la Compañía de Jesús beato José Pignatelli y su tiempo*, I, 365.

Gorjón en la Isla de la Española; el Colegio Mayor de San Bartolomé; las instituciones educativas en Bogotá, Tunja, Pamplona, Mérida, Maracaibo, Caracas, Santo Domingo, Antioquia, Honda, Mompox y Cartagena amén de la promoción humana, social y religiosa de los indígenas que habitaban los inmensos espacios de la Venezuela profunda!

De acuerdo con el Informe del Sr. Juan Antonio Archimbaud el 1º de enero de 1774 los 146 jesuitas neogranadinos se agrupaban en las siguientes poblaciones[648]: 65 en Gubio[649]; 20 en Fano[650]; 13 en Pérgola[651]; 11 en Sinigaglia[652]; 9 en Fosombrone[653]; 8 en Fratta[654]; 8 en

---

[648] Archivo de Monumenta Historica Societatis Jesu. Armadio F-10. *Relación individual de los Ex-Jesuitas muertos en las Once Provincias de España e Indias desde la expulsión hasta el día 30 de junio de 1767.* Por don Juan Antonio Archimbaud. Provincia de Santa Fee. Nº. 4294-4494.

[649] Adalia Lucas. Aldavalde Pedro. Artabulla Francisco. Asso Francisco. Balzátegui Manuel. Batalla Ambrosio. Besada Miguel. Beytía Francisco. Bustamante José Ignacio. Caballero Gabriel. Candela Nicolás. Carchano Francisco. Carranza Manuel. Castro Vicente. Cenzano José. Cerdá Francisco. Constans Mariano. Durán Ignacio. Ferraro Juan Antonio. Ferrnadis Joaquín. Forner Saturnino. Gálvez Francisco. Gonsalves Leandro. González Ramón. Gutiérrez Dionisio. Herrera Roque. Hinojosa Francisco. Hoyos Miguel. Igaregui Francisco Javier. Julián Javier. Leal Joaquín. Llompart Andrés. Locaya José. Mas Pablo. Mas y Rubí Alejandro. Meave Francisco. Molina Salvador. Nicolás Juan. Olarte Ignacio. Oliver Juan Bautista. Ortega Vicente. Pérez Salvador. Petit Juan. Plata Bonifacio. Puyo Jorge José. Queralto Francisco. Rubio José. Sánchez Sebastián. Sant Juan. Sanz Vicente. Solana Pedro. Soler Juan. Soto Río Martín. Suárez José. Subías Joaquín. Tímulos Venancio. Valdivieso Juan. Velázquez Nicolás. Vélez Manuel. Vergara Tadeo. Villa Juan Andrés. Yarza José.

[650] Arredondo José. Benavente Carlos. Duquesne Ignacio. Eraso, Javier. Fernández Leonardo. Font Esteban. Fuentes Juan. Julián Antonio. Julián Ignacio. López Javier. Martínez Francisco. Mayorga Antonio. Miñana Antonio. Pagés José. Pava Diego de la. Peña Francisco. Pérez Felipe. Prados José. Sanna Demetrio. Tirado Lorenzo. Vilas Tomás.

[651] Álvarez Manuel. Blasco Juan Francisco. Casanova Francisco. Casanova Ramón. Español Pedro. Gereda José. Jiménez Diego. Moreno Juan Bautista. Oliver Antonio. Padilla Manuel. Paray José. Pérez Pedro. Sebastián Diego.

[652] Aranda Blas. Gómez Felipe. Monerris Vicente. Prieto Juan Bruno. Quintana Salvador. Rubio José. Rubio Martín. Rueda Agustín. Sanz Manuel. Schlessinger Miguel. Vargas José.

[653] Barrios Juan Silvestre. Campi Francisco. García Leonardo. Godoy José. Jiménez Javier. Orús, Simón. Salillas Antonio. Sellens Antonio. Zubimendi Ignacio.

[654] Guerra Gervasio. Guzmán Mateo. Jaramillo Miguel. Lloret Juan Esteban. Lubián Roque. Pasqual Andrés. Rey Sebastián. Villalonga Gabriel.

Scapezano[655]; 6 en Orciano[656]; 2 en Forli[657]; 2 en Cantiano[658]; 1 en Bolonia[659] y 1 en Ferrara[660].

VI. LA SEGUNDA PRETENDIDA JUSTIFICACIÓN JURÍDICA DE LA EXTINCIÓN: EL DOBLE "PROCESO LEGAL" CONTRA EL GENERAL LORENZO RICCI

Quedaba por levantar el último "proceso legal" (¿?) que debía aclarar ante el mundo las causas que condujeron a la Iglesia a reducir a cenizas a la Compañía de Jesús estaban más que justificadas. Y así las cortes católicas aspiraban a que el mundo católico percibiera este acontecimiento "como efecto de una sentencia legítima y como dato irreversible, la desaparición de la compañía ignaciana, que conllevaba el cierre de setecientos colegios y la expulsión de sus países respectivos de veinte mil religiosos, ahora amontonados en los Estados del papa"[661].

Y como es natural el golpe comenzó en Roma en donde residía todo el equipo directivo de la institución de la que Clemente XIV acababa de firmar su acta de defunción.

El día siguiente el P. Lorenzo Ricci, General de la Compañía de Jesús, era desposeído de todos sus poderes y funciones, trasladado como rehén al Colegio Inglés de Roma y ubicado en el corredor de la parte

---

[655] Barrios Ignacio. Collado Juan. Colóm Antonio. Hito Diego de. López Blas. Millán Pedro. Otero Francisco Javier. Rodríguez, Salvador.

[656] Castillo Manuel. Espinosa Juan. Gutiérrez José Antonio. Lastra Pedro. Marí Luis. Saldivia Rafael.

[657] Aguado Francisco. Manzano José.

[658] Castillo Manuel. Zuleta Bartolomé.

[659] Herrero Manuel.

[660] Peraleda Llopis Pedro.

[661] Jean LACOUTURE. *Jesuitas. II. Los continuadores*. Barcelona-Buenos Aires-México, Ediciones Paidós (1994) 20 y 21.

superior de la casa. Y de inmediato fue depuesto y sometido a fuertes interrogatorios a cargo del fiscal Andreetti[662], criminalista de Monte Citorio, acompañado por el notario Mariani[663].

Mas, el 23 ó 24 de septiembre fue llevado como preso al castillo de Sant'Angelo y con él los asistentes de la Compañía y el secretario. Ricci quedó completamente incomunicado y también fue teniendo noticia de que muchos jesuitas de Roma habían seguido el mismo camino y hechos prisioneros en el mismo castillo.

Así se planteó el denominado "Proceso" que debía evidenciar ante el mundo la terrible culpabilidad de la Compañía de Jesús que había merecido tan definitiva sentencia. Todos los acusados fueron aherrojados en la cárcel papal de Santángelo y sometidos a severísimas medidas de aislamiento, de forma tal que sólo se pudiera escuchar la voz de los actores que habían conseguido acabar con la orden jesuítica[664].

Sin embargo, en algunas oportunidades la verdad y la justicia tienen sus caminos inéditos para poder recuperar su voz. Y el modo lo encontró el jesuita de Cerdeña, Luis Seguí, "hombre dotado de singular sagacidad y destreza" quien consiguió a través del director de la cárcel enviar y recibir los escritos de Ricci[665]. Y de esta forma ha llegado hasta nosotros la versión jesuítica del "Proceso"[666].

Los interrogatorios versaron fundamentalmente sobre dos preguntas: la primera "sobre si había inconvenientes en la religión [Compañía

---

[662] José M. MARCH. *El restaurador de la Compañía de Jesús beato José Pignatelli y su tiempo*, I, 385-386.

[663] MARCH. *El restaurador de la Compañía de Jesús beato José Pignatelli y su tiempo*, I, 389.

[664] Véase: MARCH. *El restaurador de la Compañía de Jesús...*, 388.

[665] Véase: MARCH. *El restaurador de la Compañía de Jesús...*, 387-389.

[666] Filippo CORALLI. "La vita del P. Lorenzo Ricci Generale della Compagnia di Gesù. Biografia inedita del P. Tomaso Termanini SJ. Trascrizione e note di F. Coralli". En: *Archivum Historiae Pontificiae*. Roma, 44 (2006) 35-139.

de Jesús], la otra sobre las riquezas de la Compañía y era esto lo que más les interesaba"[667].

Posteriormente, con el fin de validar los procedimientos seguidos fue sometido Ricci a un segundo "Proceso" que concluyó hacia la mitad de enero de 1774 y así tuvieron "que confesar la verdad y la sinceridad de las declaraciones al cotejarlas"[668].

Al poner punto final los fiscales a sus interrogatorios solicitó Ricci que se le manifestara el motivo de su prisión pero Andreetti se redujo a pronunciar las siguientes palabras: "que se contentase que no estaba encarcelado por culpa alguna" pero la verdad era que la seguían buscando[669].

Mas, el General de los abolidos tenía conciencia de que todo proceso necesitaba de un dictamen final y por ello solicitó que le permitieran redactar un Memorial a la Congregación de cardenales que lo había puesto en prisión sin juicio alguno. No se le permitió escribirlo de su propia mano aunque se le concedió que dictara a un escribiente designado por ellos.

Su argumentación se reducía a los siguientes puntos. Solicitaba la excarcelación porque así lo exigía su inocencia demostrada en los dos "Procesos" y a ello añadía el tener 71 años y con graves achaques de salud. Concluía que de lo contrario su reputación quedaba perjudicada ante todo el mundo y para siempre. La respuesta dada por Andreetti hacia finales de enero de 1774 fue en los siguientes términos "Se proveerá". El 22 de septiembre fallecía Clemente XIV y la providencia no se había tomado[670].

---

[667] MARCH. *El restaurador de la Compañía de Jesús…*, 389. El interesado en el proceso puede seguirlo en las páginas siguientes.

[668] MARCH. *El restaurador de la Compañía de Jesús…*, 390.

[669] MARCH. *El restaurador de la Compañía de Jesús…*, 390.

[670] MARCH. *El restaurador de la Compañía de Jesús…*, 391.

El 24 de noviembre de 1775 abandonaba este mundo Lorenzo Ricci en la prisión a la que había sido sometido desde 1767 no sin antes escribir y pronunciar en su lecho de moribundo su última "Protesta"[671].

En la actualidad una parte de la historiografía moderna introduce un elemento nuevo de estudio como es la legalidad o ilegalidad de una decisión tan trascendental que se hubiera llevado a cabo sin la más mínima de las garantías jurídicas como es la defensa del reo. Y por ello revisa este acontecimiento histórico como generado por un procedimiento totalmente ilegal, invalidado en sí mismo por las descaradas presiones de las cortes borbónicas y finalmente por el ignominioso proceso abierto –a posteriori- a Lorenzo Ricci que acabaría obligatoriamente con sentencia absolutoria"[672].

Ya el P. Tomás Termanini (1730-1797)[673], compañero de Ricci y quien además pudo manejar la información de primera mano en este caso, se plantea en la biografía que le dedica al General de la Compañía de Jesús que se pudiera llegar a semejante decisión sin proceso inquisitivo y sin notificación de las acusaciones aducidas. Y añade: "Todo esto es imperativo del derecho natural, contra el cual nadie, ni monarca ni Papa, puede proceder; y sin esto toda sentencia es nula e írrita"[674].

Así concluía uno de los procesos judiciales más bochornosos que conoció el siglo XVIII: por una parte las monarquías católicas expulsaban de sus dominios a los jesuitas y por otra la Santa Sede los extinguía como orden religiosa. En síntesis, se había sentenciado civil y eclesiásticamente

---

[671] El texto puede verse en: MARCH. *El restaurador de la Compañía de Jesús...*, 426-427. Véase: Miguel BATLLORI. "Entre la supresión y la restauración de la Compañía de Jesús, 1773-1814". En: *Archivum historicum Societatis Jesu*. Roma, XLIII (1974) 364-393.

[672] Jean LACOUTURE. *Jesuitas. II. Los continuadores*. Barcelona-Buenos Aires-México, Ediciones Paidós (1994) 20 y 21.

[673] Charles E. O'NEILL y Joaquín Mª DOMÍNGUEZ. *Diccionario histórico de la Compañía de Jesús*, IV, 3779. SOMMERVOGEL. *Bibliothèque*, VII, 1931-1932.

[674] Filippo CORALLI (Ed.). "La vita del P. Lorenzo Ricci Generale della Compagnia de Gesú. Biografia inédita del P. Tomaso Termanini SJ. Trascrizione e note di F. Coralli". En: *Archivum Historiae Pontificiae*. Roma, 44 (2006) nº, 84 y ss.

a la Compañía de Jesús sin respetar los mínimos protocolos que exigía cualquier juicio justo, sin posibilidad de defensa y a ello se añadió su inmediata expatriación y la confiscación de todos sus bienes.

Dentro de la historiografía jesuítica Lorenzo Ricci ha pasado como un hombre débil, más abierto a las llamadas a la fidelidad sobrenatural que a las exigencias recias y decididas de un verdadero General comprometido con las exigencias creadoras y administrativas pautadas por Ignacio de Loyola.

Georges Bottereau piensa que "quizá era aún posible en 1758 movilizar a los numerosos amigos de la Compañía de Jesús ganar aliados entre los cardenales y ministros de las cortes, emplear la prensa más eficazmente para defender la verdad; pero la decadencia del poder temporal de los papas, la debilidad personal de los monarcas y el odio de los librepensadores contra la Iglesia permitían a ciertos ministros poderosos y sin escrúpulos, como Carvalho, Choisel y José Moñino, dominar con el miedo y la mentira, y arrancar del papa la supresión de la Compañía de Jesús"[675].

Sin embargo, creemos que es de justicia suavizar el juicio anterior con el del investigador Manuel Ruiz Jurado. Ricci ciertamente conocía perfectamente los asuntos generales de la Compañía por haber sido su Secretario general desde hacía varios años. Quizás el no haber salido de Italia pudo influirle para no tener muchos conocimientos en el extranjero. Pero existen dudas sobre su posición de que hasta qué punto era consciente de la trama librepensadora y jansenista que se urdía en el occidente en su intento de cambiar la ideología universal y el gobierno del mundo influyente en ella. Su acción inmediata se centró en combatir el ambiente que la opinión pública había generado sobre Compañía. Él era consciente del equivocado espíritu de algunos jesuitas como era el de la prepotencia de la Orden, y su capacidad y deseo de hacer presencia activa en los reyes y personas influyentes para gobernar en todo

---

[675] Georges BOTTEREAU. "Generales. 18. Ricci, Lorenzo". En: Charles E. O'NEILL y Joaquín Mª DOMÍNGUEZ. *Diccionario histórico de la Compañía de Jesús*, II, 1657.

el mundo con su ideología. Quizá la faltó la visión para arbitrar los medios, aun humanos, para cambiar la situación que actuaban detrás de la conciencia filosófica emergente en Europa[676].

De esta suerte, en el término de 14 años, entre 1759 y 1773, el encono borbónico casi había conseguido su objetivo primordial pues aunque logró aniquilar la Compañía de Jesús en casi todo el mundo no lo pudo lograr en su totalidad pues tuvo que aceptar la sobrevivencia de esa corporación que creían muerta y enterrada en el imperio ruso[677].

Si medimos en términos cuantitativos la decisión de extinción de Clemente XIV arroja el siguiente saldo: 22.589 jesuitas de los cuales 11.283 eran sacerdotes. Regían 669 instituciones educativas, 61 noviciados, 340 casas de campo, 171 seminarios, 273 misiones y atendían 1.542 iglesias[678].

Aunque hubiera parecido imposible unos años atrás, la poderosa estructura institucional que había servido a la Iglesia por más de dos siglos en los incontables espacios de Europa, Asia, África y América, quedaba disuelta y sus miembros jurídicamente desintegrados e inhábiles, civil y eclesiásticamente, para reconstruir lo que había sido la Compañía de Jesús.

Sólo les restaba subsistir en un hostil destierro, implacablemente vigilado por los comisarios del monarca español. Los jesuitas, expulsos y abolidos, se les obligó a romper con su pasado, iniciar una vida nueva y luchar por subsistir en un mundo que en el mejor de los casos toleraba a unos hombres que habían servido a la humanidad en todos los

---

[676] Manuel RUIZ JURADO. "La elección del padre General Lorenzo Ricci (1758)". En: *Archivum Historicum Societatis Iesu*. Roma, 44 (1975) 236-244.

[677] Ludwik GRZEBIEN. "II. Provincia de la Rusia Blanca (1773-1820)". En: Charles E. O'NEILL y Joaquín Mª DOMÍNGUEZ. *Diccionario histórico de la Compañía de Jesús*. Roma-Madrid, IV (2001) 3443-3446.

[678] FFERRER BENIMELI. "La expulsión y extinción de los jesuitas según la correspondencia diplomática francesa 1770-1773", 317.

continentes conocidos. Esta decisión reducía a cenizas las ilusiones y las obras desarrolladas por los jesuitas en todo el mundo[679].

VII. LOS ÚLTIMOS DESENCUENTROS ENTRE CLEMENTE XIV Y LOS JESUITAS

Hay que reconocer que no fue fácil a Clemente XIV realizar en paz el recorrido de su pontificado. Como apunta Ludovico Pastor tuvo épocas en las que fue poseído por "el morboso temor a los jesuitas" y así escribe: "En todas partes veía intrigas de los jesuitas contra su persona y contra sus Estados; habían sobornado, según él, a sus funcionarios; Antici, lo mismo que el cardenal Albani se habían vendido a ellos; estaban en relaciones con la flota rusa que invernaba en Toscana y asimismo con los griegos, y preparaban una sublevación en los Estados pontificios; para poder él mantener la promesa era preciso que Francia le garantizara la seguridad"[680].

No deja de ser llamativo que el jesuita Julio Cordara (1704-1785)[681], más literato que historiador, en sus obras que dejó manuscritas y que se fueron editando a lo largo de la primera mitad del siglo XX[682], "defiende a Clemente XIV, sosteniendo que las circunstancias le forzaron a la

---

[679] Véase: José Antonio FERRER BENIMELI. "Carlos III y la extinción de los jesuitas". En: *Paramillo*. San Cristóbal, 9-10 (1990) 417-436. J. A. FERRER BENIMELI. "La expulsión y extinción de los jesuitas según la correspondencia diplomática francesa. Tomo III. 1770-1773". En: *Paramillo*. San Cristóbal, 17 (1998) 5-386. Isidoro PINEDO IPARRAGUIRRE. "La intervención del Gobierno de Carlos III en el Cónclave de Clemente XIV (1769)". En: *Paramillo*. San Cristóbal, 9-10 (1990) 437-449. Isidoro PINEDO I. "El antiguo régimen, el Papado y la Compañía de Jesús (1767-1773)". En: *Paramillo*. San Cristóbal, 14 (1995) 363-569.

[680] Ludovico PASTOR. *Historia de los Papas en la época de la Monarquía absoluta. Clemente XIV (1769-1774)*, 147.

[681] Mario ZANFREDINI. "Cordara, Giulio Cesare". En: Charles E. O'NEILL y Joaquín Mª DOMÍNGUEZ. *Diccionario histórico de la Compañía de Jesús*, I, 950-951.

[682] Cordara fue un prolífico escritor como puede verse en: SOMMERVOGEL. *Bibliotèque*, II, 1411-1432. El texto fue publicado con posterioridad: CORDARA. *De suppressione Societatis Iesu commentarii*. Padua, Edición de Albertotti, 1925.

supresión de la Compañía de Jesús y que Dios quiso así castigar a los jesuitas por sus faltas, en especial por la soberbia"[683].

De sus últimos años nos ha legado el siguiente cuadro: "A menudo le venía el pensamiento de la extinta Compañía de Jesús, y sin cesar se le presentaban muchos perjuicios que su abolición había acarreado a la Iglesia, el borrón de ignominia que con aquella desventurada providencia había echado sobre su nombre, el odio enorme que había suscitado. Ponderaba cómo la Sede Apostólica había perdido un baluarte y un sostén, y el campo de Cristo un ejército de selectos operarios; confusión de la cristiandad del mundo universo. Esta preocupación le torturaba día y noche de tal suerte que, a veces, de pena y amargura, deliraba y parecía estar fuera de sí, como cuando por la noche se figuraba que oía repicar la campana de bronce de los jesuitas, siendo así que nadie la tocaba"[684].

El 22 de septiembre de 1774 dejaba definitiva este mundo Clemente XIV y de inmediato los sepultureros de la Compañía de Jesús, a través de la poderosa maquinara oficial de la propaganda borbónica, y en parte también la vaticana, hicieron correr el bulo de que el papa había sido envenenado por los jesuitas y así lo difundieron por todas las cortes europeas.

Según Cordara fue Buontempi quien esparció la voz de que el Papa había muerto de veneno, y por obra de los jesuitas[685]. Con todo, el embajador español reseñaba en su correspondencia con el ministro de Madrid que existen "rumores y escándalo en el pueblo sobre no haber sido natural aquella muerte". Y más adelante añade: "Procuré ver la relación

---

[683] Mario ZANFREDINI. "Cordara, Giulio Cesare", I, 950.

[684] Citado por PASTOR. *Historia de los Papas en la época de la Monarquía absoluta. Clemente XIV (1769-1774)*, 450-451.

[685] CORDARA. *De suppressione Societatis Iesu commentarii*. Padua, Edición de Albertotti (1925), 152 [Liber septimus]: "Inde, Bontempus Franciscanus ille praepotens, quo Pontifex amicorum familiarissimo, atque omnium rerum participe utebatur, rumorem malignum sparsit, Pontificem veneno sublatum, idque opera jesuitarum". Citado por MARCH. *El restaurador de la Compañía de Jesús*, I, 395.

del médico y cirujanos, la cual es tan artificiosa, y aunque he practicado otros oficios para aclarar la especie cuanto pueda, no me ha sido hasta ahora el efecto que deseaba. No abandonaré la idea de descubrir todo lo que pudiere, a lo menos, para nuestro sosiego y tranquilidad"[686].

Sin embargo, cuando ya no había ningún medio de comprobación los embajadores de Madrid y París comenzaron a divulgar el hecho como cierto según lo atestigua el ministro conde de Rivera en una comunicación del 22 de octubre a su corte de Turín[687]. Moñino y Bernis se encargaron de propalar en la Europa de su área de influencia un documento intitulado *Elocubratio medico-historica* según la cual la tesis del envenenamiento se funda en las observaciones toxicológicas de Pablo Zacchia y Jorge Baglivi. En definitiva, su objetivo se centraba en justificar la supresión de la Compañía de Jesús y además en condicionar e intimidar al nuevo pontífice[688].

Para concluir este tema. Nos remitimos al veredicto del médico-historiador Lorenzo Guarino y recogemos la síntesis que elabora José Mª March: "Él ha catalogado los autores que en pro y en contra la han tratado [las muerte]; ha examinado sus testimonios; ha estudiado el caso y concluye que el criterio histórico está en contra del envenenamiento; que los síntomas de la enfermedad y los que siguieron la muerte lo excluyen; que ningún veneno podía actuar de tal manera y menos producir la muerte a los seis meses. Con los datos que dan las relaciones (…) hace probable el diagnóstico de enfermedades bien precisas y conocidas, gástrico-cancerosas y uricémicas, a las que sucumbió el Papa Ganganelli. La rápida descomposición se debió al calor y al siroco dominante"[689].

---

686 GIMÉNEZ LÓPEZ. *Cartas desde Roma para la extinción de los jesuitas*, 419-420. (Archivo del Ministerio de Asuntos Exteriores. *Santa Sede*, 345. *Carta de Moñino a Grimaldi*. Roma, 29 de septiembre de 1774).

687 Citado por MARCH. *El restaurador de la Compañía de Jesús*, I, 397.

688 MARCH. *El restaurador de la Compañía de Jesús*, I, 397-398.

689 MARCH. *El restaurador de la Compañía de Jesús*, I, 398. El autor aduce la nota: Lorenzo GUALINO. "Gli avvelenamenti criminosi dei Romani Pontifici". Estratto dal *Bolletino*

Curiosamente se volvía a repetir la misma teoría que había inspirado las campañas anti ignacianas de los supuestos atentados contra las personas reales en Portugal, Francia y España preparados y perpetrados por los jesuitas sin que nuca se probara nada[690].

Pero, ¿cuál fue la reacción del pueblo Romano? Un testigo presencial, P. Tomás Termanini (1730-1797), dejó el siguiente testimonio: "el pueblo de otra parte no parecía estar muy dispuesto a recibir tan extraordinaria medida; y a pesar de tantos libelos infamatorios y tantas providencias vejatorias, los jesuitas tenían las escuelas concurridísimas, los noviciados llenos de fervorosa juventud, las iglesias muy frecuentadas y florecientes las congregaciones"[691].

Pero si descendemos a los terrenos de la opinión pública también es necesario recoger muchas versiones y, entre otras, se corrió la voz en Roma de que la Compañía de Jesús había sido vendida al precio de Aviñón y Benevento, posesiones pontificias que habían sido invadidas por Francia y Nápoles como represalia del "Monitorio de Parma" de 1768 y tras el Breve devueltas, "precisamente lo que tanto Clemente XIV como los Soberanos de la Casa de Borbón con tanto cuidado habían querido evitar"[692].

El 29 de septiembre el infatigable conspirador Moñino escribía a Grimaldi: "La rabia y furor de los enemigos del Papa y los fanáticos y terciarios se han empleado estos días en hacer varias sátiras impías y malignas contra el difunto y sus hechuras. Ésta es la costumbre del país

---

dell Istituto Storico Italianio dell'Arte Sanitaria. Apéndice a la "Rasegna di Clinica…". Año XXXI, fascículo II y III; marzo-junio, 1932. El estudio ha sido incorporado al libro *Storia medica dei RR. Pontifici*. Turín, 1934.

[690] Puede verse un resumen en: MARCH. *El restaurador de la Compañía de Jesús…*, 395-399.

[691] Tommaso TERMANINI. *La vita del P. Lorenzo Ricci Generale della Compagnia di Gesù*. Trascrizione e note di F. Coralli. En: *Archivum Historiae Pontificiae*. Roma, Pontificia Universitas Gregoriana, 44 (2006) n°., 52.

[692] FFERRER BENIMELI. "La expulsión y extinción de los jesuitas según la correspondencia diplomática francesa 1770-1773", 317.

y el genio de sus habitantes: humillación y bajeza con los que tienen algún poder; y crueldad y venganza con los mismos cuando les falta la autoridad o han fallecido"[693]

Lo cierto es que tras su deceso Roma se vio inundada de un diluvio de sátiras dirigidas tanto contra el confesor papal, así como también, contra el difunto pontífice. Una hoja volante recogía en un cuadro la siguiente pirámide: La Bula *In Coena Domini* aparecía arrojada en el suelo con la leyenda: "Destructor de los sagrados cánones". Un altar con la estatua de Júpiter Verospi y delante de él un judío y un inglés anglicano, y debajo "Adorador de los ídolos". Debajo de los jesuitas encarcelados en la Mole Adriana se leía: "perseguidor de los clérigos"; y la última figura representaba una multitud de religiosos, despojados del hábito religioso con el letrero "devastador de los cenobios". Y al pie del cuadro, junto al lema "Libertador de la urbe y del orbe", se leía el nombre del médico papal: "Adinolfi"[694].

Ciertamente, es muy difícil poder ofrecer un juicio sereno sobre la actuación del franciscano Lorenzo Ganganelli sobre la abolición de la Orden de Ignacio de Loyola[695]. Ludovico Pastor, el historiador de los Papas, sentencia que "si ha existido jamás hecho alguno demostrable a base de documentos, ese es indiscutiblemente que sobre el Papa se ejerció

---

[693] GIMÉNEZ LÓPEZ. *Cartas desde Roma para la extinción de los jesuitas*, 419-420. (Archivo del Ministerio de Asuntos Exteriores. *Santa Sede*, 345. *Carta de Moñino a Grimaldi*. Roma, 29 de septiembre de 1774).

[694] PASTOR. *Historia de los Papas en la época de la Monarquía absoluta. Clemente XIV (1769-1774)*, 464. Y una síntesis en: GÓMEZ FERREYRA. *A dos siglos de una inválida extinción, 1773-21 de julio-1973*, 16.

[695] Giacomo Martina recoge una polémica entre el franciscano P. Leone Cicchitto y los jesuitas Pedro Leturia y Guillermo Kratz. Este último había sido colaborador de Ludovico Pastor quien además había redactado el capítulo del cónclave en que salió elegido Clemente XIV. El franciscano alertaba de la posible influencia del jesuita en la opinión del gran historiador alemán. Sin embargo los originales sobre el juicio sobre Clemente XIV donados por el autor a la Biblioteca Vaticana demuestran que pertenecen exclusivamente a Pastor (Giacomo MARTINA. *La Iglesia, de Lutero a nuestros días*. II. Época del Absolutismo. Madrid, Ediciones Cristiandad (1974) 271-273).

una monstruosa coacción moral". Pero esta aseveración no resuelve el problema pues lo que hay que demostrar si los males que le adjudicaban a la Compañía de Jesús reclamaban una reforma o una supresión. Ciertamente hubo errores de particulares por su injerencia en la política o por los excesos en el orden económico. Y concluye: "Pero ciertamente el Pontífice no abolió de ninguna manera la Orden por motivo de sus costumbres inmorales, ni a causa de falsas doctrinas o por razón de haberse introducido la relajación de la observancia y disciplinas religiosas, sino única y exclusivamente por amor de la paz de la Iglesia"[696].

¿EXISTIÓ EN REALIDAD UNA RETRACTACIÓN POR PARTE DE CLEMENTE XIV?

Dentro de la historiografía jesuítica ha pasado casi desapercibido en general un hecho histórico como es el que el Papa Clemente XIV se retractara al final de sus días después de haber extinguido la Compañía de Jesús.

El documento y su historia. El lector podrá encontrar el texto completo, traducido del latín en castellano, en el libro de Avelino Ignacio Gómez: "Retractación de Clemente XIV firmada de propia mano y entregada a su confesor extraordinario, Eminentísimo Cardenal Boschi [29 de junio de 1774]"[697]. Sin embargo, debemos precisar que la primera noticia que tenemos del documento impreso data de 1791 cuando el historiador Peter Philipp Wolf lo publicó texto bilingüe en su historia sobre los jesuitas[698]. En 1853 reprodujo la Retractación el Marqués de Lavadrio, embajador de Portugal en Roma en el periódico de Braga

---

[696] L. PASTOR. *Historia de los Papas en la época de la Monarquía absoluta. Clemente XIV (1769-1774)*, 248-249.

[697] Avelino Ignacio GÓMEZ FERREYRA. *A dos siglos de una inválida extinción, 1773-21 de julio-1973*, 17-29.

[698] Peter Philipp WOLF. *Allgemeine Geschichte der Jesuiten von dem Ursprunge ihres Ordens bis auf gegenwärtige Zeiten*. Zürich, Drell, Gessner, Füssli und Compag, III (1792) 500-532.

O Católico[699]. Y en 1889 reimprimió el escrito el jesuita francés Pierre Suau[700].

Con todo, dadas las características tan peculiares de este polémico texto, intentaremos seguir los diversos caminos recorridos para llegar a la historia de la "Retractación".

Algunos historiadores afirman que el 1º de abril de 1774 ya poseía Tanucci el escrito de la "Retractación"[701]. Con todo, pensamos que la primera referencia a esta declaración de Clemente XIV nos la ofrece el ex jesuita Manuel Luengo en su *Diario* del día 6 de junio de 1775 con algunas reflexiones dignas de consideración: "No mucho después de la muerte del dicho Papa se dejó ver un papelito en latín de cuatro hojas como éstas, de letra bien metida, que era una retractación expresiva, vehemente, absoluta, del mismo Clemente XIV, de la extinción de la Compañía y de todo lo que hizo contra ella (...). Desde luego que empezó a correr esta retractación, se explicó también el modo con que se había publicado, asegurándose que el Papa la había confiado al Cardenal Boschi, Penitenciario Mayor, y éste con disimulo había dejado salir una copia de ella. Y ahora se esparce que Pío VI la encontró también en el pliego cerrado y sellado que halló en el Palacio del Quirinal". Después, anota el diarista algunas reflexiones críticas interesantes pues partiendo del principio de que "son conjeturas muy débiles y aun inútiles del todo" mientras no se conozca el original y de las copias "ni se sabe con certeza el modo con que han llegado a nosotros". Y concluye, que mientras no se verifique la veracidad de las copias "se debe tener por falsa y formada

---

[699] Citado por Antonio de ALDAMA. "¿Hizo Clemente XIV una retractación?". En: *Información SJ*. Madrid, 28 (1973) 295. Señala que el documento corre de la página 178 a la 192.

[700] Pierre SUAU. "Un document inédit de Clemente XIV". En: *Lettres des Scolastiques d'Uclés*, vol., XVI, (1989) 178-192. Véase: Armand de VASSAL. *Le Père Pierre Suau de la Compagnie de Jésus (1861-1916)*. Toulouse, Apostolat de la prière, 1921.

[701] Charles O'NEILL, Christopher J. VISCARDI y José ESCALERA. "30. Clemente XIV". En: Charles E. O'NEILL y Joaquín Mª DOMÍNGUEZ. *Diccionario histórico de la Compañía de Jesús*, III, 3002-3003.

por alguno por divertirse, divertirnos, por conciliar por esta parte algún crédito al difunto Papa o por otros fines que no sabemos"[702].

Las oscuridades que cubren el origen la supuesta "Retractación" nos obligan a seguir las distintas huellas que han tratado de recorrer los investigadores preocupados por el tema.

Un camino es el ensayado por el P. José Fernando Silva (1750-1829)[703] quien señala la trayectoria del texto en una nota ilustrativa que redactó el 16 de marzo de 1825 en Sevilla. Este erudito jesuita se desempeñó en altos cargos culturales en Italia y su primera biografía la recoge Hervás y Panduro[704]. Restablecida la Compañía en España se desempeñó como "socio" del comisario Manuel de Zúñiga pero con la revolución liberal de 1820 tuvo que retirarse a Utrera donde le encontró la muerte el 24 de octubre de 1829[705].

En 1825 realizó la declaración jurada a la que hacíamos mención más arriba y fueron testigos "los Padres José Manuel Jáuregui[706], insigne Superior Provincial de los jesuitas de España y Juan José Raya quienes así lo testimoniaron en Madrid bajo sus firmas el 18 de octubre de 1856, testimonio que presenció el P. Eugenio Labarta, según éste lo confirmó expresamente en Madrid el 16 de junio de 1887[707].

---

[702] Manuel LUENGO. *Diario*, 6 de junio de 1775.

[703] Pedro HERRERA PUGA. "Silva y Guzmán, José Fernando". En: Charles E. O'NEILL y Joaquín Mª DOMÍNGUEZ. *Diccionario histórico de la Compañía de Jesús*, IV, 3576.

[704] Lorenzo HERVÁS Y PANDURO. *Biblioteca jesuítico-española (1759-1799)*. Estudio introductorio, edición crítica y notas: Antonio Astorgano Abajo. Madrid, Libris: Asociación Libreros de viejo (2007) 513-514. SOMMERVOGEL. *Bibliothèque*, VII, 1209.

[705] Pedro HERRERA PUGA. "Silva y Guzmán, José Fernando", IV, 3576. Pedro HERRERA PUGA *Una personalidad inédita de la ilustración: el P. José de Silva, 1750-1829*. Granada, Universidad de Granada, 1971.

[706] Es el primer jesuita venezolano en ingresar en la Compañía restaurada. Nació en Puerto Cabello el 24 de noviembre de 1804 y falleció en 1864 en Sevilla (Véase: Manuel AGUIRRE ELORRIAGA. *La Compañía de Jesús en Venezuela*. Caracas, Editorial Cóndor (1941) 155-157).

[707] GÓMEZ FERREYRA. *A dos siglos de una inválida extinción, 1773-21 de julio-1973*, 8.

El texto reza así: "Un ejemplar de la *retractación* que Clemente XIV, de piadosa memoria, próximo a su muerte, entregó al Cardenal Boschi, Penitenciario Mayor y su confesor extraordinario, quien, en el Conclave para la elección de Pío VI, de piadosa memoria, exhibió el autógrafo a algunos Cardenales, vulgarmente llamados Zelantes [pro jesuíticos] del que se hicieron luego algunos ejemplares; de éstos el Cardenal Juan Francisco Albani entregó uno a Francisco Antonio Zaccaria [jesuita]; otro al Camarlengo Juan Bautista Cardenal Rezzonico, y, tiempo después, otro al Cardenal Stigliano Colonna; y finalmente el Cardenal Carampi me lo obsequió. Más aún, todo el asunto [de la retractación] lo escuché con frecuencia del mismo Cardenal Boschi, que vivió largo tiempo en Faenza, su ciudad natal. Que así se verificó lo afirmo en Sevilla el 16 de marzo de 1825. IHS. Yo José Fernando Silva"[708].

El P. Gómez se sirvió de una reproducción "manuscrita con elegante redondilla y litografiada, [que] la existe en Córdoba [Argentina], no sabemos desde cuándo y que utilizamos para esta publicación"[709].

Una segunda ruta la traza Antonio de Aldama quien precisa más las afirmaciones que acabamos de anotar del escritor argentino[710]. Después de puntualizar los aportes de Peter Philipp Wolf y la del Marqués de Lavadrio se refiere al texto francés publicado por Pierre Suau quien utilizó la copia de reposaba en el Archivo de la Provincia de Toledo con sede en Alcalá de Henares pero la reconfirmó con los documentos que reposaban en el Archivo General de la Orden que entonces se encontraba en Fiésole.

Y de acuerdo con el testimonio del P. Giuseppe Boero la historia del documento era la siguiente: "Clemente XIV, poco antes de morir, escribió una retractación, y la entregó a su confesor ordinario (sic) que era

---

[708] GÓMEZ FERREYRA. *A dos siglos de una inválida extinción, 1773-21 de julio-1973*, 29.

[709] GÓMEZ FERREYRA. *A dos siglos de una inválida extinción, 1773-21 de julio-1973*, 8.

[710] Antonio de ALDAMA. "¿Hizo Clemente XIV una retractación?". En: *Información SJ*. Madrid, 28 (1973) 295-299.

un cardenal, para que éste la trasmitiera a su sucesor, inmediatamente después de la elección. Se advirtió que el cardenal salió conmovido de las habitaciones del Pontífice, y con lágrimas en los ojos. No esperó la elección del nuevo Papa. En la primera sesión del conclave, presentó el escrito sellado de Clemente XIV, y declaró la orden que había recibido. Los cardenales decidieron que se abriese inmediatamente. Estupefacción general a la vista de una retractación explícita de todo lo que Clemente XIV había hecho y permitido contra la Compañía. Un copista fue encargado de hacer copias para cada uno de los cardenales y para las Cortes borbónicas. Hizo una de más, para comunicarlas secretamente a algunos amigos"[711].

El contenido. El largo texto consta de dos partes: en la primera, el supuesto Clemente XIV narra con detalle cómo tuvo que elaborar presionado tan conflictivo documento y su historia; y en la segunda, mucho más breve es taxativo en afirmar "Lo declaramos revocado y nulo". Y firma: "Yo, Clemente, antes de nombre Lorenzo Ganganelli lo firmé de mi propia mano el día 29 de Junio del año de la Encarnación del Señor 1774 y 6º de nuestro pontificado, después de la celebración de la festividad de San Pedro, Príncipe de los Apóstoles, y pontífice de la Santa Sede Romana, del cual me confieso indigno sucesor"[712].

Las opiniones de los historiadores. Siempre es interesante el asomarse a la visión que proyectan los historiadores y más cuando se trata de temas polémicos.

El luterano alemán Peter Ph. Wolf piensa que la supuesta retractación es "un monumento de la impostura jesuítica, que algún día los jesuitas harán entrar en sus anales con gran triunfo y arrogante seguridad"[713].

---

[711] Pierre SUAU. "Un document inédit de Clemente XIV", 172. Citado por ALDAMA. "¿Hizo Clemente XIV una retractación?". En: *Información SJ*. Madrid, 28 (1973) 295-296.
[712] GÓMEZ FERREYRA. *A dos siglos de una inválida extinción, 1773-21 de julio-1973*, 29.
[713] Citado por Pierre SUAU. "Un document inédit de Clemente XIV", 169-170.

Agustín Theiner en su biografía de Clemente XIV se contenta con expresar la siguiente consideración: "Qué lástima que [la retractación] no se encuentre en el Bulario"[714].

En la contestación del jesuita José Boero (1814-1884)[715] al oratoriano Theiner se lee: "Después de su muerte [Clemente XIV] mientras los cardenales estaban en conclave para la elección del sucesor, corrió por Roma un escrito que se decía compuesto por Clemente XIV a manera de retractación. Yo no creo que este escrito tenga autenticidad de ningún género; aunque creo que el corazón paterno de Clemente XIV, no una sino muchas veces, se ha debido de arrepentir contra los modos crudos, feroces y violentos que algunos han usado"[716].

Sin embargo, esta afirmación de Boero parece contradecir lo escrito por el P. Pierre Suau quien manifiesta que Mons. Lavigne le escribió desde Cottayam que había sido el P. Boero quien en 1882 le había entregado la copia del cardenal Valenti Gonzaga, añadiéndole que "el P. Boero la creía auténtica"[717]. Pero, como observa agudamente Aldama, al que seguimos en este contexto, habría que definir qué juzgaba auténtica Boero: la copia o la retractación[718].

También es interesante la posición de Pierre Suau: "Nos contentamos con decir que nos parece probable que Clemente XIV, antes de morir, retractó el breve de supresión. Añadimos que no nos parece improbable el texto que publicamos, sea el que él dejó. Muchos de nuestros lectores encontrarán quizás esta conclusión demasiado tímida. En

---

[714] Augustin THEINER. *Histoire de Pontificat de Clement XIV. d'après des documents inédites des Archives Secrètes du Vatican*. París, Firmin Didot, II (1852) 357-358.

[715] Giuseppe MELLINATO. "Boero, Giuseppe". En: Charles E. O'NEILL y Joaquín Mª DOMÍNGUEZ. *Diccionario histórico de la Compañía de Jesús*, I, 469. SOMMERVOGEL. *Bibliothèque*, I, 1571-1584.

[716] Giuseppe BOERO. *Osseervazioni sopra l'historia del pontificato di Clemente XIV scrita dal P. A. Theiner prete dell'Oratorio*. Monza, Tipogr. Dell'Istituto Dei Paolini, II (1854) 211.

[717] Pierre SUAU. "Un document inédit de Clemente XIV", 172.

[718] Antonio de ALDAMA. "¿Hizo Clemente XIV una retractación?", 298.

tal caso, que nos ayuden con sus investigaciones a probar la autenticidad del documento que van a leer"[719].

Para no incrementar el número de testimonios recogemos la opinión de los historiadores jesuitas que redactan la entrada "Clemente XIV" en el *Diccionario histórico*, para quienes es un tema inconcluso: "No se ha hecho un estudio crítico de las copias que se encuentran en varios depósitos documentales. Por otro lado, no dio pasos positivos en 1774 para eliminar el resto de la Compañía de Jesús en Prusia y Rusia". Y continúan "Catalina afirmó que había obtenido el documento a través del nuncio Giuseppe Garampi, que autorizaba la continuidad de los jesuitas, y José II de Austria testificó que había visto el documento". Y concluyen: "A menos que se descubra ese texto hasta ahora desconocido, siempre quedará la duda de si en efecto el Papa dio autorización escrita para que los jesuitas continuasen como tales en Rusia. Pero al no actuar, Clemente XIV deba su consentimiento tácito, que satisfizo a la Zarina"[720].

En conclusión: El lector debe preguntarse con toda justicia si la "Retractatio" es auténtica o es apócrifa y aunque no es el momento de realizar una crítica interna y externa del documento trataremos de ofrecer algunos parámetros que ayuden a dar alguna luz sobre tan importante escrito.

Hay, entre otros, varios argumentos en pro de la duda de la "Retractación" de Clemente XIV.

El primero, que no se conozca todavía el autógrafo original. Es llamativo que el autógrafo original no aparezca en el Archivo Vaticano. Gómez aduce como posibilidad que los destierros sufridos por Pío VI y Pío VII por parte de los franceses con los consiguientes traslados primero a Francia y después a Roma es posible que "haya desparecido junto

---

[719] Pierre SUAU. "Un document inédit de Clemente XIV", 177.
[720] Charles O'NEILL, Christopher J. VISCARDI y José ESCALERA. "30. Clemente XIV". En: Charles E. O'NEILL y Joaquín Mª DOMÍNGUEZ. *Diccionario histórico de la Compañía de Jesús*, III, 3002-3003.

con otros muchos o que aún no haya aparecido por lo menos, sobre todo si estaba entre los papeles de Pío VI"[721]. Pero realmente esta explicación carece de fuerza probatoria. Con todo, también hay que admitir que pudiera aparecer en otro archivo diferente.

El segundo, el silencio que guarda el historiador Ludovico Pastor. El razonamiento con respecto al gran historiador de los Papas Ludovico Pastor sigue otro camino. La fuerza del argumento radica en que en el volumen de Clemente XIV el historiador alemán se sirvió de varios colaboradores inmediatos jesuitas todos ellos germánicos y ello "podría explicarnos la falta de noticias de von Pastor sobre este documento"[722].

Sin embargo, hay que señalar que entre el equipo ignaciano de cooperadores se encontraba el P. Guillermo Kratz buen conocedor de la historia de América, como lo demostró en su libro sobre el conflicto de límites entre España y Portugal en 1750[723]. Además, si el texto publicado por Peter Ph. Wolf es el mismo se hace difícil aceptar que el argumento propuesto sobre el silencio del historiador alemán sobre los Papas. A ello había que añadir la polémica entre el franciscano P. Leone Cicchitto y los jesuitas Pedro Leturia y Guillermo Kratz pues el hijo de San Francisco reprochaba el influjo de los seguidores del de Loyola en la redacción de tan difícil tema[724]. ¿Pudo influir este debate en el silencio de von Pastor?

El tercero, ninguno de los autores mencionados anteriormente son testigos de la autenticidad de la retractación y solamente su testimonio se reduce a verificar la difusión del documento. Y en la forma cómo se difundió el documento hemos presenciado al menos dos formas: la de

---

[721] GÓMEZ FERREYRA. *A dos siglos de una inválida extinción, 1773-21 de julio-1973*, 6.

[722] GÓMEZ FERREYRA. *A dos siglos de una inválida extinción, 1773-21 de julio-1973*, 7.

[723] Guillermo KRATZ. *El tratado hispano-portugués de límites de 1750 y sus consecuencias*. Roma, Institutum Historicum S. I., 1954.

[724] Giacomo MARTINA. *La Iglesia, de Lutero a nuestros días*. II. Época del Absolutismo. Madrid, Ediciones Cristiandad (1974) 271-273. Amplia información en: Enrico ROSA. "Intorno al Pontificato di Clemente XIV". En: *La Civiltà Cattolica*. Roma, 86 (1935) 17-35.

Boero y la del P. Silva que no coinciden. Y dejamos de lado las observaciones que se podrían formular desde el ángulo de la crítica interna del documento.

En definitiva: es un problema todavía sin resolver en el que las dudas pesan más que las evidencias.

VIII. LAS REACCIONES JESUÍTICAS ANTE EL BREVE *DOMINUS AC REDEMPTOR*

Hay que reconocer que a pesar de las tajantes prescripciones de silencio impuestas tanto por la *Pragmática Sanción* de 1767 como del Breve *Dominus ac Redemptor* (1773) algunos ex jesuitas levantaron su voz de protesta con las puniciones consabidas. Pero también debemos admitir que esta vital temática permanece todavía inexplorada en la historiografía jesuítica.

Con el correr de los tiempos el propio Moñino escribiría: "Protegidos por una emperatriz cismática y un monarca hereje, en Rusia y Prusia desobedecieron los jesuitas al Papa, mientras le infamaron otros con libelos, dados principalmente luz en Colonia y Friburgo, o hicieron por acreditar presagios siniestros en su contra"[725].

También es lógico preguntarse cuál podría ser la conducta de los jesuitas italianos y sobre todo de los romanos. Por una parte, habían conocido las tragedias humanas de sus cofrades de religión tanto franceses, como portugueses y españoles a que habían sido sometidos por sus respectivos Estados y por otra parte no podían ignorar la suerte que les esperaba.

---

[725] Antonio FERRER DEL RÍO (Ed.). *Obras originales del Conde de Floridablanca y escritos referentes a su persona*, p. XXII.

En la capital de la cristiandad hacían su vida intelectual, científica y cultural un buen número de pensadores jesuitas en los principales centros académicos que estaban bajo su dirección. Y aunque podían aceptar el dictamen del Papa contra su voluntad también hay que reconocer que tenían espíritu crítico y que de una forma directa o indirecta debieron manifestar sus opiniones.

Un caso emblemático fue el del canonista Onorio Stefanucci (1706-1775). Gran profesor de derecho canónico del colegio Germánico quien declinó ser elevado al cuerpo de cardenales por Clemente XIII y en su lugar entró Lorenzo Ganganelli[726].

El 24 de marzo de 1773 era hecho preso y conducido a la prisión de Sant'Angelo. La razón según Moñino que tiene "todas las señales de autor del libelo inicuo y cismático intitulado *De simoniaca electione Papae*". Y sigue el celoso embajador de la corte de Madrid añadiendo que "había precedido una quema de papeles, después de intimada la extinción, que se hacía en la cantina o cueva de la Apolinaria, o Colegio Germánico" pero "se aprehendieron algunos fragmentos"[727].

Sin embargo, Sommervogel, citando a Diosdado Caballero, señala: "Dejó manuscritas muchas disertaciones sobre derecho canónico y entre ellas la de *Electione Simoniaca*, la cual aunque había sido trabajada con mucha diligencia a instancias del Cardenal Duque Eboracense desde el año 1768, con el correr del tiempo le creó al autor muchas adversidades"[728].

---

[726] SOMMERVOGEL. *Bibliothèque*, VII, 1525-1527.

[727] GIMÉNEZ LÓPEZ. *Cartas desde Roma para la extinción de los jesuitas*, 430-431. (Archivo del Ministerio de Asuntos Exteriores. *Santa Sede*, 436. *Carta de Moñino a Grimaldi*. Roma, 26 de agosto de 1773). Moñino añade "que se había averiguado haberse impreso en Lucca, y dirigido desde allí a Liorna, y desde este puerto al de Civitavecchia y a Roma por medio del abate preso [un sobrino de Stefanucci]".

[728] SOMMERVOGEL. *Bibliothèque*, VII, 1527. Se refiere a: Raymundo Diosdado CABALLERO. *Bibliothecae scriptorum Societatis Jesu supplementa*. Romae, F. Bourlié, II (1816) 262.

Pero, según el proceso seguido al P. Stefanucci una de las pruebas del delito sería un manuscrito que se había encontrado en su habitación y él reconoció su autoría[729].

Hay que resaltar que esta temática no se ahogó con la muerte del P. Onorio Stefanuci sino que tuvo que generar idénticas reacciones aunque nos sean desconocidas en el día de hoy. Pero la polémica continuó.

Nos restringiremos a dos publicaciones agitaron la incómoda tesis jesuítica en el mundo romano y en la intolerancia de las cortes borbónicas entre 1780 y 1785: ambas se denominaban *Memoria* y de ellas hemos hablado en el acápite dedicado a "Los <otros> perseguidos".

La primera escrita en italiano apareció como anónima, sin licencias y como obra póstuma; su título *Memoria que debe presentarse a S. S.* y fue editada en Cosmopoli (lugar ficticio) en 1780[730], y su autor fue el P. Carlo Borgo (1731-1794)[731].

Se trata de una brillante defensa de la Compañía y al mismo tiempo un rudo ataque al documento pontificio *Dominus ac Redemptor* cuyos fundamentos jurídicos e históricos analiza con pasión. José Mª March afirma que la tesis del libro se centra en demostrar que Clemente XIV no podía abolir la Compañía en la forma como lo hizo, es decir, como rea, sin oírla, ni dejar que se defendiera. Y basa parte de su argumentación en que como la orden de Ignacio había sido aprobada por el concilio de Trento para ser abolida necesariamente tenía que efectuarse a través de

---

[729] MARCH. *El restaurador de la Compañía de Jesús...*, I, 323. El manuscrito contenía "Alcune particelle di Lettere scrite da venti Vescovi di Spagna, contro la doctrina contenuta nella Lettera de Palafox directa ad Innocenzo X".

[730] *Memoria Cattolica da presentarsi a Sua Santità. Opera Postuma.* Tu scis quoniam falsum testimonium tulerunt contra me; & ecce morior, cum nihil forum fecerim, quae isti malitiose composuerunt adversum me. Exaudivit autem Dominus vocem ejus. Daniel, cap. 13, vers. 43 & 44. Cosmopoli, 1780.

[731] Armando GUIDETTI. "Borgo, Carlo". En: Charles E. O'NEILL y Joaquín Mª DOMÍNGUEZ. *Diccionario histórico de la Compañía de Jesús*, I, 494-495.

un concilio. Aunque hoy nos parece peregrina la idea la verdad es que para esas fechas tenían vigencia casi absoluta las ideas conciliaristas[732].

Mucho más interesante es la *Segunda Memoria Católica*[733] escrita por el P. Andrés Febres (1734-1790)[734]. Según Hervás esta Memoria "... no fue menos estrepitosa que la primera"[735]. Y el P. Luengo le dedica un largo e interesante comentario en su *Diario* el día 5 de septiembre de 1785[736].

El primer tomo está dedicado a probar que el Breve de extinción de la Compañía por Clemente XIV es nulo y sin vigor ni autoridad alguna. El segundo, amén de remontarse a la Primera *Memoria Católica* examina con diligencia los pasos y diligencias de su condenación. Y el tercero, recoge un escrito del P. Juan Bautista Faure (1702-1779)[737] redactado a

---

[732] MARCH. *El restaurador de la Compañía de Jesús beato José Pignatelli y su tiempo*, II, 53-55.

[733] *Seconda Memoria Cattolica contenente il triunfo Della Fede e Chiesa de' Monarchie, e Della Compagnia di Gesù e sue Apologie collko sterminio de' loro Nemici, da presentarsi a Sua Santità, ed ai Principi Cristiani. Opera divisa in tre tomi, e parti, e postuma in una richiesta, e gradita da Clemente XIII*. Nella nuova Stamperia Camerale di Buon'aria. 1783-1784, 3 vols. [SOMMERVOGEL. *Bibliothèque*, III, 122-123].

[734] Eduardo TAMPE. "Febrés Oms, Andrés". En: Charles E. O'NEILL y Joaquín Mª DOMINGUEZ. *Diccionario histórico de la Compañía de Jesús*, II, 1385-1386. Walter HANISCH. *Itinerario y pensamiento de los jesuitas expulsos de Chile (1767-1815)*, 276-277.

[735] HERVÁS Y PANDURO. *Biblioteca jesuítico-española (1759-1799)*, I, 226. Astorgano en la nota 732 aclara que esta obra fue condenada por un breve pontificio el 18 de noviembre de 1788: "Esta obra no es más que un tejido de maledicencias, de injurias, de falsedades, de calumnias y de ataques contra la Santa Sede y la Iglesia: es un verdadero libello infamante. (Archivo Histórico Provincial de Zaragoza. *Libro del Real Acuerdo*, 1789, folios, 407-416).

[736] M. LUENGO. *Diario*, 5 de septiembre de 1785.

[737] Mario ZANFREDINI. "Faure, Giovanni Battista". En: Charles E. O'NEILL y Joaquín Mª DOMÍNGUEZ. *Diccionario histórico de la Compañía de Jesús*, II, 1382: "Arrestado en Roma apenas promulgado (1773) el breve de supresión de la Compañía de Jesús, se enteró por el interrogatorio del juez que el motivo no era por algo que hubiere escrito, sino por lo que pudiera escribir contra el breve. Siempre agudo de ingenio y de palabra, exclamó que según la jurisprudencia cualquiera podía ser condenado a galeras o a la horca por temor de que pudiera cometer un robo o un asesinato. Al no habérsele acusado de ningún delito, se le liberó al fin en tiempos de Pío VI (agosto de 1775) y fue a Viterbo donde pasó sus últimos años".

petición del papa Clemente XIII[738]; incluye también la obra del P. Bruno Martí con el título *Carta del obispo N en Francia al Cardenal N. en Roma*. Amsterdam 1776[739]; y la tercera obra es de su propia cosecha y es un Apóstrofe al Pontífice Pío VI y otro dedicado a la Reina de Portugal[740].

Al parecer la tesis que subyace en el polémico libro se centra en demostrar el complot internacional contra la Iglesia, España, sus colonias americanas y la Compañía de Jesús llevado a cabo por los ministros de España para los que llega a pedir la pena de muerte por traidores. Y sus vaticinios se irían cumpliendo e incluso con la independencia de América[741].

Las investigaciones futuras develarán esta interesante temática.

---

[738] No hemos podido identificar el texto al que hace referencia Luengo. Para la bibliografía de Faure nos remitimos a: Carlos SOMMERVOGEL. *Bibliothèque de la Compagnie de Jesús*. Bruxelles-París, III, 558-569.

[739] *Novisima Recopilacion de las Leyes de España mandada formar por el Señor don Carlos IV.* Madrid, Imprenta Nacional del Boletín Oficial del Estado, IV (1992) 156: "Prohibición del libelo sedicioso impreso en Amsterdam el año de 1776, y de cualesquiera otros papeles tocantes a la extinguida Orden de la Compañía". (Libro VIII, título XVIII, ley VII).

[740] Es una síntesis de lo escrito por LUENGO. *Diario*, 5 de septiembre de 1785. DOMERGUE. "Les jésuites espagnols écrivains et l'appareil d'État (1767-1808)", 277.

[741] Más información en: Walter HANISCH. *Itinerario y pensamiento de los jesuitas expulsos de Chile (1767-1815)*, 252-254.

CAPÍTULO 4º
LA MUERTE DE LA COMPAÑÍA DE JESÚS
DE JESUITAS A ABATES Y A ABOLIDOS.
(1773-1814)

I PARTE
LOS TRABAJOS Y LOS DÍAS EN LA NUEVA COTIDIANIDAD

I. LAS EXIGENCIAS DE LA NUEVA VIDA COTIDIANA

En este capítulo trataremos de recoger la suerte que vivieron los restos de los ejércitos jesuíticos depositados en los Estados Pontificios y rendidos sin condiciones después tras la gran batalla diplomática librada por las cortes borbónicas y sellada con el Breve *Dominus ac Redemptor*.

El Breve Pontificio establecía una serie de prescripciones que debían garantizar que la Compañía de Jesús había muerto. En consecuencia, tenían que abandonar el hábito jesuítico y desterrar para siempre el nombre de Compañía y no denominarse jesuitas; se les permitía la docencia a "aquellos que den alguna muestra de que se puede esperar utilidad de su trabajo, y con tal que se abstengan enteramente de las cuestiones y opiniones que por laxas, o vanas suelen producir … ". Y por supuesto que "no se atrevan a hablar, ni escribir a favor, ni en contra de esta extinción, ni de sus causas y motivos, como ni tampoco del instituto… ni de ninguna otra cosa perteneciente a este asunto sin expresa licencia del Pontífice romano"[742].

En apariencia los jesuitas quedaban libres de los dos yugos que habían sido sus auténticos verdugos morales pero en realidad, en este momento, se iniciaba la segunda etapa del plan borbónico: habían enterrado la organización que se había denominado Compañía de Jesús

---

[742] *Breve de Nuestro Santo Padre Clemente XIV*… corren desde el número (28) al (41).

pero también había que sepultar su memoria y reducir a la nada a los supervivientes.

Así pues, ensayaremos la reconstrucción de la vida cotidiana de los abolidos a través de una serie de conceptos fundamentales que arrojen luz sobre una etapa tan difícil.

Los controles hispanos y pontificios. Sin lugar a dudas, los objetivos borbónicos se habían cumplido al lograr que la Iglesia católica extinguiera a los que habían sido, según los manteístas, fieles vasallos del pontificado.

Hasta el 21 de julio de 1773 la estructura organizativa de la Orden de Ignacio de Loyola había conseguido iniciar el proceso de reconstrucción identitaria en medio de todas las adversidades, pero se iniciaba una etapa inédita en la que el sobrevivir estaría condicionado a sutiles exigencias y controles por parte de los ejecutores de su sentencia de muerte.

Ante la opinión pública habían adquirido una libertad, pero sin futuro, pues territorialmente los habían anclado en los Estados de la Iglesia y debían sujetarse a sus exigencias y además para sus limitadas posibilidades económicas dependían de la "pensión" que les suministraba el gobierno español proveniente de parte de los bienes incautados.

En consecuencia, la biografía de los abolidos se enmarca dentro de dos legislaciones: la civil-pontificia y la hispana.

Debemos confesar que hasta el presente ha sido muy poco estudiada la tarea logística mantenida por las autoridades civiles del Estado de la Iglesia, "o sea por los legados, sus vices y los gobernadores de las ciudades, siempre bajo el control de la Secretaría de Estado"[743].

---

[743] Niccolò GUASTI. "Rasgos del exilio italiano de los jesuitas españoles". En: *Hispania Sacra*. Madrid, LXI, n°., 123 (2009) 260.

El control hispano está más estudiado. La operación política y militar de la expulsión de los jesuitas de España y sus dominios supuso una exigente planificación en España[744] pero se vio alterada por la negativa de Clemente XIII a recibir en sus Estados a los expulsos.

La difícil y problemática estancia de los expulsos en Córcega obligó al Consejo Extraordinario a nombrar dos Comisarios fundamentalmente para resolver los problemas de intendencia. Fueron designados don Gerónimo Gnecco, antiguo Comisario de Guerra y Marina, que debía encargarse del suministro de alimentos en Génova, y a su hijo Luis Gnecco, capitán del Regimiento de Parma, ascendido en ese momento al mismo cargo que su progenitor, residente en Bastia[745].

Pero, una vez que la "marea jesuítica" se desplazó a los Estados Pontificios comenzaron a actuar también por orden del Consejo Extraordinario Pedro de La Forcada, abogado de los Reales Consejos, como Comisario Principal y Fernando Coronel con título y sueldo de Comisario de Guerra y su función principal consistía en la vigilancia y control de los expulsos[746].

En teoría, el papel de los comisarios reales se centraba en la puntual entrega de la pensión, en certificar los jesuitas que habían fallecido, en precisar los nombres de los insumisos para no pagarles el "vitalicio" y en confirmar con el correr de los tiempos a los que recibían doble o triple pensión como premio a su fidelidad a la Corte. Pero la experiencia enseñaría que la relación de la corona con los "extinguidos" aspiraba a un control político e ideológico de aquellas élites intelectuales una vez que

---

[744] Enrique GIMÉNEZ LÓPEZ. "El ejército y la marina en la expulsión de los jesuitas de España". En: *Hispania Sacra*. Madrid, XLV, n°., 92 (1993) 577-630.

[745] Enrique GIMÉNEZ LÓPEZ y Mario MARTÍNEZ GOMIS. "Un aspecto logístico de la expulsión de los jesuitas españoles: la labor de los comisarios Gerónimo y Luis Gnecco (1767-1768)". En: Enrique GIMÉNEZ LÓPEZ (Edit.). *Expulsión y exilio de los jesuitas españoles*. Alicante, Publicaciones de la Universidad de Alicante, 1997) 181-195.

[746] AGS. *Gracia y Justicia*, 667. *Consejo Extraordinario e Instrucción*. Madrid, 6 de julio de 1767.

se insertaron en las corrientes culturales italianas y a las críticas de los escritores ignacianos.

Pero, trasciende en este momento el estudio pormenorizado de la estructura montada por el gobierno hispano para el control jesuítico en tan oscuras circunstancias. Así, dejamos de lado los cuantiosos costos de los comisarios y funcionarios regios, las formas de pago y los subalternos que tejían las sutiles redes de información de la "seguridad de la monarquía".

Sobre los comisarios regios la fuente de información jesuítica es el *Diario* del P. Manuel Luengo y a él recurriremos para la breve descripción de estos funcionarios. La visión de estos burócratas contrasta en general con la opinión de los abolidos pero se erige en una excelente fuente de consulta a la hora de poder escribir una verdadera historia de la cotidianidad del destierro al estilo de las vidas paralelas de Plutarco.

Fernando Coronel fue secretario personal del Conde de Aranda y fue nombrado comisario para las delicadas tareas que se iniciaban en Córcega con los expulsos. Llegó en noviembre con los procuradores de los colegios de España[747]. La historiografía jesuítica lo describe como hombre "muy abonado para fabricar de planta contra este Padre [Isidro López]"[748] y ser además el causante principal de la prisión y destierro del P. José Isla[749] y también se distinguió por el encargo de vigilar al P. Isidro López[750] uno de los personajes más distinguidos de la Provincia de Castilla[751].

---

[747] Manuel LUENGO. *Diario*, 15 de noviembre de 1767.

[748] Manuel LUENGO. *Diario*, 12 de noviembre de 1773.

[749] Conrado PÉREZ y José ESCALERA. "Isla, José Francisco de". En: Charles E. O'NEILL y Joaquín Mª DOMÍNGUEZ. *Diccionario histórico de la Compañía de Jesús*. Roma-Madrid, III (2001) 2076-2077.

[750] José ESCALERA. "López, Isidro". En: Charles E. O'NEILL y Joaquín Mª DOMÍNGUEZ. *Diccionario histórico de la Compañía de Jesús*. Roma-Madrid, III (2001) 2414-2415.

[751] MARCH. *El restaurador de la Compañía de Jesús beato José Pignatelli y su tiempo*, I, 361.

Pedro de la Forcada y Miranda era un abogado madrileño que al igual que el anterior llegó a Córcega para tratar de solventar los problemas de abastecimiento[752]. Se encontraba en Bolonia en febrero de 1769[753] y desde allí recogió información sobre los rumores que corrían acerca de las fábricas de armas que tenían escondidas los jesuitas en las casas de campo de Bolonia[754]. En octubre de 1771 fue trasladado a Faenza para encargarse las provincias de la Romagna[755]. Después de leer la noticia anterior es lógico que este comisario buscara siempre las novedades que pudieran impactar en la corte madrileña. El 2 de julio de 1782 recoge Luengo otra acción que afectaba a los jesuitas americanos de Faenza con respecto a las revoluciones del Perú. Y, para ello, se sirve

---

[752] Manuel LUENGO. *Diario*, 15 de noviembre de 1767.

[753] Manuel LUENGO. *Diario*, 4 de febrero de 1769.

[754] Manuel LUENGO. *Diario*, 4 de marzo de 1769: "… nos han contado como cierto y seguro que el Comisario D. Pedro de la Forcada está haciendo información jurídica sobre el hecho de las fábricas de armas y municiones que tenemos en estas casas de campo, y dicen que lo saben por uno que ha sido examinado y ha hecho su declaración en el asunto. (…) Y le basta y aun le sobra el haber encontrado estos rumores en la ciudad y el figurársele, y en esto no va mal, que, si llega a formar algún papelillo que haga algo verosímil esta fabulilla y lo remite a Madrid, hará un servicio de mucha importancia y de grandísimo gusto para aquel ministerio, y que acaso se lo premiarán más que si ganara una famosa batalla o agregara a la monarquía una nueva Provincia, porque esta información, puesta en manos de aquellos Ministros, ¡cuánto les pudiera servir para su grande negocio de tener bien engañado al Monarca en punto de jesuitas y confirmar las necias y calumniosas especies contra nosotros de que le han llenado bien la cabeza! Pero ¿puede haber cosa en el mundo más irracional y más loca que dicha información sobre fábricas de armas por los jesuitas españoles y en el estado en que se hallan? Rara desventura nuestra, que no nos han de dejar en paz y quietud ni aun en estos desiertos en donde vivimos contentos, divertidos con cuatro libros viejos y malos y encomendándonos a Dios, sin pensar en otra cosa y mucho menos en armas, municiones y en formar ejércitos".

[755] Manuel LUENGO. *Diario*, 4 de octubre de 1771: "… y es el haber mudado de Comisario los que estamos en Bolonia. Hasta aquí, desde que dividieron entre sí las Provincias los 3 Comisarios, estábamos bajo del señor D. Pedro de la Forcada. Pero este Comisario, por huir las ocasiones por las que ha sucedido el desfalco en los caudales, de que hablamos en otra parte, y por haberle obligado a ello, según se cree, su mujer, que hace poco tiempo que llegó de España, ha marchado a vivir a Faenza, y se ha encargado por consiguiente de las Provincias que están en le Romagna, dejando al cuidado del genovés D. Luis Gnecco las que están aquí en Bolonia".

de un hermano coadjutor llamado Juan Alcay para que actúe de espía de los que fueron sus hermanos de religión[756]. En todo caso, por carta del 23 de marzo de ese mismo año de 1782 le hace saber el Comisario a los ex jesuitas de Faenza "haber llegado a noticia del Rey, nuestro Señor, que Dios guarde, la temeraria conducta que han tenido varios de los que allí residen, arrojándose con el motivo de la presente guerra en proferir en sus conversaciones y corrillos las más osadas proposiciones con deshonor de la Nación"[757]. Al dejar en 1785 su cargo fue promocionado a Alcalde de casa y corte[758] y fue sustituido por Luis Gnecco[759].

Al conocerse el 10 de septiembre de 1787 la muerte de Forcada el diarista Luengo le dedicó ese día un espacio a su biografía y de ella entresacamos algunos espacios: "En la Historia del destierro de la Compañía de Jesús de España, primero a Córcega y después a Italia, hará mucho papel este Sr. D. Pedro, y no tanto por habernos seguido por mucho tiempo en calidad de Comisario, y con alguna autoridad sobre nosotros, y habernos mortificado y dado que padecer mucho, cuanto por los informes malignos y calumniosos, ya sobre todos en general y ya sobre muchos particulares, que enviaría a Madrid desde el destierro, y que se conservaran en alguna Secretaría o archivo". Y más adelante, se muestra duro el cronista a la hora de juzgar su honestidad pues su deseo de congraciarse con los ministros madrileños "y con mucho fervor en cuanto a darles gusto y servir cumplidamente en su furioso empeño de abatir, oprimir e infamar a los jesuitas, procurando con estos servicios, tan agradables a ellos, tenerles propicios para lograr aumento de su renta, el perdón de algunos millares de pesos duros

---

[756] Luengo copia parte de la carta: "En este supuesto se ha de servir Vm. averiguar con cautela las conversaciones que sobre el asunto tuvieren o hayan tenido dichos americanos, avisándome de ello y de los sujetos en particular que se hayan señalado en osadas proposiciones. Para el más pronto y seguro desempeño puede Vm. también valerse de algún otro honrado español o persona que sea de satisfacción suya".
[757] Manuel LUENGO. *Diario*, 2 de julio de 1782.
[758] Manuel LUENGO. *Diario*, 8 de mayo de 1785.
[759] Manuel LUENGO. *Diario*, 8 de mayo de 1785.

que había robado a la caja o depósito del dinero destinado a darnos la pensión, para lucirlo y para mantener sus vicios, y finalmente un buen premio en España"[760].

Luis Gnecco era genovés y hace acto de presencia desde el primer momento en la Isla de Córcega. En 1771 se encargaba de los jesuitas que residían en Ferrara a los que parece que siempre les dio buen trato[761] y en octubre cumplía idénticos oficios en Bolonia[762]. En 1773 viaja a Faenza para discutir las instrucciones de Madrid con respecto a un supuesto restablecimiento de la Compañía después de su extinción[763]. En 1792 es sustituido por Giuseppe Capeletti[764]. Luengo le dedica su entrada del día 9 de julio de 1792 y hace de él una breve biografía. Abandonó el cargo el día 7 de julio y sintetiza su conducta de la siguiente manera: "Su conducta en este ministerio o ejercicio del empleo de Comisario de la Corte de España ha sido tal que ni se puede reprender ni alabar del todo. En el modo de tratar a los sujetos, que recurrían a él, era bastante atento y urbano, y regularmente no ha añadido por su parte nueva odiosidad y amargura a las cosas odiosas y amargas que han debido de pasar a nosotros por sus manos"[765].

Guasti remarcará que tras la extinción Luigi Gnecco y su sucesor Giuseppe Capelletti, al vivir en contacto con los expulsos durante más de treinta años, acabaron solidarizándose con ellos. Y en "el caso particular del embajador español en Génova, Juan Cornejo, más que de solidaridad humana se trató de un apoyo sistemático, ya que el ministro,

---

[760] Manuel LUENGO. *Diario*, 10 de septiembre de 1787.

[761] Manuel LUENGO. *Diario*, 8 de abril de 1773: "El que se haya dado en este tiempo se lo debemos al Comisario D. Luis Gnecco, que prosigue en portarse con nosotros con buen modo, con atención y con buena voluntad".

[762] Manuel LUENGO. *Diario*, 4 de octubre de 1771.

[763] Manuel LUENGO. *Diario*, 10 de enero de 1774.

[764] Manuel LUENGO. *Diario*, 2 de enero de 1792. Es promovido del grado de Comisario de Marina al de Intendente.

[765] Manuel LUENGO. *Diario*, 9 de julio de 1792.

muy próximo a la Compañía, protegió y respaldó de muchas maneras a los expulsos que decidieron residir en la capital de la República"[766].

Gabriel Durán fue el comisario regio de Roma que sucedió a Pedro Castro poco querido por los jesuitas. En 1801 elaboró la lista de los jesuitas que llegaban desterrados de España y se unían a la comunidad de ignacianos de la Ciudad Santa[767]. Falleció en 1806[768].

Mas, antes de descender a los pormenores del tema planteado trataremos de mencionar los temas generales a todos.

Las primeras exigencias para los abolidos. Si a finales de agosto de 1773 la autoridad eclesiástica promulgaba el Breve pontificio sería el 20 de octubre cuando el comisario regio promulgaría en Ímola el Breve, una vez que gozaba del placet del gobierno hispano y por ende, una vez más, la Iglesia debería ser complaciente con las autoridades españolas[769].

Fueron varias las instrucciones promulgadas por el Consejo Extraordinario tras el Breve *Dominus ac Redemptor* pero se iniciaron con tres fundamentales: la indumentaria, la vida comunitaria y la residencia.

Tenían la obligación de abandonar el traje jesuítico y adoptar cuanto antes el vestido de los sacerdotes seculares. Curiosamente, en julio de 1774 –un año más tarde- se dio a todos el socorro de 14 pesos fuertes "para que con ellos se vistiesen de seculares"[770].

Disponemos de una descripción anónima del 2 de abril de 1774 de Rímini que recoge la nueva imagen de los recién abolidos: "También he visto a muchos de los ex jesuitas andaluces, principalmente los de

---

[766] Niccolò GUASTI. "Rasgos del exilio italiano de los jesuitas españoles". En: *Hispania Sacra*. Madrid, LXI, nº., 123 (2009) 261-262.

[767] Manuel LUENGO. *Diario*, XXXV, 130 y 209.

[768] Manuel LUENGO. *Diario*, XL, 126.

[769] Walter HANISCH. *Itinerario y pensamiento de los jesuitas expulsos de Chile (1767-1815)*, 91-92.

[770] JOUANÉN. *Historia de la Compañía de Jesús en la antigua Provincia de Quito*, II, 665.

Sevilla, y con una variación de vestidos, que apenas conocería V. M. a algunos: los más han echado peluca: los sacerdotes llana y los que eran legos redonda. Hay alguno que se pudiera beber en un vaso de agua; otros de un modo decente y serios; otros que parecen andrajos de los dómines salmantinos. El vestido ordinario de sacerdote es de sotana larga y cuello de clérigo para ir a decir misa y lo demás del día vestido de abate en cuerpo (…). Los que eran legos están vestidos enteramente de seglar: otro de abate y otros ni lo uno ni lo otro, sino una especie de sotana de paño negro con dos órdenes de botones hasta el talle y el manteo que antes tenían hecho capa; esto es, dicen, hasta que les den para vestirse, que lo esperan de día en día. (…). Mucha de la gente moza está debiendo a los mercaderes la ropa que hizo, y como el plazo era para en dando el rey socorro para ello, está la deuda en pie con gran deseo de ambas partes de que acabe de venir"[771].

Asimismo, quedaba proscrito el concepto de corporación y de comunidad y se les imponía la dispersión y en consecuencia ningún grupo podía superar el número de 3 y ser del mismo grado con el fin de borrar los criterios de la vieja jerarquía; de igual forma, se prohibía que pudieran vivir jóvenes junto a viejos aunque fuesen parientes o hermanos[772].

También quedaba normada la territorialidad habitacional pues debían permanecer en los lugares donde residían y los párrocos debían levantar una información personal al modo de cualquier reseña policial[773].

Sin embargo, el 8 de septiembre se les hizo saber que el Papa había permitido "que los abolidos pudiesen ir libremente, exceptuada la ciudad de Roma, a cualquier parte del mundo". Esta decisión ilusionó

---

[771] Archivo del Ayuntamiento de Sevilla. *Colección Conde del Águila*, XII, doc. 40. Carta de Rímini, 2 de abril de 1774. Citado por Walter HANISCH. *Itinerario y pensamiento de los jesuitas expulsos de Chile (1767-1815)*. Santiago de Chile, Editorial Andrés Bello (1972) 91.

[772] Niccolò GUASTI. "Rasgos del exilio italiano de los jesuitas españoles". En: *Hispania Sacra*. Madrid, LXI, n°., 123 (2009) 262.

[773] JOUANÉN. *Historia de la Compañía de Jesús en la antigua Provincia de Quito*, II, 665-666.

a muchos españoles que pensaron que podrían regresar a sus patrias "de modo que muchos malbarataron sus cosas para estar prontos y expeditos a la marcha"; pero a fines del mismo mes los ministros reales les hicieron saber que el destierro era perpetuo "con modo mucho más doloroso y sensible". Y para ello se repartió una hoja impresa que contenía la Pragmática Sanción del 2 de septiembre de 1767 y el Breve de abolición[774].

Las pensiones. El articulo III de la *Pragmática Sanción* estatuye unas pensiones "que serán de cien pesos, durante su vida, a los Sacerdotes, y noventa a los Legos, pagaderos de la masa general, que se forme de los bienes de la Compañía"; pero según el artículo IV quedan excluidos los extranjeros y de acuerdo con el V los novicios[775].

Según el artículo VII la paga del vitalicio se debía realizar a través del Banco del Real Giro con la intervención del ministro de España en Roma. Esta entidad bancaria había sido fundada en 1751 como Oficina del Real Giro y su objetivo consistía en obviar las arbitrariedades de los cambistas que exigían hasta un 20 por ciento y además poseía varias sucursales en tierras italianas. Y una de las funciones del ministro consistía en llevar cuenta de los que fallecían o de aquellos que por su culpa quedaban privados de la pensión a fin de rebatir su importe. Y como apunta Borja Medina aquellos jesuitas expatriados y considerados como proscritos seguían siendo "un elemento peligroso del que no se podía fiar y había que vigilar"[776].

---

[774] JOUANÉN. *Historia de la Compañía de Jesús en la antigua Provincia de Quito*, II, 665.

[775] *COLECCIÓN GENERAL de las providencias hasta aquí tomadas por el Gobierno sobre el estrañamiento y ocupación de temporalidades de los Regulares de la Compañía, que existían en los Dominios de S. M. de España, Indias e Islas Filipinas a consecuencia del Real Decreto de 27 de febrero y Pragmática-Sanción de 2 de abril de este año*. Madrid, 1767 (Parte primera).

[776] Francisco de Borja MEDINA. "Extrañamiento y extinción de la Compañía de Jesús: venturas y desventuras de los jesuitas en el exilio de Italia". En: Manuel MARZAL y Luis BACIGALUPO (editores). *Los jesuitas y la modernidad en Iberomérica 1549-1773*. Lima, Fondo Editorial de la Universidad Católica-Instituto Francés de Estudios Andinos-Universidad del Pacífico (2007) 469.

Pero, la "graciosa concesión" estaba limitada por fuertes condicionamientos. Su obtención imponía no sólo el confinamiento en los Estados de la Iglesia, sino que además exigía una conducta personal e institucional totalmente respetuosa a los requerimientos de la corte de Madrid pues como reza el artículo VI de la Pragmática podría cesar su goce por cualquier pretexto que la corte hispana juzgara "justo motivo de resentimiento". Y el artículo XVI era taxativo: "Prohibo expresamente, que nadie pueda escribir, declarar, ó conmover con pretexto de estas providencias en pro ni en contra de ellas; antes impongo silencio en esta materia á todos mis Vasallos, y mando, que á los contraventores se les castigue como Reos de lesa Magestad".

En realidad, no se trataba de ningún beneficio ni mucho menos de un rasgo de generosidad del gobierno español pues los fondos no provenían del Estado sino de los bienes confiscados tras la expulsión de 1767.

Es bueno clarificar el monto de la siempre mencionada "pensión". Según el quiteño Justo Pastor Mera "la pensión que S. M. da a los jesuitas es de una peseta, esto es, un real y medio de Indias por día; de esto han de comer, vestir, pagar casa, médicos, medicinas, etc."[777].

A finales del siglo XVIII el abolido Francisco Javier Mariátiegui explicitará: "Para poder formarse una idea justa de lo que es nuestra pensión en el Genovesado, basta reflexionar que no hay persona de calidad y de economía a quien un criado no le cueste entre todo 40 sueldos: son 15 sueldos más de lo que se le pasa al día a un ex jesuita que, fuera de la casa paterna, es preciso que compre y pague todo"[778].

El año 1775, el cronista quiteño describirá la vida de los abolidos de la siguiente manera: los obligaron "a mil miserias, trabajos y sonrojos

---

[777] JOUANÉN. *Historia de la Compañía de Jesús en la antigua Provincia de Quito*, II, 666, nota (1).

[778] AGS. *Gracia y Justicia*, 685. Antonio ASTORGANO ABAJO. "Un jesuita expulso sangüesino rebelde: Francisco Javier Mariátegui, el ex jesuita oprimido". En *Príncipe de Viana*. Pamplona, nº., 252 (2011) 225.

a los pobres desterrados, los cuales se vieron como la hez y la basura del mundo en la forzosa necesidad de ponerse al abrigo de los zapateros, barberos y demás vil canalla de las ciudades por no ser capaces, por falta de dinero, a aspirar a otro más decente acomodo"[779].

Según el testimonio de los propios expatriados estaban ante una situación límite con la que apenas podían sobrevivir y además este "exiguo vitalicio" iba sistemáticamente perdiendo valor al ritmo de los ciclos inflacionarios y como explica Borja Medina "no pocos jesuitas se veían reducidos a la miseria y pasaban hambre, en un país extraño, sin derechos jurídicos que los defendieran y obligaran a ser atendidos por los oficiales reales"[780].

Aunque, al parecer, hubo puntualidad en los cobros de las pensiones, sin embargo también se dieron de vez en cuando sus excepciones. Por citar un caso significativo, nos referiremos a la actuación del P. Francisco Javier Idiáquez, provincial de Castilla, quien en 1771 se veía obligado a escribir a Madrid sobre el retraso con que recibían sus pensiones[781]. Como apunta Isidoro Pinedo es posible que haya sido el Conde de Aranda quien informado del problema escribió al embajador español en Roma para que vigilara la conducta de los comisarios y revisara periódicamente sus cuentas[782]. Y así ordenó que el contador y el secretario fueran destituidos y que La Forcada fuera amonestado y trasladado a Faenza y que en el término de seis meses debía reunirse con el resto de su familia[783].

---

[779] JOUANÉN. *Historia de la Compañía de Jesús en la antigua Provincia de Quito*, II, 666.

[780] Francisco de Borja MEDINA. "Extrañamiento y extinción de la Compañía de Jesús: venturas y desventuras de los jesuitas en el exilio de Italia", 470.

[781] AGS. *Gracia y Justicia*, 688. *Carta de Francisco Javier Idiáquez al Confesor Real*. Bolonia, 3 de mayo de 1771.

[782] Archivo de la Embajada española en Roma (AEER). 89, 102-104. Azpuru dándose por enterado: dos cartas 27 de mayo y 13 de junio de 1771. Citado por: Isidoro PINEDO. "El pontificado y los jesuitas al tiempo de la extinción de la Compañía de Jesús". En: *Anuario del Instituto Ignacio de Loyola*. San Sebastián (1998) 55.

[783] Rafael OLAECHEA y José Antonio FERRER BENIMELI. *El conde de Aranda. Mito y realidad de un político aragonés*. Zaragoza, I (1978) 170-172.

En fin, todos coinciden en afirmar que con ese aporte no podían sobrevivir y pronto comenzaron a llegar las ayudas familiares. A los comisarios regios les preocupaba tanto el monto de los envíos de familiares y amigos como los canales por los que recibían los donativos. Se servían de los bancos o de los agentes comerciales aunque con el correr de los tiempos comenzaron a usar la vía oficial[784].

Al final de la década de los años 70 se registró una caída el poder adquisitivo del vitalicio público a consecuencia de una tendencia inflacionista agravada por las reformas monetarias del tesorero Fabrizio Ruffo[785].

Y en 1783, para aliviar las cargas del erario real, se emitió una real cédula del 5 de diciembre por la que se permitía heredar a los jesuitas. A continuación explicita que "los que fueron individuos de la extinguida Compañía, tienen capacidad para adquirir los bienes muebles, raíces y otros efectos que hubiesen recaído en ellos, recayesen y les correspondan por herencia de sus padres, parientes o extraños…". Tras varias disposiciones legales concluye el documento con la siguiente decisión: los sacerdotes y coadjutores que perciban al año por concepto de herencia más de 200 pesos no percibirán la pensión real[786]. Sin embargo, concluye Hanisch de la siguiente manera estas acciones: "… podemos decir que las ayudas a los jesuitas chilenos fueron pocas y moderadas, que las herencias y capellanías las vieron muy pocos, si es que tuvieron la suerte y los más fueron pobres"[787].

---

[784] W. HANISCH. *Itinerario y pensamiento de los jesuitas expulsos de Chile (1767-1815)*, 104.

[785] Niccolò GUASTI. "Rasgos del exilio italiano de los jesuitas españoles". En: *Hispania Sacra*. Madrid, LXI, nº., 123 (2009) 262.

[786] AHN. *Jesuitas*, 268/1. Real cédula del 5 de diciembre de 1783. Una síntesis en W. HANISCH. *Itinerario y pensamiento de los jesuitas expulsos de Chile (1767-1815)*, 105-106.

[787] W. HANISCH. *Itinerario y pensamiento de los jesuitas expulsos de Chile (1767-1815)*, 106-109.

Pero también la creatividad se abrió paso para experimentar nuevos ensayos. En 1786 el sacerdote chileno Pedro Vivar que había sido testigo de la vida que llevaban sus connacionales le relataba en Cádiz a José Manuel de Encalada lo que había observado: "... desde la expulsión, como se han visto privados del ejercicio de su profesión, no han tenido otro arbitrio para mejorar el amago de sus estrecheces que dedicarse con el mayor tesón a los estudios y conocimientos de las artes liberales y los oficios mecánicos; y así se encuentran entre ellos personas muy doctas, excelentes pintores, primorosos relojeros, grandes plateros, etc."[788].

A pesar de todo el gobierno español trató de seguir manejando a su antojo a los abolidos y cualquier imposición iba acompañada del siguiente estribillo "so pena de perder la pensión". Conocemos órdenes como la que comunica a los expulsos que cualquiera que pasase a vivir en Génova sin permiso, perdería la pensión; además trasmite órdenes de España por las que prohíbe a los jesuitas que vendan la pensión o que den derechos sobre ella[789]. En otra oportunidad responde a las consultas sobre la conveniencia de que salieran de las residencias de los italianos los pocos jesuitas españoles que residían en sus colegios, dadas las visitas que estaba realizando a ellos el Arzobispo Malvezzi[790].

También en el *Diario* de Manuel Luengo encontramos alusiones continuas a las notorias diferencias que existían entre los sueldos de los comisarios regios y la mediocre pensión que recibían.

El 11 de julio de 1768, todavía en la Isla de Córcega, escribía: "De suerte que para nuestra pensión hay un tribunal entero compuesto de cuatro hombres, y todos con buenos sueldos, conviene a saber, los dos Comisarios D. Pedro de la Forcada y D. Fernando Coronel, el genovés Migliorini, Secretario o Tesorero y este Sánchez, Contador; y aún en

---

[788] Citado por Walter HANISCH. *Itinerario y pensamiento de los jesuitas expulsos de Chile (1767-1815)*, 93.
[789] Manuel LUENGO. *Diario*, 3 de enero de 1775.
[790] Manuel LUENGO. *Diario*, 3 de enero de 1775.

Génova debe de haber otro Comisario y lo es otro genovés llamado Gnecco. ¡Cuántos gastos y cuánto dinero se echa fuera de España por un empeño impío de 3 o 4 Ministros!"[791].

No hemos podido precisar cómo eran los controles contables de las ingentes sumas de dinero que manejaban los comisarios dada las posibilidades que ofrecían tanto para los desfalcos como para los gastos suntuosos. En este sentido, recogemos las observaciones de Luengo que asentaba en su Diario el 1º de mayo de 1777: "Cuando se dejó ver casi repentinamente en esta ciudad el genovés D. Luis Gnecco con el carácter de tercer Comisario Real, se notaría ciertamente en este Diario que la causa había sido el haberse averiguado el desfalco de algunos millares de pesos duros, que comúnmente se cree que fueron ocho, en la caja del dinero destinado para nuestros socorros y pensiones. Se supone ahora y se tuvo por cierto entonces que por partes iguales habían defraudado aquel dinero los dos Comisarios, D. Fernando Coronel y D. Pedro de la Forcada, y los dos lo habían empleado en sus devaneos y locuras para igualar en el tren y magnificencia a los Caballeros de la ciudad y parecer grandes Señores. Y a Forcada se le iría también algo en el trato ilícito con una Comedianta y Bailarina, de la que es público en toda la ciudad que tuvo un hijo. Y aun llegaron estas noticias a España y obligaron a su mujer a venir a este país para apartarle de tales tratos y sacarle de esta ciudad. He aquí, según esto, públicamente adúltero y ladrón a este gran Comisario Real D. Pedro de la Forcada, que tiene una casi soberana autoridad sobre millares de jesuitas y que habrá escrito a Madrid contra ellos muchos centenares de cartas llenas de vaciedades, de informes malignos, de necedades y locuras. ¿Qué crédito deben merecer en los tiempos adelante las cosas que se hallen contra los jesuitas desterrados en las cartas de un hombre como éste?"[792].

---

[791] Manuel LUENGO. *Diario*, 11 de julio de 1768.
[792] Manuel LUENGO. *Diario*, 1º de mayo de 1777.

II. LAS NUEVAS OPCIONES DE VIDA

Libres —supuestamente- de toda atadura jurídica con lo que fue la Compañía de Jesús y obligados a dispersarse y a no poder formar ni siquiera pequeñas comunidades es lógico que cada cual se abriera nuevos caminos de acuerdo con sus posibilidades[793].

En definitiva, no sólo había que enterrar la historia de una institución que había servido a los intereses de la humanidad en cuatro continentes sino que además había que desmontar tanto su estructura organizacional así como también toda forma de convivencia que se asemejara al pasado.

Cómo podían insertarse en una sociedad provinciana y pobre, siempre controlados por los comisarios reales hispanos, condenados prácticamente a vivir en la miseria y destruida la capacidad de actuar como un cuerpo activo, organizado y creativo!

LAS RESPUESTAS A LA SUPUESTA "LIBERACIÓN" DE 1773.

De hecho, tuvieron una vez más que afrontar un nuevo futuro y para dar respuesta a esta inédita etapa podríamos señalar los siguientes caminos. Algunos lograrían insertarse en el mundo intelectual, cultural o docente italiano; otros podrían adherirse a los ministerios sacerdotales en las diversas diócesis en donde fueron benignamente recibidos por los obispos; pero, también, apareció un gran grupo que podríamos denominarlo como el de los "ignorados": los fugitivos, los presos, los perseguidos, los secularizados, los enfermos y los casados[794].

---

[793] Miguel BATLLORI. "La Compañía de Jesús en la época de la extinción". En: *Archivum Historicum Societatis Iesu*. Roma, XXXVII (1968) 201-231.

[794] Es interesante el estudio de Ferrer Benimeli: "Los <otros> jesuitas de Bolonia". En: Patrizia GARELLI e Giovanni MARCHETTI. *Un 'hombre de bien'. Saggi di lingue e letterature iberiche in onore di Rinaldo Froldi*. Alessandria, Edizioni dell'Orso (2004) 483-500.

En este apartado trataremos de recoger información sobre los secularizados, los prófugos, los presos y los perseguidos. Dejamos para otro capítulo a los privilegiados que lograron insertarse en el mundo académico, intelectual y cultural.

Los secularizados. Aunque el tema moral de este concepto lo hemos tratado en las acciones que se superpusieron en la Isla de Córcega entre los fugitivos y los secularizados, sin embargo, añadiremos algunos datos de las etapas posteriores.

A los disidentes que abandonaron la Compañía de Jesús entre la expulsión y la supresión (1767-1773) se les da el nombre de "secularizados" pero los viejos compañeros los calificaban de "desertores".

La secularización en el derecho canónico supone un indulto por el que al solicitante se le dispensan de sus votos y de todas las obligaciones provenientes del compromiso previamente contraido por causas legítimas[795]. Dos acciones se requerían en este proceso: obtener del P. General las letras dimisorias y firmar una declaración solemne de fidelidad al monarca hispano.

En el fondo, debe el historiador calibrar la lucha interna que tuvieron que afrontar aquellos hombres formados para los altos deberes que exigen la promoción del hombre y de todo el hombre, arrancados violentamente de lo que era su misión y a la que habían consagrado sus vidas.

¿Tenían razón de ser los votos que un día pronunciaron con todo fervor y buena voluntad al ser descuartizados los objetivos y los compromisos de sus promesas?

---

[795] Lamberto de ECHEVERRÍA et alii. *Código de derecho canónico.* Edición bilingüe comentada. Madrid, Biblioteca de Autores Cristianos (1983) canon, 691 y 192.

En medio de esa noche oscura en la que se veían obligados hasta a apostatar de sus recuerdos es lógico que se dejaran fascinar por dos proposiciones del gobierno español: "escapar a las precarias condiciones en que se hallaba Córcega y un ferviente deseo de regresar a España"[796].

El día 3 de junio de 1768 escribía Luengo en su *Diario*: "... los que ya estamos en estos miserables puertos, expuestos por otros cien lados a miserias y peligros, algunos pusilánimes se turben y consternen demasiado y huyan de aquí a buscar en otra parte un rinconcito en que vivir con alguna quietud y desahogo"[797].

Es fácil de comprender la carga movilizadora de esta ilusión para los que se debatían entre el dilema de seguir un futuro incierto o reiniciar una nueva biografía dadas las aparentes oportunidades que les ofrecían las autoridades españolas.

El desespero llegó incluso en algunos a no respetar formalidad alguna y a tratar de ingresar clandestinamente en la patria que los había visto nacer. Los comisarios regios fueron detectando fugitivos que penetraban bien por Cataluña, bien por Gibraltar o bien por Francia[798].

Sin embargo, el gobierno español dio una real cédula del 18 de octubre de 1767 en la que exigía que para volver a España se necesitaba un permiso especial del rey y si no se cumplía se castigaría a los sacerdotes con reclusión perpetua y a los hermanos coadjutores con la pena de muerte[799].

---

[796] Enrique GIMÉNEZ LÓPEZ y Mario MARTÍNEZ GOMIS. "La secularización de los jesuitas expulsos (1767-1773)". En: GIMÉNEZ LÓPEZ, Enrique (Edit.). *Expulsión y exilio de los jesuitas españoles*. Alicante, Universidad de Alicante, 1997) 261.

[797] Manuel LUENGO. Memorias de un exilio. *Diario de la expulsión de los jesuitas de los dominios del Rey de España (1767-1768)*. Estudio introductorio y notas de Inmaculada Fernández Arrillaga. Alicante, Universidad de Alicante, 2001) 548.

[798] GIMÉNEZ LÓPEZ y Mario MARTÍNEZ GOMIS. "La secularización de los jesuitas expulsos (1767-1773)", 263 y ss.

[799] Walter HANISCH. *Itinerario y pensamiento de los jesuitas expulsos de Chile (1767-1815)*, 76-77.

Pero como el objetivo de Carlos III era el de fracturar la estructura orgánica de la Orden de Ignacio de Loyola se suavizaron las primeras medidas y cambiaron la "obsesión de España" por la residencia en los Estados Pontificios con la exclusión de los estados borbónicos de Nápoles y Parma y también el Ducado de Toscana[800].

Para incentivar estas acciones separatistas se nombró al agente Pedro de Castro para que facilitara los trámites administrativos que comportaba la secularización[801]. Diligente fue este funcionario, pues en el verano de 1768 le remitía al marqués de la Cañada una lista de 102 jesuitas llegados al Puerto de Santa María que solicitaban la secularización en la creencia que esa decisión les facultaría para regresar a España[802].

A los "secularizados" se les permitió vivir en Roma y allí esperaban "por momentos el cumplimiento de las gloriosas promesas que les habían hecho en España con tal que desertasen de la odiada Compañía". Pero la realidad fue que cada seis meses, al momento de recibir la pensión debían "presentar la certificación *de vita et moribus* firmada de los respectivos párrocos, los que vivían en Roma y de los Ordinarios [obispos] los que vivían fuera de ella, bajo pena de perder la pensión"[803].

De acuerdo con las informaciones que ofrecen Enrique Giménez y Mario Martínez sobre los jesuitas americanos arrojan las siguientes estadísticas de "secularizados"[804]:

---

[800] AGS. *Gracia y Justicia*, 670. *Consejo Extraordinario*, 8 de septiembre de 1767.
[801] AGS. *Gracia y Justicia*, 670. *Consejo Extraordinario*, 1º de noviembre de 1767.
[802] Archivo del Ministerio de Asuntos Exteriores. *Santa Sede*, 331. La lista se encuentra en un anexo al folio 372.
[803] JOUANÉN. *Historia de la Compañía de Jesús en la antigua Provincia de Quito*, II, 664-665.
[804] Enrique GIMÉNEZ LÓPEZ y Mario MARTÍNEZ GOMIS. "La secularización de los jesuitas expulsos (1767-1773)", 291.

Chile: Expulsos, 238. Secularizados, 32. Porcentaje, 13'4.
México: Expulsos, 650. Secularizados, 78. Porcentaje, 12'0.
Paraguay: Expulsos, 449. Secularizados, 27. Porcentaje, 6.0.
Perú: Expulsos, 338. Secularizados, 186. Porcentaje, 55'1.
Quito: Expulsos, 183. Secularizados, 29. Porcentaje, 15'8.
Santa Fe: Expulsos, 178. Secularizados, 26. Porcentaje, 14'6.
Filipinas: Expulsos, 152. Secularizados, 6. Porcentaje, 3'9.

Sin embargo, debemos confesar que nuestras investigaciones ofrecen datos algo distintos a los suministrados anteriormente. De los 228 jesuitas que integraban la Provincia del Nuevo Reino antes del decreto de expulsión, llegaron al Puerto de Santa María 201 y el 1º de enero de 1774 quedaban como abates fieles a su vocación 157 distribuidos de la siguiente manera: 74 sacerdotes, 42 escolares y 46 coadjutores[805].

Mas, para los pormenores de esta triste historia nos remitimos al estudio de Enrique Giménez en donde el lector encontrará las fuentes y el relato del proceso seguido por los solicitantes[806].

Los prófugos. Fueron tres las tipologías que se esconden tras el concepto de prófugo. La primera, mira a los que huyeron en tierras americanas; la segunda, los que se fugaron de la Isla de Cerdeña, y la tercera los que trataron de evadir el control español una vez reducidos a "abolidos". Pero también se da una tipología que une las tres anteriormente citadas como lo demuestra la investigadora alicantina Inmacula Fernández[807].

---

[805] Archivo de Monumenta Historica Societatis Jesu. Armadio F-10. *Relación individual de los Ex-Jesuitas muertos en las Once Provincias de España e Indias desde la expulsión hasta el día 30 de junio de 1777.* Por don Juan Antonio Archimbaud. Provincia de Santa Fee. La diferencia que establecen ambas sumas: 162 y 157 opinamos se debe a que la primera incluye en su sumatoria

[806] Enrique GIMÉNEZ LÓPEZ y Mario MARTÍNEZ GOMIS. "La secularización de los jesuitas expulsos (1767-1773)", 259-303.

[807] Inmaculada FERNÁNDEZ ARRILLAGA. *Jesuitas rehenes de Carlos III: Misioneros desterrados de América presos en el Puerto de Santa María (1769-1798).* Puerto de Santa María, Concejalía de Cultura del Ayuntamiento de El Puerto de Santa María (2009) 91-94.

Ciertamente hubo jesuitas arriesgados que optaron por huir tras la promulgación de la Pramática Sanción del 2 de abril de 1767 en tierras americanas. Para citar un ejemplo podríamos apelar al caso de Chile. El Gobernador, Brigadier Antonio Guill y Gonzaga, dio un bando que rezaba: "Se ha experimentado la vergonzosa fuga que han hecho ocho sacerdotes y tres coadjutores (de los lugares en que estaban depositados) contraviniendo la fidelidad al rey, a la religiosidad con que se mantenían y a sus propias conciencias en el distrimiento con que vagan; no habiendo sido bastantes cuantas providencias y órdenes se han repetido para su aprehensión y arresto, debiéndose cumplir exactamente la voluntad del soberano y poner en sosiego a todo el reyno..."[808]. En la Provincia del Nuevo Reino no tenemos hasta el presente noticia de ningún hecho de esta modalidad.

El segundo modelo se dio en la Isla de Córcega ya que los controles hispanos no podían ser los mismos que en la jurisdicción territorial española, pues dependía de la República de Génova y después de Francia.

Aquí podemos afirmar que el sentido de la libertad frente al agotamiento psicológico aconsejó a algunos desterrados y buscar nuevos horizontes ,y por ello se hermanaron en esta decisión tanto los que buscaban la secularización así como los que simplemente huían del infierno.

La crítica situación política y social que se vivía en la Isla aconsejó a las autoridades españolas el decretar que no perderían la pensión los fugitivos que dirigieran sus pasos hacia los Estados Pontificios. Y sus primeros destinos serían Génova, el ducado de Toscana y su puerto de Livorno y Roma[809].

---

[808] Citado por Walter HANISCH. *Itinerario y pensamiento de los jesuitas expulsos de Chile (1767-1815).* Santiago de Chile, Editorial Andrés Bello (1972) 48 y ss. [Remite a: Archivo Nacional de Santiago. Fondo varios. XX. Carta de Guill, 12 de mayo de 1768. En Archivo O'Higgins, pieza uno]

[809] Enrique GIMÉNEZ LÓPEZ y Mario MARTÍNEZ GOMIS. "La secularización de los jesuitas expulsos (1767-1773)", 278-282.

La imagen de los fugitivos al llegar a sus destinos era lamentable, pues tras recorrer un largo periplo muchas veces a pie y viviendo de limosna pues no disponían de dinero los convertía en verdaderos pordioseros y según el embajador español Azpuru era habitual encontrarlos a "quasi todos miserables, y algunos sacerdotes quasi desnudos"[810].

Hasta el momento del único que nos consta entre los miembros de la Provincia del Nuevo Reino que practicó esta modalidad de fugitivo de Córcega es al P. Felipe Salvador Gilij, italiano y misionero en el río Orinoco desde 1749[811].

La tercera modalidad se dio después de la extinción de la Compañía de Jesús tras el Breve *Dominus ac Redemptor* en 1773. No huyen de su antigua militancia religiosa, pues su corporación ha sido abolida; no escapan de España, pues desde 1767 han perdido la nacionalidad. Son fugitivos de los humillantes controles a los que quieren someterlos las "pensiones" y como seres pensantes tratan de ingresar a los mundos nuevos.

Este grupo es a nuestro juicio el más numeroso y lo constituyen los que tuvieron la capacidad de insertarse en los movimientos ideológicos y políticos (no en los intelectuales y culturales) que adquirían tensión en Europa.

Es curioso que a través de la obra escrita[812] del Precursor de la independencia de Venezuela, Francisco de Miranda[813], sea por donde se abre un resquicio para poder abordar la temática de los jesuitas en la independencia de América.

---

[810] AGS. *Estado*, 5046. *Carta de Azpuru a Grimaldi*. Roma, 17 de septiembre de 1767. Citado por Enrique GIMÉNEZ LÓPEZ y Mario MARTÍNEZ GOMIS. "La secularización de los jesuitas expulsos (1767-1773)", 280-281

[811] Archivo General del Ministerio de Asuntos Exteriores de Madrid. Embajada de Roma. *Santa Sede*, 355. Oficios de Embajada 1784, fol., 25.

[812] Francisco de MIRANDA. *Archivo del General Miranda*. Caracas, Gobierno Nacional, 1929-1938, 24 vols.

[813] "Miranda, Francisco de". En: FUNDACION POLAR. *Diccionario de Historia de Venezuela*. Caracas, Fundación Polar, III (1997) 173-179.

Esta veta se inicia en noviembre de 1785 cuando el General Miranda entabla contacto en Venecia con Esteban de Arteaga y con Tomás Belón en Roma en enero de 1786. Es llamativo que ambos sean españoles y culturalistas pues Arteaga fue esteticista, musicólogo y filólogo[814] y Belón se dedicaba a los estudios críticos de la iglesia visigótica[815].

Arteaga le proporcionó "una lista de los ex jesuitas américo-españoles que están actualmente en Bolonia, cuyos nombres se puede recordar"[816] que contenía 21 nombres. Belón le consiguió otra lista en Roma de los jesuitas americanos que ascendía a 290[817]. A ellos añadiría el propio Miranda otros nombres hasta llegar a 327[818]. E inluso en 1792 le dirá a Alexandre Pétion (Anne Alexandre Sabès) que él había preparado "medios eficaces en Italia con ciertos Jesuitas americanos, convertidos en hombres esclarecidos y los enemigos implacables de España"[819].

Miguel Batllori ha seguido la pista a estos "prófugos" que inician sus intentonas a partir de 1774[820].

Sin embargo, es más segura la búsqueda de los fugitivos a través de las dos figuras señeras independentistas como serían el peruano Juan Pablo Viscardo y el chileno Juan José Godoy del Pozo[821].

---

[814] Miguel BATLLORI. "Areteaga, Esteban de". En: Charles E. O'NEILL y Joaquín Mª DOMINGUEZ. *Diccionario histórico de la Compañía de Jesús.* Roma-Madrid, I (2001) 252-253.

[815] Rubén VARGAS UGARTE. *Jesuitas peruanos desterrados a Italia.* Lima (1934) 152-153.

[816] *Archivo del General Miranda,* II, 22.

[817] *Archivo del General Miranda,* XV, 98-102.

[818] Miguel BATLLORI. *El abate Viscardo. Historia y mito de la intervención de los jesuitas en la Independencia de América.* Caracas, Instituto Panamericano de Geografía e Historia (1953) 102-103.

[819] Miguel BATLLORI. *El abate Viscardo. Historia y mito de la intervención de los jesuitas en la Independencia de América.* Caracas, Instituto Panamericano de Geografía e Historia (1953) 109.

[820] Miguel BATLLORI. *El abate Viscardo,* 79-81.

[821] José Antonio CRAVIOTTO. "Sobre el origen del ideario independentista de Viscardo y de Godoy". En: *Anuario del Instituto de Investigaciones Históricas.* Rosario, 4 (1960) 423-442.

Juan Pablo Viscardo y Guzmán (1748-1798)[822] "colaboraría" ya difunto con Miranda en 1801 a través la famosa *Carta dirigida a los españoles americanos por uno de sus compatriotas*[823]. Como es natural se dan dos versiones dentro de los historiadores jesuitas: la de Miguel Batllori[824] y la del peruano Rubén Vargas Ugarte[825]. Juan José Godoy del Pozo (1728-1788)[826] tendría una biografía verdaderamente novelesca pues como escribe Félix Álvarez "se sabe que en sus años juveniles se había distinguido por su espíritu osado y atrevido"[827]. Tras un largo periplo conspirativo moriría el 17 de febrero de 1788 en la fortaleza de Santa Catalina en Cádiz[828].

A través de la biografía del abate Viscardo tenemos conocimiento de la presencia de dos neogranadinos en la categoría de "prófugos". Nos referimos a dos hermanos coadjutores: Francisco Aguirre del colegio de Caracas y Esteban Tamayo del Colegio Máximo de Santafé de Bogotá[829].

Los presos. La amplitud de este concepto nos obliga a ir precisando sus verdaderos límites. Presos fueron todos los jesuitas americanos desde el momento mismo de la expulsión en 1767. Presos fueron también

---

[822] Charles E. RONÁN. "Viscardo y Guzmán, Juan Pablo". En: Charles E. O'NEILL y Joaquín Mª DOMÍNGUEZ. *Diccionario histórico de la Compañía de Jesús*. Roma-Madrid, IV (2001) 3986-3988.

[823] La primera edición fue en francés *Lettre aux Espagnols Américains*. Londres, 1799.

[824] Miguel BATLLORI. *El abate Viscardo*. Madrid, 1953, quien mira la acción del jesuita peruano con ojos europeos.

[825] Rubén VARGAS UGARTE. *La Carta a los Españoles Americanos*. Lima, 1954 que contempla el escrito de su compatriota en perspectiva americana.

[826] Charles E. RONAN. "Godoy del Pozo, Juan José". En: Charles E. O'NEILL y Joaquín Mª DOMÍNGUEZ. *Diccionario histórico de la Compañía de Jesús*. Roma-Madrid, II (2001) 1764-1765.

[827] Félix ÁLVAREZ BRUN. *La Ilustración, los Jesuitas y la Independencia americana*, Lima, Imprenta Minerva (1961) 152.

[828] Charles E. RONÁN. "Godoy del Pozo, Juan José", II, 1764.

[829] Miguel BARTLLORI. *El abate Viscardo*, 80. En cuanto a los nombres: Francisco Aguirre aparece en los documentos oficiales del Nuevo Reino de Granada como Francisco Aguilar.

los fugitivos que trataban de regresar a España contraviniendo las órdenes reales. De igual forma, se podría hablar de los "presos ideológicos" que tuvieron cárcel antes y después de 1773.

Mas en este apartado nos circunscribiremos a los que podríamos señalar como los "presos por delitos fronterizos".

No deja de ser llamativo el hecho de que los jesuitas que hasta 1767 fueron los grandes defensores de las fronteras hispanas en las tierras descubiertas por Colón, a partir de esa fecha, fueran recompensados con la reclusión, para algunos perpetua, en las cárceles de la Península ibérica.

Si la expulsión de la Orden fundada por Ignacio de Loyola del imperio español en 1767 fue una decisión de las políticas borbónicas, el sentenciar sin juicio de ningún tipo a cadena perpetua a los jesuitas alemanes que laboraban en México y Chile fue una forma de presión contra la emperatriz María Teresa de Austria aunque la causa aparente fuera la supuesta complicidad con respecto a las aspiraciones inglesas sobre posesiones hispanas en el Pacífico de México y Chile.

¿Qué le importaba al gobierno español el futuro territorial de sus colonias americanas cuando permitía que Brasil fuera invadiendo sistemáticamente sus desguarnecidos espacios geográficos fronterizos?

Ciertamente, en la historia de la formación y deformación de los territorios de las actuales repúblicas sudamericanas, a partir de 1810, la visión amazónica española acabaría ignorando las posiciones estratégicas y la diligencia mostrada por la Compañía de Jesús para mantener los extensos territorios que le había conferido a la corona hispana el Tratado de Tordesillas.

No sin cierta suspicacia anotaba en 1850 el historiador colombiano D. José A. Plaza al descubrir este ensueño jesuítico: "La idea de establecer una escala de comunicaciones mercantiles desde las márgenes del Meta hasta las posesiones portuguesas y las aguas del Atlántico, surcando el Orinoco y el Amazonas, proyectada por los jesuitas, espantó al

Gabinete de Madrid y aceleró la muerte del Instituto. Este plan portentosamente civilizador hubiera variado la faz del continente suramericano y revela lo grandioso del genio que no pide elementos sino libertad para obrar"[830].

En verdad, los ministros ilustrados de Carlos III decidieron ignorar que el cinturón de misiones jesuíticas que se iniciaba en el alto Orinoco y pasaba por Mainas, Quijos, Mojos y el Paraguay[831] significó un bloqueo y una tentación para el avance portugués siempre ajeno al espíritu de Tordesillas. Esta evidente realidad le llevó a declarar en 1646 al conde de Salvatierra, virrey del Perú, que los indígenas de las reducciones eran los "custodios de la frontera"[832]. Todavía más, el virrey Chinchón desoyó el consejo de la reunión resolutoria de Lima para que inaugurara la vía fluvial Napo-Amazonas, como vía formal de enlace con España y de esa forma evitar la ruta continental y marítima que trajinaba el océano Pacífico y atravesaba el Istmo de Panamá[833]. Lamentablemente, la política amazónica española acabaría ignorando las posiciones estratégicas y la diligencia mostrada por la Compañía de Jesús para mantener los extensos territorios.

Quién permitió que la frontera delimitada jurídicamente en Tordesillas no coincidiría nunca con la frontera zonal, siempre en continuo vaivén, cambiante, dinámica y abierta continuamente al riesgo y a la

---

[830] PLAZA, José A., *Memorias para la Historia de la Nueva Granada*, Bogotá, R. González (1850) 314.

[831] Para una información sistemática, véase: Ángel SANTOS HERNÁNDEZ. "Actividad misionera de los jesuitas en el continente americano". En: J. DEL REY FAJARDO (Edit.). *Misiones jesuíticas en la Orinoquia*. San Cristóbal, I (1992) 34-56; 65-83.

[832] Constantino BAYLE. "Las Misiones, defensa de las fortalezas de Mainas". En: *Missionalia Hispanica*. Madrid (1951) 417-503. A. ECHÁNOVE. "Origen y evolución de la idea jesuítica de <Reducciones> en las Misiones del virreinato del Perú". En: *Missionalia Hispanica*. Madrid (1955) 95-144.

[833] Rubén VARGAS UGARTE. *Historia General de Perú*. Lima, III (1971) 223 y ss. Citado por Daniel BARANDIARÁN. *Brasil nació en Tordesillas. (Historia de los límites entre Venezuela y Brasil)*. Primera parte: 1494-1801. San Cristóbal, Universidad Católica del Táchira (1994) 412-413.

aventura. Fue un territorio de nadie donde se practicaba un comercio de urgencia y de necesidad, se canalizaba la exportación prohibida y se permitía la inmigración y emigración clandestinas, sobre todo, cristianos nuevos, inculpados por la Inquisición, perseguidos por la justicia, mano de obra esclava indígena y negra y comerciantes españoles, portugueses y extranjeros[834]. Pero, en superficies más extensas se movería una carga humana de aventureros y bandoleros, sin ley y sin rey, –bien se llamen paulistas, mamelucos o bandeirantes[835]- que trazarían "la expansión territorial portuguesa y brasileña más sorprendente en América Meridional"[836].

Es evidente que después de la expulsión de los jesuitas de Portugal y de sus dominios en 1759, la corte española (muy penetrada por el antijesuitismo e influenciada por la campaña del Marqués de Pombal[837] contra la Compañía de Jesús) tratara de alejar a los jesuitas de sus fronteras con Brasil.

El Tratado hispano-portugués de límites de 1750 planteaba en el fondo la sustitución del Tratado de Tordesillas por otras fronteras más reales que aseguraran a los españoles el dominio exclusivo de la cuenca del río de la Plata y a los portugueses el de la cuenca del Amazonas.

Todavía más, el Marqués de Pombal asoma en 1758 a la corte española que, en el conflicto jesuítico, la expulsión de los miembros de la Compañía de Jesús de las reducciones guaraníticas podría extenderse a

---

[834] Charles BOXER. "Comercio e contrabando entre Bahía e Potosí no século XVI". En: *Revista de Historia*. Sao Paulo, IV (1953) 195-212.

[835] Véase: Gilberto FREYRE. *Casa-Grande y Senzala*. Caracas, Biblioteca Ayacucho, 1977. Sin restar uno solo de los innegables méritos que posee esta obra de la cultura sociológico-histórica brasilera, pensamos que el autor malinterpreta muchas de las acciones de la Compañía de Jesús en el Brasil colonial.

[836] Daniel de BARANDIARÁN. *Brasil nació en Tordesillas. (Historia de los límites entre Venezuela y Brasil)*. Primera parte: 1494-1801. San Cristóbal, Universidad Católica del Táchira (1994) 411,

[837] António LEITE. "Carvalho, Sebastiao José de. Pombal (marqués de)". En: Charles E. O'NEILL y Joaquín Mª DOMÍNGUEZ. *Diccionario histórico de la Compañía de Jesús*. Roma-Madrid, I (2001) 672-675.

todas las misiones de América[838]. Y en 1759, decretada la expulsión de los jesuitas de Portugal, Gomes Freire proponía al Comisario General español que "si su Católica Majestad tomara una medida semejante, ello significaría un alivio para toda América"[839].

Hay que reconocer que con estas premisas la corte española tratara de alejar a los jesuitas de sus fronteras con Brasil. En efecto, la preocupación del primer comisario, José de Yturriaga, por distanciar a la Compañía de Jesús del área norte del conflicto limítrofe vino a cristalizar en una Real Orden de 2 de noviembre de 1762 por la que se comisionaba a los capuchinos andaluces de Venezuela "para los nuevos pueblos del Alto Orinoco y Río Negro, señalándoles S. M. por terreno desde el Raudal de Maipures inclusive arriba"[840].

Con la expulsión de los jesuitas en 1767 se perdía la visión del Orinoco histórico, visualizado como Orinoco amazónico y columna vertebral de la inmensa Provincia de Guayana y conceptuado como la muralla frente al Brasil portugués. Sobre esta visión se había construido la territorialidad gubernativa, política y misional de aquellas inmensas áreas mesopotámicas del Amazonas-Orinoco. El no haber entendido esta dicotomía que divorcia el Orinoco histórico del Orinoco geográfico le llevó a España a perder grandes extensiones de terreno en sus delimitaciones con el Brasil.

El primer secuestro territorial venezolano por parte de Brasil se daría en el Tratado de Límites de 1777[841]. Y este desconocimiento de

---

[838] Guillermo KRATZ. *El Tratado hispano-portugués de límites de 1750 y sus consecuencias*. Roma, Institutum Historicum S. I. (1954) 224-225.

[839] AGS. *Estado*, 7393, fol., 82. *Carta de Gomes Freire a Valdelirios*. 22 de febrero de 1759. Citado por KRATZ. *El tratado hispano-portugués...*, 237.

[840] AGI. *Caracas*, 205. *Carta del P. Fernando Ardales al Rey*. Misión de Caracas, 30 de mayo de 1764. El P. Ardales había recibido dos comunicaciones sobre este asunto: la primera fechada el 12 de noviembre de 1762 y la segunda el 28 de febrero de 1763.

[841] Véase: Daniel de BARANDIARÁN. "Brasil nació en Tordesillas". En: *Paramillo*. San Cristóbal, 13 (1994) 548. El autor fundamenta su elucubración en M. Consuelo CAL

la realidad territorial primigenia facilitaría a lo largo del siglo XIX a las siguientes cesiones. Por el Tratado de 1859, firmado con el Brasil, pasaron a la república sureña 200.000 kilómetros cuadrados: 150.000 correspondientes a la franja norte del Medio Yapurá y el Alto y Medio Río Negro-Guainía; y 50.000 comprendidos en la franja meridional del Medio Yapurá y el Río Amazonas o Solimoés[842].

Tras esta larga pero necesaria digresión retomamos el caso de los "presos por delitos fronterizos".

El 3 de mayo de 1768 el virrey Amat escribía sobre los extranjeros de Chiloé "se han instruido cabalmente de las islas, puertos, caletas y surgideros de aquel archipiélago, del cual han formado mapas y cartas como lo acredita una que me dieron y que remití a esa corte siendo presidente de Chile"[843].

Para nosotros no es desconocido este estilo de actuar político-diplomático español con respecto a los jesuitas extranjeros que laboraron en las fronteras hispanas. Traemos el ejemplo de tres ignacianos galos que intentaron laborar en la fachada atlántica venezolana: el cartesiano Denis Mesland[844], Antonio Monteverde arquitecto de las misiones casanareñas[845] y el primer historiador jesuita sobre tierras venezolanas Pierre Pelleprat[846].

MARTINEZ. *La defensa de la integridad territorial de Guayana con Carlos III*. Caracas (1979) 63-70.

[842] Véase: Daniel de BARANDIARÁN. "Brasil nació en Tordesillas". En: *Paramillo*. San Cristóbal, 13 (1994) 331-774.

[843] ANCh. *Jesuitas*, 352. *Sobre el peligro inglés y sus establecimientos en América Meridional*. 3 de mayo de 1768.

[844] José DEL REY FAJARDO y Germán MARQUÍNEZ ARGOTE. *Denis Mesland amigo de Descartes y maestro javeriano (1615-1672)*. Bogotá, CEJA, 2002.

[845] José DEL REY FAJARDO. "Antoine Boislevert (1618-1669) fundador [de las Misiones] de los Llanos de Casanare". En: *Boletín de la Academia Nacional de la Historia*. Caracas, t. LXXVII, n°., 308 (1994) 81-104.

[846] José DEL REY FAJARDO. *Los jesuitas en Venezuela*. Tomo I: Las fuentes. Caracas-Bogotá, Universidad Católica Andrés Bello-Pontificia Universidad Javeriana, 2006) 217-236.

Ya en 1658 el gobernador de la Provincia de Guayana, Pedro de Viedma, acusaba al jesuita francés Denis Mesland, que había venido a trabajar con los indígenas de Santo Tomé de Guayana invitado por su antecesor en el cargo, en los siguientes términos: "… que el Padre Dionisio era espía secreta de Francia, y que con el color de sujetar los gentiles a Cristo iba demarcando la tierra para que los de su nación se hiciesen señores de toda ella"[847].

Sobre Pierre Pelleprat, desterrado a México, escribirían los agentes regios: "… los cuales se reducen a que este sujeto [Pelleprat] como grande ingeniero y cosmógrafo tiene delineadas y demarcadas casi todas las costas de las Indias, ajustado mapa, y adquiridas grandes noticias de las plazas y fortificaciones de la Tierra firme y Barlovento …"[848]. No creemos que este informe que podríamos calificar de "policial" asuma criterios de veracidad.

Pero la diplomacia hispana en estos casos parece haber utilizado el sortilegio del doble lenguaje pues en 1665 el monarca español decidía se dejara en libertad a los PP. Mesland y Monteverde para que "puedan venir a estos Reynos o quedarse allá según ellos eligieren" y así expide también cédula para el Gobernador de la isla de Trinidad y Guayana en favor del P. Mesland[849]. Este jesuita francés falleció retirado en Bogotá en 1672 y Pelleprat en Puebla de los Ángeles en 1667.

---

[847] Pedro de MERCADO. *Historia*, II, 347. Más explícito es el P. Santiago en su Necrología: "… dispuso, por medio de un hereje instrumento suyo el que se atajase el bien tan universal de aquellas naciones; el cual perdiendo el temor de Dios y los respetos a la verdad se atrevió a informar falsamente a los Señores de la Real Audiencia de este Reyno acerca de la persona del Padre Dionisio notando su asistencia en estas partes de las Indias por sospechosa y de poca fidelidad a los servicios del Rey de España torciendo a este sentido las diligencias y trabajos fervorosos que el Padre ponía en el descubrimiento y reducción de las naciones de Guayana…". (ARSI. N. R. et Q., 14, fol., 252v). *Hereje*, en aquellos tiempos y latitudes, podía significar cristiano pero no católico; por eso podía ser, o inglés, u holandés o quizá francés calvinista.

[848] Archivo General de la Nación. México. *Reales Cédulas*, vol., 9. Exp. 56, fols., 156-159.

[849] AGI. *Santafé*, 530. *Real Cédula a la Audiencia de Santa Fe ordenándole no impida a Antonio Boislevert, de la Compañía de Jesús, que se halla en aquella tierra entendiendo en la conversión de los indios el quedarse allá o venir a España como eligiere*. Madrid, 7 de agosto de 1765.

Pero volviendo al tema de los jesuitas alemanes recogemos la lista de los acusados sin juicio y es la siguiente: Melchor Strasser, Francisco Javier Kisling, Miguel Meyer, Juan Nepomuceno Erlacher, Ignacio Fritz, José Seitz y José Rapp[850].

Como es natural el Fiscal en su Informe expone su opinión en la que justifica la prisión porque su libertad puede ser perjudicial al Real servicio ya que pueden descubrir "la interioridad de aquellos países a los enemigos de la corona, cuyo inconveniente cesaría pasados algunos años" cuando todo el archipiélago y tierras interiores "se hallasen con providencias suficientes para no recelar semejantes comunicaciones".

El Consejo Extraordinario ofició al Conde de Trigona y el 30 de diciembre de 1768 el escribano público certificaba la entrega al convento de los franciscanos descalzos de San Antonio no sin antes prevenir al superior que "los tenga separados, reclusos y con toda seguridad"[851].

De esta forma permanecieron presos en el Puerto de Santa María hasta el año 1775 en que fueron dispersados por diversos monasterios de la Península ibérica.

Francisco Javier Kisling se encontraba en 1777 en el convento de los capuchinos de Cabra donde falleció en este cenobio el 30 de marzo de 1784. Entretuvo sus ocios con la música y la escultura y también con las letras y en este sentido escribió un comentario latino al Cantar de los cantares en 1771. Miguel Meyer conoció la muerte en el monasterio de San Pedro de Montes el 2 de agosto de 1786. Melchor Strasser pasó a la

---

[850] Walter HANISCH. *Itinerario y pensamiento de los jesuitas expulsos de Chile (1767-1815)*. Santiago de Chile, Editorial Andrés Bello (1972) 73. Para el lector interesado en sus biografías nos remitimos a la Tercera Parte. "Catálogo alfabético de biografías y de impresos y manuscritos", 257-326.

[851] Walter HANISCH. *Itinerario y pensamiento de los jesuitas expulsos de Chile (1767-1815)*, 73-74.

vida eterna en el monasterio cisterciense de San Bernardo de Moreruela (obispado de Zamora) el 18 de marzo de 1779[852].

Solamente dos obtuvieron la libertad tras intensas tramitaciones del embajador de Austria en Madrid el 4 de febrero de 1776: los PP. Ignacio Fritz von Adlersfeld y Juan Nepomuceno Erlacher. Para quien desee conocer las tortuosas negociaciones nos remitimos al interesante estudio de Bad'ura Bohumil[853].

Resaltamos dos interesantes notas del historiador chileno Walter Hanisch. En la primera, deja constancia de que en la expedición que llevaron a cabo Pedro Mansilla y Cosme Ugarte el 21 de diciembre de 1767 a la Isla Madre de Dios el verdadero guía fue el jesuita Juan Vicuña[854]. En la segunda, recoge el testimonio de Narciso Santa María que aconsejaba que "en estas expediciones se contara con la colaboración de los jesuitas"[855].

En el caso de los expulsos de Sonora (México) las medidas de cautiverio abarcó no sólo a los germanos sino también a algunos españoles. Los alemanes fueron: Jorge Fraidenegg, Miguel Gestner, Andrés Michel, Bernardo Minddendorf, Javier Paver, Ignacio Pfefferkorn y Jacobo Sedelmayr[856].

---

[852] Walter HANISCH. *Itinerario y pensamiento de los jesuitas expulsos de Chile (1767-1815)*, 74-75.

[853] Bad'ura BOHUMIL. "El caso de algunos ex misioneros jesuitas austriacos: las gestiones diplomáticas para su liberación". En: Manfed TIETZ (Ed.). *Los jesuitas españoles expulsos. Su imagen y su contribución al saber sobre el mundo hispánico en la Europa del siglo XVIII*. Madrid: Iberoamericana; Frankfurt am Main: Vervuert (2001) 133-168.

[854] Walter HANISCH. *Itinerario y pensamiento de los jesuitas expulsos de Chile (1767-1815)*, 322.

[855] AGI, *Chile*, 471. *Informe de Guill, Santa María y otros sobre misiones que se pueden establecer en Chiloé*. Citado por Hanisch, pag. 74.

[856] Inmaculada FERNÁNDEZ ARRILLAGA. *Jesuitas rehenes de Carlos III: Misioneros desterrados de América presos en el Puerto de Santa María (1769-1798)*. Puerto de Santa María, Concejalía de Cultura del Ayuntamiento de El Puerto de Santa María (2009) 102. Christoph NEBGEN. *Missionarsberufungen nach Übersee in drei Deutschen Provinzen der Gesellschat Jesu im 17. und 18. Jahrhundert*. Regensburg, Verlag Schnell & Steiner, 2007.

También la diplomacia austriaca gestionó la liberación de los súbditos presos provenientes de Sinaloa. A Andrés Michel se le decretó su liberación el 21 de enero de 1777 pero sólo pudo conocer la libertad tres meses más tarde. Debido a sus enfermedades no llegó a Bohemia sino que se quedó en Roma, según se desprende de las listas recogida por el venezolano Francisco de Miranda[857]. Las otras liberaciones siguieron la siguiente cronología. Bernardo Middendorf a pedido de sus hermanos y el obispo de Hildesheim en 1776. Ignacio Pfefferkorn en 1777 a instancias del arzobispo de Colonia. En 1780 a petición del obispo y del príncipe de Bamberg y Würzburg Michel Gerstner[858].

Inmaculada Fernández ha dedicado bastantes páginas al estudio de los presos jesuitas alemanes[859], americanos y españoles[860]. Completa su estudio con la lista de conventos en que fueron confinados los reclusos y años de prisión[861]. A esta interesante investigación remitimos al lector.

La conclusión de estos antagonismos nos lleva a lamentar que la aludida "Razón de Estado" del despotismo ilustrado se erigiera como autosuficiente para afrontar por sus propios medios políticos e intelectuales el tremendo reto de reconocer y la labor jesuítica en torno a las fronteras de América. ¿Quién mejor que una institución que se había insertado al servicio del imperio español en la promoción humana, cultural y social de la babel de etnias que pululaba por esas ignotas geografías se hubiera convertido en el interlocutor válido en esa monumental empresa?

---

[857] Bad'ura BOHUMIL. "El caso de algunos ex misioneros jesuitas austriacos: las gestiones diplomáticas para su liberación", 154-156.

[858] Bad'ura BOHUMIL. "El caso de algunos ex misioneros jesuitas austriacos: las gestiones diplomáticas para su liberación", 154-156.

[859] Inmaculada FERNÁNDEZ ARRILLAGA. *Jesuitas rehenes de Carlos III: Misioneros desterrados de América presos en el Puerto de Santa María (1769-1798)*. Puerto de Santa María, Concejalía de Cultura del Ayuntamiento de El Puerto de Santa María (2009) 123-128.

[860] Inmaculada FERNÁNDEZ ARRILLAGA. *Jesuitas rehenes de Carlos III: Misioneros desterrados de América presos en el Puerto de Santa María (1769-1798)*, 128-141.

[861] Inmaculada FERNÁNDEZ ARRILLAGA. *Jesuitas rehenes de Carlos III: Misioneros desterrados de América presos en el Puerto de Santa María (1769-1798)*, 114-117.

Los casados. La Pragmática Sanción del 2 de abril del 1767 no preveía la posibilidad del matrimonio entre los indeseables expatriados pero pronto intuyeron los ministros de Carlos III las bondades que suponía esta nueva modalidad. La "secularización" reducía a los estudiantes a la categoría de clérigos y a los hermanos coadjutores a seglares pero ambos quedaban en libertad para contraer matrimonio.

Según Borja Medina el primer caso que se conoce que optó por el camino del matrimonio es el del hermano coadjutor andaluz, Francisco de Borja Ximénez, secularizado, quien había solicitado de la embajada española en Roma, antes de agosto de 1768, permiso para casarse con la persuasión de que se le continuaría el pago de la pensión[862].

El embajador Mons. Tomás Azpuru apoyó la pretensión del solicitante y juzgaba que se abría un nuevo camino para seguir consiguiendo tanto la ruptura del régimen interno de la Compañía, así como el quebrantamiento de la disciplina institucional y de esa forma disminuir las peticiones de liberación de votos al P. General.

Desde el 11 de agosto de 1768 fecha en la que el embajador romano informó a Madrid sobre este caso habría que esperar hasta el 20 de abril de 1769 para que el Consejo Extraordinario se pronunciara y de forma favorable.

Lo interesante es el proceso recorrido. La posición del Fiscal del Consejo, Rodríguez de Campomanes, dejaba claro que por el hecho de casarse no se contravenía ni a la Pragmática Sanción ni a ninguna ley o disposición real antes bien ratificaba la secularización y por ende procedía el pago de la pensión.

Azpuru daba después un paso más y sugería que se podrían aprovechar las familias formadas por los coadjutores y estudiantes secularizados

---

[862] Francisco de Borja MEDINA. "Extrañamiento y extinción de la Compañía de Jesús: venturas y desventuras de los jesuitas en el exilio de Italia". En: Manuel MARZAL y Luis BACIGALUPO (editores). *Los jesuitas y la modernidad en Iberoamérica 1549-1773*. Lima, Fondo Editorial de la Universidad Católica-Instituto Francés de Estudios Andinos-Universidad del Pacífico (2007) 477.

como parte de la política poblacional que pensaba desarrollar el gobierno español en Ibiza y en las nuevas colonias de Sierra Morena. Aunque a los inicios tuvo viento favorable el proyecto sin embargo al final el Consejo rechazó la proposición[863].

Godoy mandó hacer un estudio en 1796 al Contador de las Temporalidades para conocer con precisión el número de jesuitas casados y presentar al Consejo la conveniencia o no de su admisión en España. La respuesta, en julio de 1797, fue que el número exacto de los que habían abrazado este estado civil era de 136 casados y 429 hijos[864].

La conducta seguida por los neogranadinos hasta la extinción de la Orden en 1773 el número de secularizados fue el siguiente: 7 sacerdotes; 1 estudiante; y 9 hermanos coadjutores. En otros términos, de los 201 ignacianos que salieron del Puerto de Santa María se habían secularizado 17. Después de la extinción no hemos podido obtener información sobre los posibles casamientos de los provenientes de la Provincia del Nuevo Reino.

Sin embargo, si nos atenemos al Informe de Archimbaud[865] el 1º de enero de 1774 presentaba el siguiente cuadro: 74 sacerdotes; 42 estudiantes y 46 hermanos coadjutores. Vale decir que más del 50% podía ser el señuelo para los 88 sujetos que en principio podían beneficiarse de tal proposición.

Dada la total falta de documentación sobre el tema de los casados en los expatriados neogranadinos nos limitaremos a ofrecer un cuadro que pretende ser comprehensivo de esta dura realidad.

---

[863] AGS. *Gracia y Justicia*, 690, fol., 139.

[864] AGS. *Estado*, 5064. *Juan Luis Arias de Saavedra a Príncipe de la Paz.* Madrid, 3 de febrero de 1768. Citado por Jesús PRADELLS NADAL. "La cuestión de los jesuitas en la época de Godoy: Regreso y segunda expulsión de los jesuitas españoles (1796-1803)". En: Enrique GIMÉNEZ LÓPEZ (Ed.). *Y en el tercero perecerán. Gloria, caída y exilio de los jesuitas españoles en siglo XVIII*. Salamanca, Publicaciones de la Universidad de Alicante (2002) 537. Walter HANISCH. *Itinerario y pensamiento de los jesuitas expulsos de Chile (1767-1815)*, 98 ofrece los mismos datos pero fundado en (AHN. *Estado*, 3526. Carta del 5 de febrero de 1798).

[865] ARCHIMBAUD. *Resumen de la Provincia de Santa Fe.*

Borja Medina, siempre preocupado por el lado humano de los jesuitas expulsos y abolidos, presenta dos visiones antagónicas del tema.

En la primera, que fue quizá la más extendida, resalta la precaria situación de los casados y de sus hijos[866]. El ministro Cornejo proponía que se les permitiera a los hijos ir a España pues allí crecerían como vasallos del rey y podrían ser útiles a su real servicio. Ya en 1791 Floridablanca otorgaba la concesión a los hijos que no sobrepasan los 12 años de edad y quisieran establecerse en España y se les auxiliaría convenientemente[867].

También Borja Medina entre las semblanzas ilustrativas de las venturas y desventuras de los abolidos cita el siguiente caso. Evaristo Albites era limeño y estudiante que se secularizó en el Puerto de Santa María. Hizo la carrera de medicina y debió distinguirse en el ejercicio de esa disciplina de acuerdo con la información que ofrece Vargas Ugarte tanto por su gestión como por sus escritos[868]. Lo llamativo de este caso es que había dado en matrimonio a una hija suya a un rico judío llamado Cohen y por ello había recibido una fuerte suma de dinero y la promesa de un destino como médico de tropa. Tal actitud parece que escandalizó en Roma y surgía la inquietud porque deseaba pasar a España con su familia y el representante español informaba a Saavedra sobre tan singular caso y recomendaba que no se le diera ninguna represión porque, al presente, "es más benemérito de la Patria el que, en tales puntos, más desenfrenadamente procede"[869].

---

[866] Francisco de Borja MEDINA. "Extrañamiento y extinción de la Compañía de Jesús: venturas y desventuras de los jesuitas en el exilio de Italia", 478-480. Cita varios casos extremos.

[867] AMAE. *Santa Sede*, 362 (1791). Expediente, 11.

[868] Rubén VARGAS UGARTE. *Jesuitas peruanos desterrados a Italia*. Lima (1934) 141-147.

[869] AMAE. *Santa Sede*, 369. Durán a Saavedra (reservada). Roma, 10 de agosto de 1798. Citado por Borja MEDINA. "Extrañamiento y extinción de la Compañía de Jesús: venturas y desventuras de los jesuitas en el exilio de Italia", 489.

Los "otros" perseguidos. Es natural que este acápite tenga sus conexiones con los presos y los prófugos pero trataremos de interpretar la criteriología mantenida por la corte de Madrid hacia los que por sus escritos o sus ideas sufrieron diversos tipos de persecución.

La *Pragmática Sanción* era taxativa en imponer un silencio absoluto sobre el tema jesuítico como lo demuestran los cuatro artículos que recogen la actitud real y la conducta que debían seguir sus súbditos[870].

Se inicia el catálogo de prohibiciones con las relativas a la correspondencia absoluta con los expatriados[871]; pero en un segundo paso amenaza con considerar a los infractores como "reos de lesa Majestad"[872]. Y como medida preventiva descarta en primer lugar la publicación de toda clase de impresos a favor de los proscritos[873] y, en segundo término, advierte a los obispos y superiores de las órdenes religiosas que todos sus súbditos están comprendidos en estas prescripciones pues se acarrearían las sanciones previstas "en la Ley del Señor D. Juan el Primero,

---

[870] *Pragmática sancion de su Magestad, en fuerza, de Ley, para el estrañamiento de estos Reynos á los Regulares de la Compañía, ocupacion de sus Temporalidades, y prohibicion de su restablecimiento en tiempo alguno, con las demas precauciones que expresa.* ara el texto: Cfr., DEL REY FAJARDO. *Documentos jesuíticos relativos a la Historia de la Compañía de Jesús en Venezuela.* Caracas, Biblioteca de la Academia Nacional de la Historia, t. III (1974) 103-109.

[871] *Pragmática sancion*, art. XV: "Todo el que mantubiere correspondencia con los Jesuitas, por prohibirse general y absolutamente, será castigado á proporcion de su culpa".

[872] *Pragmática sancion*, art. XVI: "Prohibo expresamente, que nadie pueda escribir, declarar, ó conmover con pretexto de estas providencias en pro ni en contra de ellas; antes impongo silencio en esta materia á todos mis Vasallos, y mando, que á los contraventores se les castigue como Reos de lesa Magestad".

[873] *Pragmática sancion*, art. XVII: "Para apartar altercaciones, ó malas inteligencias entre los particulares, á quienes no incumbe juzgar, ni interpretar las órdenes del Soberano; mando expresamente, que nadie escriba, imprima ni expenda papeles, ú obras concernientes á la expulsión de los Jesuitas de mis Dominios, no teniendo especial licencia del Gobierno é inhibo al Juez de Imprentas, á sus Subdelegados, y á todas las Justicias de mis Reynos, de conceder tales permisos o licencias, por deber correr todo esto baxo, de las órdenes del Presidente, y Ministros de mi Consejo, con noticia de mi Fiscal".

y Real Cédula expedida circularmente por mi Consejo en diez y ocho de Setiembre del año pasado"[874].

La ley a que se refiere Carlos III pertenece al monarca Juan I, aprobada en las cortes de Segovia en 1386, que se refiere al debido respeto que se merece el rey, personas reales y el estado y fue inserta en la ley 7, título 8, libro I de la *Novísima Recopilación de las Leyes de España*[875]. La Real Cédula a la que hacer mención el monarca español se reduce a mandar a los prelados religiosos el cumplimiento de la ley antes citada.

Pero, si de los términos jurídicos pasamos a los políticos sería Manuel de Roda quien mejor sintetizaría la posición del gobierno español: "No basta con extinguir los jesuitas, es necesario extinguir el jesuitismo, y, en los países donde han estado, hasta la memoria de su doctrina, política y costumbres"[876].

El "jesuitismo" lo combatirían a través del control intelectual de las universidades y seminarios y las publicaciones por medio de la vigilancia estricta de los impresores y libreros.

---

[874] *Pragmática sancion*, art. XVIII: "Encargo muy estrechamente á los Reverendos Obispos Diocesanos y á los Superiores de las Ordenes Regulares, no permitan que sus Subditos escriban, impriman, ni declamen sobre este asunto; pues se les haria responsables de la no esperada infraccion de parte de cualquiera de ellos, la qual declaro comprehendida en la Ley del Señor D. Juan el Primero, y Real Cédula expedida circularmente por mi Consejo en diez y ocho de Setiembre del año pasado, para su mas puntual execución, á que todos deben conspirar, por lo que interesa al bien público, y la reputación de los mismos individuos, para no atraherse los efectos de mi Real desagrado".

[875] La ley reza así: "El buen ejemplo del Clero secular y regular trasciende a todo el cuerpo de los demás vasallos en una nación tan religiosa como la Española: el amor y el respeto a los Soberanos, a la Familia Real y al Gobierno es una obligación que dictan las leyes fundamentales del estado, y enseñan las Letras Divinas a los súbditos como punto grave de conciencia, que los Eclesiásticos, no solamente en sus sermones, ejercicios espirituales y actos devotos deben infundir al pueblo estos principios, sino también, y con más razón, abstenerse ellos mismos en todas ocasiones, y en las conversaciones familiares, de las declamaciones y murmuraciones depresivas de las personas del Gobierno, que contribuyen a infundir odiosidad contra ellas, y tal vez dan ocasión a mayores excesos".

[876] Citado por Teófanes EGIDO e Isidoro PINEDO. *Las causas <gravísimas> y secretas de la expulsión de los jesuitas por Carlos III*. Madrid, Fundación Universitaria Española (1994) 101.

De esta forma se obligó bajo juramento a todos los catedráticos de las universidades así como a los graduandos, a los prelados para sus seminarios y a los superiores de las órdenes religiosas a que no se enseñase "ni aun con el título de probabilidad, la perniciosa semilla de la doctrina del regicidio y tiranicidio contra las legítimas potestades, por ser destructiva del Estado y de la pública tranquilidad"[877].

En definitiva, consumada la expulsión, se inició una auténtica "caza de brujas" porque había que borrar todos los vestigios de ese "cuerpo religioso". Y como sucede en los gobiernos totalitarios se implanta una férrea literatura oficial que debe ser recitada por los funcionarios de turno como un catecismo doctrinario[878].

Por otra parte, estamos ante un panorama de producción literaria tan ingente que sería una temeridad tratar de afrontarlo en pocas líneas. Mas, para quien desee tener una visión esquemática de la actitud punitiva del Estado español frente a los escritores jesuitas de la época (1767-1808) lo remitimos al interesante artículo de Lucienne Domergue[879], quien traza algunas líneas maestras para poder asomarse al problema con la visión de un francés.

Pero la pregunta obligada se centra en saber cómo en España se cumplieron las disposiciones reales antes mencionadas. Si nos guiamos por la historiografía jesuítica del siglo XIX francesa tendríamos que concluir que se cumplieron a cabalidad y así parece demostrarlo Lucienne Domergue quien aduce dos testimonios muy significativos.

---

[877] *Novisima Recopilacion de las Leyes de España mandada formar por el Señor don Carlos IV*. Madrid, Imprenta Nacional del Boletín Oficial del Estado (1992) 23: Ley IV: "Supresión en la Universidades y Estudios de las cátedras de la Escuela Jesuítica".

[878] Siempre aparecen los mismos tópicos: molinismo, probabilismo, tiranicidio, anti-regalismo y otros por el estilo.

[879] Lucienne DOMERGUE. "Les jésuites espagnols écrivains et l'appareil d'État (1767-1808)". En: Manfred TIETZ (Ed.). *Los jesuitas españoles expulsos. Su imagen y su contribución al saber sobre el mundo hispánico en la Europa del siglo XVIII*. Madrid-Frankfurt/M, Iberoamericana-Vervuert (2001) 265-294.

En el primero, recoge el haber que Augusto Carayon (1813-1874)[880] dedica al apartado de "Sátiras, panfletos, apologías, etc."[881]. Y la producción hispana está totalmente ausente en este elenco frente a la abundancia que presenta el tema en francés, inglés y portugués. En el caso de Carlos Sommervogel (1834-1902)[882] si comenzamos por la cronología debemos reseñar que desde 1767 hasta 1816 le señala 136 columnas[883]; pero si descendemos a la producción escrita en los diversos países el lector podrá revisar pacientemente en Francia, de 1763 hasta 1830, 49 columnas[884]. Y como contrapartida el *Catálogo razonado* del P. José Eug. De Uriarte (1842-1909)[885] tan solo le dedica dos columnas al tema[886]. Esta verificación explica el silencio impuesto por Carlos III al problema de los expulsos.

En el segundo, se guía por las ediciones de la *Monita secreta*[887] anteriores a 1850 y allí solamente se hace referencia a dos obras: la *Colección general de providencias* de 1767[888] y a la *Causa jesuítica de Portugal*,

---

[880] Paul DUCLOS. "Carayon, Auguste". En: Charles E. O'NEILL y Joaquín Mª DOMÍNGUEZ. *Diccionario histórico de la Compañía de Jesús*, I, 648.

[881] Auguste CARAYON. *Bilbiographie historique de la Compagnie de Jésus, ou catalogue des ouvrages relatifs à l'histoire des jésuites depuis leur origines jusqu'à nos jours*. Paris, A. Durand (1864) 387-537.

[882] Hugues BEYLARD. "Sommervogel, Carlos". En Charles E. O'NEILL y Joaquín Mª DOMÍNGUEZ. *Diccionario histórico de la Compañía de Jesús*, IV, 3607.

[883] Carlos SOMMERVOGEL, Carlos. *Bibliothèque de la Compagnie de Jésus*. Bruxelles, Schepens-París, Picard, XI (1982) 197-233.

[884] SOMMERVOGEL, Carlos. *Bibliothèque de la Compagnie de Jésus*, XI, 634-663.

[885] José ESCALERA. "Uriarte, José Eugenio de ".En Charles E. O'NEILL y Joaquín Mª DOMÍNGUEZ. *Diccionario histórico de la Compañía de Jesús*, IV, 3861.

[886] J. Eug. De URIARTE. *Catálogo razonado de obras anónimas y seudónimas de autores de la Compañía de Jesús pertenecientes a la antigua asistencia española*: con un apéndice de otras de los mismos, dignas de especial estudio bibliográfico… Madrid, Sucesores de Rivadeneyra, V (1916) 569-570.

[887] José Eduardo FRANCO y Christine VOGEL. *Monita Secreta*. Instruçoes Secretas dos Jesuítas. Historia de um Manual Conspiracionista. Lisboa, Roma editora, 2002.

[888] *Colección general de las providencias hasta aquí tomadas por el Gobierno sobre el estrañamiento y ocupación de temporalidades de los Regulares de la Compañía, que existían en los*

1768[889], obra de Bernardo Ibáñez Echávarri (1715-1762) quien habiendo abandonado la Compañía de Jesús en tierras paraguayas se puso al servicio de la corona hispana en el Tratado de Límites de 1750[890].

Sin embargo, otra muy distinta sería la realidad historiográfica en los dominios de Carlos III. Sin lugar a dudas, los imperativos de la *Pragmática Sanción* se aplicarían a rajatabla a las posibles publicaciones de los ignacianos y de los filo jesuitas mientras para las del gobierno siempre habría luz verde.

Los textos ignacianos de éxito anteriores a 1767 fueron condenados al ostracismo y se les negó a los libreros sistemáticamente llevar a cabo sus reediciones. Lucienne Domergue afirma que "los ejemplos son legión a través de los decenios que siguieron a la expulsión"[891].

Otra suerte correrían los escritos hostiles a la orden fundada por Ignacio de Loyola. Según un especialista en la historiografía del siglo XIX, Manuel Fraile, se puede hablar de "una peste de libros y folletos lanzados contra los jesuitas"[892].

Los más provendrían del campo eclesiástico y del político. Como es grande la literatura anti-jesuítica señalaremos algunos ejemplos. El

---

Dominios de S. M. de España, Indias e Islas Filipinas a consecuencia del Real Decreto de 27 de febrero y Pragmática-Sanción de 2 de abril de este año. Madrid, 1767 (Parte primera).

[889] Bernardo IBÁÑEZ DE ECHÁVARRI. *Causa jesuítica de Portugal o documentos auténticos, bulas, leyes reales, despachos de la Secretaría de Estado ... y otras piezas originales, que precedieron á la Reforma, y motivaron después la expulsión de los Jesuitas de los dominios de Portugal...* Traducidas del Latín y Portugués e ilustradas en esta edición española. Madrid, Imprenta Real de la Gaceta, 1768.

[890] Javier BAPTISTA. Philip CARAMAN. "Ibáñez de Echávarri, Bernardo". En: Charles E. O'NEILL y Joaquín Mª DOMÍNGUEZ. *Diccionario histórico de la Compañía de Jesús*, II, 1988-1989.

[891] Lucienne DOMERGUE. "Les jésuites espagnols écrivains et l'appareil d'État (1767-1808)", 271 y ss.

[892] Manuel FRAILE MIGUÉLEZ. *Jansenismo y regalismo en España*. Valladolid, Imprenta, librería y taller de grabados de Luis N. de Gaviria (1895) 320. Citado por DOMERGUE. "Les jésuites espagnols écrivains et l'appareil d'État (1767-1808)", 268.

arzobispo de México, Francisco Antonio Lorenzana, en el propio año 1767, escribía una dura pastoral contra el Probabilismo y los jesuitas: *Aviso pastoral a todos nuestros hermanos*[893]. El agustino Francisco de Armanya, siendo obispo de Lugo, publicó tres pastorales en las que critica el culto a las imágenes de la Virgen de la Luz y sobre los jesuitas[894]. Y el gran historiador agustino Enrique Flórez contribuiría con su obra *Delación de la doctrina de los intitulados jesuitas, sobre el dogma y la moral* de Fernando Huidobro y Velasco (seudónimo de: Fray Enrique Flórez de Setien y Huidobro)[895].

También hay que destacar el influjo de las traducciones de libros anti-jesuíticos editados antes en portugués. Así mencionamos el *Retrato de los jesuitas* del polígrafo Francisco Mariano Nifo y Cagigal[896]; y la *Deducción cronológica y analítica* por José Maymó y Ribes[897].

---

[893] Francisco Antonio LORENZANA. *Aviso pastoral a todos nuestros Hermanos los Párrocos, Jueces Eclesiásticos, Vicarios, Confesores, Seculares y Regulares, y demás clérigos de este arzobispado*. [México, s. i., 1767]. La pastoral está fechada en Zacualpam, a 12 de octubre de 1767.

[894] Pueden verse en Francisco AGUILAR PIÑAL. *Bibliografía de autores españoles del siglo XVIII*. Madrid, Consejo Superior de Investigaciones Científicas, V (1989) 389, nos. 2560, 2561 y 2562.

[895] Fernando HUIDOBRO Y VELASCO. *Delación de la doctrina de los intitulados jesuitas, sobre el dogma y la moral. Hecha a los Arzobispos y Obispos de Francia*. Hecha en español por el Dr. D. Fernando Huidobro y Velasco. Madrid, Antonio Marín, 1768.

[896] Francisco Mariano NIFO Y CAGIGAL. *Retrato de los Jesuitas formado al natural por los más sabios y más Ilustres Cathólicos. Juicio hecho de los Jesuitas, autorizado con auténticos e innegables Testimonios, por los mayores y más esclarecidos Hombres de la Iglesia y del Estado, desde el año 1540, en que fue su fundación, hasta el de 1650*. Traducido del Portugués en Castellano, para desterrar los obstinadas preocupaciones y voluntaria ceguedad de muchos incautos e ilusos, que, contra el hermoso resplandor de la verdad cierra los ojos. Segunda impresión. Madrid, Viuda de Eliseo Sánchez, 1768. La primera edición data del mismo año. (Véase: AGUILAR PIÑAL. *Bibliografía*, VI, 80-81).

[897] José MAYMÓ Y RIBES. *Deducción chronológica y analítica, en que por la sucesiva serie de cada uno de los Reynados de la Monarquía Portuguesa, desde el Gobierno del Señor Rey Don Juan III hasta el presente se manifiestan los horrorosos estragos que hizo en Portugal y en todos sus dominios la Compañía de Jesús, por un plan y sistema que inalterablemente siguió desde que entró en este Reyno hasta su expulsión...* Escrita por el Doctor Joseph de Seabra de Silva... Traducida del idioma portugués por el Doctor don José Maymó y Ribes... ilustrada con notas muy curiosas y útiles. Madrid, Joachin Ibarra, 1768, 3 vols.

Sin embargo, trataremos de seleccionar algunos ejemplos que ilustren la política punitiva de la monarquía hispana borbónica en relación a las pautas fijadas por Carlos III y sus ministros.

A modo de introducción y sin ánimos de hacer un estudio sobre la propaganda satírica iconográfica contra Carlos III, haremos referencia a dos simples estampas crítico-ironizantes a fin de comprender la paranoia oficial ante este tipo de literatura[898].

La primera se refiere a una "Estampa de San Ignacio de Loyola" que fue detectada en el puerto de Barcelona el 16 de agosto de 1769[899] y la segunda una "Lámina del Diluvio Universal" que comenzó a circular en Roma a partir de abril de 1772[900]. En ambas oportunidades surgieron las correspondientes reales cédulas condenatorias[901] y las clásicas amenazas hasta de pena de muerte.

---

[898] Hugo Rodolfo E. RAMÍREZ RIVERA. "La Compañía de Jesús y la propaganda satírica contra el rey don Carlos III de España, 1769-1772. Antecedentes y documentos". En: *Anuario de la Historia de la Iglesia en Chile*. Santiago de Chile, 5 (1987) 33-46.

[899] Hugo Rodolfo E. RAMÍREZ RIVERA. "La Compañía de Jesús y la propaganda satírica contra el rey don Carlos III de España, 1769-1772. Antecedentes y documentos", 35: "… con varias inscripciones aceda de la expulsión de los Regulares, que se llamaron de la Compañía, dirigidas todas a aumentar el fanatismo, y a fastidiar los Pueblos, abusando de los Textos de la Escritura Santa, ofendiendo las justas resoluciones de los soberanos, titulando odio y persecución a lo que ha sido justa y necesaria providencia a sus impolíticas actuaciones". Y cita Archivo General de Cataluña. *Oficio al Presidente del Consejo de Castilla*. Barcelona, 16 de agosto de 1769.

[900] ANCh. *Archivo del Superior Gobierno*, 757, fol., 49. Describe así la lámina: "… de cerca de vara y medio de alto, y una de acho con un rótulo en la parte superior, y otro en el inferior, en lengua Latina y Castellana, que dicen: el superior EL JUICIO UNIVERSAL; y en el inferior, CONSIDERA, ó PECADOR, LOS TORMENTOS DE LOS MALOS en el DÍA DEL JUICIO UNIVERSAL; en parage muy injurioso a el Rey y a la Nacion, esta colocado el Escudo de España, y debaxo del el augusto nombre de S. M. DON CARLOS TERCERO REY CATHÓLICO DE ESPAÑA, siendo de notar que en toda lo estampa no hay mas escudo, ni nombre de otro Soberano". Citado por: RAMÍREZ RIVERA. "La Compañía de Jesús y la propaganda satírica contra el rey don Carlos III de España, 1769-1772. Antecedentes y documentos", 38.

[901] La primera del 3 de octubre de 1769 que pasó a ser la Ley V, título VIII, libro VIII de la *Novisima Recopilacion de las Leyes de España mandada formar por el Señor don Carlos IV*. Madrid, Imprenta Nacional del Boletín Oficial del Estado, IV (1992) 155. Y la segunda registrada el 24 de mayo de 1772.

Pero si de la sátira pasamos a la literatura seria podemos distinguir varias tipologías que conllevan procesos de seguimiento distintos.

Una vertiente interesante es el de las traducciones y reediciones. Un caso típico lo representa el *Compendio de la Historia de España*[902] escrito por el P. Duchesne [Juan Bautista Chesne. Philipoteau][903] que fue vertido al castellano por el P. Isla. Cuando en 1771 el librero Guzmán manifiesta en 1771 el deseo de reeditar la traducción tuvo muy diversas denuncias y observaciones[904].

El manuscrito de Joaquín Castellot *Paralelo de las costumbres de este siglo*[905] era la traducción de la obra[906] del P. Juan Croiset (1656-1738)[907] pero los censores observarán que "toda la obra esta sembrada de sátiras contra los que se oponían a la doctrina y máximas de la Compañía"[908].

---

[902] José Francisco de ISLA. *Compendio de la Historia de España. Escrito en francés por el R. P. Duchesne...* Tradujóle en castellano el R. P. José Francisco de Isla. Amberes, Hermanos Cramer, 1754.

[903] Carlos SOMMERVOGEL. *Bibliothèque de la Compagnie de Jesús.* Bruxelles-París, II (1891) 1113-1114.

[904] Lucienne DOMERGUE. "Les jésuites espagnols écrivains et l'appareil d'État (1767-1808)", 271-272. Sin embargo Aguilar Piñal recoge a partir de 1772 bastantes ediciones [Francisco AGUILAR PIÑAL. *Bibliografía de autores españoles del siglo XVIII*, IV, 589-591].

[905] Joaquín CASTELLOT. *Paralelo de las costumbres de este siglo con la moral de Jesu Christo.* Traducción del francés por el Dr. D. Joaquín Castellot. [177?]. Véase: AGUILAR PIÑAL. *Bibliografía de autores españoles del siglo XVIII*, II, 297.

[906] Juan CROISET. *Parallèle des moeurs de ce siècle et de la morale de Jésu-Christ.* Bruxelles, chez Simon T'Serstevens, 1729. Ver: SOMMERVOGEL. *Bibliothèque de la Compagnie de Jesús*, II, 1683-1684.

[907] Michel OLPHE-GALLIARD. "Croiset, Jean". En: Charles E. O'NEILL y Joaquín Mª DOMÍNGUEZ. *Diccionario histórico de la Compañía de Jesús*, II (2001) 1010-1011.

[908] Manuel SERRANO Y SANZ. "El Consejo de Castilla y la censura de libros en el siglo XVIII". En: *Revista de Archivos, Bibliotecas y Museos*. Madrid, XV (1906) 389.

En 1786 al librero Plácido Barco López no se le permite la reedición del libro *Fasti novi Orbis* de Morelli[909] pero le autoriza su importación[910]. El verdadero autor es el P. Domingo Muriel (1718-1795)[911] y las peripecias de la publicación pueden verse en el *Catálogo razonado* de Uriarte[912].

La censura mandó en 1789 suspender la impresión del libro del P. Agustín Abad (1714-1791)[913] intitulado: *Anatomía político-cristiana...*[914] por las críticas que formulaba hacia las obras de Febronio.

En la segunda mitad del siglo XVIII el galicanismo influyó en la corriente de teorías antipapales representadas por el obispo de Tréveris, John Nicholas von Hontheim (1701-90), que con el seudónimo de Justinus Febronius publicó en 1763 *De statu Ecclesiae et legitima potestate Romani Pontificis liber singularis ad reuniendos dissidentes in religione Christianos compositus*[915]. El "febronianismo" tomaba como fundamento

---

[909] Ciriaco Morelli [Domingo MURIEL]. *Fasti Novi Orbis et Ordinationum Apostolicarum ad Indias pertinentium Breviarium cum Adnotationibus*. Opera D. Cyriaci Morelli Prebyteri, olim in Universitate Neo-Cordubensi in Tucumania Professoris. Venetiis, apud Antonium Zatta, 1776.

[910] DOMERGUE. "Les jésuites espagnols écrivains et l'appareil d'État (1767-1808)", 273: "Aunque se insertan en ella los breves apostólicos relativos a los misioneros de la extinguida Compañía de Jesús, se hace cargo el autor en el prólogo y manifiesta que los pone para que sirvan a la interpretación de los ostros y como buenos documentos".

[911] Javier BAPTISTA y Hugo STORNI. "Muriel García, Domingo". En: Charles E. O'NEILL y Joaquín Mª DOMINGUEZ. *Diccionario histórico de la Compañía de Jesús*, III, 2770.

[912] J. Eug. de URIARTE. *Catálogo razonado de obras anónimas y seudónimas de autores de la Compañía de Jesús pertenecientes a la antigua asistencia española*. Madrid, III, 209-210.

[913] José Eug. De URIARTE y Mariano LECINA. *Biblioteca de escritores de la Compañía de Jesús pertenecientes a la antigua Asistencia de España desde sus orígenes hasta el año de 1773*. Madrid, Imprenta de la Viuda de López del Horno, I (1925) 1. Lorenzo HERVÁS Y PANDURO. *Biblioteca jesuítico-española (1759-1799)*. Madrid, I (2007) 93-95.

[914] Agustín ABAD. *Anatomia Politico-Christiana que en las obras de Justino Febronio descubre y manifiesta su espiritu antimonarquico, destructivo de toda Monarquia; y las particulares injurias, que Febronio hace a la Española*. Empezó a imprimirse el año 1784.

[915] Bullioni: Apud Guillelmum Evardi, 1763.

el episcopalismo y sobre esa base desarrolló, de acuerdo con el arquetipo que inspiraba tanto el galicanismo como el regalismo hispano-belga, la unión de la iglesia nacional libre así como su autonomía frente a Roma para facilitar la reunificación de las confesiones religiosas en Alemania[916]. Sus ideas lograron calar en toda Europa y en Italia se haría presente en las conclusiones del sínodo diocesano de Pistoya de carácter marcadamente jansenista y febroniano.

También llama la atención el proceso seguido para el libro de Francisco Gustà (1744-1816)[917], *Vita di Sebastiano Giuseppe de Carvalho*[918], publicado en 1781 y cuya traducción francesa fue tolerada en España pero no se permitió la impresión española de Manuel Bazo Ibáñez de Tejada[919].

Otras obras son denunciadas después de su aparición. El 8 de octubre de 1788 la *Gaceta de Madrid* publica un suelto ensalzando al P. Martín Becano (1563-1624)[920] autor del libro *Analogia Veteris ac Novi Testamenti*[921] que en 1782 había obtenido el permiso de la Vicaría para su publicación. De inmediato Campomanes aduce los graves inconvenientes que arroja el que este tipo de propaganda no pase por el Consejo o por el Juez de Imprentas. El Juez Rivero alega que la forma de proceder con los anuncios es que éstos son depositados directamente en la

---

[916] Véase: Leo JUST. "Febronianismus". En: Josef HÖFER y Karl RAHNER. *Lexicon für Theologie und Kirche*. Freiburg, Verlag Herder, IV (1960) 46-47.

[917] Miguel BATLLORI. "Francisco Gustà". En: Charles E. O'NEILL y Joaquín Mª DOMÍNGUEZ. *Diccionario histórico de la Compañía de Jesús*, II, 1851-1852.

[918] Francisco GUSTÀ. *Vita di Sebastiano Giuseppe de Carvalho, è Melo, March. di Pombal, Conkte di Oeyras ec. Secretario di Stato e Primo Ministro del Re di Portogallo D. Giuseppe I*. Sin lugar de edición, 1781, 5 vols. [Véase: SOMMERVOGEL. *Bibliothèque de la Compagnie de Jesús*, III, 1962-1964].

[919] DOMERGUE. "Les jésuites espagnols écrivains et l'appareil d'État (1767-1808)", 275-276.

[920] Paul BEGHEYN. "Brecanus (Schellekens), Martinus". En: Charles E. O'NEILL y Joaquín Mª DOMINGUEZ. *Diccionario histórico de la Compañía de Jesús*, I, 380.

[921] BECANUS. *Analogia Veteris ac Novi Testamenti, in qua Primum status veteris deinde consensos, proportio, et conspiratio illius cum novo explicatur*. Moguntiae, ex Officina Ioannis Albini, 1620. Véase: SOMMERVOGEL. *Bibliothèque*, I, 1105-1107.

redacción del periódico y que, como trámite de la Secretaría de Estado los pasa a la Imprenta Real sin que el Consejo ni el Juez hayan tenido noticia de ello. El problema llegaría a su fin en 1803[922].

El *Diario de Madrid* publicó el 15 de abril de 1790 el texto de la *Carta del caballero Villegas, Consejero del Supremo Consejo de Bravante al abate Feller* y de inmediato Floridablanca mandó recoger la edición pero además el gobierno dictó una "real provisión" prohibiendo la carta por ser injuriosa a Clemente XIV y al Breve *Dominus ac Redemptor* de 1773[923].

En otras oportunidades los controles estatales dictaminan el recoger obras que se han publicado en el exterior. Así, podemos verificar que en 1772 se manda aplicar esta medida a la *Histoire impartiale des jésuites* publicada en 1768[924].

En marzo de 1777 se manda retirar una traducción del francés *Carta del obispo N en Francia al Cardenal N. en Roma*. Amsterdam 1776[925]. El texto original era en italiano[926] y el autor el ex jesuita Bruno Martí (1728-1778)[927]. Se trata de un análisis de la situación de la iglesia y

---

[922] DOMERGUE. "Les jésuites espagnols écrivains et l'appareil d'État (1767-1808)", 277-278.

[923] Antonio PAZ Y MELIÁ. *Papeles de Inquisición. Catálogo y extractos*. Madrid, Patronato del Archivo Histórico Nacional (1947) n°., 865.

[924] *Novisima Recopilacion de las Leyes de España mandada formar por el Señor don Carlos IV*. Madrid, Imprenta Nacional del Boletín Oficial del Estado, IV (1992) 155-156 (Libro VIII, título XVIII, ley VI). Simon Nicolas Henri LINGUET. *Histoire impartiale des Jesuites. Depuis leur établissement jusqu'à leur première expulsion ...*; [S.l. : s.n.], 1768. D'après Barbier. Véase: SOMMERVOGEL. *Bibliothèque*, XI, 200-201.

[925] *Novisima Recopilacion de las Leyes de España mandada formar por el Señor don Carlos IV*. Madrid, Imprenta Nacional del Boletín Oficial del Estado, IV (1992) 156: "Prohibición del libelo sedicioso impreso en Amsterdam el año de 1776, y de cualesquiera otros papeles tocantes a la extinguida Orden de la Compañía". (Libro VIII, título XVIII, ley VII).

[926] *Lettera del Vescovo N. in Francia al Cardinal N. in Roma*. [22 de marzo de 1775. En Forli]. Véase: Lorenzo HERVÁS Y PANDURO. *Biblioteca jesuítico-española (1759-1799)*, I, 361-362. URIARTE. *Catálogo razonado de obras anónimas y seudónimas de autores de la Compañía de Jesús pertenecientes a la antigua asistencia española*, I, 396-398; n°., 1169.

[927] Francisco de Paula SOLÁ. "Martí, Bruno". En: Charles E. O'NEILL y Joaquín Mª DOMINGUEZ. *Diccionario histórico de la Compañía de Jesús*, III, 2519-2520.

una crítica al Breve de extinción de la Compañía. Una indiscreción del joven ayudante, Agustín Puchol, al entregar a los libreros la obra hizo que la policía encarcelara en Ravena a ambos. El P. Juan Francisco Masdeu reconoció que fue coautor: "Preso el buen P. Bruno, me hizo decir por su fidelísimo confesor, que mi nombre no saldría jamás de su boca como realmente lo efectuó a pesar de los exámenes que le hicieron, muy rigurosos y muy repetidos"[928]. Falleció como preso en el hospital de San Juan de Dios de Faenza el 25 de junio de 1783[929].

En julio de 1781 se siguió una operación policial similar a la anterior con respecto a un libro en italiano *Memoria que debe presentarse a S. S.* y el de la *Segunda Memoria católica*[930]. Debemos distinguir la existencia de dos libros y de dos autores diferentes.

En primer lugar señalamos la *Memoria que debe presentarse a S. S.* que apareció en italiano en Cosmopoli (lugar ficticio) en 1780[931]. Todavía se discute sobre la paternidad de esta obra en la que, según Hervás, tuvo gran participación el P. Bruno Martí[932] pero en realidad su

---

[928] Juan Francisco MASDEU. *Pruebas prácticas de mi amor a la Compañía de Jesús.* (Mss.), n°., 4°. Citado por URIARTE. *Catálogo razonado de obras anónimas y seudónimas de autores de la Compañía de Jesús pertenecientes a la antigua asistencia española,* I, 398.

[929] HERVÁS Y PANDURO. *Biblioteca jesuítico-española (1759-1799),* I, 363.

[930] *Novisima Recopilacion de las Leyes de España mandada formar por el Señor don Carlos IV.* Madrid, Imprenta Nacional del Boletín Oficial del Estado, IV (1992) 156-157: "Prohibición de los libros titulados *Memoria Catolica,* primera y segunda". (Libro VIII, título XVIII, ley VIII). DOMERGUE. "Les jésuites espagnols écrivains et l'appareil d'État (1767-1808)", 277.

[931] *Memoria Cattolica da presentarsi a Sua Santità. Opera Postuma.* Tu scis quoniam falsum testimonium tulerunt contra me; & ecce morior, cum nihil forum fecerim, quae isti malitiose composuerunt adversum me. Exaudivit autem Dominus vocem ejus. Daniel, cap. 13, vers. 43 & 44. Cosmopoli, 1780.

[932] HERVÁS Y PANDURO. *Biblioteca jesuítico-española (1759-1799),* I, 361: "Éste [Martí] había escrito la dicha obra con otra, de que hablaré inmediatamente, en el retiro de su pobre habitación. La dicha obra era como un índice de la célebre *Memoria Católica,* que después se publicó tan ruidosamente y se prohibió por el Papa Pío VI. Mas este índice contenía muchos artículos o asuntos que no se tocaban en la dicha *Memoria Católica.* Martí, después de haber hecho el dicho índice, escribió sobre él un tratado y éste es el que dio

verdadero autor parece que fue el P. Carlo Borgo (1731-1794)[933]. Uriarte aduce un largo testimonio del P. José Fernando Silva (1750-1829)[934] en el que se afirma que "fue el jesuita Carlo Borgo, célebre Predicador, célebre Matemático, y aún más célebre por la Memoria Católica... Y aunque conservó siempre su secreto harto necesario, lo confirió por escrito a su grande amigo el P. Carlo de Porcia (...) [quien] conservó hasta después de la muerte de Borgo"[935]. Sin embargo, Armando Guidetti sostiene que "Borgo no tuvo nada que ver con su publicación"[936].

El segundo libro se relaciona con la *Segunda Memoria Católica*. El autor el P. Andrés Febres (1734-1790)[937]. Hervás, su primer biógrafo, dice "... el año 1779, el señor Febres huyó temiendo ser perseguido por la impresión que se le atribuía, de *la Primera Memoria Católica de los jesuitas*, que fue ruidosa en el orbe cristiano. Su huida dio motivo para que sus émulos le buscasen con mayor diligencia y para que él, con mayor cautela, se ocultase, viviendo pobremente". Y más adelante añade que la noticia de su muerte excitó la curiosidad de algunos romanos que sólo pudieron averiguar "que había mendigado, desconocido por algunos países de Europa y que, últimamente, se había retirado a la

---

modelo a la dicha Memoria Católica, en la que el editor (que según la opinión común de esta ciudad fue el general Scarponi, célebre literato) quitó algunas reflexiones e introdujo otras que dieron motivo a la censura".

[933] Armando GUIDETTI. "Borgo, Carlo". En: Charles E. O'NEILL y Joaquín Mª DOMÍNGUEZ. *Diccionario histórico de la Compañía de Jesús*, I, 494-495.

[934] Perdro HERRERA PUGA. "Silva y Guzmán, José Fernando". En: Charles E. O'NEILL y Joaquín Mª DOMÍNGUEZ. *Diccionario histórico de la Compañía de Jesús*, IV, 3576.

[935] URIARTE. *Catálogo razonado de obras anónimas y seudónimas...*, 429. El testimonio concluye: "Así el P. Silva en sus borradores Mss. *Sobre la Memoria Católica* (pag., 3)". Suponemos que se refiere a la obra manuscrita "Miscellanea alphabetica".

[936] Armando GUIDETTI. "Borgo, Carlo", I, 494. Para su producción bibliográfica: José Eug. De URIARTE y Mariano LECINA. *Biblioteca de escritores de la Compañía de Jesús pertenecientes a la antigua Asistencia de España desde sus orígenes hasta el año de 1773*. Madrid, Imprenta "Gráfica Universal", II 1929-1930) 563-565.

[937] Eduardo TAMPE. "Febrés Oms, Andrés". En: Charles E. O'NEILL y Joaquín Mª DOMINGUEZ. *Diccionario histórico de la Compañía de Jesús*, II, 1385-1386.

ciudad de Caller, en donde para sustentar su vida fue maestro de escuela de niños"[938].

Según Hervás "los literatos romanos atribuyen al señor Febres la *Segunda Memoria Católica de los jesuitas* que no fue menos estrepitosa que la primera"[939] cuya descripción bibliográfica la recoge Hanisch[940]. Eduardo Tampe no duda en escribir que esta obra "es una acusación dura a los ministros de Portugal, Francia y España, de tramar la pérdida de la Iglesia en su ataque a los jesuitas, como estrategia inicial. Añadía en tono profético que la expulsión de la Compañía de Jesús de América, unida a la independencia de los Estados Unidos, ocasionaría la de los dominios españoles"[941].

Febres fue un infatigable polemista[942] y cuando fue allanada su casa en Roma encontraron una imprenta portátil y unos sonetos contra Azara pero avisado previamente pudo huir y ser escondido por sus amigos. Para su tranquilidad se dijo que había huido a Londres y de ahí a las colonias de América. Pero en realidad se había radicado en Cerdeña y la muerte le sorprendió en Caller (Cerdeña) a los 59 años en 1790[943].

Mas, si del hostigamiento a la bibliografía filo jesuítica pasamos a la persecución de las personas el horizonte es sin lugar a dudas más amplio que el anterior. No deja de ser llamativa la obsesión con que los comisarios regios trataban de controlar tanto las acciones como los escritos de los jesuitas expulsos que residían en sus respectivas jurisdicciones. Y, por

---

[938] HERVÁS Y PANDURO. *Biblioteca jesuítico-española (1759-1799)*, I, 224-225.

[939] HERVÁS Y PANDURO. *Biblioteca jesuítico-española (1759-1799)*, I, 226. Astorgano en la nota 732 aclara que esta obra fue condenada por un breve pontificio el 18 de noviembre de 1788: "Esta obra no es más que un tejido de maledicencias, de injurias, de falsedades, de calumnias y de ataques contra la Santa Sede y la Iglesia: es un verdadero libello infamante. (Archivo Histórico Provincial de Zaragoza. *Libro del Real Acuerdo*, 1789, folios, 407-416).

[940] Walter HANISCH. *Itinerario y pensamiento de los jesuitas expulsos de Chile (1767-1815)*. Santiago de Chile, Editorial Andrés Bello (1972) 277.

[941] Eduardo TAMPE. "Febrés Oms, Andrés", II, 1385.

[942] URIARTE. *Catálogo razonado de obras anónimas y seudónimas...*, I, 428-430.

[943] Walter HANISCH. *Itinerario y pensamiento de los jesuitas expulsos de Chile*, 251-254.

otro lado, cómo ignorar a tanto profesor de humanidades y ciencias humanas que se encontraba arrinconado y silenciado en un exilio forzado sin retorno y cuya único desahogo consistía en recurrir a las inspiraciones de su pluma.

El *Diario* del P. Luengo recoge esta especie de floración literaria interna entre los ignacianos castellanos y llega a afirmar que "entre los jesuitas españoles que se hallan al presente en esta ciudad hay tantos poetas medianos, buenos y sobresalientes que en un asunto de gusto e interés para ellos, y en el que el amor, el agradecimiento u otro afecto semejante, o a lo menos la verdadera grandeza y hazañas del Héroe les pudiera calentar la fantasía y excitar el Estro o el Numen, en una sola semana harían tantas composiciones poéticas de todos metros y especies, y no en una sola sino en muchas lenguas, que se pudieran formar varios gruesos volúmenes"[944].

Pero, el prototipo de la militancia pro jesuítica desde el exilio lo constituye el P. José Francisco Isla (1703-1781)[945]. No nos vamos a detener en la visión del polígrafo[946] sino en la del desterrado en Italia, enfermo y achacoso amén de perseguido, que se enfrenta con la pluma a los poderes constituidos que son, a su juicio, culpables de todos sus infortunios.

En la rebeldía interna su oficio de escritor se centra en dos objetivos: por un lado, reivindicar el honor ultrajado de la Orden fundada por Ignacio de Loyola; y por otro, el único refugio que le queda al perseguido, la utilización de la sátira[947].

---

[944] LUENGO. *Diario*, 4 de diciembre de 1776.

[945] Conrado PÉREZ y José ESCALERA. "Isla, José Francisco de". En: Charles E. O'NEILL y Joaquín Mª DOMÍNGUEZ. *Diccionario histórico de la Compañía de Jesús*, III, 2076-2077.

[946] Francisco AGUILAR PIÑAL. *Bibliografía de autores españoles del siglo XVIII*. Madrid, Consejo Superior de Investigaciones Científicas, IV, 576-611. SOMMERVOGEL. *Bibliothèque*, IV, 655-686.

[947] Véase: Enrique GIMÉNEZ LÓPEZ y Mario MARTÍNEZ GOMIS. "El P. Isla en Italia". En: Enrique GIMÉNEZ LÓPEZ (Ed). *Expulsión y exilio de los jesuitas españoles*. Alicante, Publicaciones de la Universidad de Alicante (1997) 347-360.

Y por ello, como el autor del *Fray Gerundio de Campazas* tenía un sentido profundo del honor y de la historia no descansará hasta cumplir con esas inquietudes internas que le obligaban a dejar para la posteridad el testimonio de lo que fue un proyecto universal de ciencia y cultura.

Para los jesuitas expulsos y extinguidos españoles surgen tres entidades ante las que había que tomar posición clara y documentada: la historia, el gobierno español y los obispos regalistas que habían corroborado las decisiones gubernamentales.

Para aclarar ante la historia la verdad de la expulsión y expatriación de los jesuitas llevada a cabo en 1767, redacta en Córcega a petición del provincial de Castilla, Ignacio Osorio, el *Memorial en nombre de las cuatro provincias españolas de la Compañía de Jesús desterradas del Reino*[948] que vendría a conocer la luz pública el año 1882 con una introducción y notas del P. José Eug. Uriarte[949]. También quedarían manuscritos y verían la luz pública en pleno siglo XX: la *Anatomía de la Consulta de Don Pedro Rodríguez de Campomanes*[950] y la *Anatomía de la Carta Pastoral* del

---

[948] José Francisco ISLA. *Memorial en nombre de las cuatro provincias de España de la Compañía de Jesús desterradas del Reino, a S. M. el Rey D. Carlos III*... Madrid, Imprenta de F. Maroto e Hijos calle de Pelayo, num. 34, 1882. Una amplia información en: Manuel LUENGO. *Colección de Papeles Curiosos y varios*, Tomo II. (Archivo Histórico de Loyola. Loyola-Azpeitia). Véase: Enrique GIMÉNEZ LÓPEZ y Mario MARTÍNEZ GOMIS. "El P. Isla en Italia", 354-355.

[949] Mariano LECINA. "Breve noticia bio-bibliográfica del P. José Eugenio de Uriarte y Basterrechea S. J:". En: J. Eug. de URIARTE. *Catálogo razonado de obras anónimas y seudónimas de autores de la Compañía de Jesús pertenecientes a la antigua asistencia española*. Madrid, Establecimiento Tipográfico <Sucesores de Rivadenyra> Inpresores de la Real Casa, V (1916) XIX. Dos observaciones interesantes hace el autor del artículo: 1) Que algunos ejemplares manuscritos aparecen firmados por el P. Ignacio de Osorio. 2) Que el texto fue publicado en las *Revista Religiosa de "El Siglo Futuro"*, tomos IV y V, año 1882.

[950] José Francisco de ISLA. *Anatomía de la Consulta de Don Pedro Rodríguez de Campomanes, Fiscal del Consejo extraordinario de Castilla, sobre la respuesta que debía dar Su Magestad al Breve del Papa Clemente XIII acerca del Decreto expulsivo de todos los Jesuitas existentes en sus Reales Dominios. Obra de J. F. I., donde, sin violar la Ley del Silencio, y mucho menos la del respeto debido a N. Aug. Soberano, se trata según su mérito a los pérfidos Ministros y Consejeros que le engañaron*. Este libro conoció la luz pública en 1979: *Anatomía del informe*

Arzobispo de Burgos[951]. Mas, para una información completa de la obra del P. Isla remitimos al lector a la Biblioteca de Sommervogel[952].

Pero nuestro interés se centra en el "Isla perseguido" fundamentalmente por sus escritos satíricos que se difundían de forma subterránea. Hay que reconocer que este infatigable escritor fue siempre una preocupación continua para la corte de Madrid en su condición de "alto sospechoso".

Entre los muchos incidentes que se podrían mencionar nos centraremos en uno que tuvo lugar en el verano de 1773 cuando se preveía la extinción de la Compañía por el papa Clemente XIV[953].

Ante las posibles reacciones que pudieran surgir entre los expatriados ante tan decisiva medida, tanto Fernando Coronel en nombre del gobierno de España como el cardenal Malvezzi delegado de la autoridad pontificia, redoblaron la vigilancia y decidieron actuar sobre tres jesuitas de la Provincia de Castilla: los PP. Francisco Janausch, Antonio García López y José Francisco Isla.

Francisco Janausch (1731-1781)[954] hablaba las lenguas alemana, italiana y francesa "por haberlas aprendido de sus padres" y para "las cosas del púlpito tenía muy buenas partes". El 22 de junio de 1773 el delegado Coronel le escribía a Moñino porque sabía que arengaba a los estudiantes del colegio de Santa Lucía para que ofrecieran resistencia a

---

de Campomanes. Introducción y notas de Conrado Pérez Picón. León, Institución Fray Bernardino de Sahagún, 1979.

[951] José Francisco de ISLA. *Anatomía de la Carta Pastoral que (obedeciendo al Rey) escribió el Illmo. Señor Don Joseph Xavier Rodríguez de Arellano Arzobispo de Burgos del Consejo de S. M.* 4 tomos.

[952] SOMMERVOGEL. *Bibliothèque*, IV, 655-686.

[953] El lector podrá encontrar más información en: Enrique GIMÉNEZ LÓPEZ y Mario MARTÍNEZ GOMIS. "El P. Isla en Italia". En: Enrique GIMÉNEZ LÓPEZ (Ed.) *Expulsión y exilio de los jesuitas españoles*, 347-360.

[954] Seguimos la biografía que le dedica el P. Luengo en su Diario. LUENGO. *Diario*. 6 de febrero de 1781.

la extinción de la Compañía[955]. Pero Luengo explicita mejor este asunto: "Y aun el amor a ésta [la Compañía de Jesús], que le movió a tratar con los jóvenes Filósofos jesuitas en el Colegio de esta Ciudad, estando presos en una Casa de Campo, le costó una prisión ignominiosa, de mucho trabajo y no poco larga, y después un destierro de Bolonia por algunos años, como a su tiempo se dijo"[956].

Otro perseguido era el joven Antonio García Gómez (1746- ¿?)[957] quien supuestamente había traducido y distribuido de forma clandestina en Roma un panfleto titulado *Vero amico del Papa* en el que se cuestionaba la autoridad de Clemente XIV para suprimir la Compañía de Jesús[958].

Transcribimos a continuación la forma cómo fue hecho preso este jesuita: "Llegaron los esbirros a la casa entre 9 y 10 de la noche y, entrados en ella, el que mandaba la cuadrilla, que parece era un Caporal tan vil e infame como los mismos esbirros, mandó juntar a todos en una pieza y al momento sacó y leyó una lista, respondiendo cada uno de ellos cuando era nombrado. Y, habiéndolo sido el P. Antonio García y respondido éste, le echaron las manos encima aquellos sayones, más que Ministros de un Arzobispo Católico en el Estado mismo del Papa, con

---

[955] Archivo Ministerio de Relaciones Exteriores. *Santa Sede*, 486. *Carta de Fernando Coronel a Moñino*. Bolonia, 22 de junio de 1773.

[956] LUENGO. *Diario*. 6 de febrero de 1781. Sin embargo, el día 20 de julio de 1773 escribía Luengo en el *Diario*: "Al P. Janausch se le ha hecho cargo de que fue a visitar a los jóvenes Retóricos y Filósofos de Santa Lucía cuando estaban en la casa de campo, y después a Módena, y haberles dicho en una carta, que le interceptaron, que estuviesen constantes en mantener la ropa de la Compañía mientras no se les mostrara algún Breve o Rescripto del Papa. Respondió ser todo cierto, pero que nadie le había prohibido que los visitase y que su carta no viene a ser otra cosa que una exhortación a la obediencia debida al Santo Padre luego que les conste legítimamente de su voluntad".

[957] SOMMERVOGEL. *Bibliothèque*, III, 1201. HERVÁS Y PANDERO. *Biblioteca*, I, 240-241.

[958] Ludovico PASTOR. *Historia de los Papas en la época de la monarquía absoluta*. Barcelona (1937) 234. Citado por GIMÉNEZ LÓPEZ y Mario MARTÍNEZ GOMIS. "El P. Isla en Italia", 352.

toda la significación propia de esta palabra, y bien asido, como si llevaran a un ladrón o a un homicida, le hicieron entrar en su cuarto. Aquí hicieron un registro muy exacto y diligente no sólo de su aposento sino aun de su misma persona, en lo que emplearon como hora y media, y todo este tiempo tuvieron a toda la Comunidad encerrada en la pieza en que se había juntado y guardada con un buen piquete de esbirros, colocado a la misma puerta. Llevaron los esbirros al afligido y atribulado joven a un mesón y allí entre sus borracheras y villanías tirado en el suelo, pasó una buena parte de la noche, hasta que por la mañana se le hizo entrar en una calesa, en la cual entró también un Caporal de los esbirros que le traía amarrado con una soga o cordel. Así llegó a esta ciudad como a las 9 de la mañana y en derechura fue llevado a la torre en que están los otros dos; y, después de haberle tenido en un calabozo algunas horas, le sacaron a lo último de la tarde a una prisión menos incómoda. Así se trata en el Estado mismo de la Iglesia a Sacerdotes y Religiosos y, según parece, no se debe atribuir en la mayor parte esta crueldad e indecencia al presente furor contra los jesuitas, sino que es el modo ordinario y común de tratar los Sres. Obispos y Cardenales al clero inferior regular y secular. Es muy creíble que la desgracia de este joven haya nacido también de su trato con los del país, entre los cuales habrá encontrado algún amigo infiel o algún espía"[959].

Según Luengo el cargo del que fue imputado consistió en "haber esparcido y dado a leer un escrito titulado *Simoníaca elección de Clemente XIV*". Como insistieran en versiones parecidas aceptó "que había visto, leído, trasladado y dado a leer a algunos un papel intitulado *Irreflexiones* y que esto podía haber dado ocasión al cargo que se le hacía. Pero que en dicho papel no había visto cosa ninguna contra Su Santidad, antes le había parecido una buena defensa de su proceder y conducta"[960].

---

[959] LUENGO. *Diario*, 10 de julio de 1773.
[960] LUENGO. *Diario*, 10 de julio de 1773.

Ciertamente existe un folleto intitulado *Irreflesioni dell'Autore*[961] de cuya autoría se discute si pertenece al latinista y filólogo Jerónimo José Lagomarsini (1698-1773)[962], al historiador Julio Cordara (1704-1785)[963] o Carlos Benvenuti (1716-1797) quien vino a ser el auténtico autor. Se trata de una picante respuesta al libro *Riflessioni sul Gesuitismo*. Roma, 1772[964]. Sobre este asunto volveremos más adelante.

En realidad el joven Antonio García Gómez se convertiría más adelante en un verdadero literato como lo demuestra, por ejemplo, la traducción italiana de "El delincuente honrado" de Gaspar Melchor de Jovellanos[965]. Aunque es poco conocido Hervás lo reseñó en su *Biblioteca jesuítico-española*[966] y por supuesto Sommervogel[967].

El tercer perseguido fue el P. José Francisco de Isla a quien se le acusaba en primer lugar la de haber atacado en una comida en casa del conde de Pallavicini al Venerable Palafox y, en segundo lugar, por la audacia con que hablaba de los soberanos y los papas[968]. La respuesta oficial fue la incautación de los papeles de Isla y al no encontrar nada se justificaron escribiendo a Madrid que alguien se dio cuenta del "gran numero de

---

[961] *Irreflexioni dell'Autore d'un Foglio intitolato Reflexioni Delle Corti Borbonich, sul Gesuitismo*. Hay varias reimpresiones. Véase: J. Eug. de URIARTE. *Catálogo razonado de obras anónimas y seudónimas de autores de la Compañía de Jesús pertenecientes a la antigua asistencia española*, I, 362.

[962] Mario ZANFREDINI. "Lagomarsini, Girolamo". En: Charles E. O'NEILL y Joaquín Mª DOMÍNGUEZ. *Diccionario histórico de la Compañía de Jesús*, III, 2261.

[963] Mario ZANFREDINI. "Cordara, Giulio Cesare". En: Charles E. O'NEILL y Joaquín Mª DOMÍNGUEZ. *Diccionario histórico de la Compañía de Jesús*, I, 950-951.

[964] SOMMERVOGEL. *Bibliothèque*, I, 1312-1313.

[965] Belén TEJERINA. "<El delincuente honrado> de Jovellanos. Traducido al italiano por el jesuita Antonio García (1807)". En: *Revista de Historia Moderna*. Anales de la Universidad de Alicante. Alicante, 16 (1997) 51-69.

[966] HERVÁS Y PANDURO. *Biblioteca jesuítico-española (1759-1799)*. Madrid, I (2007) 239-141.

[967] SOMMERVOGEL. *Bibliothèque*, III, 1201.

[968] Archivo del Ministerio de Asuntos Exteriores. *Estado*, 4737. *Carta de Juan Zambeccari a Grimaldi*. Bolonia, 13 de julio de 1773.

esbirros que tomaron las avenidas" y los jesuitas tomaron sus medidas "y desde que llamaron hasta que abrieron la puerta, tuvieron tiempo para cuanto quisieron, pues hay quien asegura que pasaría media hora"[969].

También el legado de la autoridad pontificia, cardenal Malvezzi, consideraba a Isla como autor del siguiente epigrama porque ridiculizaba a las cortes borbónicas y al propio legado pontificio. Lo transcribimos para que el lector saque sus propias conclusiones:

EPIGRAMA

Quod Carvallius in Lusitania tirannicce Incepit.
Quod Arandius in Hispania barbarice Prosecutus est.
Quod Gallicum Parlamentum jansenista labe
Infectum prepotenter. Evit [por fuit?] ausum
Quod Tanucius Neapoli, et Tillotius in Parmensi
(E)ditione audacer imitati sunt.
Tandem Malvitius, sine ordine, sine judicio,
Sine facultatis ostensione summo virorum.
Piorum [h]orrore violenter et arbitrarie Bononiae
Complevit, ac perficit.
Ad perpetuam infamiae memoriam,
S. REC.IST[970]

---

[969] Archivo del Ministerio de Asuntos Exteriores. *Santa Sede*, 486. *Carta de Fernando Coronel a Moñino*. Bolonia, 13 de julio de 1773.

[970] El manuscrito reposa en: Archivo del Ministerio de Asuntos Exteriores. Madrid. *Santa Sede*, 486. Citado por: Enrique GIMÉNEZ LÓPEZ y Mario MARTÍNEZ GOMIS. "El P. Isla en Italia", 352. *Traducción*: Epigrama. Lo que Carvallo comenzó de forma tiránica en Portugal./ Lo que prosiguió Aranda de forma bárbara en España./ Lo que el parlamento francés infectado con la peste jansenista se atrevió a hacer de modo prepotente./ Lo que en modo audaz han imitado Tanucci en Nápoles y Tillot en la jurisdicción de Parma./ Y finalmente lo que Malvezzi completó y perfeccionó en Bolonia, violenta y arbitrariamente, sin orden, sin reflexión, sin mostrar las facultades y con sumo terror de los hombres religiosos./ Para perpetua memoria de la infamia.

En síntesis, dieciocho días de prisión, el consiguiente destierro y el pago de 1.858 reales que como dirá Luengo "suma exorbitantísima y oportuna para confirmar lo que habremos insinuado más de una vez de la grande avaricia e interés que hay en los Tribunales Eclesiásticos de este país o a lo menos en éste de Bolonia"[971].

Antes de concluir este apartado juzgamos necesario hacer tres grandes consideraciones.

La primera es económica: hasta dónde llegaban las erogaciones del gobierno español para mantener el control de los expatriados si pensamos en los costos que suponían no sólo los comisarios sino también la caterva de espías que como anotará Luengo "… son tantos que apenas hay noche que no vayan algunos de nuevo a la cárcel y el Arzobispo está tan furioso que apenas hay día que no salga alguno desterrado de la ciudad"[972]. Y mientras tanto, las sumas provenientes de la venta de las posesiones de la jesuitas en el mundo hispánico sólo daban para una renta miserable para los expropiados mientras que mantener a los expropiadores no conocía limites.

La segunda es histórica: a qué punto de degradación había llegado la situación social de los cinco mil jesuitas desterrados en los Estados de la Iglesia cuando ni siquiera podían expresar literariamente las manifestaciones mínimas de su condición de exilados.

La tercera es proyectiva: ¿en qué grado participaron los seguidores del de Loyola que habían laborado en las tierras de Colombia, Venezuela y República Dominicana en estas políticas represivas? Cuando surjan nuevos documentos se podrá conocer la verdadera historia.

---

[971] LUENGO. *Diario*, 26 de julio de 1773.
[972] LUENGO. *Diario*, 9 de julio de 1773.

CAPÍTULO 5º
LA MUERTE DE LA COMPAÑÍA DE JESÚS
DE JESUITAS A ABATES Y A ABOLIDOS.
(1773-1814)

II. PARTE

LOS INSERTADOS EN EL MUNDO INTELECTUAL, UNIVERSITARIO Y CULTURAL

No todo podía ser pobreza, penurias, tristezas, añoranzas, persecuciones, cárceles y destierros porque también hubo talentos que supieron abrirse paso en un mundo adverso a través de sus actividades científicas, culturales y docentes.

Sin lugar a dudas, una excelente imagen de esta situación la ofrece el abate Juan Andrés y Morell (1740-1817)[973] cuando describía a sus hermanos de religión de la siguiente manera: "daban compasión tantos hombres de talento y de saber, capaces de ilustrar unos las matemáticas, otros otras ciencias naturales, otros las lenguas muertas, otros las buenas letras, viéndolos destituidos de la comodidad y auxilios necesarios para cultivar sus estudios, y sin poder dar a nuestra nación el honor que ciertamente le acarrearían con sus luces si tuvieran mayores proporciones"[974].

Por otra parte, algunos hombres de aquellas generaciones intuyeron el valor de la memoria histórica de los 5000 jesuitas expatriados de los reinos de España en 1767 y arrojados como indeseables a los Estados

---

[973] Miguel BATLLORI. "Andrés y Morell, Juan". En: Charles E. O'NEILL y Joaquín Mª DOMÍNGUEZ. *Diccionario histórico de la Compañía de Jesús*, I, 163-165.

[974] *Cartas familiares del Abate D. Juan Andrés a su hermano D. Carlos Andrés, dándole noticia del viage que hizo a varias ciudades de Italia en el año 1785. publicadas por el mismo D. Carlos*, Madrid, Antonio de Sancha, I (1786) 5-6.

Pontificios y por ello trataron de recopilar la respuesta intelectual y cultural que dieron los perseguidos[975] frente a sus perseguidores[976].

Así pues, será objetivo de este capítulo seguir las huellas de la producción intelectual de los ignacianos neogranadinos como primera tarea y en segundo término poder referir las principales fuentes de información sobre esta difícil etapa.

I. EL OFICIO DEL "ESCRITOR EXILADO" Y SUS AZARES

Los jesuitas expatriados americanos se presentaron en suelo italiano tan sólo con el amargo recuerdo de que todas sus bibliotecas y archivos –personales y comunitarios– fueron secuestrados por los oficiales regios en la madrugada del día del año 1767 en que se les intimó el decreto de expulsión. Así pues, todos sus haberes anteriores a esa fecha se reducían a lo que habían encomendado a la memoria.

Y como si fuera poco la *Pragmática Sanción* (2 de febrero de 1767) les imponía un silencio absoluto y punitivo para todo lo que significara rememorar el proyecto al que habían dedicado sus vidas. A ello había que añadir que eran rehenes del gobierno español a través de la mísera pensión que se les había asignado preveniente de la mala venta de sus haberes[977]. Finalmente, en los Estados de la Iglesia, estaban tan vigilados

---

[975] Lucienne DOMERGUE. "Les jésuites espagnols écrivaints et l'appareil d'Etat (1767-1808)". En: Manfred TIETZ (Edit.). *Los jesuitas españoles expulsos. Su imagen y su contribución al saber sobre el mundo hispánico en la Europa del siglo XVIII*. Madrid-Frankfurt/M. (2001) 265-294.

[976] Una interesante visión sobre el tema lo ofrece Antonio ASTORGANO ABAJO. "La Biblioteca jesuítico-española de Hervás y su liderazgo sobre el resto de los ex jesuitas". En: *Hispania Sacra*. Madrid, 56 (2004) 171-268.

[977] Artículo 6º de la *Pragmática Sanción*: "Declaro que si algún Jesuita saliere del Estado Eclesiástico, (a donde se remiten todos) o diere justo motivo de resentimiento a la Corte con sus operaciones o escritos; le cesará desde luego la pensión que va asignada". *Colección del Real Decreto de 27 de febrero de 1767 para la Egecución del Estrañamiento de los Regulares de la Compañía, cometido por S.E. el Excmo. Señor Conde de Aranda, como Presidente del Consejo: de las Instrucciones y Ordenes sucesivas dadas por S.E. en el cumplimiento; y de la Real*

que eran frecuentes los registros de sus papeles y por ende se veían en la obligación de quemar sus investigaciones antes que acabar en las mazmorras de sus cárceles[978].

A estos antecedentes hay que anexar otros condicionamientos de no menor calibre. El primero meditaba sobre las formas de evadir las barreras contra la libertad de expresión y pensamiento impuestas por el Estado e incrementadas por la psicología del "exilado" y la búsqueda de fórmulas para expresarse bien desde la clandestinidad, bien desde el anonimato, bien desde la inteligencia sofisticada.

El segundo surgía del problema de las limitaciones del idioma pues no todos lograron dominar el italiano; sin embargo, otros pudieron expresarse en latín, lengua universal e incluso en castellano.

El tercero lucha con las restricciones doctrinales que imponía el jansenismo en auge en el pensamiento religioso de la época y adverso a la Compañía de Jesús.

El cuarto era el evidente antijesuitismo impuesto por las cortes borbónicas y su feroz campaña de desprestigio a todo lo que oliera a la orden fundada por Ignacio de Loyola. Y para no alargar este catálogo habría que mencionar a la Inquisición sobre todo la controlada por los dominicos y a las evidentes penurias económicas[979].

Pragmática Sanción de 27 de marzo, en fuerza de Ley, para su observancia. Madrid, Imprenta Real de la Gazeta (1767) 24.

[978] Rubén VARGAS UGARTE. *Relaciones de Viajes (siglos XVI, XVII y XVIII.* Biblioteca Histórica Peruana, Lima, Compañía de Impresiones y Publicidad, V (1947) 201. "DIARIO de un Jesuita Desterrado, desde su salida de Lima y puerto del Callao, el 28 de Octubre de 1767 hasta su arribo las costas de Italia y confinamiento n la ciudad de Ferrara, con los sucesos que se siguieron hasta la muerte de Clemente XIV, el 22 de Setiembre de 1774". Más información en: Antonio Luis CORTÉS PEÑA. "Algunos ejemplos del control gubernamental sobre los jesuitas tras la expulsión". En: Antonio MESTRE SANCHÍS y Enrique GIMÉNEZ LÓPEZ (eds.). *Disidencias y exilios en la España moderna*. Alicante, Caja de Ahorros del Mediterráneo-Universidad de Alicante (1997) 691-701.

[979] Véase: Walter HANISCH. *Itinerario y pensamiento de los jesuitas expulsos de Chile (1767-1815)*. Santiago de Chile, Editorial Andrés Bello (1972) 179-182.

Manfred Tietz baja todavía a otros detalles que son dignos de consideración. En no pocos casos la razón de las actividades de los ex jesuitas se debió a "la melancolía" o a "la hipocondría" causadas por la obligada ociosidad a la que contra su voluntad habían sido forzados. Otro motivo fue el material pues cuando la corte de Madrid ofreció la posibilidad de una segunda o tercera pensión por "méritos literarios" fueron muchos los que trataron de ayudar a mejorar el prestigio cultural de España en Europa. Finalmente otro grupo lo constituye los que quisieron dar testimonio de la realidad americana o española frente a los prejuicios antiamericanos y antiespañoles puestos de moda en el horizonte intelectual europeo[980].

Una muestra evidente del planteamiento de "los méritos literarios" la ofrece el señor Azara en carta que le remitía el 18 de marzo de 1789 al conde de Floridablanca:

"Por lo que toca a nuestros ex jesuitas españoles en particular, yo no sé cómo se piensa ahí de esta inundación de obras que envían cuasi todas las semanas nuestros ex jesuitas; y que, si Dios no lo remedia, han de henchir el Reino de un nuevo género de libros, no sólo inútil, sino el más perjudicial a la nación; porque no hay uno que pase de la mediocridad y poquísimos que alcancen aún este grado. Muchos corrompen la nación fomentando la vanidad, la ignorancia y la suficiencia.

"Otros, sin enseñar nada de nuevo, disfrazan lo que han leído en cuatro libretos vulgares por Italia. Y los más hacen historias y descripciones de Indias sin saber lo que dicen, de memoria y sin haber saludado tan siquiera la geografía, la historia natural ni ninguna de las ciencias naturales de que pretenden hablar. Cuando alguno de ellos se ha atrevido a publicar aquí alguna obra de éstas en italiano o latín, se han reído de él los literatos, no obstante que dichas ciencias no sean las que más florecen en estos países. Sin embargo de esto, ya ve vuestra excelencia el crecido número de obras que hemos enviado estos años; pero esto no es

---

[980] Manfred TIETZ. "Prólogo". En: Manfred TIETZ (Ed.). *Los jesuitas españoles expulsos. Su imagen y su contribución al saber sobre el mundo hispánico en la Europa del siglo XVIII*. Madrid-Frankfurt/M, Iberoamericana-Vervuert (2001) 13.

nada para el diluvio de ellas que nos amenaza. Hay más de mil hombres que, por su desgracia y por la nuestra, saben escribir y se ocupan en esto actualmente a salga lo que saliere"[981].

Todas estas razones cultivaron ese fecundo campo que proporcionan los anónimos y seudónimos, la búsqueda de imprentas clandestinas, en fin, esos medios que se prodigan en los seres humanos cuando la libertad de pensamiento está proscrita y para no asfixiarse encuentran siempre caminos inéditos para sobrevivir. En consecuencia, en ese hipotético viaje de Roma a Madrid ¿cuántos manuscritos desaparecieron?

En contraposición, un crítico italiano actual, Guido Mazzeo, no duda en afirmar que la expulsión de los jesuitas españoles "representa una de las más interesantes y a la vez significativas emigraciones de literatos y hombres de ciencia que el mundo jamás haya conocido. (...) El alcance y magnitud de sus obras fueron extraordinarias y abrazaron todas las facetas del saber humanístico y científico de la época"[982].

II. LA "LITERATURA DE EXILIO" Y SUS FUENTES

El espíritu jesuítico no podía morir y hubo escritores que trataron de conservar, según sus posibilidades, los recuerdos tanto de la orden sepultada como de los hombres a los que pretendían silenciar.

Pero el balance final es percibido por un especialista del siglo XX de forma más positiva. Con toda razón afirma Miguel Batllori que: "... gracias a la colaboración de los exiliados hispano-portugueses, Italia llegó a ser, en el último cuarto del siglo XVIII, el centro más denso de todo el americanismo europeo"[983].

---

[981] Archivo del Ministerio de Asuntos Exteriores. Madrid. *Santa Sede*, 360. Año 1789. Expediente 13. (Citado por ASTORGANO ABAJO. "La Biblioteca jesuítico-española de Hervás y su liderazgo sobre el resto de los ex jesuitas", 186).

[982] Guido E. MAZZEO. "Los jesuitas españoles del siglo XVIII en el destierro". En: *Revista Hispánica Moderna*, 34 (1968) 344.

[983] Miguel BATLLORI. *La cultura hispano-italiana de los jesuitas expulsos. Españoles-hispano-americanos-filipinos*. Madrid, Editorial Gredos (1966) 590.

Y dada la magnitud del tema bibliográfico hemos optado por incluirla como apéndice al final de este acápite a fin de facilitar la lectura homogénea del texto. (Ver anexo al final de este capítulo)

Por otro lado, la investigación moderna está tratando de recuperar esos pasos perdidos[984] y en el caso de los expatriados españoles y americanos, desde 1773, se puede seguir su ritmo de producción, en parte, gracias a las huellas dejadas por la industria editorial. En Bolonia se puede mencionar la tipografía de San Tommaso d'Aquino y de Gaspare de Franceschi all'insegna della Colomba; en Ferrara la imprenta Rinaldi; en Parma la imprenta Bodoni; en Foligno, los tipógrafos Campana y Tommasini; en Asís, la imprenta Sgariglia; en Venecia el librero y editor Antonio Zatta; en Roma la imprenta de Fulgoni[985]. En la Romagna la producción literaria se llevó a cabo en las imprentas de Biasini en Cesena y Archi en Faenza aunque no se excluyen otras menos importantes[986].

UN INTENTO DE PERIODIZACIÓN DE LA LITERATURA DE EXILIO.

Dada la deficiente información de que disponemos sobre los jesuitas neogranadinos en tierras italianas hemos tratado de adoptar el esquema de periodización general que facilite la comprensión de esta difícil y complicada etapa (1767-1816).

---

[984] Es imposible resumir la literatura bibliográfica producida. Nos remitimos a: Manfred TIETZ (Edit.). *Los jesuitas españoles expulsos. Su imagen y su contribución al saber sobre el mundo hispánico en la Europa del siglo XVIII*. Madrid-Frankfurt/M., 2001. También un equipo de investigadores de la Universidad de Alicante han ido publicando importantes aportes: Enrique GIMÉNEZ LÓPEZ (Ed.). *Expulsión y exilio de los jesuitas españoles*. Alicante, 1997. Enrique GIMÉNEZ LÓPEZ (Ed.). *Y en el tercero perecerán. Gloria, caída y exilio de los jesuitas españoles en el s. XVIII*. Alicante, 2002.

[985] ASTORGANO ABAJO. "La Biblioteca jesuítico-española de Hervás y su liderazgo sobre el resto de los ex jesuitas", 199-200.

[986] Pierangelo BELLETTINI. "Tipografi romagnoli et ex gesuiti spagnoli negli ultimi decenni del Settecento". En: Lorenzo BALDACCHINI y Anna MANFRON (Edits.). *Il libro in Romagna. Produzione, commercio e consumo dalla fine del secolo XV all'età contemporánea. Convengo di studi (Cesena, 23-25 marzo 1995)* a cura di … Firenze, Leo S. Olschki (1998) 557-657.

Nos guiaremos por los cuatro grandes períodos que detecta Antonio Astorgano al estudiar la producción literaria de los desterrados[987].

Primer período: 1767-1777. Desde la expulsión hasta la aparición de las primeras obras importantes de los expulsos.

En este espacio temporal los seguidores del de Loyola tuvieron que vivir las mayores calamidades que se iniciaron con la expatriación (1767) y culminaron con la extinción (1773) amén de duros e interminables peregrinajes en busca de un país que los recibiera como exilados.

Pero es el P. Manuel Luengo quien ha recogido la temática de la literatura de esta etapa en una larga nota del 25 de agosto de 1778: "Y con todo eso empezaron a escribir desde Córcega y han proseguido en Italia y, si se imprimiera todo lo que tienen escrito, saldrían a luz muchos libros en varios asuntos y materias. Y ya, en el día, aunque quedan guardados muchos papeles por razón de los asuntos que tratan, o por falta de medios para imprimirse, se han dado a luz no pocos libritos de españoles, de erudición y de cosas amenas, composiciones poéticas, vidas de Santos y otros escritos piadosos. Y demasiado se conoce que cada día irán escribiendo y estampando más obras los jesuitas españoles que están en Italia"[988].

Pero, de forma paralela, se fueron redactando los *Diarios* de la mayoría de las Provincias hispanas y americanas como primera expresión de la memoria histórica[989]. En el caso específico del Nuevo Reino ha

---

[987] Antonio ASTORGANO ABAJO. "La Biblioteca jesuítico-española de Hervás y su liderazgo sobre el resto de los ex jesuitas", 182-190.

[988] LUENGO. *Diario*, 25 de agosto de 1778.

[989] Para el lector interesado en este género histórico lo remitimos al documentado estudio de Inmaculada FERNÁNDEZ ARRILLAGA. "Manuscritos sobre la expulsión y el exilio de los jesuitas (1767-1815)". En: Enrique GIMÉNEZ LÓPEZ (Edit.). *Y en el tercero perecerán. Gloria, caída y exilio de los jesuitas españoles en el s. XVIII. Estudios en homenaje al P. Miquel Batllori i Munné*. Alicante, Universidad de Alicante, 2002) 495-511.

conocido la luz pública el *Diario* del P. José Yarza[990] y sigue sin conocer la luz pública el del P. Ignacio Duquesne[991].

Un tema todavía inédito en la literatura filosófica y teológica de esta época es la producida en los diferentes lugares donde se establecieron las casas de estudio para la formación de los jóvenes, cuyos estudios habían sido violentamente interrumpidos por la expulsión de 1767 y a los cuales dieron respuesta inmediata cada provincia jesuítica española y americana.

Segundo período: 1778-1788. Se puede considerar como la etapa de mayor esplendor en la producción intelectual jesuítica. Varias razones justifican el florecimiento de las letras ignacianas en Italia. En primer lugar, ya los exilados han tenido tiempo para insertarse en las comunidades intelectuales y científicas y proyectar sus talentos. Y en segundo término, después de la dispersión obligada por el breve *Dominus ac Redemptor*, quedaban liberados de todos los lazos comunitarios y aptos para abrir espacios originales en los campos de las ciencias y las letras.

Un reconocimiento de la riqueza cultural de esta etapa lo recoge Antonio Monti en un discurso que pronunció a principio del curso 1781-1782 en la apertura de la Universidad de Bolonia: "De suerte que, si por una revolución que admirarán todas las edades, no hubiera venido desterrado a Italia desde los últimos confines de Europa un

---

[990] *Expulsio sociorum, 1767. Narratur historia laborum Societatis inter Indianos, quorum indoles et mores discribuntur. Iter exsulium Jesuitarum in Italiam. Suppressio Societatis.* 1773. El original se encuentra en el Archivo Romano de la Compañía de Jesús y una mano posterior le colocó el título antes descrito. El Ms. consta de 59 folios de los que los 40 primeros están consagrados a una descripción del Nuevo Reino de Granada y de sus habitantes. La segunda parte fue publicada por el P. Juan Manuel Pacheco en *Revista Javeriana*, 38 (1952) 170-183. También nosotros lo reeditamos en: *Documentos jesuíticos para la Historia de la Compañía de Jesús en Venezuela*. Caracas, Academia Nacional de la Historia, III (1974) 73-90. Pensamos que es la misma obra que cita Sommervogel (*Bibliothèque*, VIII, 1357) en castellano. HERVÁS Y PANDURO. *Biblioteca jesuítico-española*. I, 694.

[991] Ignacio DUQUESNE. *Relazione sopra il viaggio dei Gesuiti Della Provincia di Sta. Fede di Bogotá.* (APT. Leg., 700).

gran número de ingenios y de hombres doctos [los jesuitas] en todas las ciencias, apenas quedaría hoy en el día entre nosotros ningún rastro de estudios ni de buenas letras"[992].

Guido Mazzeo señala una docena de genuinos representantes de estas generaciones científicas[993]. Juan Andrés (1740-1817)[994] como humanista e historiador; Esteban Arteaga (1747-1799)[995] como esteta y musicólogo; Ramón Diosdado Caballero (1740-1829)[996], Juan Andrés Navarrete (1730-1809)[997] y Onofre Prat de Saba (1733-1810)[998] como bibliógrafos; Antonio Eximeno (1729-1808)[999] como matemático y musicógrafo; Juan Bautista Colomés (1740-1808)[1000] como dramaturgo; Francisco Javier Llampillas (1731-1810)[1001], Juan Francisco Masdeu

---

[992] Antonio MONTI. *Oratio habita in Archigymnasio Bononiensi quo die estudia solemniter sunt instaurata, anno 1781*. Bonnoniae, anno 1782, pag., 19.

[993] Guido E. MAZZEO. "Los jesuitas españoles del siglo XVIII en el destierro". En: *Revista Hispánica Moderna*, 34 (1968) 345.

[994] Miguel BATLLORI. "Andrés y Morell, Juan". En: Charles E. O'NEILL y Joaquín Mª DOMÍNGUEZ. *Diccionario histórico de la Compañía de Jesús*, I, 163-165.

[995] Miguel BATLLORI. "Arteaga, Esteban de". En: Charles E. O'NEILL y Joaquín Mª DOMÍNGUEZ. *Diccionario histórico de la Compañía de Jesús*, I, 252-253.

[996] José ESCALERA. "Diosdado Caballero, Ramón". En: Charles E. O'NEILL y Joaquín Mª DOMÍNGUEZ. *Diccionario histórico de la Compañía de Jesús*, II, 1130.

[997] José ESCALERA. "Andrés Navarrete, Juan". En: Charles E. O'NEILL y Joaquín Mª DOMÍNGUEZ. *Diccionario histórico de la Compañía de Jesús*, I, 163.

[998] Miguel BATLLORI. "Pratdesaba (Prat de Saba), Onofre". En: Charles E. O'NEILL y Joaquín Mª DOMÍNGUEZ. *Diccionario histórico de la Compañía de Jesús*, IV, 3214-3215.

[999] Miguel BATLLORI. "Eximeno, Antonio". En: Charles E. O'NEILL y Joaquín Mª DOMÍNGUEZ. *Diccionario histórico de la Compañía de Jesús*, II, 1346-1347.

[1000] Miguel BATLLORI. "Colomes (Colomés), Juan Bautista". En: Charles E. O'NEILL y Joaquín Mª DOMÍNGUEZ. *Diccionario histórico de la Compañía de Jesús*, I, 867.

[1001] Miguel BATLLORI. "Llampillas (Llampilles, Lampillas), Francisco Javier". En: Charles E. O'NEILL y Joaquín Mª DOMÍNGUEZ. *Diccionario histórico de la Compañía de Jesús*, III, 2400.

(1744-1817)[1002] y Tomás Serrano (1715-1784)[1003] como críticos e historiadores; Lorenzo Hervás y Panduro (1735-1809)[1004] como filólogo y José de Isla (1703-1781)[1005] y Pedro Montengón (1745-1824)[1006] como novelistas.

Pero además, es curioso que hayan sido ciertos órganos de difusión los que hayan propiciado una de las entradas de los ex jesuitas en las redes informativas europeas. Un caso típico lo representa el *Espíritu de los mejores diarios literarios que se publican en Europa* dirigido por el canónigo Cristóbal Cladera[1007]. Gracias a Mariano Rodríguez y Cristian Velasco se conoce la presencia de los expulsos de Italia en esta serie de gran difusión europea[1008]. Estos autores consideran a los expatriados como partícipes del retorno intelectual para contrarrestar las campañas

---

[1002] Miguel BATLLORI. "Masdéu y de Montero, Juan Francisco (de)". En: Charles E. O'NEILL y Joaquín Mª DOMÍNGUEZ. *Diccionario histórico de la Compañía de Jesús*, III, 2555-2556.

[1003] Miguel BATLLORI. "Serrano, Tomás". En: Charles E. O'NEILL y Joaquín Mª DOMÍNGUEZ. *Diccionario histórico de la Compañía de Jesús*, IV, 3560.

[1004] Hermenegildo de la CAMPA. "Hervás y Panduro, Lorenzo". En: Charles E. O'NEILL y Joaquín Mª DOMÍNGUEZ. *Diccionario histórico de la Compañía de Jesús*, II, 1914-1916.

[1005] Conrado PÉREZ y José ESCALERA. "Isla, José Francisco de". En: Charles E. O'NEILL y Joaquín Mª DOMÍNGUEZ. *Diccionario histórico de la Compañía de Jesús*, III, 2076-2077.

[1006] Miguel BATLLORI. "Montengón y Paret, Pedro". En: Charles E. O'NEILL y Joaquín Mª DOMÍNGUEZ. *Diccionario histórico de la Compañía de Jesús*, III, 2730-2731.

[1007] *Espíritu de los mejores diarios literarios que se publican en Europa. Dedicado a los literatos y curiosos de España. Que contiene las principales noticias que ocurren en las Ciencias, Artes, Literatura, Comercio: varias anécdotas curiosas, el anuncio de las obras que se publican, las invenciones que se hacen y los adelantamientos de las Ciencias*. El número 1 del periódico aparece el 2 de julio de 1787, primero tres veces por semana, y a partir de mayo de 1788, cada semana; costaba tres cuartos y oscilaba entre 6 y 16 páginas en tamaño 4º. Recogía noticias de 76 publicaciones francesas, inglesas, alemanas, italianas y holandesas. Sus índices han sido recogidos por Siegfried Jüttner en la serie *Europäische Aufklärung in Literatur und Sprache*. Frankfurt/M, 2009, Volumen 22.

[1008] Mariano RODRÍGUEZ y Cristian VELASCO. "Los caminos del Señor son senderos de misterio (o cómo y por qué cierta prensa ilustrada recuperó a los jesuitas en la polémica europea del aporte cultural español)". En: Manfred TIETZ (Ed.). *Los jesuitas españoles expulsos. Su imagen y su contribución al saber sobre el mundo hispánico en la Europa del siglo XVIII*, 527-556.

de desprestigio que florecían en Europa y en este contexto llegan a afirmar que "los elementos discursivos de que disponen los expulsos son poco menos que insustituibles. Este colectivo maneja una verdadera 'masa crítica' que se cataliza en dirección a los bienes culturales, y que fermenta con creciente fuerza social, como podrá comprobarse en el siglo XIX en todas y en cada una de las áreas aludidas"[1009].

En este sentido hay que destacar la labor de Christoph Gottlieb von Murr en el ámbito alemán[1010].

En el caso americano es un punto de referencia obligado es Antonello Gerbi[1011] quien analiza las disputas polimorfas en torno a la naturaleza y a los hombres del continente descubierto por Colón y como apunta Batllori "la polémica y la disputa partieron de la historia natural y de la geografía -tanto física como humana- para llegar a la filosofía de la historia"[1012]. Para el caso de los aportes y las controversias europeas nos remitimos a Miguel Batllori[1013].

Tercer período: 1789-1798. Comienza el declive de la era literaria fundamentalmente porque la creciente demografía mortuoria va consumiendo a muchos ex jesuitas y al reducirse el número es lógico que disminuyera la producción. De igual forma, la revolución francesa de 1789

[1009] Mariano RODRÍGUEZ y Cristian VELASCO. "Los caminos del Señor son senderos de misterio (o cómo y por qué cierta prensa ilustrada recuperó a los jesuitas en la polémica europea del aporte cultural español)", 555.

[1010] Christoph NEBGEN. "Christoph Gottlieb von Murr: ein protestant erhebt die Stimme gegen die Aufhebung der Gesellschatg Jesu". En: *Archivum* Historicum *Societatis Jesu*. Roma-Cleveland, n°., 145 (2004) 121-147. ANÓNIMO. *Merkwürdige Nachrichten von den Jesuiten in Weissreussen. In Briefen. Aus dem Italienischen*. Übersetzer Chriostoph Gottlieb von Murr. Frankfurt und Leipzig, 1785.

[1011] Antonello GERBI. *La disputa del Nuevo Mundo. Historia de una polémica 1750-1900*. México, Fondo de Cultura Económica, 1982.

[1012] Miguel BATLLORI. "Presencia de España en la Europa del siglo XVIII". En: *Historia de España*. Tomo XXXI. *La época de la ilustración*. Vol., I: El Estado y la cultura (1759-1808). Madrid, Espasa-Calpe (1988) XXV.

[1013] Miguel BATLLORI. *La cultura hispano-italiana de los jesuitas expulsos*. Madrid, Gredos, 1966.

influyó de forma decisiva y negativa tanto en la búsqueda de mecenazgos como en las facilidades de impresión y la postura de muchos ignacianos contraria a las ideas revolucionarias y de su consiguiente autocensura.

Manuel Luengo, siempre obsesionado por la fuerza del jansenismo en las altas esferas hispanas, no dudará en acusar a Floridablanca y al nuncio de este nuevo control ideológico para la publicación de la literatura jesuítica[1014].

Cuarto período: 1798-1816. La decadencia. Aquel ejército de 5.000 hombres hecho prisionero sin guerra y condenado a la peor tortura sin el más mínimo asomo de juicio alguno había logrado "sobrevivir" pero había sido diezmado por las penurias, las enfermedades, las muertes y el paso de los años.

Sin embargo, tendrían que revivir de nuevo la desgarradora dialéctica de las expulsiones: primero a partir de 1798 por la invasión napoleónica a Italia emigrarían 654 ex jesuitas a la madre patria y aunque mal recibidos en España volverían en 1801 a desandar las amargas rutas vividas en 1767 unos 350[1015].

[1014] LUENGO. *Diario*, 6 de diciembre de 1791: "Este hecho es una prueba evidente de dos cosas ya demostradas por otros sucesos. La primera es que los Jansenistas de este país tienen amigos y corresponsales en España, y tienen con ellos comunicación y correspondencia franca y pronta. La segunda es que los Jansenistas tienen en España, y especialmente en la Corte de Madrid, poderosísimos protectores, pues sin una protección muy autorizada y eficacísima es absolutamente imposible que entrasen libremente en España y corriesen francamente por ella tantos libros de Jansenistas, y aun después de estar varios de ellos condenados en Roma. Nadie duda, y lo hemos dicho ya muchas veces, que el principal protector de los Jansenistas en España es el Secretario Moñino, y para esto le basta estimar poco o nada la Religión y ser estos Sectarios enemigos furiosos de los jesuitas, y hombres que le pueden servir alguna cosa en su gran negocio de llevar adelante el abatimiento y opresión de la Compañía de Jesús. Y algunos le dan por compañero en esta santa y devota empresa de introducir en España la abominable Secta Jansenística al Nuncio Pontificio en Madrid Monseñor Hipólito Antonio Vincenti, y no hablan al aire y sin gravísimos fundamentos".

[1015] Jesús PRADELLS NADAL. "La cuestión de los jesuitas en la época de Godoy: regreso y segunda expulsión de los jesuitas españoles (1796-1803)". En: Enrique GIMÉNEZ LÓPEZ (Edit.). *Y en el tercero perecerán. Gloria, caída y exilio de los jesuitas españoles en el s. XVIII*, 560.

Las fuerzas contradictorias de la historia obligaron al amanecer del siglo XIX a presenciar el fraccionamiento de los colectivos que habían pertenecido a la Compañía de Jesús hasta 1773. Ya hemos visto la dispersión geográfica obligada por Napoleón: unos permanecieron en Italia, otros se desplazaron a España, otros lograron recuperar su añoranza americana e incorporarse a las luchas independentistas en su propio lar patrio.

Pero, sobre las cenizas de lo que había sido el gran proyecto jesuítico antes de 1767 volvió a resucitar el sueño perdido pues el papa Pío VII había reconocido oficialmente el fuego que había resistido en Rusia y se iría extiendo entre 1801 y 1815 a toda la cristiandad.

III. LOS PLANOS DEL EDIFICIO BIO-BIBLIOGRÁFICO LEVANTADO EN EL EXILIO

La expulsión de 1767 significó, desde el punto de vista documental, un momento privilegiado para conocer los archivos y bibliotecas de los miembros de la Compañía de Jesús que laboraban en el continente descubierto por Cristóbal Colón, pero lamentablemente muchos de esos documentos se dispersaron y extraviaron con gran perjuicio para su estudio[1016]. Y la restauración fue mucho más tortuosa en tierras americanas que en las españolas. Esa es una razón para entender lo tardío que despiertan las provincias americanas al reto de su pasado histórico plasmado en sus bibliografías.

Por ello, no es de extrañar que eruditos estudiosos de la historia de la cultura y de las ideas hispanoamericanas hayan incursionado el campo colonial a fin de poder interpretar correctamente los movimientos

---

[1016] Francisco MATEOS. "El secuestro de papeles jesuíticos en el siglo XVIII, su concentración en Madrid, vicisitudes y estado actual". En: Araceli GUGLIERI NAVARRO. *Documentos de la Compañía de Jesús en el Archivo Histórico Nacional*. Madrid (1967) V-LXXXII. José DEL REY FAJARDO. *Los jesuitas en Venezuela*. Tomo I: *Fuentes*. Caracas-Bogotá, Universidad Católica Andrés Bello-Pontificia Universidad Javeriana, 2006.

intelectuales que se fueron dando en el continente tras la independencia de España.

Un elemento singular es la presencia de jesuitas extranjeros, fundamentalmente alemanes, austriacos, bohemios, italianos, franceses, belgas, irlandeses y centroeuropeos. Ello explica que algunas naciones del viejo mundo hayan adelantado estudios sobre sus connacionales, los cuales ilustran los caminos del investigador en la recolección de ciertos datos biográficos y bibliográficos difíciles de conseguir.

Pero el primero en afrontar el tema de forma autónoma fue el erudito investigador don José Toribio Medina, gran conocedor de la historia hispanoamericana colonial, quien dejó unas *Noticias bio-bibliográficas de los jesuitas expulsos*[1017] de gran interés para los bibliófilos que estudian la Compañía de Jesús americana. Preocupado por la producción intelectual de los súbditos de la corona hispana desterrados en Italia siguió los pasos de la obra de Francisco Gustá[1018], de Luis Rizzi y de Diosdado Caballero[1019] y esta curiosidad –confiesa- venía desde que escribió su *Biblioteca hispano-americana*[1020] y sintió una necesidad más acuciante tras la publicación de *La imprenta en América*[1021].

El marco historiográfico. Debemos comenzar diciendo que hasta el momento no conocemos ningún cronista de la Provincia del Nuevo Reino que recogiera los restos del naufragio corporativo como lo hicieron otras provincias. Con todo, parte de sus huellas fueron reseñadas por dos escritores beneméritos: el P. Manuel Luengo que se preocupa

---

[1017] José Toribio MEDINA. *Noticias bio-bibliográficas de los jesuitas expulsos de América en 1767.* Santiago de Chile, 1914.

[1018] Francisco GUSTÁ. *Notizia degli Scrittori Gesuiti i quali dopo la abolizione della Compagnia hanno publicato diverse opere.* (Ms.) (Véase: SOMMERVOGEL. *Bibliothèque*, III, 1968).

[1019] Raymundo Diosdado CABALLERO. *Bibliothecae scriptorum Societatis Jesu supplementa.* Romae, F. Bourlié, 1814-1816, 2 vols.

[1020] José Toribio MEDINA. *Biblioteca Hispano-Americana (1493-1810)* por José Toribio Medina. Santiago de Chile, 1900-1908, 6 tomos.

[1021] José Toribio MEDINA. *Noticias bio-bibliográficas...*, pag., VII.

por recensar todas las noticias posibles de los expulsos y el P. Lorenzo Hervás y Panduro quien trató de recopilar la bibliografía producida por los desterrados y los extinguidos.

Manuel Luengo (1735-1816)[1022] ha pasado a la historia como el cronista más completo del exilio de los jesuitas españoles por su famoso *Diario de la expulsión de los jesuitas de los dominios del rey de España*[1023]. Y aunque exiguas también recoge noticias de los jesuitas neogranadinos.

Ya el P. Manuel Luengo en dos ocasiones, al menos, habla de la necesidad de componer una "Biblioteca" que recogiese la producción literaria jesuítica. En 1778 sugiere la posibilidad de tal publicación[1024] en la pugna literaria entablada entre los hijos de San Ignacio hispanos y los italianos en el marco de la polémica suscitada entre Tomás Serrano (1715-1784)"[1025], Juan Andrés (1740-1817)[1026] y Francisco Javier

---

[1022] Rafael OLAECHECA. "Luengo, Manuel Rodríguez". En: Charles E. O'NEILL y Joaquín Mª DOMÍNGUEZ. *Diccionario histórico de la Compañía de Jesús*. Roma-Madrid, III (2001)2437.

[1023] Ha sido la investigadora del la Universidad de Alicante la que ha comenzado la publicación de tan interesante documento. Manuel LUENGO. *Memoria de un exilio. Diario de la expulsión de los jesuitas de los dominios del rey de España (1767-1768)*. Estudio introductoria y notas de Inmaculada Fernández Arrillaga. Alicante, Universidad de Alicante, 2002. Es interesante su "Estudio introductorio. Referencias biográficas del P. Luengo" (pp., 15-80). En este volumen de 873 pp. recoge solamente los años 1767 y 1768. Un segundo aporte de gran valor es: *El destierro de los jesuitas castellanos (1767-1815)*. Salamanca, Junta de Castilla y León, 2004. El Manuscrito original se encuentra en el Archivo Histórico de Loyola. Loyola (Azpeitia) y su título reza: Diario de la expulsión de los jesuitas de los Dominios del Rey de España, al principio de sola la Provincia de Castilla la Viexa, después más en general de toda la Compañía, aunque siempre con mayor particularidad de la dicha Provincia de Castilla. Consta de 63 tomos manuscritos y falta el tomo IV correspondiente al año 1770. Como es natural a veces tiene juicios apasionados pero se constituye en la primera fuente de información.

[1024] Manuel LUENGO. *Diario*, t., XII (Año 1778) 352-433.

[1025] Miguel BATLLORI. "Serrano, Tomás". En: Charles E. O'NEILL y Joaquín Mª DOMÍNGUEZ. *Diccionario histórico de la Compañía de Jesús*. Roma-Madrid, IV, 3560.

[1026] Miguel BATLLORI. "Andrés y Morell, Juan". En: Charles E. O'NEILL y Joaquín Mª DOMÍNGUEZ. *Diccionario histórico de la Compañía de Jesús*. Roma-Madrid, I, 163-165.

Llampillas (1731-1810)[1027] con Javier Bettinelli (1718-1808)[1028] y Girolamo Tiraboschi (1731-1794)[1029] pues estos últimos defendían que los escritores hispano-latinos representaban la decadencia de la latinidad. La segunda data de 1790, época en que los jesuitas españoles han ofrecido al público europeo su mejor producción intelectual, y esos resultados le despiertan el deseo trasmitir a la posteridad el conocimiento de tan magna obra[1030].

Pero, la figura principal de esta tarea científica para los hombres de la lengua castellana se centra en la obra del P. Lorenzo Hervás y Panduro (1735-1809)[1031] protagonista indiscutible de todo este gigantesco proyecto.

Hervás no indica ni cuándo concibió la idea de la *Biblioteca* ni la fecha exacta de su composición pero en 1793 había concluido su primera redacción; con todo, sus adiciones continuas nos hacen llegar al 1799, según se desprende de la lectura del propio texto[1032].

Así surgió la *Biblioteca jesuítico-española de escritores, que han florecido [por-en] siete lustros. Estos empiezan desde el año 1759, principio del*

[1027] Miguel BATLLORI. "Llampillas (Llampilles, Lampillas), Francisco Javier. En: Charles E. O'NEILL y Joaquín Mª DOMÍNGUEZ. *Diccionario histórico de la Compañía de Jesús*. Roma-Madrid, III, 2400.

[1028] Mario ZANFREDINI. "Bettinelli, Saverio". En: Charles E. O'NEILL y Joaquín Mª DOMÍNGUEZ. *Diccionario histórico de la Compañía de Jesús*. Roma-Madrid, I, 432.

[1029] Mario ZANFREDINI. "Tiraboschi, Girolamo". En: Charles E. O'NEILL y Joaquín Mª DOMÍNGUEZ. *Diccionario histórico de la Compañía de Jesús*. Roma-Madrid, IV, 3804-3805.

[1030] Manuel LUENGO. *Diario*, t., XXIV (Año 1790) 247-265..

[1031] Hermenegildo DE LA CAMPA. "Hervás y Panduro, Lorenzo". En: Charles E. O'NEILL y Joaquín Mª DOMÍNGUEZ. *Diccionario histórico de la Compañía de Jesús*. Roma-Madrid, II, 1914-1916. A este artículo nos remitimos para su extensa bibliografía.

[1032] Antonio ASTORGANO ABAJO. "La Biblioteca jesuítico-española de Hervás...", 178-182.

reinado del augusto rei Carlos III, y acaban en el año 1793[1033], manuscrito que reposa en el Archivo de Loyola (Guipúzcoa)[1034].

El manuscrito consta de dos volúmenes. En el primero se encuentra el Catálogo 1º, es decir, el que contiene los escritores con obra impresa[1035]. El volumen segundo recoge: el Catálogo 2º: Escritores jesuitas españoles y americanos que dentro del mismo plazo escribieron sus obras, pero dejándolas inéditas[1036]; Catálogo 3º. Escritores jesuitas portugueses que imprimieron o dejaron inédita alguna obra durante los años de su destierro[1037]; Catálogo 4º. Escritores jesuitas de obras impresas o inéditas, extranjeros, pero que, domiciliados en España, murieron antes de 1767 o salieron extrañados con los españoles[1038]. Además incluye el autor dos Apéndices: en primero reúne el "Catálogo de manuscritos de escritores españoles y portugueses existentes en siete bibliotecas insignes de Roma"[1039]; en el segundo recensa los "Códices, que de colecciones canónico-españolas hai en las Bibliotecas de Roma"[1040]. Y concluye con

---

[1033] Uriarte describe así el manuscrito en su *Catálogo razonado*, I, pag., XXV. Lorenzo HERVÁS Y PANDURO. *Biblioteca jesuítico-española de escritores, que han florecido [por-en] siete lustros*. Estos empiezan desde el año 1759, principio del reinado del augusto rei Carlos III, y acaban en el año 1793. Obra de Lorenzo Hervás y Panduro, etc. [Volumen primero. Volumen segundo, en el cual se contienen tres catálogos de escritores y noticia de los manuscritos que de escritores españoles hay en siete bibliotecas insignes de Roma]. Dos tomos en folio de 198 hojas (sin 2 de portada y advertencia), 231 (sin 9 de índices y final). Faltan los folios, 4, 5, 6 y 7, la introducción y la dedicatoria. De la introducción hace mención el autor en la introducción especial del 2º tomo. De la introducción y dedicatoria habla una carta de Bernad a Hervás, 13 de septiembre de 1799. Sin embargo, a juicio de Astorgano quien ofrece la mejor descripción de la Biblioteca es Enrique del PORTILLO. "Lorenzo Hervás". En: *Razón y Fe*. Madrid, XXXII (1912) 18.

[1034] Archivo de Loyola. Caja, 06, nº., 01. Para la descripción de los manuscritos y sus publicaciones parciales, véase: Antonio ASTORGANO ABAJO. "La Biblioteca jesuítico-española de Hervás…", 174-178.

[1035] Consta de 199 folios.

[1036] Volumen II, folios: 1-65v.

[1037] Volumen, II, folios,: 66-86v.

[1038] Volumen, II, folios: 87-92v.

[1039] Volumen II. Apéndice I, folios: 93-201v.

[1040] Volumen, II, Apéndice II, folios: 202-231v.

el "Indice de los nombres y personas, y de cosas notables, que se citan en los antecedentes catálogos de las Bibliotecas Romanas, Angélica, Barberini, Casanatense, Corsini, Jesuítica, Vallicellana y Zelada"[1041].

En total 495 retratos bio-bibliográficos y la descripción de 808 manuscritos (Apéndice, 1) y 9 manuscritos de la Colección canónico-española (Apéndice, 2)[1042]. Y frente a la *Bibliothèque* de Carlos Sommervogel Astorgano contrapone 325 escritores del jesuita francés frente a los 495 de Hervás, es decir, que el español incluye 170 entradas nuevas[1043].

Y, como es natural, en esta clase de obras y con los medios que existían en el siglo XVIII es natural que haya desconocido o no haya podido consultar algunos autores que recoge el editor de la *Biblioteca jesuítico-española* a punto de conocer la luz pública[1044].

Un elemento decisivo para la elaboración de la Biblioteca –amén de su peregrinar por las bibliotecas romanas e italianas- lo constituye el hecho de que Hervás supo mantener correspondencia con la mayoría de los "intelectuales jesuitas" que vivían en su misma situación de expatriados[1045] y de ellos obtuvo valiosísimas informaciones de primera mano, por ejemplo, en el ámbito de las lenguas indígenas y exóticas como se puede seguir en la lectura de su *Idea dell'Universo* y también el *Catálogo de las Lenguas*[1046].

[1041] Volumen II, folios: 232-238v.

[1042] Véase: A. ASTORGANO ABAJO. "La Biblioteca jesuítico-española de Hervás…", 172.

[1043] A. ASTORGANO ABAJO. "La Biblioteca jesuítico-española de Hervás…", 194. Es interesante el cuadro comparativo que incluye en la página 193.

[1044] A. ASTORGANO ABAJO. "La Biblioteca jesuítico-española de Hervás…", 195-199.

[1045] Para una lista de amigos y corresponsales de Hervás, véase: A. ASTORGANO ABAJO. "La Biblioteca jesuítico-española de Hervás…", 212-227.

[1046] Hervás publicó su gran obra *Idea dell'Universo, che contiene la Storia della vita dell'uomo, elementi cosmografici, viaggio estatico al mondo planetario, e Storia della terra*. Cesena, 1778-1792, 22 volúmenes. Los tomos XVII-XXI salieron con título separado y son: XVII: *Catalogo delle lingue conosciute e noticia della loro afinità e diversità*. 1784. XVIII: *Origine, formazione, mecanismo ed armonia degl'idiomi*. 1785. XIX: *Arithmetica delle Nazioni, e divi-*

Gracias a la concienzuda edición crítica llevada a cabo con la pulcritud que caracteriza a su editor Antonio Astorgano podemos hoy recurrir directamente a la gran enciclopedia de Hervás la *Biblioteca jesuítico-española (1759-1799)*[1047].

El aporte de las provincias españolas. Podemos comenzar con la obra de Onofre Pratdesaba (1733-1810)[1048] pues como neohumanista e historiador dedicó una buena parte de su interés científico a las labores bibliográficas. En 1787 publicaba en Ferrara su *Vicennalia sacra aragoniensa* sobre 20 jesuitas aragoneses fallecidos entre 1767 y 1787[1049]. Según Sommervogel el propio autor comenzó una continuación de esta obra de acuerdo con el manuscrito encontrado en el colegio de Ferrara, en 1853[1050], por el P. Pablo Beorchia (1795-1859)[1051]. En 1803 sacaba

---

sione del tempo fra gli Orientali. 1786. XX. *Vocabulario poliglotto...*,1787. XXI: *Saggio prattico delle lingue come prolegomeni e una raccolta di orazioni dominicali in più di trecento lingue et dialecti...*, 1787. Toda esta ingente obra fue refundida y considerablemente aumentada en su edición castellana. (Véase: SOMMERVOGEL. *Bibliothèque...*, IV, 319-322).

[1047] Lorenzo HERVÁS Y PANDURO. *Biblioteca jesuítico-española (1759-1799) I*. Estudio introductorio, edición crítica y notas: Antonio Astorgano Abajo. Madrid, Libris: Asociación Libreros de viejo, 2007. Lorenzo HERVÁS Y PANDURO. *Biblioteca jesuítico-española II. Manuscritos hispano-portugueses en siete bibliotecas de Roma*. Estudio introductorio, edición crítica y notas: Antonio Astorgano Abajo. Madrid, Libris: Asociación Libreros de viejo, 2009. Lorenzo HERVÁS Y PANDURO. *Biblioteca jesuítico-española II. Manuscritos hispano-portugueses en siete bibliotecas de Roma*. Estudio introductorio, edición crítica y notas: Antonio Astorgano Abajo. Madrid, Libris: Asociación Libreros de viejo, 2009.

[1048] Miguel BATLLORI. "Pratdesaba (Prat de Saba), Onofre". En: Charles E. O'NEILL y Joaquín Mª DOMÍNGUEZ. *Diccionario histórico de la Compañía de Jesús*. Roma-Madrid, IV, 3214-3215.

[1049] Onofre PRAT DE SABA. *Vicennalia sacra Aragoniensia sive de viris Aragonensibus religione illustribus Hisce Viginti Annis gloriosa morte functis*. Ab Onuphrio Prat de Saba Sac. Hispano. Ferrariae, 1787.

[1050] SOMMERVOGEL. *Bibliothèque...*, VI, 1173: "Noticias que se han adquirido después de la impresión del P. Onofrio Prat de Saba de personas fidedignas que han visto por si mesmas lo que cada una de ellas depone, pertenecientes a la vida y costumbres de los Sujetos de la Provincia de Aragon de la Compañía de Jesús, que fallecieron gloriosamente después de su estrañamiento. Cuyo indice se pone más abajo. Año 1788, 134 pp.". Este manuscrito contiene 37 noticias de las que las 23 primeras pertenecen al P. Prat.

[1051] SOMMERVOGEL. *Bibliothèque...*, I, 1317-1318.

a la luz, con el seudónimo de José Fontdevall el *Indice* de escritores aragoneses[1052].

Pero también, su preocupación se extendió al resto de las provincias hispano americanas y dejó dos volúmenes manuscritos que fueron de gran ayuda a Diosdado Caballero en la redacción de sus *Suplementos* que llevaban por título *Annus faustus*[1053]. Al parecer se sirvió en la redacción de esta nueva obra de un manuscrito de un tal Rafael Sandoval, amigo de Diosdado Caballero[1054].

Aunque no es nuestro deseo multiplicar la presencia de los inéditos en esta breve reseña, sin embargo, pensamos que no debe excluirse a Mateo Aymerich (1715-1799)[1055] pues, en una carta que le dirige Francisco Javier Llampillas (Génova, 5 de mayo de 1781) le hace presente que "ninguno mejor que V. puede suministrarle [al P. Zaccaria] las noticias tocantes a nuestra Provincia [de Aragón][1056] aunque sus notas se extendían a la Península Ibérica y a tierras americanas[1057].

La Provincia de Andalucía tuvo su cronista en el publicista y critico Juan de Osuna (1745-1818)[1058]. Fue un prolífico escritor desde su

---

[1052] José FONTDEVALL [Onofre PRAT DE SABA]. *Operum scriptorum Aragonensium olim e Societate Jesu in Italiam deportatorum Index* editus in lucem a Josepho Fonito a Valle Ausetano. S. l. y a. [al final, Romae, 1803].

[1053] Miguel BATLLORI. "Pratdesaba…", IV, 3215. Onofre PRAT DE SABA. *Annus faustus ex diebus fastis quorumdam illustrium virorum S. J. ab Hispaniensibus regnis exulum.*

[1054] SOMMERVOGEL. *Bibliothèque…*, VI, 1174.

[1055] Miguel BATLLORI. "Aymerich, Mateo". En: Charles E. O'NEILL y Joaquín Mª DOMINGUEZ. *Diccionario histórico de la Compañía de Jesús*. Roma-Madrid, I, 311-312. José MARTINEZ DE LA ESCALERA. "El P. Aymerich y la obra del P. Garzón". En: *Miscelánea Comillas*. Madrid, 40 (1982) 283-289. URIARTE-LECINA. *Biblioteca…*, I, 387-392.

[1056] Extracto de la carta puede verse en LECINA. *Biblioteca…*, I, pag., LVI.

[1057] URIATE-LECINA. *Biblioteca…*, I, 391: "Biblioteca exsulum Soc. Jesu Scriptorum Hispanorum, Lusitanorum, Americanorum".

[1058] Francisco de Borja MEDINA. "Osuna [Ossuna], Juan de". En: Charles E. O'NEILL y Joaquín Mª DOMÍNGUEZ. *Diccionario histórico de la Compañía de Jesús*. Roma-Madrid, III, 2931-2932.

destierro de Italia[1059], sin embargo no es fácil clarificar su obra bibliográfica sobre la Compañía. Según Borja Medina escribió *De Baeticis scriptoribus qui per hos triginta annos [1768-1798] rem litterariam apud Italos illustrarunt*[1060]. Pensamos que se trata del libro VII de su obra *De Baetica Societate Jesu apud Italos exulante Commentaria*[1061]. Como hasta el momento no han podido encontrarse algunos manuscritos de los que se tienen referencias indirectas no podemos llegar al conocimiento exacto de obras como: *De Hispanis qui in Italia libros ediderunt ab anno 1768*. Y nos preguntamos: ¿Será ésta la misma que Lecina señala como: *Memoria sobre los escritores españoles que han impreso en Italia, desde 1768 hasta el 1788*[1062]?.

Todavía más oscura se nos presenta la producción bibliográfica del conocido crítico antijansenista Francisco Gustá (1744-1816)[1063]. Miembro de la gran generación de jesuitas aragoneses en el destierro italiano, había estudiado a lo largo de su carrera en España con Juan Francisco Masdeu, Pedro Montengón, Mateo Aymerich y Juan Andrés. Escribió un estudio, al parecer, bastante extenso pues comprendía un universo de más de 400 autores[1064]. En la elaboración de esta investigación contó con la ayuda del P. Luis María Rezzi (1785-1857)[1065], curioso amigo de Gustá que fue expulsado de la Compañía por sus ideas peregrinas en la Congregación General y posteriormente fue el director de la biblioteca de Corsini[1066].

[1059] SOMMERVOGEL. *Biblliothèque...*, V, 1978-1980.

[1060] F. B. MEDINA. "Osuna, Juan de", IV, 2932.

[1061] F. B. MEDINA. "Osuna, Juan de", IV, 2932.

[1062] LECINA. *Biblioteca...*, I, LVIII.

[1063] Miguel BATLLORI. "Gustà, Francisco". En: Charles E. O'NEILL y Joaquín Mª DOMÍNGUEZ. *Diccionario histórico de la Compañía de Jesús*. Roma-Madrid, II, 1851-1852.

[1064] *Notizia degli Scrittori Gesuiti, i quali dopo l'abolizione della Compagina hanno publicato diverse opere*. Según Diosdado Caballero (*Bibliotecae scriptorum Societatis Jesu suplementa*. Romae, II (1816) 46, en su escrito se recensan 200 italianos, 131 españoles, 12 portugueses, 47 franceses, 29 alemanes, ingleses y polacos 6.

[1065] SOMMERVOGEL. *Bibliothèque...*, VI, 1701-1702.

[1066] SOMMERVOGEL. *Bibliothèque...*, VI, 1701. Ver también: III, 1968.

La visión iberoamericana. La Provincia mexicana fue rica en experiencias biográficas y bibliográficas. Empezamos con Juan Luis Maneiro (1744-1802)[1067] autor de excelentes biografías, en latín, de mexicanos ilustres. Su principal obra: *De Vitis aliquot mexicanorum*...[1068] y de ella afirmará Burrus: "su prosa latina aúna el señorío de los humanistas del Renacimiento con la agilidad y frescura del joven pueblo americano" y con ese telón de fondo entablará una polémica con el literato, jesuita italiano, Giovanni Roberti (1719-1786)[1069] quien sostenía que sólo los nacidos en Italia eran capaces de dominar el latín[1070]. Este libro, aparecido en Bolonia entre 1791 y 1792, consta de 1148 páginas y contiene 35 biografías de las que 26 están redactadas in extenso y 9 son breves. A ellas hay que añadir las de Antonio López del Portillo, Pedro Malo y Miguel Gutiérrez lo que nos da un total de 38 biografías[1071] de jesuitas novohispanos que fallecieron en el destierro de Italia.

[1067] Ernest J. BURRUS y Jesús GÓMEZ FREGOSO. "Maneiro, Juan Luis". En: Charles E. O'NEILL y Joaquín Mª DOMÍNGUEZ. *Diccionario histórico de la Compañía de Jesús*. Roma-Madrid, III, 2493. SOMMERVOEGL. *Bibliothèque*..., V, 473-474. Francisco ZAMBRANO y José GUTIÉRREZ CASILLAS. *Diccionario Bio-bibliográfico de la Compañía de Jesús en México*. México, XVI (1977) 98-99.

[1068] *Joannes Aloysii Maneiri veracrucensisde Vitis aliquot mexicanorum aliorumque qui sive virtute, sive litteris Mexici imprimis floruerunt*. Pars prima, Bononiae, 1791. Pars secunda. Bononiae, 1792. Pars tertia. Bononiae, 1792.

[1069] Mario ZANFREDINI. "Roberti, Giovanni Battista". En: Charles E. O'NEILL y Joaquín Mª DOMÍNGUEZ. *Diccionario histórico de la Compañía de Jesús*. Roma-Madrid, IV, 3378.

[1070] Ernest J. BURRUS y Jesús GOMEZ FREGOSO. "Maneiro, Juan Luis". En: Charles E. O'NEILL y Joaquín Mª DOMÍNGUEZ. *Diccionario histórico de la Compañía de Jesús*. Roma-Madrid, III, 2493.

[1071] Para la edición castellana y las ediciones: Ignacio OSORIO ROMERO. "Estudio introductorio". En: Juan Luis MANEIRO. *Vida de algunos mexicanos ilustres*. Traducción de Alberto Valenzuela Rodarte. Estudio introductorio y apéndice de Ignacio Osorio Romero. México, Universidad Nacional Autónoma de México (1988) 30-38.

También, hay que hacer alusión a varios escritos redactados sobre otros mexicanos[1072] pero el más importante es el de las *Memorias*[1073] del P. José Félix Sebastián (1736-1815)[1074] que en dos tomos se conserva manuscrito en la ciudad de Bolonia, el cual proporciona las biografías de los fallecidos entre 1767 y 1796[1075].

Fuente obligada de consulta para los jesuitas expulsos sigue siendo el *Catálogo*[1076] del P. Rafael José Zelis (1747-1798)[1077], aumentado por el erudito y polígrafo Pedro Márquez (1741-1820)[1078] y publicado por el P. Andrés Artola en México en 1871.

[1072] Ignacio OSORIO ROMERO. "Estudio introductorio"..., 35-36.

[1073] *Memorias de los Padres y hermanos de la Compañía de Jesús de la Provincia de Nueva España, Difuntos después del arresto acaecido en la Capital de México el día 25 de junio de 1767. Escritas por Feliz de Sebastián Sacerdote de la misma Provincia Misionero que era de la Nación Tubara.* Francisco ZAMBRANO y José GUTIÉRREZ CASILLAS. *Diccionario Bio-bibliográfico de la Compañía de Jesús en México.* México, XVI (1977) 523. "El manuscrito autógrafo hay dos ejemplares. El más completo se halla en la Biblioteca del Archiginnasio de Bolonia. En el Arch. Prov. Mex. se encuentra una copia fotográfica".

[1074] Francisco ZAMBRANO y José GUTIÉRREZ CASILLAS. *Diccionario Bio-bibliográfico de la Compañía de Jesús en México.* México, XVI (1977) 523.

[1075] Ignacio OSORIO ROMERO. "Estudio introductorio"..., 36.

[1076] *atalogo de los sugetos de la Compañía de Jesús, que formaban la Provincia de México el día del arresto, 25 de Junio de 1767.* Contiene: los sugetos por orden alfabético, por orden de edad, por orden de grado; los colegios, las misiones y los difuntos. Comenzado en Roma por Don Rafael de Zelis el día 27 de Junio, y terminado el 23 de Agosto de 1786. México, 1871.

[1077] Félix ZUBILLAGA. "Zelis, Rafael José de". En: Charles E. O'NEILL y Joaquín Mª DOMÍNGUEZ. *Diccionario histórico de la Compañía de Jesús.* Roma-Madrid, IV, 4074. SOMMERVOGEL. *Bibliothèque...*, VIII, 1485. Francisco ZAMBRANO y José GUTIÉRREZ CASILLAS. *Diccionario Bio-bibliográfico de la Compañía de Jesús en México.* México, XVI (1977) 679-680.

[1078] Juana GUTIÉRREZ y Jesús GÓMEZ FREGOSO. "Márquez, Pedro José". En: Charles E. O'NEILL y Joaquín Mª DOMÍNGUEZ. *Diccionario histórico de la Compañía de Jesús.* Roma-Madrid, III, 2514-2516. SOMMERVOGEL. *Bibliothèque...*, V, 603-605. José GUTIÉRREZ CASILLAS. *Jesuitas en México durante el siglo XIX.* México (1952) 359.

Fuente también inapreciable, según el testimonio de Francisco Zambrano, es el del cronista Antonio López de Priego (1730-1802)[1079] quien se muestra "notable historiador y literato"[1080] sobre todo por la Relación que envía a su hermana, religiosa del convento de Santa Catalina de Puebla, sobre lo acaecido a los expulsos desde el día de su arresto hasta el 1 de octubre de 1785[1081].

Pero quien ha llevado a cabo la primera gran síntesis de la bibliografía jesuítica mexicana ha sido el P. Francisco de Paula Zambrano (1888-1973)[1082] con su obra, en 16 volúmenes, *Diccionario bio-bibliográfico de la Compañía de Jesús en México*[1083]. Como advierte el autor en su escueto Prólogo, la estructura de cada entrada es la siguiente: La biografía del autor. Las fuentes biográficas por orden alfabético. La bibliografía de cada sujeto y finalmente las referencias bibliográficas[1084]. Siempre introduce por orden cronológico la rica información biográfica de que dispone. Su ámbito es la Compañía de Jesús que muere en 1773. Nos parece acertado el juicio de sus biógrafos: "Aunque falto de una formación histórico-técnica, Zambrano fue un historiógrafo nato, de apasionada afición y dedicación. A pesar de sus defectos de nomenclatura y

---

[1079] Félix ZUBILLAGA. "Priego, Antonio López de". En: Charles E. O'NEILL y Joaquín Mª DOMÍNGUEZ. *Diccionario histórico de la Compañía de Jesús*. Roma-Madrid, IV, 3230.

[1080] Félix ZUBILLAGA. "Priego, Antonio López de"…, IV, 3230.

[1081] *Carta de un religioso de los extintos jesuitas, a una hermana suya, religiosa del convento de Santa Catarina de la Puebla de los Angeles. Escrita en la ciudad de Bolonia, en 1º de octubre de 1785*. Trata de lo acaecido a estos religiosos desde el día de su arresto, hasta esta fecha, con varias noticias de la Italia y ciudad de Roma. Fue publicada en: Mariano CUEVAS. *Tesoros documentales de México siglo XVIII: Priego, Zelis, Clavijero*. México (1944) 15-177.

[1082] Manuel ACÉVEZ y Jesús GÓMEZ FREGOSO. "Zambrano Berardi, Francisco de Paula". En: Charles E. O'NEILL y Joaquín Mª DOMÍNGUEZ. *Diccionario histórico de la Compañía de Jesús*. Roma-Madrid, IV, 4069-4070.

[1083] Francisco ZAMBRANO y José GUTIÉRREZ CASILLAS. *Diccionario bio-bibliográfico de la Compañía de Jesús en México*. México, 1961-1977. Desde el tomo al XII los confeccionó el P. Zambrano; desde el XIII al XVI el P. José Gutiérrez Casillas.

[1084] F. ZAMBRANO. *Diccionario bio-bibliográfico*…, I (1961) 11.

terminología, su obra es una exhaustiva y valiosa mina de información para el historiador"[1085].

Una mención muy especial amerita el acucioso trabajo de Bernd Hausberger sobre los jesuitas centroeuropeos en México[1086]. Se trata de una Bio-bibliografía redactada con las exigencias de la metodología moderna y con una concepción muy diversa a la utilizada por Zambrano.

Continuador de la obra de Zambrano para la Compañía de Jesús restaurada es Juan B. Iguíniz con su *Bibliografía de los escritores de la provincia mexicana*[1087].

Para el Brasil jesuítico hay que recurrir al historiador Serafim Leite (1890-1969)[1088]. Prolífico escritor comenzó a preparar en 1933 su monumental *História da Companhia de Jesus no Brasil*, desde sus orígenes hasta la expulsión de los jesuitas de Brasil por Pombal (1699-1782)[1089] el año 1760 y concluyó su volumen X en 1950[1090]. Aquí

[1085] Manuel ACÉVEZ y J. GÓMEZ FREGOSO. "Zambrano Berardi, Francisco de Paula". En: Charles E. O'NEILL y Joaquín Mª DOMÍNGUEZ. *Diccionario histórico de la Compañía de Jesús*. Roma-Madrid, IV, 4070.

[1086] Bernd HAUSBERGER. *Jesuiten aus Mitteleuropa im kolonialem Mexico*. Eine Bio-Bibliographie. Wien-München, 1995.

[1087] Juan B. IGUINIZ. *Bibliografía de los escritores de la provincia mexicana de la Compañía de Jesús, desde su restauración hasta nuestros días*. México, 1945. Véase: László POLGAR. *Bibliographie sur l'histoire de la Compagnie de Jésus 1901-1980*. II. Les Pays. Roma (1986) 234-265.

[1088] José VAZ DE CARVALHO. "Leite, Serafim". En: Charles E. O'NEILL y Joaquín Mª DOMÍNGUEZ. *Diccionario histórico de la Compañía de Jesús*. Roma-Madrid, III, 2326-2327.

[1089] António LEITE. "Carvalho, Sebastião José de. Pombal (marqués de)". En: Charles E. O'NEILL y Joaquín Mª DOMÍNGUEZ. *Diccionario histórico de la Compañía de Jesús*. Roma-Madrid, I, 672-675.

[1090] Serafím LEITE. *História da Companhia de Jesus no Brasil*. Lisboa-Rio de Janeiro, 1938-1950, 10 vols. Véase: László POLGAR. *Bibliographie sur l'histoire de la Compagnie de Jésus 1901-1980*. II. Les Pays. Roma (1986) 80-121.

tienen importancia los dos volúmenes dedicados a la bibliografía que consagra a los escritores, aparecidos ambos en 1949[1091].

También, la gran tercera Provincia jesuítica del Perú ha esbozado sus intentos de Biblioteca. Don Enrique Torres Saldamando editaba en 1882 la obra escrita de los jesuitas peruanos[1092]. En años posteriores fue recopilando un nuevo material bibliográfico que generosamente fue remitiendo a su amigo el P. Carlos Sommervogel. Pero el proyecto era mucho más ambicioso pues contemplaba tres grandes series. De la primera acabamos de hablar. Las restantes eran: las de los varones ilustres por sus virtudes y por los servicios prestados a la colonia peruana; las de los admitidos a la hora de la muerte con las de los fundadores, patronos y protectores de las casas y colegios.

La interesante parte de la expulsión y extinción es examinada en algunos aspectos importantes por el P. Rubén Vargas Ugarte (1886-1975)[1093] en su estudio sobre los *Jesuitas peruanos desterrados a Italia*[1094].

No todos los países hispanoamericanos han recogido la obra de los jesuitas coloniales y por ello nos remitiremos a una información general que puede ser revisada con detenimiento en la *Bibliographie* de László Polgár[1095].

[1091] El volumen VIII recoge los escritores de la A a la M y el IX de la M a la Z. El vol., X es un Indice general.

[1092] Enrique TORRES SALDAMANDO. *Los antiguos jesuitas del Perú*. Biografías y apuntes para su Historia. Lima, Imprenta Liberal, 1882.

[1093] Armando NIETO. "Vargas Ugarte, Rubén". En: Charles E. O'NEILL y Joaquín Mª DOMÍNGUEZ. *Diccionario histórico de la Compañía de Jesús*, IV, 3895.

[1094] Rubén VARGAS UGARTE. *Jesuitas peruanos desterrados a Italia*. Lima, s/f. [Segunda edición]. Véase: László POLGAR. *Bibliographie sur l'histoire de la Compagnie de Jesús 1901-1980*. II. Les Pays. Roma (1986) 299-310.

[1095] László POLGAR. *Bibliographie sur l'histoire de la Compagnie de Jesús 1901-1980*. II. Les Pays. Roma, 1986.

Tal es el caso de Argentina[1096] aunque siempre será útil para la consulta biográfica la investigación llevada a cabo por Hugo Storni sobre los Catálogos de la Provincia del Paraguay, circunscripción jurídica a la que pertenecía Argentina[1097]. Idénticas característica ofrece el Paraguay pues al fin y al cabo integró la misma Provincia jesuítica[1098]. A ellas se añade Bolivia[1099], Ecuador[1100], Panamá[1101], Cuba[1102] y Uruguay[1103].

Es una lástima que el P. Walter Hanisch no pudiera concluir la investigación iniciada con los jesuitas expulsos[1104] y extenderla a todo el período colonial como me comunicara personalmente su deseo el año 1976. Su estudio se puede enriquecer con los datos de L. Polgár[1105].

[1096] László POLGAR. *Bibliographie sur l'histoire de la Compagnie de Jesús 1901-1980*. II. Les Pays. Roma (1986) 22-72.

[1097] Hugo STORNI. *Catálogo de los jesuitas de la Provincia del Paraguay (Cuenca del Plata), 1585-1768*. Roma, 1980. A ello hay que añadir del mismo autor: "Los jesuitas argentinos expulsos (1767-1830). En: *Anales de la Universidad del Salvador*. Buenos Aires, 4 (1968) 177-231. "Jesuitas italianos en el Río de la Plata (antigua Provincia del Paraguay, 1585-1768)". En: *Archivum historicum Societatis Iesu*. Roma, 48 (1979) 3-64.

[1098] László POLGAR. *Bibliographie sur l'histoire de la Compagnie de Jesús 1901-1980*. II. Les Pays. Roma (1986) 267-298. Pablo HERNÁNDEZ. *El extrañamiento de los jesuitas del Río de la Plata y de las misiones del Paraguay por decreto de Carlos III*. Madrid, V. Suárez, 1908. Francisco Javier BRABO. *Colección de documentos relativos a la expulsión de los jesuitas de la República Argentina 8y del Paraguay en el reinado de Carlos III*. Madrid, Establecimiento Tipográfico de José María Pérez, 1872.

[1099] László POLGAR. *Bibliographie sur l'histoire de la Compagnie de Jesús...*, 74-79.

[1100] László POLGAR. *Bibliographie sur l'histoire de la Compagnie de Jesús...*, 181-186. José JOUANÉN. *Historia de la Compañía de Jesús en la antigua Provincia de Quito 1570-1774*. Quito, Editorial Ecuatoriana, 1941-1943, 2 vols. Manuel URIARTE. *Diario de un misionero de Mainas*. Transcripción, introducción y notas del P. Constantino Bayle S. J. Madrid, Consejo Superior de Investigaciones Científicas, 1952.

[1101] László POLGAR. *Bibliographie sur l'histoire de la Compagnie de Jesús...*, 266.

[1102] László POLGAR. *Bibliographie sur l'histoire de la Compagnie de Jesús...*, 178-179. Pedro M. PRUNA GOODGALL. *Los jesuitas en Cuba hasta 1767*. La Habana, Editorial de Ciencias Sociales, 1991.

[1103] László POLGAR. *Bibliographie sur l'histoire de la Compagnie de Jesús...*, 312-314.

[1104] Walter HANISCH. *Itinerario y pensamiento de los jesuitas expulsos de Chile (1767-1815)*. Santiago de Chile, 1972.

[1105] László POLGAR. *Bibliographie sur l'histoire de la Compagnie de Jésus...*, 157-166.

Muy significativo nos parece el caso del P. Bernardo Recio (1714-1791)[1106], quien cuando se desempeñaba como Procurador de la Provincia de Quito fue detenido en Figueras (Gerona) el 11 de marzo de 1767, víctima de una acción burda de las que a veces montan las policías inescrupulosas. Hecho preso en el convento de la Merced de Gerona redactó la *Compendiosa relación de la cristiandad de Quito*, en cuyo tomo tercero intercaló el Catálogo de escritores catalanes de la Compañía que prosiguió en Roma hasta el año 1785[1107].

La historiografía en la Provincia del Nuevo Reino de Granada. Todo el recorrido que hemos realizado se dirigía a establecer el marco jesuítico de la importancia dada por la Orden de Ignacio de Loyola a las Bibliotecas de escritores pues en esencia se constituye en un inventario de las ciencias cultivadas durante la colonia y una expresión de sus aportes a la cultura neogranadina.

La Provincia del Nuevo Reino de Granada nació en 1604 como Vice-Provincia dependiente del Perú y alcanzó su independencia en 1608. Nuestro propósito se cifra en ofrecer una información precisa sobre los miembros de la Compañía de Jesús que laboraron en tierras neogranadinas desde 1604 hasta 1767.

La única información exclusivamente bibliográfica de que disponemos sobre los escritores neogranadinos data de 1725: *Scriptores Provinciae Novi Regni ab anno 1675*[1108]. Sin embargo, el investigador podrá encontrar

---

[1106] Jorge VILLALBA. "Recio, Bernardo". En: Charles E. O'NEILL y Joaquín Mª DOMÍNGUEZ. *Diccionario histórico de la Compañía de Jesús*. Roma-Madrid, IV, 3304. C. GARCÍA GOLDÁRAZ. "Vida del P. Bernardo Recio". En: Bernardo RECIO. *Compendiosa relación de la cristiandad de Quito*. Madrid (1947) 21-45.

[1107] "Opúsculo y Catálogo De Los Jesuitas Escritores Naturales De Cataluña… Escrito por el mismo autor En Gerona Año de 1773". Apareció en el tomo 3 de su obra: Bernardo RECIO. *Compendiosa relación de la cristiandad de Quito*. Pp., 215-251. Véase: LECINA. *Biblioteca…*, I, pag., LIX.

[1108] M, MIMBELA. *Scriptores Provinciae Novi Regni ab anno 1675*. Sanctafide in Novo Regno Granatensi, 25 Augusti a. 1725. El documento reposa en la actualidad en el Archivo Uriate-Lecina, en la Universidad de Comillas (Madrid).

una minuciosa información sobre los archivos, historias, autores y documentación jesuítica relativa al Nuevo Reino en nuestro estudio "Fuentes para el estudio de las Misiones jesuíticas en Venezuela (1625-1767)"[1109] así como en los diversos trabajos que hemos dedicado a la acción de los seguidores de Ignacio de Loyola en tierras colombianas[1110].

Un primer intento de descifrar el enigma lo llevó a cabo Juan Manuel Pacheco en sus investigaciones sobre la vida de los jesuitas expulsos y extintos[1111].

Como quiera que la Provincia del Nuevo Reino de Granada comprendía las actuales repúblicas de Colombia, Venezuela, República Dominicana y hasta 1696 a Panamá y Ecuador ya se han elaborado las Bio-bibliografías relativas a Venezuela e Isla de Santo Domingo.

En 1974 publicamos la primera edición de la *Bio-bibliografía de los jesuitas en la Venezuela colonial*[1112]. En esa entrega recogíamos la acción de 268 jesuitas que de forma directa o indirecta habían laborado en las ciudades venezolanas o en la gran Orinoquia. En 1995 salía a la luz pública la segunda edición y su catálogo de personas subió a 318

[1109] José DEL REY FAJARDO. "Introducción al estudio de la Historia de las Misiones jesuíticas en la Orinoquia". En José DEL REY FAJARDO (Edit.). *Misiones jesuíticas en la Orinoquia*. San Cristóbal, I (1993) 209-399.

[1110] José DEL REY FAJARDO. *Catedráticos jesuitas de la Javeriana colonial*. Bogotá, 2002. J. DEL REY FAJARDO. *Los jesuitas en Cartagena de Indias 1604-1767*. Bogotá, 2004. J. DEL REY FAJARDO. *Jesuitas, libros y política en el Real Colegio Mayor y Seminario de San Bartolomé*. Bogotá, 2004.

[1111] Juan Manuel PACHECO. "Los jesuitas del Nuevo Reino de Granada expulsados en 1767". En: *Ecclesiástica Xaveriana*. Bogotá, 3 (1953) 23-78. Juan Manuel PACHECO. "La expulsión de los jesuitas del Nuevo Reino de Granada". En: *Revista de Indias*. Madrid, 113-114 (1968). 351-381. Este artículo fue reproducido en su totalidad en Juan Manuel PACHECO. *Los jesuitas en Colombia*. Tomo III (1696-1767). Bogotá (1989) 507-537.

[1112] José DEL REY FAJARDO. *Bío-bibliografía de los jesuitas en la Venezuela colonial*. Caracas, 1974.

entradas[1113]. Y en la tercera, aparecida en el año 2006 recensa 320 entradas[1114].

El año 2006 la Universidad Javeriana de Bogotá editó nuestro libro *Biblioteca de Escritores jesuitas neogranadinos* que recoge las publicaciones de toda la Provincia del Nuevo Reino de Granada[1115].

También, la Isla de Santo Domingo formó parte integral de la Provincia neogranadina a la vez que fue puerta abierta para las rutas que de la Península buscaban amplias áreas geográficas de Centro, Norte y Sudamérica. La Universidad de Gorjón fue un compromiso serio para las autoridades jesuíticas de Bogotá pues tuvieron que atenderla en el siglo XVIII[1116]. Pero, la bio-bibliografía colonial ha sido de forma concienzuda estudiada por José Luis Sáez[1117] quien recoge en la primera parte la Isla de Santo Domingo; en la segunda, la isla de Cuba; y en el apéndice: 1) Las vocaciones cubanas y dominicanas que ingresaron y vivieron fuera del Caribe Hispánico (1563-1767); y 2) Expedicionarios que sólo se detuvieron en Santo Domingo o Cuba en vía a su destino (1571-1578).

Las fuentes de los jesuitas extranjeros. Para seguir las huellas de los jesuitas extranjeros que dedicaron su vida a la Provincia del Nuevo Reino sugerimos las siguientes fuentes.

[1113] José DEL REY FAJARDO. *Bío-bibliografía de los jesuitas en la Venezuela colonial.* San Cristóbal-Santafé de Bogotá, 1995.

[1114] José DEL REY FAJARDO. *Los jesuitas en Venezuela.* Tomo II: Los hombres. Caracas-Bogotá, Universidad Católica Andrés Bello-Pontificia Universidad Javeriana, 2007.

[1115] José DEL REY FAJARDO. *Biblioteca de Escritores jesuitas neogranadinos.* Bogotá, Editorial Pontificia Universidad Javeriana, 2006.

[1116] José Luis SÁEZ. "Universidad Real y Pontificia de Santiago de la Paz y de Gorjón en la Isla Española (1747-1767)". En: José DEL REY FAJARDO (Edit.). *La pedagogía jesuítica en Venezuela.* San Cristóbal, I (1991) 175-224.

[1117] José Luis SÁEZ. "Los jesuitas en el Caribe insular de habla castellana)1575-1767)". En: *Paramillo.* San Cristóbal, 16 (1997) 5-156. Antonio VALLE LLANO. *La Compañía de Jesús en Santo Domingo durante el período hispánico.* Ciudad Trujillo, Seminario de Santo Tomás, 1950.

Un caso típico lo constituye el interesante libro de Antón Huonder sobre los jesuitas alemanes que pasaron a Indias[1118] aunque haya que ser completado con el *Lexicon* de Ludwig Koch[1119]. Una gran visión sobre este tema la proporciona el historiador argentino Vicente D. Sierra[1120]. Hay que destacar el decisivo aporte que ha supuesto para la bibliografía americanista la obra dirigida por el Dr. Johannes Meier a través de la Universidad de Mainz. Para el caso específico del Nuevo Reino de Granada acaba de aparecer el minucioso estudio de Christoph Nebgen[1121].

En el caso específico de los austriacos puede verse Alexander von Randa[1122] y sobre todo el *Nomenclator biographicus* de Ladislaus Lukács[1123].

Nuevas luces sobre los seguidores de Ignacio de Loyola en el ámbito de la "Bélgica antiqua" y sus dependencias mundiales nos las proporciona Willem Audenaert[1124] quien enriquece notablemente el aporte que había iniciado François Kiekens en 1879[1125]. Para el estudio de algunas

[1118] Antón HUONDER. *Deutsche Jesuitenmissionäre des 17. und 18, Jahrhunderts*. Ein Beitrag zur Missionsgeschichte und zur deutschen Biographie. Freiburg im Breisgau, 1899.

[1119] Ludwig KOCH. *Jesuiten-Lexicon*. DieGesellschaft Jesu einst und jetzt. Löwen-Heverlee, 1962, 2 vols.

[1120] Vicente D. SIERRA. *Los Jesuitas germanos en la conquista espiritual de Hispano-América. Siglos XVII-XVIII*. Buenos Aires, Institución Cultural Argentino Germana, 1944.

[1121] Johannes MEIER (Edit.). *Jesuiten aus Zentraleuropa in Portugiesisch- und Spanisch-Amerika. Ein bio-bibliographisches Handbuch mit einem Überblick über das aussereuropäische Wirken des Gesellschaft Jesu in der Frühen Neuzeit*. Band 3: NEBGEN, Christoph. *Neugranada (1618-1771)*. Müster, Ashendorf, 2008.

[1122] Alexander von RANDA. "Los jesuitas austriacos en la provincia de Nueva Granada". En: *Tercer Congreso hispanoamericano de Historia. Segundo de Cartagena de Indias*. Cartagena de Indias, Talleres Gráficos Mogollón, I, 326-327.

[1123] Ladislaus LUKACS. *Catalogus generalis seu Nomenclator biographicus personarum Provinciae Austriae Societatis Iesu (1551-1773)*. Romae, 1988, 3 vols.

[1124] Willem AUDENAERT. *Prosopographia iesuitica Bélgica antiqua (PIBA)*. A biographical dictionary of the jesuits in the Low countries 1542-1773. Introduction by Hermann Morlion. Leuven-Heverlee, 2000, 4 vols.

[1125] François KIEKENS. "Les enciens missionnaires belges de la Compagnie de Jesús dans les deux Ameriques". En: *Precis historiques*, 28 (1879) 146-152.

personalidades relevantes por sus méritos culturales, científicos o religiosos es preciso acudir a Joseph Masson[1126].

Una guía, aunque incompleta, sobre los italianos expulsos de América en 1767 la presenta Guillermo Kratz[1127]. Afortunadamente para el Nuevo Reino su lista puede completarse con la levantada por los funcionarios regios hispanos en el Puerto de Santa María conforme iban arribando de América[1128].

En los últimos decenios han sido los historiadores checos quienes se han venido preocupando por la acción de sus antepasados jesuitas en las misiones de América y gracias a la *Revista Ibero-Americana Pragensia* pueden seguirse esos estudios[1129].

Para los súbditos de la corona gala ha sido una pauta consultar la obra en 5 volúmenes del P. Pierre Delattre[1130], aunque para los jesuitas de las Antillas posee una riqueza informativa extraordinaria el *Dictionnaire biographique* de Bernard David[1131].

[1126] Joseph MASSON. *Missionnaires belges sous l'ancien régime (1500-1800)*. Bruxelles-Paris, 1940.

[1127] Guillermo KRATZ. "Gesuiti italiani nelle Messioni spagnuole al tempo dell'espulsione (1767-1768)". En: *Archivum Historicum Societatis Iesu*. Roma, 11 (1942) 27-67.

[1128] AHN. *Jesuitas*, 827/2. Filiación de los Regulares de la Compañía del nombre de Jesus pertenecientes a la Provincia de Santa Fee de Bogotá.

[1129] Zdenek KALISTA. "Los misioneros de los países checos que en los siglos XVII y XVIII actuaban en América Latina". En: *Ibero-Americana Pragensia*. Praga, II (1968) 153-154 para el Nuevo Reino.

[1130] Pierre DELATTRE. *Les établissements des Jésuites en France depuis quatre siècles*. Repertoire topo-bibliographique publié à l'occasion du quatrième centenaire de la fondation de la Compagnie de Jesús 1540-1940. Sous la direction de Pierre Delattre s.j. avec le concours d'un grand nombre de collaborateurs. Enghien-Wetteren, 1949-1957. 5 vols.

[1131] Bernard DAVID. *Dictionnaire biographique de la Martinique (1635-1848)*. "Le Clergé". Tome I, 1635-1715. Fort-de-France, Societé d'Histoire de la Martinique, 1984.

Más difícil ha sido estudiar la presencia irlandesa en tierras neo-granadinas pues en verdad, fuera de los imprecisos datos ofrecidos por John McErlean[1132], no nos ha sido fácil identificar nombres de jesuitas que nos consta por los Catálogos del Nuevo Reino que habían nacido en las Islas Británicas[1133].

IV. EL "AMERICANISMO" DESDE EL EXILIO EN ITALIA (1768-1814)

El año 1767 traza la línea divisoria entre dos fronteras que interpretan dos mundos distintos para los hombres de la Compañía de Jesús en la América hispana.

Por un lado, atrás quedaba el gran "Proyecto americano" del que habían sido sus inspiradores pues de forma autoritaria fueron expulsados súbitamente de sus posiciones de servicio y expoliados de todos sus bienes. En una palabra, de protagonistas de esa gran misión educativa, intelectual, cultural, indigenista, social y religiosa levantada con el esfuerzo y la sabiduría de dos siglos de generaciones habían pasado a ser delincuentes, condenados sin ser escuchados, por el más infame de los delitos: la supuesta traición al rey de España, sentencia prefabricada con el impune andamiaje que siempre avalan los poderes absolutos.

Por otro lado, si la expatriación y el exilio fueron el único salario obtenido por haber sido artífices determinantes en la construcción de unas sociedades que miraban al progreso, la civilidad y a la nueva ciudad ordenada su respuesta consistió en reafirmar su ideal y en diseñar un nuevo proyecto que diera nueva vida a su sed de vocación americana.

[1132] John MacERLEAN. "Irish Jesuits in Foreing Missions from 1574 to 1773". En: *Irish Jesuit Directory and Year Book*, (1930) 127-138.

[1133] Henry FOLEY. *Records of the English Province of the Society of Jesus*. London, 1877-1883, 7 vols. En el volumen 7, parte 2, cita a partir de la página 96 un catálogo cronológico de irlandeses entre los que figura el P. Francisco Lea con datos totalmente errados.

Pero la historia no concluye con el autoritarismo de Carlos III pues el 16 de julio de 1773 el Papa Clemente XIV firmaba en Roma el Breve *Dominus ac Redemptor* (1773)[1134] por el que ponía punto final a la biografía de la Orden religiosa fundada por Ignacio de Loyola en 1540. Esta decisión pretendía reducir a cenizas las ilusiones y las obras desarrolladas por los jesuitas en todo el mundo[1135].

El drama de la mezquindad humana ofrece una extensa gama de métodos eficaces para cegar y hacer callar a los que querían ver y decir algo. Si el Rey Carlos III y el Papa Clemente XIV quisieron convertir la voz de los jesuitas en polvo, sin lugar a dudas pensaron que los ignacianos se transfigurarían en esa especie de Edipo que camina con los ojos arrancados para no ver la realidad que lo circunda. Mas, la palabra asfixiada siempre tiene la capacidad de recuperar su trasparencia, su inspiración y su valor.

Por ello, los expatriados neogranadinos en Italia tendrían el valor de inscribir el nombre de Colombia, Venezuela y Santo Domingo en los movimientos literarios y científicos[1136] que precederían al romanticismo. Se había iniciado el segundo "Proyecto americano" pero desde el exilio de Italia.

[1134] El texto puede verse en: "La expulsión y extinción de los jesuitas según la correspondencia diplomática francesa. Tomo III. 1770-1773". En: *Paramillo*. San Cristóbal, 17 (1998) 319-384.

[1135] Véase: José Antonio FERRER BENIMELI. "Carlos III y la extinción de los jesuitas". En: *Paramillo*. San Cristóbal, 9-10 (1990) 417-436. J. A. FERRER BENIMELI. "La expulsión y extinción de los jesuitas según la correspondencia diplomática francesa. Tomo III. 1770-1773". En: *Paramillo*. San Cristóbal, 17 (1998) 5-386. Isidoro PINEDO IPARRAGUIRRE. "La intervención del Gobierno de Carlos III en el Cónclave de Clemente XIV (1769)". En: *Paramillo*. San Cristóbal, 9-10 (1990) 437-449. Isidoro PINEDO I. "El antiguo régimen, el Papado y la Compañía de Jesús (1767-1773)". En: *Paramillo*. San Cristóbal, 14 (1995) 363-569.

[1136] Miguel BATLLORI. *La cultura hispano-italiana de los jesuitas expulsos*. Españoles, Hispanoamericanos, Filipinos (1767-1814). Madrid, 1966. Juan Manuel PACHECO. "Los jesuitas del Nuevo Reino de Granada expulsados en 1767". En: *Ecclesiástica Xaveriana*. Bogotá, 3 (1953) 23-78.

Para poder ubicar al lector en la geografía conceptual precisa llamaremos la atención sobre la existencia de cuatro áreas netamente diferenciadas en lo que se refiere a producción documental y bibliográfica, como fuentes primarias, sobre la expulsión de la Compañía de Jesús de los dominios españoles.

Hay que reconocer que los autores de este acontecimiento histórico previeron calculadamente la incautación de los papeles jesuíticos que constituían la riqueza de sus bibliotecas[1137], archivos[1138] y "papeles personales" objeto principal de la expropiación[1139].

Estamos ante el cuerpo que recopila mayor número de reglamentaciones encaminadas a llevar a cabo la incautación de los bienes y la expulsión de los jesuitas. Es sin duda el más certero y el mejor pensado. Con el "Pliego reservado" todo comisionado recibió una *instrucción* general que pauta el *modus operandi* en la consecución de los dos objetivos señalados[1140]. En las demarcaciones ultramarinas se precisó además de

---

[1137] José DEL REY FAJARDO. *Las bibliotecas jesuíticas en la Venezuela colonial*. Caracas, Biblioteca de la Academia Nacional de la Historia, 1999, 2 vols.

[1138] Véase: José DEL REY FAJARDO. *La expulsión de los jesuitas de Venezuela (1767-1768)*. San Cristóbal, 1990. Y también: José DEL REY FAJARDO. *Documentos jesuíticos relativos a la Historia de la Compañía de Jesús en Venezuela*. Caracas, Academia Nacional de la Historia, III (1974) 51-219.

[1139] Se podrían multiplicar los testimonios. Sobre la segunda parte de El Orinoco ilustrado del P. José Gumilla dice el P. Gilij: "… en enero de 1749 estaba preparando [Gumilla] para su historia una adición, que él mismo me la leyó, en la cual, luego de retractar su error, describía larga y graciosamente, según solía, el descubrimiento que no sabía antes. Como le sobrevino la muerte con pena de todo el que gozó su amabilísima conversación, el año después, la obra quedó imperfecta e inédita. No era mi deber que yo, que fui a América con el P. Gumilla, y por él me aficioné a las fatigas orinoquenses, y fui por él mismo no raras veces estimulado a seguir, si tanto alcanzaba, la historia de ellas, dejase en la oscuridad esta anécdota nada despreciable" (GILIJ. *Ensayo de Historia americana*, I, 53).

[1140] *Instrucción de lo que deberán executar los Comisionados para el Extrañamiento y ocupación de bienes y haciendas de los Jesuitas en estos Reynos de España e islas adyacentes, en conformidad de lo resuelto por S. M.* (Cfr. J. DEL REY F. *Documentos jesuíticos relativos a la Historia de la Compañía de Jesús en Venezuela*. Caracas, Academia Nacional de la Historia, III (19749 93-98).

una *Adición a la Instrucción sobre el Extrañamiento de los Jesuitas de los dominios de S.M. por lo tocante a las Indias e Islas Filipinas*[1141] en la que se completaban, de acuerdo con las circunstancias específicas, las disposiciones que se juzgaban más adecuadas para el éxito de la operación en aquellas dilatadas regiones.

A este "Manual de Procedimientos Generales" fueron siguiendo algunos parciales que definen muy a las claras los objetivos perseguidos por el Consejo Extraordinario. Así se explica, por ejemplo, la Instrucción del modo cómo se deberán realizar los inventarios y el interrogatorio a que deberán ser sometidos los "Procuradores"[1142], las normas para inventariar libros, bibliotecas y papeles personales[1143]; o el uso que deberá darse a las boticas[1144], imprentas[1145] o a los edificios que habían servido a la educación tanto del pueblo español como del americano[1146].

[1141] Cfr. J. DEL REY F. *Documentos jesuíticos*, III, 98-103.

[1142] *Instrucción del modo con que deben hacer los Comisionados los Inventarios de los Papeles, muebles, y efectos de los Regulares de la Compañía, y Interrogatorio por el qual deben ser preguntados sus Procuradores*. Madrid, 7 de abril, 1767. (Cfr. J. DEL REY F. *Documentos jesuíticos*, III, 113-118).

[1143] *Instrucción de lo que se deberá observar, para inventariar los libros, y Papeles existentes en las Casas, que han sido de los Regulares de la Compañía, en todos los Dominios de* S.M. Madrid, 23 de abril, 1767. (Cfr. J. DEL REY F. *Documentos jesuíticos*, III, 118-121).

[1144] *Real Provision de S. M. A CONSULTA del Consejo, en el Extraordinario, aplicando las Boticas, existentes en las Casas de Regulares de la Compañía a Hospitales, Hospicios, Inclusas, y otras Casas de misericordia, que estén bajo de la Real Protección*. Madrid, 22 de setiembre, 1767. (Cfr. J. DEL REY F. *Documentos jesuíticos*, III, 135-136).

[1145] *Carta circular, sobre que se haga Inventario de los Peltrechos de las imprentas que tenían los Regulares de la Compañía*. Madrid, 14 de octubre, 1767. (Cfr. J. DEL REY F. *Documentos jesuíticos*, III, 139).

[1146] *Real Provision, de los Señores del Consejo en el Extraordinario, a consulta con S.M., para reintegrar a los Maestros y Preceptores seculares en la enseñanza de las primeras Letras, Gramática y Retórica, proveyéndose estos Magisterios, y Cátedras a oposición, y estableciendo viviendas, y casas de pupilage, para los Maestros y Discípulos, en los Colegios donde sea conveniente, informando por menor al Consejo*. Madrid, 5 de octubre, 1767. (Cfr. J. DEL REY F. *Documentos jesuíticos*, III, 136-139).

Finalmente, la máquina administrativa fue la de más larga duración y la que más modificaciones experimentó. El 2 de mayo de 1767 se creaba la Depositaría General que debía manejar los "caudales" incautados a la Compañía de Jesús[1147]. Y el 29 de julio se expedía una *Carta circular, pidiendo informe sobre la división en suertes reducidas de las haciendas de los Jesuitas, destino de sus Casas, y otros puntos; y prescribiendo método para formar el inventario de los papeles manuscritos*[1148].

La primera, que designamos como "literatura de expatriación", abarca toda la problemática de las causas que motivaron la decisión real de privar de la nacionalidad a los seguidores de Ignacio de Loyola y de excluirlos de los territorios del imperio hispano. Como es natural su temática desborda los límites fijados para el presente trabajo[1149].

La segunda, que podríamos denominar como "literatura de la expulsión", se circunscribe a los inventarios levantados in situ en el momento de poner en práctica la decisión cesárea en 1767 y a la documentación anexa. Este género documental constituye hasta el momento la fuente más rica de esta temática[1150]. Sin embargo, los minuciosos expedientes levantados in situ sobre los bienes y personas de los expulsos[1151]

[1147] *Real Cédula, sobre crear Depositaría General para el resguardo y manejo de los caudales de los Jesuitas de España, e Indias, después de su extrañamiento.* Madrid, 2 de mayo de 1767. (Cfr. J. DEL REY F. *Ob. cit.*, 121-131).

[1148] *Carta Circular, pidiendo informe sobre la división en suertes reducidas de las haciendas de los Jesuitas, destino de sus Casas, y otros puntos: y prescribiendo método para formar el Inventario de los papeles manuscritos.* Madrid, 29 de julio, 1767 (Cfr. DEL REY F. *Documentos jesuíticos*, III, 131-134).

[1149] Charles E. O'NEILL Y Joaquín Mª DOMÍNGUEZ. *Diccionario histórico de la Compañía de Jesús.* Roma-Madrid, Institutum Historicum S. I.-Universidad Pontificia de Comillas, II (2001) 1347-1364.

[1150] Sobre la expulsión de los Jesuitas de la Provincia del Nuevo Reyno: Juan M. PACHECO. "Los Jesuitas de la Provincia del Nuevo Reino de Granada expulsados en 1767". En: *Ecclesiastica Xaveriana.* Bogotá, 3 (1953) 23-78. "La expulsión de los jesuitas del Nuevo Reino de Granada". En: *Revista de Indias.* Madrid, 113-114 (1968). 351-381. Juan Manuel PACHECO. *Los jesuitas en Colombia.* Tomo III (1696-1767). Bogotá (1989) 507-537. José del REY FAJARDO. *Aportes jesuíticos a la filología colonial venezolana.* Caracas, I (1971), 77-80.

[1151] Archivo Nacional de Bogotá (ANB). *Conventos*, t. 29, fols. 205 y ss.

no fueron siempre exhaustivos y en cualquier hipótesis constituyen una fuente documental de incalculable valor. La monumental tarea de transcribir tan prolijos "traslados" no siempre se cumplió a cabalidad. Una breve biografía del gran tesoro archivístico incautado en 1767 por la monarquía española ha sido estudiada, entre otros, por el americanista P. Francisco Mateos[1152].

La tercera y sin duda la más desconocida pero la más valiosa es la "literatura confidencial" que debía recoger todos los manuscritos de acuerdo con el criterio que recogemos en la nota[1153]. Un detenido examen de la mencionada documentación neogranadina nos lleva a la sospecha de que "ciertos" manuscritos y documentos no fueron inventariados. De esta forma, se perdieron para siempre los manuscritos de obras que estaban escribiendo los expulsos y se trata de la mayor pérdida bibliográfica de la literatura jesuítica de los tiempos de la expulsión.

A fin de ilustrar al lector sobre este lamentable criterio citaremos tres ejemplos ilustrativos.

Si analizamos con detención el ejemplo de la Misión de San Ignacio de Betoyes observaremos que su misionero el P. Manuel Padilla (1715-1785) entregó a su sucesor, el dominico P. Pedro Sánchez, muchos de sus escritos en lengua betoy, sin que los inventarios hagan referencia a esta donación[1154].

[1152] Francisco MATEOS. "Notas Históricas sobre el antiguamente llamado Archivo de las temporalidades de Jesuítas". En: Araceli GUGLIERI NAVARRO. *Documentos de la Compañía de Jesús en el Archivo Histórico Nacional.* Madrid (1967) VII-LXXXXII.

[1153] "XVII. En cuanto a los Manuscritos deben aun ser de mayor satisfacción los que se encarguen de su reconocimiento, y formación de Índice, por la importancia de que no se extravíen; y no será preciso poner en Inventario judicial estos Índices, contentándose el Juez Ejecutor con colocar firmado el Índice de Autos, y poner diligencia de estar conforme con el número de volúmenes existentes en la Biblioteca común, y aposentos de la respectiva Casa". En: *Instrucción de lo que se deberá observar, para inventariar los libros, y Papeles existentes en las Casas, que han sido de los Regulares de la Compañía, en todos los Dominios de S.M.* Madrid, 23 de abril, 1767. (Cfr. J. DEL REY F. *Documentos jesuíticos,* III, 119).

[1154] ARSI. *Opera Nostrorum,* 342, fol., 143v: "Yo no traje conmigo carta alguna de la lengua betoyana, ni de ninguna otra cosa. Tenía en la misión bastantes escritos sobre dicha lengua

Lo mismo podríamos aseverar de los escritos posteriores de José Gumilla. Cuando el joven Gilij se dirige a las misiones del Orinoco visitó al autor de *El Orinoco ilustrado* (quien había regresado de Europa en 1743) en su reducción de San Ignacio de Betoyes y narra el jesuita italiano que Gumilla le comentó el descubrimiento del Casiquiare llevado a cabo por el P. Manuel Román y añade:

> ... en enero de 1749 estaba preparando [Gumilla] para su historia una adición, que él mismo me la leyó, en la cual, luego de retractar su error, describía larga y graciosamente, según solía, el descubrimiento que no sabía antes. Como le sobrevino la muerte con pena de todo el que gozó su amabilísima conversación, el año después, la obra quedó imperfecta e inédita. No era mi deber que yo, que fui a América con el P. Gumilla, y por él me aficioné a las fatigas orinoquenses, y fui por él mismo no raras veces estimulado a seguir, si tanto alcanzaba, la historia de ellas, dejase en la oscuridad esta anécdota nada despreciable[1155].

Y el propio autor del *Ensayo de Historia americana* dejará constancia de que en su reducción orinoquense de La Encaramada quedaron manuscritos como *Relato de los viajes a diversas naciones del Orinoco*[1156], *Doctrina Christiana y Sermones morales en las lenguas Tamanaca y Maypure*[1157], *Narraciones indígenas en Tamanaco y Maipure*[1158], *Instrucciones*

---

pero gustosamente los dejé todos al Padre Pedro Sánchez, dominicano, que se encargó de asistir a los pobres betoyanos". [El subrayado es nuestro].

[1155] GILIJ. *Ensayo de Historia americana*, I, 53.

[1156] GILIJ. *Ensayo de Historia americana*, III, 97-98: "Y como me faltan ahora los papeles en los fijé por extenso deberá el lector agradecerme el recuerdo de aquellos".

[1157] AIUL. Papeletas: GILIJ, Felipe Salvador: "Quedaron en la Encaramada el año 1767 al ser desterrados los jesuitas".

[1158] GILIJ. *Ensayo*, III, 39: "Tuve cuidado, preguntando a los entendidos, de ponerlos *todos* por escrito y de escudriñarlos con diligencia. Son simples prosas ...". Y en (III, 176): "Yo en la lengua de los maipures y tamanacos tuve relatos hermosísimos transcritos por mi, es decir, aquellos mismos que con las mismas palabras oyeron ellos a sus ancianos". En el mismo tomo III (pp. 176-180) recoge Gilij dos pequeños ejemplos.

diversas en tamanaco y maipure[1159], *Poesías en tamanaco y maipure*[1160] y otros escritos por el estilo.

Y la cuarta, que calificaremos como la "literatura del exilio", debe recoger la producción intelectual desarrollada por los miembros de la Provincia del Nuevo Reino de Granada desde su salida de tierras americanas hasta su muerte. Y éste es el tema de este acápite.

EL APORTE INTELECTUAL DE LA PROVINCIA DEL NUEVO REINO

No es muy copioso, hasta el momento, el aporte intelectual impreso en el exilio por los miembros de la Compañía de Jesús que laboraron en Venezuela y Colombia antes de la expulsión de 1767. Hasta el momento sólo podemos citar a cuatro significativas figuras: Antonio Julián[1161], José Yarza[1162], Felipe Salvador Gilij[1163] y el italiano Demetrio Sanna[1164].

Con estos antecedentes ensayaremos sistematizar los escritos de que tenemos referencia en las siguientes áreas temáticas: Historia, geografía, teología y filosofía, lingüística y otras.

A Gilij hay que estudiarlo desde las diferentes facetas que ofrece su obra. Y dentro de las provincias de la historia de la cultura hay que

---

[1159] GILIJ. *Ensayo*, III, 140: "Así hice yo (...) en las diversas instrucciones por mi compuestas en las susodichas lenguas". Lorenzo HERVÁS Y PANDURO. *Biblioteca jesuítico-española II. Manuscritos hispano-portugueses en siete bibliotecas de Roma*. Estudio introductorio, edición crítica y notas: Antonio Astorgano Abajo. Madrid, Libris: Asociación Libreros de viejo, I (2007) 756: "Estos manuscritos dejó el autor en la Encaramada antes nombrada".

[1160] GILIJ. *Ensayo*., II, 232: "Hice algunas rimas tanto en tamanaco como en maipure. Pero aunque las escucharon con placer, nunca hubo alguno que me dijera que las había también en sus lenguas".

[1161] DEL REY FAJARDO. *Biblioteca de escritores*, 363-369.

[1162] J. DEL REY FAJARDO. *Catedráticos jesuitas de la Javeriana colonial.* Bogotá, 2002.

[1163] DEL REY FAJARDO. *Biblioteca de escritores*, 311-316.

[1164] DEL REY FAJARDO. *Biblioteca de escritores*, 628-630.

resaltar que todo el tomo IV de su *Ensayo de Historia americana* es una visión histórica, cultural, social y religiosa de Venezuela y Colombia.

El misionero italiano escribe como testigo presencial del auge que vivió en la capital del virreinato en donde estudió las ciencias teológicas y fue profesor de retórica en la Universidad Javeriana. Y también se convierte en actor de un proyecto culturizador en el Orinoco al mediar el XVIII (1749-1767) después de haber conocido y convivido con los actores históricos de esa época ya fuera por sus tareas de Superior de la Misión (1761-1765), ya por sus conexiones con los miembros de la Expedición de Límites, ya por las interminables horas de estudio, observación y análisis que conllevó su vida solitaria en la reducción de San Luis de la Encaramada a orillas del río Orinoco.

Estamos ante el juicio de un europeo que ha vivido 26 años en la Tierra Firme y pretende presentar al mundo de habla italiana una idea justa de la Orinoquia y de la Tierra Firme, ya que, a su juicio, muchos autores europeos habían deformado y alterado su verdadera imagen[1165].

Gilij no es un historiador tradicional. El impacto de la vida europea de fines del XVIII le hace transitar nuevas perspectivas científicas que completan de forma impecable. Da por supuesto lo escrito por la historia jesuítica, sintetizada en Cassani y la visión introductoria de la antropo-geografía orinoquense ofrecida por Gumilla. Lo histórico, como crónica, lo remite a la obra de Gumilla[1166] –que por cierto la cita de la traducción francesa–. Pero en todo lo que atañe a la Orinoquia

---

[1165] GILIJ. *Ensayo de historia americana*, I, 45. "El prurito de formar libros sobre cosas no bien comprobadas ha inducido a no pocos a tejer una fábula sobre las comarcas de América". GILIJ. *Ob. cit.*, IV, p. XIX. "Y esta mía... no tiene otro fin que el de dar a muchos que me lo han pedido una justa idea de los países americanos, idea ahora necesaria para conocer bien esta parte del mundo, años atrás tan alterada y aun deformada por la exageración o por las falsedades..."

[1166] V. gr. GILIJ. *Ensayo.*, II, 228.

procura hacer referencias a los principales autores que trataron la temática por él estudiada[1167].

En verdad, con el *Saggio di Storia* Americana (Roma, 1780-1784) se completa el ciclo historiográfico de autores jesuitas que escribieron sobre la Orinoquia durante el período hispánico. Y no deja de ser curioso que esta disciplina se inicie con el francés Pedro Pelleprat en 1655 y se concluya con el italiano Felipe Salvador Gilij en 1784.

Si *El Orinoco ilustrado* es la primera interpretación venezolana de la Orinoquia para los europeos el *Saggio di Storia Americana* se puede considerar como una de las primeras visiones de nuestro mundo escrita para los hombres del viejo mundo que pretenden reinventar la historia de nuestras tierras y nuestros hombres.

El estudio del *Saggio* no ofrece lugar a dudas: el autor intenta ser el portavoz del silente mundo indígena orinoquense[1168] falto de buenos estudios. Pero aunque el fin principal sea el indígena orinoquense,

---

[1167] En realidad Gilij conoció la principal bibliografía sobre la Orinoquia. A cada paso cita *El Orinoco ilustrado* en su versión francesa. La Condamine. *Voyage à l'Amérique Meridional* (GILIJ. *Ob. cit.*, I, 44). Lucas Fernández de Piedrahita (*Idem*, I, 138). La *Chronica* de Torrubia (*Idem*, I, 139). La *Historia Chorographica* de Caulín (*Idem*, I, 284). La *Historia* de Oviedo y Baños (*Idem*, IV, 135).

[1168] GILIJ. *Ensayo*, II, 23. "Mi historia tiene por objeto principalísimo los indios...". GILIJ. *Ob. cit.*, II, 15: "Si se pudiera hablar de los indios de aquella manera en que se habla de las naciones o más civilizadas o más conocidas. Y ellos tuvieran también escritores que pusieran de manifiesto con libros sus méritos, después de tantos años de los descubrimientos de Colón estaría al fin acallado o resuelto el pleito que aún se agita con fervor sobre el mérito de ellos. Pero la causa de los indios, al contrario de la de las otras naciones, nunca ha sido ni ilustrada ni promovida con argumentos sólidos por aquellos que eran parte en ella. En el decurso de tantos años, en tiempo tan largo, jamás ha aparecido nadie que, poniéndose a la cabeza de sus compatriotas, haya defendido o propalado sus prerrogativas. Estén sujetos a los españoles, lo estén a los franceses o ingleses y a otras naciones europeas, los indios todos... son por lo general ignorantes, a modo de campesinos, son pobres no menos de fortuna que de talentos y espíritu". GILIJ. *Ob. cit.*, II, 16: "Queda pues que la causa de los indios, privada como la de los campesinos, de protectores propios, se vuelva para su defensa a los extraños. Pero cuán raros son los que logran la justa medida. Algunos, como abogados seducidos por afan de partido o por falta de luces justas, los rebajan hasta el extremo. Otros por el contrario, los alaban, pero sin discreccción...".

debemos insistir todavía en la existencia de un trasfondo real que hace relación directa a un marco de referencia: escribir en su lengua materna la historia de la Compañía de Jesús en el gran río venezolano[1169].

Pensamos que en la mayoría de los casos, el núcleo de su argumentación radica en su concepción del autóctono o en la matización de teorías como la del buen salvaje y otras de diversa índole científica. Por ello hay que examinar en cada caso el hecho profundo y no la persona que representa la contienda, ya sea Buffon, Voltaire, de Pauw, Raynal, Marmontel y Robertson, ya sean hermanos suyos en religión como el chileno Molina[1170]. Y una interesante síntesis de las polémicas, en su globalidad, las ha planteado Antonello Gerbi[1171].

Y su obra histórica se completaría con otros estudios que hoy aparecen como perdidos. Nos referimos a las *Anécdotas americanas*[1172] y la *Religión de los americanos*[1173].

[1169] GILIJ. *Ensayo.*, IV, 280: "Cada Orden, como dije en otra parte, se ha preocupado suficientemente por hacer su historia: Zamora la de los dominicos, Simón la de los franciscanos, Cassani la de los jesuitas que ya no se encuentran allá: todos ellos escribieron en español. Hasta ahora no hay sobre este tema historia alguna en nuestro idioma, por lo tanto no debe desagradar que yo trate brevemente de él...".

[1170] Walter HANISCH. *Juan Ignacio Molina. Sabio de su tiempo.* Santiago de Chile, Ediciones Nihil Mihi, 1976.

[1171] Antonello GERBI. *La disputa del Nuevo Mundo.* México, Fondo de Cultura Económica (1960) 204-214.

[1172] GILIJ. *Ensayo de Historia americana*, III, 336: "Las restantes noticias, si a Dios place, se añadirán separadamente en las Anécdotas americanas". Y en el tomo IV (p., 75) añadirá: "Pero de este asunto hablaré en mejor ocasión, es decir, cuando en tomo separado publique mis Anécdotas Americanas".

[1173] GILIJ. *Ensayo de Historia americana*, III, 50: "Pero hemos dicho bastante de la religión antigua de los orinoquenses. Cosa ciertamente grata sería oir ahora las máximas de otros americanos sobre este punto; y nosotros, si Dios nos da tantas fuerzas, lo haremos en volumen separado". Y en el tomo IV (pag., 218) vuelve sobre el tema: "Y basta por ahora haber dicho esto acerca de un punto al cual deberé volver más detenidamente en el tomo que prometí sobre la Religión antigua americana".

Dentro de la historiografía jesuítica se citan dos obras, todavía inéditas, para la biografía de la Orinoquia: y la *Historia natural del Orinoco* debida a la pluma del P. Antonio Salillas[1174] y la *Historia del Orinoco* escrita por el P. Roque Lubián a la que habría que añadir el *Apéndice a la Real Expedición de límites entre los dominios de España y Portugal en América*.

Llegamos al conocimiento de estos dos últimos escritos gracias a la reseña que les otorga Hervás y Panduro en su *Biblioteca jesuítico-española*[1175]. Sin embargo, conviene precisar algunas de sus afirmaciones. Dice Hervás que Lubián "dejó en América los siguientes manuscritos que tenía dispuestos para la impresión"[1176]. En realidad esta afirmación no creemos que se ajuste a los hechos. En los inventarios levantados en la reducción de San Miguel de Macuco al momento del extrañamiento no aparecen tales manuscritos[1177] y si existieron no son los que en el destierro de Roma redactó el misionero orinoquense.

La hipótesis formulada –al menos para la *Historia del Orinoco*- tiene su confirmación en el testimonio del P. Antonio Julián, quien al respecto afirma desde su destierro italiano:

> Y para que no vacile el lector sobre la verdad de lo referido, concluyo con asegurar al público que todo cuanto he producido y queda dicho de los extranjeros en el Orinoco alto y bajo en estos dos discursos preliminares, *todo lo he sacado de la historia del Orinoco, que en cuadernos manuscritos (que tengo en mi poder) dejó en la hora de su muerte a un amigo mío* (nota: El señor don Manuel Balzátegui, sujeto de probada virtud, integridad y doctrina, que fue por muchos años superior y depositario de los santos designios de Lubián) *el señor abate don Roque Lubián*, antiguo misionero del Orinoco y Meta, en la que

---

[1174] Archivo inédito Uriarte-Lecina. Madrid. Papeletas: SALILLAS, Antonio.
[1175] Lorenzo HERVÁS Y PANDURO. *Biblioteca jesuítico-española (1759-1799)*, I, 343-344.
[1176] *Ibidem*.
[1177] El inventario reposa en: ANB. *Conventos*, t. 34, fols., 805-808.

fue Provincia de Santa Fe; varón de probadísima virtud y sinceridad apostólica, honor del reino de Galicia y operario insigne en aquellas misiones por más de cuarenta años continuos; compañero e íntimo confidente del famoso padre Manuel Román, de cuya boca también hemos oído, muchos que al presente vivimos, estos mismos y semejantes trágicos sucesos[1178].

Ciertamente que esta redacción no fue hecha en suelo americano sino que pertenece ya a la época del exilio. Hasta el momento no hemos logrado obtener noticia alguna del paradero de los "cuadernos manuscritos" que vendrían a clarificar una zona temporal, todavía no escrita, sobre la acción jesuítica en el gran río venezolano.

De gran utilidad para la historiografía colombo-venezolana del siglo XVIII sería el libro *Apéndice a la Real Expedición de límites entre los dominios de España y Portugal en América*. La forma de describir Hervás su información nos lleva a la conclusión de que tampoco conoció directamente este manuscrito sino que su información es indirecta. En todo caso, la existencia del documento parece factible aunque por el momento no dispongamos de ninguna confirmación de tan interesante libro.

Una prueba indirecta con respecto a la redacción de estos escritos nos la ofrece el agustino fray Pedro Cuervo cuando declaraba en el Puerto de Casanare el 20 de mayo de 1817 ante el Presbítero José María Vargas, el contenido del archivo que habían sustraído de Macuco, residencia del P. Roque Lubián, y que no había sido recensada por los inventarios de 1767[1179].

Un capítulo aparte merecería el estudio de la obra de los tres hermanos Julián, Antonio, Ignacio y Francisco Javier, por su excelente aporte a los haberes intelectuales de la Universidad Javeriana colonial tanto en el Nuevo Reino como más tarde en el destierro de Italia.

[1178] Antonio JULIÁN. *La perla de América provincia de Santa Marta*. Bogotá (1951) 168-169. [El subrayado es nuestro].

[1179] Marcelino GANUZA. *Monografía de las Misiones vivas de Agustinos Recoletos (Candelarios) en Colombia. Siglo XVII-XX*. Bogotá, II (1921) 230-231.

Antonio cruzaría el Atlántico el año 1749[1180] como miembro de una expedición solicitada por la corona hispana con la tarea gubernamental de encargar la misión de la Guajira a los jesuitas neogranadinos[1181] mientras que Ignacio lo haría en 1760[1182] y Francisco Javier un año después[1183].

Lo llamativo de este trío es que Antonio recibiría su formación en el Colegio de Nobles de Barcelona[1184] mientras que sus dos hermanos serían fruto de la Universidad de Cervera[1185], verdadero centro universitario abierto a las nuevas corrientes intelectuales. Lamentablemente la expulsión de 1767 truncó las esperanzas de renovación literaria que hubieran podido aportar estos egresados de esta universidad catalana.

Sin lugar a dudas, Antonio Julián fue una de las plumas más fructíferas de los miembros de la Compañía de Jesús neogranadina. El bibliófilo Hervás y Panduro, amigo del profesor de la Universidad Javeriana escribirá: "En Italia vivió siempre con los libros a la vista y en ejercicios de religión. Los graves achaques que padeció por algunos años antes de morir, no le impidieron hacer el estudio que solamente convendría al hombre más sano"[1186].

El más desconocido hasta el momento es el segundo de los hermanos: Ignacio. Antes de ingresar a la Compañía de Jesús había estudiado Filosofía, Leyes y Cánones e incluso había sido profesor de la Universidad

---

[1180] Agustín GALÁN GARCÍA. *El Oficio de Indias de los jesuitas de Sevilla 1566-1767*, 329.

[1181] Antonio JULIÁN. *La Perla de América*. Bogotá (1951) 234.

[1182] Agustín GALÁN GARCÍA. *El Oficio de Indias de los jesuitas de Sevilla 1566-1767*, 344.

[1183] Agustín GALÁN GARCÍA. *El Oficio de Indias de los jesuitas de Sevilla 1566-1767*, 345.

[1184] Lorenzo HERVÁS Y PANDURO. *Biblioteca jesuítico-española (1759-1799)*. Estudio introductorio, edición crítica y notas: Antonio Astorgano Abajo. Madrid, Libris: Asociación Libreros de viejo (2007) 307. Véase: Reis FONTANALS. *La Fundació canònica i imperial del Col·legi de Cordelles*. Barcelona, Biblioteca de Catalunya, 1994. Antoni BORRÀS I FELIU. "El Col·legi de Sta. Maria i St. Jaume, dit de Cordelles i la Companyia de Jesús". En: *Analecta Sacra Tarraconensia*, 37 (1995) 399-466.

[1185] Lorenzo HERVÁS Y PANDURO. *Biblioteca jesuítico-española (1759-1799)*, 615.

[1186] Lorenzo HERVÁS Y PANDURO. *Biblioteca jesuítico-española (1759-1799)*, 308.

de Cervera¹¹⁸⁷. La expulsión le sorprendió en Maracaibo cuando se disponía a pasar a la Isla de Santo Domingo como profesor de la Universidad de Gorjón¹¹⁸⁸. Lamentamos el no poder disponer de documentación sobre sus años de exilio italiano.

Si Antonio fue ante todo un escritor teólogo e Ignacio un canonista, Francisco Javier se consagraría como consumado humanista en el sentido más amplio del concepto y casi viene a representar una reencarnación intelectual de su hermano Antonio. Toda su producción intelectual se realizaría desde el destierro en la península itálica. La ejecución de la Pragmática sanción (2 de abril de 1767) lo encontró en el colegio de Mompox

Gracias al polígrafo Lorenzo Hervás y Paduro podemos reseñar su abundante producción escrita. Conviene distinguir en su bibliografía varios campos temáticos.

En el de las humanidades clásicas señalamos: *Pluto deiectus: vel destructio Erebi*¹¹⁸⁹; *Merx nova entium virtualium ab Europa nuper in Americam advecta*¹¹⁹⁰; *Anacreonte traducido en español con explicación de sus palabras para uso de los que estudian lengua griega*¹¹⁹¹.

[1187] AHN. *Jesuitas*, 827/2. *Filiacion de los Regulares de la Compañia transferidos de la Provincia de Santa Fee de Bogotá en el Navio nombrado San Pedro y San Pablo que al presente se hallan recidiendo en la Casa Hospicio de esta ciudad*. Nº. 178: "178   El Padre Ygnacio Julian natural de la villa de Camprodo en el Principado de Cataluña, (…) haviendo estudiado la Philosophia, Leyes y Canones, el de setecientos sinquenta y sinco, en la Provincia de Aragon, tubo su Noviciado en Torrente, y Tarragona, Maestro de Grammatica en la Real Universidad de Cervera, paso a la America, en Micion, que se embarco en la Bahia de la Ciudad de Cadíz".

[1188] ANCh. *Jesuitas*, 205. *Santa Fee. MARACAIBO. AÑO DE 1767*. Santa Fee. Legajo 9. Nº 1. *Son con esta 4 piezas*. El Gobernador Don Alonso del Rio sobre Remision de Autos de expulsión y ocupacion de templos de Regulares de la Compañia. Secretario de Camara. Payo, fol., 9v.

[1189] "Tragedia latina". HERVÁS Y PANDURO. *Biblioteca Jesuítico-española*…, I, 616.

[1190] "Obra cómica". HERVÁS Y PANDURO. *Biblioteca Jesuítico-española*…, I, 616.

[1191] HERVÁS Y PANDURO. *Biblioteca Jesuítico-española*…, I, 616.

En el área filosófica tenemos noticia de: *Curso filosófico*[1192] en cinco tomos. Quizá podríamos incluir aquí el *Scholasticus Societatis Iesu practice instructus*[1193]. Y en la teológica: *Summa Theologiae scholasticae uno volumine comprensa*[1194].

Dentro de lo que podríamos señalar como ciencias divinas hay que añadir: *Parafrasi de los salmos de David*[1195] y el tema tan debatido en el siglo XVII: *Systema Molinae circa concordiam gratiae divinae cum libero arbitrio*[1196]. Y dentro del ámbito de la teología espiritual todavía conviene incluir sus *Meditaciones breves*[1197].

Como temas libres son interesantes *La sovranitá pontificia: ossia opera sopra el dominio temporale del Papa*[1198] y la *Traducción española de la obra de Wallerio sobre el origen del mundo y particularmente de la tierra*[1199]. Se trata de Johann Gottschald Wallerio (1709-1785) autor de *Systema Mineralogicum quo corpora Mineralia in Classes, Ordines, Genera et Species suis cum varietatibus. Divisa, Describuntur atque Observationibus, Experimentis et Figuris aeneis illustrantur a Johan. Gottsch. Wallerio. Holmiae. Impensis e Det. Direct. Laurentii Salvii.* (1772-1775).

Este interesante panorama literario se cierra con una intensa actividad epistolar con algunos organismos de la Santa Sede como lo recoge el P. Manuel Luengo en su *Diario* en una extensa nota que le dedica el

---

[1192] HERVÁS Y PANDURO. *Biblioteca Jesuítico-española...*, I, 616: "El autor ha envido a Madrid esta obra, escrita en lengua latina".
[1193] HERVÁS Y PANDURO. *Biblioteca Jesuítico-española...*, I, 616.
[1194] HERVÁS Y PANDURO. *Biblioteca Jesuítico-española...*, I, 616.
[1195] HERVÁS Y PANDURO. *Biblioteca Jesuítico-española...*, I, 616.
[1196] HERVÁS Y PANDURO. *Biblioteca Jesuítico-española...*, I, 616.
[1197] HERVÁS Y PANDURO. *Biblioteca Jesuítico-española...*, I, 616.
[1198] HERVÁS Y PANDURO. *Biblioteca Jesuítico-española...*, I, 616.
[1199] AIUL. Papeletas: "JULIAN, Francisco Javier": "Traducción española de la obra del Origen del mundo y particularmente de la tierra, del celebre Wallerio, Profesor de mineralogía en Upsal, con notas y un discurso preliminar" (que envió a la Academia Real Barcelonesa, y que es posible que se imprimiera).

día 7 de junio de 1776[1200]. Los bibliófilos Uriarte y Lecina han recogido en sus notas una síntesis de este complicado proceso: *Memorial presentado por el Sr. D. Javier Julián al Emmo. Cardenal Juan Bautista Rezzonico en nombre de los Exjesuitas españoles, pidiendole se sirviera alcanzarles algunas gracias de Su Santidad*[1201]. Y *Carta del P. Xavier Julián desde Roma al P. Fco. Xavier de Idiáquez*, con noticia de gracias de indulgencias y rezo de los Santos de la Compañía y de los de España, y del modo con que las sacó[1202].

Quizá ha tenido más difusión en el ámbito colombiano la extensa obra del que fuera un insigne catedrático de la Universidad Javeriana Antonio Julián por su obra clásica *La Perla de América. Provincia de Santa Marta*[1203].

En la concepción juliana su historia se componía de una trilogía cuyo material lo envió a Madrid para que fuera publicado por don Antonio Sancha. Sin embargo, sólo conoció la luz pública *La Perla de América*. Las otras dos permanecieron inéditas. La segunda era *El paraíso terrestre en la América meridional, y Nuevo Reino de Granada*. Un tomo en 8º con 15 discursos[1204]. La tercera obra se intitula: *Historia del río Grande: por otro nombre Magdalena, y río de Santa Marta*[1205].

[1200] Manuel LUENGO. *Diario*, 7 de junio de 1776.

[1201] AIUL. Papeletas: "JULIÁN, Francisco Javier": en fol., 2 h.

[1202] AIUL. Papeletas: "JULIÁN, Francisco Javier": "Papeles Luengo, tomo V".

[1203] Antonio JULIÁN. *La Perla de América, Provincia de Santa Marta, reconocida, observada y expuesta en discursos históricos por Don Antonio Julián*. Madrid, 1787. *La Perla de América* ha conocido otras tres ediciones, además de la madrileña: una en París en 1854 y dos en Bogotá: 1951 y otra facsimilar: Bogotá. Academia Colombiana de la Historia, 1980.

[1204] Lorenzo HERVÁS Y PANDURO. *Biblioteca jesuítico-española (1759-1799)*, I, 309. El manuscrito original reposaba en manos de Ezequiel Uricoechea. Ezequiel URICOECHEA. "Los americanistas". En: *El Americano*. París, nº 12 (junio 11 de 1872) 203. Véase: Mario Germán ROMERO. "El Padre Antonio Julián y su libro *Monarquía del Diablo*". En: Antonio JULIÁN. *Monarquía del Diablo en la gentilidad del Nuevo Mundo Americano*. Santafé de Bogotá (1994) 14-15.

[1205] Antonio JULIÁN. *Historia del río Grande: por otro nombre Magdalena, y río de Santa Marta*; con la descripción individual de todas las provincias del nuevo reino de Granada que

Pero la actividad histórica del jesuita neogranadino fue grande. Dos libros aparecieron en Italia en 1790. El primero: *Dissertazione critico-espositiva sopra una parte del capitolo 3 della Epistola 2 di S. Pietro.* Roma, 1790[1206] y el segundo: *Trasformazione Dell America ossia Trionfo Della S. Chiesa Sulla Rovina della Monarchia del Demonio in America Dopo La Conquista Fattane Da' Monarchi Della Spagna*[1207]. Hay que dejar anotado que la traducción castellana de esta obra apareció en 1994 en Bogotá[1208].

---

baña con sus corrientes y les tributa sus aguas y de todas las minas, corrientes de oro y plata, otros metales, piedras preciosas, ramos de comercio y singulares producciones de la naturaleza". Tres tomos en 8º. El primer tomo contiene 30 discursos. La obra se acompañará con una planta exactísima del puerto de Santa Marta y con un mapa original, el más correcto e individual de las provincias del Nuevo Reino. [Lorenzo HERVÁS Y PANDURO. *Biblioteca jesuítico-española (1759-1799)*, I, 309]. Obra citada por el propio JULIÁN. *La perla de América.* Madrid (1787) 247. SOMMERVOGEL en su *Bibliothèque de la Compagnie de Jésus*, IV, 868, lo da como impreso y especifica: "Madrid, 178..., 8º, 3 vol.".

[1206] Antonio JULIÁN. *Dissertazione critico-espositiva sopra una parte del capitolo 3 della Epistola 2 di S. Pietro, che discopre aver GesuCristo visitato e predicato alle genti americane prima della sua ammirabile ascensione al cielo.* Roma, 1790 [Lorenzo HERVÁS Y PANDURO. *Biblioteca jesuítico-española (1759-1799)*, I, 309].

[1207] Antonio JULIÁN. *Trasformazione Dell America ossia Trionfo Della S. Chiesa Sulla Rovina della Monarchia del Demonio in America Dopo La Conquista Fattane Da' Monarchi Della Spagna: Con Riflessioni Apologetiche, e coll' aggiunta di una Dissertazione Critico-Espositiva, nella quale spiegandosi le parole di S. Pietro Epi I. c. 3. Qui increduli fuerant in diebus Noe, cum fabricaretur Arca vv. 18, 19, 20. Dimostrasi con valide ragioni, essere tutto ció accaduto nell'America. Opera Del Sacerdote Antonio Julián per molti anni Missionario in quelle parti.* In Roma, MDCCXC. Rob. STREIT. *Bibliotheca Missionum*. Freiburg/Br, II (1927) 327. Según Streit se encuentra la *Dissertazione Critico-Espositiva* en las páginas 239-282 de este libro. Cfr. *Effemeridi Letterarie di Roma*, t. 19, pp. 385-386.

[1208] Antonio JULIÁN. *Monarquía del Diablo en la gentilidad del Nuevo Mundo Americano.* Transcripción e introducción por Mario Germán Romero. Santafé de Bogotá, Instituto Caro y Cuervo, 1994. El verdadero título es: *Monarquía del diablo en la gentilidad del Nuevo Mundo Americano derribada y destruída por los Católicos Monarcas de España: Triunfos de la religión en los dominios conquistados con la fe, valor y armas de los españoles: con reflexiones para confundir a los anticatólicos mordaces émulos de la nación española benemérita de todas las naciones del orbe en conquista tan gloriosa. Historia interesante a la Religión y Monarquía. Compuesta por don Antonio Julián ex-Jesuita.* El Manuscrito se encuentra en la Biblioteca de la Universidad de Yale. Mss. 154.

No conoció la luz pública el manuscrito *Storia apologetica dei guasti e pregiudizi cagionati dalle Nazioni Straniere alla Nazione e Monarchia Spagnola*[1209].

Dentro del género histórico sería vital conocer las *Historias útiles en que el autor impugna algunos puntos de la Historia de Gilij*[1210] que recoge la polémica del P. Antonio Julián contra el P. Felipe Salvador Gilij. Y del mismo autor Sommervogel hace referencia a *Obra sobre la conversión, costumbres de los americanos, etc.*[1211].

En un ámbito más general debemos incluir al excatedrático de la Universidad Javeriana y miembro del colegio jesuítico de Caracas el P. Jaime Torres (1711- ¿?)[1212] quien en el destierro tradujo la *Historia de la Iglesia en el Japón* del P. Crasset y la dejó manuscrita[1213].

Otra huella histórica para seguir la actividad de los expatriados y después de 1773 exjesuitas son las clásicas notas mortuorias que se escribían a la muerte de cada miembro de la Compañía de Jesús. Solamente dos hemos conocido hasta el presente relativos al Nuevo Reino. La primera, se debe a la pluma del P. Manuel Balzátegui quien redactó la necrología del misionero orinoquense Roque Lubián fallecido el 8 de mayo de 1781[1214]. Y la segunda, pertenece al P. Manuel Padilla sobre el

---

[1209] Antonio JULIÁN. *Storia apologetica dei guasti e pregiudizi cagionati della Nazioni Straniere alla Nazione e Monarchia Spagnola della Terra Ferma e in tutta America Meridionale soggetta al Monarca Catolico*. SOMMERVOGEL. *Bibbliothèque.*, IV, 868. Francisco QUECEDO. "Manuscritos teológico-filosóficos coloniales santafereños". En: *Ecclesiastica Xaveriana*. Bogotá, 2 (1952) 257.

[1210] SOMMERVOGEL. *Bibliothèque.*, IV, 868. A.

[1211] No sabemos si se trata de una obra nueva o de alguna de las mencionadas más arriba.

[1212] J. DEL REY FAJARDO. *Biblioteca de Escritores jesuitas neogranadinos*. Bogotá, Editorial Pontificia Universidad Javeriana (2006) 700-703.

[1213] Jaime TORRES. *Traducción española de la <Historia de la Iglesia del Japón> publicada en francés por el jesuita Juan Crasset. En 4 tomos (Mss.)*. Véase: HERVÁS Y PANDERO. *Biblioteca*, I, 535. En AIUL. Papeletas: Torres, Jaime, se añade: "con algunas notas y aclaraciones".

[1214] Manuel BALZÁTEGUI. *Noticia de la vida, virtudes y trabajos del apostólico varón Padre Roque Lubian que, después de 40 y más años de misionero del Orinoco y Meta, murió en destierro de Italia y Gubbio 8 de mayo de 1781*. En: URIARTE-LECINA. *Biblioteca*, I, 416: "En 4º, 18 hs.".

P. Andrés Villa, muerto en Pérgola a 12 de abril de 1775[1215]. Sin embargo, también hubo neogranadinos que ofrecieron su pluma para otros correligionarios como es el caso del P. Jaime de Torres y su biografía de Juan Saloni [Salom] muerto en el Paraguay[1216].

No podemos dejar de lado la escasa literatura que produjo la Provincia del Nuevo Reino con respecto a los escritos que recogen la expulsión de 1767: hasta el presente ha conocido la luz pública el *Diario* del P. José Yarza[1217] y sigue inédito el del P. Ignacio Duquesne[1218].

También la disciplina teológica y filosófica tuvo sus cultores.

Gracias al *Diario* del P. Luengo conocemos la actividad romana del último profesor de humanidades del colegio de Caracas, el P. Manuel Parada (1735-1802)[1219]. Después de la expulsión, se estableció en Roma y allí demostró la valía de sus talentos. Consiguió en el propio Vaticano ser ayudante del cardenal Gianangelo Braschi que entonces era tesorero

---

[1215] Manuel PADILLA. *Vida del P. Andrés Villa que murió en Pérgola a 12 de abril de 1775*. En 4º. "En AIUL. Papeletas: PADILLA, Manuel. A todas luces comete un error cronológico el P. Hervás (*Biblioteca*, II. Entrada: Padilla, Manuel) al afirmar que el texto se "Imprimió en América: Vida del jesuita Andrés Villa".

[1216] Jaime TORRES. *Vida del jesuita Juan Saloni, natural de Granadella, diócesis de Lérida*. Madrid, por Joaquín Ibarra [segunda edicion en Barcelona, 1893].

[1217] *Expulsio sociorum, 1767. Narratur historia laborum Societatis inter Indianos, quorum indoles et mores discribuntur. Iter exsulium Jesuitarum in Italiam. Suppressio Societatis.* 1773. El original se encuentra en el Archivo Romano de la Compañía de Jesús y una mano posterior le colocó el título antes descrito. El Ms. consta de 59 folios de los que los 40 primeros están consagrados a una descripción del Nuevo Reino de Granada y de sus habitantes. La segunda parte fue publicada por el P. Juan Manuel Pacheco en *Revista Javeriana*, 38 (1952) 170-183. También nosotros lo reeditamos en: *Documentos jesuíticos para la Historia de la Compañía de Jesús en Venezuela*. Caracas, Academia Nacional de la Historia, III (1974) 73-90. Pensamos que es la misma obra que cita Sommervogel (*Bibliothèque*, VIII, 1357) en castellano. HERVÁS Y PANDURO. *Biblioteca jesuítico-española*. I, 694.

[1218] Ignacio DUQUESNE. *Relazione sopra il viaggio dei Gesuiti Della Provincia di Sta. Fede di Bogotá*. (APT. Leg., 700).

[1219] José DEL REY FAJARDO. *Bío-bibliografía de los jesuitas en la Venezuela colonial*. San Cristóbal-Santafé de Bogotá (1995) 481-482.

y una vez que llegó a Papa con el nombre de Pío VI (1775-1799)[1220] lo distinguió con el título de Monseñor y lo hizo su camarero secreto y todo ello, como anota el diarista Luengo en "unos tiempos, en que para los que han sido jesuitas no hay nada más que desprecios, ignominias, trabajos, miserias y cruces"[1221]. Asimismo, tenemos noticia de dos libros suyos: *Disertaciones varias teológicas sobre las materias más discutidas de dogma y moral*[1222] y la Traducción de la obra del Dr. Bolgeni *sobre la caridad o amor de Dios con correcciones y añadiduras*[1223].

Llama la atención el caso del P. Demetrio Sanna (1729- ¿?)[1224] quien siendo de Cerdeña no se vinculó a su antigua Provincia italiana de origen sino que optó por permanecer entre sus colegas del Nuevo Reino. Lo cierto es que en 1774 vivía en Fano[1225] y en Urbino en 1800[1226]. De sus labores intelectuales y polémicas nos han quedado los siguientes escritos: *Il Peccato in Religione ed in Logica degli Atti e Decreti del Concilio Diocesano di Pistoia*. Assisi, 1791[1227] y su continuación: *Seconda Parte, ossia Appendice all' Opera intitolata Il Peccato in Religione...* Pesaro,

---

[1220] Hans KÜHNER. *Lexicon der Päpste*. Fischer Bücherei (1960) 168-170.

[1221] Archivo de Loyola. Manuel LUENGO. *Diario*, t. 9, p. 93-95.

[1222] AIUL. Papeletas: PARADA, Manuel.

[1223] AIUL. Papeletas: PARADA, Manuel. "Envió a Madrid para que se imprimiera".

[1224] DEL REY FAJARDO. *Biblioteca de escritores*, 534-535.

[1225] DEL REY FAJARDO. *La expulsión de los jesuitas de Venezuela (1767-1768)*. San Cristóbal (1990) 23-24.

[1226] Archivo de Monumenta Historica Societatis Jesu. Armadio F-10. *Relacion individual de los Ex-jesuitas muertos de las Once Provincias de España e Indias desde la expulsión hasta el día 30 de junio de 1777*. Nº. 4450. Por Don Juan Antonio de Archimbaud. Sin embargo, los PP. Uriarte y Lecina (AIUL. Papeletas: SANNA, Demetrio) afirman que en 1804 vivía en Fano.

[1227] *Il peccato in Religione, ed in Logica degli Atti e Decreti del Concilio Diocesano di Pistoia celebrato l'anno 1786, nel quale si confutano e dimostrano alcuni errori, inesattezze e contraddizioni, di cui n'é peno zeppo il detto sinodo di Pistoja. Opera Postuma del fu P. Mariano Postofilo degli Eusebij di città Geropoli*. In Assisi, per Ottavio Sgariglia, MDCCCXCI.

1792[1228]. Todavía el Concilio de Pistoya le inspiró una tercera publicación: *In insanientem Theologum Pistoiensem. Elegia*[1229] y por publicar dejó unos manuscritos contra los Jansenistas de Italia, especialmente los de Pistoia[1230].

También estas disciplinas eclesiásticas las transitó el P. Antonio Julián. Dejó varios tratados teológicos que reposan en Gubio: *Tractatus*

[1228] *Seconda Parte, ossia appendice all'opera intitolata Il peccato ... l'anno 1788 in cui si prende di mira singolarmente la giusta difesa dello Stato monastico e regolare troppo ingiustamente attaccato dalla moderna Filosofia per detto Diocesano Concilio. Opera postuma del medesimo fu P. Mariano ... Geropoli.* In Pesaro, MDCCCXCII, dalla stamperia Garelli, 4º, 159 pp. Ha sido el P. Uriarte (*Catálogo razonado de obras anónimas y seudónimas de autores de la Compañía de Jesús pertenecientes a la antigua Asistencia española.* Madrid, III (1909) 245-247) quien ha clarificado la verdadera paternidad de estos escritos. Resumimos a continuación su argumentación. Según José Toribio Medina (*Biblioteca Americana. Catálogo breve de mi colección de libros relativos a la América Latina,* p. 163) estos dos libros habría que atribuírselos al P. Diego José de Fuensalida. Sin embargo, Diosdado Caballero (*Bibliothecae Scriptorum Societatis Jesu Supplementa*) plantea una duda seria, pues mientras en (I, 166) dice: "Iturriaga existimatur Auctor operis *Il peccato in Religione*...", se corrige más adelante (I, 256) donde sin duda de ningún tipo adjudica el escrito al P. Demetrio Sanna. Un argumento positivo lo ofrece la *Biblioteca de Religión, o sea Colección de obras contra la incredulidad y errores de estos últimos tiempos...* Madrid, t. XVIII, 235; t. XIX, 270. En el Archivo Histórico Nacional de Madrid se conserva una carta del P. Demetrio Sanna al Duque de Alcudia. Fano y marzo 16 de 1793: "La misma afabilidad de V. Excel. me ha podido determinar a presentarle a V. Excel. juntamente con el segundo tomo no mucho ha publicado, aun el primero impreso el año antecedente contra el novator Sínodo de Pistoja...". Y D. José Capelletti, escribía el 4 de mayo al mismo Duque: "Paso a manos de V. E. la carta adjunta con los dos libros que la acompañan, que ha compuesto el exjesuita Dn. Demetrio Sanna". En la misma obra *Il Peccato in Religione ed in Logica* (II, 158) se expresa: "Voglio crocifiggere la modestia dell'Autore d'una Opera così bella col publicare patentemente il suo nome. Eccolo il Sig. Abate Demetrio Sanna, exgesuita sardo". Para más información: Archivo de Loyola. LUENGO. *Diario.* Año 1791, pp. 698-700. Año 1792, p. 741. José CERNITORI. *Biblioteca Polemica degli Scrittori Che dal 1770 sino al 1793 hanno o difesi, o impugnati i Dogmi della Cattolica Romana Chiesa.* Roma (1793) 132-133. H. HURTER. *Nomenclator Literarius recentioris Theologiae Catholicae theologos exhibens qui inde a Concilio Tridentino floruerunt aetate, natione, disciplinis distinctos.* Oeniponte, III, 545-546.

[1229] SOMMERVOGEL. *Bibliothèque,* VII, 574.

[1230] SOMMERVOGEL. *Bibliothèque,* VII, 574: "Caballero dit: Plura alia habet ejusdem argumenti sed adhuc inedita". AIUL. Papeletas: SANNA, Demetrio.

Theologico=Scholasticus de Auxiliis[1231], *Tractatus theologicus de vera Christi Ecclesia*[1232] y *Sistema Theologicum Scholastico Dogmatico de Dei Scientia et Providentia Jesuiticum*[1233].

De igual forma, nos quedan vestigios de sus notas sobre la explicación de textos evangélicos, recuerdo de sus tiempos de Profesor de Sagrada Escritura en Bogotá: *Expositio singularis super caput XII Danielis*[1234]. Podríamos añadir escritos de teología popular *Schola novissima ab occidente veniens in sinum ecclesiae*[1235].

Podemos afirmar que los vestigios de la Universidad Javeriana siguieron vivos en la pequeña ciudad de Gubbio, en donde siguieron su formación escolástica los jóvenes que eran alumnos de la vieja Alma Mater en la que habían iniciado su formación en las alturas de la sabana bogotana.

Instalados en esta localidad los jesuitas neogranadinos, de inmediato comenzó la formación filosófica de los jóvenes que habían aceptado el reto de la expulsión y en el archivo comunal de esta pequeña ciudad italiana hemos conseguido el curso de filosofía, completo, dictado por el P. Joaquín Leal (1733-1803)[1236]. *Pars prima Philosophiae.*

[1231] Antonio JULIÁN. *Tractatus Theologico=Scholasticus de Auxiliis elaborat. a P. Antonio Jualian S. J.* Anno 1769. Archivio Vescovile. Ms. 53.

[1232] Archivio Vescovile. Ms. 66.

[1233] Archivio Vescovile. Ms. 67.

[1234] Antonio JULIÁN. *Expositio singularis super caput XII Danielis in illa, praesertim verba: "usquequo fines horum mirabilium" usque ad finem capitis.* HERVÁS Y PANDURO. *Biblioteca.*, I, 310.

[1235] Antonio JULIAN. *Schola novissima ab occidente veniens in sinum ecclesiae, sive theologia christiano dogmatica, polemica, et scholastica ad forman iuris Canonici &c. in partes VIII distributa... concinata a missionario Soc. Jes. exule in Italia.* HERVAS Y PANDURO. *Biblioteca.*, I, 310: "En la nota que de esta última obra me dio el señor Julián, ya algo enfermo, un año antes de su muerte añade las siguientes palabras: *no tengo concluido mas que el primer tomo por falta de salud. Otra interesante obra está en mano del señor ministro Dn. Antonio Porlier: pero no puede publicarse su título hasta que suene en España. Está en latín: no sé el volumen que hará*".

[1236] J. DEL REY FAJARDO. *Biblioteca de escritores jesuitas neogranadinos*, 373-374.

Logica rationalis[1237], escrito que los bibliógrafos Uriarte y Lecina encontraron en la Biblioteca del colegio jesuítico de Lovaina. Siguió el *Geniale antimodernum philosophicum antiquo Aristotelicum*...[1238]. Y el resto del curso se compuso de: *Tractatus de Animastica*[1239], *Pars Tertia Philosophiae sive Psicología*[1240] y *Pars altera Philosophiae, seu Phisica universalis*[1241]. Y pondría punto final con su *Tertia pars Philosophiae sive Ontologia*[1242].

En la enseñanza de la teología tenemos constancia de los siguientes profesores: Antonio Julián, Diego de la Pava, José Térez y Gabriel Villalonga.

En primer lugar debemos mencionar al polifacético Antonio Julián con sus manuscritos *Tractatus theologico-scholasticus*...[1243]; *Tractatus de vera Christi Ecclesia*[1244]; *Sistema Theologicum Scholastico dogmatico de Dei Scientia et Providentia*[1245].

[1237] *Pars prima Philosophiae. Logica rationalis*. Meted. haud spernenda elaborata a R.P. Joachino Leal Soc. Jes. Et dicata Principi Militiae Caelestis Divo Machaeli Arch-Angelo. Eugubii, Anno Domini 1769. AIUL. Papeletas: LEAL, Joaquín Ignacio: En 4º de 109 hojs. (Mss. En la Biblioteca del Colegio de Lovaina)". Es el mismo texto que reposa en el Archivo de Vescovile: *Pars Prima Philosophiae Logica Rationalis metodo haud speranda elaborata A. R. A. P. Joachimo Leal S. J. Philosophiae Preofesore dignisimo*. Eugubii, 1769. [Archivio Vescovile. Mss., 114].

[1238] *Geniale antimodernum philosophicum antiquo Aristotelicum*... elaboratum a R. A. P. Joachimo Leal e S. I. Eugubii, 1768. Archivio Vescovile. Mss., 15. Mide 13 por 19; circa 100 páginas. En el último folio dice: "El día 5 de diciembre se abrieron, o comenzaron las aulas theologica, y philosophica de los Jesuitas desterrados a qui en Gubbio. Año de 1768".

[1239] *Tractatus de Animastica a Joachimo Leal elaboratus*. Archivio Vescovile. Mss., 18. Mide 13,5 por 20; circa 150 páginas.

[1240] *Pars Tertia Philosophiae sive Psicología R. A. P. Joachimi Leal S. J.* Eugubii, 1769. Archivio Vescovile. Mss., 115.

[1241] *Pars altera Philosophiae, seu Phisica universalis A. R. A. P. Joaqhimo Leal philosophiae Profesore dignísimo*. Eugubii, 177º. Archivio Vescovile. Mss., 129.

[1242] *Tertia pars Philosophiae sive Ontologia*. Eugubii, 1770. Archivio Vescovile. Mss., 113.

[1243] Archivio Vescovile. Ms. 53. Volumen único. Anno 1769.

[1244] Archivio Vescovile. Ms. 66. Volumen único.

[1245] Archivio Vescovile. Ms. 67. Volumen único.

Diego de la Pava (1723-1787)[1246] dejó los siguientes manuscritos: *Dissertationes Theologicae de visione Dei*; *Tractatus theologico-moralis de saluberrimo sacramento penitentiae*[1247]; volumen corporativo: *Tractatus theologicus de Incarnati Verbi Misterio*; *Tractatus theologicus de fide divina*; *Tractatus theologicus Docmagtico-Scholasticus*[1248].

José Térez (1729- ¿?)[1249] escribió: *Tractatus theologicus de Deo Trino*[1250] y *Tractatus Tehologico Moralis de Matrimonio*[1251].

Gabriel Villalonga (1730-1800)[1252] provenía de la Isla de Santo Domingo y también colaboró con la enseñanza de la teología con el tratado *Ad Tractatum Theologicum Moralem de Contractibus*[1253].

Asimismo, produjo una literatura espiritual devota que fue continuación de su labor ascética popular desarrollada por las tierras neogranadinas y venezolanas: una veta fue la mariana como la Virgen de la Luz[1254], perseguida por el gobierno español de Carlos III y las letanías lauretanas[1255], así como también una disertación teológica-expositiva sobre la Inmaculada Concepción[1256]. Tampoco quedó fuera la figura de

---

[1246] J. DEL REY FAJARDO. *Biblioteca de escritores jesuitas neogranadinos*, 535-537.

[1247] Archivio Vescovile. Mss. 53.

[1248] Archivio Vescovile. Mss. 66.

[1249] J. DEL REY FAJARDO. *Biblioteca de escritores jesuitas neogranadinos*, 669-670.

[1250] Archivio Vescovile. Mss. 66.

[1251] Archivio Vescovile. Mss., 67.

[1252] José Luis SÁEZ. "Los jesuitas en el Caribe insular de habla castellana (1575-1767)". En: *Paramillo*. San Cristóbal, 16 (1997) 94.

[1253] Archivio Vescovile. Mss. 67.

[1254] Antonio JULIÁN. *Saggio della devozione alla Madre Santísima del Lume con le novene e sette sabati in ossequio alla gran Madre*. HERVÁS Y PANDURO. *Biblioteca.*, I, 310.

[1255] Antonio JULIÁN. *Litania lauretana di María Santísima spiegata, e con pie considerazioni esposta alla devozione de fedeli*. HERVÁS Y PANDURO. *Biblioteca*. I, 310.

[1256] Antonio JULIÁN. *In gratiam catholici Regis Caroli III pro recente exaltatione Inmaculatae Conceptionis Deiparae in patronatum dissertatio theoligo-expositiva*. HERVÁS Y PANDURO. *Biblioteca*. I, 310.

San Ignacio de Loyola cuya identidad trataban de conservar todos los expulsos[1257].

Al acceder al tema de la geografía hay que apelar de nuevo a Felipe Salvador Gilij y al catedrático javeriano Antonio Julián.

Antes de entrar al aporte gilijiano a la geografía orinoquense es necesario hacer alusión a la estructura mental del P. Gilij para poder entender la equilibrada simbiosis de sus concepciones de Europa y América. Los estudios superiores –humanidades, filosofía y teología- responden a tres centros distintos: el colegio Romano bajo la dirección del P. Juan Bautista Faure[1258]; el colegio de San Hermenegildo de Sevilla, lugar de encuentro de todos los jesuitas europeos que viajaban a América[1259] y la Universidad Javeriana de Bogotá. Este ciclo académico se completaría con la experiencia y la reflexión misional y con el estudio de los adelantos de la ciencia europea a su retorno a Italia.

El primer volumen del *Ensayo de Historia americana* está dedicado a la historia natural (zoología y botánica) pero el acucioso lector también descubrirá un tesoro de pequeñas noticias históricas, geográficas, biográficas y misionales. Un concienzudo esbozo de Gilij como geógrafo ilustrado de visión holística la ofrece Pedro Cunill Grau: "Felipe Salvador Gilij fue un humanista dieciochesco que con esta obra quiso dar luces al conocimiento de tierras y aguas orinoquenses, proyectándolas hacia el futuro para su adecuado poblamiento y movilización cuidada de sus recursos naturales. Se inserta entre los geógrafos ilustrados que con nuevo lenguaje científico intentaron fomentar diversas utilizaciones de las materias primas de la naturaleza, evaluar las consecuencias

---

[1257] Antonio JULIÁN. *Effigies S. P. Ignatii rinovata, sive idea veri et rinovati jesuitae.* HERVÁS Y PANDURO. *Biblioteca.* I, 310.

[1258] GILIJ. *Ensayo.* IV, 265.

[1259] AHN. *Jesuitas,* 827/2. *Filiacion de los Regulares de la Compañia transferidos de la Provincia de Santa Fee de Bogotá en el Navio nombrado San Pedro y San Pablo que al presente se hallan residiendo en la Casa Hospicio de esta Ciudad.*

de aclimataciones y transculturaciones de hombres y recursos, incentivar acciones de poblamiento y embellecimiento u ordenamiento de los paisajes silvestres por paisajes armónicos, urbanizados. Además, con racionalidad intentó que sus aportes fueran utilitarios"[1260].

El impacto de su obra en el mundo europeo y sobre todo en el alemán se echa de ver en las traducciones casi simultáneas que tuvo su obra. Así nos consta de la de Kart E. Bohn, *Nachrichten vom Lande Guiana, dem Orinocoflus, und den dortigen Wilden*[1261], y las de Francisco Javier Veigl: *Nachrichten der Völker am Orinokoflusse*[1262]. Posteriormente sería utilizado por Alejandro de Humboldt en sus descripciones e interpretaciones de la cuenca del Orinoco[1263].

Para una comprensión global del aporte del misionero de la Encaramada a la geografía venezolana nos remitimos al interesante estudio del académico Pedro Cunill Grau[1264].

[1260] Pedro CUNILL GRAU. "Felipe Salvador Gilij, geógrafo dieciochesco de la cuenca del Orinoco y del Amazonas venezolano". En: *Montalbán*. Caracas, 21 (1989) 25.

[1261] *Nachrichten vom Lande Guiana, dem Orinocoflus, und den dortigen Wilden*. Aus dem Italienischem des Abbt Philip Salvator Gilii Auszugsweise übersetzt. Hamburg, bei Carl Ernst Bohn, 1785. El libro fue publicado por M. C. Sprengel y consta de XVI-528 pp.

[1262] *Nachrichten der Völker am Orinokoflusse*. Aus dem Saggio di Storia Americana des Herrn Abbate Filippo Salvatore Gilij vormaligen Missionars am Flusse Orinoko, gedruckt zu Rom 1782. Ins deutsche übersetzt, mit einigen Verbesserungen vom Herrn Abbé Franz Xavier Veigl. Forma parte de la obra de Christoph Gottlieb von MURR. *Reisen einiger Missionarien der Gesellschaft Jesu in Amerika*. Aus ihren eigenen Aufsätzen herausgegeben von Christoph Gottlieb von Murr. Mit einer Landkarte und Kupfern. Nürnberg, bei Johann Eberhard Zeh, 1785, pp. 325-404. [Evidentemente se trata de la traducción del Tomo III del *Saggio*]. Según STREIT (*Bibliotheca Missionum*, III, 344) el mismo P. Veigl hizo una segunda edición en 1798 y en la página 314 se refiere a una traducción latina de la que no poseemos ninguna otra noticia.

[1263] Alejandro de HUMBOLDT. *Viaje a las regiones equinocciales del Nuevo Continente*. Caracas, Ministerio de Educación, 1956.

[1264] Pedro CUNILL GRAU. "Felipe Salvador Gilij, geógrafo dieciochesco de la cuenca del Orinoco y del Amazonas venezolano". En: *Montalbán*. Caracas, 21 (1989) 21-68.

Pero también queremos resaltar que la Guayana profunda se hace presente en la Europa no hispana a través del misionero orinoquense y para ello utiliza los mejores diccionarios geográficos de esa época: la *Encyclopedie* de Diderot y D'Alembert[1265]; el *Dictionnaire raisonné universel d'histoire naturelle* de Bomare[1266]; la versión francesa de Laurence Echard, el *Dictionnaire geographique-portatif*[1267] y el *Dizionario storico-geográfico dell'America Meriodanale* del P. Juan Domingo Coleti[1268].

No es la cartografía el fuerte de Gilij y creemos que por una razón muy sencilla, pues, durante su estancia misionera en el Orinoco la Expedición de Límites tuvo como una misión específica el levantar mapas de todas esas regiones y a ellos se remite el jesuita italiano: "Por lo que hace al Orinoco, de buena gana adornaría este libro mío con las observaciones de los señores de la Real Expedición de Límites, que tuvieron consigo astrónomos y geógrafos excelentes"[1269].

En dos puntos insiste Gilij a la hora de precisar su mapa. Primero, en fijar las coordenadas de las bocas del Orinoco, las de la población de Cabruta y las del Raudal de Atures. Segundo, en dilucidar si las fuentes de nuestro gran río están en la Parima[1270].

[1265] DIDEROT, Denis y Jean-le-Rond D' ALEMBERT. *Encyclópedie, ou Dictionnaire raisonné des sciences, des arts et des métiers* par une societé de gens de lettres, mis en ordre & publié par M. Diderot... & quant à la Partie Mathématique, par M. D'Alembert...; tome premier. A Paris: chez Briasson... chez David l'aîné... chez Le Breton... imprimeur ordinaire du Roy... chez Durand..., 1751.

[1266] VALMONT-BOMARE, Jacques Christophe. *Dictionnaire raisonné universel d'histoire naturelle:* contenant l'histoire des animaux, des végétaux et des minéraux... & des autres principaux phénomenes de la nature avec l'histoire et le description des drogues simples tirées des trois regnes... par M. Valmont de Bomare... A Paris: chez Didot, le jeune... [et. al.], 1764.

[1267] ECHARD, Laurence. *Dictionnaire geographique-portatif...* traduit de l'anglois sur la treizieme édition de Laurent Echard, avec des additions & des corrections considérables par monsieur Vosgien, chanoine de Vaucouleurs. A Paris: chez Les Libraires Associes, 1779.

[1268] COLETI, Giovanni Domenico. *Dizionario storico-geográfico dell'America Meriodanale* di Giandomenico Coleti della Compagnia di Gesu. En Venezia: nella stamperia Coleti ..., 1771.

[1269] GILIJ. *Ensayo.*, I, 23-24.

[1270] GILIJ. *Ensayo*, I, 24.

También es de justicia señalar los colaboradores del autor del *Ensayo de Historia americana*, dedicada a la Tierra Firme.

El P. Manuel Collado (1714-1800) fue un buen conocedor de la región zuliana y a su pluma le debería valiosas informaciones contenidas en la *Descripción de las Gobernaciones de Maracaibo, Santa Marta y Popayán*[1271]. Expulsado a Italia vivía en Scapezano en 1774[1272]. Murió en Urbino a principios de 1800[1273]. Para la Provincia de Caracas se servirá de "los preciosos informes" que le remitió el P. José Mª Forneri (1719-¿?) quien vivió 10 años en la capital venezolana[1274]. Y para la región de San Juan de los Llanos apelará a los datos suministrados por el P. Antonio Salillas (1717-1790)[1275]. No especifica en el texto las "preciosas noticias" que le debe al P. Jaime de Torres que dividió su biografía americana entre Bogotá y Caracas[1276] y después a ser Procurador General en

---

[1271] AIUL. Madrid. Papeletas: COLLADO, Manuel. "En 4º, 80 hojas". El propio P. Gilij (*Ensayo de Historia Americana*, IV, p. XX dice: "... luego al P. Juan Manuel Collado muy conocedor de la Tierra Firme, pero especialmente de los gobiernos de Maracaibo, Santa Marta y Popayán". Esto nos hace pensar que posiblemente fue destinado a Coro en 1756 pero en realidad su destino real fue Maracaibo, y así lo declaraba el P. Collado el 5 de mayo de 1768 en el Puerto de Santa María (AHN. *Jesuitas*, 827/2. *Filiacion de los Regulares de la Compañia transferidos de la Provincia de Santa Fee ... que al presente se hallan en la Casa Hospicio de esta ciudad*. Nº. 147).

[1272] ANCh. *Jesuitas*, 442.

[1273] Archivo de Monumenta Historica Societatis Jesu. Armadio F-10. ARCHIMBAUD. *Relacion individual de los Ex-jesuitas muertos de las Once Provincias de España e Indias desde la expulsión hasta el día 30 de junio de 1777*. Por Don Juan Antonio de Archimbaud. Provincia del Nuevo Reino de Granada. Nº. 4465.

[1274] GILIJ. *Ensayo de Historia de Historia americana*, IV, p. XX: "... del primero [Forneri] obtuve los más preciosos informes sobre la Provincia de Caracas en la que vivió algunos años".

[1275] GILIJ. *Ensayo de Historia de Historia americana*, IV, p. XX: "... y del otro [Salillas] datos sobre los Llanos de San Juan donde estuvo de misionero de los Amarizanos antes de venir al Orinoco"

[1276] GILIJ. *Ensayo de Historia de Historia americana*, IV, p. XX: "Viene luego aquel que por sus singulares talentos debía ser el primero, a saber, el Padre Santiago [Diego] de Torres, mi maestro de Teología allá en Santafé del Nuevo Reino a quien debo preciosas noticias".

Madrid de las Provincias del Nuevo Reino y Quito. El P. Enrique Rojas (1729-¿?)[1277] le suministró los datos del Corregimiento de Tunja[1278].

Pero al margen de las colaboraciones anteriormente descritas debemos hacer referencia a un interesante manuscrito del P. Antonio Salillas[1279], buen conocedor da los acontecimientos históricos que se desarrollaron en nuestra gran arteria fluvial pues trabajó con los amarizanos, fue Procurador de la Misión en Carichana y posteriormente fue párroco de Cabruta y le tocó vivir de cerca las excentricidades del Comisario regio para la Expedición de Límites, don José de Iturriaga[1280]. Según las papeletas de los dos bibliógrafos españoles, Uriarte y Lecina, escribió una *Historia Natural del Orinoco*[1281] de la que no tenemos otras noticias.

Tampoco podemos olvidar la colaboración del P. José Pagés al P. Hervás y Panduro con algunas "Noticias sobre el Nuevo Reino de Granada"[1282].

De igual manera, debemos citar los aportes cartográficos del P. Joaquín Subías (1744-¿?) quien fuera catedrático de retórica en la Universidad de Mantua y luego de Filosofía Moral en la de Turín[1283]. En 1784 escribía el P. Felipe Salvador Gilij: "Y solamente sabe Dios cuánto trabajé por tener una [carta geográfica] muy exacta de Tierra Firme, llamada también Nuevo Reino de Granada. Pero aún lo la hay. Desde

---

[1277] José DEL REY FAJARDO. *Bío-bibliografía*, 539-540.

[1278] GILIJ. *Ensayo de Historia de Historia americana*, IV, p. XX: "De los datos del corregimiento de Tunja soy deudor en gran parte al P. Enrique Rojas y a otro muy digno sujeto que por humildad quiere permanecer oculto".

[1279] José DEL REY FAJARDO. *Bío-bibliografía*, 568-569.

[1280] Archivo de la Real Academia de la Historia. Madrid. 9/3854. *Carta del P. Antonio Salillas al P. Jaime de Torres*. Cabruta y mayo 24 de 1763.

[1281] AIUL. Papeletas: SALILLAS, Antonio. "Mss.".

[1282] HERVÁS Y PANDURO. *Idea dell'universo*, V, 157: "Fra le molte Persone pratiche delle cose delle Indie, che ho consultato per iscritto, ed a bocca, mi hanno favorito singolarmente colle loro notizie ... sul Regno di S. Fe ir Sr. Ab. D. Giuseppe Pajes".

[1283] AIUL. Papeletas: SUBÍAS, Joaquín.

hace tiempos se espera una más pormenorizada y más cuidadosa de cuantas han aparecido, del Padre Joaquín Subías, versadísimo en esta materia"[1284].

Este acápite hay que completarlo con los mapas que produjo el P. Antonio Julián sobre la Provincia de Santa Marta y del Nuevo Reino[1285].

Pero sería el ámbito de la lingüística indígena donde la presencia de los misioneros de la Orinoquia cosecharían los mejores frutos. Y en este campo la figura señera que ha pasado a la posteridad en la literatura ilustrada gira en torno al misionero italiano Felipe Salvador Gilij.

Se podría afirmar que –en conjunto– ninguno de sus antecesores gozó de las singulares coyunturas que envolvieron su biografía para legar, no la síntesis, sino el mejor aporte jesuítico al estudio de los hombres que habitaron el gran río venezolano. Además, entre la redacción del *Saggio* y sus experiencias misionales se interpone aproximadamente una década, espacio importante para la sedimentación de tantos hechos históricos que le tocó vivir.

Quizá el primer testimonio público en favor de Gilij proviene de Augusto Ludovico Schlözer, profesor de Historia y Política en la universidad de Göttingen, quien en carta del 21 de febrero de 1782 le escribía al ex-misionero. "Por tus escritos de las cosas del Orinoco, te felicito ..., principalmente por lo que dices en el tomo tercero sobre las lenguas americanas... Hace poco hemos recorrido las más septentrionales regiones

---

[1284] Felipe Salvador GILIJ. *Ensayo de Historia Americana*. Bogotá, IV (1955) pag., XXII.

[1285] Antonio JULIÁN. *Mapas de la Provincia de Santa Marta y del Nuevo Reino*. HERVÁS Y PANDURO. *Biblioteca.*, I, *Ibidem*: "El abate Antonio Julián tiene cartas exactas de la provincia de Santa Marta y del Nuevo Reino de Granada, que piensa publicar en la historia de esa provincia y reino, que se imprimen en Madrid". E. PORTILLO. "Lorenzo Hervás. Su vida y sus escritos (1735-1809". En: *Razón y Fe*. Madrid, 31 (1911) 332. Bruno SCHLEGELBERGER. "Antonio Julián y su descripción de las culturas autóctonas". En: Manfred TIETZ (Ed.). *Los jesuitas españoles expulsos. Su imagen y su contribución al saber sobre el mundo hispánico en la Europa del siglo XVIII*. Madrid-Frankfurt/M, Iberoamericana-Vervuert (2001) 581-596.

de Europa y Asia, hemos investigado los idiomas de cada nación, hemos distinguido las lenguas matrices de los dialectos... Quedaba el mundo americano. Tu nos lo abres, varón eruditísimo, y nos enseñas las lenguas de pueblos antes apenas conocidos de nombre; y no solo nos las enseñas, sino que, lo que nadie hizo antes que tu, sobre ellas filosofas, y filosofas con sobriedad. Muchas gracias te darán por esta habilidad tuya muchos sabios, pero principalmente Buttner, mi íntimo amigo y colega, que en esta clase de estudio ha envejecido rodeado de pública alabanza. Y habrá quienes no sólo te quedarán agradecidos, sino que te corresponderán: habrá quienes comparen tus descubrimientos con los de nuestros autores, y reprueben que mucho que tu creías propio de tus americanos y de sus lenguas, se halla también particularmente en las de los finlandeses, eslavos, turcos..."[1286].

Pero, ciertamente, el basamento de la fama del P. Gilij radica en su tomo III de su *Ensayo* que lo ha convertido en el pionero de la etnolingüística colombo-venezolana[1287].

Es muy importante ubicar el contexto político-social en el que aparece el *Ensayo de historia americana* de Gilij pues, por una parte, se enmarca en una vertiente histórica definida: la revolución francesa, la norteamericana y la primera revolución industrial inglesa; y, por otro lado, se enrumba hacia los dominios de la nueva episteme, vale decir, en una nueva organización del saber que se construye en torno a tres grandes territorios: la vida, el lenguaje y el trabajo.

Nos encontramos en el momento en que se está evolucionando de la gramática general a la lingüística. Gilij ha vivido una etapa previa en la reducción orinoquense de La Encaramada en la que se desvivió por elaborar, como gramático, la gramática y el diccionario de las lenguas tamanaca y maipure; mas, desde su destierro romano emprende, en su *Ensayo*,

---

[1286] GILIJ. *Ensayo.*, III, 281.
[1287] Marie-Claude MATTEI MULLER. "Gilij, pionero de la etnolingüística venezolana: sus métodos y logros". En: *Montalbán*. Caracas, 21 (1989) 91-104.

un nuevo estudio del lenguaje pero en esta oportunidad desde la perspectiva histórica. Como afirma Jesús Olza el estudio histórico del lenguaje dentro de la Historia natural abre las puertas para el nacimiento de la Gramática histórica y comparada con los métodos de la Historia natural. La pérdida de la centralidad del verbo 'ser' propiciará la posibilidad de los estudios sociolingísticos y sicolingísticos los cuales formarán parte del conjunto de disciplinas que tiene por objeto el estudio del lenguaje[1288].

Sus meditaciones romanas le llevaron a dilucidar con toda claridad los componentes de dos grandes familias lingüísticas: la caribe y la maipure. Habría que esperar un siglo para que Lucien Adam y Karl von den Stein confirmaran la vigencia de las conclusiones gilijianas y la validez de su tesis para las lenguas de la Orinoquia, la Amazonia, las Guayanas y el Caribe[1289].

En todo caso han venido apareciendo nuevos estudios en torno a la figura del P. Gilij que tratan de precisar su genuino aporte y de analizarlo desde puntos de vista muy distantes de la mera historia jesuítica[1290]. En verdad, el destino de la Historia natural, afirma Duris, es la de aniquilarse progresivamente en cada una de las ciencias a las cuales ella sirve de anclaje[1291].

[1288] Jesús OLZA ZUBIRI. "El Padre Felipe Salvador Gilij, lingüísta del Orinoco". (Mss). Jesús Olza precisa el valor del autor del *Saggio* dentro de la evolución de la lingüística: "Gilij está en la fase en que la gramática deja de ser general y pasa a particular; Gilij además participa en el alumbramiento del comparatismo, pero hay un momento previo o simultáneo, muy importante en la historia de la lingüística, y es la inclusión del lenguaje dentro de la Historia Natural" (Jesús OLZA. "El Padre Felipe Salvador Gilij en la historia de la lingüística venezolana". En: *Paramillo*. San Cristóbal, 8 (1989) 441).

[1289] Wilhelm SCHMIDT. *Die Sprachfamilien und Sprachkreisen der Erde*. Heidelberg (1962) 243-244, 250.

[1290] V. gr. Paul HENLEY. "Los Tamanaku". En: *Paramillo*. San Cristóbal, 8 (1989) 605-643. Nelly ARVELO-JIMÉNEZ y Horacio BIORD-CASTILLO. "Reflexiones antropológicas sobre el *Ensayo de Historia Americana* de Felipe Salvador Gilij". En: *Montalbán*. Caracas, 21 (1989) 69-90.

[1291] Pascal DURIS. "Histoire naturelle". En: Michel DELON (Edit.). *Dictionnaire européen des Lumières*. Paris, Presses Universitaires de France (1997) 544.

Así pues, al misionero de La Encaramada hay que estudiarlo como uno de los pioneros en proponer el estudio del lenguaje dentro del ámbito de la Historia natural y se le puede considerar como el fundador del todavía incipiente del comparatismo de las lenguas del Orinoco y por extensión del Amazonas.

El ingreso a las grandes Bibliotecas de Escritores de la Compañía de Jesús lo tenía asegurado Gilij por su correspondencia[1292] y asesoría al P. Lorenzo Hervás y Panduro en la elaboración de su gran obra *La Idea dell'Universo*[1293]. En efecto, en el tomo II de su *Biblioteca Jesuítico Española*[1294] el jesuita español le dedica una extensa reseña a su obra impresa y a la manuscrita.

También su inserción en los grandes repertorios bibliográficos europeos se consolidó, entre otras, por dos razones evidentes: la primera, por la fervorosa recepción que tuvo su *Saggio* en el mundo científico y literario de Italia y Francia[1295]; la segunda, porque en 1785 –un año después de publicar su obra en italiano- se traducía al alemán[1296] idioma en el que conocería varias traducciones. Para su evolución bibliográfica nos remitimos a la *Bibliotheca Missionum* de Streit[1297].

[1292] J. DEL REY FAJADO. *Aportes jesuíticos a la filología colonial venezolana*. Caracas, II (1971) 205-237.

[1293] DEL REY FAJARDO. *Ob. cit.*, I, 345-348.

[1294] Archivo de Loyola. Lorenzo HERVÁS Y PANDURO. *Biblioteca Jesuítico Española de escritores que han florecido en siete lustros: estos empiezan desde el año 1759, principio del reinado del augusto rei Carlos III y acaban en el año 1793*. Volumen, II. Catálogo IV: Escritores extranjeros de obras impresas establecidos en España, 95-97 (del texto transcrito del original manuscrito que reposa en el mencionado archivo).

[1295] Véase: *Nuovo Giornale di Letteratura de Modena*, t. 33, pags., 233-251. También: *Efemeride Lettararie di Roma*, X: 1-3; 7-9; 9-12; 25-27; 33-35; 289-291; 297-299. XI: 153-155; 161-163; 169-171. XII: 97-99. *L'Esprit des Journaux*. París: 1781 (junio) 106-116; 1782 (enero) 75-90; 1784 (julio) 187-209; 1785 (octubre) 160-169.

[1296] *Nachrichten vom Lande Guiana, dem Orinocoflus, und den dortigen Wilden. Aus dem Italienischen des Abbt Philip Salvator Gilii auszugsweise übersetzt.* Hamburg, bei Carl Ernst Bohn, 1785, XVI-528p.

[1297] Rob. STREIT. *Bibliotheca Missionum*. Freiburg/Br, III (1927) 302-303, 313, 314, 344.

De modo mucho más lento fue penetrando el *Ensayo de Historia Americana* en la literatura histórica colombo-venezolana[1298], en la que de facto vino a formar parte del patrimonio cultural común después que la Academia Colombiana de Historia editara el tomo IV de su *Ensayo* en 1955 y la Academia Nacional de la Historia de Venezuela publicara la traducción castellana de los tres primeros volúmenes en 1965.

En la historia de la cultura colombo-venezolana debe considerársele como un genuino representante de la modernidad, a pesar de que su temática se haya reducido al autóctono orinoquense interpretado a través de la riqueza de su lengua, que es el vehículo de su cultura.

Pero también Gilij supo solicitar la colaboración de sus antiguos compañeros de la Orinoquia y a los que siempre les dedica un recuerdo.

El primer colaborador fue el P. José Mª. Forneri, compañero de fatigas en el río Orinoco y gran conocedor de la nación Yarura. Gilij recoge en su tomo IV parte de la correspondencia mantenida con su colega misionero[1299]. Posteriormente le remitió a Roma la *Gramática y diccionario de la lengua yarura*[1300]. También mantuvo su comercio epistolar con el P. Lorenzo Hervás y Panduro[1301].

[1298] Francisco Javier PÉREZ HERNÁNDEZ. "Testimonios venezolanos sobre la obra lingüística de Felipe Salvador Gilij". En: *Montalbán*. Caracas, nº. 21 (1989) 179-201.

[1299] AIUL. Papeletas: FORNERI, José María: "Fragmentos de Cartas y noticias suyas. En las ps. 118-121, 123, 128-129, 136-137, 140-143, 171, 173-175, 216, del t. IV del *Saggio di Storia Americana*... del P. Felipe Salvador Gilij".

[1300] AIUL. Papeletas: FORNERI, José María: "Pensó en imprimirlo el P. Gilij como apéndice del t. IV de su obra y dejó de hacerlo creyendo que los iba a publicar el P. Hervás". Esta gramática es distinta a la que dejó en el Orinoco al tiempo de la expulsión de 1767. La segunda fue redactada en Italia, muchos años después, con las imperfecciones que ello supone.

[1301] Véase: AIUL. Papeletas: FORNERI, José María: "1. Carta del Sr. Forneri al P. Hervás sobre su misión de la nación yarura y sobre los idiomas de las naciones a esta inmediatas. Tráela el mismo Hervás en su *Catálogo de las Lenguas*..., I, 225-227". En realidad, la esencia del contenido se refiere fundamentalmente a los yaruros.

El segundo fue el P. Manuel Padilla sucesor del P. José Gumilla en la Misión de San Ignacio de Betoyes. Colaboró con su entrega de *Elementos gramaticales de la Lengua betoy*[1302].

En el tomo II de *Aportes jesuíticos a la filología colonial venezolana*[1303] hemos recogido tanto el epistolario lingüístico mantenido por Gilij con Hervás y Panduro[1304], así como los aportes que suministraron al ilustre autor del *Catálogo de las lenguas de las naciones conocidas* los PP. Manuel Padilla ("Elementi Grammaticali della Lingua Betoy")[1305], José Forneri ("Elementi grammaticali della lingua Yarura")[1306] y otros anónimos.

En el área de las traducciones el P. Juan Francisco Blasco publicó en Madrid en 1794 las *Reflexiones sobre la Naturaleza* de Sturm[1307].

Cierra la presencia venezolana en tierras italianas el P. Alejandro Mas y Rubí (1749-1831)[1308], hijo de Maracaibo y quien tuvo que abandonar en 1767 la Universidad Javeriana donde iniciaba su formación. Desterrado a Italia en 1767 concluyó su carrera eclesiástica en la ciudad

---

[1302] El texto original italiano reposa en: ARSI. *Opera Nostrorum*, 342, fols., 193-201v. Publicamos la traducción española en: *Aportes jesuíticos a la filología colonial venezolana*. Caracas, II (1971) 261-276.

[1303] José DEL REY FAJARDO. *Aportes jesuíticos a la filología colonial venezolana*. Caracas, II (1971) 205-316.

[1304] J. DEL REY FAJARDO. *Aportes jesuíticos...*, II, 207-237 publicamos la correspondencia Gilj-Hervás y Panduro que reposa en el Archivo Vaticano: *Vat. Lat.*, 9802.

[1305] ARSI. *Opera Nostrorum*, 342, fols., 193r-201v. [cambia Manuel por José]

[1306] ARSI. *Opera Nostrorum*, 342, fols., 202r-209v.

[1307] *Reflexiones sobre la Naturaleza, o consideraciones de las obras de dios en el orden natural*. Escritas en alemán para todos los días del año. Por M. C. C. Sturm. Traducidas al Francés y de éste al Castellano con Notas instructivas y curiosas. Madrid, año de 1794. 4 tomos en 8º. Véase: Lorenzo HERVÁS Y PANDURO. *Biblioteca Jesuítico-Española*, t. II, 9. J. Eug. De URIARTE. *Catálogo razonado de obras anónimas y seudónimas de autores de la Compañía de Jesús pertenecientes a la antigua asistencia española*. Madrid, II (1904) 88. J. DEL REY FAJARDO. *Bío-bibliografía*, 96-97.

[1308] José DEL REY FAJARDO. *Bío-bibliografía*, 370-371.

de Gubbio en donde recibió la ordenación sacerdotal[1309]. El 1 de enero de 1774 vivía en Gubbio[1310]. Después debió residenciarse en Roma y allí vivía en 1793[1311]. Consagrado al estudio de Geografía y de la Astronomía debió dedicarse también a la docencia[1312]. Restablecida la Compañía de Jesús ingresó de nuevo a ella el 25 de marzo de 1816[1313]. Sus últimos años transcurren en el ejercicio de las virtudes sacerdotales. Murió en la ciudad eterna el 12 de octubre de 1831[1314].

Hervás nos ha conservado su producción científica hasta antes de concluir el siglo XVIII pero de su larga vida del XIX habrá que seguir investigando la prolífica acción de este jesuita marabino.

Escribió: *Elementos científicos de geometría con aplicación de sus proposiciones a las demás artes y ciencias*[1315]; *Geografía astronómica, física y política*[1316]; *Astronomía física*[1317]; *Cronología con las Tablas del jesuita Musuner, añadidas y reducidas a mejor método; se añade la chronología de los soberanos de León, Navarra, Aragón, Borgoña, Austria y Orleans*[1318]; *Tabla cronologica o prospecto de la cronología*[1319]; *Compendio*

[1309] HERVÁS. *Biblioteca Jesuítico-Española*, I, 631.

[1310] Archivo de Monumenta Historica Societatis Jesu. Armadio 10. *Relacion individual de los Ex-jesuitas muertos de las Once Provincias de España e Indias desde la expulsión hasta el día 30 de junio de 1777*. Por Don Juan Antonio de Archimbaud. Provincia del Nuevo Reino de Granada. Nº. 4371. AHN. *Jesuitas*. Serie Temporalidades. Legación Urbino, n. 28, 33, 81. (Se trata de recibos de pensiones de 1775 y 1776).

[1311] HERVÁS. *Biblioteca Jesuítico-Española*, I, 631.

[1312] *Summarium vitarum Provinciae Romanae*. I, 14: "Doctus in Geographia et Astronomia, quas dum in saeculo viveret, plures ingeniosos alumnos privatim docuit".

[1313] ARSI. Catálogo, 1820; 1826; 1829; 1830; 1831.

[1314] ARSI. Catálogo, 1832.

[1315] HERVÁS. *Biblioteca Jesuítico-Española*, I, 631. "Un tomo con 200 figuras que envió a la Secretaría de Indias en Madrid para la impresión".

[1316] HERVÁS. *Biblioteca Jesuítico-Española*, I, 631: "Dos tomos en lengua española".

[1317] HERVÁS. *Biblioteca Jesuítico-Española*, I, 631: "Un tomo en lengua española".

[1318] HERVÁS. *Biblioteca Jesuítico-Española*, I, 631: "Un tomo en lengua española".

[1319] HERVÁS. *Biblioteca Jesuítico-Española*, I, 631: "En lengua latina".

de la historia profana desde la creación del mundo hasta el año 1764 de la era cristiana[1320] e *Historia del imperio romano, de Alemania, Francia, España, Portugal, Inglaterra y del Imperio Otomano con relación de la vida de Mahoma*[1321].

También debemos mencionar muchas colaboraciones perdidas o desconocidas de los abolidos neogranadinos. Una fuente interesante nos la ofrece Lorenzo Hervás y Panduro en su obra *Idea dell'Universo*[1322] en donde descubrimos los siguientes colaboradores. En el tomo I aparecen Tadeo Vergara y Leandro Gonsalves[1323]. En el tomo V: Esteban Lloret[1324]. En el tomo IX: Francisco Asso, Miguel Hoyos y Salvador Pérez[1325].

Esperamos que este bosquejo de la actividad jesuítica en tierras italianas sirva de inspiración para poder escribir un capítulo inédito de la historia de la cultura venezolana en Italia.

[1320] HERVÁS. *Biblioteca Jesuítico-Española*, I, 631: "Dos tomos en lengua italiana".

[1321] HERVÁS. *Biblioteca Jesuítico-Española*, I, 631: "Seis tomos en lengua italiana".

[1322] Lorenzo HERVÁS Y PANDERO. *Idea dell'Universo que contiene la Storia della vita dell'uomo, elementi cosmografici, viaggio estatico al mondo planetario, e Storia Della terra*. In Cesena, per Gregorio Biasini, 1778-1792, 22 vols.

[1323] Lorenzo HERVÁS Y PANDERO. *Idea dell'Universo… Tomo I. Concezione, Nascimento, infanzia e puerizia dell'Uomo*. In Cesena, per Gregorio Biasini, 1778.

[1324] Lorenzo HERVÁS Y PANDERO. *Idea dell'Universo… Tomo V. Viritilità dell'Uomo*. In Cesena, per Gregorio Biasini, 1779.

[1325] Lorenzo HERVÁS Y PANDERO. *Idea dell'Universo… Tomo IX. Viaggio estatico*. In Cesena, per Gregorio Biasini, 1781.

LIBRO III
LAS RESTAURACIONES

CAPÍTULO 6º
LA COMPAÑÍA QUE NUNCA MURIÓ
(LOS JESUITAS EN BIELORRUSIA)

En el capítulo 3º hemos estudiado las condiciones jurídicas que en el juego internacional imponía el regalismo en sus más diversas formas en el diálogo entre los Estados europeos.

Antes de seguir adelante conviene dejar bien delimitados dos conceptos fundamentales. El primero: que la "Isla privilegiada de Bielorrusia" siempre fue reconocida como auténtica Compañía de Jesús bien de forma oral como Pío VI[1326] o de forma escrita y específica como Pío VII[1327] a través del Breve *Catholicae Fidei* (7 de marzo de 1801)[1328]. El segundo, que la Compañía en la Rusia Blanca mantuvo su personería jurídica propia de modo discreto y restringido pero vigente y de forma más explícita cuando Roma aceptó la convocación de las Congregaciones Generales [las "Congregaciones Polocenses"] en la que se eligió un Vicario General interino para gobernar la Compañía de Jesús[1329]. Este segundo proceso lo estudiaremos en el capítulo siguiente.

[1326] Ludwik GRZEBIEN. "Kareu (Karu), Francisco [Franciszek X]", II, 1658.

[1327] Charles E. O'NEILL y Christopher J. VISCARDI. "Papas. 32. Pío VII". En: Charles E. O'NEILL y Joaquín Mª DOMÍNGUEZ. *Diccionario histórico de la Compañía de Jesús*, III, 3007.

[1328] *INSTITUTUM Societatis Jesu*. Florentiae, Ex Typographia a SS. Conceptione, I (1892) 332-334.

[1329] Ludwik GRZEBIEN. "Congregaciones Polocenes (Pololtsk)". En: Charles E. O'NEILL y Joaquín Mª DOMÍNGUEZ. *Diccionario histórico de la Compañía de Jesús*, I, 919.

I. LA COMPAÑÍA DE JESÚS "NO EXTINTA" A TRAVÉS DE LA DIPLOMACIA EUROPEA[1330]

En este polémico proceso histórico[1331] emergen tres figuras protagónicas que definen sus respectivas responsabilidades. Carlos III de España como implacable abanderado del exterminio de los miembros de la Compañía de Jesús en el mundo[1332]. Catalina II de Rusia decidida defensora de los anatematizados jesuitas a quienes confió la formación de las juventudes de Bielorrusia como fundamento del Estado ilustrado[1333]. Y el papa Pío VI que se debatía entre las amenazas de un posible cisma en el catolicismo Borbón y los planteamientos de la zarina para quitar las garantías del culto católico en Rusia[1334].

A ellas hay que añadir a un singular personaje con cuyas actuaciones no sólo pudieron sobrevivir los jesuitas como tales en Bielorrusia sino que además motivó las airadas reacciones tanto de la Santa Sede como de las cortes borbónicas durante muchos años: nos referimos al obispo Estanislao Siestrzencewicz, arzobispo de Mohilew.

[1330] Puede verse una visión global en: Ludovico PASTOR. *Historia de los Papas en la época de la Monarquía absoluta. Pío VI (1775-1799)*. Barcelona, Editorial Gustavo Gili, S. A., XXXVIII (1960) 176-261.

[1331] Es interesante la visión de Inmaculada Fernández porque fundamentalmente sigue la visión del desterrado Manuel Luengo. Inmaculada FERNÁNDEZ ARRILLAGA. *El destierro de los jesuitas castellanos (1767-1815)*. Salamanca, Junta de Castilla y León, Consejería de Cultura y Turismo, 2004) 169-185.

[1332] Rafael OLAECHEA. *Las relaciones hispano-romanas en la segunda mitad del XVIII*. Zaragoza, Institución Fernando el Católico-Asociación Española de Historia Moderna, 1999, 2 vols. Toda su actuación puede seguirse en: José M. MARCH. *El restaurador de la Compañía de Jesús beato José Pignatelli y su tiempo*. Barcelona, Imprenta Revista "Ibérica", 1935, 2 vols.

[1333] Marek INGLOT. *La Compagnia di Gesù nell'imperio russo (1772-1820) e la sua parte nella restaurazione generale della Compagnia*. Roma, Editrice Pontificia Università Gregoriana, 1997.

[1334] O'NEILL Charles y Christopher J. VISCARDI. "31. Pío VI". En : Charles E. O'NEILL y Joaquín Mª DOMÍNGUEZ. *Diccionario histórico de la Compañía de Jesús*, III, 3003-3006.

LA RUSIA BLANCA, EJEMPLO DE LAS EXIGENCIAS DEL ESTADO FRENTE A LA IGLESIA.

Desde la vertiente del derecho hemos visto que varios defectos de forma impidieron su realización total del Breve de extinción en algunos pequeños grupos pero volvemos al planteamiento inicial: y en el fuero de la conciencia cómo quedaban aquellos a quienes "rite" (con todas las exigencias legales) no se les había podido intimar los dos breves y su anexo?

El primer recurso hubiera consistido en recurrir al General de la Compañía pero esa vía estaba cerrada pues el P. Lorenzo Ricci amén de estar destituido permanecía aherrojado en la más férrea de las cárceles vaticanas. En consecuencia debían actuar por cuenta propia. Así pues, en el foro interno individual se apelaba a los criterios de la conciencia pues libremente habían pronunciado sus votos religiosos pero su obligación no cesaría hasta que no se intimara canónicamente el Breve en cada domicilio.

Cerrado el obligado recurso jerárquico se procedió al supletorio inmediato que era el recurrir al Provincial de Polonia. Kazimierz Sobolewski, viceprovincial de Mazovia, designó al P. Stanislaw Czerniewicz (1728-1785)[1335] como viceprovincial (25 de octubre de 1773) de la Rusia Blanca (Bielorrusia) ante la inminencia de la promulgación del documento pontificio en Polonia y concluía su carta con estas palabras: "El Señor conceda a V. R. dones copiosos de gracia para sostener en esas partes las reliquias de la religión católica y de la Compañía"[1336].

Pero los habitantes de aquella "isla de sobrevivientes" no podían menos de estar preocupados por sus escrúpulos interiores: el temor al escándalo ante la aparente desobediencia a la fulminante decisión papal

---

[1335] Ludwik GRZEBIEN. "Czerniewicz, Stanislaw". En: Charles E. O'NEILL y Joaquín Mª DOMÍNGUEZ. *Diccionario histórico de la Compañía de Jesús*, II, 1028-1030.

[1336] ARSI. *Societas Iesu in Alba Russia superstes*. Fasc. 1º. Citado por José M. MARCH. *El restaurador de la Compañía de Jesús beato José Pignatelli y su tiempo*. Barcelona, II, 12.

y la infamia que esa actitud podría acarrear para el ideal de la corporación a la que habían pertenecido.

En este sentido escribía Czerniewicz desde Riga al nuncio Garampi: "Estamos en grande aflicción; porque de una parte la emperatriz nos ha declarado que quiere proteger a todos los jesuitas que están en sus estados; por otra, tememos mucho ser acusados de desobediencia a la suprema autoridad de la Iglesia, a la cual deseamos someternos, aunque muramos víctimas de ella..."[1337].

Ante tales dilemas Czerniewicz se decidió viajar a mediados de noviembre hasta San Petersburgo para poder manifestar a la zarina la opinión de los sobrevivientes y a tal efecto presentó un *Memoriale del P. Stanislao Czerniewicz, Provinciale dei Gesuiti nella Russia Bianca all'Imperatrice delle Russie, perche permettesse ai Vescovi cattolici de'suoi Domini l'intimazione del Breve del Sommo Potifice Clemente XIV contra la Compagnia di Gesú*[1338], que recogía sus inquietudes y sobre todo su compromiso de la obediencia debida a la Santa Sede[1339].

Dos documentos importantes recibirían las autoridades jesuíticas acerca de sus planteamientos: el primero sería una carta del Obispo de Vilna datada en Varsovia el 29 de septiembre de 1773[1340] y en los primeros días de enero de 1774 la comunicación del gobernador-general Zakharias Czernyshef que "les intimó la suprema voluntad de la emperatriz de que permanecieran en el statu quo, avisándoles que no se

---

[1337] ARSI. *Historia Societatis Jesu in Alba Russia*. Libro II, cap. 4º. Citado por José M. MARCH. *El restaurador de la Compañía de Jesús beato José Pignatelli y su tiempo*. Barcelona, II, 12.

[1338] Véase el texto en: Pablo VILLADA. "El primer centenario del restablecimiento de la Compañía de Jesús en todo el mundo". En: *Razón y Fe*. Madrid, 39 (1914) 212.

[1339] Marek INGLOT. *La Compagnia di Gesù nell'imperio russo (1772-1820) e la sua parte nella restaurazione generale della Compagnia*. Roma, Editrice Pontificia Università Gregoriana (1997) 53-57.

[1340] Véase el texto en: *Carta del Obispo de Vilna a los Superiores de la Compañía*. Varsovia, 29 de septiembre de 1773. En: Pablo VILLADA. "El primer centenario del restablecimiento de la Compañía de Jesús en todo el mundo". En: *Razón y Fe*. Madrid, 39 (1914) 212-213.

atrevieran a hablar más del breve de supresión"[1341] y así lo demostraba la *Risposta dell'Imperatrice*[1342].

En dicha oportunidad tuvieron conocimiento de que Catalina II había designado al obispo auxiliar de Vilna, Stanislaw Siestrzencewicz, para ejecutar sus planes religiosos. De esta suerte, se les confirmó que seguirían en la Rusia Blanca sometidos a sus propias constituciones. El Vice-provincial visitó todas las casas de su jurisdicción informando de su viaje a la capital rusa y la mayoría de los 201 de sus súbditos se adhirieron a la proposición pero unos 30 abandonaron voluntariamente la orden[1343].

Sin embargo un doble juego conceptual utilizaban las autoridades religiosas, es decir, el nuncio Garampi y el obispo Siestrzencewicz. Mientras el nuncio era consciente de que el papa Clemente XIV pedía prudencia pues no se podía empeorar la situación de los católicos en Rusia el obispo le prometía a la zarina que pediría al papa la rescisión del Breve de 1773. Por otro lado, ambos representantes eclesiásticos "para proteger su actuación personal, aconsejaron a los jesuitas que obedecieran el breve como obligación de conciencia o como obligación legal. Los jesuitas prometieron hacerlo, pero sólo si el nuncio o el obispo lograban la aprobación imperial o, sin ella, se les mandaba disolverse"[1344].

En último término, el nuncio Garampi juzgaba que como el Breve era un asunto de público conocimiento les obligaba a los jesuitas cumplirlo en conciencia, mas como por otra parte era una ley positiva no les podía obligar a hacer lo imposible[1345].

[1341] MARCH. *El restaurador de la Compañía de Jesús beato José Pignatelli y su tiempo*. Barcelona, II, 12-13.

[1342] Véase el texto en: Pablo VILLADA. "El primer centenario del restablecimiento de la Compañía de Jesús en todo el mundo". En: *Razón y Fe*. Madrid, 39 (1914) 212.

[1343] Ludwik GRZEBIEN. "Czerniewicz, Stanislaw", II, 1029.

[1344] Charles E. O'NEILL y C J VISCARDI. "Pío VI. Giannangelo Braschi". En: Charles E. O'NEILL y Joaquín Mª DOMÍNGUEZ. *Diccionario histórico de la Compañía de Jesús*, III, 3004.

[1345] William V. BANGERT, William V. *Historia de la Compañía de Jesús*. Santander, Editorial Sal Terrae (1981) 502.

Pero la muerte de Clemente XIV (22 de septiembre de 1774) y el advenimiento a la sede de Pedro de Pío VI (15 de febrero de 1775)[1346] movieron a Czerniewicz a dirigir al nuevo pontífice, a través del cardenal Giovanni Battista Rezonico, una *Memoria* el 15 de octubre de 1775 para clarificar la supervivencia de los miembros de la Rusia Blanca[1347].

El purpurado, el 13 de enero de 1776, respondía al Vice-Provincial ruso de forma evasiva pero significativa: "He mostrado y leído tu súplica, según debía a nuestro Santísimo Padre Pío VI. El éxito de tu petición, como yo auguro y tú deseas, feliz"[1348].

Mas, en el campo diplomático seguían las presiones en la capital de la cristiandad. En la curia romana habían tomado conciencia de que desde el punto de vista canónico el breve de supresión carecía de fuerza legal en la Rusia blanca. En verdad en Rusia no se cumplieron las condiciones que exigía el legislador y por ende el Breve de abolición no tuvo valor[1349].

Pero el secretario de Estado del Vaticano, cardenal Opizio Pallavicini[1350], presionaba al nuncio en Varsovia para que obligara a los jesuitas,

---

[1346] Hans KÜHNER. *Lexicon der Päpste*. Hamburg-Wandsbek. Fischer Bücherei (1960) 168.

[1347] Estanislao ZALESKI. *Les Jésuites dans la Russie Blanche*. Ouvrage traduit du polonais par le P. Alexandre Vivier. París, Letouzey et Ané, I (1886) 300-302.

[1348] Véase: *Carta del Cardenal Juan B. Rezzonico al P. Czeriewicz*. Roma, 13 de enero de 1776. (Pablo VILLADA. "El primer centenario del restablecimiento de la Compañía de Jesús en todo el mundo". En: *Razón y Fe*. Madrid, 39 (1914) 217). MARCH. *El restaurador de la Compañía de Jesús beato José Pignatelli y su tiempo*, II, 13. Véase: Marek INGLOT. *La Compagnia di Gesù nell'imperio russo (1772-1820) e la sua parte nella restaurazione generale della Compagnia*. Roma, Editrice Pontificia Università Gregoriana (1997) 59-60.

[1349] Pablo VILLADA. "El primer centenario del restablecimiento de la Compañía de Jesús en todo el mundo". En: *Razón y Fe*. Madrid, 38 (1914) 19-32; 277-291; 39 (1914) 205-219.

[1350] El P. Luengo ha dejado en su *Diario* la siguiente descripción: "¿No es este Cardenal Pallavicini el mismo que, siendo Nuncio en Madrid el año 1767, una y muchas veces aseguró a los jesuitas de aquella Corte que nada había contra ellos y nada tenían que temer, aunque estaba bien informado de que estaba ya firmado el Decreto del Rey de destierro de la Compañía de todos sus Dominios, y esto con la expresa intención de que los jesuitas de descuidasen, se durmiesen y no diesen paso alguno en su defensa, y de que los Ministros

bajo pecado, a que se sometiesen al breve. Y creyeron encontrar la solución cuando el papa nombró a Estanislao Siestrzencewicz (9 de agosto de 1778) delegado apostólico y visitador de todas las congregaciones religiosas en el imperio ruso[1351].

LAS ACTUACIONES DEL OBISPO ESTANISLAO SIESTRZENCEWICZ

No deja de ser llamativa la personalidad del nuevo delegado pontificio. Hijo de padres calvinistas y tras una vida disipada se ordenó de sacerdote a los 32 años "a cuyos deberes no correspondió en lo sucesivo. Tal era el hombre que necesitaba Catalina"[1352]. A los jesuitas les aterraba este nombramiento pero ignoraban el influjo de la zarina sobre tan singular prelado. Ya en 1775 la emperatriz le había frenado sus afanes reformistas y en lo referente a la Compañía tuvo que rectificar su actitud

---

pudiesen sorprenderlos y llevar a cabo con seguridad sus malvados intentos? ¿No es éste el mismo que en esta ocasión faltó gravísimamente y notoriamente a las obligaciones de súbdito y de Ministro del Papa Clemente XIII y le fue traidor, no haciendo uso de las instrucciones que le había enviado, por servir y complacer a los Ministros de Madrid? ¿No es este mismo Cardenal Pallavicini el que el día de la intimación del destierro a los jesuitas de Madrid hizo la ridícula e indecente comedia o entremés de fingirse malo para afectar sentimiento por aquella desgracia de los jesuitas, para dar a entender que no la había sabido antes que sucediese, y engañar y deslumbrar de este modo al Papa? ¿No goza este Cardenal Pallavicini 15.000 o 20.000 escudos de pensiones y Rentas Eclesiásticas dadas por los Ministros de Madrid en premio de estas mentiras, de estas maldades y de estas traiciones al Papa y a la Iglesia? ¿No es ya soldado viejo y aguerrido en delirios y furores contra los jesuitas y contra su Religión? ¿Pues qué reparo ni escrúpulo ha de tener un hombre como éste en usar de equívocos y anfibologías, en desfigurar un suceso que ha pasado a 600 leguas de Roma, ni en faltar abiertamente a la verdad en un parrafillo de una Gaceta en que no aparece su nombre, tratándose en él de hacer mal y de infamar a los jesuitas y a un Obispo que les ha favorecido, y de contentar y servir a los Ministros de España, sus amigos y bienhechores?" (Manuel LUENGO. *Diario*, 24 de septiembre de 1779).

[1351] El texto puede verse en: MARCH. *El restaurador de la Compañía de Jesús beato José Pignatelli y su tiempo*, II, 14, nota (2). Remite el autor a: Archivo Vaticano. *Nunciatura de Polonia*, 69. AGS. *Estado*, 5056.

[1352] Tanto ZALESKI, quien le dedica todo el capítulo 7º del Libro II (*Les Jésuites dans la Russie Blanche*, I) como Pierling en su obra (Paul PIERLING. *La Russie et le Saint-Siège, études diplomatiques*. Paris, E. Plon, Nourrit et Cie., 1896-1912, 5 vols.) inicia su tomo V con el primer capítulo consagrado a este personaje

tras una severa carta que le dirigió el conde Czernicewiez[1353]; y en 1778 le mandó que favoreciera en todo a los ignacianos.

En este nuevo contexto mandó leer, a principios de julio de 1779, en todos los púlpitos de rito católico de la Rusia Blanca una pastoral (fechada el 30 de junio) en la que después de ratificar los deseos de su Majestad Imperial de no oponerse "a que los clérigos regulares de la Compañía de Jesús conserven, no obstante el dicho Breve [*Dominus ac Redemptor*], su profesión, su vestido y nombre en los dominios de su Majestad" pasa a otorgar "el permiso de abrir un noviciado y de recibir novicios de su Compañía, y les damos nuestra pastoral bendición"[1354] y el día 2 de agosto Catalina II mandaba publicar oficialmente el decreto del obispo. Y como sede se eligió la ciudad de Polock.

LAS REACCIONES DE LA DIPLOMACIA EUROPEA

Ciertamente que la pastoral del obispo Estanislao Siestrzencewicz del 28 de junio de 1779[1355] por la que autorizaba la apertura de un noviciado y la admisión de candidatos para la orden[1356] marca la primera

---

[1353] Augustin THEINER. *Die neuesten Zustände der Katholischen Kirche beider Ritus in Polen und Rußland seit Katharina II. bis auf unsere Tage mit einem Rückblick auf die Russische Kirche und ihre Stellung zum heiligen Stuhle seit ihrem Entstehen bis auf Katharina II. bis auf unsere Tage: mit einem Bande Dokumente.* Augsburg, Verlag der Karl Kollmann, 1841. Ver: Documente, XXXII, pag. 119. Citado por MARCH. *El restaurador de la Compañía de Jesús beato José Pignatelli y su tiempo*, II, 14.

[1354] El texto íntegro puede verse en: MARCH. *El restaurador de la Compañía de Jesús beato José Pignatelli y su tiempo*, II, 23-24. Veáse: Augusto CARAYON. *Documents inédits concernant la Compagnie de Jésus.* Tomo 20: *Missions des jésuites en Russie (1804-1824).* Poitiers, H. Oudin (1869) 274. Ana María SCHOP SOLER. *Die spänisch-russischen Beziehungen im 18. Jahrhundert.* Wiesbaden, O. Harrassowitz (1970) 101. Pablo VILLADA. "El primer centenario del restablecimiento de la Compañía de Jesús en todo el mundo". En: *Razón y Fe.* Madrid, 39 (1914) 217-218.

[1355] Moiséi ALPERÓVICH. "La expulsión de los jesuitas de los dominios españoles y de Rusia en la época de Catalina II". En: Manfred TIETZ (ed.). *Los jesuitas españoles expulsos. Su imagen y su contribución al saber sobre el mundo hispánico en la Europa del siglo XVIII.* Madrid, Iberoamericana; Frankfurt am Main, Vervuert (2001) 37.

[1356] Ludovico PASTOR. *Historia de los Papas en la época de la Monarquía absoluta. Pío VI (1775-1799).* Barcelona, Editorial Gustavo Gili, S. A., XXXVIII (1960) 208.

ratificación indirecta de que la Compañía de Jesús seguía viva en las tierras de la Rusia Blanca.

Pero este al parecer tan poco significativo acto provocaría en el mundo borbónico una encendida polémica sobre todo en la diplomacia española que creía haber enterrado para siempre a la orden fundada por Ignacio de Loyola.

Así lo demuestra la soberbia de Nicolás de Azara al escribir el 3 de septiembre —dos meses después de leída la carta pastoral en Bielorrusia: "Ya es público aquí el noviciado que han abierto los jesuitas en la Polonia moscovita, con decreto de aquel visitador apostólico. La cosa es la más singular que se ha visto en el mundo, pero es cierta. El Papa desaprueba y desaprobará todo esto; pero sin embargo es un gran triunfo para todo el partido, y ha de costar más de un suspiro el deshacer este disparate"[1357].

La respuesta de la cancillería española consistió en abrir de inmediato varios frentes a fin de poder arrasar rápidamente con este pequeño incendio que se había iniciado en el lugar más insospechado: la Rusia Blanca (Bielorrusia). De inmediato la corte de Madrid volvió a actuar como si fuera un eterno rehén de su propia obsesión antijesuítica y así desató unas batallas diplomáticas dignas de mejor causa: con Rusia, con el Vaticano y con los demás Estados en los que había o podía haber restos de la proscrita Compañía de Jesús.

Las relaciones Rusia-Santa Sede. Hay que reconocer que la diplomacia imperial rusa con respecto al Vaticano fue audaz y eficiente pues sin lugar a dudas supo aprovechar las ventajas que le suponía el negociar con las pocas expectativas que podía ofrecer en el imperio una minoría católica.

[1357] Nicolás AZARA. *El espíritu de D. José Nicolás de Azara descubierto en su correspondencia epistolar con C. Manuel de Roda.* Madrid, Imprenta de J. Martín Alegría (1846) (Cartas de Azara a Roda. III, 274.) Citado por MARCH. *El restaurador de la Compañía de Jesús beato José Pignatelli y su tiempo*, II, 24.

Una vez anexionadas a Rusia las provincias polacas la zarina Catalina II promulgó una cédula el 14 de diciembre de 1772 por la que prohibía publicar las bulas papales sin el consentimiento imperial dentro de la gobernación de Bielorrusia[1358].

Y como hemos anotado más arriba la verdadera historia directa comienza con la audiencia que le dispensó Pío VI al obispo Estanislao Siestrzencewicz el 9 de agosto de 1778 en la que le concedió la jurisdicción ordinaria sobre los religiosos en los territorios moscovitas (el decreto: 15 de agosto de 1778) y en virtud de ese decreto autoriza a los jesuitas de la Rusia Blanca el admitir novicios[1359].

Así pues, la zarina Catalina le tomaría la delantera a la corte de Roma en tres acontecimientos históricos: en la inauguración de un noviciado de la extinta Compañía de Jesús en Polotsk, en visualizar los horizontes que suponía la elección de un Vicario General para los jesuitas de Bielorrusia y en la legalización de los actos religiosos unilaterales asumidos previamente por la zarina y el obispado de Moguilev [Mallo][1360].

Con anterioridad hemos tratado el problema del noviciado.

En 1782 (25 de junio) se promulgaba una real cédula por la que se autorizaba a los jesuitas del imperio ruso elegir un vicario general para que rigiera sus destinos pero subordinado al arzobispo de Moguilev (todavía no aprobado por Roma) quien se obligaba a "vigilar para que el reglamento de aquella orden se observase por entero, si corresponde a nuestras instituciones civiles"[1361].

[1358] Moiséi ALPERÓVICH. "La expulsión de los jesuitas de los dominios españoles y de Rusia en la época de Catalina II", 35.

[1359] O'NEILL Charles y Christopher J. VISCARDI. "31. Pío VI". En: Charles E. O'NEILL y Joaquín Mª DOMÍNGUEZ. *Diccionario histórico de la Compañía de Jesús*, III, 3006.

[1360] Moiséi ALPERÓVICH. "La expulsión de los jesuitas de los dominios españoles y de Rusia en la época de Catalina II", 40.

[1361] Moiséi ALPERÓVICH. "La expulsión de los jesuitas de los dominios españoles y de Rusia en la época de Catalina II", 38: cita las fuentes rusas en la nota (29).

El proceso fue rápido: el 31 de julio notificaba el gobernador general Chernyshev la decisión real a los jesuitas y el 13 de septiembre se publicaba el decreto del senado y el 17 de octubre se elegía como Vicario General de la Compañía de Jesús en Bielorrusia al P. Estanislao Chernevich (Czerniewicz) "quien gozaba del apoyo del favorito omnipotente de la autócrata rusa, el Príncipe Serenísimo Gregorio Potiomkin"[1362].

Al año siguiente, comienzos de 1783, la diplomacia rusa daba un nuevo paso y enviaba al canónigo Jan Benislavski (1736-1812) a Roma para mejorar las negociaciones entre ambos Estados. El enviado era un ex jesuita que gozaba del apoyo real y que en 1778 había pasado a Mogilev para ayudar a la fundación de la arquidiócesis y a su arzobispo Estanislao Siestrzencewicz a fin de colaborar en la formación de su seminario[1363].

Una doble misión portaba tan curioso representante de la zarina y cuya audiencia definitiva tuvo lugar el 12 de marzo de 1783[1364].

La primera era netamente diocesana pues Catalina II por su propia decisión y sin la intervención de Roma había convertido la diócesis Moguilev en arquidiócesis el 17 de enero de 1782 y de forma paralela al obispo lo elevó a la categoría de arzobispo[1365].

[1362] Moiséi ALPERÓVICH. "La expulsión de los jesuitas de los dominios españoles y de Rusia en la época de Catalina II", 38-39. Y cita como fuente: ANÓNIMO. *Merkwürdige Nachrichten von den Jesuiten in Weissreussen. In Briefen. Aus dem Italienischen.* Übersetzer Chriostoph Gottlieb von Murr. Frankfurt und Leipzig (1785) 357. Una síntesis en: José M. MARCH. *El beato José Pignatelli y su tiempo*, II, 44-50.

[1363] Ludwik GRZEBIEN. "Benislaswki, Jan". En: Charles E. O'NEILL y Joaquín Mª DOMÍNGUEZ. *Diccionario histórico de la Compañía de Jesús*, I, 407-408. El texto entregado al Papa puede verse en: Marek INGLOT. *La Compagnia di Gesù nell'imperio russo (1772-1820) e la sua parte nella restaurazione generale della Compagnia*, 270-273.

[1364] Marek INGLOT. *La Compagnia di Gesù nell'imperio russo (1772-1820) e la sua parte nella restaurazione generale della Compagnia*, 127-133.

[1365] Moiséi ALPERÓVICH. "La expulsión de los jesuitas de los dominios españoles y de Rusia en la época de Catalina II", 38. Ver nota (28).

La Santa Sede accedió a la petición y envió en el verano de 1783 a la capital rusa al nuncio Giovanni Andrea Arquetti como delegado apostólico y así entregó una carta autógrafa de Pío VI a Catalina II[1366]; y el 7 de enero del año siguiente confirió la dignidad arzobispal con toda clase de solemnidades al arzobispo de Moguilev[1367]. Además Jan Benislavski fue consagrado obispo titular de Gadara en San Petersburgo[1368].

La segunda se refería al *statu quo* de los jesuitas y como concluye Lesmes Frías lo consiguió "pero tan secretamente y de solo a solo con el Papa que, a lo que parece, ni el Secretario de Estado ni nadie lo supo, y así pudo éste dar mil seguridades a los ministros, sin mentira ni aun restricción mental alguna"[1369]. El propio Benislavski confirmaría la aprobación oral positiva del pontífice como consta de su declaración jurada (24 de julio de 1785) que se halla a continuación de los decretos de la I Congregación Polocense[1370].

En 1784 la Compañía de Jesús en Rusia funcionaba a cabalidad con el noviciado, los estudios de filosofía y teología y la tercera probación. El número de jesuitas, según los catálogos, era: en 1778, 172 (95 sacerdotes, 29 escolares, 48 coadjutores, incluidos 6 novicios)[1371] y en

---

[1366] Augustin THEINER. *Die neuesten Zustände der Katholischen Kirche beider Ritus in Polen und Rußland seit Katharina II. bis auf unsere Tage mit einem Rückblick auf die Russische Kirche und ihre Stellung zum heiligen Stuhle seit ihrem Entstehen bis auf Katharina II. bis auf unsere Tage; mit einem Bande Dokumente.* Augsburg, Verlag der Karl Kollmann'schen Buchhandlung (1841) 81-83; 450-451.

[1367] Augustin THEINER. *Die neuesten Zustände der Katholischen Kirche beider Ritus in Polen und Rußland*, 454.

[1368] Ludwik GRZEBIEN. "Benislaswki, Jan", I, 408.

[1369] Lesmes FRÍAS. *Historia de la Compañía de Jesús en su Asistencia moderna de España.* Tomo I (1815-1835). Madrid, Administración de Razón y Fe (1923) 20. El testimonio de la concesión "vivae vocis oraculo" en: INGLOT. *La Compagnia di Gesù nell'imperio russo (1772-1820) e la sua parte nella restaurazione generale della Compagnia*, 132.

[1370] La copia MARCH. *El restaurador de la Compañía de Jesús beato José Pignatelli y su tiempo*, II, 46 y remite a: *INSTITUTUM Societatis Jesu.* Florentiae, Ex Typographia a SS. Conceptione, II (1893) 452.

[1371] INGLOT. *La Compagnia di Gesù nell'imperio russo (1772-1820) e la sua parte nella restaurazione generale della Compagnia*, 133.

1798 llegaban a 213 (94 sacerdotes, 71 escolares, 48 coadjutores y 4 novicios)[1372].

Al cerrarse el siglo XVIII hubo otra declaración oral de Pío VI el día 2 de marzo de 1799 gracias a las informaciones dadas por el nuncio Lorenzo Litta[1373].

Las relaciones España-Rusia. De forma paralela la corte de Madrid trató de hacer presente su actitud frente a los acontecimientos históricos que se desarrollaban en Bielorrusia a través de su embajador ante la Emperatriz Catalina II.

El 27 de septiembre de 1779 Moñino se dirigía a Pedro Normández, embajador en Rusia, para que expusiera en San Petersburgo la necesidad de exigir el puntual y exacto cumplimiento del Breve *Dominus ac Redemptor* porque así lo exigía la quietud de los reinos[1374].

Sin embargo, es importante conocer la visión de Moiséi Alperóvich sobre todo este proceso porque maneja directamente las fuentes rusas[1375]. Al analizar las relaciones hispano rusas, en la década de los años 1770-1780, atribuye al Encargado de Negocios de España en San Petersburgo, Pedro Normández, que la información remitida a Madrid no era fidedigna de que la zarina estaba dispuesta a ceder ante la corte española y sus aliados, pues ella consideraba esas actitudes como intervención inadmisible en los asuntos internos de su imperio.

[1372] Ibidem.

[1373] INGLOT. *La Compagnia di Gesù nell'imperio russo (1772-1820) e la sua parte nella restaurazione generale della Compagnia,* 136-149.

[1374] AHN. Madrid, 6116. (March. *El restaurador,* II, 25-26).

[1375] Moiséi ALPERÓVICH. "La expulsión de los jesuitas de los dominios españoles y de Rusia en la época de Catalina II". En: Manfred TIETZ (Edit.). *Los jesuitas españoles expulsos. Su imagen y su contribución al saber sobre el mundo hispánico en la Europa del siglo XVIII.* Madrid, Iberoamericana; Frankfurt am Main, Vervuert (2001) 33-43.

Todavía más, el 14 de febrero de 1780 dirigió al ministro Shtakelberg en Varsovia (puente de contacto con la Santa Sede) un rescripto en que manifestaba su posición ante el caso de los jesuitas y los apoyaría mientras fueran fieles a las leyes del imperio. Y, el 29 del mismo mes, Panin remitía a Madrid el mencionado documento y le advertía a su embajador que si la autoridad hispana tocaba el tema jesuítico no debía entrar en ninguna discusión pues sería "incompatible con la dignidad real y con los derechos del poder absoluto e independiente"[1376].

El orgullo del gobierno español no podía asumir tan humillante golpe y por ello desencadenó una ofensiva diplomática que duraría varios años más. Cuando el venezolano Francisco de Miranda visitó Rusia en 1786-1787 el príncipe Potiomkin le expresaría al viajero venezolano "que la Emperatriz había sido solicitada por el rey de España para que no recibiese a los jesuitas, y que sobre el rehusar la petición la había significado que algún día se arrepentiría de haber admitido 'semejantes gentes' en sus dominios"[1377].

Una prueba fehaciente de que el servicio exterior español era consciente de que su diplomacia con Rusia, en el asunto jesuítico, no tenía salida lo evidencia la carta de 1783 del ministro conde de Floridablanca a José Azanza, embajador en San Petersburgo: "Quiere el Rey que usted no tenga con ese ministerio explicaciones algunas ni sobre la comisión principal de Monseñor Archetti, ni sobre el punto de los ex jesuitas. En cuanto a éste se ha manifestado ya antes de ahora a esa Corte el modo de pensar del Rey y sus deseos; y así S. M. sólo piensa entenderse con la de Roma en un negocio que tan directamente le pertenece. S. M. mirará con mucho desagrado cualquiera condescendencia que ésta tenga acerca de esos ex jesuitas, y hará a la misma las recomendaciones a que

---

[1376] Moiséi ALPERÓVICH. "La expulsión de los jesuitas de los dominios españoles y de Rusia en la época de Catalina II", 38.

[1377] Francisco de MIRANDA. *Colombeia*. Caracas, IV (1981) 525.

diere lugar su conducta. Este deberá ser el modo de explicarse de usted con el Nuncio Pontificio, cuando tuviere oportunidad"[1378].

En este contexto pensamos que el desterrado en Bolonia, Manuel Luengo, tenía bastante razón al escribir en su *Diario* el 24 de septiembre de 1779: "El Duque de Grimaldi sabe también con una entera seguridad que la causa de la Compañía es el grande y aun el único negocio de los Ministros dominantes en Madrid, y que para éstos es mayor mal este Noviciado de la Compañía de Jesús en Rusia que la pérdida de media docena de batallas en la presente guerra contra los ingleses y de otras tantas Provincias de América"[1379].

El tema americano también fue parte del interés geoestratégico del imperio ruso como lo demuestra el creciente movimiento comercial hacia el continente colombino a través de las florecientes exportaciones peleteras y la tentación que sugerían las colonias españolas poco protegidas y mal cuidadas. Y una de las causas del acercamiento de la zarina a la Compañía de Jesús parece ser porque había pensado en servirse de sus miembros como "columna subversiva" de infiltración en los espacios americanos[1380]. Pero volveremos sobre el tema más adelante.

Las relaciones España-Vaticano. La monarquía hispana, en vista de que no había podido captar para su causa a la zarina, se empeñó en doblegar al Papa por la sostenida presión diplomática para que por su medio se extinguiera la hoguera que había prendido en Bielorrusia el obispo mallense o como dirá el embajador español en San Petersburgo en 1783 esa "pequeña parte que queda del disuelto cuerpo de la Compañía"[1381].

[1378] AHN. *Estado*, 6.119. *Carta de Floridablanca a José Azanza*. San Ildefonso, 9 de Septiembre de 1783. (Citado por Lesmes FRÍAS. *Historia de la Compañía de Jesús en su Asistencia moderna de España*, 16).

[1379] Manuel LUENGO. *Diario*, 24 de septiembre de 1779.

[1380] Ana Mª SCHOP SOLER. *Las relaciones entre España y Rusia en la época de Carlos IV*. Barcelona, Universidad de Barcelona (1971) 81.

[1381] AGS. *Estado*, 6.652. *José de Asanza a Floridablancia*. San Petersburgo, 30 de julio de 1783.

En otras palabras: Si la actividad cancilleresca madrileña había fracasado por completo en sus inoportunas exigencias frente a la corte de Catalina II trataría ahora de abrirse otro camino bien a través de sus representantes en Roma y San Petersburgo, bien por medio de los embajadores acreditados ante Carlos III, bien a través del nuncio en Varsovia, encargado de los negocios de Roma en Rusia.

Pero, sin lugar a dudas, la diplomacia española montaría sus baterías en la capital de la cristiandad en muy diversos frentes[1382] pero sería el jesuítico uno de los que absorbería muchos rubros de la rutina su embajada en Roma[1383].

Por allí pasarían los principales artífices tanto de la expulsión de los jesuitas como de su extinción[1384]. Baste recordar a: Tomás Azpuru[1385], José Moñino[1386], José Nicolás de Azara[1387] y el marqués de Grimaldi.

[1382] Isidoro PINEDO IPARRAGUIRRE. "El pontificado y los jesuitas al tiempo de la extinción de la Compañía de Jesús". En: *Anuario del Instituto Ignacio de Loyola*, (1998) 45-69.

[1383] Maximiliano BARRIO GOZALO. "Madrid y Roma en la segunda mitad del siglo XVIII. La lucha contra las <usurpaciones> romanas". En: *Revista de Historia Moderna. Anales de la Universidad de Alicante*. Alicante, 16 (1997) 69-82.

[1384] Véase: Isidoro PINEDO. *Los ministros de Carlos III y los jesuitas*. (Ms. Cedido gentilmente por el autor).

[1385] Miguel Ángel MUÑOZ ROMERO. "La cuestión jesuita desde la embajada de Tomás Azpuru en Roma (1767)". En: INSTITUTO DE ESTUDIOS VASCOS. *Esteban de Terreros y Pando: vizcaíno, polígrafo y jesuita*. III Centenario: 1707-2007. Bilbao, Universidad de Deusto (2008) 563-580.

[1386] Francisco BELMONTE. "José Moñino en Roma: el Breve de extinción de la Compañía de Jesús". En: Antonio MESTRE SANCHÍS y Enrique GIMÉNEZ LÓPEZ (eds.). *Disidencias y exilios en la España moderna*. Alicante, Caja de Ahorros del Mediterráneo-Universidad de Alicante (1997) 739-746. Enrique JIMÉNEZ LÓPEZ. *Misión en Roma. Floridablanca y la extinción de los jesuitas*. Murcia, Universidad de Murcia, 2008.

[1387] José Nicolás de AZARA. *El espíritu de D. José Nicolás de Azara, descubierto en su correspondencia epistolar con D. Manuel de Roda*. Madrid, 1846.

Pero también en el entorno papal no abundaban los pro jesuitas sino lo contrario como lo evidencia la postura del cardenal Lázaro Opizio Pallavicino, Secretario de Estado de Pío VI[1388].

Se puede afirmar que cada vez que la minúscula resistencia de la orden de Ignacio de Loyola arrinconada en la Rusia Blanca daba signos de vitalidad de inmediato los embajadores de las cortes borbónicas se hacían presentes de forma airada en el Vaticano.

No deja de llamar la atención del historiador el contemplar la obsesión enfermiza de la corte de España con respecto al tema jesuítico mientras pareciera que no calibraba las fuertes tensiones que sacudían el mundo europeo y americano en la era de las revoluciones y de las grandes transformaciones

---

[1388] El P. Luengo ha dejado en su *Diario* la siguiente descripción: "¿No es este Cardenal Pallavicini el mismo que, siendo Nuncio en Madrid el año 1767, una y muchas veces aseguró a los jesuitas de aquella Corte que nada había contra ellos y nada tenían que temer, aunque estaba bien informado de que estaba ya firmado el Decreto del Rey de destierro de la Compañía de todos sus Dominios, y esto con la expresa intención de que los jesuitas de descuidasen, se durmiesen y no diesen paso alguno en su defensa, y de que los Ministros pudiesen sorprenderlos y llevar a cabo con seguridad sus malvados intentos? ¿No es éste el mismo que en esta ocasión faltó gravísimamente y notoriamente a las obligaciones de súbdito y de Ministro del Papa Clemente XIII y le fue traidor, no haciendo uso de las instrucciones que le había enviado, por servir y complacer a los Ministros de Madrid? ¿No es este mismo Cardenal Pallavicini el que el día de la intimación del destierro a los jesuitas de Madrid hizo la ridícula e indecente comedia o entremés de fingirse malo para afectar sentimiento por aquella desgracia de los jesuitas, para dar a entender que no la había sabido antes que sucediese, y engañar y deslumbrar de este modo al Papa? ¿No goza este Cardenal Pallavicini 15.000 o 20.000 escudos de pensiones y Rentas Eclesiásticas dadas por los Ministros de Madrid en premio de estas mentiras, de estas maldades y de estas traiciones al Papa y a la Iglesia? ¿No es ya soldado viejo y aguerrido en delirios y furores contra los jesuitas y contra su Religión? ¿Pues qué reparo ni escrúpulo ha de tener un hombre como éste en usar de equívocos y anfibologías, en desfigurar un suceso que ha pasado a 600 leguas de Roma, ni en faltar abiertamente a la verdad en un parrafillo de una Gaceta en que no aparece su nombre, tratándose en él de hacer mal y de infamar a los jesuitas y a un Obispo que les ha favorecido, y de contentar y servir a los Ministros de España, sus amigos y bienhechores?" (Manuel LUENGO. *Diario*, 24 de septiembre de 1779).

Es difícil ofrecer una visión global de Pío VI[1389] y por ello trataremos de circunscribirnos al tema jesuítico[1390]. O'Neill y Viscardi lo retratan de la siguiente manera: "Conocido por su vanidad personal y su afición a la pompa, le faltaba visión y firmeza, y no estaba preparado para los retos dramáticos que le esperaban durante el más largo pontificado del siglo XVIII. Su vuelta al nepotismo y sus proyectos constructores grandiosos agotaron los recursos papales y le distrajeron de las corrientes revolucionarias que agitaban a Europa"[1391].

Por ello no es fácil seguir las variadas y a veces contradictorias reacciones a las que en definitiva se vio obligado a recurrir la cabeza de la cristiandad.

La primera, fue la recomendada por la prudencia. Ante los reclamos de los funcionarios españoles el Santo Padre buscaba sus explicaciones alegando que el obispo de Mallo se escudaba en la emperatriz; el cardenal secretario de Estado, Pallavicino, le escribía al nuncio en Madrid que el papa hubiera hecho retirar enseguida el edicto pero lo había retenido el respeto a la zarina y que el nuncio Archetti siempre le había dado buenas noticias[1392].

En una segunda fase Pío VI tuvo que recurrir a la alta retórica diplomática: establecer los grandes principios por los que debía regirse el audaz obispo Estanislao Siestrzencewicz en los pasos hacia delante que sistemáticamente daba con respecto al apoyo a los jesuitas de su diócesis y su consiguiente retractación. En realidad meros enunciados principistas.

[1389] Jules GENTRY. *Pie V: sa vie, son pontificat (1717-1799): d'après les Archives Vaticanes et de nombreux documents inédits*. Paris, A. Picard, 1906, 2 vols.

[1390] O'NEILL Charles y Christopher J. VISCARDI. "31. Pío VI". En: Charles E. O'NEILL y Joaquín Mª DOMÍNGUEZ. *Diccionario histórico de la Compañía de Jesús*, III, 3003-3006.

[1391] Charles O'NEILL y Christopher J. VISCARDI. "31. Pío VI". En: Charles E. O'NEILL y Joaquín Mª DOMÍNGUEZ. *Diccionario histórico de la Compañía de Jesús*, III, 3004.

[1392] Archivo Vaticano. *Nunciatura de España*, 461.

En vista de la publicidad otorgada por las *Gacetas* a los sucesos de Polotsk la Secretaría de Estado remitió una circular a todas las nunciaturas con el siguiente texto: "El Santo Padre ha encargado a Monseñor Archetti manifestar al Mallense [Siestrzencewicz] la pontificia indignación, y reprenderle ásperamente por semejante atentado, mandándole retractar la temeraria pastoral, y sustituir otra que deshaga lo dispuesto en la primera y todo cuanto tenga relación con el asunto; amenazándole de privarle las facultades ... de las cuales ha abusado con grave escándalo de aquellos católicos y con manifiesta violación de las invariables decisiones de Su Santidad"[1393].

Sin embargo, Pío VI estaba consciente de que el frente unipolar antijesuítico se iba resquebrajando frente a la enfermiza obsesión de Carlos III. Durante su estancia en Viena (1782) el emperador José II le confesó que había sido una lástima extinguir la Compañía y esta confesión se la trasmitió el pontífice al ministro Azara en Roma con la evidente intención de que llegara a Madrid[1394].

Y también dentro de la iglesia se alzaban voces morales que percibían con tristeza las enormes lagunas que había provocado en la sociedad la ausencia de los seguidores del de Loyola. Cuando el cardenal Ludovico Calini fue a despedirse del papa el 31 de mayo de 1780 porque se retiraba a esperar la muerte en Brescia el tema de la conversación giró sobre la restauración de la Compañía y después escribió estas palabras del pontífice: "Roguemos al Señor que nos dé a conocer el camino que nos conduzca al término. Este restablecimiento no es imposible, puesto que la destrucción se ha hecho injustamente y sin guardar ningunas reglas"[1395].

[1393] Citado por MARCH. *El restaurador de la Compañía de Jesús*, II, 28.

[1394] ARSI. *Historia Societatis*, 234-II, fol., 214. *Carta de Moñino a Azara*. San Ildefonso, 30 de julio de 1782. (Citado por MARCH. *El restaurador de la Compañía de Jesús*, II, 35).

[1395] MARCH. *El restaurador de la Compañía de Jesús*, II, 37. Allí afirma que el documento íntegro lo transcribe Jacques CRÉTINEAU-JOLY. *Clemente XIV y los jesuitas, o sea Historia de la destrucción de los jesuitas escrita en francés con vista de auténticos e inéditos documentos por J. Crétineau-Joly y traducida al castellano de la segunda edición francesa considerablemente aumentada por el doctor D.N.V.M.* Madrid, Establecimiento Tipográfico-Literario de D. Nicolás de Castro Palomino, 1848. Capítulo V.

Y más adelante escribiría: "No habiéndose dado curso en la Rusia Blanca al Breve Clementino [Clemente XIV], por cuanto el Obispo, que en virtud del Breve le debía intimar a los jesuitas, por las circunstancias en que se hallaba no se lo pudo intimar, los jesuitas rusos quedan en la pacífica posesión, en la cual están doscientos cuarenta años a esta parte, de ser verdaderos jesuitas con tantas bulas y Breves de los Pontífices. ¿Dónde está pues su herejía o su falta de obediencia? El Obispo no les intima el Breve de abolición, porque la Corte de San Petersburgo amenaza con el destierro al que lo intime, y es cosa cierta que los preceptos eclesiásticos no obligan con tanto daño y perjuicio. Además de esto, los Príncipes católicos podían no dar curso al Breve sin la menor tacha, porque, a más de la razón ya dicha, hay la razón especial del mismo Papa que extinguió la Compañía, el cual no usó de los Príncipes de otro término que del de pura exhortación, *hortamur Príncipes*. La mente, pues, de Clemente es que los Príncipes no sean mandados a hacerlo; ¿y se dirá que están mandados a hacerlo los Príncipes no católicos?"[1396].

La tercera fue mucho más delicada pues enfrentaba los sentimientos y las convicciones íntimas de Giannangelo Braschi contra las exigencias no espirituales y a veces injustas de Pío VI que le obligaban a navegar por mares procelosos. Los imperativos no escrupulosos del poder temporal contra las obligaciones pulcras de la conciencia. Ello explica la duplicidad de lenguajes utilizados: el diplomático ajustado a sus exigencias, el espiritual utilizando el secreto y la discreción.

[1396] P. VILLADA. "El primer centenario del restablecimiento de la Compañía de Jesús en todo el mundo". En: *Razón y Fe*. Madrid, tomo XXXIX (1914) 215. El autor transcribe una larga entrevista del Cardenal Clino con Pío VI. (páginas, 213-216).

II. EL CONSTANTE RECONOCIMIENTO DE LA COMPAÑÍA EN LA RUSIA BLANCA

Ciertamente que la aprobación oficial del noviciado en Polotsk el 28 de junio de 1779[1397] constituye la primera inyección de esperanzas al grupo sobreviviente, al margen de las exigencias del Breve *Dominus ac Redemptor*, frente a la depresión que sufrían las ruinas de los jesuitas abolidos y que afrontaban las mayores penalidades sobre todo en la península italiana.

Con todo, es conveniente precisar que desde enero de 1776, el provincial de Bielorrusia, fundamentado en la aprobación oral de Pío VI al cardenal Rezzonico, readmitió a varios extinguidos de las provincias de Mazovia y Lituania e incluso obtuvo permiso del polémico obispo de Vilna, Estanislao Siestrzencewicz, para que se pudieran ordenar 22 jesuitas[1398].

Dada la importancia que iba asumiendo la prensa y sobre todo las Gacetas el hecho fue dado a conocer en Colonia por el P. Jacques Dambrin (1717- ¿?)[1399], que en exilio tomó el nombre de el abate Jeaurinvillier. Desde el año 1768 dirigía la *Gazette de Cologne* y en el número del 24 de enero de 1777 publicó la carta de Zacarías Cherniszew al P. Chernevich en la que se autorizaba la construcción del noviciado para los jesuitas rusos[1400] y por se medio ese regó la noticia en Europa.

[1397] Moiséi ALPERÓVICH. "La expulsión de los jesuitas de los dominios españoles y de Rusia en la época de Catalina II". En: Manfred TIETZ(ed.). *Los jesuitas españoles expulsos. Su imagen y su contribución al saber sobre el mundo hispánico en la Europa del siglo XVIII.* Madrid, Iberoamericana; Frankfurt am Main, Vervuert (2001) 37.

[1398] Ludwik GRZEBIEN. "Rusia. II. Provincia de la Rusia Blanca (1773-1820)". En: Charles E. O'NEILL y Joaquín Mª DOMÍNGUEZ. *Diccionario histórico de la Compañía de Jesús*, IV, 3443.

[1399] SOMMERVOGEL. *Bibliothèque*, II, 1787-1788.

[1400] Archivo Histórico de Loyola. Manuel Luengo, *Colección de Papeles Varios*, t., 7, pag., 35.

Para poder calibrar la hipersensibilidad que todavía despertaba una temática, al parecer tan intrascendente, como era la aprobación de esta casa de formación espiritual por el obispo Siestrzencewicz en Polotsk basta con asomarse tanto a las notas de protesta levantadas por los diplomáticos hispanos en San Petersburgo y Roma así como también a las intensas diatribas en el plano político-eclesiástico local en algunas ciudades de los Estados Pontificios.

Del primero hemos hablado más arriba. El segundo nos introduce en esas agrias polémicas que recuerdan el fervor de las discusiones escolásticas y la pasión con que se disputaba en ellas.

Quien revise pacientemente en el *Diario* de Manuel Luengo todo lo escrito sobre el tema en el año 1780 descubrirá una sorprendente existencia de libros, folletos, hojas sueltas típicas de las literaturas de polémica.

El día 5 de abril el diarista recoge la polémica entre el dominico Bechetti y dos ex jesuitas: el mexicano Manuel Mariano de Iturriaga (1728-1787)[1401] y el castellano Francisco Javier Perotes (1742-1825)[1402] ambos teólogos de profesión y consultores de varios obispos italianos.

El título del "papelito" de Iturriaga traducido al castellano es: *"Preguntas al proponedor de dudas sobre la conducta del Obispo de la Rusia Blanca en la apertura del Noviciado de los jesuitas"*[1403]. En este escrito se

---

[1401] Lorenzo HERVÁS Y PANDURO. *Biblioteca jesuítico-española (1759-1799)*. Estudio introductorio, edición crítica y notas: Antonio Astorgano Abajo. Madrid, I (2007) 301-306. SOMMERVOGEL. *Bibliothèque*, IV, 689-693. Sin embargo Zambrano-Casillas ponen como fecha de defunción el año 1787 frente a Sommervogel que la ubica en 1819. (Francisco ZAMBRANO y José GUTIÉRREZ CASILLAS. *Diccionario bío-bibliográfico de la Compañía de Jesús en México*. México, Edit. Tradición, XV (1977) 784-785).

[1402] Lorenzo HERVÁS Y PANDURO. *Biblioteca jesuítico-española (1759-1799)*. Madrid, I (2007) 443444. SOMMERVOGEL. *Bibliothèque*, VI, 545. Miguel BATLLORI. *La cultura hispano-italiana de los jesuitas expulsos*. Madrid, Gredos (1966) 102-104.

[1403] El escrito se encuentra en: Archivo Histórico de Loyola. Manuel LUENGO. *Papeles Varios*, 7-283.

formulan 31 preguntas que en general recogen gran parte de los temas que hemos tratado a lo largo de este libro y cierra esos apuntes con este texto: "Se exhorta al Rvdmo. autor a dar una respuesta pronta, oportuna y perspicua. El público la espera y su honor lo obliga a ella. Pero se le advierte que sea verdaderamente respuesta, no un gigotillo o un fárrago impertinente y fastidioso, no una tortura de la Dialéctica, no un abuso y violencia de los Sagrados Cánones, no una degradación y abatimiento de las Sagradas Religiones, no un necio e ignorante trastorno de la Historia Eclesiástica y del Instituto de la Compañía, y proceda con respeto a la Santa Sede, a los Obispos y a los Monarcas"[1404].

Javier Perotes contesta al punto de si los jesuitas de Rusia son todavía Religiosos o han dejado de serlo pues no se conformaron con el Breve de Extinción del Papa Ganganelli. El teólogo recurre al argumento tradicional jesuítico, que no se les intimó con la legalidad conveniente[1405].

Pero dos observaciones debemos apuntar en este momento. La primera, resalta la vitalidad con que en Bolonia se leían y estudiaban las corrientes teológicas y quien desee seguir de cerca estos movimientos ideológicos tendrá que recurrir tanto al *Diario* de Luengo como a sus *Papeles varios*[1406], verdadero archivo documental de esa interesante época de transición del pensamiento.

La segunda, arroja luz para entender cómo también en la intolerancia religiosa es loable levantar la voz crítica y de protesta aun careciendo de los medios necesarios. Como casi todas las imprentas de los Estados de la Iglesia eran controlados por los dominicos era imposible a los expulsos imprimir toda esa literatura polémica. Y concluye sus reflexiones de la siguiente manera: "A pesar de toda su prepotencia y despotismo,

---

[1404] Manuel LUENGO. *Diario*, 5 de abril de 1780.

[1405] Manuel LUENGO. *Diario*, 5 de abril de 1780.

[1406] Inmaculada FERNÁNDEZ ARRILLAGA. *El legado del P. Manuel Luengo (1767-1815). Diario de la expulsión de los jesuitas de España. Colección de Papeles Curiosos y Varios* (Índices). Alicante, Instituto Alicantino de Cultura "Juan Gil-Albert", 2003.

si el P. Becchetti o algún otro de sus Hermanos u otros de sus estados y condiciones escribiesen en adelante alguna cosa contra los jesuitas de Rusia y su Noviciado, o contra el Obispo que lo abrió, no dejarán de ser vigorosamente impugnados por los jesuitas que viven en Italia, aunque sus impugnaciones no puedan ser impresas en parte alguna. Uno y otro sucederá verosímilmente según es el fuego y fermentación que hay todavía sobre este asunto, y de todo daremos razón con nuestra acostumbrada franqueza"[1407].

Sin embargo, la apertura del noviciado fue el 2 de febrero de 1780 y bajo la dirección del P. Lubowcki se incorporaron 10 jóvenes que deseaban realizar su vocación dentro de la Compañía de Jesús y posteriormente se amplió la cobertura a los antiguos jesuitas que desearan insertarse en la que fue institución religiosa a la que habían dedicado lo mejor de su vida[1408].

Es curioso reseñar cómo recibía la noticia del noviciado de Bielorrusia el desterrado Manuel Luengo en Bolonia el 24 de septiembre de 1779: "Gran cosa: suceso sin duda importantísimo y de mucha utilidad y gloria para la abatida Compañía de Jesús. Ella se ha conservado en aquel país, con algún consentimiento del Papa que la destruyó y del presente que la ha abandonado en las demás partes, y ahora de un modo auténtico y solemne se le permite abrir Noviciado y admitir Novicios, que es tanto como restablecerse de nuevo, resucitar de muerte a vida y ponerse en estado de multiplicarse, extenderse, conservarse y perpetuarse"[1409].

Y el 4 de diciembre del mismo año reseñaba: "El Noviciado de la Compañía de Jesús abierto en la Rusia Blanca en virtud de un Edicto o Carta Pastoral del Ilmo. Sr. Obispo de Mohilov da más copiosa materia de conversación a todas las gentes que la guerra, que todas las numerosísimas Escuadras y todos los combates de ingleses, franceses y españoles,

---

[1407] Manuel LUENGO. *Diario*, 5 de abril de 1780.
[1408] MARCH. *El restaurador de la Compañía de Jesús*, II, 31.
[1409] M. LUENGO. *Diario*, 24 de septiembre de 1779.

y especialmente en Italia, donde nos hallamos, y todavía con mayor particularidad en Roma..."[1410].

De esta forma, se iniciaba el proceso que debía asegurar el horizonte institucional del futuro de la Compañía de Jesús.

A mediados de 1782 la "isla de los sobrevivientes" presenció un paso trascendental. Como hemos explicado más arriba por una carta del 15 de julio de 1782 se convocó una Congregación que debería llevarse a cabo el 10 de octubre y en la que se pudiera elegir un Vicario General. Todo este proceso había contado con la anuencia de la Zarina y con los debidos permisos de la mitra local como lo establecía el estatuto de las relaciones iglesia-estado en esa región de mayoría ortodoxa[1411].

Como era de esperarse no faltó la protesta del embajador español en Roma en la que venían a exigirle al Papa que rompiera su silencio y pusiera fin al escándalo con una declaración formal sobre la invalidez de ese nuevo acto[1412].

Por otra parte, es natural que esta decisión afectase la conciencia de los "sobrevivientes" ya que si el noviciado era una concesión, al parecer, casi inocua la convocatoria de una Congregación General podría ser considerada por algunos como un desafío a la jurisdicción papal ya que tal medida parecía anular prácticamente el Breve *Dominus ac Redemptor*.

El provincial Chernevich (Czerniewicz) realizó dos consultas entre los profesos de la provincia dada la diversidad de opiniones sobre todo las que provenían del ámbito jurídico: en primer lugar, si se trataba de una congregación provincial pues se restringía a los sobrevivientes de la Rusia Blanca; y, en segundo término, si estaban frente a una congregación general pues de facto eran los únicos restos jurídicos de lo que

---

[1410] M. LUENGO. *Diario*, 4 de diciembre de 1779.

[1411] Moiséi ALPERÓVICH. "La expulsión de los jesuitas de los dominios españoles y de Rusia en la época de Catalina II", 38-39.

[1412] AGS. *Estado*, 5056. *Carta de Grimaldi a Pallavinici*. Roma, 30 de diciembre de 1782.

había sido la Compañía de Jesús y en ese caso cuál era el ámbito de la elección: de un vicario general o de un general.

Una vez recogidos los resultados se los remitió al P. Karol Korycky (1702-1789)[1413] que había sido el último asistente en Roma de la Provincia de Polonia y como tal había soportado la dura prisión en Santángelo. Korycky después de estudiar la documentación y consultar a los canonistas romanos recomendó no servirse de los privilegios de Catalina II sino solo de los derechos de la Orden y actuar de acuerdo con ellos por cuanto la Compañía no había sido suprimida nunca en la Rusia Blanca.

Así surgieron las denominadas "Congregaciones Poloceneses" (Polotsk) que fueron cinco[1414].

La primera se desarrolló entre los días 11 y 18 de octubre y participaron los 30 profesos más antiguos de la Provincia. Las sesiones fueron presididas por el P. Estanislao Czerniewicz y en la votación llevada a cabo el día 17 fue elegido vicario general vitalicio pero con una condición que explicaba la interinidad: hasta que se restaurase universalmente la Compañía y se eligiera a un general. La asamblea se interrumpió el día 18 porque el nuevo vicario general fue llamado a San Petersburgo por la Zarina[1415].

Varias medidas tomó el nuevo mandatario de la Compañía de Jesús en exilio. En primer lugar, nombró provincial a Franciszek Kareu; abrió una casa para que se pudiera realizar las exigencias de la orden con respecto a la denominada "tercera probación"; permitió que pudieran pronunciar sus últimos votos los que habían cumplido los años exigidos por el instituto; y finalmente autorizó a los ex jesuitas que vivían fuera de Rusia renovar su

---

[1413] Bronislaw NATONSKI. "Korycky, Karol". En: Charles E. O'NEILL y Joaquín Mª DOMÍNGUEZ. *Diccionario histórico de la Compañía de Jesús*, III, 2218.

[1414] Seguiremos la síntesis que ofrece Ludwik GRZEBIEN. "Congregaciones Polocenes (Pololtsk)". En: Charles E. O'NEILL y Joaquín Mª DOMÍNGUEZ. *Diccionario histórico de la Compañía de Jesús*, I, 918-920.

[1415] Ludwik GRZEBIEN. "Congregaciones Polocenes (Pololtsk)", I, 919.

profesión religiosa con la advertencia de que esos votos únicamente eran válidos en el foro interno. Y dentro de su jurisdicción promovió la mejora de la educación a la luz de los consejos de la *Ratio Studiorum*.

Por la celeridad con que fue requerido en la capital rusa por Catalina II la congregación no pudo elegir los "asistentes" del vicario. Para solucionar este delicado problema decidió consultar al P. Sobolwski en Polonia y a Carlos Koricky en Roma y con su consejo redactó un cuestionario (agosto de 1783) en el que consultaba a todos los profesos el modo de proceder en dicha elección. Y el 7 de septiembre notificó a sus corresponsales que no convocaría otra congregación sino que los "asistentes" serían elegidos por votación. Y de esta forma fueron designados Gabriel Lenkiewicz, rector de Polotsk; Franciszek Lubowicki, rector de Daugavpils y Franciszek Lupia.

Al conocerse en el mundo los acontecimientos vividos en Bielorrusia se incrementaron las peticiones de ex jesuitas que vivían dispersos por el mundo que solicitaban la afiliación aunque no podían trasladarse a las tierras rusas. Y sería interesante seguir la correspondencia iniciada por el vicario general con hombres como Luigi Panizzoni (Ferrara), John Howard (Lieja), Gaetano Angiolini (Mantua) e incluso François Bourgeois (Peking)[1416].

Se había asegurado la institucionalidad de la orden fundada por Ignacio de Loyola y de esta forma se puede aseverar que los "sobrevivientes" (también llamados los "jesuitas de Rusia") pasaron de una etapa de grandes incertidumbres a otra de progresiva estabilidad.

Tras el fallecimiento del primer vicario general en el exilio el 18 de julio de 1785 se convocó la segunda congregación polocense (entre el 1º y el 13 de octubre de 1785) y en ella fue elegido el P. Gabriel Lenkiewicz (1722-1798)[1417].

[1416] Ludwik GRZEBIEN. "Czerniewicz, Stanislaw". En: Charles E. O'NEILL y Joaquín Mª DOMÍNGUEZ. *Diccionario histórico de la Compañía de Jesús*, II, 1029-1030.

[1417] Ludwik GRZEBIEN. "Lenkiewicz, Gabriel". En: Charles E. O'NEILL y Joaquín Mª DOMÍNGUEZ. *Diccionario histórico de la Compañía de Jesús*, III, 2330-2332.

El nuevo vicario general pudo comunicar a la asamblea que el papa había concedido la aprobación oral (12 de marzo de 1783) a la I congregación y a la elección de su antecesor el P. Estanislao Czerniewicz[1418].

Pero, sin duda, el tema más interesante en esta reunión fue el educativo pues el gobernador de la Rusia Blanca solicitó a la congregación que se cambiase el sistema de la enseñanza a fin de adaptarlo al que se había adoptado en San Petersburgo que era muy similar al austríaco. La comisión presidida por Francisco Kareu entregó su dictamen en el que se trataba de conjugar las nuevas modalidades con la Ratio Studiorum. La renovación fue tal que el colegio de Polotsk se convirtió en un reconocido centro científico, artístico y religioso y así lo demuestran los museos de física y ciencias naturales, la instalación de la imprenta el año 1787 y la ampliación de la biblioteca que se fue enriqueciendo con las donaciones de los jesuitas de todo el mundo[1419].

Una misión loable fue la de fortificar los lazos de unión entre los jesuitas de la Rusia Blanca con los ex jesuitas del extranjero. En este sentido se pueden mencionar los siguientes.

Desde 1786 se entablaron relaciones con los ex jesuitas de Bélgica y Holanda[1420] y muy especialmente con Hendrik Fonteyne (1746-1816)[1421] y Adam Beckers (1744-1806)[1422] y sus gestiones culminaron en 1803 fecha en la que comenzaron a enviar al noviciado de Polotsk muchos candidatos de esas regiones.

[1418] Ludwik GRZEBIEN. "Congregaciones Polocenes (Pololtsk)", I, 919.

[1419] Ludwik GRZEBIEN. "Lenkiewicz, Gabriel", III, 2331-2332.

[1420] François VAN HOECK. "Lettres des supérieurs de la Compagnie de Jésus en Russie-Blanche aux Jésuites de Hollande". En: *Archivum Historicum Societatis Iesu*. Roma, 3 (1934) 279-299.

[1421] Louis BROUWERS. "Fonteyne, Hendrik". En: Charles E. O'NEILL y Joaquín Mª DOMÍNGUEZ. *Diccionario histórico de la Compañía de Jesús*, II, 1483-1484.

[1422] Jan BARTEN. "Beckers, Adam". En: Charles E. O'NEILL y Joaquín Mª DOMÍNGUEZ. *Diccionario histórico de la Compañía de Jesús*, I, 382. SOMMERVOGEL. *Bibliothèque*, I, 1117-1118.

En 1790 se admitió en la Provincia a los abolidos que trabajaban en el archipiélago del Egeo. Pero el contacto más interesante fue el llevado a cabo con el ducado de Parma pues el príncipe Fernando, con la anuencia de Pío VI, solicitó de Catalina II algunos jesuitas y a principios de diciembre de 1793 llegaron tres: Antonio Messerati con la misión de crear una posible vice-provincia, Luigi Panizzoni como maestro de novicios y Bernardino Scordialo[1423].

Con el deceso de Gabriel Lenkiewicz el 21 de noviembre de 1798 se procedió de inmediato a convocar la correspondiente congregación general para poder elegir al próximo vicario general y ésta se desarrolló entre el 7 y el 15 de febrero de 1799. En la sesión del día 12 fue elegido para el cargo el P. Franciszek Kareu (1731-1802)[1424].

Con la subida de Pío VII al pontificado (14 de marzo de 1800-20 de agosto de 1823)[1425] el recién electo vicario general se dirigió al nuevo pontífice para que pública y formalmente ratificara la aprobación con un breve a esa "isla de sobrevivientes". Pero el zar Pablo I fue más audaz pues en una correspondencia le solicitaba la restauración de la Compañía e incluso le ofrecía asilo en Rusia en caso de que los invasores le obligaran a abandonar la ciudad eterna[1426].

El día 7 de marzo de 1801, el Papa Pío VII, promulgó el Breve *Catholicae Fidei*, por el que la Santa Sede reconocía oficialmente a la Compañía de Jesús en territorio ruso y pasaba a depender de la protección y supervisión directa de las autoridades romanas. Y el Breve concluía "... solamente para conseguir el efecto de las presentes, por

---

[1423] Ludwik GRZEBIEN. "Lenkiewicz, Gabriel", III, 2331.
[1424] Ludwik GRZEBIEN. "Kareu (Karu), Francisco [Franciszek X]". En: Charles E. O'NEILL y Joaquín Mª DOMÍNGUEZ. *Diccionario histórico de la Compañía de Jesús*, II, 1657-1659.
[1425] Hans KÜHNER. *Lexicon der Päpste*. Hamburg-Wandsbek. Fischer Bücherei (1960) 170-172.
[1426] Charles E. O'NEILL y Christopher J. VISCARDI. "Papas. 32. Pío VII". En: Charles E. O'NEILL y Joaquín Mª DOMÍNGUEZ. *Diccionario histórico de la Compañía de Jesús*, III, 3006.

ciencia cierta y con la plenitud de Nuestra potestad apostólica; a ti y a los demás Presbíteros que vivan allí o que en adelante hayan de llegar y quienes ya antes habían sido inscritos en esta Congregación o posteriormente lo sean permitimos y concedemos con autoridad apostólica que se puedan unir, asociar y congregar en un cuerpo y Congregación de la Compañía de Jesús, solamente dentro de los límites del Imperio Ruso y no fuera de él, en una o muchas casas que sean designadas por voluntad del Superior"[1427]. Finalmente, Kareu tenía el derecho legal de usar el título "Praepositus Generalis", pero sólo en Rusia[1428].

Kareu una vez que conoció la noticia se dirigió a Pío VII (26 de junio de 1801) para agradecer la concesión de los "derechos y privilegios de tiempos anteriores"[1429].

Atrás quedaban todas las suposiciones y los testimonios más o menos fidedignos pero que no podían ser confirmados. En tiempo de Clemente XIV Catalina II afirmaría que había obtenido el documento permisivo para sus reinos a través del nuncio Giuseppe Garampi y José II de Austria confirmaría que había visto el documento[1430]. Pío VI, en su política de vaivenes, el año 1775 había otorgado a través del cardenal Giovanni B. Rezzonico una aprobación oral interpretativa. Y en 1783 dejaría escrito bajo juramento Jan Benislavski la audiencia aprobatoria con el Papa el 12 de marzo[1431]. El Breve *Catholicae Fidei*, aunque de for-

---

[1427] PÍO VII. *Catholicae fidei*. 7 de marzo de 1801.

[1428] Ludwik GRZEBIEN. "Kareu (Karu), Francisco [Franciszek X]", II, 1658. Puede verse in extenso en: Marek INGLOT. *La Compagnia di Gesù nell'imperio russo (1772-1820) e la sua parte nella restaurazione generale della Compagnia*, 149-166.

[1429] Charles E. O'NEILL y Christopher J. VISCARDI. "Papas. 32. Pío VII", III, 3007.

[1430] Charles E. O'NEILL. Christopher J. VISCARDI y José ESCALERA. "Papas. 30. Clemente XIV". En: Charles E. O'NEILL y Joaquín Mª DOMÍNGUEZ. *Diccionario histórico de la Compañía de Jesús*, III, 3003.

[1431] Ludwik GRZEBIEN. "Benislaswki, Jan". En: Charles E. O'NEILL y Joaquín Mª DOMÍNGUEZ. *Diccionario histórico de la Compañía de Jesús*, I, 407-408. El texto puede verse en: Marek INGLOT. *La Compagnia di Gesù nell'imperio russo (1772-1820) e la sua parte nella restaurazione generale della Compagnia*, 268-273.

ma local, ponía fin a 28 años de angustias y frustraciones pero también de esperanzas sostenidas por tanto jesuita abolido desde 1773.

En este contexto dejamos de lado la vida de la Provincia de Bielorrusia y el problema del "Regulamen" con el que todas las órdenes religiosas en ese territorio quedaban bajo el poder del obispo Estanislao Siestrzencewicz, ambición que siempre había acariciado[1432].

Al fallecer Kareu el 11 de agosto de 1802 fue convocada la IV Congregación Polocense para el 16 de octubre. Se inició la asamblea con el análisis del Breve *Catholicae Fidei* que abría ya caminos seguros para el futuro de la obra de Ignacio de Loyola. El día 22 fue elegido General de la Compañía de Jesús el P. Gabriel Gruber (1740-1805). Uno de los principales decretos fue el de consagrar como misión específica de la Compañía la vocación docente. Y se clausuró la reunión con una carta dirigida a Pío VII expresándole la gratitud por el Breve del 7 de marzo de 1801[1433].

Sin lugar a dudas, Gabriel Gruber (1740-1805) es una de las grandes personalidades de la Compañía de Jesús en la Rusia Blanca. Nacido en Viena había ingresado en la orden del de Loyola el 17 de octubre de 1755. Fue un científico que enseñó mecánica e hidráulica en Liubliana. Después de la supresión trabajó el área de la física en la corte del emperador José II de Austria. En 1784 se incorporó en Polotsk a la Compañía y allí puso al servicio del colegio sus talentos de ingeniería, mecánica, pintura, arquitectura y medicina. A ello hay que añadir sus dotes de educación, gentileza y diplomacia que le abrieron la confianza de Catalina II y de Pablo I[1434].

[1432] Ludwik GRZEBIEN. "Congregaciones Polocenes (Pololtsk)", I, 919.

[1433] Ludwik GRZEBIEN. "Congregaciones Polocenes (Pololtsk)", I, 920.

[1434] Wiktor GRAMATOWSKI. "Generales. 19b. Gruber (Grueber), Gabriel". En: Charles E. O'NEILL y Joaquín Mª DOMÍNGUEZ. *Diccionario histórico de la Compañía de Jesús*, II, 1659-1660.

Aunque su generalato fue muy breve (1802-1805) logró expandir las ilusiones de la orden oficialmente reconocida. En 1803 incorporó a la Compañía a los ex jesuitas de Inglaterra que dirigían el colegio de Stonyhurst y en el mismo año envió Gaetano Angiolini (1748-1816) a Roma como asistente y procurador general para negociar el reconocimiento de la Compañía en Nápoles que estaba bajo la dirección de José Pignatelli.

Pero el segundo paso trascendental se dio el 30 de julio de 1804 con el Breve *Per alias* por el que Pío VII reconocía oficialmente la Compañía en las dos Sicilias[1435]. Textualmente expresaba el Pontífice: "… decretamos y declaramos que igualmente dentro de los límites de las dos Sicilias se puedan dedicar libre y lícitamente a la institución de los niños en la religión católica y las buenas costumbres y disciplinas, a dirigir Colegios y Seminarios, igualmente a recibir las confesiones de los fieles cristianos, anunciar la palabra de Dios y administrar los sacramentos, con la aprobación y consentimiento de los respectivos Ordinarios de los lugares, y a ellos, a sus Casas, Colegios y Seminarios que según se ha dicho hayan de erigirse los unimos y agregamos a la Congregación de la Compañía de Jesús constituida en el imperio ruso y los acogemos bajo Nuestra inmediata sujeción y protección y la de la Sede Apostólica…"[1436].

La quinta y última Congregación general Polocense se celebró desde el día 8 de septiembre de 1805 hasta el día 19 del mismo mes tras la muerte del P. Gruber el 7 de abril[1437]. Fue elegido como general de la Compañía el P. Tadeo Brzozowski y curiosamente al salirle al encuentro la muerte el 5 de febrero de 1820 sería expulsada 36 días después la Compañía de Jesús de Rusia (13 de marzo). Curiosas lecciones que ofrece la historia: la "isla de los sobrevivientes" tendría que buscar asilo en Roma después de haber significado durante 47 años el bastión salvador que impidió el naufragio total de la orden fundada por Ignacio de Loyola en 1540.

[1435] Wiktor GRAMATOWSKI. "Generales. 19b. Gruber (Grueber), Gabriel", II, 1660.
[1436] PÍO VII. *Per alias*, 30 de julio de 1804.
[1437] Ludwik GRZEBIEN. "Congregaciones Polocenes (Pololtsk)", I, 920.

Como un marco necesario conceptual debemos confesar que los ritmos históricos europeos experimentaron a los largo del siglo XVIII poderosas transformaciones en su crecimiento global[1438]. Desde el punto de vista político dos naciones habían asumido sus papeles para jugar un papel importante en la escena internacional: Rusia a partir de 1709 y Prusia desde 1740. Otro elemento renovador estuvo representado por la fuerza que adquirió el comercio colonial de larga distancia con sus consiguientes secuelas de conflictos políticos. Por ello, no es de extrañar que el Atlántico americano revelara sus posibilidades de explotación comercial en la que tanto Inglaterra como Francia jugarían un protagonismo decidido. El marco diplomático estaría definido por los tratados y acuerdos de Utrecht (1713), Aquisgrán (1748), París (1763), Versalles (1783) y Viena (1815).

LOS JESUITAS EN EL CONTEXTO DE LA EXPANSIÓN AMERICANA DE CATALINA II

Mas, antes de seguir adelante es obligada la pregunta para indagar cuál fue el argumento decisivo para que la emperatriz Catalina II asumiera una defensa tan decidida y frontal en pro de una orden religiosa expulsada de todos los países borbónicos y extinguida por el propio Romano Pontífice en 1773.

De acuerdo con el análisis de la correspondencia diplomática se echa de ver que el compromiso con la educación de la juventud fue una constante. Un ejemplo evidente se muestra en el intercambio epistolar entre Moñino y Zinovieff, ministro de Rusia en España: "Puedo asegurar que en el punto de exjesuitas, siempre que se mande ejecutar el breve de su extinción, y que no queden formando comunidad religiosa,

---

[1438] Para una visión e conjunto nos remitimos a: María del Pilar RUIGÓMEZ GARCÍA. "I. La política exterior de Carlos III". En: Ramón MENÉNDEZ PIDAL y José María JOVER ZAMORA. *Historia de España. La época de la ilustración*, Vol., II: *Las Indias y la política exterior.* Madrid, Espasa-Calpe, S. A., tomo, XXXI (1988) 363-447.

no se mezclará el rey, mi amo, en que se les emplee o no en Rusia en la instrucción de la juventud"[1439].

Sin embargo, es lógico conjeturar que también se debían mover otros intereses. Moiséi Alperóvich asoma dos perspectivas interesantes en este problema.

La primera, consistió en la aspiración de la corte de San Petersburgo de utilizar los representantes de la Compañía de Jesús "como instrumento y argumento de peso en el conflicto con la Curia papal por la influencia sobre los súbditos católicos del Imperio de Rusia"[1440]. Y fundamenta esta apreciación del historiador ruso del siglo XIX Mikhail Ya. Moroshkin quien en 1867 resaltaba la propaganda jesuítica a favor de la política imperial que "todos los Estados católicos de Europa, expulsando a los jesuitas, perdieron su naturaleza verdadera; solamente Rusia y su Soberana, manteniendo esta orden [la Compañía de Jesús] pueden en realidad nombrarse católicos [...]. Era imposible encontrar mejores defensores de Catalina en su pelea con el Papa"[1441].

Aunque en una primera impresión puede considerarse como extraña esta opinión, sin embargo, habrá que esperar a que nuevos estudios esclarezcan el verdadero pensamiento de los expulsos y abolidos en su resentimiento contra la monarquía hispana y contra la Santa Sede.

En este sentido haremos dos breves consideraciones. La primera, como afirma Antonio Astorgano, aun antes de las Cortes de Cádiz hubo jesuitas que se arriesgaron, a título individual (no podían hacerlo a título corporativo), a dirigirse al gobierno de Madrid reclamando un juicio

---

[1439] AGS. *Estado*, 5056. Despacho de 19, 28 de octubre de 1780. (March. *El restaurador*, II, 26).

[1440] Moiséi ALPERÓVICH. "La expulsión de los jesuitas de los dominios españoles y de Rusia en la época de Catalina II", 41.

[1441] Mikhail Ya. MOROSHKIN. *Iezuity v Rosii, s tsarstvovaniia Ekateriny II i do nashego vremen* [Los jesuitas en Rusia desde el reinado de Catalina II hasta el presente]. San Petersburgo, I (1867) 108-110. Citado por Moiséi ALPERÓVICH. "La expulsión de los jesuitas de los dominios españoles y de Rusia en la época de Catalina II", 41.

público para declarar ilícita la expulsión de Carlos III[1442]. La segunda, proviene de la evolución de la ideología de muchos abolidos frente al binomio identificado entre Iglesia y Estado en las luchas por la independencia de América. Así irán naciendo temas como la distinción entre la "corte de Roma" y la "silla apostólica"; la ilegitimidad en el traslado de cuestiones que pertenecen al mero fuero externo para adjudicarlas al fuero interno de la conciencia; el convencimiento de que el juramento de fidelidad es un vínculo disoluble; y nuevas visiones sobre el derecho natural y de gentes, entre otras problemáticas. En última instancia: el nacimiento de la confrontación entre lo jurídico y lo teológico, es decir, la distinción entre el fuero externo sacramental y el fuero interno o de la conciencia (la Teología).

Pero si retomamos los planteamientos de Moiséi Alperóvich todavía muestra una nueva vertiente que se asoma a las políticas internacionales de Catalina II y los jesuitas. Conjeturamos que la emperatriz rusa percibía a la Compañía de Jesús como una gran transnacional que había sido exitosa en el mundo de entonces conocido y qué mejor aliado en sus grandes planes de expansión transoceánica que vincular para su proyecto a los seguidores de Ignacio de Loyola como agentes privilegiados de cambio como lo habían demostrado a través de sus capacidades científicas, educativas y colonizadoras experimentadas con éxito en América, Asia y África.

Por otro lado, la diplomacia española tenía que sospechar que más allá de las tareas educativas encomendadas a los ignacianos tenían que esconderse planes no revelados en las políticas expansivas rusas.

De igual manera, no deja de ser interesante verificar con qué pasión seguían los expulsos en el destierro de Italia los acontecimientos americanos. El tema de la presencia rusa en el continente descubierto por Colón aflora con cierta frecuencia por informaciones de los ignacianos mexicanos.

[1442] Antonio ASTORGANO ABAJO. "Un jesuita expulso sangüesino rebelde: Francisco Javier Mariátegui, el ex jesuita oprimido". En: *Príncipe de Viana*. Pamplona, n°., 252 (2011) 182.

El día 24 de julio de 1789 le dedica Luengo en su *Diario* una amplia información sobre la situación política que agitaba a América y en el caso concreto de California recoge el rumor que desde hacía dos o tres años "los rusos se habían dejado ver en las costas y mares de América Septentrional, por encima de los establecimientos españoles de las Californias" y de seguidas concluye: "Y si con el tiempo llegare a suceder [que los rusos vayan bajando desde el norte hacia el mediodía haciendo establecimientos sobre la costa y en lo interior del país], como es muy creíble, entonces se mirará necesariamente la expulsión de los jesuitas mexicanos de la Provincia de las Californias y de todo aquel país, como un gran desacierto del Reinado de Carlos III, y como una resolución perjudicialísima a los intereses de la Monarquía Española, y serán odiosos y abominables los nombres de Alba, de Osma, de Roda y de algún otro, que indujeron al sencillo Monarca a dar un paso no solamente injusto y tiránico, sino también contrario a las ventajas y utilidades de su Corona"[1443].

En este orden de ideas, debemos subrayar el movimiento, en cierto sentido subterráneo, pro independentista que se va dando entre los jesuitas criollos y sus vinculaciones bien sea con el venezolano Francisco de Miranda, bien con las autoridades inglesas, bien con los líderes americanos que visitan Italia y toda esa información era de igual manera seguida por los servicios secretos españoles[1444].

Y con toda razón argumenta Ana María Schop que "el gobierno español y sobre todo Floridablanca, quien siempre observaba con mucha atención e inquietud los manejos de Rusia en la América del Noroeste,

---

[1443] Manuel LUENGO. *Diario*, 24 de julio de 1789.

[1444] Miguel BATLLORI. *El abate Viscardo. Historia y mito de la intervención de los jesuitas en la Independencia de América*. Caracas, Instituto Panamericano de Geografía e Historia, 1953. Jerónimo ALVARADO. *Dialéctica democrática de Juan Pablo Vizcardo: notas sobre el pensamiento y la acción de un precursor peruano de la emancipación americana*, Lima, Ediciones <Fanal>, 1955.

no perdían ninguna posibilidad para obtener de la zarina la liquidación de la orden"[1445].

En el contexto anterior no deja de ser llamativo la presencia de Rusia en un gran proyecto lingüístico mundial auspiciado por Catalina II de Rusia[1446]. Es una faceta muy interesante, pues marca un talante de audacia científica.

La zarina solicitó la colaboración de la corte de Madrid para recopilar las gramáticas y vocabularios indígenas de la América hispana y en parte se pueden seguir sus pasos gracias al expediente que reposa en el Archivo General de Indias de Sevilla[1447].

El 13 de noviembre de 1787 se expidió una real Orden a los 4 Virreyes de América, al Presidente de Guatemala y al Gobernador de Filipinas, "con copias del Yndice de Libros, y del de vozes para que valiéndose de las personas instruidas y prácticas de las lenguas que se usan en sus respectivos territorios remitiesen a manos de V. E. los libros que hallasen de los que pedían y las versiones de las palabras"[1448].

En el caso del Nuevo Reino de Granada el Virrey-Arzobispo encomendó de inmediato la búsqueda de los materiales solicitados por la Metrópoli a José Celestino Mutis, director de la Real Expedición Botánica[1449], quien a su vez requirió la ayuda del señor Ugalde y del Padre Anselmo Álvarez "para registrar las Librerías de la Capital; y después

---

[1445] Ana María SCHOP SOLER. *Die spänisch-russischen Beziehungen im 18. Jahrhundert*. Wiesbaden, O. Harrassowitz (1970) 100. Citado por Moiséi ALPERÓVICH. "La expulsión de los jesuitas de los dominios españoles y de Rusia en la época de Catalina II", 41.

[1446] Sobre el interés por las lenguas en Catalina II ver: Mary RITCHIE KEY. "The linguistics discoveries of Catherine the Great". En: *The Third LACUS Forum 1976*. Columbia, S.C.: Hornbeam Press, págs. 39-45.

[1447] AGI. *Indiferente General*. Leg., 1342.

[1448] AGI. *Indiferente General*, 1342. Papeles del Consejo: 4 septiembre, 1788. Fol. 2-2v.

[1449] AGI. *Indiferente General*, 1342. *Carta de Caballero y Góngora a Antonio Porlier*. Turbaco, 29 de mayo de 1788.

arreglaremos aquí el modo de conseguir las listas por los medios que me sugiere mi antiguo ejercicio en esta clase de difíciles empresas"[1450].

Todo el aporte del Nuevo Reino lo transportó a España consigo el mismo D. Antonio Caballero y Góngora[1451] quien desembarcó en La Coruña el 19 de junio de 1789[1452]; pero antes se habían tomado todas las precauciones necesarias: en Bogotá se quedaron los originales, y la copia duplicada de los manuscritos, encuadernadas por el impresor D. Antonio de Sancha, se entregaron al ex-primer mandatario civil y eclesiástico[1453].

El 16 de agosto reposaba ya este tesoro filológico neogranadino en la Biblioteca de la Secretaría de Palacio "de donde se sacarán las copias que se piden para remitir a la Emperatriz de Rusia"[1454].

Pero no sólo las autoridades españolas prestaron sus servicios a la soberana rusa; el ex jesuita Lorenzo Hervás y Panduro colaboró en forma eficaz al facilitar todo el material jesuítico reunible en Italia. "El año 1785 el señor Santini, agente imperial de la corte de Petersburgo en esta ciudad, tuvo orden de su corte para enviar a ella todas las obras que los jesuitas habían publicado en Italia sobre las naciones americanas y asiáticas, y principalmente sobre sus lenguas. Estas obras, que por encargo de dicho agente yo recogí, debían servir de materiales al señor Pallas,

---

[1450] AGI. *Indiferente General*, 1342. *Carta de Mutis a Zenón Alonso.* Mariquita, 3 de marzo de 1788. "No es común ser en todo afortunado. Lo fui ciertamente en haver logrado que el venerable Padre Manuel Román hubiese consentido arrancar de la Librería del Colegio de Tunja por las instancias del Padre Manuel Parada (hoy Monseñor en Roma) para lisonjear mi gusto con tan precioso regalo, los dos únicos manuscritos originales que se conocen del Diccionario de la Lengua Chibcha o Mosca (...) los dos manuscritos que parecen de una sola mano, pero sin nombre de Autor".

[1451] AGI. *Indiferente General*, 1342. *Carta de Fr. Francisco Gil y Lemos a Don Antonio Porlier*, 30 de enero de 1789.

[1452] José M. PÉREZ AYALA. *Antonio Caballero y Góngora, Virrey y Arzobispo de Santa Fe. 1723-1796.* Bogotá, Imprenta Municipal de Bogotá. (1951) 203.

[1453] AGI. *Indiferente General*, 1342. *Carta de Caballero y Góngora a Don Antonio Porlier*, 15 de agosto de 1789.

[1454] AGI. *Indiferente General*, 1342. Papeles de la Secretaría de Palacio: 16 de agosto de 1789.

famoso literato y viajador por toda el imperio rusiano, para que hiciera una confrontación o cotejo de todas las lenguas conocidas. No he visto aún esta obra, que sé haberse empezado a publicar antes del año 1789, pues el esclarecido literato señor Francisco Alter me ha escrito desde Viena, que en su segunda parte impresa el año 1789 se cita con poca exactitud uno de mis tomos italianos sobre las lenguas. El título de dicha obra, según me escribió el señor Alter, es el siguiente *Linguarum totius orbis vocabularia comparativa, Augustissimae cura collecta, scilicet primae linguae Europae, et Asiae complexae, pars secunda*. Petropoli, 1789"[1455].

Ciertamente, tan monumental obra se le confió al naturalista y viajero alemán Peter Simon Pallas (1741-1811)[1456]. Entre 1786 y 1787 apareció su obra *Linguarum totius orbis vocabularia comparativa*[1457]. La edición rusa conoció la luz pública en 1787 la primera parte y la segunda en 1789.

La segunda edición apareció en cuatro volúmenes entre 1790 y 1791 y estuvo a cargo de F. I. Jancovics de Mirievo. En cuanto al contenido hubo sus variaciones. Se incluyeron 22 nuevos idiomas de Asia, 4 de Europa, 30 de África y 23 de América pero se eliminaron 7 idiomas asiáticos. Y en esta segunda edición aparecen por primera vez tanto el tamanaco como el maipure. Sin lugar a dudas, la información fue tomada del *Ensayo de Historia americana* del P. Gilij y debió llegar a San Petersburgo a través del Profesor Schlözer[1458].

[1455] HERVÁS Y PANDURO. *Catálogo de las lenguas de las naciones conocidas, y numeración, división, y clase de estas según la diversidad de sus idiomas y dialectos*. Madrid, tomo I (1800) 64.

[1456] Véase como información: Humberto TRIANA Y ANTORVEZA. *Las lenguas indígenas en el ocaso del imperio español*. Bogotá, Colcultura-Instituto Colombiano de Antropología (1993) 83-127.

[1457] Peter Simón PALLAS. *Linguarum totius orbis vocabularia comparativa; Augustissimae cura collecta. Sectionis primae, Linguas Europae et Asiae complexae, pars prior*, y la respectiva *pars posterior*. San Petersburgo, 1786-1787.

[1458] Antonio TOVAR. "El lingüista español Lorenzo Hervás. Estudio y selección de obras básicas" En: Lorenzo HERVÁS. *Catalogo delle lingue*. Edición a cargo de Jesús Bustamante. Madrid, Sociedad General Española de Librería, S.A. (1986) 59.

III. Y LOS OTROS "SUPERVIVIENTES"...

Como afirmábamos más arriba para la recta aplicación del Breve *Dominus ac Redemptor* (21 de julio de 1773), se requería no sólo el Breve *Gravissimis ex Causis* (13 de agosto de 1773) sino también Circular de la Comisión ejecutiva del Breve[1459] en la que se regulaban tres prescripciones: 1º que el obispo promulgue las letras apostólicas, es decir, la ley; 2º que las promulgue local y personalmente (rite denuntiet publicet et intimet) y 3º que esta promulgación deba preceder para que tenga valor la abolición.

Si partimos de estas premisas legales es lógico que el historiador se plantee una serie de interrogantes.

La primera pregunta que debe formularse es cómo se aplicaron. Es evidente que a los jesuitas de la Rusia Blanca no se les aplicó y por ello nunca dejaron de serlo como lo reconocería el mismo pontífice Pío VII en sus dos documentos fundamentales: *Catholicae fidei* (7 de marzo de 1801) y *Sollicitudo omnium ecclesiarum* (7 de agosto de 1814).

Pero también hay que reconocer que el binomio jurídico papal para la abolición de la Compañía de Jesús: *Dominus ac Redemptor* (21 de julio de 1773) *Gravissimis ex causis* (13 de agosto de 1773) no se aplicó de forma uniforme y de acuerdo con las exigencias jurídicas pautadas en los complejos y distantes mundos donde laboraban los jesuitas. Basta asomarse a cualquiera de las historias locales jesuíticas para poder verificar esta afirmación[1460].

[1459] *Encyclica missa ad omnes Episcopos a Congregationes dicta de abolenda Societate Jesu, simul ad ununquemque Episcopum exemplar Brevis extinctionis Dominus ac Redemptor, de mandato Sanctissimi, ut illud Breve omnes Episcopi puvblicent, ac promulgent*, etc. (En: Pablo VILLADA. "El primer centenario del restablecimiento de la Compañía de Jesús en todo el mundo". En: *Razón y Fe*. Madrid, 39 (1914) 211-212).

[1460] William V. BANGERT. *Historia de la Compañía de Jesús*, 488-498. Ricardo GARCÍA VILLOSLADA. *Manuel de Historia de la Compañía de Jesús*. Madrid, Compañía Bibliográfica Española S. A. (1954) 560-563.

En consecuencia, surge una segunda pregunta a la hora de buscar una respuesta idónea para todos aquellos ignacianos a quienes no se les pudo intimar "rite" el Breve *Dominus ac Redemptor*. Es un tema que la historiografía tendrá que estudiar detenidamente en alguna oportunidad.

Tal parece ser el caso, entre otros, del primer obispo católico de Norteamérica, el P. Jonh Carroll, de quien escribía el P. Luengo en 1791: "Fue jesuita y aún lo es, pues no se le ha intimado el Breve de Extinción de la Compañía, como no se intimó a los demás que vivían en los Dominios de la Gran Bretaña"[1461].

John Carroll (1735-1815) había nacido en Maryland de padres irlandeses e ingresó en la Compañía de Jesús en la Provincia de Inglaterra aunque siguió sus estudios superiores en Bélgica. Cuando el gobierno austro-belga expulsó a los jesuitas ingleses del colegio de Brujas regresó a su patria en la primavera de 1774. Su hermano Daniel firmó la Constitución federal y su primo Charles Carrollton la Declaración de Independencia (1776). Su nombramiento como superior de la misión de Estados Unidos se debe en gran parte a Benjamín Franklin a quien había acompañado a Quebec en 1776 para conseguir el apoyo de los colonos franceses a la revolución. El clero americano lo eligió (mayo de 1789) obispo de Baltimore constituyéndose en el primer obispo católico de los Estados Unidos y Pío VI lo elevó al episcopado el 6 de noviembre de 1789. Es considerado como el fundador de la universidad de Georgetown (1789)[1462].

[1461] LUENGO. *Diario*, 19 de junio de 1791.

[1462] James J. HENNESEY. "Carroll, Jonh". En: Charles E. O'NEILL y Joaquín Mª DOMÍNGUEZ. *Diccionario histórico de la Compañía de Jesús*, I, 668. Thomas O'Brien HANLEY, SJ, (ed.). *The John Carroll Papers*. Londres, University of Notre Dame Press, 1976, 3 vols. Para la biografía en castellano véase: Ángel SANTOS HERNÁNDEZ. *Jesuitas y obispados*. Tomo II: *Los jesuitas obispos misioneros y los obispos jesuitas de la extinción*. Madrid, Universidad Pontificia de Comillas (2000) 445-451.

No fue fácil para Carroll su consagración episcopal, pues aunque en principio hubiera sido fácil trasladarse a la América hispana pero como anota Luengo "… la circunstancia de haber sido jesuita el nuevo Obispo, y aun de serlo todavía, ha sido la causa de no atreverse a pedir algún Obispo español que le consagrase, aunque él lo pidiese…". Tampoco las circunstancias políticas que vivían Francia y Flandes le permitieron dar cumplimiento a sus deseos. Recaló en Londres hecho que no deja de ser curioso que el primer obispo católico de Estados Unidos tuviera que buscar un obispo consagrante en una ciudad no católica. Luengo anotará las siguientes notas: "La función de la consagración del nuevo Obispo se hizo el día 15 de agosto del año pasado de 1790 en un feudo del Caballero Tomás Veld llamado Lulworth, y fue el Consagrante el Ilmo. Sr. Carlos Walmsley, Obispo Titular de Rama, y la cosa se hizo con publicidad y aun con magnificencia"[1463]

¿Cuál fue la relación de Carroll con la Compañía de Jesús? Según Luengo nunca le fue intimado el decreto de extinción y por ende nunca dejó ser jesuita[1464].

Sin embargo, hay autores que afirman que el Breve fue promulgado en Brujas el día 5 de septiembre de 1773 por las autoridades austriacas y entre los intimados se encontraba Carroll como sostiene Ángel Santos. La presencia de los jesuitas ingleses en Watten, Brujas y Lieja se debe a que en la Isla Británica no estaban permitidas las casas de formación

---

[1463] LUENGO. *Diario*, 19 de junio de 1791.
[1464] LUENGO. *Diario*, 30 de diciembre de 1789: "En aquellos Reinos y Provincias en que no se ha intimado el Breve de Extinción de la Compañía de Jesús del Papa Ganganelli, como algún otro pequeño Estado de Alemania, Francia e Inglaterra, y sus Provincias fuera de Europa, conservan los jesuitas propiamente su estado, como es evidente, aunque por las circunstancias del país o por las determinaciones del Gobierno secular no conserven su traje o ropa propia ni vivan en Comunidad ni puedan recibir Novicios que vayan reemplazando a los que mueren; de donde se sigue necesariamente que todos los años se vayan disminuyendo, y que dentro de pocos se acaben enteramente".

para los seguidores de Ignacio de Loyola[1465]. Por otra parte el historiador Thomas F. Mulcrone afirma que "el obispo Challoner, vicario apostólico del distrito de Londres, ejecutó el breve de supresión con gran consideración, permitiendo a los exjesuitas que se gobernasen a si mismos bajo la autoridad de su vicario, More, con un oficio central en Londres, y les dejó recuperar sus bienes a que habían renunciado, para que pudiesen sustentarse en su vejez. Envió el breve pontificio a Maryland, que pertenecía a su jurisdicción, para que los jesuitas se suprimiesen a sí mismos"[1466].

Otros textos parecen sugerir que Carroll no lo hizo. En 1779 escribía: "Se podría pensar que hay personas que opinan que el cambio que hizo Ganganelli [Clemente XIX] en nuestra situación no ha dejado a nadie con la autoridad que debe ejercerse con los antiguos súbditos". Y en 1782 comentaba que "el anterior sistema de administración [es decir, cuando todo estaba bajo el poder de un superior] seguía en vigor"[1467]. Juzgamos que es necesario verificar las fechas de estas dos curiosas "intimaciones" del Breve para poder verificar que Carroll se encontraba presente.

En 1773 vivían en la misión de Maryland 21 jesuitas quienes firmaron el acta de sumisión al breve *Dominus ac Redemptor* y el vicario apostólico de Londres nombró superior de la comunidad a John Lewis (1721-1788)[1468] también miembro de la Compañía de Jesús. Y concluye Hennesey: "puesto que las leyes inglesas no reconocían jurisdicción a las autoridades católica romanas, los jesuitas en las colonias continuaron

---

[1465] Ángel SANTOS HERNÁNDEZ. *Jesuitas y obispados*. Tomo II: *Los jesuitas obispos misioneros y los obispos jesuitas de la extinción*. Madrid, Universidad Pontificia de Comillas (2000) 446.

[1466] Thomas F. MULCRONE. "Inglaterra". En: Charles E. O'NEILL y Joaquín Mª DOMÍNGUEZ. *Diccionario histórico de la Compañía de Jesús*, III, 2025.

[1467] Citado por James J. HENNESEY. "Lewis, John". En: Charles E. O'NEILL y Joaquín Mª DOMÍNGUEZ. *Diccionario histórico de la Compañía de Jesús*, III, 2344.

[1468] James J. HENNESEY. "Lewis, John". En: Charles E. O'NEILL y Joaquín Mª DOMÍNGUEZ. *Diccionario histórico de la Compañía de Jesús*, III, 2344.

su existencia corporativa, conservando la propiedad de sus posesiones y desempeñando su ministerio pastoral, bajo la dirección eclesiástica de Lewis"[1469]. ¡Curiosa forma de ejecutar los dos breves pontificios en Inglaterra y sus colonias a los 285 que componían la provincia de Inglaterra!

En verdad, desde 1783 tomó conciencia en un grupo de jesuitas norteamericanos el deseo de restablecer la Compañía de Jesús aunque fuera afiliándose a los de la Rusia Blanca. Y cuando el Papa Pío VII aprobó en 1805 esta petición hicieron algunos su profesión religiosa en St. Thomas Manor y el obispo Carroll nombró como superior a Robert Molyneux (1738-1808)[1470]. La excesiva precaución que le exigía su cargo le llevó a tener conflictos con dos de los superiores jesuitas y por ello celebró con "la mayor de alegría y acción de gracias" la restauración universal en 1814 de toda la Compañía[1471].

De igual manera, resulta curioso el modo de intimación del Breve *Dominus ac Redemptor* en China. El primer problema consistía en discernir quién era el obispo competente para intimar el Breve. El obispo von Laimbeckhoven mantenía el poder jurisdiccional en Pekín de acuerdo con Propaganda Fide y estaba representado por el carmelita Giusepe M. de Santa Teresa [Josef Max Pruggmayr]. El provincial jesuítico que era portugués, de forma inexplicable, se puso de parte del recientemente nombrado obispo de Macao, Alexandre de Sylva Pedrosa Guimarâes, quien también reclamaba la jurisdicción pequinesa aunque Propaganda rechazó esta intromisión. A pesar de todo emitió la pastoral abolitiva y los jesuitas dividieron sus opiniones sobre la legalidad de la forma con que se trataba promulgar el Breve pontificio. En todo caso el

---

[1469] James J. HENNESEY. "Estados Unidos de América. 3. Territorios ingleses". En: Charles E. O'NEILL y Joaquín Mª DOMÍNGUEZ. *Diccionario histórico de la Compañía de Jesús*, II, 1323.

[1470] R. Emmett CURRAN. "Molyneux, Robert". En: Charles E. O'NEILL y Joaquín Mª DOMÍNGUEZ. *Diccionario histórico de la Compañía de Jesús*, III, 2720.

[1471] James J. HENNESEY. "Carroll, Jonh". En: Charles E. O'NEILL y Joaquín Mª DOMINGUEZ. *Diccionario histórico de la Compañía de Jesús*, I, 668.

viceprovincial José Espinha promulgó el Breve el 22 de septiembre de 1775 y Pruggmayr el 15 de noviembre de dicho año[1472].

No resistimos el transcribir aquí el epitafio que hizo labrar el célebre astrónomo José Amiot (1717-1793)[1473] en un muro en las afueras de Peking que reza así:

> En el nombre de Jesús
> Amén.
> Firme durante largo tiempo, pero vencida
> Por tan grandes tormentas,
> Al fin, sucumbió.
> Viajero, detente y lee.

Reflexiona durante unos momentos sobre la inconstancia de las cosas humanas. Aquí yacen los misioneros franceses de la muy conocida Compañía que enseñó y extendió en toda su puridad la adoración del verdadero Dios; y que, imitando entre penas y fatigas, y en cuanto la debilidad humana lo permite, a Jesús cuyo nombre lleva, vivió virtuosamente, ayudó a sus prójimos y, haciéndose toda a todos para ganar a todos, durante más de dos florecientes centurias dio a la Iglesia mártires y confesores. Yo, José María Amiot y otros misioneros de la misma Compañía, bajo el patronazgo y protección del monarca tártaro-chino y con el apoyo de las artes y las ciencias que practicamos, llevamos adelante la causa divina. Mientras en el mismo palacio imperial, en medio de altares de falsos dioses, nuestra iglesia francesa brilla con verdadera magnificencia, nosotros, afligidos en silencio hasta el último día de nuestra vida. Hemos erigido aquí, en medio de la arboleda fúnebre, este monumento de nuestro fraternal afecto.

[1472] William V. BANGERT. *Historia de la Compañía de Jesús*, 495-496.

[1473] John W. WITEK. "Amiot, Jean Joseph-Marie [Nombre chino: Qian Deming, Rouse]". En: Charles E. O'NEILL y Joaquín Mª DOMÍNGUEZ. *Diccionario histórico de la Compañía de Jesús*, I, 155.

Anda, viajero, continúa tu camino. Felicita a los muertos; llora a los vivos; ora por todos. Admírate y calla.

En el año de Cristo 1774, el día de octubre, en el vigésimo año de Ch'ien Lung, el décimo de la novena luna[1474].

[1474] Texto en: William V. BANGERT. *Historia de la Compañía de Jesús*, 497-498. El texto original fue publicado en 1837 en los *Annales de la Propagation de la Foi*, X (1837) 101-103.

CAPÍTULO 7º

EL PROCESO DE LAS RESTAURACIONES
(1779-1815)

Entre el 16 de agosto de 1773 fecha de la promulgación del Breve *Dominus ac Redemptor* de Clemente XIV por el que se extinguía la orden fundada por Ignacio de Loyola en 1540 y el 7 de agosto de 1814 día de la restauración universal de la abolida Compañía de Jesús mediante la Bula *Sollicitudo omnium ecclesiarum* de Pío VII prácticamente habían transcurrido 41 años.

Mas, hay que reconocer que la historia nunca se detiene y pone en su lugar todos los grandes proyectos que perdieron su rumbo en el transcurrir de las malversaciones que suelen sufrir la justicia, la verdad, el bien común y el orden social.

El 22 de septiembre de 1774 fallecía el papa Clemente XIV autor del breve que extinguía la Compañía de Jesús en 1773. El 24 de noviembre de 1775 encontraba su último fin en la prisión de Santángelo el P. Lorenzo Ricci, General de los extinguidos jesuitas. En 1776 Fernando IV de Nápoles, hijo de Carlos III, condenaba a un mitigado ostracismo al otrora omnipotente ministro, el marqués de Tanucci, y la causa, la mala administración y la desaparición de buena parte de los bienes confiscados a los jesuitas[1475].

El 24 de febrero de 1777 dejaba este mundo José I de Portugal y al subir al trono su hija María no sólo destituyó a Pombal sino que ordenó

[1475] AGS. *Estado*, 6081. *Carta de Fernando IV de Nápoles a su padre Carlos III*. Caserta, 13 de noviembre de 1776. (Una parte puede leerse en MARCH. *El restaurador de la Compañía de Jesús*, II, 4).

se le abriera un proceso judicial[1476]. También mandó poner en libertad a tantos jesuitas que habían padecido prisión en las tenebrosas cárceles portuguesas como los calabozos de la Junqueira, Sao Juliao da Barra y Azeitao. El año 1782 se encontraban con la muerte tanto Pombal como el implacable ministro Roda y en 1788 el rey Carlos III. En el escenario francés irían desapareciendo: Voltaire en 1778, D'Alambert en 1783, Diderot en 1784, Choisel en 1785.

En otro orden de ideas para los jesuitas "restaurados" tuvo que ser una curiosa antinomia asomarse a una nueva vida con un rostro impuesto por la necesidad, pues como observa Lacouture "Durante más de un siglo la Compañía de Jesús simulará no saber que su condena no había sido decretada por Voltaire, ni por la Convención, ni por los *carbonari*, ni por el *Sturm und Drang*, sino por los políticos de Versalles, de Aranjuez y de la curia romana"[1477].

Campomanes se retiró de la vida política en 1791. Floridablanca fue relevado del ministerio el 28 de febrero de 1792, después estuvo preso Pamplona y finalmente confinado en Murcia[1478]. Aranda fue desterrado a Jaén en 1794 y murió al año siguiente. Los dos primeros volverían a la palestra pública en la guerra de la Independencia.

Dividiremos el capítulo en tres grandes partes: la primera, servirá de pórtico para poder entender las profundas transformaciones que vivió el mundo occidental. La segunda, tratará de recoger algunos ensayos encaminados a garantizar una supervivencia del modelo jesuítico. La tercera, seguirá las huellas oficiales que llevaron a la restauración total de la Compañía de Jesús.

[1476] António LEITE. "Carvalho, Sebastiao José de. Pombal (marqués de). En: Charles E. O'NEILL y Joaquín Mª DOMÍNGUEZ. *Diccionario histórico de la Compañía de Jesús*, I, 672-675. Marcos Carneiro de MENDOÇA, *O Marques de Pombal e o Brasil*. São Paulo, C.E.N., 1960. P. MARINHO. *Galeria de Tiranos*. ("O diário do Pe. Eckart ou as suas prisões em Portugal, desde 1755 até 1777"). Porto, 1907.

[1477] Jean LACOUTURE. *Jesuitas. II. Los continuadores*. Barcelona-Buenos Aires-México, Ediciones Paidós (1994) 66.

[1478] MARCH. *El restaurador de la Compañía de Jesús*, II, 92.

I. LAS PROFUNDAS TRANSFORMACIONES VIVIDAS EN EL MUNDO OCCIDENTAL

En el paisaje histórico comprendido en esos 40 años adquieren singular relevancia los movimientos emancipadores. Las que se han denominado las grandes revoluciones atlánticas que se iniciaron en 1688 en Inglaterra cuando una dinastía es reemplazada por otra; toman cuerpo a partir de 1776, cuando las 13 colonias inglesas de Norte América rompen los nexos coloniales con su metrópoli; adquieren su zenit en Francia de 1789 a 1792 cuando es decapitado Luis XVI y se instaura la república burguesa; y concluyen con la independencia de las colonias hispánicas en el continente americano a partir de 1810.

Ciertamente que había sido largo y hasta sangriento el camino que la vieja Europa había recorrido hasta encontrar nuevas inspiraciones para superar la imagen de un mundo todavía regido por los saberes clásicos y por los diversos despotismos.

Si tratáramos de establecer una síntesis diríamos que, para algunos, el Renacimiento había propiciado el retorno al ideal del hombre de la antigüedad pagana; la Reforma había abierto las rutas al "cristiano libre", al hombre de "la sola palabra de Dios", del puro "evangelio sin falsía"; y la Ilustración se apoyaba en el hombre como ser racional e iniciaba así "el proceso de la razón contra la historia". Su gran síntesis la recogerían el texto de los derechos fundamentales del hombre tal como fueron formulados en la Declaración de la Independencia americana en 1776 y posteriormente en la Convención nacional francesa en 1789[1479].

Pero los ritmos de la radicalidad en los cambios políticos, sociales, ideológicos e incluso religiosos los consumaría la Revolución Francesa y de esta suerte se abrirían nuevos espacios a la mundanidad y al hombre como hombre.

[1479] Georg SCHWEIGER. "La ilustración desde una perspectiva católica". En: *Concilium*. Madrid, n°., 27-30 (1967) 96.

La crisis de la conciencia europea estuvo patrocinada por un escepticismo que proclamaba la antinomia absoluta entre la ciencia y la fe y que la razón debía negar por falso lo que profesa la religión. Había que sustituir la "autoridad" por la "crítica" y la negación de cualquier vínculo natural entre la religión y la moral.

Como consecuencia ha surgido un nuevo modo de "ser ciudadano" y sus orígenes hay que buscarlos en el momento en que la sociedad civil, la autoridad de Dios y la instancia ética son sustituidas por la "voluntad universal" fundada en los derechos del ciudadano (Rousseau) o en "la voluntad particular" encarnada en el espíritu de una nación (Montesquieu)[1480].

En otro orden de ideas, podríamos aseverar que con la Convención y el Directorio se establece una nueva configuración social e institucional en la concepción del Estado. En 1808 se crea la universidad organizada como una corporación laica y en el campo intelectual se efectúa de forma definitiva el tránsito de lo que se ha denominado la "edad clásica" a la "edad moderna". Los saberes pasan a ser preocupación del Estado y así se da paso a una nueva historia social y cultural de las ciencias.

Mas, antes de seguir adelante debemos recoger algunos trazos de la Ilustración como vehículo de la modernidad.

La ilustración es un movimiento filosófico, sumamente complejo, que se puede sintetizar por una parte por el rechazo de los valores del barroco y por otra por una fe decidida en el valor de la razón que prometía develar todos los misterios de la naturaleza y de esa forma conquistar la felicidad e "ilustrar al hombre"[1481].

[1480] Yves LABBÉ. "Cité de l'homme, cité de Dieu. Le testament théologico-politique moderne". En: *Nouvelle Revue Théologique*. Namur, t., CXVII (1995) 239.

[1481] Paul HAZARD. *El pensamiento europeo del siglo XVIII*. Madrid, Ediciones Guadarrama, 1958.

En 1784 describía Manuel Kant la ilustración de la siguiente manera: "... es la salida del hombre de un estado de minoría de edad de la que él mismo es culpable. Esta minoría de edad consiste en la imposibilidad de utilizar su inteligencia sin la guía de otros. Minoría de edad que es culpable cuando el motivo de la misma no es la falta de inteligencia, sino de decisión y de valor... *Sapere aude* [arriésgate a saber]... Tal es el tema de la Ilustración"[1482].

En términos más tajantes será Troeltsch quien resuma el balance de esa evolución de la cultura occidental que fue la ilustración como "el principio y fundamento del período propiamente moderno de la cultura e historia europeas, en oposición a una cultura dominada hasta entonces por la Iglesia y la teología"[1483]. Y Giacomo Martina observará que lo que en el Renacimiento se daba de forma germinal, confusa y contradictoria, en la Ilustración se manifiesta de modo explícito e implacable[1484].

Este movimiento significó una profunda mutación en el orden religioso, político, científico y económico. Sus raíces podemos detectarlas en la filosofía racionalista y empirista del siglo XVII (Descartes, Hobbes, Spinoza, Leibnitz, Locke y Bayle). El racionalismo promueve el método experimental y el segundo atribuye un valor absoluto al conocimiento racional que se desarrolla con independencia de los sentidos y admite como único criterio de verdad a la razón[1485].

Aunque pueda parecer contradictorio ambos sistemas colocan en el sujeto el criterio de la verdad dejando de lado todo lo que le trasciende.

[1482] Manuel KANT. Artículo publicado en el *Berliner Monatschrift*, año 1784, cuaderno 12. Citado por Georg SCHWEIGER. "La ilustración desde una perspectiva católica", 96.

[1483] Citado por Heribert RAAB. "Ilustración". En: *Sacramentum mundi*. Barcelona, Editorial Herder, III (1973) 843.

[1484] Giacomo MARTINA. *La Iglesia, de Lutero a nuestros días*. II. Época del absolutismo. Madrid, Ediciones Cristiandad (1974) 245.

[1485] Guillermo FREILE. *Historia de la Filosofía*. III. *Del humanismo a la ilustración (siglos XV-XVIII)*. Madrid, Biblioteca de Autores Cristianos, III (1966) 480-860.

Pero si descendemos a la esencia de este movimiento hay que hacer referencia a los siguientes rasgos distintivos[1486].

Fe en la razón. En general los ilustrados miran con desconfianza los grandes sistemas construidos por los filósofos del siglo XVII e irónicamente los califican como "poemas metafísicos". Únicamente la aplicación de la matemática a la experiencia es el camino para captar la realidad así someterla al dominio del hombre. También deja claro que no se puede alcanzar una verdad fija, inamovible e inmutable pues estamos ante la primacía del acontecer sobre el ser.

La razón es el gran instrumento del hombre y así proclama el gran binomio conceptual: lo natural es racional y lo racional es natural. Y para la razón no hay misterios y por lo tanto cuanto no se someta a la razón es rechazable. Solamente es admisible lo evidente o lo que se puede demostrar.

Confianza en la naturaleza humana. El hombre es bueno per se y por sus propios medios logrará la felicidad, descubrirá la verdad y seguirá lo que es bueno. La corrupción no proviene del pecado y por ende no necesita de redención. Así nace el mito del "buen salvaje", el hombre que vive lejos de la sociedad. El país ideal es China porque ha alcanzado la seguridad y la prosperidad gracias a las ciencias y a los filósofos y no ha necesitado de revelación sobrenatural alguna.

Desprecio del pasado. Los ilustrados desprecian el pasado como una edad oscura y exaltan el presente y el futuro como la era de las luces. Además, la Iglesia es la responsable de haber convertido al hombre libre en esclavo de una revelación trascendente que ha oprimido a la sociedad. El mal y el bien se encuentran proporcionalmente divididos.

Optimismo. Pareciera que la ilustración hubiera incendiado la mente de sus hombres y haberlos dotado de un espíritu profético o mesiánico. A veces recuerdan a los místicos medievales como intérpretes del

---

[1486] Seguiremos a G. Martina, *Época del absolutismo*, II, 244-248.

"evangelio eterno". La razón y la tolerancia suprimirán del horizonte humano todos los obstáculos que han impedido su felicidad.

Mas, en la aplicación concreta de estos cuatro principios es donde se manifestará la verdadera revolución de la Ilustración.

En la vertiente científica el saber del siglo XVIII es "extenso pero superficial, tiene más de crítica y erudición que de originalidad. La calidad de los pensadores del siglo anterior es sustituido por la cantidad"[1487].

También genera un nuevo lenguaje: naturaleza, razón, ciencia, luces, método, análisis, inducción, deducción, progreso, libertad, beneficencia, benevolencia, simpatía, tolerancia, filantropía, igualdad, fraternidad… Esta nueva semántica debe destruir los fetiches de la ignorancia, prejuicios, tinieblas, supersticiones, mitos, tiranía, absolutismo…[1488].

De forma paralela al mundo universitario surgen las Academias, las Sociedades, los Salones, los Cenáculos y los Cafés. A ellos hay que añadir el periodismo excelente vehículo para la difusión de las ideas y las nuevas corrientes[1489].

En la nueva sociedad debe nacer una nueva cosmovisión que dé paso al hombre nuevo quien será fruto de la rebelión frente a los valores antes admitidos en religión, filosofía, literatura y política. El mundo será la única patria del hombre y en ella se deberán fomentar la educación, las ciencias, las artes y la economía para así construir una sociedad perfecta y feliz[1490].

Otro mito fue el de la libertad absoluta de pensar y obrar y en consecuencia la emancipación de toda tradición y de toda autoridad. Condorcet no dudará en escribir: "Europa, comprometida entre la tiranía

---

[1487] Guillermo FREILE. *Del humanismo a la ilustración (siglos XV-XVIII)*, 794-795.

[1488] FREILE. *Del humanismo a la ilustración*, III, 795.

[1489] Véase: Evangelina RODRÍGUEZ CUADROS et alii. *De las Academias a la Enciclopedia. El discurso del saber en la modernidad*. Valencia, Ediciones Alfonso el Magnánimo, 1993.

[1490] FREILE. *Del humanismo a la ilustración*, III, 796.

sacerdotal y el despotismo militar, espera –entre sangre y llanto– la hora en que nuevas luces le permitan renacer a la libertad, a la comprensión humana y a la virtud"[1491].

En economía el objetivo se cifraba en acabar con el mercantilismo como sistema propio de los Estados absolutos para dar paso a la fisiocracia que debía promover la libertad de comercio y de producción y además fijar la preferencia de la agricultura sobre la industria[1492].

Más contradictorio se presenta el aporte a la política. El soberano debía garantizar la felicidad ordenada de sus súbditos pero éstos no gozaban de ninguna libertad ni de ningún auténtico derecho. De esta suerte el absolutismo deviene en "despotismo ilustrado" y el soberano "impone su autoridad no como árbitro sino como una exigencia de la razón, necesaria para el bien común". Sin embargo, el Estado debía tender a igualar a todos los súbditos ante la ley pero al mismo tiempo se veía obligado a regular muchos aspectos de la cotidianidad[1493].

Así pues, la ilustración trató de destruir el mundo cortesano y aristocrático para dar paso a la época burguesa que a su vez abrirá los espacios para el "tercer estado".

El aspecto religioso también merece especial atención. Ciertamente la ilustración atacó al cristianismo de forma radical en sus propios fundamentos pues lo consideraba como el principal obstáculo para el progreso individual y social de la nueva sociedad. Por ello rechazaba de plano toda clase de revelación sobrenatural así como los misterios y los milagros. En consecuencia, repudiaba la religión porque venía a ser "un cúmulo de prejuicios, fanatismos y supersticiones que oprimen la naturaleza y enturbian la razón... Los dogmas son un insulto a la razón. Las leyes y mandamientos, cadenas que oprimen la libertad".

[1491] Citado por FREILE. *Del humanismo a la ilustración*, III, 797-798.
[1492] MARTINA. *Época del absolutismo*, 248.
[1493] MARTINA. *Época del absolutismo*, 248.

En su primera etapa asumió las formas del "deísmo" y al final llegará al ateísmo radical[1494].

Hay que reconocer que la ilustración indiscutiblemente invadió el campo religioso[1495] y facilitó la penetración del racionalismo y las ideas deístas dentro de la iglesia[1496]. Sin embargo, si nos atenemos al objetivo de nuestro estudio debemos señalar la existencia de dos tipos de movimientos ilustrados: el primero, lo podríamos designar como "religioso" y lucharía por acabar con el poder temporal de la Iglesia; el segundo, lo podríamos calificar como "no religioso" y su obsesión sería acabar tanto con el poder material como el espiritual de la institución eclesiástica.

II. ENSAYOS PARA CREAR UNA SUPERVIVENCIA DEL MODELO JESUÍTICO

Cuando el lector se sienta a contemplar el tremendo alud diplomático que de forma arrolladora logró vender al mundo occidental la necesidad urgente de extinguir de forma decisiva la Compañía de Jesús llega a la conclusión de que el tema jesuítico era cosa juzgada y finiquitada.

Sin embargo, pervivió en algunas conciencias particulares e institucionales el deseo de que esa muerte no invadiera los ideales sembrados por el proyecto jesuítico en el trayecto de dos siglos largos de historia (1540-1773). De esta forma, se llega a la existencia de ciertos movimientos que se dieron en el largo camino recorrido desde 1773 hasta 1814 y que ha tratado de recoger el historiador de los Papas Ludovico Pastor[1497].

[1494] FREILE. *Del humanismo a la ilustración*, III, 799-800.

[1495] Georg SCHWEIGER. "La ilustración desde una perspectiva católica". En: *Concilium*. Tomo III (1967) 93-111.

[1496] Alfred R. DESAUTELS. "Ilustración". En: Charles E. O'NEILL y Joaquín Mª DOMÍNGUEZ. *Diccionario histórico de la Compañía de Jesús*. Roma-Madrid, II (2001) 1993-1997.

[1497] Ludovico PASTOR. *Historia de los Papas en la época de la Monarquía absoluta*. Pío VI (1775-1799). Barcelona, Editorial Gustavo Gili S. A., XXXVIII (1960) 261-276.

Dada la complejidad del tema creemos oportuno establecer dos grandes categorías conceptuales que expliquen mejor los intentos desarrollados en ese lapso temporal: el primero se podría vincular a los esfuerzos manifestados por príncipes, obispos y parlamentos locales que anhelaban restaurar en sus geografías la orden extinta en 1773; el segundo se encaminó a diseñar instituciones permanentes que recogieran el ideal jesuítico y lo plasmaran en formas de vida capaces de suplir las lagunas dejadas por los hijos de Ignacio de Loyola.

LOS MOVIMIENTOS PRO RESTAURACIÓN

Desde el primer momento se detectan varios movimientos subterráneos que ponían sus esperanzas en dos hechos históricos que según ellos tenían capacidad para la adopción de las medidas por ellos deseadas.

El primero descansaba sobre las grandes esperanzas que suscitó entre los protectores de los jesuitas la subida al solio pontificio de Pío VI quien siempre se había mostrado benévolo para con los seguidores del de Loyola y además porque llamó a una serie de abolidos muy acreditados científica y literariamente como asesores. Así, podemos citar como ejemplo a Mons. José Marotti, ex jesuita y secretario de Breves *ad Principes*[1498], el cargo de Teólogo de la Penitenciaría Mayor lo ejerció un exjesuita hasta la restauración en 1814 y el nombramiento de diez ignacianos como obispos en los Estados de la Iglesia[1499] entre los que destacarían Giovanni Andrea Avogadro (1735-1815)[1500] para Verona; Giuseppe Grimaldi (1754-1830)[1501] primer arzobispo de Vercelli; Filippo Ganucci

---

[1498] MARCH. *El restaurador de la Compañía de Jesús*, II, 146.

[1499] Mario COLPO. "Italia". En: Charles E. O'NEILL y Joaquín Mª DOMÍNGUEZ. *Diccionario histórico de la Compañía de Jesús*, III, 2094.

[1500] Ángel SANTOS. "Avogadro, Giovanni Andrea". En: Charles E. O'NEILL y Joaquín Mª DOMÍNGUEZ. *Diccionario histórico de la Compañía de Jesús*, I, 395.

[1501] Ángel SANTOS. "Grimaldi, Giuseppe". En: Charles E. O'NEILL y Joaquín Mª DOMÍNGUEZ. *Diccionario histórico de la Compañía de Jesús*, II, 1818.

(1741-1818)[1502], titular de la nueva diócesis de Livorno y Girolamo Pavesi (1739-1820)[1503] titular de la nueva diócesis Pontremoli. Pero pronto se percataron de la vigencia de la hostil actitud oficial que mostraban los Estados europeos frente a esas ideas y por ende esos movimientos encajonaron sus proyectos en una especie de calle ciega.

El segundo se inspiraría en otros cauces imprevistos como el gran huracán levantado por la Revolución francesa que plantearía la necesidad de nuevos caminos y nuevas ideas pues, como afirma Ludovico Pastor, las llamas que fue levantando arrojaron "un deslumbrante resplandor [que] iluminaron el abismo" y muchos presintieron la necesidad de afrontar esa avalancha con una contrarrevolución que en el orden social reinsertara a los maestros y educadores del pueblo y en el orden religioso-eclesiástico a desandar los caminos que habían conducido a la devastación anticristiana[1504].

Podemos considerar al príncipe de Hohenlohe-Schillingsfürts como un símbolo de los movimientos que se llevarían a cabo en Alemania pues trató de desplegar una gran actividad para tratar de detener el golpe fatal de la extinción en el preciso momento en que Clemente XIV firmaba el Breve de la abolición[1505].

Además, es innegable que en las naciones del norte no fue muy bien recibido el Breve *Dominus ac Redemptor* como lo detectaron los servicios de inteligencia hispanos que se movían con rapidez. El 6 de enero de 1774 el embajador hispano en Roma escribía a Madrid: "Acabo de ver

---

[1502] Hugo STORNI. "Ganucci, Filippo". En: Charles E. O'NEILL y Joaquín Mª DOMÍNGUEZ. *Diccionario histórico de la Compañía de Jesús*, II, 1568.

[1503] Ángel SANTOS. "Pavesi, Girolamo". En: Charles E. O'NEILL y Joaquín Mª DOMÍNGUEZ. *Diccionario histórico de la Compañía de Jesús*, III, 3066.

[1504] L. PASTOR. *Historia de los Papas en la época de la Monarquía absoluta*. Pío VI (1775-1799), 263.

[1505] Bernhard DUHR. "Ungedruckte Briefe und Relationen über die Aufhebung der Gesellschaft Jesu in Deutschland". En: *Historisches Jahrbuch der Görres-Gesellschat*, VI (1885) 413-437.

un libro pequeño, en idioma alemán, contra el Breve de supresión[1506]. Su argumento se reduce a querer probar que esta Constitución no es aceptable en los países del Norte por falta de examen y de rito en la forma; por no haber intervenido el consentimiento de aquellos príncipes; y porque las causas para extinguir, o no son ciertas, o son respectivas a los jesuitas de otros dominios, o a los de las misiones, y no a todos"[1507].

Con este libro venía una estampa que contenía la figura de San Pedro señalando el templo del Vaticano a la vez que hablaba con una mujer que se presume es la Justicia y con la siguiente leyenda: "Incipiat iudicium a domo Dei"[1508]; en la parte superior se ve como una ofrenda y se lee la siguiente cita: *Ezequiel. Cap.9. Vers. 6* cuyo texto reza: "... maten sin ninguna compasión a ancianos, jóvenes, muchachas, niños y mujeres. Pero no toquen a nadie que tenga la señal. Ellos entonces, comenzaron por los ancianos que estaban delante del templo"[1509].

El elector de Maguncia y otros Príncipes alemanes recibieron todo tipo de presiones para no extinguir a los jesuitas de sus territorios. El 10 de febrero de 1774 Moñino le notificaba a Grimaldi que acababa de arrestarse al "ex jesuita Forestier, francés, que se tiene por autor de la carta que remitió al Papa el Elector de Maguncia, y de la cual es verosímil que hayan girado copias entre otros obispos de Alemania y Francia"[1510].

[1506] Es difícil precisar el título pero quizá se podría referir a: *Kurze historische Beleuchtung über das päpstliche Breve, in welhem der Orden des Gesellschaft Jesu aufgehoben worden*. Freyburg, 1773. También podría entrar en juego: *Zufälliger Gedanken, und Sätze über das Verfahren gegen die Jesuiten in dem Kirchenstaat, und über das, was ihnen aus Verhängniss des römischen Hofes vielleicht auch andverswo bevorstehen mag*. Strassburg, 1773.

[1507] Enrique GIMÉNEZ LÓPEZ (Ed.). *Cartas desde Roma para la extinción de los jesuitas*. Correspondencia, julio 1772-septiembre 1774. Conde de Floridablanca. Alicante, Publicaciones de la Universidad de Alicante, 2009) 508. (Archivo del Ministerio de Asuntos Exteriores. *Santa Sede*, 438. Carta de Floridablanca a Grimaldi. Roma, 6 de enero de 1774).

[1508] Comience el juicio por la casa de Dios.

[1509] *Ibidem*, 508-509.

[1510] Enrique GIMÉNEZ LÓPEZ (Ed.). *Cartas desde Roma para la extinción de los jesuitas*, 523. (Archivo del Ministerio de Asuntos Exteriores. *Santa Sede*, 438. Carta de Floridablanca a Grimaldi. Roma, 10 de febrero de 1774).

El P. Mathurin Germain le Forestier (1697-1780) había sido provincial de Francia en 1754 y asistente en Roma ante el General de la misma entidad. Dejó una biblioteca estimada en 85.000 libros al Procurador General de los Cartujos "con la condición de devolverla a la Casa Profesa del Gesù [Roma], si la Compañía era restablecida"[1511].

Para el lector interesado en esos movimientos norteños lo remitimos a la visión que tenía la diplomacia hispana sobre todo la embajada de España en Roma[1512].

En búsqueda de respuestas. Una primera respuesta a estas inquietudes se dio en los Países Bajos[1513] los cuales por el Tratado de Utrecht (1715) pasaron a ser dominio del imperio austriaco. Bajo el mandato de Carlos de Lorena (1741-1780) la situación jesuítica empeoró en las tierras belgas, pues fueron víctima de la aplicación de los criterios del Despotismo ilustrado encabezado por el ministro Wenzel Anton von Kaunitz[1514]. El fracaso de la reforma de la enseñanza llevó hasta a los partidarios de José II a la opinión de que la restauración de los jesuitas sería el mejor servicio que se le podía hacer al Estado. Además, tras el estallido de la rebelión neerlandesa los jesuitas contaron con el apoyo del partido de la libertad porque se sentían hermanados con los sufrimiento de los ignacianos[1515].

En el principado de Lieja los jesuitas gozaron de mayor libertad que en el resto de los Países Bajos y esa situación les permitió jugar un papel importante en la prensa local. Y a partir de 1772 se comenzó a incrementar

---

[1511] SOMMERVOGEL. *Bibliothèque*, III, 887. Sus obras corren de la página 887 a la 888.

[1512] Enrique GIMÉNEZ LÓPEZ. *Misión en Roma. Floridablanca y la extinción de los jesuitas.* Murcia, Universidad de Murcia (2008). Capítulo 7º: Desarraigar el tronco. (pp.153-190).

[1513] Edouard de MOREAU. "La vie secrète des jésuites belges de 1773 á 1830". En: *Nouvelle Revue Theologique.* Bruselas, 67/1 (1940) 32-69.

[1514] Véase: Louis BROUWERS y Georges MEESEN. "Bélgica". En: Charles E. O'NEILL y Joaquín Mª DOMÍNGUEZ. *Diccionario histórico de la Compañía de Jesús,* I, 307.

[1515] L. PASTOR. *Historia de los Papas en la época de la Monarquía absoluta.* Pío VI (1775-1799), 264.

el número de periódicos gracias a la protección del Príncipe-obispo Velbruck. Su temática al comienzo fue informar sobre el mundo exterior en lo relativo a ideas nuevas, políticas, económicas, religiosas, culturales y formas de pensamiento. En este ambiente surgieron entre 1772 y 1789 seis nuevos periódicos de los cuales 2 pertenecieron a los exjesuitas y un tercero estuvo bajo la dirección de un ignaciano[1516].

Tres jesuitas se distinguieron en este escenario privilegiado de la difusión del pensamiento: Francisco Javier Feller (1735-1802)[1517], Pedro Doyar [Desdoyars] (1728-1806)[1518] y Henri-Ignace Brosius (1764?-1840)[1519].

Francisco Javier Feller, polemista controvertido[1520], había nacido en Bruselas y dedicó su vida a la docencia, a la predicación y sobre todo cultivó la pluma como lo atestigua su ingente bibliografía[1521]. Primero colaboró con la revista *Clef du Gabinet des Princes de l'Europe* la cual en 1773 devino en el *Journal historique littéraire* del que fue director[1522].

[1516] Véase: Edouard de MOREAU. "La vie secrète des jésuites belges de 1773 á 1830". En: *Nouvelle Revue Theologique*. Bruselas, 67/1 (1940) 39-43.

[1517] Willem AUDENAERT. *Prosopographia iesuitica Belgica antiqua*. Leuven-Heverlee, Filosofisch en Theologisch College S. J., I (2000) 340. Ludwig KOCH. *Jesuiten-Lexikon. Die Gesellschaft einst und jetzt*. [Paderborn, 1934]. Löwen-Heverlee (Belgien). Verlag der Bibliothek SJ, I (1962) 548-549.

[1518] Willem AUDENAERT. *Prosopographia iesuitica Belgica antiqua*. Leuven-Heverlee, Filosofisch en Theologisch College S. J., I (2000) 304. SOMMERVOGEL. *Bibliothèque*, III, 164-169; Apéndice III.

[1519] Aunque es considerado jesuita Sommervogel abriga sus dudas pues no tuvo tiempo de ingresar a la Orden tan joven. Parece ser hermano del jesuita Pedro Brossius y discípulo de Feller (SOMMERVOGEL. *Bibliothèque*, II, 205-206). Véase: Willem AUDENAERT. *Prosopographia iesuitica Belgica antiqua*, I, 164.

[1520] Es interesante la siguiente visión: Raymond TROUSSON. "L'Abbé F. X. de Feller et les Philosophes". En: Roland PORTIER y Hervé HASQUIN (Edit.). "L'influence française dans les Pays-Bas autrichiens et la Principauté de Liège au temps de Voltaire et de Jean-Jacques Rousseau". En: *Etudes sur le XVIIIè siècle*. Bruxelles, Volume VI, Editions de l'Université (1979) 102-115.

[1521] SOMMERVOGEL. *Bibliothèque*, III, 606-636.

[1522] Edouard de MOREAU. "La vie secrète des jésuites belges de 1773 á 1830". En: *Nouvelle Revue Theologique*. Bruselas, 67/1 (1940) 40-41.

Sus escritos críticos contra las corrientes filosófico-teológicas de la época y contra ciertas reformas del emperador José II y recogidas en parte en *Recueil des représentations, protestations et réclamations faites à S.M.I. par les Etats des 10 provinces des Pays-Bas autrichiens*[1523] le obligaron a retirarse a Lüttich y posteriormente a Maastricht[1524]. Cuando pudo regresar a su patria influyó de forma decisiva en sus ansias de liberar a Bélgica del yugo austriaco.

En 1790 el canciller del tesoro de Brabante, Villegas, en concordancia con el obispo presentó ante los Estados Generales una Memoria para el restablecimiento de la Compañía pero la restauración temporal austriaca abortó la realización del proyecto[1525].

Henri-Ignace Brosius en enero 1783 se hacía cargo del *Journal historique* y en 1788 le cambia el nombre y la orientación por *Journal historique et politique des principaux évenemens du tems présent, ou Esprit des gazettes et journaux politiques de toute l'Europe*[1526] y asume la causa de la Revolución de Bravante (1789-1790) que pretendía crear los Estados Unidos de Bélgica.

Pedro Doyar entra también en acción en 1788 pues se había hecho sentir por sus panfletos, sus libros y sobre todo por sus artículos en "la violenta campaña contra las reformas del emperador-sacristán"[1527].

También es llamativo es el caso de Polonia en donde los jesuitas extintos jugaron un papel muy importante. El 14 de octubre de 1773 se creó la "Comisión Nacional de Educación" en la que participaron unos 450 ignacianos. Uno de los exjesuitas más activos y de gran influjo en la

---

[1523] Liège, Tutot, 17 vol. in-8°, 1790.

[1524] Ludwig KOCH. *Jesuiten-Lexikon. Die Gesellschaft einst und jetzt*, 548.

[1525] Paul BONENFANT. *La suppression de la Compagnie de Jésus dans les Pays-Bas Autrichiens (1773)*. **Mémoire couronné par l'Académie Royale de Belgique. Bruxelles, Hayez, 1925) 169 y ss.**

[1526] Edouard de MOREAU. "La vie secrète des jésuites belges de 1773 á 1830", 40.

[1527] Edouard de MOREAU. "La vie secrète des jésuites belges de 1773 á 1830", 41-42.

corte real fue el P. Grzegorz Piramowicz (1735-1801)[1528] quien compuso el denominado "Código escolar", los "Estatutos de la Comisión Nacional de Educación" (1780-1783) y el primer manual polaco sobre pedagogía "Las obligaciones del Profesor" (Varsovia, 1787). Además, en los inicios cinco miembros de los ocho componentes de esta sociedad eran "abolidos" y ayudaron a preparar los nuevos manuales para los colegios[1529].

En este contexto, no es de extrañar que diversas dietas provinciales elevaran a la Dieta General la decisión tomada por sus diputados de restaurar la orden de Ignacio de Loyola hacia 1790. Por su parte, los seguidores del fundador de la Compañía de Jesús se ofrecían a reanudar todas sus actividades sin pedir absolutamente nada sino vivir de la caridad de los conciudadanos[1530]. Este proyecto provocó de inmediato la reacción del Nuncio Saluzzo y del representante español en Varsovia[1531].

En la Dieta del 16 de julio de 1791 Lipski propuso que se pidiera la aprobación de la orden ignaciana en el territorio de la república pero la intervención del rey a favor de la paz y de las buenas relaciones con los Estados europeos hizo que el proyecto no siguiera adelante. Sin embargo, los partidarios de la proposición quisieron invocar el apoyo de la zariana Catalina II y también enviaron a Roma una embajada presidida por el obispo de Vilna, Kossakowski, a fin de alcanzar la aprobación papal pero las turbulencias que precedieron al segundo reparto de Polonia hicieron que el plan fracasara[1532].

[1528] Ludwik PIECHNIK. "Piramowicz, Grzegorz Wincenty". En: Charles E. O'NEILL y Joaquín Mª DOMÍNGUEZ. *Diccionario histórico de la Compañía de Jesús*, IV, 3145.

[1529] Ludwik PIECHNIK. "Polonia". En: Charles E. O'NEILL y Joaquín Mª DOMÍNGUEZ. *Diccionario histórico de la Compañía de Jesús*, IV, 3180.

[1530] Archivo Secreto Vaticano. *Nunziatura di Polonia*, 25. Texto polaco en el suplemento a la *Gazeta Warszawska* del 10 de noviembre de 1791. (Citado por PASTOR, *Historia de los Papas*, 265).

[1531] Archivo Secreto Vaticano. *Nunziatura di Polonia*, 53. Allí se recoge la carta de Saluzzo a Zelada del 26 de noviembre de 1790 y la contestación del 5 de febrero de 1791.

[1532] L. PASTOR. *Historia de los Papas en la época de la Monarquía absoluta*. Pío VI (1775-1799), 265-266.

Idénticos movimientos se llevaron a cabo en el mundo de lengua alemana. En Austria son interesantes las gestiones que realizó el legendario jesuita Alberto von Diessbach (1732-1798)[1533] quien valido de su cercanía al nuevo emperador Leopoldo le presentó un memorial destinado a afrontar las calamidades educacionales y morales que habían causado las reformas del gobierno anterior y para ello proponía la restauración de la Compañía de Jesús[1534]. En diciembre de 1793 el cardenal de Viena Cristóforo Bartolomeo Antonio Migazzi (1714-1803) solicitó al emperador Federico II la restauración de la orden de los jesuitas y pidió el apoyo de los obispos belgas y también se adhirió a ellos el ministro plenipotenciario Franz Georg, conde de Metternich-Winnembourg[1535].

A estos esfuerzos el cardenal vienés logró sumar la voluntad del barón de Duminique, Ministro de Estado del Elector de Tréveris, para promover en los Estados eclesiásticos del Imperio la restauración del Instituto jesuítico. Pero toda la iniciativa naufragó por los prejuicios de Maximiliano, príncipe elector de Colonia[1536].

Mas, no se doblegó el barón de Duminique ante estas negativas y así hizo llegar a Francisco II, en 1794, un Memorial por medio del ex-jesuita Damian Hugo Philipp Graf von und zu Lehrbach (1738-1815)[1537] en el que reiteraba sus peticiones y en el que solicitaba que al menos no pusiera obstáculos a sus esfuerzos[1538].

[1533] Ferdinand STROBEL. "Dies(s)bach, Nikolaus Joseph Alber von". En: Charles E. O'NEILL y Joaquín Mª DOMÍNGUEZ. *Diccionario histórico de la Compañía de Jesús*, II, 1119.

[1534] Otto PFÜLF. *Die Anfänge der deutschen Provinz der neu erstandenen Gesellschaft Jesu, und ihr Wirken in der Schweiz 1805-1847*. Freiburg im Breisgau, Herder & Co. (1922) 7 y ss.

[1535] Paul BONENFANT. *La suppression de la Compagnie de Jésus dans les Pays-Bas Autrichiens (1773)*. **Mémoire couronné par l'Académie Royale de Belgique. Bruxelles, Hayez, 1925)** 171-172.

[1536] Nicolaus VOGT y Johannes Ignaz WEITZEL. *Rheinisches Archiv für Geschichte und Literatur*. Wiesbaden, X (1813) 256 y ss.

[1537] Joseph SCHWINDS. "*Damian Hugo Philipp Graf von und zu Lehrbach (1738–1815) ein Wohltäter der Speyerer Domkirche*". Speyer, Jäger'sche Buchdruckerei, 1910.

[1538] PASTOR. *Historia de los Papas*, 267-268.

En 1796 se mantenían vivas las esperanzas ante la corte de Viena para lograr la restauración como lo demuestra tanto la correspondencia entre el cardenal Gianfrancesco Alabani /1720-1803) y el patriarca Giovanelli en Italia como la acción conjunta con el elector Clemente Wenceslao y su ministro Duminque en Alemania. Y la fuerza motriz de esta obsesión eran los banqueros de Augsburgo, los hermanos Obwexer uno de los cuales era miembro de la comunidad de exjesuitas residentes en el colegio de San Salvador de dicha ciudad[1539].

Después de 1797 el elector Duminique invitó por medio del cardenal primado Batthyány a los obispos de Hungría para proceder de común acuerdo en la noble tarea que se había impuesto y aprovechó su estancia en la capital austriaca en 1799 para ganarse la voluntad del emperador Francisco a favor del proyecto. Pero una vez más se topaban con las objeciones que surgían en la alta diplomacia para seleccionar los medios y el camino para lograr tan difícil objetivo[1540].

Según el elector Pío VI se hubiera sentido inclinado a apoyar tal propuesta si el emperador hubiera defendido esta causa[1541] pues en el fondo no se atrevía a desafiar a Carlos IV de España quien en 1800 le escribía a Pío VII: "… y es que hallo muy expuesto el hacer siquiera la proposición de este establecimiento en medio de la crisis fatal en que el mundo se encuentra; en medio de las agitaciones que ha padecido la Santa Sede y finalmente en medio de los temores de revoluciones políticas y religiosas, *que si bien se examina, deben su origen a las opiniones jesuíticas y a sus manejos impuros*"[1542].

[1539] PASTOR. *Historia de los Papas*, 273. Cita como fuente: Archivo episcopal de Augsburgo, K, 80. Obwexer al Vicario General Nigg, el 24 de marzo de 1797.

[1540] Archivo del Estado en Viena. K. F. A., 75 c. *Discussions de la question, savoir: s'il convient de rétablir la Societé de Jésus, ou de lui sobroger una otre Congregation*. Viena, 8 de septiembre de 1799. Citado por PASTOR. *Historia de los Papas*, 274.

[1541] Archivo Episcopal de Augsburgo. K, 89. *Promemoria de Duminique a Lehrbach* del día 5 de noviembre de 1794. Citado por PASTOR. *Historia de los Papas*, 274.

[1542] El subrayado es nuestro. *Causa Pignatelli*, II, Sum. Add., 158. Pastor (*Ob. cit.*, 274).

Sin embargo, las convulsiones políticas en que estaba sumergida Europa así como el segundo y tercer reparto de Polonia hicieron que pasaran al olvido éstos y otros proyectos de restauración. Lo mismo podríamos decir de Baviera[1543].

LA CONGREGACIÓN DE ENSEÑANZA DE LUIS XVI.

Por otro lado, para llenar los vacíos que habían provocado en la enseñanza y en la dirección de las almas, surgieron en Bélgica y en Italia ensayos encaminados a propiciar un sustitutivo por medio de la fundación de nuevas corporaciones que quisieran trabajar de acuerdo con el espíritu y las reglas de Ignacio de Loyola y de esta forma preparar la restauración del instituto[1544].

El primer caso que conocemos es el protagonizado por la hija de Luis XV, Madama Louise, carmelita desde 1771, quien pretendía reunir a los jesuitas abolidos en la "Congregación de Enseñanza de Luis XV". En principio contaba con el favor real y con el beneplácito de un gran número de sacerdotes del alto clero.

Sin embargo, dos razones frustraron este movimiento que buscaba el decreto real que permitía el regreso de los jesuitas a Francia después de lograr del Papa la no imposición del Breve *Dominus ac Redemptor*. La primera causa estuvo en la resistencia silenciosa que le opusieron al proyecto tanto el ministro de asuntos exteriores, Aiguillon como el cardenal Bernis; y la segunda, por la pronta muerte de Luis XV, el 10 de mayo de 1774[1545].

[1543] Archivo principal del Estado en München. *Jesuiten in genere*, 699. "Eine auf den Jesuitenorden bezügliche Schrift betreffend, welche durch den Rosenheimer Boten an den Magistrat. München übermacht wurde, 1791". Citado por PASTOR. *Historia de los Papas*, 266.

[1544] Véase: PASTOR. *Historia de los Papas en la época de la Monarquía absoluta*. Pío VI (1775-1799), 271-276.

[1545] L. PASTOR. *Historia de los Papas en la época de la Monarquía absoluta*. Pío VI (1775-1799), 261-262.

Se puede afirmar que la familia real francesa era favorable a los jesuitas. En la correspondencia de Fernando de Magallón con Grimaldi hace referencia a una confidencia del ministro d'Aiguillon: "Creo que Madame Luisa es una de las principales [que influyen en el rey]; las damas Princesas, sus hermanas, que conservan siempre un fondo de afición a los jesuitas, pueden también en gran parte... el Arzobispo de París, Madame Marshan y otros". La princesa Luisa era monja carmelita descalza y le había escrito una conmovedora carta al P. Lorenzo Ricci quien le contestó el 7 de septiembre de 1771[1546].

Tras la extinción de la orden de Loyola la Delfina María Antonieta y el arzobispo de París comenzaron a promover una Congregación para la enseñanza en los colegios y seminarios que debía convocar a los jesuitas en 6 Provincias con su estructura de Provinciales y Superior General[1547].

Gracias a la correspondencia diplomática española se puede seguir este abortado ensayo. En efecto, por una comunicación de Moñino a su ministro de Madrid le habla en carta reservada "acerca de la resurrección jesuítica". El cardenal Bernis le presentó una Memoria a Luis XVI y d'Aiguillon añade que "estrechando los obispos sobre la falta de personal para la dirección de los Colegios y Seminario, se ha pensado formar una distinta Congregación que desvíe el proyecto relativo a exjesuitas y que se enviará a Bernis el plano para tratarlo con el Papa"[1548].

[1546] Citado por MARCH. *El restaurador de la Compañía de Jesús*, I, 360.

[1547] Enrique GIMÉNEZ LÓPEZ (Ed.). *Cartas desde Roma para la extinción de los jesuitas*. Correspondencia, julio 1772-septiembre 1774. Conde de Floridablanca. Alicante, Publicaciones de la Universidad de Alicante, 2009) 523. (Archivo del Ministerio de Asuntos Exteriores. *Santa Sede*, 438. Carta de Floridablanca a Grimaldi. Roma, 10 de febrero de 1774).

[1548] Enrique GIMÉNEZ LÓPEZ (Ed.). *Cartas desde Roma para la extinción de los jesuitas*, 533. (Archivo del Ministerio de Asuntos Exteriores. *Santa Sede*, 438. Carta de Floridablanca a Grimaldi. Roma, 3 de marzo de 1774).

Según el conde de Aranda, embajador en París, el proyecto tenía el nombre de "Congregación de enseñanza de Luis XV" y según sus estatutos se proponía mejorar la calidad de la educación pública en Francia. Las inquietudes provenían del contenido de algunos artículos que les permitían desarrollar otros ministerios espirituales amén del de la enseñanza. Pero la mayor preocupación radicaba en el riesgo que la Congregación deviniera en una orden religiosa dirigida por un General porque, según Aranda, sería muy perjudicial "porque si recayese en persona inclinada al Instituto abolido, sabría insensiblemente reintroducir muchos de sus estilos y máximas"[1549].

III. INSTITUCIONES PERMANENTES CAPACES DE REALIZAR EL IDEAL JESUÍTICO

Más éxito obtuvieron dos instituciones empeñadas en restaurar el alma de la institución abolida por Clemente XIV: la "Compañía del Sagrado Corazón de Jesús" cuyos miembros fueron designados como los Padres del Sagrado Corazón y la "Compañía de la fe de Jesús" cuyos integrantes recibieron el título de "Paccanaristas".

Los orígenes de la *Compañía del Sagrado Corazón de Jesús*[1550] se remontan al año de 1794 y fue por iniciativa de dos sacerdotes franceses expatriados en Bélgica: Charles de Broglie y François-Éléonor de Tournéli. Ambos habían sido alumnos del Seminario de San Sulpicio y su proyecto consistía en imitar los ideales ignacianos y eventualmente adherirse a los sobrevivientes de la Rusia Blanca.

[1549] Enrique GIMÉNEZ LÓPEZ. *Misión en Roma. Floridablanca y la extinción de los jesuitas*. Murcia, Universidad de Murcia (2008) 95.

[1550] Mario COLPO. "Compañía del Sagrado Corazón de Jesús (Padres del Sgdo. Corazón)". En: Charles E. O'NEILL y Joaquín Mª DOMÍNGUEZ. *Diccionario histórico de la Compañía de Jesús*, I, 888. Aquí encontrará el lector su bibliografía fundamental. Alfred HILLENGASS. *Die Gesellschaft vom heiligen Herzen Jesu* (Societé du Sacre-Coeur de Jésus). *Eine kirchenrechtliche Untersuchung*. Stuttgart, 1917 [Kirchenrechtliche Untersuchung herausgegeben von Ulrich Stutz. Heft, 89].

No fue fácil la biografía de la nueva corporación. Pronto se adhirieron dos nuevos miembros: Xavier de Torunnély y Charles Leblanc (1774-1851)[1551] quienes pertenecían al ejército antirrevolucionario que luchaba contra los franceses. Ante la presión de las tropas galas se refugiaron en Alemania y en el viaje se les unió su antiguo compañero de estudios Joseph Varin (1769-1850)[1552]. Protegidos por el obispo de Augsburgo se radicaron en Göggingen (Baviera) en donde permanecieron dos años. El 15 de octubre de 1794 se inició legalmente la nueva corporación y a los cuatro fundadores se les unió Fidèle de Grivel (1769-1842)[1553] y todos hicieron voto de obediencia al papa y de ir a Roma a ponerse bajo su jurisdicción.

En Augsburgo hicieron contacto con los ex jesuitas que seguían al frente del colegio e incluso por medio del P. Johann Rauscher (1748-1798)[1554] solicitaron la admisión del grupo en la Compañía de la Rusia Blanca pero el vicario general, Gabriel Lenkiewicz, no lo consideró oportuno en aquel momento.

En abril de 1796 Tournély, Charles Broglie y Grivel se dirigieron a Roma para presentarse ante el pontífice mas al llegar a Friburgo tuvieron que desistir del viaje ya que las tropas napoleónicas habían invadido Italia y más tarde debieron huir a Austria por la misma razón. En la capital austriaca gozaron del patrocinio de la archiduquesa María Ana[1555].

[1551] Paul DUCLOS. "Leblanc, Pierre-Charles-Marie". En: Charles E. O'NEILL y Joaquín Mª DOMÍNGUEZ. *Diccionario histórico de la Compañía de Jesús*, III, 2313. SOMMERVOGEL. *Bibliothèque*, IV, 1622-1625.

[1552] Hugues BEYLARD. "Varin de Selemnot, Joseph". En: Charles E. O'NEILL y Joaquín Mª DOMÍNGUEZ. *Diccionario histórico de la Compañía de Jesús*, IV, 3896.

[1553] Hugues BEYLARD. "Grivel, Jean". En: Charles E. O'NEILL y Joaquín Mª DOMÍNGUEZ. *Diccionario histórico de la Compañía de Jesús*, II, 1821.

[1554] Ladislaus LUKÁCS. *Catalogus Generalis seu Nomenclator biographicus personarum Provinciae Austriae Societatis Iesu (1551-1773)*. Romae, Institutum Historicum S. I., III (1988) 1342. SOMMERVOGEL. Bibliothèque, VI, 1493-1494.

[1555] L. PASTOR. *Historia de los Papas en la época de la Monarquía absoluta*. Pío VI (1775-1799), 271.

En julio de 1797 falleció Tournély y le sucedió en el superiorato Joseph Varin. Bajo su mandato el número de miembros subió a 50 y se abrió una casa de estudios en Praga para atender la formación de las vocaciones que llamaban a sus puertas. Y en agosto de 1798 Varín envió a Pío VI la fórmula fundacional de su Compañía, muy parecida a la *Formula Instituti* de San Ignacio, y fue aprobada por el pontífice romano y confió el nuevo instituto al obispo de Viena.

El 18 de abril de 1799, por consejo de Pío VI, esta congregación se unió con la "Compañía de la fe de Jesús" y fue nombrado superior Nicolò Paccanari[1556].

La *Compañía de la Fe de Jesús* fue aprobada en mayo de 1797 y tuvieron como padrino al cardenal Della Somaglia. El 14 de agosto fue elegido Paccanari como superior y el día 15 los integrantes de la corporación pronunciaron sus tres votos esenciales de la vida religiosa y el cuarto de obediencia al papa y adoptaron las *Constituciones* de la Compañía de Jesús[1557].

En abril de 1798 visitó Paccanari a Pío VI en Siena quien lo escuchó con benevolencia y le otorgó por siete años muchos privilegios. Por ese mismo tiempo visitó a José Pignatelli quien luchaba por la restauración de la Compañía a la que había reingresado el 6 de julio de 1797[1558] pero no le gustó la forma de concebir las Constituciones de Ignacio de Loyola[1559].

Dados los avatares de la revolución francesa se vieron obligados en 1798 a refugiarse en Parma y después en la provincia veneciana de Austria. Tras recibir una ratificación escrita papal en agosto de 1798 y

---

[1556] Mario COLPO. "Compañía del Sagrado Corazón de Jesús (Padres del Sgdo. Corazón", I, 888.

[1557] Mario COLPO. "Compañía de la fe de Jesús: Paccanaristas". En: Charles E. O'NEILL y Joaquín Mª DOMÍNGUEZ. *Diccionario histórico de la Compañía de Jesús*, I, 886-889.

[1558] ARSI. *Russia*, 1030 (Vota 1762-1806), fol., 225v.

[1559] José M. MARCH. *El restaurador de la Compañía de Jesús*, II, 146.

por sugerencia del mismo pontífice el superior viajó al año siguiente a Viena a fin de realizar la fusión con la "Compañía del Sagrado Corazón de Jesús". La nueva institución se extendió con celeridad por Italia, Austria, Alemania, Bélgica, Inglaterra Francia y Suiza y contaba con 110 miembros[1560].

En efecto, con gran rapidez abrieron un colegio en Dilinga (Baviera), un internado en Kensington (Londres) y con la ayuda de la archiduquesa María Ana, hermana del emperador Federico II, se instalaron en Roma en la iglesia de San Silvestro al Quirinale en donde iniciaron el noviciado y el colegio Mariano que era escolasticado e internado en el Palacio Salviati. Pero el mayor crecimiento se dio en Francia gracias a la inteligente actividad de Joseph Varin. Así nacieron los colegios Amiens y Belley que se hizo famoso por su alumno el poeta Alfonso de Lamartin; el cardenal Joseph Fresch les entregó la dirección del seminario de Lyon. También se desarrolló una intensa actividad espiritual con las misiones populares y sobre todo con la orientación para la fundación de nuevas comunidades religiosas. Gracias a la colaboración del P. Luis Barat (1768-1845)[1561] que había ingresado en la "Compañía de Sagrado Corazón" en 1799 sugirió el nombre de su hermana Magdalena-Sofía Barat (1779-1865)[1562] quien sería la fundadora e las Religiosas del Sagrado Corazón de Jesús[1563].

[1560] Otto PFÜLF. *Die Anfänge der deutschen Provinz der neu erstandenen Gesellschaft Jesu, und ihr Wirken in der Schweiz 1805-1847*. Freiburg im Breisgau (1922) 21 y ss.

[1561] Paul DUCLOS. "Barat, Louis". En: Charles E. O'NEILL y Joaquín Mª DOMÍNGUEZ. *Diccionario histórico de la Compañía de Jesús*, I, 339.

[1562] J DE CHARRY. "Barat, Magdalena Sofía". En: Charles E. O'NEILL y Joaquín Mª DOMÍNGUEZ. *Diccionario histórico de la Compañía de Jesús*, I, 339-340.

[1563] Mario COLPO. "Compañía de la fe de Jesús: Paccanaristas". En: Charles E. O'NEILL y Joaquín Mª DOMÍNGUEZ. *Diccionario histórico de la Compañía de Jesús*, I, 887. Achille GUIDÉE. *Notices historiques sur quelques membres de la Société des pères du Sacré-Coeur, et de la Compagnie de Jésus pour faire suite à la vie du R. P. Joseph Varin*. Paris, Ch. Douniol, 1860, 2 vols.

ENSAYOS PROTAGONIZADOS POR EX JESUITAS

Mas, antes de entrar en materia pensamos que es de gran utilidad recoger algunos ensayos protagonizados por algunos ex jesuitas que se fueron realizando en torno al año 1790 que tenían por objetivo el poder resucitar la institución a la que habían dedicado los mejores sueños de sus vidas. Y la mayoría proviene de países que no fueron ni España ni Portugal sobre todo por los controles de que eran objeto por parte de sus respectivos gobiernos.

En 1790 el abate Pedro José de Clorivière (1735-1820)[1564] había ingresado en la orden el 14 de agosto de 1756 pero tras la extinción se convirtió en un luchador por los ideales de la iglesia. Hacia 1790 concibió la idea de fundar dos institutos religiosos para reemplazar a las órdenes que acababa de suprimir la Asamblea de Francia. El día 2 de febrero de 1791 fundó la Sociedad del Sagrado Corazón a fin de mantener vivos los ideales jesuíticos. En principio pensaba captar a los jesuitas vivos comenzando por las misiones de Maryland y Pensilvania. Incluso se llegó a abrir un noviciado en Praga (1798) protegido por el cardenal Christopher Migazzi, arzobispo de Viena, quien había recibido de Pío VI poderes para ello[1565]. Pero la presencia de la "Compañía de la Fe de Jesús" opacó el proyecto.

LOS NUEVOS HORIZONTES ABIERTOS POR PÍO VII

Con el advenimiento al solio pontificio de Pío VII el 14 de marzo de 1800 un nuevo panorama favorable a los jesuitas se inició desde los primeros momentos y así manifestó que no quería ninguna otra

---

[1564] Hugues BEYLARD. "Clorivière (Picot, Rivers), Pierre-Joseph". En: Charles E. O'NEILL y Joaquín Mª DOMÍNGUEZ. *Diccionario histórico de la Compañía de Jesús*, I, 828-829. SOMMERVOGEL. *Bibliothèque*, I, 1307-1308. Ángel SANTOS. *Jesuitas y obispados*. Tomo II: *Los Jesuitas Obispos Misioneros y los Obispos Jesuitas de la extinción*. Madrid, Pontificia Universidad de Comillas (2000) 400-403.

[1565] Manuel RUIZ JURADO. "Compañía de Jesús. III. Restauración". En: Charles E. O'NEILL y Joaquín Mª DOMÍNGUEZ. *Diccionario histórico de la Compañía de Jesús*, I, 885.

corporación religiosa sino a los fundados por Ignacio de Loyola[1566]. Y el 21 de junio de 1804 José Varin rompió con Paccanari al percatarse de la frialdad con que el italiano asumía la unión con los jesuitas de la Rusia Blanca y esta decisión fracturó el compromiso de unidad que se había sellado en Viena en 1798 entre las dos corporaciones[1567].

Pero varias causas influyeron en los albores del siglo XIX para que se produjera una rápida decadencia.

En primer lugar, fueron las disposiciones políticas de Napoleón quien en 1804 decretó la disolución de los Padres de la Fe en Francia y aunque fue momentáneamente suspendida sería promulgada de forma definitiva en 1807.

En segundo término, sería la fluctuante conducta de Paccanari que produjo una serie de sospechas de autoritarismo y rarezas de tal forma que en 1808 sería acusado de inmoralidad e iluminismo y condenado por ello a 10 años de prisión por la Inquisición romana. Mas al ser ocupada la ciudad eterna por las tropas francesas fue puesto en libertad. Su fin fue trágico pues en 1811 se encontró su cabeza cortada en el Tíber[1568].

Finalmente, la tercera y más importante, con la aprobación oficial de Pío VII de la Compañía de Jesús en la Rusia Blanca (1801) y en las Dos Sicilias (1804) el horizonte cambió por completo para los que realmente ansiaban ser seguidores fieles y genuinos de Ignacio de Loyola.

[1566] MARCH. *El restaurador de la Compañía de Jesús*, II, 174-175.

[1567] Hugues BEYLARD. "Varin de Selemnot, Joseph". En: Charles E. O'NEILL y Joaquín Mª DOMÍNGUEZ. *Diccionario histórico de la Compañía de Jesús*, IV, 3896.

[1568] Mario COLPO. "Compañía de la fe de Jesús: Paccanaristas", I, 887. Sobre el proceso, véase: Archivo de Estado de Roma. *Sentencias correccionales desde el 1º de noviembre de 1810 a 30 de marzo de 1811*, vol., 169.

En ese tramo temporal comprendido entre 1801 y 1814, fecha de promulgación de la Bula *Sollicitudo omnium ecclesiarum*, los amantes de la auténtica Compañía de Jesús se fueron reintegrando bien a la Rusia Blanca, bien a la totalmente restablecida en todo el mundo. Y así, muchos de los miembros de la Compañía de la Fe ingresaron a la auténtica Compañía. Y entre ellos se deben destacar: Sineo Della Torre (1761-1842) incorporado a la Compañía de la Rusia Blanca el 31 de julio de 1810 se le puede considerar como uno de los restauradores de la orden en Suiza y Alemania[1569]; Joseph Varin (1769-1850) verdadero puente entre los miembros de la Congregación del Sagrado Corazón y la Compañía de Jesús restaurada; Fidèle de Grivel (1769-1842) servidor de la Compañía en San Petersburgo, en Inglaterra e Irlanda y más tarde en Estados Unidos; Charles Gloriot (1768-1844) gran predicador y polemista activo en las disputas religiosas del "antijesuitismo" de la época[1570]; Juan Bautista Gury (1773-1854) pieza clave en la formación de los jesuitas franceses tras la restauración[1571]; Anton Kohlmann (1771-1836)[1572] quien jugaría un papel muy importante en la restauración de la orden en los Estados Unidos; y Pedro Roger (1763-1839) uno de los grandes renovadores de la Iglesia en Francia tras la revolución[1573].

[1569] Jean Xavier GAGARIN. "Le P. Joseph Sineo della Torre, S. J. Notes biographiques d'après les manuscrits inédits du P. Grivel". En: *Précis historiques. Mélanges religieux, littéraires et scientifiques*. Bruxelles, 27 (1878) 314-323. Ludwig KOCH. *Jesuiten-Lexikon. Die Gesellschaft einst und jetzt*. [Paderborn, 1934]. Löwen-Heverlee (Belgien). Verlag der Bibliothek SJ (1962) 1761-1763. Ferdinand STROBEL. "Sineo della Torre, Giuseppe". En: Charles E. O'NEILL y Joaquín Mª DOMÍNGUEZ. *Diccionario histórico de la Compañía de Jesús*, IV, 3581.

[1570] SOMMERVOGEL. *Bibliothèque*, III, 1501-1502. Paul DUCLOS. "Gloriot, Charles". En: Charles E. O'NEILL y Joaquín Mª DOMÍNGUEZ. *Diccionario histórico de la Compañía de Jesús*, II, 1743.

[1571] Hugues BEYLARD. "Guru, Jean-Baptiste". En: Charles E. O'NEILL y Joaquín Mª DOMÍNGUEZ. *Diccionario histórico de la Compañía de Jesús*, II, 1850.

[1572] R. Emmett CURRAN. "Kohlmann, Antony". En: Charles E. O'NEILL y Joaquín Mª DOMÍNGUEZ. *Diccionario histórico de la Compañía de Jesús*, III, 2211-2212.

[1573] Paul DUCLOS. "Roger, Pierre". En Charles E. O'NEILL y Joaquín Mª DOMÍNGUEZ. *Diccionario histórico de la Compañía de Jesús*, IV, 3400-3401.

IV. LAS RESTAURACIONES DE LA COMPAÑÍA Y SUS PROCESOS

A la hora de interpretar el difícil período que se extiende de 1773 a 1814 es necesario trazar a una guía que ilumine los diversos caminos oficiales, semioficiales y privados recorridos y su referencia a los principales protagonistas de esta singular historia.

Y como marco de referencia para poder detectar las huellas históricas que fueron abriendo los horizontes de la restauración indicaremos de entrada, primero las autoridades legítimas que supieron navegar mares tan procelosos en la "isla de los sobrevivientes" de la Rusia Blanca y en segundo término las fechas que marcan los puntos de partida para llevar a cabo los diversos ensayos que culminaron con la restauración universal de la Compañía.

I. LA EXPERIENCIA DE LA RUSIA BLANCA, LUGAR DE REFERENCIA PARA LOS ABOLIDOS

Cuando se conoció en Italia que en la Rusia Blanca se había aprobado por la autoridad eclesiástica el noviciado, la primera reacción de la corte de Madrid fue enviar una circular fechada el día 9 de septiembre a los comisarios en Italia que debían vigilar que ningún ex jesuita se dirigiera a tierras rusas para su incorporación a la orden y 9 días después el comisario Laforcade ratificaba que "vigilaría para impedir la fuga"[1574].

Pero, sin lugar a dudas, el verdadero punto de partida se inicia con las denominadas "Congregaciones Polocenses"[1575], es decir, desde que los jesuitas no extintos reasumieron la capacidad legislativa de la Compañía

---

[1574] Archivo de la Embajada Española en Roma. *Expedientes*, 1779. Citado por MARCH. *El restaurador de la Compañía de Jesús*, II, 31.

[1575] Ludwik GRZEBIEN. "Congregaciones Polocenses (Polotsk). En Charles E. O'NEILL y Joaquín Mª DOMÍNGUEZ. *Diccionario histórico de la Compañía de Jesús*, I, 918-920. Fuentes: ARSI. *Russia*, 1027. Manuel RUIZ JURADO. "La espiritualidad de la Compañía de Jesús en sus Congregaciones generales". En: *Archivum Historicum Societatis Iesu*. Roma, 90 (1976) 264-268. Marek INGLOT. *La Compagnia di Gesù nell'imperio russo (1772-1820) e la sua parte nella restaurazione generale della Compagnia*, 87-92.

de Jesús a través de la "Congregación General", la cual, según las Constituciones debe convocarse para estudiar los asuntos importantes que afectan a toda la Orden tales como la elección del Prepósito General (n°., 677), cambiar las Constituciones, cerrar colegios o casas (n°., 420)[1576] y otras por el estilo.

Y como es natural los Vicarios Generales primero y los Generales después serían los encargados de poner en práctica las decisiones del máximo cuerpo legislativo de la Compañía de Jesús.

La primera Congregación (11-18 de octubre de 1782) significó para los jesuitas de la Rusia Blanca el final de la inseguridad y el inicio del restablecimiento del proceso interno administrativo interno de la provincia y del gobierno central al mando del Vicario General[1577] y al año siguiente recibieron la confirmación de Pío VI a través de Benislawski[1578]. Una vez estructurada la organización provincial y general quedaba resguardada la legitimidad de la existencia de la orden y se aseguraba la identidad de la Compañía[1579].

El primer Vicario General fue Estanislao Chernevich [Czerniewicz] (1728-1785), elegido el 17 de octubre de 1782, inició una etapa expansiva, pues no sólo fue recibiendo a exjesuitas del extranjero sino concediendo también la afiliación a los que no podían trasladarse a la duras regiones rusas. Y también inició un fecundo comercio epistolar con los extintos de Italia, Bélgica e incluso de China[1580] como lo demuestra la

---

[1576] Ignacio ECHARTE. "Congregación". En: Charles E. O'NEILL y Joaquín Mª DOMÍNGUEZ. *Diccionario histórico de la Compañía de Jesús*, I, 907-911.

[1577] Marek INGLOT. *La Compagnia di Gesù nell'imperio russo (1772-1820) e la sua parte nella restaurazione generale della Compagnia*, 90.

[1578] INGLOT. *La Compagnia di Gesù nell'imperio russo (1772-1820) e la sua parte nella restaurazione generale della Compagnia*, 90-91.

[1579] INGLOT. *La Compagnia di Gesù nell'imperio russo (1772-1820) e la sua parte nella restaurazione generale della Compagnia*, 125.

[1580] Ludwik GRZEBIEN. "Czerniewicz, Stanislaw". En: Charles E. O'NEILL y Joaquín Mª DOMÍNGUEZ. *Diccionario histórico de la Compañía de Jesús*, II, 1029-1030.

biografía de François Bourgeois (1717-1792)[1581]. Todavía más, cuando se desempeñaba como Provincial de la Rusia Blanca había comenzado desde 1776 a admitir como genuinos hijos de Ignacio de Loyola a los provenientes de las provincias Mazovia y Lituania.

En la segunda Congregación General (1-13 de octubre de 1785) se aprobó que los profesos que llegaran a Bielorrusia pudieran renovar sus votos, mas para los que no lo eran se les pedía que permanecieran un año en el noviciado[1582].

Nuevos aires de esperanza se despertaron entre los exilados en los Estados de la Iglesia con la visita que realizó el ex jesuita Juan Benislawski, enviado especial de la zarina Catalina II, para dialogar con el Vaticano sobre los asuntos religiosos de Rusia[1583]. De la aprobación verbal de Pío VI de que la "isla de los sobrevivientes" era legítima Compañía de Jesús hemos hablado más arriba.

De esta suerte, quedaba la puerta abierta para aquellos que quisieran insertarse a los verdaderos jesuitas que habitaban las regiones nórdicas, pero también se dio la categoría de las denominadas "agregaciones clandestinas" que consistía en la renovación de la fórmula de los votos y se convertían en auténticos seguidores de Ignacio de Loyola pero en el foro interno sin ningún cambio exterior de vida. Pero esta modalidad provocó reacciones muy diversas[1584].

En esta magna asamblea fue elegido el 8 de octubre de 1785 como Vicario General Gabriel Lenkiewicz (1722-1798). Para seguir los lineamientos dados por la Congregación General inició el acercamiento de

---

[1581] Joseph DEHERGNE. "Bourgeois, François [Nombre chino: Chao, Junxiu]. En: Charles E. O'NEILL y Joaquín Mª DOMÍNGUEZ. *Diccionario histórico de la Compañía de Jesús*, I, 510.

[1582] Ludwik GRZEBIEN. "Congregaciones Polocenses (Polotsk), I, 919.

[1583] Ludwik GRZEBIEN. "Benislawski, Jan". En Charles E. O'NEILL y Joaquín Mª DOMÍNGUEZ. *Diccionario histórico de la Compañía de Jesús*, I, 407-408.

[1584] MARCH. *El restaurador de la Compañía de Jesús*, II, 47-48.

los vecinos naturales como eran los extintos de Austria y Alemania. Posteriormente, a partir de 1786, se preocupó de los restos que luchaban en Bélgica y Holanda y desde 1803 fueron recibiendo en el noviciado ruso a muchos candidatos de esas regiones. De igual forma, procedió con los que laboraban en el archipiélago del mar Egeo y los admitió en su jurisdicción el año 1790[1585]. Pero el paso más esperanzador se dio el año 1793 cuando a solicitud del príncipe Fernando de Parma envió a tres sujetos muy calificados con el fin de poner las bases de un ensayo que por entonces fracasaría: los PP. Antonio Messerati, Luigi Panizzoni y Bernardino Scordialo[1586].

En la tercera Congregación General fue elegido el 12 de febrero de 1798 el P. Franciszek Kareu (1731-1802)[1587] quien se convertiría en el primer Prepósito general en el imperio ruso tras la publicación del Breve *Catholicae fidei* (7 de marzo de 1801). Consciente del momento crucial que vivía Europa trató de hacer presencia activa en los escenarios claves para la supervivencia de la orden. Con la curia romana se sirvió del exjesuita Giuseppe Marotti (1741-1804)[1588] que fue secretario personal de Pío VI y de Pío VII. También activó los contactos con sus hermanos de religión extinguidos: más adelante hablaremos de sus acciones en Nápoles; para Inglaterra se sirvió William Strickland (1731-1819)[1589], quien mantuvo vivo el deseo de restauración entre sus connacionales. Y en su visión de futuro se abrió a espacios inéditos como el planteado por

---

[1585] Sobre este punto, véase: Marek INGLOT. *La Compagnia di Gesù nell'imperio russo (1772-1820) e la sua parte nella restaurazione generale della Compagnia*, 206-214.

[1586] Ludwik GRZEBIEN. "Lenkiewicz, Gabriel". En: Charles E. O'NEILL y Joaquín Mª DOMÍNGUEZ. *Diccionario histórico de la Compañía de Jesús*, III, 2330-2332.

[1587] Ludwik GRZEBIEN. "Kareu (Karu), Francisco [Franciszek X.]". En: Charles E. O'NEILL y Joaquín Mª DOMÍNGUEZ. *Diccionario histórico de la Compañía de Jesús*, II, 1657-1659.

[1588] Charles E. O'NEILL. "Marotti, Giuseppe". En: Charles E. O'NEILL y Joaquín Mª DOMÍNGUEZ. *Diccionario histórico de la Compañía de Jesús*, III, 2511-2512.

[1589] Geoffrey HOLT. "Strickland, William". En: Charles E. O'NEILL y Joaquín Mª DOMÍNGUEZ. *Diccionario histórico de la Compañía de Jesús*, IV, 3648.

Patriarca Vicario de Constantinopla, Jean-Baptiste Fonton, quien deseaba tener jesuitas en sus territorios así como también planificó la apertura de una misión en Astracán (Rusia) y otra en Estocolmo (Suecia).

En la cuarta Congregación Polocense fue elegido el día 22 de agosto el P. Gabriel Gruber (1740-1805)[1590] quien trató de mantener vivo el criterio de expansión y de recuperación de lo que había sido el ideal universalista de Ignacio de Loyola. Tras el primer reconocimiento pontificio alentó el segundo que sería para Nápoles y por ello envió para tal fin a la ciudad sureña italiana a Gaetano Angiolini (1748-1816)[1591] como asistente y procurador general que concluiría con el breve *Per alias* (30 de julio de 1804) por el que se reconocía la existencia ignaciana en las Dos Sicilias. También se movió para alentar a la reincorporación de los jesuitas de Estados Unidos y además preparó un grupo de misioneros para la Misión de China que se desplazaría por las vías terrestres hasta Pekín/Beijing bajo la protección del zar Alejandro I.

En la quinta y última Congregación general Polocense celebrada en septiembre de 1805 fue elegido Tadeo Brzozowski (1749-1820)[1592]. En el diseño del nuevo mapa jesuítico adquiere mucha importancia la "Misión de Norteamérica" pues no sólo envió a 8 miembros de la Rusia Blanca sino que en 1806 aprobó la apertura de un noviciado en Georgetown (Washington D. C.) y señaló como superior a Robert Molyneux (1738-1808)[1593] quien desde 1783 formaba parte del grupo empeñado en buscar fórmulas para restaurar la Compañía. Pero, su acción

---

[1590] Wiktor GRAMATOWSKI. "Generales. 19b. Gruber (Grueber), Gabriel". En: Charles E. O'NEILL y Joaquín Mª DOMÍNGUEZ. *Diccionario histórico de la Compañía de Jesús*, II, 1659-1660.

[1591] Francesco SALVO. "Angiolini, Gaetano". En: Charles E. O'NEILL y Joaquín Mª DOMÍNGUEZ. *Diccionario histórico de la Compañía de Jesús*, I, 169-170.

[1592] Ludwik GRZEBIEN. "Brzozowski, Tadeo [Tadeusz]". En: Charles E. O'NEILL y Joaquín Mª DOMÍNGUEZ. *Diccionario histórico de la Compañía de Jesús*, II, 1660-1662.

[1593] R. Emmett CURRAN. "Molyneux, Robert". En: Charles E. O'NEILL y Joaquín Mª DOMÍNGUEZ. *Diccionario histórico de la Compañía de Jesús*, III, 2720.

más importante fue el haber conseguido la restauración universal de la Compañía de Jesús mediante la bula *Sollicitudo omnium ecclesiarum* (7 de agosto de 1814)[1594].

II. LOS DIVERSOS MODELOS ENSAYADOS PARA LA RESTAURACIÓN

Pero si dejamos de lado a Bielorrusia también es de justicia reconocer los esfuerzos realizados por los abates extintos por Clemente XIV para restaurar la corporación religiosa a la que habían servido a Europa, América, África y Asia durante más de dos siglos.

Ya hemos recordado más arriba que la "isla de sobrevivientes" de la Compañía nunca murió y por ello la primera parte de este acápite la hemos centrado en el esfuerzo realizado en varios países europeos por rescatar tanto la restauración de la orden suprimida así como la solución alterna de crear instituciones inspiradas en el modelo jesuítico a fin de no dejar morir el espíritu ignaciano.

Y en esta parte haremos en primer lugar una breve alusión a los contactos que se establecieron entre los exjesuitas dispersos por varios territorios europeos y la Rusia Blanca para dedicar la segunda parte a seguir las huellas de la restauración a la luz oficial que prendió Pío VII nada más llegar al pontificado.

La puesta en marcha de los proyectos concretos. Con la noticia de la publicación por Pío VII del Breve *Catholicae fidei* (1801) surgió una ola de peticiones para ingresar en la Compañía de personas y grupos de Europa y Estados Unidos. Hacia Polotsk se volvieron los ojos de muchos ancianos que sobrevivían de la Compañía extinguida y curiosamente también se sumaron muchos jóvenes que se sentían atraídos por los ideales del hombre de Loyola.

[1594] Ludwik GRZEBIEN. "Brzozowski, Tadeo [Tadeusz]", II, 1661.

El primer grupo que solicitó la unión canónica con la Rusia Blanca fue el de los abolidos ingleses quienes, dadas las realidades anticatólicas que imponía la Isla, habían fundado dos colegios en el continente: el de St. Omers (norte de Francia) [1595] que fue transferido a Brujas (Bélgica)[1596] con la expulsión de los ignacianos de las tierras galas en 1762 y el de Lieja.

Jonh Howard (1718-1783) sería el encargado en 1773 de realizar la transición del colegio de Lieja a la "Academia Inglesa de Lieja" al ser extinguida la Compañía de Jesús. El patrocinador del proyecto fue obispo príncipe de Lieja, François-Charles, conde de Velbruck. Su objetivo se centraba en la formación de los jóvenes católicos ingleses. En 1778 el Papa Pío VI lo declaró Seminario Pontificio[1597].

El grupo solicitante que de forma corporativa elevaba en 1783 una petición formal al Vicario Stanislaw Czeniewicz para poder reintegrarse a la Compañía de la Rusia Blanca lo presidía Jonh Howard, quien se desempeñaba como presidente de la Academia inglesa de Lieja[1598]. Esta solicitud significaba la creación formal de una provincia bajo la autoridad del Vicario General residente en Bielorrusia. Como es natural Czeniewicz le manifestó a los solicitantes la imposibilidad de llevar a cabo su demanda: en el foro externo, dadas las limitaciones jurídicas a las que estaba sometido pero les animaba a mantener ese espíritu en el foro interno pues Pío VI había dado su aprobación de palabra (vivae vocis oraculo) a la Compañía rusa[1599].

[1595] Leo HICKS. "The Fundation of the College of St. Omers". En: *Archivum Historicum Societatis Iesu*. Roma, 19 (1950) 146-180.

[1596] Geoffrey HOLT. *St. Omers and Bruges Colleges, 1593-1773. A Biographical Dictionary*. Thetford, Catholic Record Society, 1979.

[1597] ARSI. *Anglia*, 1001, I-1- *Breve Pii VI in favorem Collegii Leodiensis*. 15 de septiembre de 1778.

[1598] Amplia información en: INGLOT. *La Compagnia di Gesù nell'imperio russo (1772-1820) e la sua parte nella restaurazione generale della Compagnia*, 214-239.

[1599] Archivum Britannicum Societatis Iesu. *Epistolae PP. Generalium Soc. Jesu ad Patres Provinciae Anglicanae*. Vol. I (1750-1853), fols., 5r-6r.: *Epistola Czerniewicz a Howard,* 14 de

En 1794 se ven obligados a abandonar Lieja por la llegada de los hombres de la Revolución Francesa[1600] y regresar a su patria a fines de agosto; allí se instalaron en Stonyhurst[1601] donde fundaron un famoso colegio al que Pío VI, en 1796, le confirió todos los privilegios de que gozaba la "Academia Inglesa de Lieja"[1602].

El gozne de unión en Inglaterra entre las dos Compañías lo representa William Strickland (1731-1819) pues siempre se preocupó por el futuro de la orden y de su restauración y así promovió la unión de los extinguidos y fomentó los vínculos de unión con los de la Rusia Blanca. Como era habitual con los jesuitas ingleses estudió en el colegio inglés de St. Omer en Flandes. Después de la supresión fue elegido en 1784 presidente de la Academia inglesa de Lieja y en 1790 se residenció de forma definitiva en su tierra natal[1603].

Al tener noticia en 1801 de la ratificación de la Compañía de Jesús en la Rusia Blanca inició el 31 de julio de ese año las tramitaciones legales, reiteradas el 7 de agosto, para poder contarse entre los agregados a la corporación reconocida ya oficialmente por el Vaticano. Eran alrededor de 60 los solicitantes y a la vez eran conscientes de la necesidad de contar con el aval de la Santa Sede pues no contaban con el requisito de la aprobación de su soberano civil[1604].

---

octubre de 1783. (INGOLT. *La Compagnia di Gesù nell'imperio russo (1772-1820) e la sua parte nella restaurazione generale della Compagnia*, 215).

[1600] Louis DEPLACE. "Les Jésuites anglais de Liège pendant la Révolution française". En: *Précis historiques*, Bruxelles, 45 (1896) 226-235; 275-281.

[1601] Thomas E. MUIR. *Stonyhurst College 1593-1993*. London, James & James, 1992.

[1602] Geoffrey HOLT. "The English Province. The ExJesuits and the Restoration (1773-1814)". En: *Archivum Historicum Societatis Iesu*. Roma, 42 (1973) ---

[1603] Geoffrey HOLT. "Strickland, William". En: Charles E. O'NEILL y Joaquín Mª DOMÍNGUEZ. *Diccionario histórico de la Compañía de Jesús*, IV, 3648.

[1604] Para todo este complicado proceso remitimos al lector a: INGOLT. *La Compagnia di Gesù nell'imperio russo (1772-1820) e la sua parte nella restaurazione generale della Compagnia*, 216 y ss.

Largas fueron las gestiones que sostuvo el General Gruber con las autoridades romanas siempre propicias, en principio, a favor de los ignacianos ingleses. Mas, en la primera mitad del año 1802 fueron los jesuitas de Stonyhurst los que directamente se dirigieron al Pontífice para insistir en que se pudieran agregar en nombre de la antigua Provincia de Inglaterra y que el Prepósito General designara a su provincial[1605].

Conscientes de que se encontraban en dominios no afectos a la iglesia consiguieron una petición adicional suscrita por 22 católicos ingleses de la primera nobleza[1606] y finalmente esta solicitud fue presentada a Pío VII por el cardenal César Brancadoro (1755-1837) protector del colegio y en ese momento obispo de Orbieto[1607]. Y el 12 de octubre podía escribir el P. Gruber a Strickland la opinión del Secretario de Estado Vaticano pero, 16 días después, Consalvi otorgaba la agregación[1608]. Las condiciones eran las mismas que se habían adoptado para los que se agregaban a la Rusia Blanca y se insistía que debían mantener el hábito de los sacerdotes[1609].

El 27 de mayo de 1803 fue nombrado provincial de Inglaterra Marmaduke Stone (1748-1834)[1610] quien había sido readmitido con 35 jesuitas de antes de la restauración[1611]. Cuatro meses más tarde se

---

[1605] ARSI. *Anglia*, 1001, II-11. *Libellus Supplex decem Sacerdotum olim S.J.*

[1606] ARSI. *Anglia*, 1001, II-11. *Libellus Supplex Cath. Angliae in favorem Socitatis* [1802].

[1607] ARSI. *Anglia*, 1001, I-3. *Libellus supplex Cardinalis Brancadoro (protectoris Collegii Stonyhurst) ad Pium VII.* 1802.

[1608] Archivum Britannicum Societatis Iesu. *Epistolae PP. Generalium Soc. Jesu ad Patres Provinciae Anglicanae.* Vol. I (1750-1853). I, fol., 16r-16v. *Carta de Gruber a Strickland,* 28 de octubre de 1802: "Per Cardinalem Consalvi responsum mihi fuisse datum, quod nobis liceat aggregare Socios non solum in terris Acatholicorum sed etiam Catholicaorum; gaudium certe nobis hoc maximum attulit...".

[1609] ARSI. *Russia*, 1005, III-1. Fol., 12. Excerptum ex Epistola Patris Vincentii Giorgi Theologi Poenitentiariidata 28 decembris 1802.

[1610] SOMMERVOGEL. *Bibliohèque*, VII, 1596-1597.

[1611] William V., BANGERT. *Historia de la Compañía de Jesús.* Santander, Editorial Sal Terrae (1981) 513-514.

abrió el noviciado en Hodder Place (Stonyhurst) con doce candidatos bajo la dirección de Charles Plowden (1743-1821)[1612] personaje clave también de la restauración en Inglaterra y reconocido escritor de controversias[1613]. Reingresó en la Compañía en 1803 y su ideal se cifraba en restaurarla como él la había conocido[1614].

No faltaron dificultades, pues los Vicarios Apostólicos no reconocían la restauración parcial de la Orden de Ignacio de Loyola ni se atrevían a ordenar de sacerdotes a los estudiantes jesuitas "ya que Stonyhurst era todavía una academia papal en territorio inglés, bajo un obispo extranjero y dirigida por una orden cuya existencia no podía reconocer". Y cuando se promulgó la bula *Sollicitudo omnium ecclesiarum* (1814) mantuvieron el mismo criterio porque sólo podía tener vigencia en aquellos territorios "donde las autoridades civiles estuviesen dispuestas a admitir a la Compañía"[1615].

En Irlanda serían 3 los restauradores de la Orden: Richard Callagan (1728-1807)[1616], Peter Kenny (1779-1841)[1617] y en cierto sentido Thomas Betagh (1738-1811)[1618].

Richard O'Callaghan [Callaghan]. La biografía de este jesuita irlandés no deja de ser pintoresca. Había ingresado en la Compañía en Sevilla el 17 de enero de 1753. Concluido el noviciado lo enviaron a Filipinas y

---

[1612] Geoffrey HOLT. "Plowden (Simón, Simeón), Charles". En Charles E. O'NEILL y Joaquín Mª DOMÍNGUEZ. *Diccionario histórico de la Compañía de Jesús*, IV, 3155.

[1613] SOMMERVOGEL. *Bibliohèque*, VI, 903-906.

[1614] Geoffrey HOLT. "Plowden (Simón, Simeón), Charles", IV, 3155.

[1615] Phlip CARAMAN. "Inglaterra". En: Charles E. O'NEILL y Joaquín Mª DOMÍNGUEZ. *Diccionario histórico de la Compañía de Jesús*, III, 2025.

[1616] Roland BURKE-SAVAGE. "Callaghan, Richard". En: Charles E. O'NEILL y Joaquín Mª DOMÍNGUEZ. *Diccionario histórico de la Compañía de Jesús*, I, 603-604.

[1617] Roland BURKE-SAVAGE. "Kenny, Peter". En: Charles E. O'NEILL y Joaquín Mª DOMÍNGUEZ. *Diccionario histórico de la Compañía de Jesús*, III, 2187-2188.

[1618] Roland BURKE-SAVAGE. "Betagh, Thomas". En: Charles E. O'NEILL y Joaquín Mª DOMÍNGUEZ. *Diccionario histórico de la Compañía de Jesús*, I, 430.

en su capital concluyó sus estudios y laboró hasta la expulsión que tuvo lugar en 1768 y zarpó del puerto de Manila el 4 de agosto de 1769[1619]. Una vez en Europa fue enviado por el General Lorenzo Ricci a Dublín y firmó el acta de supresión el 7 de febrero de 1774 ante el arzobispo John Carpenter. En 1803 Stone, Provincial de Inglaterra, lo readmitió en la Compañía en Stonyhurst[1620]. Y así se unió se unió a los ingleses a fin de enlazar la antigua con la Compañía de la Rusia Blanca[1621].

Peter Kenny (1779-1841). Organizador inteligente y de mente clara se erige como la piedra fundamental sobre la que se construyó el edificio de la Compañía de Jesús irlandesa. En 1813 compró el Castillo Browne, en Kildare, y allí instaló el colegio que bautizó en el nombre de "Clongowes Wood"[1622], el cual, al año siguiente contaba con 110 estudiantes. Sin embargo, el 13 de noviembre de 1813 reseñaba el *Hibernian Magazine* la fundación de Kenny de la siguiente manera: "Irlanda está ahora en inminente peligro. Si el papismo tiene éxito, nuestras prósperas llanuras, una vez más, contemplarán días que merecerán compararse con aquellos de María la Sanguinaria, y los muros de Derry se convertirán de nuevo en lamentables baluartes contra la perfidia y masacre papistas"[1623]. Era el preludio de las batallas que tendrían que librar a lo largo del siglo XIX los seguidores de Ignacio de Loyola en esta torturada Isla.

Su vocación religiosa se la debió a Thomas Betagh. Ingresó en la orden de Ignacio de Loyola el 20 de septiembre de 1804 en Hodder Place y el grupo lo componían 4 irlandeses y 7 ingleses. Por razones climáticas fue enviado en 1808 a Palermo en donde completó sus estudios. Y en

---

[1619] Ernest J. BURRUS. "A Diary of Philippine Jesuits (1769-1770). En *Archivum Historicum Societatis Iesu*. Roma, 20 (1951) 269-299.
[1620] Roland BURKE-SAVAGE. "Callaghan, Richard", III, 604.
[1621] BANGERT. *Historia de la Compañía de Jesús*, 514.
[1622] Timothy CORCORAN. The *Clongowes Record 1814 to 1932*. Dublín, Browne and Nolan, 1932.
[1623] BANGERT. *Historia de la Compañía de Jesús*, 569.

1811 el provincial de Sicilia lo nombró superior de la misión irlandesa compuesta por sus compañeros William Dinan y Matthew Gahan (1782-1837)[1624]. Después de fundar el colegio Clongowes Wood pasó a Estados Unidos de visitador. Hombre de claro liderazgo falleció en Roma el 19 de noviembre de 1841[1625]. Desde el punto de vista de organización jesuítica mantuvo siempre el criterio de la autonomía irlandesa porque políticamente prefería distanciarse de los jesuitas ingleses[1626].

Thomas Betagh después de estudiar los clásicos en Dublín ingresó en la Compañía en Francia, en Pont-à-Mousson, en donde cursó la carrera eclesiástica. Tras la supresión en 1773 se incardinó en la diócesis de su ciudad natal. Enseñó en la Academia John Austin y después fundó una escuela nocturna que adquirió un gran prestigio. Nunca quiso reintegrarse a la Compañía de Jesús "porque sentía que habiendo sido ésta suprimida por un decreto público, la aprobación verbal de Pío VI no tenía suficiente base canónica para su restauración". De sus escuelas surgió y patrocinó a Peter Kenney[1627].

En Estados Unidos[1628] asumirían con idéntico fervor que los ingleses el reto de la esperanza de la restauración y sus principales protagonistas serían los dos obispos ex jesuitas: John Carroll y su coadjutor Leonard Neale (1747-1817)[1629].

[1624] Fergus O'DONOGHUE. "Gahan, Matthew". En: Charles E. O'NEILL y Joaquín Mª DOMÍNGUEZ. *Diccionario histórico de la Compañía de Jesús*, II, 1550.

[1625] Roland BURKE-SAVAGE. "Kenny, Peter", III, 2188.

[1626] Fergus O'DONOGHUE. "Irlanda". En: Charles E. O'NEILL y Joaquín Mª DOMÍNGUEZ. *Diccionario histórico de la Compañía de Jesús*, III, 2072.

[1627] Roland BURKE-SAVAGE. "Betagh, Thomas", I, 430.

[1628] Una completa síntesis puede verse en: INGLOT. *La Compagnia di Gesù nell'imperio russo (1772-1820) e la sua parte nella restaurazione generale della Compagnia*, 229-237.

[1629] Ángel SANTOS. *Jesuitas y obispados*. Tomo II: *Los Jesuitas Obispos Misioneros y los Obispos Jesuitas de la extinción*. Madrid, II (2000) 452-457.

Desde el año 1783, tres años después de la apertura del noviciado de Polock, Jophn Carroll comenzó a interesarse en la evolución de la orden de Ignacio de Loyola en tierras rusas y sus informantes fueron Carles Plowden, William Strickland y Marmaduke Stone[1630].

El 23 de mayo de 1803 se dirigieron al P. General, Gruber, para clarificar la situación de los 13 ex ignacianos que residían todavía en la gran República americana pues "la mayor parte de ellos solicitan con ardiente deseo acabar sus días en el seno de la Compañía de Jesús". El 12 de mayo de 1804 contestaba Gruber desde la Rusia Blanca y no sólo autorizaba a Carroll para nombrar el superior de ellos sino que le trazaba las líneas de acción. En mayo de 1805 el número de jesuitas se había reducido a 10. El 21 de junio de 1805 designaba a Robert Molineaux (1738-1808)[1631] como Superior y el 18 de agosto pronunciaba sus votos en Santo Tomás Manor junto con los PP. Charles Sewall (1744-1805)[1632] y Charles Neale mientras que Charles Country lo haría en Maryland y en octubre John Bolton y Sylvester Boarman. Estos cinco hombres anotará Bangert "reanudaron el cordón roto de la historia de los jesuitas que se remontaba hasta Andrew White (1579-1656)[1633] y a los orígenes de la colonia de Leonard Calvert en 1634"[1634].

El nuevo P. General, Tadeo Brzozowski, consciente de los horizontes que se abrían en tierras norteamericanas destinó 1806 los PP.

[1630] La nutrida correspondencia entre estos hombres puede seguirse en: HANLEY, Thomas O'Brien (ed). *The John Carroll Papers*. Ed. Thomas O'Brien Hanley. Notre Dame-London, University of Notre Dame Press, 1976. Vol., I (1755-1791); vol., II (1792-1806); vol., III (1807-1815).

[1631] R. Emmett CURRAN. "Molyneux, Robert". En: Charles E. O'NEILL y Joaquín Mª DOMÍNGUEZ. *Diccionario histórico de la Compañía de Jesús*, III, 2720.

[1632] Gerald P. FOGARTY. "Sewall, Charles". En: Charles E. O'NEILL y Joaquín Mª DOMÍNGUEZ. *Diccionario histórico de la Compañía de Jesús*, IV, 3564.

[1633] Francis G. McMANAMIN. "White (Witus), Andrew". En: Charles E. O'NEILL y Joaquín Mª DOMÍNGUEZ. *Diccionario histórico de la Compañía de Jesús*, IV, 4030.

[1634] William V., BANGERT. *Historia de la Compañía de Jesús*, 515. Véase: Edward I. DEVITT. "The Suppression and Restoration of the Society of Jesus in Maryland". En: *Woodstock Letters*. XXXIV (1905) 203-235.

Adam Britt (1743-1822), Jean Henry (1765-1823) y Françóis Malevé (1770-1822) y gracias a estos refuerzos pudo Carroll abrir el noviciado en Georgetown. Y a continuación siguieron los PP. Anton Kohlmann (1771-1836) y Pierre Epinette (1760-1832). Del primero afirmará Marek Inglot que fue "uno de los más eminentes hombres de la Compañía y de la Iglesia en la América de la época" pues no sólo ayudó eficazmente en la formación integral de los novicios sino que fundó "The New York Literary Institution", una asociación para la educación de la juventud e inició la construcción de la iglesia de San Patricio[1635]. Además, iniciaron en 1807 los estudios de filosofía y teología para los que se formaban en el noviciado de Georgetown[1636].

Completaría el proyecto de ayudas de la Rusia Blanca el P. Giovanni Grassi (1775-1849)[1637]. Se especializó en ciencias naturales y en Londres estudió matemáticas y astronomía. Desembarcó en Baltimore el 21 de octubre de 1810 y durante su estancia americana fue presidente del colegio de Georgetown e influyó de tal manera en el desarrollo de esa institución educativa que amerita se le asigne el título de "segundo fundador" y a continuación fue superior de la Misión de Maryland[1638]. En 1817 regresó a Roma[1639].

En 1820 los jesuitas americanos eran 75 (24 sacerdotes, 27 escolares y 24 coadjutores y los novicios 13[1640].

[1635] INGLOT. *La Compagnia di Gesù nell'imperio russo (1772-1820) e la sua parte nella restaurazione generale della Compagnia*, 234.

[1636] J. J. RYAN. "Our Scholasticate. An Account of its Growth History to de Opening of Woodstock". En: *The Woodstock Letters*, 32 (1903) 190-204.

[1637] Francis X. CURRAN. "Grassi, Giovanni Antonio". En: Charles E. O'NEILL y Joaquín Mª DOMÍNGUEZ. *Diccionario histórico de la Compañía de Jesús*, II, 1805-1806.

[1638] INGLOT. *La Compagnia di Gesù nell'imperio russo (1772-1820) e la sua parte nella restaurazione generale della Compagnia*, 236.

[1639] SOMMERVOGEL. *Bibliotèque*, III, 1686-1687.

[1640] "Catalogus Sociorum et Officiorum Missionis Amercae Foederatae Societatis Jesu, ineunte añño 1820". En: *The Woodstock Letters*, 10 (1881) 116-120.

En Bélgica siempre se mantuvo vivo el espíritu para recuperar tanto la identidad como la restauración de la orden de Ignacio de Loyola. Es bueno recordar que en los Países Bajos la Compañía tenía dos Provincias: la flandro-belga con 468 miembros y la galo-belga con 381.

La conexión de Holanda con la Rusia Blanca la inició el P. Juan Clé (1722-1800)[1641], antiguo provincial de la Provincia Flandro-Belga, pues en 1786 solicitaba ser readmitido en la Orden[1642] y concedida la petición pudo renovar la profesión religiosa en Amberes el 5 de febrero de 1787[1643].

Pero la figura principal restauradora le pertenece a Hendrik Fonteyne (1746-1816)[1644] quien había ingresado en la orden el 3 de octubre de 1765. Cuando se enteró que la Compañía resistía en la Rusia Blanca se dirigió al noviciado de Daugavpils (Letonia) para incorporarse a la orden a donde llegó en 1786[1645].

En 1792 fue enviado por el Vicario General, P. Lenkiewicz, a Holanda para ayudar a dos exjesuitas que habían pedido su apoyo[1646]: los PP. Wilhelm van Wichen (1710-1798)[1647] y Johann Schonken (1721-

---

[1641] Willem AUDENAERT. *Prosopographia iesuitica belgica antiqua.* Leuven-Heverlee, I (2000) 221. SOMMERVOGEL. *Bibliothèque,* II, 1224-1225.

[1642] ARSI. *Russia,* 1015. *Epistolae Vicar. et Gener. 1783-1825,* p. 54.

[1643] INGLOT. *La Compagnia di Gesù nell'imperio russo (1772-1820) e la sua parte nella restaurazione generale della Compagnia,* 239.

[1644] Willem AUDENAERT. *Prosopographia iesuitica belgica antiqua.* Leuven-Heverlee, I (2000) 351.

[1645] Edouard de MOREAU. "La vie secrète des jésuites belges de 1773 á 1830". En: *Nouvelle Revue Theologique.* Bruselas, 67/1 (1940) 43. El autor remite a la obra de Paul BONENFANT. *La supresión de la Compagnie de Jésus dans les Pays-Bas autrichiens.* Bruxelles, M. Lamertin, 1925. Un resumen en: INGLOT. *La Compagnia di Gesù nell'imperio russo (1772-1820) e la sua parte nella restaurazione generale della Compagnia,* 227-244. THURMAN P. et PUT E. "La suppression!". En: *Les jésuites belges 1542-1 992. 450 ans de la Compagnie de Jésus dans les Provinces belgiques.* Brussels, Association Royale des Anciens Elèves du collège Saint-Michel (1992) 109-115.

[1646] INGLOT. *La Compagnia di Gesù nell'imperio russo (1772-1820) e la sua parte nella restaurazione generale della Compagnia,* 239.

[1647] Willem AUDENAERT. *Prosopographia iesuitica belgica antiqua.* Leuven-Heverlee, II (2000) 438.

1798)¹⁶⁴⁸. También se convirtió en el contacto permanente entre los exjesuitas belgas y el General de la orden¹⁶⁴⁹

Pero cuando se enteró que Pío VII había reconocido a los jesuitas de la Rusia Blanca envió unos veinte candidatos al noviciado de Daugavpils entre los que se encontraba el futuro General de la Orden, el P. Juan Roothaan¹⁶⁵⁰. En 1806 el nuevo General residente la Rusia Blanca lo nombró superior de los jesuitas dispersos por los antiguos Países Bajos.

De igual forma, debemos hace mención del P. Adam Beckers (1744-1806) a quien la supresión le sorprendió en Malinas siendo todavía estudiante. Concluidos sus estudios como extinto formó su grupo con algunos correligionarios y se radicó en Amsterdam llamado por el P. Matías Thomassen. Pero cuando tuvo conocimiento de que todavía existía la "isla de sobrevivientes" en la Rusia Blanca se comunicó con el P. Gabriel Gruber, General de la Orden, y fue admitido aunque permaneció en el famoso puerto holandés. El 27 de julio de 1805 fue nombrado superior de la restablecida "Misión de Holanda" y tuvo como misión servir de puente entre Rusia y las misiones de Norteamérica¹⁶⁵¹.

En 1814 le propuso el P. Charles Leblanc abrir un noviciado en la región para evitar a los novicios trasladarse a tierras moscovitas y de esta suerte fue nombrado maestro en la nueva casa sita en Rumbeke, cerca de Roeselare, y al restaurar ese mismo año el papa a la Compañía de Jesús en

---

1648   Willem AUDENAERT. *Prosopographia iesuitica belgica antiqua.* Leuven-Heverlee, II (2000) 296.

1649   F. van HOECK. "Lettres des supérieurs de la Compagnie de Jésus en Russi-Blanche aux Jésuites de Hollande (1797-1806)". En: *Archivum Histórium Societatis Iesu.* Roma, 3 (1934) 282-299.

1650   La lista puede verse en: Edouard de MOREAU. "La vie secrète des jésuites belges de 1773 á 1830", 45-46.

1651   Jan BARTEN. "Beckers, Adam". En: Charles E. O'NEILL y Joaquín Mª DOMÍNGUEZ. *Diccionario histórico de la Compañía de Jesús,* I, 382. SOMMERVOGEL. *Bibliotèque,* I, 1117-1118. Ludwig KOCH. *Jesuiten-Lexikon. Die Gesellschaft einst und jetzt.* [Paderborn, 1934]. Löwen-Heverlee (Belgien). Verlag der Bibliothek SJ, I (1962) 169-170.

todo el mundo recibió una docena de candidatos. Se le considera como uno de los restauradores de milicia de Ignacio de Loyola en Bélgica[1652].

En Suiza se da una interesante transición entre los miembros de la "Compañía de la Fe" y la auténtica orden de Ignacio de Loyola. A finales de 1805 era llamados los "Pacanaristas" por el gobierno de Valais para hacerse cargo del colegio de Sion y sería Sinneo de la Torre[1653] su principal responsable y de esa forma se convirtió en el núcleo originario de la Compañía de Jesús en las tierras helvéticas. En 1810 solicitó della Torre al General Tadeo Brzozowski la admisión de la comunidad a la Rusia Blanca pero sólo se podría llevar a cabo el 31 de julio de 1810. Restaurada la Compañía universal en 1814 se encargaron los ignacianos suizos del colegio de Brig y en 1818 del de Friburgo[1654].

V. LOS CAUCES OFICIALES PARA LOGRAR LA RESTITUCIÓN

Pero si tratamos de reconstruir una periodización de la vuelta a la vida de la Compañía de Jesús disuelta por Clemente XIV parece lógico pensar que la apertura del noviciado en Polotsk el 28 de junio de 1779[1655] constituya el pre-inicio de una nueva etapa en medio de la depresión que suponían las ruinas de los jesuitas abolidos y sobreviviendo en medio de las mayores penalidades.

[1652] Louis BROUWERS. "Fonteyne, Hendrik". En: Charles E. O'NEILL y Joaquín Mª DOMÍNGUEZ. *Diccionario histórico de la Compañía de Jesús*, II, 1483. Ludwig KOCH. *Jesuiten-Lexikon. Die Gesellschaft einst und jetzt.* [Paderborn, 1934]. Löwen-Heverlee (Belgien). Verlag der Bibliothek SJ, I (1962) 564-565.

[1653] Ferdinand STROBEL. "Sineo della Torre, Giuseppe". En: Charles E. O'NEILL y Joaquín Mª DOMÍNGUEZ. *Diccionario histórico de la Compañía de Jesús*, IV, 3581.

[1654] Ferdinand STROBEL. "Suiza". En: Charles E. O'NEILL y Joaquín Mª DOMÍNGUEZ. *Diccionario histórico de la Compañía de Jesús*, IV, 3668.

[1655] Moiséi ALPERÓVICH. "La expulsión de los jesuitas de los dominios españoles y de Rusia en la época de Catalina II". En: Manfred TIETZ (ed.). *Los jesuitas españoles expulsos. Su imagen y su contribución al saber sobre el mundo hispánico en la Europa del siglo XVIII.* Madrid, Iberoamericana; Frankfurt am Main, Vervuert (2001) 37.

1. PARMA, CERDEÑA, NÁPOLES...

El año 1793 abre un capítulo decisivo en varios escenarios históricos en el marco europeo, pues el 21 de enero subía las gradas del patíbulo el Rey Luis XVI de Francia y pocos meses después la reina María Antonieta. Era una llamada inquietante de atención a las monarquías, pues quedaba de forma evidente la fuerza de las tendencias hostiles a altar y al trono.

Pero algunos de los jesuitas abolidos captaban con precisión cuál era la verdadera corriente político-filosófica subterránea que se movía tanto en Europa como en la joven América.

El duque de Parma, don Fernando, confesaba el fracaso que había cosechado el colegio de nobles de su ciudad y en 1794 le manifestaba al papa Pío VI que la situación se había solventado entregando el colegio de nobles a "los pobres, sacrificados y abnegados jesuitas"[1656].

Esta iniciativa pro ignaciana se inscribe en los planes del inquieto jesuita Carlo Borgo de quien hemos hablado más arriba como autor de la *Memoria que debe presentarse a S. S*[1657] en la que manifiesta su rebeldía contra la decisión de Clemente XIV de acabar con la fundación de Ignacio de Loyola. Como asesor del Duque supo vender su proyecto: el formal restablecimiento de la Compañía de Jesús en Parma con la fórmula de agregación a la Rusia Blanca; era un paso previo a la restauración universal.

[1656] Archivo del duque de Parma. *Carta de Fernando I a Pío VI*. Parma, 21 de marzo de 1794. (Citado por MARCH. *El restaurador de la Compañía de Jesús*, II, 102-103). INGLOT. *La Compagnia di Gesù nell'imperio russo (1772-1820) e la sua parte nella restaurazione generale della Compagnia*, 166-179.

[1657] *Memoria Cattolica da presentarsi a Sua Santità. Opera Postuma.* Tu scis quoniam falsum testimonium tulerunt contra me; & ecce morior, cum nihil forum fecerim, quae isti malitiose composuerunt adversum me. Exaudivit autem Dominus vocem ejus. Daniel, cap. 13, vers. 43 & 44. Cosmopoli, 1780.

Aconsejado el mandatario de Parma por el polémico hijo de san Ignacio remitió 2 cartas el 23 de junio de 1793: una al Vicario General de la Compañía, P. Gabriel Lenkiewicz, y la segunda a Catalina II de Rusia.

En la misiva al Superior de los jesuitas bielorrusos establece un ofrecimiento y una petición. Así no duda en ofrendar "mis estados como nueva cuna, en que la Compañía pueda revivir y resucitar aquella gloria, a que en su nacimiento fue destinada. Aquí ya existe la Compañía en muchos de sus hijos y para perpetuarla no les falta más que la vida común y la unión con su legítimo Superior". Y como consecuencia demanda el envío de un religioso "provisto de facultades para fundar, según la norma del Instituto una nueva Provincia, y señaladamente para abrir un nuevo noviciado"[1658].

Pero la correspondencia del príncipe iba acompañada de otra carta del P. Borgo que explicaba más en detalle los deseos de don Fernando: muchos exjesuitas ocupaban tres colegios del ducado y además había devuelto la posesión de los bienes incautados y las aulas se habían llenado de alumnos[1659].

También la zarina Catalina respondió al príncipe el 13 de noviembre en la que de buena gana concedía que algunos jesuitas pudieran ayudar en las labores de Parma[1660].

Avalado don Fernando con semejantes credenciales se arriesgó a plantear de forma clara y precisa a Pío VI la dimensión de su proyecto. Y así le redactó una carta al pontífice el 20 de enero de 1794 que se

---

[1658] El texto íntegro puede verse en: Archivo del duque de Parma. *Carta de Fernando, Infante de España, duque de Parma, Placencia y Guastalla al Vicario General de la Compañía de Jesús.* Colorno, a 23 de julio de 1793. (Citado por MARCH. *El restaurador de la Compañía de Jesús,* II, 105-107).

[1659] MARCH. *El restaurador de la Compañía de Jesús,* II, 107.

[1660] MARCH. *El restaurador de la Compañía de Jesús,* II, 107: Archivo del Duque de Parma. *Positio. Summarium additionale,* página, 3. Y también recibiría otra carta de la zarina con fecha 24 de noviembre.

la entregó cerrada a Mons. Julio María de Somaglia porque de forma confidencial debía informar a su Santidad de lo que estaba sucediendo. Parte del supuesto de que la creación de una nueva provincia no necesita de nuevas aprobaciones pues está convencido de que *de iure* y *de facto* es legítima la Compañía de la Rusia Blanca *coram Ecclesia*[1661].

El 15 de febrero contestaba el Santo Padre sorprendido por la rapidez en que se estaban sucediendo los acontecimientos. Después de reconocer que el negocio tiene un rectísimo fin también es verdad que no puede alabarse el principio que ha regido todo el movimiento. Y tras otras observaciones concluye: "Nos, empero, no nos daremos por enterados, como lo hemos hecho con los refugiados en el septentrión; pero si alguno de los grandes Príncipes católicos, se mostrase quejoso, como sería fácil, incitado por otros religiosos, sus antiguos émulos, o movido por el ímpetu de ciertos filosofantes que fueron los primeros en la conjura antijesuítica, Nos veríamos forzados a reprobar la medida tomada por su Alteza Real, que ahora, sabiéndola simplemente, nos contentamos con disimular"[1662].

Mucho debió impresionar al mandatario de Parma esta correspondencia y para prevenirse frente a cualquier desautorización le contestó el día 20 de febrero aclarando que mantendría el noviciado, los colegios y sus diversas y que en lo que respecta al vestido y el nombre de clérigos se seguirían las disposiciones antes adoptadas. Sin embargo, tuvo la valentía de escribir: "Beatísimo Padre. Lo que voy a decir no es una represión que quiera hacer; solamente me atrevo a recordar lo que una vez se dignó V. S. notificarme (y conservo la carta); y en virtud de lo cual me empeñé en que al menos a estos estados viniesen los jesuitas. Vuestra Santidad me dijo que a mi me tocaba empeñarme, y lo he hecho ciertamente cuanto he podido. España ha secundado mis deseos, y

---

[1661] Resumen del texto en: MARCH. *El restaurador de la Compañía de Jesús*, II, 108-109.
[1662] Archivo del Duque de Parma. *Positio. Summarium additionale*, página, 4. Resumen del texto en: MARCH. *El restaurador de la Compañía de Jesús*, II, 109-110.

no me ha negado que yo llame a mis súbditos jesuitas, ni se ha opuesto, ni ha prohibido que sus nacionales vengan a estos estados"[1663].

Pero don Fernando de Parma era incansable en sus nobles sentimientos de volver a ver a los jesuitas restituidos a la vida social, intelectual, educativa y religiosa al menos en sus territorios y así mantuvo un abundante comercio epistolar[1664] con su primo y cuñado Carlos IV de España. Pero las posiciones seguían encontradas pues el sucesor de Carlos III mantenía como dogma de fe los principios con que había actuado su progenitor, mientras que, a su pariente de Parma la evolución histórica que había vivido Europa le había abierto los ojos para poder enfrentar de forma distinta el futuro que viviría Europa en las primeras décadas del siglo XIX.

En una carta del 25 de julio le escribe: "Querido hermano: si tu augusto padre y amado tío pudiera lograr un solo momento de vida, estoy seguro que él mismo te ordenaría el restablecimiento de una Compañía oprimida por los enemigos de la religión, de la iglesia y de los soberanos"[1665]. Pero Carlos IV zanjó la discusión manifestándole que "ni deseo por ahora semejante innovación, ni admito tus oficios para con su Santidad" y concluye que debo "hacerte desistir de ese paso por lo respectivo a mi parte"[1666].

Mientras todas estas inquietudes diplomáticas se desarrollaban entre Parma, Roma y Madrid, a principios de febrero de 1794 se presentó en Parma la primera delegación de la Compañía de Jesús moscovita

---

[1663] Archivo del Duque de Parma. *Positio. Summarium additionale*, página, 4. Resumen del texto en: MARCH. *El restaurador de la Compañía de Jesús*, II, 110. El 21 de marzo volvía el Príncipe a la carga recordándole al papa que la legitimidad de la Compañía en la Rusia Blanca se probaba por los dichos y hechos del mismo pontífice (Archivo del Duque de Parma. *Positio. Summarium additionale*, página, 7).

[1664] Algunas se recogen en: AHN. Leg., 3518.

[1665] AHN. Leg., 3518. Colorno, 25 de julio de 1794.

[1666] AHN. Leg., 3518. Madrid, 30 de diciembre de 1794. Un resumen en MARCH. *El restaurador de la Compañía de Jesús*, II, 101-112.

integrada por los italianos Antonio Messerati (1731-1796)[1667] con autoridad de Vice-provincial y Luis Panizzoni (1737-1802)[1668] a los que se unía el griego Bernardo Scordialó (1737-)[1669]. Ante la situación política que vivía en esos momentos Parma Messerati dio por fracasada la empresa y dejó que las cosas siguieran como hasta entonces[1670] y a su muerte acaecida en 1796 le sustituyó el P. Panizzoni[1671].

En 1793 apareció un interesante libro intitulado *Apologiae pro Jesu Societate in Alba Russia incolumi Libri Quatuor, auctore Ignatio Philaereto ad Marcum Bolanum.* Ansteledami, 1793 y al parecer financiado por el Duque de Parma[1672]. Son tres volúmenes que contienen una rica información y documentación a favor de la supervivencia legal de la Compañía en Rusia. Habría que completar este elenco con el libro *Ad omnes Supremos Principes... Libellus*[1673].

Como es natural el autor es un seudónimo y José Mª March atribuye la autoría a la pluma del mallorquín Bartolomé Pou[1674] y basa su afirmación en el testimonio del bibliógrafo Diosdado Caballero[1675].

[1667] SOMMERVOGEL. *Bibliothèque*, V, 1022.

[1668] SOMMERVOGEL. *Bibliothèque*, VI, 167-169.

[1669] SOMMERVOGEL. *Bibliothèque*, VII, 961-962.

[1670] MARCH. *El restaurador de la Compañía de Jesús*, II, 115.

[1671] MARCH. *El restaurador de la Compañía de Jesús*, II, 128.

[1672] *Apologiae pro Jesu Societate in Alba Russia incolumi Libri Quatuor, auctores Ignatio Philaereto ad Marcum Bolanum.* - Ex comune jure Principatus, et ex jure propio Imperatricis Augustissimae Catharinae II. Liber III.- Ex legitima institutione Tirocinii, et creatione Vicarii Generalis Liber IV. Editor lectori suo. Ansteldami, 1793. Tres tomos en 4º: 266, 187, 253 (pr. 268).

[1673] *Ad omnes supremos Principes tum Sacros, tum Profanos Supplex Castholicorum Libellus pro Societate Jesu.* Esther... procidit ad pedes Regis, flevitque & locuta ad eum oravit, ut malitiam Aman Agagitoe & machinationes ejus pessimas, quas excogitaverat contra Judoeos, juberet irritas fieri. &. Esther, 8. Norimbergae, & alibi MDCCLXXXIII, 12º, IV-100 p.

[1674] MARCH. *El restaurador de la Compañía de Jesús*, II, 119.

[1675] Raymundo Diosdado CABALLERO. *Bibliothecae scriptorum Societatis Jesu supplementa.* Romae, F. Bourlié, I (1814) 231.

Con todo el bibliófilo José Eug. Uriarte le dedica una largo y documentado estudio a la *Apología*[1676]. Tras analizar lo que denominaríamos la crítica interna y externa al texto del libro acaba excluyendo al P. Bartolomé Pou de la autoría. Abre después la posibilidad de que el escritor haya sido un jesuita portugués autor de la obra *De tribus in J. Socios Lusitanos publicis judiciis*[1677] publicado el mismo año mas concluye desechando esta probabilidad. Pero al final parece decidirse por el italiano Nicolás Guarrasi (1722-1802)[1678] quien escribió las tres siguientes obras: *Apologia por Societate Jesu in Alba Russia*[1679]; *Altera Apologia*; *De tribus in Lusitanos socios publicis judiciis dissertatio*[1680]. Y Sommervogel añade: "Yo encuentro estas indicaciones un poco vagas en los Mss. que reposan en los Archivos del Gesù [en Roma]. La primera obra tiene algunas resemblanzas con la que se le atribuye al P. Bartolomé Pou que está también dividida en 4 libros"[1681].

En todo caso lo que es evidente que este género literario estuvo mucho más difundido de lo que en general muestran las historias y nos revela la auténtica preocupación de los abolidos por justificar su causa.

En noviembre de 1799 se sembraba una nueva esperanza pues el P. José Pignatelli abría una especie noviciado en Colorno, en el convento de San Esteban que había pertenecido a los dominicos[1682] y de esta

---

[1676] José Eug. de URIARTE. *Catálogo razonado de obras anónimas y seudónimas de autores de la Compañía de Jesús pertenecientes a la antigua asistencia española*: con un apéndice de otras de los mismos, dignas de especial estudio bibliográfico… Madrid, Sucesores de Rivadeneyra, III (1906) 31-32, n°., 3732.

[1677] *De tribus in Lusitanos Jesu Socios publicis Judiciis Dissertatio*. Domine Deus Deorum, & universae potestatis tribue Sermonem complositum… Exaudi vecem forum, qui nullam aliam spem habent, & libera eos. Esth. Cap. 14, v. 13 % 19. Norimbergae, 1792. En 4°, de 345 p.

[1678] SOMMERVOGEL. *Bibliothèque*, III, 1901.

[1679] SOMMERVOGEL. *Bibliothèque*, III, 1901. "4°, t. 4".

[1680] SOMMERVOGEL. *Bibliothèque*, III, 1901. "Norimbrimbergae, 1792, en 4°, 345 pp.

[1681] SOMMERVOGEL. *Bibliothèque*, III, 1901.

[1682] MARCH. *El restaurador de la Compañía de Jesús*, II, 165.

forma se trataban de poner las futuras bases en la propia Italia para la restauración anhelada por tanto jesuita. No era casa de probación pues no estaba canónicamente erigida y por lo tanto sólo tenía valor en el fuero interno de sus habitantes[1683].

Una vez reconocida oficialmente por el Vaticano la Compañía de Jesús en Rusia se fueron fortaleciendo los estudios de los novicios. De esta forma, pasó a integrar la comunidad de Parma el P. Luis Fortis (1748-1829)[1684], el futuro General de la Compañía de Jesús (1820-1829), quien poseía cualificados conocimientos de las literaturas griega, latina e italiana.

Desde el punto de vista político el ducado viviría momentos muy difíciles pues por el tratado de San Ildefonso (1º de octubre de 1800) España entregó a Francia amén de la Luisiana el ducado de Parma, acción que se ratificó al año siguiente por el tratado de Lunéville que resucitaba la República Cisalpina. Estos acuerdos se llevarían a cabo a la muerte de don Fernando I el 2 de octubre de 1802[1685] y como es natural al pasar estos territorios a dominio napoleónico los jesuitas irían percibiendo rápidamente la animosidad de los nuevos mandatarios.

LA ETAPA FINAL DE LAS RESTAURACIONES, 1801-1814

Al transitar del siglo XVIII al XIX se acelerarían innumerables cambios políticos, sociales y religiosos y en verdad que el panorama europeo estaba cambiando radicalmente y el Nuncio en Madrid, Hipólito Antonio Vincenti, le escribía al cardenal Zelada, secretario de Estado: "Yo soy de parecer que sería tal vez deseable para nosotros que la restauración de toda la Compañía fuese eficazmente pedida y pudiese tener

---

[1683] El 16 de noviembre de 1799 llegaron los fundadores fueron: Ángel Mai, futuro cardenal; Juan Antonio Grassi, Nicolás Grassi, Antonio Soranzo y el Hermano coadjutor José Grassi.

[1684] John W. PADBERG. "Generales. 20. Fortis. Luis [Luigi]". En: Charles E. O'NEILL y Joaquín Mª DOMÍNGUEZ. *Diccionario histórico de la Compañía de Jesús*, II, 1662-1665.

[1685] MARCH. *El restaurador de la Compañía de Jesús*, II, 239.

lugar (…) Los males presentes son grandes, son extraordinarios; grande y extraordinario debe ser el remedio. No puede negarse que los jesuitas fueron siempre uno de los primeros sostenes de la Religión y de la Sede Apostólica (…) Las tres cortes de Francia, de España y de Portugal, que solas instaron para la abolición, están tan cambiadas por razones particulares, en esta época, de lo que eran entonces, que no hay que temer de ninguna de ellas, alguna, al menos seria, oposición (…) Y ¿por qué, pues, lo que a instancias de algunas potencias y por las circunstancias de entonces se creyó bueno destruir, no se podrá ahora reedificar a instancias de otras potencias, y por circunstancias del todo diversas, y que hacen creer ser esto útil y oportuno?"[1686].

Por ello, es de justicia recoger los sentimientos del papa Pío VI cuando en 1798 le escribía a la duquesa de Villahermosa: "Lo más importante sería el restablecimiento de la Compañía y Nos hemos fatigado muchísimo para ello con el Infante de Parma (…) pero no hemos podido conseguirlo, porque los Gabinetes de los Príncipes han adoptado máximas reprobables, y en ellas se mantienen; y por esto la Religión perece"[1687].

En este contexto se debe añadir el testimonio del exjesuita Giuseppe Marotti (1741-1804) quien siendo secretario de Pío VI recibió una comunicación del enviado papal en San Petersburgo, Lorenzo Litta, para que informara al pontífice del gran bien que se obraría con una declaración papal sobre la licitud de la Compañía en la Rusia Blanca. En marzo de 1799 respondió que Pío VI era favorable a la idea y que recibiría con gusto una petición formal de la corte imperial y de los obispos[1688].

[1686] Archivo Vaticano. *Nunciatura de España. Cartas del Nuncio*; nº., 455: 1792-1795. (MARCH. *El restaurador de la Compañía de Jesús*, II, 114-115).

[1687] Archivo Vaticano. *Stati Ecclesiastici*, Cajón 49. Véase: José M. MARCH. "Un voto al Sagrado Corazón de Jesús, propuesto por la duquesa de Villahermosa a Pío VI". En. *Razón y Fe*. Madrid, 108 (1935) 377.

[1688] Charles E. O'NEILL. "Marotti, Giuseppe". En: Charles E. O'NEILL y Joaquín Mª DOMÍNGUEZ. *Diccionario histórico de la Compañía de Jesús*, III, 2511-2512.

Mas, al subir al trono pontificio Gregorio Bernabé Chiaramonti con el nombre de Pío VII, elegido papa el día 14 de marzo de 1800 y coronado el 21 del mismo mes[1689], el futuro de los extintos en 1773 se abría hacia horizontes prometedores.

Las voces, hasta entonces, del silencio fueron convocando conciencias colectivas que deseaban resucitar su fe en los ideales que había profesado la Compañía de Jesús en sus dos largos siglos de servicio a la humanidad a través de la ciencia, la cultura, la docencia, la espiritualidad y las misiones entre fieles e infieles.

Y varias cortes decidieron navegar con los vientos favorables que se respiraban propicios para los seguidores del de Loyola. En este contexto, el ministro austríaco, Barón de Thugut, le manifestaba al cardenal Herzan que los propósitos del emperador se cifraban en la restauración de la antigua Compañía de Jesús y no de otras corporaciones religiosas sustitutivas como la de los pacanaristas, entre otras razones, porque había perturbado de tal manera a su hermana la archiduquesa Mariana que había llegado a realizar mil extravagancias[1690]. Por su parte, el cardenal Herzan le respondía que "Su Santidad está completamente dispuesto a restablecer a los jesuitas en los estados en los Soberanos respectivos lo deseen" y en la siguiente carta del 23 de abril insistía: "El Papa me ha dicho en confianza que el rey de Cerdeña la ha pedido por escrito que la Compañía de Jesús extinguida fuese restablecida en sus Estados (...) Y –concluía– La Compañía será restablecida sin ruido"[1691].

[1689] Charles VAN DUERM. Franz Maria THUGUT, (Freiherr von). *Un peu plus de lumière sur le conclave de Venise, et sur les commencements du pontificat de Pie VII, 1799-1800. Documents inédits, extraits des archives de Vienne.* Louvain, C. Peeters, éditeur; Paris, V. Lecoffre, libraire, 1896.

[1690] Archivo de Viena. *Hofburg. Nova positio. Novum Summarium Additionale*, n°., XXXII, pag. 59. Charles VAN DUERM. *Un peu plus de lumière sur le conclave de Venise, et sur les commencements du pontificat de Pie VII, 1799-1800. Documents inédits, extraits des archives de Vienne*, 311. (Citado por: MARCH. *El restaurador de la Compañía de Jesús*, II, 175).

[1691] Archivo de Viena. *Hofburg. Nova positio. Novum Summarium Additionale*, n°., XXXV, pag. 63 y n°., XXXVI, pag. 65.

Y, como es natural, también se sumó al movimiento el duque de Parma mediante varias cartas y la última respuesta, por medio del P. Panizoni, le ratificaba que había comenzado a dar algunos pasos indirectos ya que antes había que remover algunos obstáculos[1692].

Y una vez más la piedra de tranca, el "obstáculo", seguía siento la corte de Madrid. Pío VII se dirigió de forma muy privada a Carlos IV por intermedio del duque Fernando I[1693] pero no obtuvo ningún resultado. La respuesta no podía ser más tajante pues reiteraba que nunca había pensado en tal acción y que seguiría impidiendo su restablecimiento por todos los medios a su alcance[1694]. Todavía el 24 de enero de 1801 le escribía segunda vez sin resultados. Y la carta a su primo era mucho más agria y al parecer decisiva[1695].

Pero el movimiento pro restauración iba sumando fuerza y adhesiones. El Vicario General de la Compañía de Jesús en Rusia, P. Francisco Javier Kareu, solicitaba al nuevo pontífice la concesión de un Breve apostólico en el que se reconociera pública y oficialmente la existencia canónica de la "isla de sobrevivientes". Su petición venía avalada con una carta del emperador Pablo I[1696]. Toda esta correspondencia le fue entregada personalmente a Pío VII por Mons. Badossi quien había sido enviado por su antecesor para comunicarle al emperador moscovita la realidad de su prisión[1697].

[1692] Archivo del Duque de Parma. *Positio. Summarium additionale*, n°., XXIII, pag., 34. (MARCH. *El restaurador de la Compañía de Jesús*, II, 175).

[1693] El texto, bilingüe, puede verse en: Lesmes FRÍAS. *Historia de la Compañía de Jesús en su Asistencia moderna de España*. Tomo I (1815-1835). Madrid, Administración de Razón y Fe (1923) 706-710.

[1694] MARCH. *El restaurador de la Compañía de Jesús*, II, 177.

[1695] Archivo del Duque de Parma. *Positio. Summarium additionale*, n°., XXXVIII, pag., 69. Lesmes FRÍAS. *Historia de la Compañía de Jesús en su Asistencia moderna de España*. Tomo I (1815-1835), 40 y ss.

[1696] Los textos de ambas cartas se recogen en: Archivo del Duque de Parma. *Positio. Summarium additionale*, Parete I, n°., XXXVIII, p., 47 y Parte II, n°., IV página 72. (MARCH. *El restaurador de la Compañía de Jesús*, II, 178).

[1697] Paul PIERLING. *La Russie et le Saint-Siège*, **études diplomatiques**. Paris, E. Plon, Nourrit et Cie., V (1912) 311-313.

Finalmente, el 7 de marzo de 1801, y sin esperar la contestación del rey de España, expedía el papa el Breve *Catholicae fidei* por la que reconocía oficialmente la existencia de la Compañía en tierras rusas. De esta forma, se abría el camino que culminaría en 1814 con la restauración de la orden de Loyola en todo el mundo[1698].

La reacción de la corte de Madrid, como hemos visto más arriba, fue inmediata y así impuso un segundo destierro a los sobrevivientes de la decisión tomada por Carlos III de expulsar de sus dominios a todos los jesuitas de su imperio.

Todos estos acontecimientos demuestran que España seguía empecinada en su obsesión antijesuítica. La eficacia de lo que denominaríamos hoy de los servicios secretos pronto le informaron al embajador Pedro Labrador de las misivas que traía a Roma Mons. Badossi del emperador Pablo I y de los obispos católicos rusos se movió de tal manera que el 10 de enero de 1801 escribía: "He hablado ya con el Cardenal Secretario de Estado y hablaré a su Santidad mismo del cúmulo de males que acarreará a la corte de Roma la más leve condescendencia en este punto; y he expuesto la firme resolución de S. M. de oponerse por cuantos medios estén en su mano al restablecimiento de un cuerpo, que fingiendo dedicarse a la instrucción, corrompía la moral, se mezclaba en el gobierno político, y profesaba abiertamente opiniones contrarias a los derechos de los soberanos"[1699].

[1698] Dejamos de lado la polémica si la restauración significó crear una nueva institución religiosa, si la Compañía en Rusia no tuvo validez legal y otros temas por el estilo. Remitimos al lector a la polémica mantenida entre el jesuita canonista Sebastián Sanguinetti con su obra Sebastián SANGUINETTI. *La Compagnia di Gesú e la sua legale esistenza nella Chiesa*. Roma, Tipografía di Roma, 1882 como respuesta a las tesis planteadas por el abate J L CHAILLOT. *Pie VII et les Jesuites d'après des documents inédits*. Roma, Imprimerie Salviucci, 1879. Pablo VILLADA. "El primer centenario del restablecimiento de la Compañía de Jesús en todo el mundo". En: *Razón y Fe*. Madrid, XXXVIII (1914) 19-32.

[1699] AHN. *Estado*, 5747. (L. FRÍAS. *Historia de la Compañía de Jesús en su Asistencia moderna de España*, 44).

Pero los aires restauradores soplaban también en Cerdeña y su rey Carlos Manuel IV[1700] había iniciado este proceso en sus dominios. El P. Panizzoni había encargado al P. Giuseppe Piras (1737- ¿?) de las acciones conducentes a tan decisivo paso. Se les dio orden a los obispos de preguntar a los exjesuitas si estaban dispuestos a volver a su antiguo instituto y la respuesta había sido uniforme "con tal que la religión haya de ser la misma que antes en todas partes"[1701].

Las aspiraciones del monarca sardo iban mucho más lejos pues solicitaba el nombramiento de un Superior de la Isla designado por el Papa que gobernase con plena autoridad independientemente de Rusia[1702]. Lamentablemente el 4 de junio dejaba el trono.

De nuevo la posición intransigente de Carlos IV obligó a Pío VII a retrasar la restauración para Cerdeña como lo había solicitado su rey[1703]. Sin embargo, el P. Gabriel Grúber, nuevo Prepósito General de la Compañía, le respondía desde Rusia al Superior P. Giuseppe Piras y le comunicaba que "Su Santidad concede benignamente que todos aquellos que un tiempo fueron de la Compañía y que ahora se hallan dispersos por países católicos y no católicos, puedan ser agregados de nuevo a la misma". Y fueron 22 los que se incorporaron a la auténtica Compañía sobreviviente en Bielorrusia y lo efectuaron tras renunciar a todas las cátedras, beneficios y prebendas[1704] y posteriormente se sumaron los que vivían en la parte norte de la Isla[1705].

[1700] El 11 de febrero de 1815 ingresó en el noviciado de San Andrés del Quirinal y a su tiempo emitió los votos del bienio. Falleció el 6 d octubre de 1819 y fue enterrado en la Iglesia de San Andrés (Pietro GALETTI. *Memorie storiche intorno al P. Ugo Molza e alla Compagnia di Gesù in Roma durante il secolo XIX*. Roma, Off. Pol. Laziale (1912) 253, 256.

[1701] Carta del P. Giuseppe Piras al P. Panizzoni. En: MARCH. *El restaurador de la Compañía de Jesús*, II, 196-197.

[1702] Alessandro Augusto MONTI DELLA CORTE. *La Compagnia di Gesù nel territorio della Provincia Torinese, memorie storiche compilate in occasione del primo centenario dalla restaurazione di essa Compagnia*. Chieri, Stablimento tip. M. Ghirardi, III (1915) capítulo 1º.

[1703] Archivo del Duque de Parma. *Nova Positio. Novum Summarium additionale*, nº., LXI, pag. 132.

[1704] MARCH. *El restaurador de la Compañía de Jesús*, II, 197.

[1705] Más información en: Marek INGLOT. *La Compagnia di Gesù nell'imperio russo (1772-1820) e la sua parte nella restaurazione generale della Compagnia*. 200-203.

No fue fácil la restauración en Nápoles, pues los ministros de la monarquía propugnaban un proyecto que no se compaginaba con las exigencias de las Constituciones de la Compañía de Jesús. En 1797 José Pignatelli se había trasladado a la capital napolitana con la esperanza de abrir algunos convictorios como primer paso para la restauración y con ese fin llevaba una lista de sujetos que podrían emplearse en la docencia[1706]. Mas, en las discusiones previas Pignatelli entendió que el proyecto napolitano no tenía futuro, pues los ministros proponían que los jóvenes de la extinguida religión se reunieran bajo la obediencia de un superior pero sin depender de la Rusia Blanca para de esta suerte evitar las suspicacias del rey de España[1707].

El 30 de julio de 1804 Pío VII firmaba el breve *Per alias*[1708] por el que restauraba la Compañía de Jesús en Nápoles y Sicilia (las dos Sicilias) y así extendía lo concedido el 7 de marzo de 1801 por el breve *Catholicae fidei* a los moradores jesuitas de la Rusia Blanca. El P. Angiolini fue el encargado por el Papa para publicar el breve y el 18 de septiembre el P. Gruber, General de la Compañía, le agradecía al Pontífice esta nueva deferencia[1709].

El 15 de agosto los jesuitas ingresaron al Gesù donde se celebró una solemne ceremonia a la que asistieron el rey Fernando y la reina María Carolina. Y de los 168 miembros supervivientes que tenía la Provincia jesuítica de Nápoles 93 se reintegraron en 1804 y al año siguiente 42 y no dieron el paso 33 que estaban impedidos bien por las enfermedades bien por la edad; y de otras provincias italianas emprendieron el camino de Nápoles para reinsertarse en la Compañía[1710]. Y en

---

[1706] MARCH. *El restaurador de la Compañía de Jesús*, II, 129.

[1707] MARCH. *El restaurador de la Compañía de Jesús*, II, 134.

[1708] *Institutum Societatis Iesu*, I, 335-337.

[1709] Marek INGLOT. *La Compagnia di Gesù nell'imperio russo (1772-1820) e la sua parte nella restaurazione generale della Compagnia*. 194-195.

[1710] Marek INGLOT. *La Compagnia di Gesù nell'imperio russo (1772-1820) e la sua parte nella restaurazione generale della Compagnia*. 195.

1806 los miembros de esta entidad restituida ascendía a 181[1711]. El 30 de abril de 1805 retornaron a Palermo con los mismos augurios como se habían iniciado en la capital napolitana[1712].

De las divergencias entre Pignatelli y Angiolini hablaremos más adelante[1713].

Poco duraría la alegría de la restauración porque el 15 de febrero de 1806 el reino fue invadido y ocupado por José Bonaparte y el 3 de julio mandaba exilar a los jesuitas de su jurisdicción. Pignatelli buscó refugio en Roma con 30 ignacianos[1714].

GAETANO ANGIOLINI Y SU PROYECTO DE NUEVA COMPAÑÍA

Sin embargo, el flujo positivo que había adquirido el movimiento restaurador tuvo que enfrentar una seria y difícil tormenta nacida de su propio seno. Es el caso del P. Gaetano Angiolini (1748-1816)[1715]. En 1782 se incorporó a la Compañía en la Rusia Blanca. Era hombre de grandes cualidades intelectuales y humanas y llegó a enseñar pintura y arquitectura.

Pero como persona de confianza del P. General fue enviado a Roma con la misión secreta de promover la restauración de la Compañía por diversas regiones y para hacerse cargo de la rica biblioteca que el cardenal Luigi Valenti Gonzaga había ofrecido a la Compañía.

[1711] ARSI. *Italia*, 1003, XIII-1, 2. *Catalogus brevis Provinciae Neapolitanae Societatis Iesu, ineunte anno 1806.*

[1712] Marek INGLOT. *La Compagnia di Gesù nell'imperio russo (1772-1820) e la sua parte nella restaurazione generale della Compagnia.* 197.

[1713] Para el problema de Nápoles: MARCH. *El restaurador de la Compañía de Jesús*, II, 291-301-

[1714] Pietro PIRRI. "Angelo Mai nella Compagnia di Gesù. Suo diario inedito di Orvieto". En: *Archivum Historicum Societatis Iesu.* Roma, 23 (1954) 234-282.

[1715] Francesco SALVO. "Angiolini, Gaetano". En: Charles E. O'NEILL y Joaquín Mª DOMÍNGUEZ. *Diccionario histórico de la Compañía de Jesús*, I, 169-170.

Por carta fechada el 7 de mayo de 1783 en San Petersburgo había designado a José Pignatelli provincial de Italia y en la misiva le explicitaba: "En las cosas de mayor momento acuda a él [Angiolini] V. R. pues le he nombrado también procurador general y le he encargado que se entienda con V. R. para la aceptación de nuevas casas y colegios"[1716].

Al aprobar Pío VII el 30 de julio de 1804 la restauración de la Compañía en el Reino de las Dos Sicilias nuestro personaje se creyó "investido de una facultad permanente papal que lo colocaba por encima del provincial e incluso del mismo general"[1717].

Por otra parte, el género de vida que fue adquiriendo en Roma lo describe él mismo en la siguiente carta: "Los cardenales, los príncipes y los grandes señores, todos me quieren en sus casas, y me asedian de tal suerte, que no me puedo desentender de ellos. Aguárdanme muchos en mi antecámara antes de levantarme, porque dicen que entre día no es posible dar conmigo; por la tarde, cuando vuelvo a casa, encuentro mi habitación llena de visitas. No digo nada de los billetes. En las calles me detienen, me besan la sotana y me señalan con el dedo, como si hubiese venido del otro mundo"[1718].

Así, no es de extrañar que desde el primer momento las actuaciones de Angiolini molestaran al Cardenal Secretario de Estado, Hércules Consalvi, y eso explica que las relaciones entre ambos no fueron las deseadas a pesar de la posición favorable de Consalvi hacia los jesuitas[1719]. No es de extrañar que en la correspondencia del Secretario de Estado Vaticano con el nuncio Thomas Arezzo, nuncio extraordinario en San Petersburgo, le escribiera el 17 de diciembre de 1803: "Le digo

---

[1716] MARCH. *El restaurador de la Compañía de Jesús*, II, 247.

[1717] Francesco SALVO. "Angiolini, Gaetano", I, 170.

[1718] Citado por MARCH. *El restaurador de la Compañía de Jesús*, II, 253 quien a su vez recoge la cita de Stanislaw ZALENSKI. *I gesuiti della Russia Bianca*. Opera volta dal polacco in francese... dal francese in italiano dal Sac. Antonio Buzzetti. Con approbazione dell'autore. Prato, Giachetti (1888) 302.

[1719] Marek INGLOT. *La Compagnia di Gesù nell'imperio russo (1772-1820) e la sua parte nella restaurazione generale della Compagnia*. 181-191.

francamente (y dígalo también al P. General en mi nombre, leyéndole esta hoja, si es menester y si lo juzga oportuno), que verdaderamente no podían escoger un sujeto menos apto que el P. Angiolini para hacer de Procurador de la Compañía. Yo estimo la Compañía por máxima y de corazón, y me lisonjeo de haberlo demostrado con los hechos. Pero realmente es menester creer que no todos sus miembros son como el P. Angiolini para no tener de ella mala idea y no disgustarse de mantenerla. Sin enumerar las otras prerrogativas del P. Angiolini, baste decir una sola cosa, y es que no tiene jamás la verdad en la boca ni en la pluma. Téngase esto presente para entenderle de una vez y fiarse de él en nada..."[1720].

Lo cierto es que Angiolini comenzó a actuar de forma cada vez más independiente y a manifestar ideas extrañas de lo que debía ser la nueva Compañía y ello conllevó enfrentamientos con la autoridad local que era José Pignatelli y a despertar las sospechas en los superiores mayores que residían en Bielorrusia.

Toda su forma de concebir a la nueva Compañía la fue recopilando en dos extensas *Memorias* redactadas de mayo de 1803 a mayo de 1805[1721]. Constituyen un alegato para reivindicar sus acciones. Como afirma March están escritas en un período de crisis y de intolerancia hacia muchos de los extintos. Pero la esencia de los escritos se refiere a que la Compañía restaurada no es la misma que la antigua sino una nueva Congregación y para ello falsea la verdadera historia y llega a descalificar a las auténticas autoridades jesuíticas de Rusia[1722].

[1720] Marie Joseph ROUËT DE JOURNEL. *Nonciatures de Russie d'après les documents autentiques. Nonciature de'Arezzo: 1802-1806.* Roma, Polyglotte Vaticane (1922) 382. (Citado por MARCH. *El restaurador de la Compañía de Jesús*, II, 277)

[1721] Ambos manuscritos reposan en la Biblioteca Corsini de Roma. El primero: *Memorie per servire alla storia dello stabilimento della Compagnia di Gesù in Russia e nel regno delle due Sicilie fatto dal Sommo Pontefice coi suoi due brevi "Catholicae Fidei" e "Per alias"* (Signatura, 37. H. 32, Códice, 2168.). Y el segundo: *Memorie per servire alla storia della nuova Congregazione della Compagnia di Gesù eretta prima in Petersburgo e nell'Impero di Russia e distesa poi al regno delle due Sicilie dal regnante Sommo Pontefice Pio VII per mezzo dei suoi brevi apostolici "Catholicae Fidei" e "Per alias"* (Signatura, 38. H. 3. Códice, 2173).

[1722] MARCH. *El restaurador de la Compañía de Jesús*, II, 246.

Al principio los superiores jesuitas fueron tolerantes pero como medida de precaución fueron limitando sus poderes, de modo que, en septiembre de 1806 el General residente en Rusia le trazó las líneas de conducta y como primer control le nombró cuatro asistentes y le recomendó que suavizara el trato con sus súbditos.

El 15 de septiembre de 1807 nombraba Gruber de Viceprovincial de Sicilia al P. Francisco Javier Ruffo y ponía bajo su autoridad a Angiolini aunque seguía de procurador general. Pero el descontento de algunos grupos recurrió a las autoridades vaticanas y en primera instancia tanto el arzobispo de Palermo como el rey apoyaron la invalidez de la privación de sus cargos. Sin embargo, el proceso continuó y el prelado suspendió por el bien común y hasta que llegara el papa que estaba preso la primera decisión y el Rey le sugirió la renuncia que Angiolini aceptó pero con algunas condiciones. En su defensa reiteró que la Compañía no era una orden sino una congregación sin provincias ni provinciales. El pleito acabó con el regreso del Pío VII del cautiverio, pues el pontífice no aceptó sus planteamientos y tuvo que contentarse con el nombramiento de consultor de la Sagrada Congregación de Ritos.

Una vez superada tan inesperada tormenta en momentos tan difíciles para la restauración universal de la orden de Ignacio de Loyola, Angiolini siguió en sus ideas y para ello motivó a un pequeño grupo disidente encabezado por Luis María Rizzi (1785-1857). Buen literato ocupó la cátedra de retórica en la universidad de la Sapienza de Roma y su tesis mantenía la falta de legitimidad de los jesuitas ingresados a la Compañía antes y después del breve de Pío VII *Catholicae fidei* (1801), así como la nulidad de las profesiones emitidas antes de la restauración universal en 1814[1723]. Como esta acción desborda los límites de nuestro estudio sólo advertimos que todo el problema se solventó en la Congregación General XX que se llevó a cabo en Roma en 1820.

[1723] Giandomenico MUCCI. "Rezzi, Luigi María". En: Charles E. O'NEILL y Joaquín Mª DOMÍNGUEZ. *Diccionario histórico de la Compañía de Jesús*, IV, 3341-3342.

Creemos que es justa la visión que de él ofrece Francesco Salvo: "... irónicamente, con el paso del tiempo Angiolini arriesgó todo (quizá por la antipatía que concibió en Roma contra los españoles exiliados y por cierta vanidad senil, hábilmente explotada por otros) y obstinadamente renegó del pasado, hasta sacrificar su amor por la Compañía de Jesús con su actuación reticente e insincera"[1724].

2. ESPAÑA.

Aunque la intransigente y férrea conducta de la corte de Madrid frente a los expulsos-abolidos en Italia pareciera monolítica, sin embargo, a pesar de la actitud inclemente de Carlos III y Carlos IV hay que reconocer que se levantaron voces en pro de una suavización de semejante política.

Intentos oficiales de permitir el regreso de los exilados. El conde Aranda que había jugado un papel tan decisivo en la expulsión de 1767 proponía en 1785 desde su embajada en París permitir el regreso a sus familias a los exjesuitas que tuvieran "talento, instrucción y mérito, [para que] los emplease el Rey en la enseñanza y en escribir sobre buenas letras y ciencias". Y según parece intentó poner en práctica este proyecto en 1792 cuando estuvo al frente de la Secretaría de Estado preparó un decreto, con fecha 30 de mayo, que no llegó a publicarse. Y según el embajador francés en Madrid fundamentaba su criterio "en la importancia de que no saliera de España el caudal que formaban las pensiones asignadas a los deterrados"[1725].

Con todo, la situación política que vivía Italia produjo una primera fisura en esa estructura conceptual el año 1797. Cuando en Génova se intimó la orden de destierro a los religiosos que contasen con menos de 20 años de residencia en esa República la consecuencia inmediata fue

---

[1724] Francesco SALVO. "Angiolini, Gaetano", I, 170.
[1725] Lesmes FRÍAS. *Historia de la Compañía de Jesús en su Asistencia moderna de España.* Tomo I (1815-1835), 35-36.

que 21 jesuitas se vieron forzados a este nuevo destierro. La razón: que fomentaban el despotismo y esparcían máximas contrarrevolucionarias. El 30 de julio Godoy establecía que se trasladaran a las Legaciones de Ferrara y Bolonia que estaban en poder de Napoleón. Mas, ante el lamentable estado que presentaban los nuevos expulsos hizo que la corte madrileña los aceptara y los recluyera en los conventos más solitarios con tal de que no hubiera muchos juntos y que allí se les pagase la pensión *hasta que murieran*[1726]. Los que aceptaron pronto se dieron cuenta de que no se les levantaba el decreto de expulsión de 1767 y que la frase "hasta que mueran" era terriblemente inhumana.

La segunda fisura se da el 1798 cuando son invadidos de nuevo los Estados Pontificios por las tropas republicanas francesas, Carlos IV expidió una real orden por la que se les concedía a los abolidos hispanos volver a "casa de sus parientes, los que los tengan, o a conventos; con tal de que no sea en la corte y sitios reales"[1727].

No fue fácil para los exilados el reencuentro con su patria. Los controles seguían tan fuertes como en Italia y era evidente que abrían sus cartas y siempre temieron los sorpresivos registros de sus papeles[1728]. De facto seguían siendo los mismos reos que fueron expelidos como indeseables en 1767. Mas, la aparente paz de que gozaban los expulsos se vio turbada por una real orden del 18 de febrero de 1801 remitida al Gobernador del Consejo en la que se expresaba: "El Rey se ha servido resolver, que a fin de que los exjesuitas residentes en España, vivan con más comodidad y proporción de emplearse en objetos literarios, se los reparta en los conventos de los diversos institutos admitidos en estos reinos…"[1729].

[1726] AHN. *Estado*, 3526. *Real orden al Gobernador del Consejo*. San Lorenzo, 29 de octubre de 1797. El texto lo copia íntegramente March (*El restaurador de la Compañía de Jesús*, II, 134-135).

[1727] AHN. *Estado*, 3526.

[1728] M. LUENGO. *Diario*, 27 de febrero de 1799.

[1729] AGS. *Estado*, 5066.

Segunda expulsión de España (1801). Y curiosamente, mientras esperaban la ejecución de la real orden se les intimó el segundo destierro de la patria que les vio nacer. En efecto, una vez conocido en Madrid el Breve *Catholicae fidei* (7 de marzo de 1801) la reacción se puede afirmar que fue inmediata. El 15 de marzo el ministro Pedro Ceballos le comunicaba una real orden al Gobernador del Consejo por la que se ordenaba concentrar los "los expulsos de la orden jesuítica" que se hallaban en España en las ciudades de Barcelona, Valencia y Alicante. De nuevo los expatriados por el rey de España en 1767 y extinguidos por Clemente XIV en 1773 volvían a revivir los años amargos del destierro.

Pero los controles reales eran inexorables y en 1802 se repitió una circular a las justicias en cuyas poblaciones sospechaban todavía vivían ignacianos para obligarlos a encaminarse al nuevo exilio con excepción de aquellos que estuvieran "enteramente postrados". Lesmes Frías calcula que en esta oportunidad abandonaron España alrededor de 300 exjesuitas[1730], pero, según los datos oficiales en 1801 se contabilizaban 644 ex jesuitas de los que habían regresado a España[1731].

La fina pluma del P. Juan José Tolrá describe así el segundo destierro: "Muchos se pusieron en camino sin la menor dilación; algunos a los setenta y más años de edad; otros a pie con la mochila al hombro; otros en carros y galeras; de cuyas resultas enfermaron varios, que quedaron en los hospitales de su tránsito, donde algunos murieron"[1732].

[1730] Lesmes FRÍAS. *Historia de la Compañía de Jesús en su Asistencia moderna de España*. Tomo I (1815-1835), 51.

[1731] Lesmes FRÍAS. *Historia de la Compañía de Jesús en su Asistencia moderna de España*. Tomo I (1815-1835), 39.

[1732] Juan José TOLRÁ. *Memorial de los jesuitas españoles a Su Majestad, el Congreso de la Nación en sus Cortes Generales y Extraordinarias, sobre la nulidad e injusticia de la Pragmática Sanción de dos de abril de mil setecientos sesenta y siete para el extrañamiento de los mismos, y apertura que piden de su causa en tribunal competente y público*. Santiago, Imprenta de los dos amigos (1812) 27.

Una vez más se reiteraba la criteriología borbónica hispana frente al problema jesuítico. El ministro Pedro Ceballos le comunicaba a Soler en Roma que su Majestad "por castigo y para tranquilidad de sus estados, los ha extrañado de sus dominios [a los jesuitas], obligándolos a pasar a los de Italia"[1733].

En este segundo extrañamiento el número de ignacianos que regresaron a la Península era de 644 de los que 521 eran sacerdotes y 123 coadjutores[1734] y los que retornaron a Italia 377: 293 sacerdotes y 84 coadjutores[1735].

Pero la persecución prosiguió implacable en la Península. En 1805 ingresaba a la cárcel del Santo Oficio el P. Francisco Ruperto Aguado y a raíz de su prisión se renovó la orden de exilar de nuevo a Italia a seis expulsos-abolidos. El 7 de febrero de 1806 se repetía la misma orden y a pesar de que los inculpados habían confirmado con certificados médicos y con los testimonios de las autoridades encargadas de su destierro la imposibilidad de realizar el viaje. Sin embargo, la Inquisición realizó la pesquisa con el mayor secreto y tras la incautación de sus papeles y la realización de los consiguientes interrogatorios tuvo que llegar a la conclusión de que el extrañamiento debía suspenderse definitivamente[1736].

[1733] Citado por MARCH. *El restaurador de la Compañía de Jesús*, II, 190. Las cartas de la reina y del rey al Papa pueden verse en: FRÍAS. *Historia de la Compañía de Jesús en su Asistencia moderna de España*, 44-48.

[1734] AHN. *Consejo*, leg. 12069. *Lista de los exjesuitas que existen en las provincias de España, de los que vinieron de Italia a España en virtud de real orden de 11 de marzo de 1798 con expresión de los que son sacerdotes y coadjutores y de éstos los que se han ordenado, los que se han casado y número de sus hijos, así españoles como americanos y provincias y pueblos donde residen según las razones del último trimestre que hay en la dirección y contaduría general de temporalidades* (Madrid 14-3-1801).

[1735] AHN. *Consejo*, leg. 12069. *Razón de los Exjesuitas existentes en España. Los pueblos en que se hallan los que regresaron por real orden de 11 de marzo de 1798* (Madrid 11 mayo 1802).

[1736] FRÍAS. *Historia de la Compañía de Jesús en su Asistencia moderna de España*, 55-57. Los hechos los reporta LUENGO. *Diario*, 20 de abril y 19 de mayo de 1806.

La Junta Suprema Central Gubernativa y el retorno de los exilados. Mas, los sucesos acaecidos en El Escorial en 1807 y en Aranjuez en 1808 señalarían el destronamiento de los Borbones y el comienzo de la guerra de la Independencia, es decir, la familia real fue secuestrada en Bayona y España fue invadida por las tropas napoleónicas.

Había comenzado la Guerra de la Independencia y muchos conventos se convirtieron en centros de resistencia y muchos sacerdotes y frailes combatieron al lado de los guerrilleros[1737].

En el mes de mayo se había iniciado la invasión napoleónica a las tierras hispanas y la reacción del pueblo español fue tal que se originó una verdadera "guerra santa"[1738]. Ciertamente que los estamentos bajos de la sociedad española todavía no estaban contaminados por las ideas de la Ilustración y la trilogía Dios-patria-rey se erigía como un valor primario y supremo.

Sin lugar a dudas, el sentido religioso de la guerra lo predicó con pasión inusitada el estamento clerical "y lo sostuvo con sus bienes, con sus exhortaciones y con el ofrecimiento radical de sus personas"[1739]. Por ello no es de extrañar que se hable de la "teología de la guerra de la independencia", una verdadera cruzada popular empapada e inspirada por una ideología espiritual. Basta asomarse a toda la literatura ascética que se produjo en aquellos días en la que la guerra y la revolución quedaban legitimadas con categorías religiosas que en definitiva tendieron

---

[1737] Roger AUBERT et alii. *La iglesia entre la revolución y la restauración*. Barcelona, Editorial Herder, VII (1978) 159. [Hubert JEDIN. *Manual de historia de la Iglesia*. Tomo VII].

[1738] Manuel REVUELTA GONZÁLEZ. "La Iglesia española ante la crisis del antiguo régimen (1808-1833)". En: Ricardo GARCÍA VILLOSLADA (Dir.). *Historia de la Iglesia en España*. Tomo V. *La Iglesia n la España contemporánea (1808-1975)*. Madrid, BAC (1979) 7-14.

[1739] M. REVUELTA G. "La Iglesia española ante la crisis del antiguo régimen (1808-1833)", 8. Véase: Rafael de VÉLEZ. *Preservativo contra la irreligión o los planes contra la religión y el estado, realizado por la Francia para subyugar la Europa...* Madrid, 4ª edición, 1813.

a mitificar lo real y a desorbitar los hechos[1740] y consecuentemente su contenido no tenía nada de racional ni de sistemático.

Pero, también, el poder político emergente sintonizaba con este impulso arrollador que acabaría por sacar al francés de las fronteras patrias. Ya en 1808 la Junta Central apelaba al principio de que "la ruina de la Patria acarrearía la ruina de la religión"[1741]. Y así se justificaba que la insurrección se apoyaba en la defensa de la fe oprimida y convocaba a la cruzada contra la impiedad de los hijos de la revolución. Sin la religión sería imposible la sociedad, la patria y el estado. Y al año siguiente, por decreto del 28 de junio, la propia Junta llamaba a imitar las acciones que se adelantaban en Extremadura y Cataluña pues así lo exigían la calidad de los enemigos "más impíos y sacrílegos con Dios que inhumanos con los hombres"[1742].

En el ánimo de los pensadores católicos se cultivó el criterio de que estaban frente a una guerra de religión[1743].

De esta suerte, nacieron en todas las regiones peninsulares Juntas que asumieron toda la autoridad para dirigir la defensa de la patria invadida por Napoleón y habiendo nombrado sus representantes se reunieron en Aranjuez y proclamaron la "Suprema Central Gubernativa del Reino" el 25 de septiembre y en ella se designó como Presidente al Conde de Floridablanca[1744]. Y el 15 de noviembre decretó que "se ha

---

[1740] Véase: Alfredo MARTÍNEZ ALBIACH. *Religiosidad hispana y sociedad borbónica*. Burgos, Facultad Teológica del Norte de España, 1969.

[1741] Jean-René AYMES. *La guerra de la Independencia en España (1808-1814)*. México, Siglo Veintiuno (1974) 133. "Llamamiento de la Junta Central al clero español en 1808".

[1742] AHN. *Estado*, Leg., 10C, n°., 10. Citado por Revuelta. "La Iglesia española ante la crisis del antiguo régimen (1808-1833)", 10.

[1743] DIEGO JOSÉ DE CÁDIZ (Beato). *El soldado católico en guerra de religión. Carta instructiva ascético-histórico- política, en que se propone a un Soldado Católico la necesidad de prepararse... en la guerra actual contra el impío partido de la infiel, sediciosa y regicida Asamblea de Francia*. Écija, por D. Benito Daza, 1794.

[1744] Lesmes Frías. *Historia de la C. de J. en su Asistencia Moderna de España, Tomo Primero (1815-1835)*, 58.

servido acordar que se alce su confinación y se permita volver a estos reinos a los que quieran, suministrándoles la misma pensión que gozaban en sus destinos"[1745]. La real orden fue comunicada al Duque presidente del Consejo Real por el Secretario de la Junta Central, Martín de Garay[1746]. De esta suerte, se permitía el regreso a la patria a los expulsos que residían fuera de España y devolvía la seguridad a los que vivían dentro retirados y medrosos.

Pareciese que el propulsor del decreto fue el propio Conde de Floridablanca según atestigua el P. Manuel Gil y así lo expresó en una carta en la que añadía que el informante había sido don Juan Bautista Erro y que el Conde tenía la intención de restablecer la Compañía tan pronto como acabase la guerra, para reparar la grave injusticia contra los jesuitas[1747].

Con todo se imponen dos observaciones. La primera que dada la realidad política que dominaba a España era inconcebible su aplicación, no sólo para los que vivían en la Península porque estaba bajo el control de las tropas francesas sino también para los que vivían fuera porque el traslado era imposible realizarlo por tierra o por mar[1748]. Y la segunda, los jesuitas alegaban que se había permitido el regreso de los expatriados pero que no se había dado el restablecimiento de la Compañía ni se hacía referencia a la injusticia de la expulsión de 1767 y en consecuencia seguía legalmente extinguida. Es conveniente resaltar que las concesiones se otorgaban a los jesuitas como personas individuales y no al cuerpo de la Compañía.

[1745] Antonio ZARANDONA. *Historia de la extinción y restablecimiento de la Compañía de Jesús* por Antonio Zarandona; brevemente anotada y aumentada por el P. Ricardo Cappa. Madrid, Imp. de D. Luis Aguado, III (1890) 59-60.

[1746] Publicada en la *Gaceta de Madrid*, 18-11-1808.

[1747] Antonio ZARANDONA. *Historia de la extinción y restablecimiento de la Compañía de Jesús*, III, 61. Antonio ASTORGANO ABAJO. "Floridablanca y el jesuita Hervás y Panduro, una relación respetuosa". En: *Res publica. Revista de Filosofía Política*. Murcia, 22 (2009) 325-362.

[1748] Lesmes FRÍAS. *Historia de la Compañía de Jesús en su Asistencia moderna de España*. Tomo I (1815-1835), 59.

También es de notar que retornan al poder algunos de los ministros que habían sido castigados, como Floridablanca, Jovellanos y Saavedra[1749]. Como afirma Revuelta es posible que los desengaños sufridos y la realidad del país les hicieran cambiar sus criterios en determinados asuntos, como la cuestión de los jesuitas. El caso de Floridablanca es el más llamativo. Hay quien ha hablado de una especie de conversión moral. Sin necesidad de llegar a ese extremo, corrigió sus antiguos extremismos en circunstancias muy diferentes[1750].

Pero el año 1808 se ha denominado el año de la conspiración pues si en España era destronado Carlos IV en Roma las tropas napoleónica expulsaron a los cardenales y a los padres generales de las órdenes religiosas y la supresión de éstas, la ocupación de los bienes eclesiásticos, el destierro del Papa y la supresión del Estado Pontificio.

Los jesuitas y las Cortes de Cádiz. Un paso decisivo para la construcción de la nueva España daría la Junta Central el año 1809 al enviar una circular a las instituciones y personas notables para recabar información que pudiera servir de papel de trabajo para las futuras Cortes de Cádiz. En ese contexto, aparece el Informe de Lázaro Dou, canciller de la universidad de Cervera, fechado el 16 de agosto, como respuesta al tema "Reformas necesarias en el sistema de instrucción y educación pública". Y tras el fundamento pedagógico introduce el tema jesuítico y su aporte a la educación de la juventud tanto en la Península como en las vastas regiones de Indias y el enorme vacío que había ocasionado la expulsión por vía gubernativa y sin juicio previo. Y concluye sugiriendo su utilidad "por lo que exigen los presentes [tiempos] totalmente diversos y por las instancias del estado o estados, que interesen en ello tener ahora por útil el restablecimiento de la orden"[1751]. Como es natural se enfrentaron

---

[1749] Francisco Saavedra, ilustrado y reformista, había sido ministro de Hacienda y de Estado, en 1788, cuando Jovellanos lo fue de Gracia y Justicia. Fue desterrado por Godoy. Presidió la Junta Suprema de Sevilla y al mismo tiempo fue miembro de la Junta Central.

[1750] Manuel REVUELTA. *Las Cortes de Cádiz y los jesuitas: encrucijada entre la antigua y la nueva Compañía.* Madrid, 2011 (Mss.), 4.

[1751] Manuel RUBIO BORRÁS. *Historia de la Real y Pontificia Universidad de Cervera.* Segunda parte, Barcelona, Universidad de Barcelona (1916) 288-289.

las dos posiciones: la de los afrancesados y la de los conservadores pero el tema había saltado al tapete de la discusión.

Todavía el año 1812 el afrancesado abate Marchena se expresaba en la *Gaceta de Madrid*: "¿Pensáis que nos hemos olvidado de que la primera resolución de la Junta de Aranjuez fue revocar las ventas ya celebradas de fincas de obras pías y llamar a los jesuitas? ¿Pretendíais acaso reducir toda la nación a la condición de las misiones del Paraguay, y a que nos rigiesen estos raposos con la férula y la disciplina?"[1752].

Pero, es necesario preguntarse: cuándo y cómo se cambió en la política oficial española la percepción tan deplorable que arrastraban los seguidores de Ignacio de Loyola en la prensa y en la literatura española.

El criterio de la corte de Madrid permanecía inflexible aún a las puertas de todos los acontecimientos que viviría España tras la invasión de Napoleón en 1808 mientras que en contraposición los expatriados en 1767 habían escrito una rica historia de penalidades humanas pero a la vez de brillos culturales en tierras italianas.

Pero la dialéctica de la historia se nueve de forma implacable con las leyes hegelinas de sus tesis, antítesis y síntesis que superan el pasado y se abren a nuevos horizontes.

En primer lugar, los protagonistas que pretendieron enterrar para siempre a la Compañía de Jesús o fueron pagando el debido tributo a la muerte, o fueron víctima de la caída en desgracia ante sus soberanos, o como en el caso de los borbones de Parma y Nápoles enmendaron sus errores. En una palabra, los verdaderos obstáculos humanos fueron paulatinamente desapareciendo.

En segundo término, la caída de Carlos IV y su destierro en Bayona abrió nuevos escenarios en un paisaje político que definitivamente dejaba atrás el viejo régimen. Así se fueron dando "conversiones" en los

---

[1752] J. MARCHENA: "Al Gobierno de Cádiz". En: 30-7-1812), *Gaceta de Madrid*, 30 de julio de 1812, p. 850.

altos estamentos eclesiásticos y de una actitud hostil se evolucionó a una actitud tolerante para dar paso en el episcopado hispano a comienzos del siglo XIX a prelados que con frecuencia manifiestan declaraciones de alabanza y amistad. Quizá el caso más sintomático sea el del cardenal Lorenzana (Francisco Antonio de Lorenzana y Butrón (1722-1804): ¡quién podría reconocer la trayectoria recorrida desde el arzobispado de México hasta su estancia en Roma al final de sus días![1753].

Y también hay que señalar las "conversiones" políticas como es el caso de los ministros madrileños castigados como Floridablanca, Jovellanos y Saavedra[1754].

Además, existe un tercer factor como fue la crisis de la vigencia de los prejuicios antijesuíticos afianzados por más de medio siglo de difamación protegida desde las alturas gubernamentales sin contemplaciones morales ni éticas pero las nuevas sociedades habían abierto la posibilidad de oír otras voces. De esta forma, se ponía fin a la ley del silencio y de esta forma entran en escena tanto los jesuitas como sus amigos viejos o nuevos.

Tampoco se puede dejar de lado la reacción popular ante los abusos de injusticia oficial pues de igual forma que la primera expulsión la segunda despertó la conmiseración de las gentes "al ver arrancados tantos ancianos del seno de sus familias y arrojados a un país ya revolucionado por los franceses no podía ya ofrecerles la antigua hospitalidad, sino el continuo peligro de ser víctimas del hambre, de la rapacidad y de la tiranía"[1755].

[1753] Véase: Luis SIERRA NAVA. *El cardenal Lorenzana y la Ilustración*. Madrid, Fundación Universitaria Española, 1975. Rafael OLAECHEA. *El cardenal Lorenzana en Italia (1797-1804)*. León, Institución Fray Bernardino de Sahagún de la Diputación provincial, 1980.

[1754] Francisco Saavedra, ilustrado y reformista, había sido ministro de Hacienda y de Estado, en 1788, cuando Jovellanos lo fue de Gracia y Justicia. Fue desterrado por Godoy. Presidió la Junta Suprema de Sevilla y al mismo tiempo fue miembro de la Junta Central.

[1755] Juan José TOLRÁ. *Memorial de los jesuitas españoles a Su Majestad, el Congreso de la Nación en sus Cortes Generales y Extraordinarias, sobre la nulidad e injusticia de la Pragmática Sanción de dos de abril de mil setecientos sesenta y siete para el extrañamiento de los mismos, y apertura que piden de su causa en tribunal competente y público*. Santiago, Imprenta de

A ello se añadía la simpatía que generó en las masas populares la actitud de sus eclesiásticos en pro del rescate de España en 1808 y así comprendió que cuando el poder se endiosa no tiene freno alguno que pueda hacerle reflexionar sobre la licitud y consecuencias de sus actos "soberanos". Y por ello no duda Revuelta en afirmar que el retorno de los exjesuitas era una medida políticamente correcta, como afirmación del espíritu religioso del pueblo en guerra y como medida de atracción a sectores castigados y marginados por los anteriores gobiernos[1756].

Pero el año 1810 se convertiría la auténtica encrucijada histórica para los reinos de España, pues amén de sustituir a la Junta Suprema Central Gubernativa por el Consejo Supremo de Regencia consagraría el tránsito del viejo al nuevo régimen través de las Cortes de Cádiz.

Curiosamente el tema jesuítico saltaría al debate parlamentario promovido por los delegados americanos en las sesiones de diciembre de 1810 y, aunque no llegaría a buen puerto[1757], era la prueba de que la expulsión de los ignacianos de tierras americanas en 1767 debía encontrar un final.

En general, se puede decir que el debate sobre la Compañía de Jesús fue siempre marginal pero pronto mostró el antagonismo entre los conservadores y los liberales y un ejemplo típico lo recoge la discusión sobre el decreto relativo al Tribunal de la Inquisición[1758].

---

los dos amigos (1812) 27-28. (Citado por REVUELTA. *Las Cortes de Cádiz y los jesuitas: encrucijada entre la antigua y la nueva Compañía*. Madrid, 2011 (Mss.) 6).

[1756] Manuel REVUELTA. *Las Cortes de Cádiz y los jesuitas: encrucijada entre la antigua y la nueva Compañía*. Madrid, 2011 (Mss.), 7.

[1757] Marie Laure RIEU-MILLAN. *Los diputados americanos en las Cortes de Cádiz (Igualdad o independencia)*, Madrid, Consejo Superior de Investigaciones Científicas (1990) 41-44.

[1758] CORTES DE CÁDIZ. *Discusión del proyecto de decreto sobre el Tribunal de la Inquisición*, Cádiz, Imprenta Nacional, 1813.

Como sugiere Revuelta una de las fuentes de inspiración de los diputados liberales fue el *Diccionario satírico-burlesco* del bibliotecario Bartolomé José Gallardo[1759]. Este distinguido bibliotecario le dedica a la entrada "jesuitas" 20 páginas[1760] y la ubica entre las palabras "jansenistas" y "liberales". Luego de traer a la memoria "las flores históricas" pasa al catálogo de los escándalos: "Estos son hechos. Por ellos se ve que de todos los reinos han sido echados los jesuitas por hombres vitandos, turbulentos y atentadores contra la vida de sus legítimos soberanos. De donde cayó en proverbio aquel dicho célebre: *que los jesuitas eran una espada desnuda contra las testas coronadas, cuya empuñadura estaba en Roma*". Y enumera las opiniones y doctrinas que dejan horrorizados, como el regicidio, la infalibilidad del papa y su superioridad sobre los reyes. Los teólogos jesuitas han propagado una moral absurda que les lleva a defender el perjurio, el robo, la simonía, las reservas mentales, el fornicio, la sodomía y el asesinato. El molinismo y el probabilismo eran herejías de la fábrica jesuítica, que intentaba trampear con Dios. Estos ataques a carga cerrada, a manera de afirmaciones rotundas, sin la menor prueba, calaban en la opinión pública, como si fueran verdades indiscutibles. Para disfrazar sus afirmaciones, el periodista añadió un poema jocoso contra los jesuitas que decía haber descubierto entre los papeles del escritor sevillano del siglo XVII (1559-XXX), Juan Salinas de Castro[1761].

La literatura reivindicatoria. Pero también se dio, una vez que cobró vigencia la libertad de prensa, la producción de literatura reivindicatoria de unos hombres que levantaron su voz de protesta cuando se les dio la oportunidad legal de defenderse del enorme crimen humanitario,

---

[1759] Bartolomé José GALLARDO. *Diccionario razonado manual para inteligencia de ciertos escritores que por equivocación han nacido en España*. Cádiz, Imprenta del Estado Mayor, 1811.

[1760] GALLARDO. *Diccionario razonado manual para inteligencia de ciertos escritores que por equivocación han nacido en España*, 65-85.

[1761] Citado por Manuel REVUELTA. *Las Cortes de Cádiz y los jesuitas: encrucijada entre la antigua y la nueva Compañía*. Madrid, 2011 (Mss.), 16-17.

cultural y social llevado a cabo por el absolutismo no sólo sin que mediara la más mínima posibilidad a la defensa sino que además su vida de exiliado estaba coaccionada por la guarda de un silencio impuesto legalmente.

Es necesario resaltar que se trata de un mínimo segmento en el amplio espectro del mundo del pensamiento que debe interpretarse como una historia que recoge la visión de los vencidos a los que no se les permitió en ningún momento tomar las armas del debate y de la defensa en la guerra ideológica.

Y siempre es interesante estudiar con criterio crítico las historias que escriben los vencidos que emergen de ese paisaje inerte y rompen el silencio abrumador como testigos que rechazan la inútil resignación pero que nunca pactaron con los hábitos perniciosos de la legitimación oficial.

Así pues, llamamos la atención del lector que en este apartado nos referimos únicamente a la "literatura reivindicatoria", pero totalmente asimétrica escrita en torno al año 1810. Y para ello dividiremos la forzada síntesis en dos grandes bloques. El primero versará sobre el tema de la Compañía víctima de la conspiración anticristiana y el segundo la actitud de los jesuitas restablecidos frente a la nueva Constitución española[1762].

Quien haya seguido de cerca el proceso de la extinción de la Orden detectará rápidamente las huellas ideológicas que sentenciaron su muerte. En un primer momento, fueron los representantes del racionalismo, del regalismo, de la enciclopedia y del jansenismo los que consumaron el final de un "cuerpo tan peligroso y tan terrible". En una segunda etapa será la Revolución francesa y los planteamientos napoleónicos los que fijen los nuevos escenarios.

[1762] Una visión general puede verse en: Lesmes FRÍAS. *Historia de la Compañía de Jesús en su Asistencia moderna de España.* Tomo I (1815-1835), 61-68.

Sin lugar a dudas, sería la nación francesa la cuna de estos enfrentamientos. Basta con recurrir a *Les Mémoires de Trévoux*[1763] (fundadas en 1701) para seguir las polémicas entre los jesuitas y los ateos, racionalistas y enciclopedistas.

Por ello, cuando los telones de la censura se corren es lógico que los escritores de la Compañía de Jesús hispana escriban sus alegatos con su mente puesta en las fuentes ideológicas que fueron las causantes de sus desgracias.

Y el primero en entrar en lid fue el polígrafo Hervás y Panduro (1735-1809)[1764] con su obra *Causas de la revolución de Francia en el año de 1789*[1765], pero la biografía de esta publicación se inició el año 1794 y su redacción rezaba *Revolución religionaria y civil de los franceses en el año de 1789; sus causas morales y medios usados para efectuarla*. Aunque contiene una rica información parece escrita a la luz de los acontecimientos que le tocó vivir y por ello se aparta de sus raíces filosóficas para interpretar su estado de desgracia y marginación. En realidad hay conceptos que no son aceptables para la mentalidad moderna pero hay que ubicarlos en el fuego de la polémica del momento[1766].

[1763] Alfred R. DESAUTELS. *Les Mémoires de Trévoux et le mouvement des idées au XVIIIe siècle*. Roma, Institutum Historicum S.I. (1956), p. VII-VIII.

[1764] Hermenegildo de la CAMPA. "Hervás y Panduro, Lorenzo". En: Charles E. O'NEILL y Joaquín Mª DOMÍNGUEZ. *Diccionario histórico de la Compañía de Jesús*, II, 1914-1916.

[1765] Lorenzo HERVÁS Y PANDURO. *Causas de la revolución de Francia en el año de 1789, y medios de que se han valido para efectuarla los enemigos de la religión y del estado*. Obra escrita en Italia por el Abate D. Lorenzo Hervás y Panduro, bibliotecario de N. SS. P. Pío VII, en carta que dirigió desde Roma a un respetado ministro del Consejo de Castilla, amigo suyo. Madrid, Librería de Sojo, 1807, 2 vols.

[1766] No es fácil ubicar la ingente obra de Lorenzo Hervás en las categorías de avanzado o progresista. Véase el contraste en: Enrique del PORTILLO. "Lorenzo Hervás. Su vida y sus escritos". En: *Razón y Fe*. Madrid, 27 (1910) 176-185. Y Javier HERRERO. *Los orígenes del pensamiento reaccionario español*. Madrid, Cuadernos para el diálogo (1973) 151-181. Hervás sostenía que las causas de la Revolución no eran económicas, sino que procedían del mundo de las ideas. También trata de explicar en su obra el nacimiento de lo que denomina la "fiera democrática" y de la libertad, considerada un "fruto abominable de las secta jansenista, filosófica y francmasónica". La masonería buscaba la destrucción del catolicismo y de las monarquías, a través de la difusión de las ideas de la libertad y la igualdad.

Así hacen acto de presencia, entre otras, las traducciones del polemista francés Agustín de Barruel (1741-1820)[1767], las del italiano Luis Mozzi (1746-1813)[1768], las de Rocco Bonola (1736- ¿?))[1769] y las de Henry-Michel Sauvage (1704-1791)[1770].

Más complicado es el aporte de los absolutistas a favor de los jesuitas mas para este complicado aspecto polémico nos remitimos a Lesmes Frías[1771] y a Enrique Giménez[1772].

Los criterios jesuíticos frente al concepto de la soberanía popular manifestada por las Cortes de Cádiz. Una nueva etapa de confrontaciones personales les plantearía la aceptación o no de los nuevos textos legales a todos los ignacianos abolidos de la Europa que había nacido con el imperio de Napoleón.

La Constitución de la República Cisalpina propondría a los jesuitas italianos en 1798 el problema de la licitud del juramento de fidelidad

---

[1767] Paul DUCLOS. "Barruel, Agustín (de)". En: Charles E. O'NEILL y Joaquín Mª DOMÍNGUEZ. *Diccionario histórico de la Compañía de Jesús*, I, 358-359. Agustín BARRUEL. *Mémoires pour servir à l'histoire du jacobinisme*, Hambourg, P. Fauche, 1798-1799, 5 vols.

[1768] Mario ZANFREDINI. "Mozzi de Capitani, Luigi". En: Charles E. O'NEILL y Joaquín Mª DOMÍNGUEZ. *Diccionario histórico de la Compañía de Jesús*, III, 2760. Luigi MOZZI. *Los proyectos de los incrédulos sobre la destrucción de los Regulares y la invasión de los eclesiásticos descubiertos en las obras de Federico el Grande, Rey de Prusia / Traducción del italiano.* Cádiz, En la oficina de la viuda de Comes, 1812

[1769] SOMMERVOGEL. *Bibliothèque*, I, 1760. Rocco BONOLA. *La liga de la Teología moderna con la Filosofía en daño de la Iglesia de Jesucristo*. Impreso en Madrid 1798 y reimpreso en Barcelona, en la Imprenta de José Rubió, año 1822.

[1770] Charles E. O'NEILL. "Sauvage, Heny-Michel". En: Charles E. O'NEILL y Joaquín Mª DOMÍNGUEZ. *Diccionario histórico de la Compañía de Jesús*, IV, 3510. Henri-Michel SAUVAGE. *Realité du Project de Bourg-Fontaine démontré par l'exécution*. Paris, Chez la Veuve Dupuy, 1755, 2 vols. (Véase: SOMMERVOGEL. *Bibliothèque*, VII, 671-673).

[1771] Lesmes FRÍAS. *Historia de la Compañía de Jesús en su Asistencia moderna de España*, 51-68.

[1772] "Estudio introductorio" a Manuel LUENGO. *Diario de 1808. El año de la conspiración*. Enrique Giménez López e Inmaculada Fernández Arrillaga (Eds.). Alicante, Publicaciones de la Universidad de Alicante, s. a. 9-38

al monarca[1773]. Según Manuel Luengo sólo dos jesuitas signaron el juramento mientras que otros religiosos lo aprobaron hasta hombres autorizados[1774] y en este contexto censuraba a su hermano de religión Juan Vicente Bolgeni porque tenía por lícito el juramento republicano[1775].

Idénticas formulaciones conllevaba para los abolidos hispanos la aceptación de la Constitución de Bayona en 1808. Los que residían en la península itálica muchos optaron por el juramento ya que el no hacerlo suponía la pérdida de la pensión o para evitar la prisión[1776]. En última instancia, trataban de divorciar dos conceptos fundamentales: uno era la aceptación del régimen constitucional y otro la fidelidad al rey francés.

En España se puede afirmar que, en general, los jesuitas aceptaban la soberanía popular que justifica el levantamiento contra la usurpación del poder legítimo. Pero de facto se dieron tres tipos de respuesta dignas de estudio. La tesis negativa la representa Manuel Luengo fiel devoto del absolutismo y por ende hostil al régimen liberal pues creía que la Constitución habría conducido a España a los horrores del republicanismo[1777].

Al lado contrario se ubicaron los jesuitas refugiados en Sicilia quienes no dudaron en enviar su ferviente felicitación a las Cortes. Transcribimos el documento porque es expresión de una comunidad que se expresó con libertad. La *Gaceta de Madrid* lo recogió años más tarde:

[1773] Manuel LUENGO. *El retorno de un jesuita desterrado. Viaje del P. Luengo desde Bolonia a Nava del Rey*. Inmaculada Fernández Arrillaga (Ed.). Alicante, Publicaciones de la Universidad de Alicante. Ayuntamiento de Nava del Rey (Valladolid), 2004.

[1774] Manuel LUENGO. *El retorno de un jesuita desterrado. Viaje del P. Luengo desde Bolonia a Nava del Rey*, 230.

[1775] LUENGO. *El retorno de un jesuita desterrado. Viaje del P. Luengo desde Bolonia a Nava del Rey*, 193-194.

[1776] Amplia información en: Inmaculada FERNÁNDEZ ARRILLAGA. "La persecución de los jesuitas que no juraron la Constitución de Bayona". En: Enrique GIMÉNEZ LÓPEZ (Edit.). *Y en el tercero perecerán. Gloria, caída y exilio de los jesuitas españoles en el s. XVIII*. Alicante, Universidad de Alicante (2002) 587-609.

[1777] AHL. Manuel LUENGO. *Diario*, t. 48 (1814), ff. 520-524.

"Hasta los mismos desgraciados PP. jesuitas expresaron desde Palermo la alta idea que concibieron del régimen constitucional, dando parabienes *por la grande obra* de la Constitución, y expresándose en los términos más enérgicos, claros y significativos. Dijeron ser la Constitución "el cuerpo más completo de la política. Aparece encendida esta antorcha en medio de nuestro horizonte, y *al poderoso influjo de su ardiente resplandor las tinieblas de la opresión y de las rancias preocupaciones, todas se disiparon*…Libre e independiente el ciudadano español bajo tan felices auspicios, exenta su propiedad y persona del capricho ilimitado de un déspota, o del yugo severo de un tirano, encontrará en su amada patria no ya una madrastra ceñuda…sino una madre tierna, que para estrecharle íntimamente en su seno le prepara los medios más probables de su prosperidad venidera. A la sombra del majestuoso e incorruptible árbol de la ley descansará el ciudadano industrioso y pacífico, sin que le asusten más las intrigas de un cortesano vil y ratero, ni la codicia ni el odio del magistrado poderoso; y en la armadura impenetrable de los derechos sagrados e imprescriptibles con que le adorna la Constitución nacional, se perderán las saetas de la envidia, de la hipocresía y de la arbitrariedad. Impertérrito guerrero… confiado en la justicia imparcial de la sabia Constitución, buscará en el campo de batalla la gloria, el honor y debidas recompensas… y hasta el ávido tirano que os arrea (Bonaparte a sus esclavos) y rige desde el usurpado solio, temblará; la existencia de tantos héroes que en servicio de la patria ejercitaron virtudes, que él no conoce ni puede gustar, envenena su corazón delincuente, y el eco sonoro y penetrante de la *santa Constitución*, que le alarma, causará en su cabeza efectos más terribles que los del trueno". Continuaron haciendo una pintura la más lisonjera sobre las ventajas que resultarían a la Nación de la observancia del régimen constitucional, y concluyeron diciendo: "Atónita la posteridad contemplará con asombro este *maravilloso monumento*, digno solo de vuestra grandeza; y V. M., siempre presente en todas las edades y todos los países, oirá entonar himnos de gratitud a su preciosa memoria"[1778].

[1778] Seguimos el estudio de Manuel Revuelta. "Las Cortes de Cádiz y los jesuitas: Encrucijada entre la antigua y la nueva Compañía". (Mss.) p. 20. La *Gaceta de Madrid* (entonces recibe el nombre de *Gaceta del Gobierno*), nº 150, 28 de mayo de 1821, p. 792. El texto se publicó

Un tercer grupo optó por la vía de la oportunidad y así se dirigieron a las Cortes de Cádiz (1812) y presentaron algunos *Memoriales* en los que se denunciaba la Pragmática Sanción de 1767 como contraria a derecho y por lo tanto solicitaban su anulación y la apertura de un juicio público sobre las acusaciones a que fue sometida su orden religiosa. Además, se puede aseverar que los expulsos, en general, aceptaban la soberanía popular que justificaba el levantamiento en armas contra el invasor dirigida a través de las Juntas Provinciales, la Junta Central y finalmente las Cortes de Cádiz.

Antes de la promulgación de la Constitución se presentaron dos memoriales: uno perteneciente al ex jesuita peruano Jacinto Marín de Velasco (1811) y el segundo debido a *El exjesuita oprimido* (1812)[1779]. Curiosamente ninguno de los dos ha sido reseñado por los catálogos bibliográficos generales de la Compañía de Jesús.

---

en el diario oficial durante el trienio constitucional, en un largo artículo de propaganda liberal titulado "Variedades" (pp. 788-794), con el fin de demostrar que la Constitución no era contraria a la religión, sino su mayor apoyo. Se prueba con seis testimonios de eclesiásticos de aquel momento, y se confirma –para demostrar que no son opiniones nuevas- con otros 36 testimonios de eclesiásticos (obispos, cabildos, comunidades religiosas, y otros clérigos) que alabaron la Constitución cuando se proclamó en 1812. El último de esos testimonios es de los jesuitas de Palermo. Los testimonios aducidos están tomados del *Diario de Cortes* de los años 1812 y 1813, con la cita correspondiente a su tomo y página. El texto atribuido a los jesuitas es el único que no va seguido de la cita del Diario de Cortes. Esta omisión arroja alguna duda sobre la autenticidad del texto, que no lo hemos visto reproducido en otro documento, fuera de la Gaceta de 1821 (nueve años después). El texto publicado en 1821 (que aquí reproducimos) refleja perfectamente el ambiente de 1812, no el del trienio liberal, en el que las Cortes habían suprimida la Compañía por decreto de 15-8-1820. La procedencia de Palermo (donde vivía un grupo pequeño de jesuitas, comparado con los que estaban entonces en Italia y España) y el mismo tenor del texto ofrecen garantías suficientes. Mientras no se demuestre lo contrario no hay razón para negar la autenticidad del texto.

[1779] Es el seudónimo utilizado por Francisco Javier Mariátegui. EL EXJESUITA OPRIMIDO [Francisco Javier MARIÁTEGUI]. *Memoria que presenta a su Majestad, la Junta de Cortes, el ex jesuita F. X. M.* Palma. En la Oficina de Brusi, Año 1812. El texto puede verse íntegro en: Antonio ASTORGANO ABAJO. "Un jesuita expulso sangüesino rebelde: Francisco Javier Mariátegui, el ex jesuita oprimido". En *Príncipe de Viana*. Pamplona, n°., 252 (2011) 234-248.

Jacinto Marín de Velasco (1738-1813?)[1780] había nacido en Lima el 16 de agosto de 1738 e ingresado en la orden de San Ignacio el 4 de noviembre de 1752. Estudió su carrera universitaria en el famoso Colegio de San Pablo y cuando le fue intimada la expulsión en 1767 residía en el noviciado de la capital peruana. Desterrado en Italia se residenció en Génova. En 1798 partió para España en un viaje supremamente accidentado y en 1799 vivía en Cádiz[1781]. Aunque deseaba regresar a su patria chica le fue imposible. En 1800 publicó *Entretenimiento Físico-Médico con los Profesores de ambas Facultades*[1782] y cuando en 1801 conoció el segundo decreto de expulsión pero renunció a la real pensión "para ocultarme a su vista y morir más bien de hambre que desentrañarme por segunda [vez] de mi tan amada Nación"[1783]. En 1811 escribió a las Cortes su *Representación*[1784] en la que ofrece el panorama que dio en tierra

---

[1780] Rubén VARGAS UGARTE. *Jesuitas peruanos desterrados a Italia*. Lima (1934) 137-141.

[1781] El 4 de mayo de 1799 escribía desde Cádiz a don Manuel Sixto Espinosa: "... Después de un año que viajo desde Venecia, detenido, ya por falta de salud, y las más de las veces por la dinero, después de haber caído en manos de un corsario inglés, al navegar de Liorna a Barcelona y sufrido tan ingrata compañía desde Febrero hasta el abril próximo pasado, en caza de otros buques y, finalmente, después de haber pasado la cuarentena en Gibraltar, me he reestudio a ésta por nuestro campo, con el pasaporte, como prisionero de guerra (...) comparecí ante este Sr. Benito de la Piedra... exponiéndole que además de las deudas contraídas en Italia y del despojo en el mar aun de mis vestidos eclesiásticos, estoy presentemente en una fonda sin tener con qué pagarla...". Citado por VARGAS UGARTE. *Jesuitas peruanos desterrados a Italia*, 137-138.

[1782] Jacinto MARÍN DE VELASCO. *Entretenimiento Físico-Médico con los Profesores de ambas Facultades de un convaleciente en la epidemia de Cádiz, para las precauciones en la recurrencia de otra análoga combinación meteorológica*. Cádiz, Manuel Ximénez impresor del Gobierno, 1800. (Véase: Eug. de URIARTE. *Catálogo razonado de obras anónimas y seudónimas de autores de la Compañía de Jesús pertenecientes a la antigua asistencia española*. Madrid, Establecimiento Tipográfico <Sucesores de Rivadenyra> Inpresores de la Real Casa, I (1904) n°., 819, pp., 264-265).

[1783] Carta a don Antonio Noriega. Cádiz enero de 1804. Citado por VARGAS UGARTE. *Jesuitas peruanos desterrados a Italia*, 137-138, 139.

[1784] Jacinto MARÍN DE VELASCO. *Representación de la Compañía de Jesús a la soberanía de la Nación Española, por un ex Jesuita, Ex Superior en su noviciado del Perú, menor hijo de ambas*. Cádiz, en la Imprenta de D. Josef Niel. Enero de 1811. El texto íntegro puede verse en: VARGAS UGARTE. *Jesuitas peruanos desterrados a Italia*, 166-169.

con la orden de San Ignacio alega que ha llegado el tiempo para reparar la injusticia que con ella se cometió y especialmente con América.

Francisco Javier Mariátegui (1741- ¿?) Había nacido en Sangüesa (Navarra) el 19 de octubre de 1741 e ingresado en el noviciado de Villagarcía de Campos el 19 de octubre de 1761[1785]. Fue destinado a la Provincia del Paraguay y atravesó el Atlántico en la expedición que se hizo a la vela el 7 de febrero de 1764 bajo las órdenes del P. Juan de Escandón[1786]. De inmediato se traslado al Colegio Máximo de la ciudad de Córdoba de Tucumán donde concluyó sus estudios de filosofía y se había iniciado en los de teología cuando le fue intimado el decreto de expulsión el 12 de julio de 1767[1787]. El 12 de octubre partía del puerto de Montevideo en la fragata La Venus para arribar al Puerto de Santa María el 5 de enero de 1768[1788]. Desterrado a Italia vivió primero en Faenza y después en Génova ciudad en la que se radicó tras varios traslados a otras ciudades[1789]. En esta ciudad ejerció de "maestro de bellas letras en Vultri, y vicepárroco en Voltaggio, de penitenciario en el santuario de Montallegro y de párroco en Corrosio"[1790]. Obligado a abandonar el territorio de la Ligúrica se dirigió a Barcelona y según su propia confesión "desterrado de mi destierro"[1791]. Afincado ya en España su

---

[1785] Hugo STORNI. *Catálogo de los jesuitas de la Provincia del Paraguay (Cuenca del Plata)*. Roma, Institutum Historicum S. I. (1980) 172.

[1786] Agustín GALÁN GARCÍA. *El Oficio de Indias de los jesuitas de Sevilla 1566-1767*. Sevilla, Fundación Fondo de Cultura de Sevilla (1995) 348.

[1787] H. STORNI. *Catálogo de los jesuitas de la Provincia del Paraguay (Cuenca del Plata)*, 172.

[1788] José Antonio FERRER BENIMELI. *La expulsión de los jesuitas según la correspondencia diplomática francesa*. II. *Córcega y Paraguay*. Zaragoza, Universidad de Zaragoza (1996) 184.

[1789] Antonio ASTORGANO ABAJO. "Un jesuita expulso sangüesino rebelde: Francisco Javier Mariátegui, el ex jesuita oprimido", 185-188.

[1790] AGS. *Estado*, 5066. *Carta a Godoy* desde el puerto de Barcelona, 27 de septiembre de 1797.

[1791] Jesús PRADELLS NADAL. "La cuestión de los jesuitas en la época de Godoy: regreso y segunda expulsión de los jesuitas españoles (1796-1803)". En: Enrique GIMÉNEZ LÓPEZ (Edit.). *Y en el tercero perecerán. Gloria, caída y exilio de los jesuitas españoles en el s. XVIII*. Alicante, Universidad de Alicante (2002) 534-536.

pintoresca biografía la describe Astorgano y a él nos remitimos[1792]. A partir de 1812 perdemos los pasos de su biografía.

Por una comunicación de Juan Cornejo, ministro en Génova, al conde de Campomanes, en 1785, le remitia "un discurso que ha compuesto, y se está para imprimir en italiano, en justificación del Gobierno de España en el destierro que sufren. En ella trata de exhoratar a sus compañeros a explorar, por medio de una Memoria, su regreso a la patria"[1793].

En 1808 se dedicó a redactar numerosos panfletos antifranceses y unas magras *Consideraciones sobre la España conquistada por los franceses, reconquistada por sí misma de ellos, derechos en que entra por título de conquista y medios para mantenerlos perpetuamente* enviadas desde Montserrat a la Junta Central de Sevilla el 13 de septiembre de 1809[1794].

Pero su obra principal sería la *Memoria* que publicó en 1812 con el seudónimo de *El Ex Jesuita oprimido*[1795], la cual constituye una representación antes las Cortes de Cádiz, incluso antes de la promulgación de la Constitución.

En este interesante escrito Mariátegui parte de su penosa situación personal para pasar después a la gran injusticia padecida por la Compañía de Jesús y añade que "este horrible atentado cometido contra los

---

[1792] Antonio ASTORGANO ABAJO. "Un jesuita expulso sangüesino rebelde: Francisco Javier Mariátegui, el ex jesuita oprimido". En *Príncipe de Viana*. Pamplona, n°., 252 (2011) 181-252. El estudio biográfico corre de la página 181 hasta la 223 y la documental de la 224 hasta la 248.

[1793] AGS. *Gracia y Justicia*, 685.

[1794] AHN. *Estado*, 22-A, doc., 30. ASTORGANO ABAJO. "Un jesuita expulso sangüesino rebelde: Francisco Javier Mariátegui, el ex jesuita oprimido", 197.

[1795] EL EX JESUITA OPRIMIDO. *Memoria que presenta a su Majestad, la Junta de Cortes el ex jesuita F. X. M. Palma*. En la Oficina de Brusi, Año 1812, 18 pp. El escrito concluye con la fecha en "Mallorca, en esta isla de Palma, 11 de enero de 1812". Publicado íntegramente por Antonio Astorgano Abajo: "Un jesuita expulso sangüesano rebelde: Francisco Javier Mariátegui, el exjesuita oprimido", 234-248.

derechos de la Patria a las propiedades, al honor, no puede legitimarse por ningún discurso del tiempo, ni prescribir por medio alguno de los estudiados por una política estudiosamente opresiva y perniciosa"[1796]. De seguidas, plantea su doble petición: anular la Pragmática de 1767 y celebrar un nuevo juicio, pues el poder no tiene "derecho alguno para hacernos de condición inferior a la de un falsario o a un salteador de caminos" y continúa su argumentación especificando que "todo atentado cometido contra el derecho natural es nulo, írrito y de ningún valor" y los actos que proceden de él reciben la misma cualidad de nulidad y todo ello no puede "subsanarse por ningún medio ni prescribir por ningún decurso del tiempo"[1797].

El cuerpo del escrito lo dedica a demostrar que los bienes de las Temporalidades pertenecen a la Compañía como cuerpo y por ello los enemigos atacaron al cuerpo viciado en sí mismo y de esta forma justificar el castigo inferido a los individuos. Después se les impuso la ley del silencio y "se les amenazó gravemente si intentaban defensa alguna; y al ex jesuita Bruno Martí se le puso en reclusión de un convento, en donde murió de miseria, por haber reclamado sus derechos"[1798]. A pesar de todo demostraron con su silencio el patriotismo y además defendieron desde el exilio a España. Antes de concluir su *Memoria* insiste en la petición de que le concedan una asignación personal suficiente y remata el escrito pidiendo para la Compañía que "se declare írrito, nulo y de ningún valor el procedimiento contra los jesuitas en la expatriación y ocupación de las Temporalidades, como contrario al derecho de la natural defensa, a nuestras leyes, e injurioso a la Nación que las había establecido"[1799].

[1796] *Memoria que presenta a su Majestad, la Junta de Cortes el ex jesuita F. X. M.* Palma, 235. [Citaremos por la edición de Astorgano].

[1797] EL EX JESUITA OPRIMIDO, 236-237.

[1798] EL EX JESUITA OPRIMIDO, 241.

[1799] EL EX JESUITA OPRIMIDO, 248.

Pero, sin lugar a dudas, el más importante documento escrito sobre este asunto es el *Memorial de los ex jesuitas españoles*[1800], que estaba firmado por los PP. Juan José Tolrá, Elías Rojo y José Otero.

Juan José Tolrá (1739-1830)[1801] es, sin duda, el más cualificado intelectualmente entre los litigantes ignacianos ante las Cortes de Cádiz. Su producción histórica y literaria en el exilio italiano ya fue recogida por Hervás en su *Biblioteca jesuítico-española* antes del concluir el siglo XVIII[1802] pero también es muy mencionado por los bibliógrafos del siglo XIX[1803].

Nació en Badajoz el 4 de mayo de 1739 e ingresó en la Compañía de Jesús en Villagarcía de Campos el 25 de mayo de 1753. Estudió la teología en Salamanca y se ordenó de sacerdote el 24 de agosto de 1762. La expulsión de 1767 le sorprendió en el colegio de La Coruña. Para seguir las penurias del viaje, la estancia en Córcega y su residencia en Bolonia nos remitimos al tanta veces citado *Diario* del P. Manuel Luengo. En su vida de desterrado tuvo una intensa actividad intelectual como la recogen sus bibliografos[1804] en la que sobresalen libros como la

---

[1800] *Memorial de los Exjesuitas Españoles a S. M. al Congreso de la Nación en sus Cortes Generales y Extraordinarias, sobre la nulidad e injusticia de la Pragmática Sanción de dos de Abril de mil setecientos sesenta y siete para el Extrañamiento de los mismos, y Apertura que pide de su Causa en Tribunal competente y público*. Santiago, en la Imprenta de los dos Amigos, 1812. (J. Eug. de URIARTE. *Catálogo razonado de obras anónimas y seudónimas de autores de la Compañía de Jesús pertenecientes a la antigua asistencia española*, I, n°., 1271). Tuvo al menos 4 ediciones.

[1801] José ESCALERA. "Tolrá, Juan José". En: Charles E. O'NEILL y Joaquín Mª DOMÍNGUEZ. *Diccionario histórico de la Compañía de Jesús*, IV, 3810-3811.

[1802] Lorenzo HERVÁS Y PANDURO. *Biblioteca jesuítico-española (1759-1799)*. Estudio introductorio, edición crítica y notas: Antonio Astorgano Abajo. Madrid, Libris: Asociación Libreros de viejo, I (2007) 531-532.

[1803] Para seguir las huellas de Tolrá nos remitimos fundamentalmente al estudio que le dedica Uriarte al tratar el Memorial de los Exjesuitas Españoles... (J. Eug. de URIARTE. *Catálogo razonado de obras anónimas y seudónimas de autores de la Compañía de Jesús pertenecientes a la antigua asistencia española*, I, 437 pero sobre todo el tomo III (1906) 95.

[1804] SOMMERVOGEL. *Bibliotèque*, VIII, 91.

Justificación histórico-crítica de la venida del Apóstol Santiago el Mayor a España[1805]. En 1788 se desempeñaba como Maestro de retórica en el seminario de la ciudad de Veletri[1806]. Regresó a España en virtud de la real orden de 11 de marzo de 1798[1807] y allí permanecería hasta su muerte. Al serle intimado su segundo exilio en 1801 Tolrá se vio precisado a escribir al Gobernador del Consejo Real la siguiente carta: "Señor. El sacerdote ex Jesuita Dn. Juan Joseph Tolrá de la Fita, de edad de sesenta y dos, residente en esta ciudad de Palencia, expone con el mayor respeto a V. Exc. la dificultad, para él insuperable, de transferirse a la ciudad de Alicante, según la Real Orden que se le ha intimado, por faltarle absolutamente los medios para costear el viaje. Por lo mismo suplica a V. Exc. se sirva exceptuarle de dicho destino, si la excepción no se opone a las Reales intenciones de S. M., o mandar habilitarle con los socorros oportunos, como lo espera de la salud de V. Exc". Y Ante la exigencia de certificados médicos, el corregidor de Palencia envió testimonios sobre la salud de los exjesuitas residentes en la ciudad, entre los que se hallaba don Juan José Tolrá, de la parroquia de San Miguel, que "padece habitualmente un vértigo tenebroso, en manera que en ocasiones pierde el sentido, de lo que le ha provenido una cortedad de vista,

---

[1805] Juan José TORÁ. *Justificación histórico-crítica de la venida del Apóstol Santiago el Mayor a España y de su sepulcro en Compostela.* Madrid, imprenta de la viuda de Ibarra, 1797. Luengo afirma que la comenzó a escribir en Bolonia y que "está escrita esta obra con buen pulso y buen estilo" (Manuel LUENGO. *Diario*, t. 31/2 [1797], f. 441-443).

[1806] Manuel LUENGO. *Diario*, 8 de junio de 1788: "El P. Juan José Tolrá, de nuestra Provincia, que está Maestro de Retórica en el Seminario de la Ciudad de Veletri, de la que es Obispo el Cardenal Juan Francisco Albani, Decano del Sagrado Colegio, ha tenido en su poder por algún tiempo un ejemplar de las Animadversiones del Promotor, y verosímilmente el mismo que se ha dado al dicho Emmo. Albani, y se ha tomado el trabajo de hacer un extracto o compendio en español, y lo ha ido enviando por el correo. El extracto puede tener unas 40 hojas como éstas, y de él irá, si pudiere, una copia en la colección de Papeles". [LUENGO. *Papeles Varios*, 16-253].

[1807] AHN. *Consejo*, leg. 12069. *Lista de los exjesuitas que existen en las provincias de España, de los que vivieron de Italia a España en virtud de real orden de 11 de marzo de 1798 (Madrid 14-3-1801).* Cf. nota 14.

que no puede divisar los objetos a muy corta distancia"[1808]. Y a pesar de todas las instransigencias oficiales nuestro jesuita logró permanecer en Palencia gracias a la siguiente explicación: "Don Josef Torla [sic por Tolrá] con aumento de los vértigos y disminución de vista"[1809]. Al llevarse a cabo la restitución de la Compañía en España en 1815 se unió a la comunidad de Madrid y allí le saldría al encuentro la muerte el 10 de marzo de 1830[1810].

Mas, para nuestro caso juzgamos que el talante intelectual de Tolrá lo definirá en forma decisiva su amistad y cercanía con el polémico e infatigable defensor de la Compañía exilada y extinguida P. José Isla como lo demostrará en la edición de su biografía y escritos publicada en 1803 con el seudónimo de Ignacio de Salas[1811]. Como es natural conocía el *Memorial en nombre de las cuatro provincias españolas de la Compañía de Jesús desterradas del Reino*[1812] que vendría a conocer la luz pública el año 1882

[1808] AHN, *Consejo*, 12071. Expediente de Palencia, con 12 documentos. Entre ellos la carta de Tolrá al Gobernador del Consejo, Palencia 31-3-1801. Oficio del corregidor de Palencia, Antonio González Alameda a Don Josef Eustaquio Moreno, Palencia 10 de mayo de 1801, comunicándole el reconocimiento hecho a los exjesuitas Manuel Macías, Martín de Torres, José Bedoya, Ignacio Plata, y los excoadjutores Fontaneda y Astudillo. (Citado por REVUELTA. *Las Cortes de Cádiz y los jesuitas: encrucijada entre la antigua y la nueva Compañía*. Madrid, 2011 (Mss.), 26-27).

[1809] *Ibídem*. El corregidor Antonio González Alameda a D. Josef Eustaquio Moreno, Palencia 1 de septiembre de 1802. Incluye certificado del escribano Vicente Matré, Palencia 30 de agosto de 1802. Los médicos Apolinar Alonso de Liébana, y Fulgencio Merino, y los cirujanos Agustín Argüello y Francisco Polo certificaron las enfermedades: Macías y Astudillo tenían hernia, Sánchez era verminoso, y Bedoya padecía fiebres tercianas. (REVUELTA, *Doc. cit.*, 28).

[1810] Rufo MENDIZÁBAL. *Catalogus defunctorum in renata Societate Iesu ab a. 1814 ad a. 1970*. Romae, Curia Gen. S. I-Archivum Historicum S. I. (1970) 13.

[1811] *Compendio histórico de la vida, carácter moral y literario del célebre P. Josef Francisco de Isla con la noticia analítica de todos sus escritos. Compilado por don Josef Ignacio de Salas. Dalo a luz Dª María Francisca de Isla y Losada, hermana del mismo P. Isla. Y la dedica al público.* En las primeras palabras "Al que leyere" doña Francisca dice que encargó la compilación de la vida de su hermano a uno de los amigos que le trató algunos años, que unió sus propias noticias con las que le dio ella y con otras que reunió de testigos.

[1812] José Francisco ISLA. *Memorial en nombre de las cuatro provincias de España de la Compañía de Jesús desterradas del Reino, a S. M. el Rey D. Carlos III...* Madrid, Imprenta de F. Maroto

así como la *Anatomía de la Consulta de Don Pedro Rodríguez de Campomanes*[1813] y la *Anatomía de la Carta Pastoral* del Arzobispo de Burgos[1814], obras que le darían solidez a su contencioso con las Cortes de Cádiz.

Con estos antecedentes es fácil entender la calidad del *Memorial de los exjesuitas españoles a S. M. el Congreso de la Nación en sus Cortes generales y extraordinarias*[1815] sucrito tanto por Tolrá como por Elías Royo (1748-1831)[1816] y José Otero (1743- ¿?)[1817] que fue presentado

---

e Hijos calle de Pelayo, num. 34, 1882. Una amplia información en: Manuel LUENGO. *Colección de Papeles Curiosos y varios*, Tomo II. (Archivo Histórico de Loyola. Loyola-Azpeitia). Véase: Enrique GIMÉNEZ LÓPEZ y Mario MARTÍNEZ GOMIS. "El P. Isla en Italia", 354-355.

[1813] José Francisco de ISLA. *Anatomía de la Consulta de Don Pedro Rodríguez de Campomanes, Fiscal del Consejo extraordinario de Castilla, sobre la respuesta que debía dar Su Magestad al Breve del Papa Clemente XIII acerca del Decreto expulsivo de todos los Jesuitas existentes en sus Reales Dominios. Obra de J. F. I., donde, sin violar la Ley del Silencio, y mucho menos la del respeto debido a N. Aug. Soberano, se trata según su mérito a los pérfidos Ministros y Consejeros que le engañaron*. Este libro conoció la luz pública en 1979: *Anatomía del informe de Campomanes*. Introducción y notas de Conrado Pérez Picón. León, Institución Fray Bernardino de Sahagún, 1979.

[1814] José Francisco de ISLA. *Anatomía de la Carta Pastoral que (obedeciendo al Rey) escribió el Illmo. Señor Don Joseph Xavier Rodríguez de Arellano Arzobispo de Burgos del Consejo de S. M.* 4 tomos.

[1815] *Memorial de los exjesuitas españoles a S. M. el Congreso de la Nación en sus Cortes generales y extraordinarias, sobre la nulidad e injusticia de la pragmática sanción de dos de abril de mil setecientos sesenta y siete para el extrañamiento de los mismos, y apertura que piden de su causa en tribunal competente y público*. Santiago. En la Imprenta de los dos Amigos, 1812. Al final del documento aparecen las firmas: Juan José Tolrá (Castropol 29 de agosto de 1812), Elías Royo (Coruña 4 de septiembre de 1812) y José Otero (Santiago 6 de septiembre de1812).

[1816] Nació en Madrid el 20 de julio de 1748 e ingreso en el noviciado de Villarejo de Fuentes el 13 de julio de 1764. Ignoramos cuándo atravesó el Atlántico pero la expulsión le sorprendió en el Colegio Máximo de Córdoba (Argentina) como estudiante. Salió de Montevideo el 12 de octubre de 1767 y llegó al Puerto el 5 de enero de 1768. Se estableció en Faenza. Regresó a España en 1798 y desde ese año residió enfermo en la Coruña donde falleció el 1º de mayo de 1831.

[1817] Nació en Santa Eulalia (Lugo) el 20 de mayo de 1743. La expulsión le sorprendió en el noviciado de Villagarcía y había sido destinado a Indias. Desterrado en Bolonia sufrió agresiones de los jacobinos en 1797. Regresó a España en 1798 y debió fallecer hacia 1813 pues no aparece el "Catalogus defunctorum" del año 1814.

a las Cortes por medio de un apoderado a fines del mes de noviembre cuando se preparaba el gran debate sobre la Inquisición[1818].

El tema del escrito está claramente identificado en el propio título: la "nulidad e injusticia" de la Pragmática sanción de 1767 y en segundo lugar la apertura de su causa en un "tribunal competente y justo".

Y el esquema lo sintetiza en los seis defectos de la Pragmática de Carlos III: "sentencia abusiva, ilegal, capciosa, calumniosa, errónea e injusta" a los que dedican los capítulos correspondientes.

Seguimos el resumen que realiza Manuel Revuelta. Es una sentencia *abusiva*, porque el rey aplica la suprema autoridad legislativa, "como si fuera hecha y promulgada en Cortes". Es *ilegal*, porque el procedimiento de legislar sin las Cortes solamente se permite en delitos atroces, que deben ser públicos y notorios. En cambio, el procedimiento contra los jesuitas fue clandestino y secreto, en manos de un juzgado de excepción (el Consejo extraordinario) a hechura del gobierno. La sentencia es *capciosa*, es decir, engañosa, por la confusión que crean las frases de la sentencia. Las "ocurrencias pasadas" (el motín) no podían tener cómplices en miles de jesuitas ausentes. Las "gravísimas causas" que el rey se reserva en el retrete de su ánimo nada valen si no se manifiestan en el foro externo. Si, a pesar de la benignidad del rey, el castigo fue tan enorme, debía deducirse la inmensidad de un delito, que, sin embargo, no se manifestaba. Es una sentencia *calumniosa*, pues acepta acusaciones sin pruebas, por motivos ocultos[1819]. Es sentencia *errónea*, porque se basa en tres errores: 1º por la autoridad ilimitada que se atribuye el rey, 2º porque la "autoridad económica" que invoca, no debe alcanzar el

---

[1818] Seguiremos en este apartado la precisa síntesis que realiza Manuel Revuelta en su trabajo *Las Cortes de Cádiz y los jesuitas: encrucijada entre la antigua y la nueva Compañía*. Madrid, 2011 (Mss.), 29-33.

[1819] Este punto se prestaba a hacer una gran apología y defensa de la Compañía (como hará Gutiérrez de la Huerta en su dictamen fiscal), pero se omite en el *Memorial*, dado su fin jurídico, no histórico.

foro judicial[1820], y 3º porque el juicio sobre la doctrina de los expulsos pertenece a Iglesia, y está fuera de la autoridad civil. Por último, es una sentencia *injusta*. Porque recae sobre hombres indefensos a los que se impide su defensa; porque se prohíbe hablar en pro y en contra, cuando sólo se permite lo segundo; por los falsos motivos que el Consejo dio al rey para que no contestara al papa; y por el sistema de opresión y violencia con que se ejecutaron las dos expulsiones sin alegar motivos[1821].

El documento tiene un carácter fundamentalmente jurídico y se inspira en los principios básicos de la soberanía popular y se mantiene en la doctrina tradicional de los expulsos expresada en los criterios antirregalistas y en la teoría de la conspiración antirreligiosa. Ciertamente, estamos ante un texto sólido y sistemático, bien estructurado y con gran fuerza argumental.

El Memorial también se enriquece con sus aportes históricos, detenidamente estudiados, los cuales enmarcan la valoración moral de las personas responsables de los hechos relativos a la expulsión y a sus consecuencias.

Uno de los puntos atacados es el del secretismo y manipulación con que actuó el Consejo extraordinario valiéndose del medio que hoy conocemos como "secreto de Estado" que no es otra cosa que dejar de lado la ley y la ética jurídica para conseguir los objetivos perniciosos que de otra forma no se obtendrían.

> "Estas eran o podían ser fácilmente las que quería el mismo gobierno, o seducido o seductor o uno y otro, para oprimir impunemente la verdad, la justicia y la inocencia de los que le incomodaban, como tan repetidas veces lo ha mostrado la experiencia. Tales eran aquellos informes secretos, que se pedían de orden y con autoridad Soberana,

---

[1820] Sin decirlo expresamente se condenaba la intromisión del poder ejecutivo (autoridad económica o administrativa) en el poder judicial, lo que presupone la admisión de la división de poderes.

[1821] Manuel REVUELTA. *Las Cortes de Cádiz y los jesuitas: encrucijada entre la antigua y la nueva Compañía*. Madrid, 2011 (Mss.), 32-33.

significando cuáles serían de su agrado, y de que presentaremos ejemplares originales en nuestra causa. Tales eran también aquellas estudiadas declaraciones que privadamente se tomaban de los que ya sabían lo que se intentaba y aseguraban su fortuna en su condescendencia; aquellas deposiciones de testigos ocultos que se buscaban y se oían, enemigos de la parte acusada o vendidos al partido acusador; aquellos oficios sugestivos que se pasaban a los que por distinción de su carácter podían revestir de autoridad e importancia el proyecto meditado; aquellas conductas afectadas de moral y cristiana delicadeza, propuestas con refinada hipocresía a sujetos eclesiásticos, que debían sus ascensos al consultante o de él los esperaban mayores; aquellas voces vagas y especies malignas, que se vertían y hacían correr anticipadamente para preparar los ánimos y la opinión publica a la novedad que no se esperaba; en suma todos aquellos manejos insidiosos, ardides y supercherías, que dictaba el odio, la venganza, la envidia, la ambición, para arruinar con seguridad a quien se quería, quitándole la facultad de defenderse, todos hallaban entrada franca en aquel Tribunal, que la negaba a los acusados y ofendidos, como se verificó contra nosotros y se hará patente en nuestra defensa"[1822].

La injusticia de la primera expulsión en 1767 se repetiría en la segunda decretada por Carlos IV en 1801. Y de esta forma los tres expulsos recuerdan:

"… nos despojó de nuestros bienes, así eclesiásticos y comunes al Cuerpo, como de los personales que habíamos dejado, y del derecho a repetirlos, y hasta de nuestros propios libros y manuscritos de obras científicas, parte comenzadas y parte concluidas, fruto de largos estudios; nos privó de comunicación con nuestros padres, hermanos, parientes y conocidos; redujo nuestra subsistencia a cuatro reales diarios y nuestras personas a la muerte civil. Siendo pues esta la mayor pena después de la capital y la que nos impuso el rey *por impulso de su benignidad,* era forzoso suponer que merecíamos la horca o cuchillo…"[1823].

[1822] *Memorial de los exjesuitas españoles a S. M. el Congreso de la Nación en sus Cortes generales y extraordinarias,* 6-7.

[1823] *Memorial de los exjesuitas españoles a S. M.,* 15.

A todo esto hay que añadir la prohibición de defenderse y aunque la Pragmática estatuía el silencio en pro y en contra de facto se convirtió en una mera ficción como lo demuestra "el torrente de libelos famosos antijesuíticos, de anécdotas apócrifas, de sátiras, diatribas, cuentos y plagios"[1824]. Frente a este panorama los litigantes recuerdan el "benéfico documento" de la Junta Central, que les abrió los brazos de la Madre Patria[1825].

Desde el punto de vista metodológico la tríada de exjesuitas sostenía un liberalismo moderado como expresión de la tradición populista de la soberanía compartida. Y dentro de ese marco combate el regalismo que es el absolutismo aplicado al campo religioso.

También recurre en un significativo párrafo a la conspiración anticristiana del mundo europeo:

"Añádase a esta libertad de ofender y prohibición de defenderse, el nombre y autoridad de un buen rey, siniestramente preocupado e infielmente sorprendido por aquella facción impía, versátil y acomodada a todos tiempos, personas y circunstancias, que para derribar los tronos y atacar abiertamente a la religión, representó como enemigos de ésta y de aquellos a los jesuitas; pero con la incoherencia y contradicción de hacerlos en Portugal reos, regidas, sacrílegos, y santo su instituto; en Francia al contrario, ellos hombres de bien y virtuosos, y su instituto vicioso, nocivo y detestable; y no hallando después nueva metamorfosis para desfigurar a los de España, los envolvió en una farraginosa miscelánea de ambas contradicciones, cual se contiene en la ya mencionada segunda consulta del Consejo extraordinario, que publicaremos con su *Análisis*, como hemos prevenido"[1826].

[1824] *Memorial de los exjesuitas españoles a S. M.*, 19. El tema lo hemos tratado en un capítulo anterior.
[1825] *Memorial de los exjesuitas españoles a S. M..*, 28.
[1826] *Memorial de los exjesuitas españoles a S. M..*, 29.

Y la conclusión es evidente: Tolrá y sus compañeros solicitan la abolición de la Pragmática por su nulidad e injusticia y además exigen la apertura de un juicio justo que clarifique la conducta de los jesuitas expulsos, juicio que nunca se celebró.

De la esperanza al desengaño. Los buenos augurios que se habían abierto el 15 de noviembre de 1808 por el decreto de la "Suprema Central Gubernativa del Reino" para los jesuitas expulsos[1827] pronto se irían desvaneciendo de forma progresiva con el ritmo ideológico que se fue imponiendo en las Cortes de Cádiz.

La fractura de las esperanzas se inicia a principios de 1811 cuando el cuerpo legislativo desestimó la petición que habían formulado los diputados americanos en pro de la restauración en sus tierras colombinas. Los memoriales enviados por Jacinto Marín de Velasco y Francisco Javier Mariátegui ni siquiera fueron recibidos. Y el silencio de las Cortes era la única respuesta también había obtenido el Memorial de Tolrá, Otero y Royo.

Por ello, deciden reimprimir el *Memorial* en 1813 con el título de *Reclamación*[1828] "como una especie de recurso a la opinión pública" pues aunque se habían fiado de los principios liberales de la Constitución ni siquiera fueron escuchados por los representantes de la soberanía nacional "para usar del derecho natural de defensa". De esta forma, les quedará el consuelo "de reclamar en el modo que pueden por su inocencia, y de ser compadecidos por una Nación a quien sirvieron por más de dos siglos"[1829].

[1827] Antonio ZARANDONA. *Historia de la extinción y restablecimiento de la Compañía de Jesús* por Antonio Zarandona; brevemente anotada y aumentada por el P. Ricardo Cappa. Madrid, Imp. de D. Luis Aguado, III (1890) 59-60.

[1828] *Reclamación de tres ex -jesuitas españoles residentes en la Península*. En Cádiz. En la Oficina de D. Nicolás Gómez de Reguera, Impresor del Gobierno por S. M. Plazuela de las Tablas, año 1813. Más explicaciones en: J. Eug. de URIARTE. *Catálogo razonado de obras anónimas y seudónimas de autores de la Compañía de Jesús pertenecientes a la antigua asistencia española*, I, 436-437

[1829] Así se lee en el "Aviso" que precede al nuevo texto (sin paginación) del Memorial con el título de Reclamación.

Del desencanto habían evolucionado al desengaño y así pudieron percatarse de que las promesas del liberalismo acabaron envenenando en las políticas religiosas el regalismo antiguo, pues en esta nueva etapa constitucional volverían a presenciar acontecimientos ya vividos antes como las desamortizaciones pero extendidas a las órdenes religiosas con todas sus consecuencias[1830].

La fe en la auténtica restauración había naufragado y la actitud de las cortes les demostró a aquellos ancianos que la Compañía expulsada y extinta permanecía sólo en su inquebrantable esperanza y que la nueva generación liberal no deseaba su resurrección. El absolutismo de Carlos III seguía vivo entre los hombres que pregonaban la democracia.

Por todo ello no es de extrañar que hombres como Juan José Tolrá al conocer la Bula del 7 de agosto de 1814 por la que Pío VII había restablecido la orden fundada por Ignacio de Loyola en todo el mundo manifestara, como otros muchos, su deseo de regresar a Italia para poder por fin vincularse al instituto religioso por el que luchó toda su vida. Mas el P. Luengo anota en su *Diario* que el P. Luis Panizzoni que con gusto los recibía pero les advierte "que se estén quietos y aguarden el restablecimiento de la Compañía en España"[1831].

Pero como los actos encaminados a la restauración siguieran anclados en el mismo puerto el P. Tolrá, a comienzos de febrero de 1815, se mostraba no sólo afligido sino decepcionado y así escribía: "No ha salido ni saldrá, a lo menos por ahora, el orden de restablecimiento en cuerpo de la Compañía; porque, aunque lo quiere la nación y aun el rey, (y pudiera añadir, y es lo principal, la mayor parte de los obispos) se oponen los cuerpos"[1832]. Pero, en realidad la restauración estaba próxima.

[1830] Para mayor información, véase: Carlos M. RODRÍGUEZ LÓPEZ-BREA. *Frailes y revolución liberal: el clero regular en España a comienzos del siglo XIX (1800-1814)*. Toledo, Azacanes (1996) 130-143.

[1831] Lesmes FRÍAS. *Historia de la Compañía de Jesús en su Asistencia moderna de España*. Tomo I (1815-1835), 133-134. La cita de Luengo es: *Diario*, 7 de noviembre de 1814.

[1832] Manuel LUENGO. *Diario*, t. 49 (1815) 6 marzo, fols., 113 y 114.

Proyecto del P. General Tadeo Brzozowski de retaurar la Compañía en España en 1812. Poco se conoce el proyecto del General en la Rusia Blanca, quien acompañado de cinco jesuitas, preparaba personalmente la restauración en España el año 1812[1833].

Una vez que conoció que la Junta Gubernativa había permitido el regreso de los hispanos exilados en Italia[1834] resolvió protagonizar en persona el proyecto restauracionista en la península ibérica y así el 28 de agosto de 1812 solicitó los pasaportes para él y para sus cinco acompañantes[1835].

La visión que se tenía en Rusia de los problemas de España parecía aconsejar que el momento era propicio para lograr con éxito las gestiones ante la corte de Madrid. El marco político no podía ser más propicio. El 8 de julio de 1812 se había firmado el tratado hispano-ruso de amistad y alianza entre el zar Alejandro I y Fernando VII en la ciudad de Velikij Luki[1836] por el que se declaraba la firme intención de las dos potencias para hacer la guerra sin cuartel a Napoleón. En su correspondencia secreta Fernando VII solicitaba la protección imperial para la pacificación de los virreinatos americanos. Todo ello se integraba en el equilibrio europeo establecido en la paz de París (1815) sobre los acuerdos del Congreso de Viena (1814-1815). Dejamos de lado los movimientos ulteriores encaminados a formar una expedición militar que debía enviarse a América y también para evitar la guerra dentro de la península[1837].

[1833] Henri LUTTEROTH. *La Russie et les Jésuites, de 1772 à 1820. D'après des documents la plupart inédits.* Paris, L.R. Delay (1845) 41-42. Francisco de Borja MEDINA. "Destino de jesuitas del imperio ruso a Hispanoamérica (1819)". En: Javier VERGARA CIORDIA (Coordinador). *Estudios sobre la Compañía de Jesús: Los jesuitas y su influencia en la cultura moderna (S. XVI-XVIII).* Madrid, Universidad Nacional de Educación a Distancia (2003) 121-195.

[1834] ARSI. *Russia*, 1015, fol., 274. *Carta de Brzozowski a Manuel Zúñiga.* San Petersburgo, 22 de enero de 1813.

[1835] Henri LUTTEROTH. *La Russie et les Jésuites, de 1772 à 1820*, 41.

[1836] Ana María SCHOP SOLER. *Un siglo de relaciones diplomáticas y comerciales entre España y Rusia 1733-1833.* Madrid, Ministerio de Asuntos Exteriores (1984) 179-261.

[1837] Ana María SCHOP SOLER. *Un siglo de relaciones diplomáticas y comerciales entre España y Rusia 1733-1833*, 248-252.

El 30 de octubre el Prepósito General de la Compañía de Jesús le comunicaba al zar Alejandro, por mano del Ministro de Cultos, su proyecto sobre España así como la nota que pensaba presentar a la Junta Suprema sobre la restauración. En noviembre el Ministro le trasmitía a Tadeo Brzozowski la respuesta del zar en la que manifestaba que en ninguna manera se oponía a la ejecución del proyecto pero a la vez le manifestaba su voluntad de no inmiscuirse por tratarse de un asunto ajeno a su autoridad, fuera de las fronteras de su imperio[1838].

Por una larga carta escrita el 22 de enero de 1813 por el P. General al P. Manuel Zúñiga podemos seguir el curso de los acontecimientos tanto políticos como jesuíticos que se estaban desarrollando en ese momento. Pasamos por alto las ruinas que dejó la invasión napoleónica en la Provincia jesuítica de la Rusia Blanca. Con respecto a nuestro tema le informaba que había entablado contacto con el plenipotenciario enviado por las Cortes a San Petersburgo Eusebio Bardaxí quien, aunque era partidario de los jesuitas, no era partidario del proyecto dadas las turbulencias de la guerra. Sin embargo había recurrido al Barón Giuseppe Capeletti, conocido por los exilados en Italia, quien se encontraba en Cádiz y a quien solicitó sus buenos oficios para que se estableciera en España un noviciado y un colegio para los estudios de los españoles que querían seguir los ideales de Ignacio de Loyola pero este amigo fallecía el 7 de marzo en la ciudad gaditana[1839].

En definitiva, la falta de apoyo de Alejandro I y la orientación liberal que habían asumido las Cortes de Cádiz le convencieron al General que no era el momento oportuno del soñado proyecto y que habría que esperar al retorno de Fernando VII a España[1840].

[1838] Henri LUTTEROTH. *La Russie et les Jésuites, de 1772 à 1820*, 41.

[1839] ARSI. *Russia*, 1015, fol., 274. *Carta de Brzozowski a Manuel Zúñiga*. San Petersburgo, 22 de enero de 1813.

[1840] Francisco de Borja MEDINA. "Destino de jesuitas del imperio ruso a Hispanoamérica (1819)", 138-140.

EL RECONOCIMIENTO LEGAL DE LA COMPAÑÍA EN ESPAÑA Y SUS DOMINIOS (1815-1816).

La historia del restablecimiento en España se puede decir que comienza con el tratado de Valençay (11 de diciembre de 1813) por el que el derrotado Napoleón devolvía a Fernando VII la libertad y la corona usurpada.

En mayo de 1814 era recibido el monarca en Madrid y desde ese momento comienza el acercamiento entre España y el Vaticano y curiosamente ambos representantes venían de ser prisioneros del vencido emperador de los franceses.

El 16 de julio, con motivo de la restitución de Pío VII a los Estados Pontificios, Fernando VII se dirigía al Papa a través de su embajador Antonio Vargas y Laguna en una carta gratulatoria en la que entre otros asuntos le manifestaba su intención de restaurar la Compañía de Jesús en sus dominios. "Estos son unos hombres que con su conducta han debilitado, si no destruido enteramente, todas las acusaciones. Ellos, según me informado Vargas, se han distinguido en todas épocas por su lealtad y amor para con Vuestra Santidad y para conmigo; ellos han sido irreprensibles en su conducta en todos tiempos; ellos, aunque humillados y pobres, no han cesado de cultivar las ciencias y de ilustrar con sus obras mis reinos y la Italia; por último, su abolición dio margen a la propagación de las doctrinas destructoras del orden social y de toda soberanía; contra ellos se dirigieron los primeros golpes de los pseudofilósofos para dominar sin oposición, haciéndose dueños de la educación pública, la cual enseña al hombre sus deberes para con Dios, para con el soberano y la patria...". A continuación expresa su inquietud con respecto a la actuación de sus predecesores y en consecuencia "me hace dudar, si su restablecimiento absoluto sería ventajoso a la Iglesia y al Estado, y si él produciría los efectos saludables que yo trato de promover". Finalmente solicita de Pío VII que lo ilustre sobre el particular[1841].

[1841] AHN. *Estado*, 3448. La transcribe Lesmes FRÍAS. *Historia de la Compañía de Jesús en su Asistencia moderna de España*, I, 78.

El 17 de octubre le volvía a expresar el monarca hispano al Sumo Pontífice su idea del "restablecimiento de la Compañía de Jesús, tan necesaria en la actualidad para el cuidado de la educación, que es el principio de la reforma de costumbres"[1842]. Según Luengo los deseos del rey consistían en recibir una bula particular para España distinta a la *Sollicitudo omnium ecclesiarum* para de esa forma prevenir los ataques de la oposición[1843].

El 15 de diciembre le contestaba Pío VII una larga carta que venía a concluir de la siguiente manera: "Por eso también sin titubear aseguramos a V. M. que si restablecer en sus dominios esta Compañía, fundada por un Santo, San Igancio, español de sangre y de nacimiento; ilustrada por tantos otros y tan insignes españoles con su muchas letras y virtudes, y tan benemérita en la España entera (…) Con él [beneficio] encadenará V. M. a sus sagrada persona más fuertemente sus floridísimos reinos de España; por él se acrecentará sobremanera entre todos los buenos la gloria de su nombre y alcanzará entre los venideros memoria perdurable"[1844].

Mientras tanto, iban llegando a la corte infinidad de peticiones de toda la península insistiendo en la restauración de los jesuitas información que recogían a diario dos periódicos de la epoca: *Atalaya de la Mancha en Madrid*, dirigida por Fr. Agustín de Castro y *El Procurador General del Rey y de la Nación* bajo la dirección de D. Justo Pérez Pastor[1845].

¿Cómo se explica que la correspondencia privada entre el Papa y el Rey demuestre la buena voluntad de ambos pero que a la hora de poner en práctica los buenos deseos transcurriese el tiempo sin llegar a ninguna decisión?

[1842] Archivo Vaticano. *Lettere de' Sovrani al Papa Pio VII*. 17 de octubre de 1814.
[1843] Manuel LUENGO. *Diario*, 17 de diciembre de 1814.
[1844] AHN. *Estado*, 5751. Transcribe el texto: Lesmes FRÍAS. *Historia de la Compañía de Jesús en su Asistencia moderna de España*, I, 80-82.
[1845] Abundante información en: Lesmes FRÍAS. *Historia de la Compañía de Jesús en su Asistencia moderna de España*, I, 82-86.

Al parecer la maquinaria burocrática gubernamental comenzó a moverse el 2 de noviembre pues el Ministro de Gracia y Justicia pasó al Consejo de Castilla las representaciones por restauración recibidas hasta el momento para que propusiera a Su Majestad la correspondiente opinión[1846]. El Ministro de Estado realizó el mismo trámite el 11 de enero de 1815 con la carta de Su Santidad de la que hemos hablado más arriba[1847].

El día 10 de enero los tres fiscales designados para estudiar los expedientes y emitir su dictamen solicitaban toda la información relativa al caso pero la realidad fue que se toparon con muchas dificultades por la ausencia de algunos de los documentos requeridos. El 19 de febrero el Ministro de Gracia y Justicia ordenaba en nombre del rey la pronta respuesta a la consulta ya planteada[1848]. Así, transcurrieron los meses pero en honor a la verdad el fiscal Francisco Gutiérrez de la Huerta realizó un exhaustivo estudio para poder rendir su informe[1849].

Al final se darían cuatro decretos para restaurar en los dominios del rey de España la Compañía de Jesús expulsada el 2 de abril de 1767.

El primero sería el 30 de mayo pues ese día apareció en la *Gaceta* el Real Decreto (29 de mayo de 1815) por el que se concedía la licencia para restablecer la Compañía únicamente para aquellas ciudades y pueblos que lo hubieren solicitado[1850]. Según Frías el verdadero autor del texto fue el confesor real, D. Cristóbal Bencomo[1851] y se comunicó por Real Cédula a todas las autoridades el 9 de junio.

[1846] AHN. *Estado*, 3517. Corte. *Sobre el restablecimiento de la orden de la Compañía*. 1814.
[1847] AHN. *Estado*, 3517. 4. Corte. *Compañía de Jesús*. 1815.
[1848] AHN. *Estado*, 3517. Corte. *Sobre el restablecimiento de la orden de la Compañía*, fol., 13.
[1849] *Dictamen del fiscal don Francisco Gutiérrez de la Huerta, presentado y leído en el Consejo de Castilla sobre el restablecimiento de la Compañía*. Madrid, Imprenta de Agustín Espinosa y Compañía, 1845. La fecha indica que hubo que esperar hasta ese año para darlo a luz pública.
[1850] *Suplemento a la Gaceta* del 30 de mayo de 1815. El texto íntegro puede verse en: Lesmes FRÍAS. *Historia de la Compañía de Jesús en su Asistencia moderna de España*, I, 90-91.
[1851] FRÍAS. *Historia de la Compañía de Jesús en su Asistencia moderna de España*, I, 93.

El segundo correspondería al Real Decreto de 10 de septiembre por el que se notificaba a las autoridades civiles y eclesiásticas de Indias el restablecimiento del Instituto de la Compañía sin limitación alguna y a la vez ordenaba proceder a su ejecución[1852]. El Consejo de Indias se había restablecido el 2 de julio de 1814 y su Presidente el duque de Montemar y algunos ministros eran afectos a los jesuitas y el 12 de junio habían elevado ante el rey la correspondiente petición.

El tercero fue la creación de la Junta de Restablecimiento que era un organismo estatal que debía administrar las temporalidades y decidir sobre la apertura de los domicilios. El 19 de noviembre se publicó en el Consejo; el 22 se instaló la Junta, y el 25 llegaba a Madrid el P. Manuel de Zúñiga, nombrado Comisario General de la Compañía con el expreso encargo de restablecerla en España[1853].

Y el cuarto es el decreto del 17 de abril de 1816 por el que se restablece en todos los dominios del rey de España la orden de Ignacio de Loyola donde se hallaba establecida antes de 1767[1854]. Largo había sido el camino recorrido y difícil sería la supervivencia en la España del siglo XIX.

Antes de concluir este apartado juzgamos conveniente hacer alusión a los hombres que hicieron posible el retorno de los seguidores de Ignacio de Loyola a su patria.

Gracias a un documento de 1806 mandado levantar por el Gobierno y por Inquisición podemos conocer al detalle la radiografía de los amigos de los jesuitas en esa fecha. Se trata de la *Noticia de los sujetos más conocidos, protectores y promovedores de los intereses de la extinguida*

[1852] El texto puede verse en: FRÍAS. *Historia de la Compañía de Jesús en su Asistencia moderna de España*, I, 94-97.

[1853] Sobre la problemática planteada por esta Junta, véase: FRÍAS. *Historia de la Compañía de Jesús en su Asistencia moderna de España*, I, 97-101.

[1854] El texto puede verse en: FRÍAS. *Historia de la Compañía de Jesús en su Asistencia moderna de España*, I, 187-188.

Compañía y sus individuos[1855] y a él puede recurrir el lector a la hora de ampliar su información.

Con todo señalaremos a dos personajes poco conocidos en esta temática pero que a nuestro juicio desempeñaron un papel decisivo en la toma de decisiones tanto en el Vaticano como en Madrid. Nos referimos a Cristóbal Bencomo y a Antonio Vargas y Laguna.

Cristóbal Bencomo había nacido en la Laguna (Islas Canarias) en 1758 y una vez terminados sus estudios eclesiásticos se dirigió a la capital de España donde Carlos IV lo nombró en 1793 maestro de los caballeros pajes, del príncipe de Asturias, don Fernando y en 1800 confesor del rey. En 1806 lo describe la Noticia con esta descripción: "Maestro de los señores Infantes, natural de Canarias, según noticias, y prebendado en una de las iglesias de estos reinos"[1856]. Cuando don Fernando fue llevado preso a Francia en 1808 Bencomo se retiró a su tierra pero regresó a Madrid en 1814 llamado por Fernando VII. Y a partir de ese momento se puede afirmar que se convirtió en el consejero privado del monarca y así se demuestra en innumerables decisiones tomadas por el mandatario gracias a sus sugerencias. Sin lugar a dudas influyó de forma decisiva en el rey en lo relativo a la restauración de la Compañía de Jesús[1857].

Otro personaje clave para la restauración en los dominios del rey de España sería D. Antonio Vargas y Laguna. Había nacido en Badajoz el 20 de febrero de 1762 y era doctor en ambos derechos por la Universidad de Salamanca. Fue hombre de confianza de Manuel de Godoy, valido de Carlos IV, y su primera gran misión fue la de llevar a cabo el

---

[1855] AHN. *Consejo de Castilla. Órdenes religiosas*, n°., 21: *Jesuitas*. El texto íntegro lo reproduce Frías. *Historia de la Compañía de Jesús en su Asistencia moderna de España*, I, 712-714.

[1856] FRÍAS. *Historia de la Compañía de Jesús en su Asistencia moderna de España*, I, 713-714.

[1857] Más información en: FRÍAS. *Historia de la Compañía de Jesús en su Asistencia moderna de España*, I, 189-190.

proceso judicial contra el conde de Aranda a raíz del altercado mantenido por Godoy y el conde aragonés (14 de marzo de 1794)[1858].

Vargas Laguna significaba la plena confianza de Pío VII así como también de Fernando VII.

Dos cualidades ofrecía el embajador español para ganarse el aprecio y el respeto de la curia romana.

La primera, era su nobleza de espíritu que se sustentaba en una profunda religiosidad que se manifestaba en la trasparente lealtad al altar y al trono. En 1801 era nombrado embajador ante la Santa Sede pero sus buenas relaciones con los altos dignatarios de la curia le hicieron adquirir prestigio por su nobleza y rectitud. Su absolutismo le llevó a "plasmar su profunda aversión a la enciclopedia y el filosofismo que resalta en todos los trances de la vida"[1859]. Muy bien lo percibió el cardenal Pacca en sus *Memorias*: "Este caballero jamás siguió el ejemplo, demasiado frecuente en los embajadores, que enviados como emisarios de conciliación y de paz a las cortes, se hacen a menudo detractores ocultos y enemigos de las mismas; antes ha sabido juntar al servicio fiel y celosísimo el propio soberano todo género de miramientos para con el príncipe junto al cual residía, por lo que de uno y de otro ha sido siempre mirado con ojos de especial afecto, y favorecido debidamente en todas ocasiones"[1860].

La segunda, fue la profunda amistad que le unió a Pío VII pues no sólo percibió en él ese sentido de honestidad intelectual y moral sino que pudo comprobar estas virtudes en la convivencia en el destierro y en la cárcel. Ya en 1808 levantó Vargas Laguna su voz por las vejaciones

---

[1858] Para la acción de Antonio Vargas Laguna, véase: Pedro de LETURIA. *Relaciones entre la Santa Sede e Hispanoamérica 1493-1835*. Roma-Caracas, Universidad Gregoriana-Sociedad Bolivariana de Venezuela, III (1960) 387-399.

[1859] LETURIA. *Relaciones entre la Santa Sede e Hispanoamérica*, III, 388.

[1860] Bartolomeo PACCA. *Memorie storiche*. Orvieto, 1843. Citado por Leturia. *Ob. cit.*, III, 392.

y exilio de Pío VII por las tropas francesas y por la prisión del cardenal Pacca; al año siguiente se unió la negativa a jurar la nueva Constitución y la fidelidad al rey José Bonaparte. Todo ello le valió la prisión primero en Fenestrelle y luego en Vincennes en donde permaneció, pobre y enfermo, junto al Pontífice Pío VII hasta la libertad de Fernando VII en otoño de 1813[1861].

Mientras Vargas Laguna desgastaba su vida en la cárcel se habían dado las Cortes de Cádiz que propugnaban la imposición de una constitución derivada de los principios democráticos y representativos de la Revolución francesa pero nuestro personaje insistía en el principio unificador y regulador de la monarquía como medio para salvar a España de los conflictos que se cernían en el horizonte cercano.

[1861] LETURIA. *Relaciones entre la Santa Sede e Hispanoamérica*, III, 393-394.

CAPÍTULO 8º

LA BULA *SOLLICITUDO OMNIUM ECCLESIARUM* Y LA RESTAURACIÓN UNIVERSAL DE LA COMPAÑÍA DE JESÚS

Desde la llegada al solio pontificio del cardenal Gregorio Bernabé Chiaramonti, el 21 de marzo de 1800, manifestó su deseo de reintegrar a la vida de la Iglesia Católica a la que fue la Compañía de Jesús y para ello decidió afrontar con visión de futuro los problemas que ello conllevaba.

Así inició el proceso con su primera gran decisión tomada el 7 de marzo de 1801 al ratificar que el ensayo sostenido por los hombres de la "isla de sobrevivientes" en la Rusia Blanca era genuino[1862]. De esta suerte, quedaba abrogado el breve *Dominus ac redemptor* en el ámbito territorial de la Bielorrusia.

El segundo paso tuvo lugar 30 de julio de 1804 fecha en la que extendía la concesión anterior y por ello restauraba a los ignacianos que vivían en las dos Sicilias[1863] y en el reino de Nápoles donde vivían 124 jesuitas bajo la dirección de José Pignatelli[1864].

El tercero se llevó a cabo de forma muy peculiar al recurrir al modelo de rescripto particular y por él restableció el Papa la orden del de Loyola en Inglaterra, Irlanda, América del Norte e islas del archipiélago Egeo[1865].

[1862] *Catholicae Fidei* de Pío VII (7 de marzo de 1801). *Institutum Societatis Jesu*. Florentiae, Ex Typographia a SS. Conceptione, I (1892) 332-335.

[1863] *Per alias nostras* de Pío VII (30 de julio de 1804). *Institutum Societatis Jesu*. Florentiae, Ex Typographia a SS. Conceptione, I (1892) 335-337. La traducción castellana se encuentra en los Apéndices de este libro.

[1864] Manuel RUIZ JURADO. "Compañía de Jesús. III. Restauración". En: Charles E. O'NEILL y Joaquín Mª DOMÍNGUEZ. *Diccionario histórico de la Compañía de Jesús*, I, 885.

[1865] Stanislaw ZALENSKI. *I gesuiti della Russia Bianca*. Opera volta dal polacco in francese ... dal francese in italiano dal Sac. Antonio Buzzetti. Con approbazione dell'autore. Prato,

Finalmente, el día 7 de agosto de 1814 promulgaba en Roma la bula *Sollicitudo omnium ecclesiarum* por la que devolvía al pueblo católico la Compañía de Jesús fundada por Ignacio de Loyola en 1540 y extinguida por Clemente XIV en 1773. Era el restablecimiento público y solemne de la orden de los jesuitas en todo el mundo[1866].

Para los acontecimientos de ese tan importante día para los extinguidos jesuitas seguiremos el relato del cardenal Pacca porque fue un testigo presencial cualificado de este trascendental acontecimiento[1867].

Pío VII llegó a la Iglesia del Gesù entre las aclamaciones del pueblo romano y una vez concluida la misa en el altar de San Ignacio se trasladaron a la capilla llamada la Congregación de Nobles donde esperaban todos los cardenales presentes en Roma, menos uno que se encontraba enfermo, varios prelados y otras personas notables. Detrás de los purpurados se sentaron varios ancianos sobrevivientes del naufragio de 1773. Y precisa el cardenal Pacca: "Eran la mayor parte sordos, cojos, apopléticos, y apenas podían tenerse en pie con el bastón, aun en presencia del Papa, y mostraban sus semblantes el ardiente deseo de que se diese cumplimiento a aquel acto"[1868].

Giachetti (1888) 342. *Carta del P. Brozozowski*, 13 de enero de 1814. Sebastián SANGUINETTI. *La Compagnia di Gesù e la sua legale esistenza nella Chiesa*. Roma, Tipografía di Roma (1882) 254 quien cita la declaración auténtica del rescripto por el Nuncio Apostólico en Viena, 24 de diciembre de 1913, (Véase: Pablo VILLADA. "El primer centenario del restablecimiento de la Compañía de Jesús en todo el mundo". En *Razón y Fe*. Madrid, XXXVIII (1914) 21).

[1866] *Sollicitudo omnium ecclesiarum* (7 de agosto de 1814). *Institutum Societatis Jesu*. Florentiae, Ex Typographia a SS. Conceptione, I (1892) 337-341. La traducción castellana se encuentra en los Apéndices de este libro.

[1867] Seguimos la síntesis que transcribe José Mª MARCH. *El restaurador de la Compañía de Jesús*, II, 515-516.

[1868] José Mª MARCH. *El restaurador de la Compañía de Jesús*, II, 515.

Mons. Cristaldi leyó en voz alta la bula *Sollicitudo omnium ecclesiarum* y una vez concluida la lectura Pío VII le entregó el documento al P. Luis Panizzoni y curiosamente ese mismo día estaban en Roma, aunque no asistieron, los reyes de España, Carlos IV y la reina María Luisa[1869].

Una vez que el Papa abandonó el recinto procedió el cardenal Pacca, como Secretario de Estado, a entregar el nombramiento de superior al P. Panizzoni y también se restituyeron a los jesuitas la casa del Gesù y la de San Andrés en Monte-Caballo y se les asignó 6.000 escudos sobre el erario pontificio[1870].

También el P. Manuel Luengo recoge en su *Diario* todos los acontecimientos de este día y concluye su reseña de la siguiente manera: "Yo no pude menos de enternecerme, aun más que con la lectura de la Bula, al oír llamar tantas veces *Venerable* a la Compañía de Jesús, por casi medio siglo extinguida, anatematizada y tratada generalmente por todos como si fuera la única Religión que merecía ser arrancada de la Iglesia, desterrada de todo el mundo, despreciada y aborrecida por todos. Tan grande mudanza se ha hecho en un día en ella, pasando de muerta a viva, y de un estado de oprobio y desprecio al honor de ser tratada y apellidada *Venerable* en una escritura pública…"[1871].

La redacción de la bula. El día 24 de mayo entraba solemnemente a Roma Pío VII proveniente de su destierro de Fontainebleau en donde lo confinó Napoleón desde 1812 y en la soledad del destierro maduraría las estrategias que debía seguir en lo que le esperaba de pontificado.

[1869] William V., BANGERT. *Historia de la Compañía de Jesús*. Santander, Editorial Sal Terrae (1981) 519.

[1870] José Mª MARCH. *El restaurador de la Compañía de Jesús*, II, 515.

[1871] Archivo Histórico de Loyola. Manuel LUENGO. *Diario*, 7 de agosto de 1814. Hemos seguido el texto reproducido por Enrique del PORTILLO. "Pío VII restablece solemnemente la Compañía de Jesús. (Fragmentos del *Diario del P. Luengo*". En: *Razón y Fe*. Madrid, t. XXXIX (1914) 432.

El 3 de junio el P. Luis Panizzoni en una audiencia papal le podía entregar a éste una Memoria en la que le suplicaba en nombre del P. General y de los jesuitas que restaurara la Compañía[1872] según la última confirmación de Clemente XIII[1873]. Pocos días después le confirmaba el Sumo Pontífice al cardenal Bartolomé Pacca su deseo de celebrar la restauración el día de San Ignacio, el 31 de julio[1874]. Y para ello encargó al cardenal Lorenzo Litta la redacción de la bula en compañía de cinco purpurados[1875].

No era fácil enfrentar una serie de problemas serios en torno a la medida que iba a tomar el Vaticano. Todavía existía susceptibilidad en algunos gobiernos y prevención en grupos intelectuales. Por ello, había que clarificar a quién y en qué medida había que atribuir la culpa de la supresión y por ende en qué manera debía ser elogiada la Compañía, el interrogante sobre la posible alteración del Instituto así como la tónica general del documento.

El redactor presentó con celeridad una minuta que venía a ser una apología de la Compañía de Jesús y además conllevaba una completa y explícita reintegración de todos sus derechos y privilegios y concluía con la revocación absoluta e incondicionada del breve *Dominus ac Redemptor*.

Este proyecto fue rechazado de plano por el cardenal Miguel di Prietro y tras hacer conocer una serie de observaciones propuso un nuevo texto el día 22 de julio. Como es natural este escrito no satisfizo al resto de la Comisión y entre otros motivos por encontrarlo poco expresivo a favor de la Compañía, por no revocar sino de forma restringida

---

[1872] Pedro Enrique ALBERS. *Liber saecularis historiae Societatis Jesu ab* Anno *1814 ad Annum 1914*. Roma, Polyg. Vat., (1914) 20.

[1873] *Apostolicum pascendi* (7 de enero de 1765).

[1874] Bartolomeo PACCA. *Memorie storiche del ministero de'due viaggi in Francia, e della prigionia nel Forte di S. Carlo in Fenestrelle del Cardinale Bartolomeo Pacca*. Roma, F. Bourlie (1830) 360.

[1875] César Brancadoro, Julio Gabrielli, Alejandro Mattei, Miguel di Prietro y Bartolomé Pacca.

el breve *Dominus ac Redemptor* y por no especificar de forma explícita los antiguos privilegios. También les disgustó el Proemio y una vez más logró di Prietro imponer su criterio aunque con correcciones, supresiones y adiciones.

Finalmente, Pío VII impuso su voluntad y matizó muchas de las expresiones del cardenal "abogado del diablo"[1876] y de esta forma quedó lista la bula restauradora.

La estructura en muy simple y también se distancia del Breve *Dominus ac Redemptor* por el contenido y por la longitud pues el original consta tan solo de 14 párrafos.

En el proemio define el objetivo de la bula: el oficio pastoral "nos obliga usar de todos aquellos medios que están en nuestro poder… para subvenir las necesidades espirituales del orbe cristiano en cuanto lo permiten las diversas y multiplicadas vicisitudes de los tiempos y de los lugares, sin ninguna distinción de pueblos y naciones".

El cuerpo expositivo recoge los procesos seguidos tanto en Rusia como en las Dos Sicilias como fundamento para la restauración universal. Así recuerda que el 7 de marzo de 1801 concedió a los jesuitas de la Rusia Blanca "la facultad de reunirse en un solo Cuerpo ó Congregación de la Compañía de Jesús… dentro solamente de los límites del Imperio ruso". Y el 30 de julio de 1804, a petición del rey Fernando, extendió idéntica providencia para las dos Sicilias. Finalmente, establece como fundamento de la decisión que va a tomar para el restablecimiento las solicitudes que "nos vienen cada día, de unánime consentimiento de casi todo el orbe cristiano, apremiantes y urgentes peticiones de los venerables hermanos los Arzobispos y Obispos, y de toda Orden y congregación de personas insignes".

[1876] Véase el proceso en: José Mª MARCH. *El restaurador de la Compañía de Jesús*, II, 511-513.

El cuerpo conclusivo es lógico y preciso. Podemos señalar dos partes principales. En la primera, decide que "hemos determinado ordenar y establecer, como realmente ordenamos y establecemos, perpetuamente por esta nuestra Constitución que todas las concesiones y facultades que otorgamos para el Imperio ruso y reino de las Dos Sicilias solamente se entiendan ahora extendidas, como efectivamente las extendemos, á todo nuestro Estado eclesiástico, igualmente que á todos los demás Estados y dominios". Y en la segunda, se refiere al breve *Dominus ac Redemptor* y afirma que "es nuestro intento derrogar expresa y especialmente para el efecto arriba expresado, así como cualesquiera otros en contrario"[1877].

José Mª March parte del supuesto de que aunque no era el ideal a lo que aspiraban los extintos y abolidos jesuitas en 1773, sin embargo, era el máximo al que se podía aspirar en aquellos momentos de abatimiento religioso. Podemos deducir que Pío VII optó por un texto discreto en el que no se extremaban los elogios a la antigua Compañía ni se mencionaban los privilegios por dos razones evidentes: para no provocar las reacciones airadas de los enemigos y para no suscitar viejas rivalidades[1878].

Reacciones diversas ante la bula Sollicitudo omnium ecclesiarum. Hay que reconocer que desde un inicio se dieron diversas interpretaciones que no dejan de ser curiosas aun entre los mismos jesuitas.

En verdad que el diarista boloñés Manuel Luengo recoge cierta insatisfacción por parte de los ignacianos de la Provincia de Castilla y el 11 de junio de 1815 le escribía el General desde la Rusia Blanca al P. Giovanni Perelli preguntando por qué tantos españoles residentes en el Gesù y en otras partes no volvían a ingresar en la orden y el Vicario le respondía que era un enigma que no acababa de entender pero lo que susurraban era que aquella no era la *gloriosa* Compañía a la que habían pertenecido[1879].

[1877] *Institutum Societatis Jesu.* Florentiae, Ex Typographia a SS. Conceptione, I (1892) --- En el apéndice de este libro aparece la traducción castellana.
[1878] José Mª MARCH. *El restaurador de la Compañía de Jesús*, II, 514.
[1879] José Mª MARCH. *El restaurador de la Compañía de Jesús*, II, 514.

Por otro lado, dentro de la propia orden religiosa se gestó un pequeño movimiento heterodoxo encabezado por el P. Gaetano Angiolini quien además fungía como la primera autoridad jesuítica frente al Vaticano. En sus dos extensas *Memorias* (1803-1805)[1880] sostenía que la Compañía restaurada no era la misma que la primigenia sino una nueva Congregación religiosa independiente de la existente en Bielorrusia. Y junto a él creció un minúsculo grupo disidente encabezado por Luis María Rizzi (1785-1857) que defendía la tesis de la falta de legitimidad de los jesuitas ingresados a la Compañía antes y después del breve de Pío VII *Catholicae fidei* (1801) así como la nulidad de las profesiones emitidas antes de la restauración universal en 1814[1881].

Así pues, no es de extrañar que a lo largo del siglo XIX surgieran nuevas polémicas en torno al planteamiento de si Pío VII solamente había establecido o fundado una congregación religiosa distinta de la Compañía de Jesús fundada por Ignacio de Loyola y extinguida por Clemente XIV. La nueva se llamaba "Congregación de la Compañía de Jesús" y debía regirse por la regla primigenia del hombre de Loyola.

Esta polémica la sostuvo el abate Chaillot en su libro *Pío VII y los jesuitas*[1882] y tuvo su respuesta en el P. Sebastián Sanguinetti[1883]. En España tuvo también su difusión a través de la obra del ex jesuita Miguel

---

[1880] Ambos manuscritos reposan en la Biblioteca Corsini de Roma. El primero: *Memorie per servire alla storia dello stabilimento della Compagnia di Gesù in Russia e nel regno delle due Sicilie fatto dal Sommo Pontefice coi suoi due brevi "Catholicae Fidei" e "Per alias"* (Signatura, 37. H. 32, Códice, 2168.). Y el segundo: *Memorie per servire alla storia della nuova Congregazione della Compagnia di Gesù eretta prima in Petersburgo e nell'Impero di Russia e distesa poi al regno delle due Sicilie dal regnante Sommo Pontefice Pio VII per mezzo dei suoi brevi apostolici "Catholicae Fidei" e "Per alias"* (Signatura, 38. H. 3. Códice, 2173).

[1881] Giandomenico MUCCI. "Rezzi, Luigi María". En: Charles E. O'NEILL y Joaquín Mª DOMÍNGUEZ. *Diccionario histórico de la Compañía de Jesús*, IV, 3341-3342.

[1882] CHAILLOT. *Pie VII et les jésuites d'après documents inedits*. Rome, imporimerie Salviuci, 1879.

[1883] Sebastián SANGUINETTI. *La Compagnie de Jésus et son exitence canonique dans l'Eglise. Reponse au livre de l'abbé Chaillot Pie VII et les jesuitas*. Paris, Bray et Reteaux, 1984.

Mir (1841-1912)[1884] quien tamiza su opinión diciendo que esta situación se mantuvo[1885] hasta la aparición del Breve *Dolemus* (3 de abril de 1882) de León XIII[1886].

Otra vertiente polémica versó de si los jesuitas de la Rusia Blanca se rebelaron contra el Papa al no aceptar la intimación del breve *Dominus ac redemptor* pero pensamos que este asunto queda claramente resuelto en las páginas anteriores[1887]. Para mayor información remitimos al lector al concienzudo análisis que realiza Pablo Villada[1888].

La demografía de los restaurados. En diciembre de 1814 el embajador Vargas Laguna ofrecía el siguiente panorama de los jesuitas residentes en Italia. La suma total era de 428 distribuidos en 11 ciudades. En Roma, 85 sacerdotes y 11 coadjutores. En Bolonia: 87 y 6. En Ferrara: 28 y 4. En Urbino: 20 y 5. En Faenza: 10 y 4. En Cesena: 5y 1. En Imola: 20 y 5. En Ravena: 6 y 2. En Forli: 20 y 9. En Rímini: 13 y 11. Y en Génova: 35 sin más especificación. A ellos habría que añadir 37 jesuitas que gozaban de pensiones dobles, triples o mayores[1889].

A la hora de hacer el censo de los que deseaban regresar a América sólo tenemos noticias de los que residían en Roma que eran 23 y pertenecían a las siguientes provincias: 11 a México, 3 al Nuevo Reino

---

[1884] Miguel BATLLORI. "Mir y Noguera, Miguel". En: Charles E. O'NEILL y Joaquín Mª DOMÍNGUEZ. *Diccionario histórico de la Compañía de Jesús*, III, 2684-2685.

[1885] Miguel MIR. *Historia interna documentada de la Compañía de Jesús*. Madrid, Imp. de J. Ratés Martín, 1913.

[1886] Pablo VILLADA. "El primer centenario del restablecimiento de la Compañía de Jesús en todo el mundo". En *Razón y Fe*. Madrid, XXXVIII (1914) 21-22.

[1887] J. BOIS. "L'Église catholique en Russie sous Catherine II. La création d'un évêché de Blanche-Russie et le maintien des Jésuites". En: *Revue d'histoire ecclésiastique*, tomo X (1909) 65-79; 308-335. J. CLAVÉ. *Morts ou vivants?. Supporesion et survivance de la Compagnie de Jésus*. Paris, H. Oudin, éditeur, 1902.

[1888] Pablo VILLADA. "El primer centenario del restablecimiento de la Compañía de Jesús en todo el mundo". En *Razón y Fe*. Madrid, XXXVIII (1914) 277-291.

[1889] AHN. *Estado*, 5751. Carta de Vargas Laguna del 19 de octubre de 1814. Citado por W. HANISCH. *Itinerario y pensamiento de los jesuitas expulsos de Chile (1767-1815)*, 163.

de Granada, 4 al Paraguay, 3 a Chile, 1 al Perú y 1 a Ecuador. Todos ellos desean regresar a sus países si la salud se lo permite y pasando por España[1890].

En resumen: de los más de 5.000 expulsados del imperio español en 1767 solamente quedaban, averiguados, 460 y residían en España, Italia y América[1891]. De ellos "la mitad volvieron a dar su nombre a la Compañía, y como ciento veinte, es decir, más de la cuarta parte, en España, quedándose los demás en Italia, por no hallarse en disposición de emprender el penoso viaje de regreso"[1892].

Los horizontes de la restauración. La bula *Sollicitudo omnium ecclesiarum* no significó la reaparición inmediata de la Compañía de Jesús en los diversos países de donde había sido expulsada, pues, como apunta Bangert, para poder ajustarse al siglo XIX los jesuitas restaurados "pasaron por una experiencia dolorosa, ansiosa y difícil"[1893] ya que se convertiría para ellos en el siglo de los exilios.

Por esta razón, debemos llamar la atención sobre la pluralidad de modelos como se llevaría a cabo en el mundo la resurrección de la orden de Ignacio de Loyola, experiencia que abriría caminos inéditos con respecto a la "Primera Compañía".

En primer lugar, se convalidó la aprobación parcial otorgada para Nápoles y Sicilia a petición de su soberano. Otro modelo fue el proveniente de los decretos reales como los llevados a cabo en España (1815),

---

[1890] AHN. Estado, 5751, n°., 323. Carta del 15 de octubre de 1815. (HANISCH. *Itinerario y pensamiento de los jesuitas expulsos de Chile (1767-1815)*, 164).

[1891] Lesmes FRÍAS. *Historia de la Compañía de Jesús en su Asistencia moderna de España*. Tomo I (1815-1835), 102.

[1892] Lesmes FRÍAS. *Historia de la Compañía de Jesús en su Asistencia moderna de España*. Tomo I (1815-1835), 137.

[1893] William V. BANGERT. *Historia de la Compañía de Jesús*. Santander, Editorial Sal Terrae (1981) 523.

en Austria (1820)[1894] y en Portugal (1829)[1895]. Otras fórmulas optaron por acogerse, bien a la "tolerancia religiosa" como es el caso de la Francia de Luis XVIII, Suiza o algunas ciudades alemanas; bien en virtud de la "libertad religiosa" que fue el modelo que adoptaron en general los países anglosajones como Estados Unidos. Finalmente, hay que señalar otro procedimiento que podríamos denominar como "misional" como fue el caso de Hispanoamérica por el que los jesuitas ingresan como una extensión de una provincia española pero previo el permiso de las autoridades republicanas locales.

Cuando la Compañía restaurada puede asomarse a la realidad se encuentra con un mundo totalmente nuevo. El 7 de agosto de 1814 habían recibido su carta de ciudadanía eclesiástica alrededor de 600 que pasaban a integrar la corporación restituida. La mayoría eran ancianos de los que los últimos habían ingresado en 1773; otros se habían formado en la "isla de sobrevivientes" que fue la Rusia Blanca encerrados en el mundo moscovita pero que se constituían en el eslabón entre las dos Compañías; algunos procedían del efímero ensayo de los "Padres de la Fe"; y un grupo minoritario joven que se había formado en el noviciado de Colorno así como en Inglaterra, Países Bajos y Norteamérica.

Qué podían ofrecer aquellos sobrevivientes del naufragio de 1773, intensamente disminuidos por la obligada ley de la demografía que impone la vida frente a un mundo nuevo en el que debían afrontar la confrontación de nociones nuevas como liberalismo, capitalismo, racionalismo, libertad de prensa, democracia, pluralismo y tolerancia en materia de religión cuando nadie sabía qué hacer frente al legado político y

---

[1894] Johann WRBA. "Austria. II. Nueva CJ (1820-1829)". En: Charles E. O'NEILL y Joaquín Mª DOMÍNGUEZ. *Diccionario histórico de la Compañía de Jesús*, I, 292-293. El decreto presidencial data del 28 de agosto de 1820 y así dio comienzo la Provincia Galitziana.

[1895] José VAZ DE CARVALHO. "Portugal". En: Charles E. O'NEILL y Joaquín Mª DOMÍNGUEZ. *Diccionario histórico de la Compañía de Jesús*, IV, 3198-3199. El rey don Miguel ordenó el 10 de julio de 1829 al duque de Cadaval que preparase el regreso de la Compañía de Jesús pero la existencia legal la reconocería el monarca el 3 de agosto de 1832.

filosófico de la era revolucionaria, sobrevenida después de todo un siglo de teorización innovadora y subversiva!¹⁸⁹⁶.

En esta perspectiva juzgamos conveniente formular tres observaciones que puedan señalizar el punto de partida de la "Compañía restaurada" que tenía que dar respuestas a los requerimientos del siglo XIX.

Y la primera observación hace referencia al hecho realmente lamentable que con las respectivas expulsiones de los países occidentales y de sus colonias (1758-1768) así como la extinción decretada por el Vaticano en 1773 se cortó el hilo institucional de generación de pensamiento y saberes desarrollado por tanta Universidad y Colegio Mayor a cargo de los ignacianos en Europa, América, Asia y África[1897].

[1896] Jonathan WRIGHT. *Los jesuitas. Una historia de los "soldados de Dios"*. Santa Perpetua de Mogoda (Barcelona), Debate (2005) 241-242.

[1897] Como guía para el estudioso remitimos a los siguientes estudios. Katheryn M. OLESKO. "Ciencias físicas". En: Charles E. O'NEILL y Joaquín Mª DOMÍNGUEZ. *Diccionario histórico de la Compañía de Jesús*, I, 794-797. Charles E. O'NEILL. "Ciencias históricas". En: Charles E. O'NEILL y Joaquín Mª DOMÍNGUEZ. *Diccionario histórico de la Compañía de Jesús*, I, 797-800. August ZIGGELAAR. "Ciencias naturales y matemáticas". En: Charles E. O'NEILL y Joaquín Mª DOMÍNGUEZ. *Diccionario histórico de la Compañía de Jesús*, I, 803-804. P de BOURGET. "Ciencias orientales". En: Charles E. O'NEILL y Joaquín Mª DOMÍNGUEZ. *Diccionario histórico de la Compañía de Jesús*, I, 804-805. Richard I. CAPLICE. "Estudios mesopotámicos". En: Charles E. O'NEILL y Joaquín Mª DOMÍNGUEZ. *Diccionario histórico de la Compañía de Jesús*, I, 806. Leo ARNOLD. "Estudios arábigos e islámicos". En: Charles E. O'NEILL y Joaquín Mª DOMÍNGUEZ. *Diccionario histórico de la Compañía de Jesús*, I, 806-807. Vincenzo POGGI. "Lingüística". En: Charles E. O'NEILL y Joaquín Mª DOMÍNGUEZ. *Diccionario histórico de la Compañía de Jesús*, I, 807-812. ROGELIO GARCÍA MATEO. "Ciencias de la religión". En: Charles E. O'NEILL y Joaquín Mª DOMÍNGUEZ. *Diccionario histórico de la Compañía de Jesús*, I, 812-816. Mario ZANFREDINI. "Filosofía". En: Charles E. O'NEILL y Joaquín Mª DOMÍNGUEZ. *Diccionario histórico de la Compañía de Jesús*, II, 1430-1435. Filippo SELVAGGI. "Filosofía de las ciencias". En: Charles E. O'NEILL y Joaquín Mª DOMÍNGUEZ. *Diccionario histórico de la Compañía de Jesús*, II, 1435-1439. Mario ZANFREDINI. "Estética". En: Charles E. O'NEILL y Joaquín Mª DOMÍNGUEZ. *Diccionario histórico de la Compañía de Jesús*, II, 1439-1443. Federico WEBER. "Cartesianismo". En: Charles E. O'NEILL y Joaquín Mª DOMÍNGUEZ. *Diccionario histórico de la Compañía de Jesús*, II, 1443-1447. Federico WEBER. Eclecticismo y empirismo". En: Charles E. O'NEILL y Joaquín Mª DOMÍNGUEZ. *Diccionario histórico de la Compañía*

En consecuencia, tras la extinción de la Orden (1773) todo el edificio científico que había levantado la Compañía de Jesús en el mundo a lo largo de dos siglos pronto se convirtió en ruinas y sus científicos, humanistas y escritores no sólo fueron perdiendo el ritmo de las exigencias de sus conciencias pensantes sino que arrancados violentamente de la sociedad del conocimiento, fueron aherrojados al submundo de la mera supervivencia con el consiguiente expolio de sus haberes académicos y sometidos al exilio y al silencio.

La segunda, a pesar de la situación precaria y difícil en el caso de los americanos expulsos en Italia, se relanzó una visión nueva de la tierra y el hombre del continente descubierto por Colón y ello supone uno de los fundamentos del tránsito de la conciencia criolla al nacionalismo emergente. Y una de las bases son los estudios científicos de las realidades naturales, sociales e históricas de América elaboradas desde el exilio[1898].

La tercera, se centra en aquellos hombres abolidos y expatriados que supieron abrir caminos nuevos a las ciencias en Italia. El tema lo hemos tratado en el capítulo dedicado a "Los insertados en el mundo intelectual, universitario y cultural". Varios autores consideran que sus investigadores constituyeron el "centro más denso de todo el americanismo europeo"[1899] y así se abrieron nuevos caminos para la historia

---

de Jesús, II, 1447-1451. Federico WEBER. "Positivismo y Tradicionalismo". En: Charles E. O'NEILL y Joaquín Mª DOMÍNGUEZ. *Diccionario histórico de la Compañía de Jesús*, II, 1452-1454. François ÉVAIN."Ontologismo". En: Charles E. O'NEILL y Joaquín Mª DOMÍNGUEZ. *Diccionario histórico de la Compañía de Jesús*, II, 1454-1455. Charles E. O'NEILL "Humanismo". En: Charles E. O'NEILL y Joaquín Mª DOMÍNGUEZ. *Diccionario histórico de la Compañía de Jesús*, II, 1967-1970. AA. VV. "Teología". En: Charles E. O'NEILL y Joaquín Mª DOMÍNGUEZ. *Diccionario histórico de la Compañía de Jesús*, IV, 37-20-3763.

[1898] Miguel BATLLORI. *La cultura hispano-italiana de los jesuitas expulsos: Españoles-Hispano-americanos-Filipinos, 1767-1814*. Madrid, Gredos, 1966.

[1899] Miguel BATLLORI. *La cultura hispano-italiana de los jesuitas expulsos. Españoles-hispano-americanos-filipinos*. Madrid, Editorial Gredos (1966) 590.

natural, la geografía, la historia e incluso para incursionar la filosofía de la historia[1900].

Pero todo este gran esfuerzo por la sobrevivencia fue un verdadero reto por mantener los ideales de la Orden a la que habían dedicado sus vidas y por ello los que habían sobrevivido al naufragio eran hombres ancianos que recobraban su libertad política e institucional con la misma psicología como el preso que deja por fin la cárcel o el perseguido que puede abandonar el campo de concentración o de destierro.

Sin embargo, tratarían de dar la respuesta que les exigía el mundo nuevo que había nacido tras las turbulencias que vivió Europa y también América en el tránsito del siglo XVIII al XIX.

Deseamos concluir con la despedida que les redacta Walter Hanisch a los jesuitas chilenos: "… el destierro y la extinción de la Compañía de Jesús tuvo para los que los sufrieron un final melancólico. Fue una proscripción definitiva e irreversible para casi todos los jesuitas… Los que nada consiguieron iban muriendo lentamente bajo la cruz, como dijo Lacunza. Sus tumbas quedaron dispersas en una enorme extensión geográfica, sin que faltas algunas ignoradas hasta hoy"[1901].

La oscura geografía de la muerte los sembró de forma anónima en su mayoría en los cementerios de ciudades y aldeas totalmente desconocidas para sus familiares americanos, sin lápidas que convoquen sus recuerdos pero sembrados en la misteriosa agricultura de Dios. "Cada uno en el sitio en que su cansada esperanza prefirió morir a esperar"[1902].

[1900] Miguel BATLLORI. "Presencia de España en la Europa del siglo XVIII". En: *Historia de España*. Tomo XXXI. *La época de la ilustración*. Vol., I: El Estado y la cultura (1759-1808). Madrid, Espasa-Calpe (1988) XXV. Antonello GERBI. *La disputa del Nuevo Mundo. Historia de una polémica 1750-1900*. México, Fondo de Cultura Económica, 1982.

[1901] W. HANISCH. *Itinerario y pensamiento de los jesuitas expulsos de Chile (1767-1815)*, 169.

[1902] *Ibidem*.

ARCHIVOS Y BIBLIOGRAFÍA

I. ARCHIVOS

ALCALÁ DE HENARES. ARCHIVO DE LA ANTIGUA PROVINCIA DE TOLEDO. ALCALÁ DE HENARES (APT)

Fondo Astrain. Leg., 5, 28,
Legajo, 30, 382, 132, 700,
E-2. Caja 78.

AUSBURGO. ARCHIVO EPISCOPAL DE AUSBURGO

K, 80, 89,

BARCELONA. ARCHIVO GENERAL DE CATALUÑA

Oficio al Presidente del Consejo de Castilla.

BOGOTÁ. ARCHIVO DEL ANTIGUO COLEGIO DE SAN BARTOLOMÉ. BOGOTÁ

Libro de convictores,
Libro de Grados, 1733-1756,
Caja, Siglo XVIII, Varios, Nº., 1

BOGOTÁ. ARCHIVO NACIONAL DE COLOMBIA, BOGOTÁ. (ANB)

Abastos, t. 2,
Asuntos Eclesiásticos, t. 1,
Colegios, 1, 5, 3, 5, 6,
Conventos, 29, 32, 34, 47, 50, 63,
Curas y obispos, 2, 4, 14, 19, 20, 21, 22, 29, 36, 39, 43, 50,
Empleados Públicos, t. 6,
Empleados Públicos. Miscelánea, 27,
Fábrica de Iglesias, 17,
Gobierno, 5,
Impuestos varios, 15, 17,

Juicios civiles. Boyacá, 17,
Mejoras materiales, XIII,
Milicia y Marina, t. 68, 109, 128, 137,
Miscelánea, 8, 27, 31, 54, 56, 68, 69, 72, 80, 82, 85, 88, 89, 90, 104, 110, 113, 126, 130,
Miscelánea. Empleados Públicos, 14,
Notaría, 3, t. 160, t. 161 (1727 y 1746)
Reales Cédulas, 6, 8, 11, 23,
Temporalidades, 1, 5, 6, 7, 8, 9, 10, 11, 12, 13, 15, 16, 17, 18, 22, 24, 29,
Tierras de Venezuela, 2, 4,

BOGOTÁ. BIBLIOTECA DEL COLEGIO DEL ROSARIO. BOGOTÁ

Mss. 4/127.

BOGOTÁ. BIBLIOTECA NACIONAL DE BOGOTÁ. BOGOTÁ

Ms. 17, 57, 105, 247, 255, 257, 258,

CARACAS. ARCHIVO DEL INSTITUTO DE INVESTIGACIONES HISTÓRICAS. UNIVERSIDAD ANDRÉS BELLO. CARACAS. (AUCAB)

Libro de Consultas [del antiguo colegio de Mérida].

CARACAS. ARCHIVO DEL INSTITUTO DE INVESTIGACIONES HISTÓRICAS DE LA UCAB (AUCAB)

Libro de Consultas del Colegio colonial de Mérida

CARACAS. ARCHIVO GENERAL DE LA NACIÓN. CARACAS (AGN)

Papeles del Gobernador Centurión, 1766-1776. Tomo único.
Iglesias, 25 (1767-1769),
Negocios Eclesiásticos, XII,
Temporalidades, t. 5, 15,

CARACAS. ARCHIVO HISTÓRICO ARQUIDIÓCESIS DE CARACAS [AHAC].

Sección Libros, 91,

GUBBIO. ARCHIVO DE LA PRROCHIA DI S. PIETRO IN GUBBIO.

Vol., 3, nº. 17.

GUBBIO. ARCHIVO DE VESCOVILE. GUBIO (ITALIA)

Mss., 15, 18, 53, 66, 67, 113, 114, 115, 129,
Ordinazioni, b. 27/13.
Registro dei Morti. Catt., nº 27,

INGLATERRA. ARCHIVUM BRITANNICUM SOCIETATIS IESU. INGLATERRA

Epistolae PP. Generalium Soc. Jesu ad Patres Provinciae Anglicanae. Vol. I (1750-1853).

LA HABANA. ARCHIVO HISTÓRICO NACIONAL. (LA HABANA).

Audiencia de Santo Domingo, 1441.

LA HABANA. BIBLIOTECA NACIONAL JOSÉ MARTÍ (BNJM).

Fondo Bachiller, no. 308, 309,

LOYOLA. ARCHIVO HISTÓRICO DE LOYOLA.

Caja, 06, nº., 01.
Luengo. *Papeles Varios*,
Luengo. *Diario*,

MADRID. ARCHIVO DE LA EMBAJADA ESPAÑOLA EN ROMA (AEER).

89, Años 1772-1779, nº., 115, 116,
Expedientes, 1779.

MADRID. ARCHIVO DE LA REAL ACADEMIA DE LA HISTORIA. MADRID.

9/3854.

MADRID. ARCHIVO DEL MINISTERIO DE ASUNTOS EXTERIORES. MADRID. (AMAE)

Estado, 4737.
Santa Sede, 331, 345, 355, 360, 362 (1791), 369, 436, 438, 486, 547,

MADRID. ARCHIVO HISTÓRICO NACIONAL DE MADRID (AHN)

Consejo de Castilla. Órdenes religiosas, nº., 21: *Jesuitas*.
Consejo, leg. 12069, 12071.
Estado, 10C, nº., 10, *Estado*, 22-A, doc., 30, 3448, 3517, 3518, 3526, 5066, 5747, 5751.

Jesuitas, 83, 117/5, 120, 126/32, 127/28, 128/1, 128/4, 128/6, 128/15, 129/15b, 246, 249, 250/18, 268/1, 456, 827/2,
Jesuitas. Serie Temporalidades. Legación Urbino,

MADRID. ARCHIVO INÉDITO URIARTE-LECINA. UNIVERSIDAD DE COMILLAS. MADRID (AIUL)

Papeletas.

MADRID. BIBLIOTECA NACIONAL. MADRID.

RM. 97.

MADRID. MUSEO NAVAL. MADRID.

Mss., 320.

MEDELLÍN. ARCHIVO DE HISTORIA DE ANTIOQUIA (MEDELLÍN).

Temporalidades, t. 122, doc. 3390.

MEDELLÍN. ARCHIVO HISTÓRICO DE ANTIOQUIA. MEDELLÍN (AHANT)

Documento, 3381
Temporalidades, 117, doc. 3279.

MEDELLÍN. BIBLIOTECA DE LA UNIVERSIDAD DE ANTIOQUIA. MEDELLÍN

Sig. 129, 162, 167, 192,

MÉRIDA. ARCHIVO ARQUIDIOCESANO DE MÉRIDA (AAM)

Caja única.
Religiosos, caja 1718-1792.
Seminario. Caja 1,

MÉRIDA. ARCHIVO DE LA UNIVERSIDAD DE LOS ANDES. MÉRIDA.

Tomo 66.

MÉRIDA. ARCHIVO HISTÓRICO DE MÉRIDA (AHM)

Mortuorias, tomo XIV,
Protocolos, XVIII, XXVI, LII, t. LVIII,

MÉRIDA. SALA ESTATAL FEBRES CORDERO. MÉRIDA. (SEFC)
Documentos Históricos de la Gobernación. 1704-1711.

MÉXICO. ARCHIVO GENERAL DE LA NACIÓN. MÉXICO.
Reales Cédulas, vol., 9. Exp. 56,

MÜNCHEN. ARCHIVO PRINCIPAL DEL ESTADO EN MÜNCHEN.
Jesuiten in genere, 699.

MÜNCHEN. BAYERISCHE HAUPTSTAATSARCHIV. MUNICH
Jesuitica, 595/VI/11, 595/V/15, 595/VI/8, 595/X/24, 598/1,

PARÍS. ARCHIVES DIPLOMATIQUES. PARÍS.
Correspondence Politique. Espagne, vol., 548,

PARMA. ARCHIVO DEL DUQUE DE PARMA.
Nova Positio. Novum Summarium additionale, n°., LXI,
Positio. Summarium additionale, n°., XXIII, XXXVIII,

QUITO. ARCHIVO DE LA ANTIGUA PROVINCIA DE QUITO (APQU)
Cartas de Generales IV.
Leg., 6, 10,

ROMA. ARCHIVO DE ESTADO DE ROMA.
Sentencias correccionales desde el 1º de noviembre de 1810 a 30 de marzo de 1811, vol., 169.

ROMA. ARCHIVO DE MONUMENTA HISTORICA SOCIETATIS JESU. ROMA.
Armadio F-10.

ROMA. ARCHIVO SECRETO VATICANO.
Nunziatura di Polonia, 25, 53,
Segretaria di Stato, 240, 249, 270,

ROMA. ARCHIVO VATICANO.

Vat. Lat., 9802.
Lettere de' Sovrani al Papa Pio VII.
Nunciatura de España, 438, 461,
Nunciatura de España. Cartas del Nuncio; n°., 455: 1792-1795.
Nunciatura de Polonia, 69.
Stati Ecclesiastici, Cajón 49.

ROMA. ARCHIVUM ROMANUM SOCIETATIS IESU. ROMA (ARSI)

Anglia, 1001, I-1; 1001, I-3; 1001, II-11;
Catálogos: 1820; 1826; 1829; 1830; 1831, 1832.
Congregationes Provinciales, t. 90, 92,
Fondo Gesuitico, vol., 757,
Gallia, 106-III, fol., 306.
Hispania, 145, 247, 1001,
Historia Societatis Jesu in Alba Russia. Libro II,
Historia Societatis Jesu in Alba Russia. Russia superstes.
Historia Societatis, 53ª, 234-II,
Italia, 1003, XIII-1, 2.
Libro in cui si scrivono i nomi de Defunti che si seppelliscono nella Chiesa del Gesù,
Provincia Novi Regni et Quiti, 4, 6-B., 14, *Santa Fe*, 1767,
Opera Nostrorum, 342,
Romana, 109, 175,
Russia, 1005, III-1, 1015, 1029, 1030,

ROMA. BIBLIOTECA NACIONAL DE ROMA.

Gesuitici, 1595, n°., 32.

SANTIAGO DE CHILE. ARCHIVO NACIONAL DE CHILE. SANTIAGO (ANCH)

Archivo del Superior Gobierno, 757,
Fondos varios. XX.
Jesuitas, 205, 207, 208, 211, 218, 352, 411, 431, 442, 446,

SANTO DOMINGO. ARCHIVO DE LA CATEDRAL DE SANTO DOMINGO. REPÚBLICA DOMINICANA

Catedral. Libro IX de Bautismos (1753-1758),
Libro VIII de Bautismos (1748-1753),
Libro XI de Bautismos (1762-1764),

SEVILLA. ARCHIVO DEL AYUNTAMIENTO DE SEVILLA.

Colección Conde del Águila, XII, doc. 40.

SEVILLA. ARCHIVO GENERAL DE INDIAS. SEVILLA (AGI)

Buenos Aires, 21.
Caracas, 194, 205, 366, 440, 716, 794,
Chile, 471.
Contratación, 5549.
Cuba, 1123.
Indiferente General. Leg., 1342, 1629, 3087,
México, 1241.
Santafé, 249, 306, 395, 397, 398, 406, 407, 408, 409, 523, 530, 670, 675,
Santo Domingo, 202, 634, 692, 716, 794, 796, 888, 909,

SIMANCAS. ARCHIVO GENERAL DE SIMANCAS (AGS)

Dirección General del Tesoro. Inventario 27, Leg., 1.
Estado, 671, 5013, 5039, 5040, 5043, 5046, 5047, 5049, 5056, 5064, 5065, 5066, 5650, 5066, 5651, 6081, 6119, 6652, 7375, 7387, 7393,
Gracia y Justicia, 667, 668, 670, 671, 676, 685, 688, 690,
Marina, 724,

VIENA. ARCHIVO DE VIENA.

Hofburg. Nova positio. Novum Summarium Additionale, n°., XXXII, XXXV,

VIENA. ARCHIVO DEL ESTADO EN VIENA.

K. F. A., 75 c.

YERBABUENA. BIBLIOTECA DEL INSTITUTO CARO Y CUERVO DE YERBABUENA.

Documentos varios

ZARAGOZA. ARCHIVO HISTÓRICO PROVINCIAL DE ZARAGOZA.

Libro del Real Acuerdo, 1789,

II. BIBLIOGRAFÍA

AA.VV. 1993. *Crónica de Caracas*, "Actas del Cabildo de Caracas, 1764-65". Caracas, Alcaldía de Caracas, año XLII, nº., 86 (1993) 209-210.

2001. "Expulsión de la Compañía de Jesús de España y de sus dominios, y exilio en Italia (1767-1814)". En: Charles E. O'NEILL y Joaquín Mª DOMÍNGUEZ. *Diccionario histórico de la Compañía de Jesús*. Roma-Madrid, II (2001) 1347-1364.

------. "Teología". En: Charles E. O'NEILL y Joaquín Mª DOMÍNGUEZ. *Diccionario histórico de la Compañía de Jesús*, IV, 3720-3763.

ABAD, Agustín. 1789. *Anatomia Politico-Christiana que en las obras de Justino Febronio descubre y manifiesta su espiritu antimonarquico, destructivo de toda Monarquia; y las particulares injurias, que Febronio hace a la Española*. Empezó a imprimirse el año 1789 pero el gobierno español impidió que se acabara prohibiendo su publicación.

ACEVEDO, Ignacio. 2001. "TERREROS, Diego". En: Charles E. O'NEILL y Joaquín Mª DOMINGUEZ. *Diccionario histórico de la Compañía de Jesús*. Roma-Madrid. IV (2001) 3781.

ACÉVEZ, Manuel y Jesús GÓMEZ FREGOSO. 2001. "Zambrano Berardi, Francisco de Paula". En: Charles E. O'NEILL y Joaquín Mª DOMÍNGUEZ. *Diccionario histórico de la Compañía de Jesús*. Roma-Madrid, IV, 4069-4070.

AGUILAR PIÑAL, Francisco. 1981-1995. *Bibliografía de autores españoles del siglo XVIII*. Madrid, Consejo Superior de Investigaciones Científicas, 8 vols.

AGUILERA, Manuel. 1733. *La divozione di Maria Madre Santissima del Lume, distribuita in tre parti...* In Palermo, per Stefano Amato, 2 vols.

AGUIRRRE ELORRIAGA, Manuel. 1941. *La Compañía de Jesús en Venezuela*. Caracas, Editorial Cóndor.

AIZEMBERG, Isidoro. 1983. *La comunidad judía de Coro, 1824-1900*. Caracas, Biblioteca de Autores y Temas Falconianos.

ALBA, Francisco de. 1770. *La verdad desnuda al Rey N. S.* [Salamanca] [s.i.s.a.] [1770].

ALBERS, Pedro Enrique. 1914. *Liber saecularis historiae Societatis Jesu ab* Anno *1814 ad Annum 1914*. Roma, Polyg. Vat.

ALBURQUERQUE, Antonio. s/f. "Binarios". En: J. GARCÍA DE CASTRO (Director). *Diccionario de espiritualidad ignaciana*, I, 230-238.

ALDAMA, Antonio de. 1973. "¿Hizo Clemente XIV una retractación?". En: *Información SJ*. Madrid, 28 (1973) 295-299.

1973. "Cómo se escribió el Breve 'Dominus ac Redemptor' (21 de julio 1773)". En: *Spirituaità ignaziana*. Roma (1973) 183-206.

ALEGRE, Francisco Javier. 1940-41. *Historia de la Compañía de Jesús. Memorias para la historia de la Provincia que tuvo la Compañía de Jesús en Nueva España*. México, [Talleres tipográficos modelo, s.a.] 1940-[41].

ALETHINI PHILARETE [Posible seudónoimo del dominico Tomás María Mamachi]. 1782. *Epistolarurn De Ven. Johannis Palafoxii Angelopolitarum Primum Tum Oxomensis Episcopi Orthoodoxia*. Tomus Secundus. An. MDCCLXXXII

ALFARO, Alfonso. 2003. "Hombres paradójicos. La experiencia de alteridad". En *Misiones jesuitas. Artes de México*. México, 65 (2003) 9-27.

ALPERÓVICH, Moiséi. 2001. "La expulsión de los jesuitas de los dominios españoles y de Rusia en la época de Catalina II". En: Manfred TIETZ (ed.). *Los jesuitas españoles expulsos. Su imagen y su contribución al saber sobre el mundo hispánico en la Europa del siglo XVIII*. Madrid, Iberoamericana; Frankfurt am Main, Vervuert (2001) 33-43.

ALVARADO, Eugenio. 1966. "Informe Reservado sobre el manejo y conducta que tuvieron los Padres Jesuitas con la expedición de la Línea Divisoria entre España y Portugal en la Península Austral y orillas del Orinoco". En: José DEL REY. *Documentos jesuíticos relativos a la historia de la Compañía de Jesús en Venezuela*. Caracas, Academia Nacional de la Historia (1966) 215-333.

ALVARADO, Jerónimo. 1955. *Dialéctica democrática de Juan Pablo Vizcardo: notas sobre el pensamiento y la acción de un precursor peruano de la emancipación americana*, Lima, Ediciones <Fanal>.

ÁLVAREZ ARTETA, Segundo. 1901. *La cuestión de límites entre las repúblicas del Ecuador y el Perú, apuntes y documentos*. Sevilla, Escuela tipográfica y librería salesianas.

ÁLVAREZ BRUN, Félix. 1961. *La Ilustración, los Jesuitas y la Independencia americana*, Lima, Imprenta Minerva.

ALVEAR, José Antonio. 2001. "La imagen de la Santísima Virgen de la Luz, o la Virgen como imagen". En: *Historia y grafía*. México, Universidad Iberoamericana, 16 (2001) 45-72.

ALZÚA Y COOPARACIO, Joaquín Asís de. 1887. *Libro que contiene la erección de la Santa Iglesia Catedral de Santiago de Cuba, Autos de Ordenanzas despechados por varios Illmos. Señores Obispos de ella, por orden de sus fechas y algunas Reales Cédulas... Todo.. por disposición del Illmo. Sr. Dr. D. Joaquín Osís de Alzúa y Cooparacio... Año de 1796.* Santiago de Cuba.

ANDRÉS, Melquíades. 1994. *Historia de la mística de la edad de oro en España y América.* Madrid, Biblioteca de Autores Cristianos.

ANGIOLINI, Gaetano. s/f. *Memorie per servire alla storia della nuova Congregazione della Compagnia di Gesù eretta prima in Petersburgo e nell'Impero di Russia e distesa poi al regno delle due Sicilie dal regnante Sommo Pontefice Pio VII per mezzo dei suoi brevi apostolici "Catholicae Fidei" e "Per alias"* (Biblioteca Corsini de Roma. Signatura, 38. H. 3. Códice, 2173).

s/f. *Memorie per servire alla storia dello stabilimento della Compagnia di Gesù in Russia e nel regno delle due Sicilie fatto dal Sommo Pontefice coi suoi due brevi "Catholicae Fidei" e "Per alias"* (Biblioteca Corsini de Roma. Signatura, 37. H. 32, Códice, 2168.).

Annales de la Propagation de la Foi, X (1837) 101-103.

Année Littéraire, année M.DCC.LVIII par M. Fréron, des Académis d'Angers, Montauban, de Nancy, de Marseille et de Caen. A Amsterdam. Et se trouve a Paris chez Michel Lambert. 1758.

ANÓNIMO. 1947. "DIARIO de un Jesuita Desterrado, desde su salida de Lima y puerto del Callao, el 28 de Octubre de 1767 hasta su arribo las costas de Italia y confinamiento n la ciudad de Ferrara, con los sucesos que se siguieron hasta la muerte de Clemente XIV, el 22 de Setiembre de 1774". En: Rubén VARGAS UGARTE. *Relaciones de Viajes (siglos XVI, XVII y XVIII. Biblioteca Histórica Peruana*, Lima, Compañía de Impresiones y Publicidad, V (1947) 119-179.

ANÓNIMO. 1881. "Catalogus Sociorum et Officiorum Missionis Amercae Foederatae Societatis Jesu, ineunte anno 1820". En: *The Woodstock Letters*, 10 (1881) 116-120.

ANÓNIMO. 1773. *Kurze historische Bedeuchtung über das päpstliche Breve, in welhem der Orden des Gesellschaft Jesu aufgehoben worden.* Freyburg.

ANÓNIMO. 1590. *Regulae Societatis Iesu.* Romae, In collegio ejusdem Societatis, MDXC. *Regulae Provincialis. De iis quae ad eius personara et communem totius provincaiae administrationem spectant* (25-27); *Regulae Rectoris. De iis, quae ad eius personara, et totius collegii administrationem pertinent* (76-92); *Regulae Procuratoris Generalis* (176-180); *Regulae Procuratoris Collegii et Domus Probationis* (185-189).

ANÓNIMO. 1773. *Zufälliger Gedanken, und Sätze über das Verfahren gegen die Jesuiten in dem Kirchenstaat, und über das, was ihnen aus Verhängniss des römischen Hofes vielleicht auch andverswo bevorstehen mag*. Strassburg.

ANTEPARA, José María. 1810. *South American emancipation: documents, historical and explanatory, shewing the designs which have been in progress, and the exertions made by General Miranda, for the attainment of that object during the last twenty-five years*. London, printed R. Juigne.

ANTOLÍNEZ, Jesús. 1920. "Apuntes y documentos históricos sobre la actual provincia de Gutiérrez". En: *Repertorio Boyacense*. Tunja, VI, n°. 59 (1920) 525-582.

ARANA, José Ignacio de [GARCÍA, Ramón, José de LIZARGÁRATE y José Ignacio de ARANA]. 1870. *Vidas de algunos claros varones guipuzcoanos de la Compañía de Jesús*. Tolosa, [s.n.].

ARANGO MEJÍA, Gabriel. 1942. *Genealogías de Antioquia y Caldas*. Medellín, Impr. Departamental.

ARBIDE, Ignacio. 1933. *Los manantiales de la difamación antijesuítica*. Barcelona, M. Carbonell, Edit.

ARBOLEDA, Rafael. 1981. "Don Ignacio Sánchez de Tejada primer Ministro Plenipotenciario de Colombia ante la Santa Sede". En: *Boletín de Historia y antigüedades*. Bogotá, n°., 735 (1981) 913-948.

ARCE, Francisco. 1943. "Sobre el estado de la Provincia de Maracaibo y manera de remediar su decadencia (1784)". En: *Boletín de Archivo Nacional*. Caracas, n°., 114 (1943) 248-254.

ARCHIMBAUD, Juan Antonio. s/f. *Relacion individual de los Ex-jesuitas muertos de las Once Provincias de España e Indias desde la expulsión hasta el día 30 de junio de 1777*. Por Don Juan Antonio de Archimbaud. Provincia del Nuevo Reino de Granada. [Archivo de Monumenta Histórica Societatis Jesu. Armadio F.- 10].

ARCILA FARÍA, Eduardo. 1997. "Compañía Guipuzcoana". En: FUNDACIÓN POLAR. *Diccionario de Historia de Venezuela*. Caracas, Fundación Polar, I (1997) 931-935.

ARISTIZÁBAL, Tulio. 1999. *El templo de San Pedro Claver en Cartagena*. Cartagena, Editorial Kimpres.

ARIZA, Alberto. 1971. *Los dominicos en Venezuela*. Bogotá, [Convento de Santo Domingo].

ARMAS, Alfonso. 1970. *Influencia del pensamiento venezolano en la revolución de la independencia de Hispanoamérica*. Caracas, Instituto Panamericano de Geografía e Historia.

ARMONA Y MURGA, José Antonio. 1859. "Noticias privadas de casa, útiles para mis hijos. Recuerdos históricos de mi carrera ministerial en España y América...". En: *Anales y memorias de la Real Junta de Fomento y de la Real Sociedad Económica*. La Habana, serie 4ª, t., IV (1859) 92-131.

ARNOLD, Leo. 2001. "Estudios arábigos e islámicos". En: Charles E. O'NEILL y Joaquín Mª DOMÍNGUEZ. *Diccionario histórico de la Compañía de Jesús*, I, 806-807.

ARRIGHI, Paul. 1970. *La vie quotidienne au Corse au XVIIIe siècle*. París, Hachette, D. L.

ARROYO, Jaime. 1936. "Historia de la Gobernación de Popayán". (IIa. Parte). En: *Revista Popayán*. Popayán. Nº., 162. Enero de 1936.

ARTOLA, Miguel. 2005. *La España de Fernando VII*. Barcelona, Biblioteca de historia de España.

ARVELO-JIMÉNEZ, Nelly y Horacio BIORD-CASTILLO. 1989. "Reflexiones antropológicas sobre el *Ensayo de Historia Americana* de Felipe Salvador Gilij". En: *Montalbán*. Caracas, 21 (1989) 69-90.

ARZUBIALDE, Santiago. 1991. *Ejercicios espirituales de S. Ignacio. Historia y análisis*. Bilbao-Santander, Mensajero-Sal Terrae.

ASPURZ, Lázaro de. 1946. *La aportación extranjera a las Misiones españolas del Patronato regio*. Madrid, Publicaciones del Consejo de la Hispanidad.

ASTORGANO ABAJO, Antonio. 2009. "Floridablanca y el jesuita Hervás y Panduro, una relación respetuosa". En: *Res publica. Revista de Filosofía Política*. Murcia, 22 (2009) 325-362.

2009. *La literatura de los jesuitas vascos expulsos (1767-1815)*, Madrid, Real Sociedad Bascongada de Amigos del País/Delegación de Corte.

2011. "Un jesuita expulso sangüesino rebelde: Francisco Javier Mariátegui, el ex jesuita oprimido". En *Príncipe de Viana*. Pamplona, nº., 252 (2011) 181-252.

ASTRAIN, Antonio. 1912-1925. *Historia de la Compañía de Jesús en la Asistencia de España*. Madrid, Razón y Fe, 7 vols.

AUBERT, Roger et alii. 1978. *La iglesia entre la revolución y la restauración*. Barcelona, Editorial Herder, VII (1978) 159. [Hubert JEDIN. *Manual de historia de la Iglesia*. Tomo VII].

AUDENAERT, Willem. 2000. *Prosopographia iesuitica Bélgica antiqua (PIBA)*. A biographical dictionary of the jesuits in the Low countries 1542-1773. Introduction by Hermann Morlion. Leuven-Heverlee, Filosofisch en Theologisch College S J., 4 vols.

AVENDAÑO VERA, Astrid. 1997. "Centurión Guerrero, Manuel". En: FUNDACION POLAR. *Diccionario de Historia de Venezuela*. Caracas, Fundación Polar, I, 774-775.

AYMES, Jean-René. 1974. *La guerra de la Independencia en España (1808-1814)*. México, Siglo Veintiuno.

AZARA, José Nicolás de. 1846. *El espíritu de D. José Nicolás de Azara, descubierto en su correspondencia epistolar con D. Manuel de Roda*. Madrid, Imprenta de J. Martín Alegría, II.

AZZONI, Francisco Javier. 1752. *Epitome selectarum quarumdam Exercitationum Scholasticarum quipus diversa Philosophorum systemata discutiuntur*. Pragae, Typis Academicis.

1752. *Examen luminis celebrem Controversiam de rationesive substantia, sive accidentis luci tribuenda discutiens, ternis articulis definitum*. Pragae, Typis Academicis.

s/f. *Tractatus aliquot theologici*. (Mss.).

BALZÁTEGUI, Manuel. s/f. *Noticia de la vida, virtudes y trabajos del apostólico varón P. Roque Lubián que, después de 40 y más años de misionero del Orinoco y Meta, murió en el destierro de Italia y Gubbio, 8 de mayo de 1781*. En 4º, 18 hs.

BARANDIARÁN, Daniel de. 1992. "El Orinoco amazónico de las Misiones jesuíticas". En: José DEL REY FAJARDO (Edit.). *Misiones jesuíticas en la Orinoquia*. San Cristóbal, II (1992) 129-360.

1994. "Brasil nació en Tordesillas. (Historia de los límites entre Venezuela y Brasil). Primera Parte: 1494-1801. En: *Paramillo*. San Cristóbal, 13 (1994) 329-774.

2000. "La crónica del Hermano Vega 1730-1750". En: Agustín de VEGA. *Noticia del principio y progresos del establecimiento de las Missiones de gentiles en la río Orinoco por la Compañía de Jesús*. Estudio introductorio: José del Rey Fajardo sj y Daniel de Barandiarán. Caracas, Academia Nacional de la Historia (2000) 119-514.

BARASORDA y LARRAZÁBAL, Nicolás de. 1723. *Relacion de los svgetos, qve se han criado en el Colegio Seminario, y Mayor de San Bartolomé, fundado en la Ciudad de Santa Fè, Nuevo Reyno de Granada...* Madrid.

BARNOLA, Pedro Pablo. 1941. "Los jesuitas en Venezuela". En: *SIC*. Caracas, IV (1941) 31-34.

BAROJA, Caro. 1978. *Las formas complejas de la vida religiosa. Religión, sociedad y caracteres de la España de los siglos XVI y XVII*. Madrid, Akal.

BARRIO GOZALO, Maximiliano. 1997. "Madrid y Roma en la segunda mitad del siglo XVIII. La lucha contra las <usurpaciones> romanas". En: *Revista de Historia Moderna. Anales de la Universidad de Alicante*. Alicante, 16 (1997) 69-82.

BARRUEL, Agustín. 1798-1799. *Mémoires pour servir à l'histoire du jacobinisme*, Hambourg, P. Fauche, 5 vols.

BARTEN, Jan. 2001. "Beckers, Adam". En: Charles E. O'NEILL y Joaquín Mª DOMÍNGUEZ. *Diccionario histórico de la Compañía de Jesús*, I, 382.

BARTHES, Roland. 1969. "Comment parler á Dieu?". En *Tel quel*. París, nº., 38 (1969) 32-54.

1974. *Investigaciones retóricas*. I. La antigua retórica. Buenos Aires, Tiempo Contemporáneo.

BATISTA, Javier y Cayetano BRUNO. 2001. "Paraguay". En: Charles E. O'NEILL y Joaquín Mª DOMÍNGUEZ. *Diccionario histórico de la Compañía de Jesús*. Roma-Madrid, III (2001) 3032-3038.

BATISTA, Javier y Hugo STORNI. 2001. "Muriel García, Domingo". En: Charles E. O'NEILL y Joaquín Mª DOMÍNGUEZ. *Diccionario histórico de la Compañía de Jesús*, III, 2770.

BATISTA, Javier y Philip CARAMAN. 2001. "Ibáñez de Echávarri, Bernardo". En: Charles E. O'NEILL y Joaquín Mª DOMÍNGUEZ. *Diccionario histórico de la Compañía de Jesús*, II.

BATLLORI, Miguel. 1951. "El archivo lingüístico de Hervás en Roma y su reflejo en Wilhelm von Humboldt". En: *Archivum Historicum Societatis Iesu*. Roma, 20 (1951) 59-116.

1952. "El mito de la intervención de los jesuítas en la independencia hispanoamericana". En *Razón y Fe*. Madrid, (1952) 507-519.

1953. *El abate Viscardo. Historia y mito de la intervención de los jesuitas en la Independencia de América*. Caracas, Instituto Panamericano de Geografía e Historia.

1966. *La cultura hispano-italiana de los jesuitas expulsos. Españoles-hispanoamericanos-filipinos*. Madrid, Editorial Gredos.

1968. "La Compañía de Jesús en la época de la extinción". En: *Archivum Historicum Societatis Iesu*. Roma, XXXVII (1968) 201-231.

1974. "Entre la supresión y la restauración de la Compañía de Jesús, 1773-1814". En: *Archivum historicum Societatis Jesu*. Roma, XLIII (1974) 364-393.

1979. *Del descubrimiento a la independencia. Estudios sobre Hispanoamérica y Filipinas*. Caracas, Universidad Católica Andrés Bello.

1980. "Historia y cultura de la Ilustración". En: *Archivum Historicum Societatis Iesu*. Roma, fascículo 97 (1980) 449-479.

1987. "Sobre los jesuitas en el setecientos". En: *Archivum Historicum Societatis Iesu*. Roma, LVI (1987) 171-208.

1988. "Presencia de España en la Europa del siglo XVIII". En: *Historia de España*. Tomo XXXI. *La época de la ilustración*. Vol., I: El Estado y la cultura (1759-1808). Madrid, Espasa-Calpe (1988) XI-XL.

1989. "Antes y después de la expulsión". En: *Archivum Historicum Societatis Iesu*. Roma, fascículo 64 (1989) 169-185.

1989. "Los jesuitas en tiempos de Carlos de Borbón y de Tanucii. De fines del siglo XVII a principios del XIX". En: *Archivum Historicum Societatis Iesu*. Roma, LVIII (1989) 355-371.

1990. "En torno a los jesuitas, del renacimiento a la contrarreforma". En: *Archivum Historicum Societatis Iesu*. Roma, LIX (1990) 117-132.

1992. "En la doble conmemoración pluricentenaria de la Compañía de Jesús (1540-1990) y de San Ignacio de Loyola (1491-1991)". En: *Archivum Historicum Societatis Iesu*. Roma, LXI (1992) 189-209.

2001. "Areteaga, Esteban de". En: Charles E. O'NEILL y Joaquín Mª DOMÍNGUEZ. *Diccionario histórico de la Compañía de Jesús*. Roma-Madrid, I (2001) 252-253.

2001. "Andrés y Morell, Juan". En: Charles E. O'NEILL y Joaquín Mª DOMÍNGUEZ. *Diccionario histórico de la Compañía de Jesús*. Roma-Madrid, I, 163-165.

2001. "Aymerich, Mateo". En: Charles E. O'NEILL y Joaquín Mª DOMÍNGUEZ. *Diccionario histórico de la Compañía de Jesús*. Roma-Madrid, I, 311-312.

2001. "Colomes (Colomés), Juan Bautista". En: Charles E. O'NEILL y Joaquín Mª DOMÍNGUEZ. *Diccionario histórico de la Compañía de Jesús*, I, 867.

2001. "Eximeno, Antonio". En: Charles E. O'NEILL y Joaquín Mª DOMÍNGUEZ. *Diccionario histórico de la Compañía de Jesús*, II, 1346-1347.

2001. "Gustà, Francisco". En: Charles E. O'NEILL y Joaquín Mª DOMÍNGUEZ. *Diccionario histórico de la Compañía de Jesús*. Roma-Madrid, II, 1851-1852.

2001. "Llampillas (Llampilles, Lampillas), Francisco Javier. En: Charles E. O'NEILL y Joaquín Mª DOMÍNGUEZ. *Diccionario histórico de la Compañía de Jesús*. Roma-Madrid, III, 2400.

2001. "Masdéu y de Montero, Juan Francisco (de)". En: Charles E. O'NEILL y Joaquín Mª DOMÍNGUEZ. *Diccionario histórico de la Compañía de Jesús*, III, 2555-2556.

2001. "Mir y Noguera, Miguel". En: Charles E. O'NEILL y Joaquín Mª DOMÍNGUEZ. *Diccionario histórico de la Compañía de Jesús*, III, 2684-2685.

2001. "Montengón y Paret, Pedro". En: Charles E. O'NEILL y Joaquín Mª DOMÍNGUEZ. *Diccionario histórico de la Compañía de Jesús*, III, 2730-2731.

2001. "Pratdesaba (Prat de Saba), Onofre". En: Charles E. O'NEILL y Joaquín Mª DOMÍNGUEZ. *Diccionario histórico de la Compañía de Jesús*, IV, 3214-3215.

2001. "Serrano, Tomás". En: Charles E. O'NEILL y Joaquín Mª DOMÍNGUEZ. *Diccionario histórico de la Compañía de Jesús*. Roma-Madrid, IV, 3560.

BAYLE, Constantino. 1951. "Las Misiones, defensa de las fortalezas de Mainas". En: *Missionalia Hispanica*. Madrid (1951) 417-503.

BECANUS. 1620. *Analogia Veteris ac Novi Testamenti, in qua Primum status veteris deinde consensos, proportio, et conspiratio illius cum novo explicatur*. Moguntiae, ex Officina Ioannis Albini.

BECERRA, Ricardo. 1920-1925. *Vida de don Francisco de Miranda: general de los ejércitos de la primera República francesa y generalísimo los de Venezuela*. Madrid, Editorial América.

BEGHEYN, Paul. 2001. "Brecanus (Schellekens), Martinus". En: Charles E. O'NEILL y Joaquín Mª DOMÍNGUEZ. *Diccionario histórico de la Compañía de Jesús*, I, 380.

BELLETTINI, Pierangelo. 1998. "Tipografi romagnoli et ex gesuiti spagnoli negli ultimi decenni del Settecento". En: Lorenzo BALDACCHINI y Anna MANFRON (Edits.). *Il libro in Romagna. Produzione, commercio e consumo dalla fine del secolo XV all'età contemporánea . Convengo di studi (Cesena, 23-25 marzo 1995)* a cura di ... Firenze, Leo S. Olschki (1998) 557-657.

BELMONTE MAS, Francisco José. 2000. "El cónclave de 1769 en la correspondencia diplomática". En: *Revista de Historia Moderna*. Alicante, nº., 18 (2000) 67-84.

BELMONTE, Francisco. 1997. "José Moñino en Roma: el Breve de extinción de la Compañía de Jesús". En: Antonio MESTRE SANCHÍS y Enrique GIMÉNEZ

LÓPEZ (eds.). *Disidencias y exilios en la España moderna*. Alicante, Caja de Ahorros del Mediterráneo-Universidad de Alicante (1997) 739-746.

BENVENUTI, Carlo. 1772?. *Irriflessioni dell'autore d'un foglio intitolato riflessioni delle corti borboniche sul gesuitismo*. Con L'Appendice aggiunta nelle seconda edizione. Se si possano distruggere i Gesuiti questione proposta e risoluta in Francia nel 1769. Presentemente tradotta in italiano. E con: *L'ecclesiastico vero amico del papa e dei principi* in risposta alle *Riflessioni delle corti borboniche sopra l'affare gesuitico*. [Roma?] s.e. [1772?].

BERDUGO Y OQUENDO, Andrés. 1963. "Informe del visitador real don Andrés Berdugo y Oquendo sobre el estado civil y económico de la población indígena, blanca y mestiza de las provincias de Tunja y Vélez a mediados del siglo XVIII". En: *Anuario Colombiano de Historia social y de la cultura*. Bogotá, 1 (1963) 136-138.

BERNARD-MAÎTRE, Henri. 1926. *Essai historique sur les Exercices spirituels de Saint Ignace depuis la convrsion d'Ignace (1521) jusqu'à la publication du Directoire (1599)*. Belgique, Musseum Lessianum, 1926.

BERNIS. 1980. *Memoires*. París, Mercure de France.

BERRA, Luigi. 1962-1963. "Il diario del conclave di Clemente XIV del cardinale Filippo Maria Pirelli". *Archivio della Società di Storia Patria*, nº 16-17 (1962-1963) 25-319.

BERTRÁN QUERA, Miguel. 1984. "La pedagogía de los jesuitas en la *Ratio Studiorum*". En: *Paramillo*. San Cristóbal, nº. 2-3 (1984) 1-283.

BEYLARD, Hugues. 2001. "Clorivière (Picot, Rivers), Pierre-Joseph". En: Charles E. O'NEILL y Joaquín Mª DOMÍNGUEZ. *Diccionario histórico de la Compañía de Jesús*, I, 828-829.

2001."Fessard, Gaston". En: Charles E. O'NEILL y Joaquín Mª DOMINGUEZ. *Diccionario histórico de la Compañía de Jesús*, II, 1412-1413.

2001. "Grivel, Jean". En: Charles E. O'NEILL y Joaquín Mª DOMÍNGUEZ. *Diccionario histórico de la Compañía de Jesús*, II, 1821.

2001."Guru, Jean-Baptiste". En: Charles E. O'NEILL y Joaquín Mª DOMÍNGUEZ. *Diccionario histórico de la Compañía de Jesús*, II, 1850.

2001."Sommervogel, Carlos". En Charles E. O'NEILL y Joaquín Mª DOMÍNGUEZ. *Diccionario histórico de la Compañía de Jesús*, IV, 3607.

2001. "Varin de Selemnot, Joseph". En: Charles E. O'NEILL y Joaquín Mª DOMÍNGUEZ. *Diccionario histórico de la Compañía de Jesús*, IV, 3896.

Biblioteca de Religión, o sea Colección de obras contra la incredulidad y errores de estos últimos tiempos... Madrid, t. XVIII, XIX.

Biographie Universelle Ancienne et Moderne. París, t. XVII (1816)

BLANCO, José Félix y Ramón AZPURUA. 1977. *Documentos para la historia de la vida pública del Libertador.* Caracas, Ediciones de la Presidencia de la República, II.

BLASCO, Juan Francisco. 1794. *Reflexiones sobre la Naturaleza, o consideraciones de las obras de dios en el orden natural.* Escritas en alemán para todos los días del año. Por M. C. C. Sturm. Traducidas al Francés y de éste al Castellano con Notas instructivas y curiosas. Madrid, en la Oficina de don Benito Cano, año de 1794. 4 tomos.

BLET, Pierre. 1960. "Jésuites gallicans au XVIIe siècle? A propos de l'ouvrage du P. Guitton sur le P. de la Chaize". En: *Archivum Historicum Societatis Iesu.* Roma, XXIX (1960) 55-84.

2001. "Galicanismo". En: Charles E. O'NEILL y Joaquín Mª DOMÍNGUEZ. *Diccionario histórico de la Compañía de Jesús.* Roma-Madrid, II (2001) 1552-1555.

2001. "Jansenismo". En: Charles E. O'NEILL y Joaquín Mª DOMÍNGUEZ. *Diccionario histórico de la Compañía de Jesús.* Roma-Madrid, III (2001) 2126-2130.

BLOCK, David. 1997. *La cultura reduccional de los Llanos de Mojos.* Tradición autóctona, empresa jesuítica & política civil, 1680-1880. Sucre, *Historia Boliviana.*

BOERO, Giuseppe. 1854. *Osseervazioni sopra l'historia del pontificato di Clemente XIV scrita dal P. A. Theiner prete dell'Oratorio.* Monza, Tipogr. Dell'Istituto Dei Paolini, II.

1859. *Menologio de pie memorie d'alcuni religiosi della Compagnia de Gesú che rivorono in virtu e santitá* per Giuseppe Antonio Patrignani e continuate... per Giuseppe Boero. Roma, coi tipi della Civiltà Cattolica.

BOHUMIL, Bad'ura. 2001. "El caso de algunos ex misioneros jesuitas austriacos: las gestiones diplomáticas para su liberación". En: Manfed TIETZ (Ed.). *Los jesuitas españoles expulsos. Su imagen y su contribución al saber sobre el mundo hispánico en la Europa del siglo XVIII.* Madrid: Iberoamericana; Frankfurt am Main: Vervuert (2001) 133-168.

BOIS, J. 1909. "L'Église catholique en Russie sous Catherine II. La création d'un évêché de Blanche-Russie et le maintien des Jésuites". En: *Revue d'histoire ecclésiastique,* tomo X (1909) 65-79; 308-335.

BOLÍVAR, Simón. 1950. *Obras completas*. Recopilación de Vicente Lecuna. Edición dirigida por V. Lecuna y Esther Barret de Nazaris. La Habana, I.

BOLLANDIUS, Johannes. Johannes TOLLENARIUS. Jacobus WALLIUS. Sidronius HOSSCHIUS. 1640. *Imago primi saeculi Societatis Iesu a Provincia Flandro-Belgica eiusdem Societatus repraesentata*. Antverpiae, Ex Officina Plantiniana Balthasaris Moreti.

BONENFANT, Paul. 1925. *La suppression de la Compagnie de Jésus dans les Pays-Bas Autrichiens (1773)*. **Mémoire couronné par l'Académie Royale de Belgique. Bruxelles, Hayez.**

BONOTA, Rocco. 1822. *La liga de la Teología moderna con la Filosofía en daño de la Iglesia de Jesucristo*. Impreso en Madrid 1798 y reimpreso en Barcelona, en la Imprenta de José Rubió.

BORDA, José Joaquín. 1872. *Historia de la Compañía de Jesús en la Nueva Granada*. Poissy, Imprenta de S. Lejay, 2 vols.

BORGO, Carlo. 1780. *Memoria Cattolica da presentarsi a Sua Santità. Opera Postuma*. Tu scis quoniam falsum testimonium tulerunt contra me; & ecce morior, cum nihil forum fecerim, quae isti malitiose composuerunt adversum me. Exaudivit autem Dominus vocem ejus. Daniel, cap. 13, vers. 43 & 44. Cosmopoli.

BORRÀS I FELIU, Antoni. 1995. "El Col·legi de Sta. Maria i St. Jaume, dit de Cordelles i la Companyia de Jesús". En: *Analecta Sacra Tarraconensia*, 37 (1995) 399-466.

BORROMEO, Agostino. 1991. "Ignacio de Loyola y su obra a la luz de las más recientes tendencias historiográficas". En: Quintín ALDEA (Ed.). *Ignacio de Loyola en la gran crisis del siglo XVI*. Bilbao, Universidad Complutense-Mensajero-Sal Terrae, S/f [1991] 321-334.

BOSWELL, James. 1993. *Etat de la Corse, presentation, traduction et notes de Jean Vivies*. Paris, Centre national de la recerce scientifique. Presses du CNRS diffusion.

BOTERO GIRALDO, Horacio. 2004. *Los expatriados*. Siglo XVIII. Los jesuitas expulsados y suprimidos. Bogotá, Pontificia Universidad Javeriana.

BOTTARI, Giovanni Gaetano. 1759. *Appendice alle Riflessioni del Portoghese sul Memoriale del P. Generale de' Gesuiti presentato alla Santita di P.P. Clement XIII, felicemente regnate. Osia risposta dell' amico di Roma all' amico di Lisbona]. Supplément aux "Réflexions d'un portugais" sur le Mémorial présenté par le P. Général des Jésuites à notre Saint Père le pape Clément XIII, ou réponse de l'ami de Rome à son ami de Lisbonne*. Gênes, s. n, 1759.

BOTTERAU, Georges. 1560. "Gallifet, Joseph". En: Charles E. O'NEILL y Joaquín Mª DOMÍNGUEZ. *Diccionario histórico de la Compañía de Jesús*, II.

2001. "Berruyer, Isaac Josph". En: Charles O'NEILL y Joaquín M. DOMÍNGUEZ. *Diccionario histórico de la Compañía de Jesús*. Roma-Madrid, I (2001) 421-422.

2001. "Generales. 18. Ricci, Lorenzo". En: Charles E. O'NEILL y Joaquín Mª DOMÍNGUEZ. *Diccionario histórico de la Compañía de Jesús*, II, 1656-1657.

BOULTON, Alfredo. 1975. *Historia de la Pintura en Venezuela. Época colonial*. Caracas, Ernesto Armitano Editor, I.

BOURGET, P de. 2001. "Ciencias orientales". En: Charles E. O'NEILL y Joaquín Mª DOMÍNGUEZ. *Diccionario histórico de la Compañía de Jesús*, I, 804-805.

BOUVIER, Pierre. 1922. *L'interpretation authentique de la méditation fundamental dans les Exercices spirituels de Saint Ignace*. París, Typographie A. Tardy, Bourges.

BOXER, Charles. 1953. "Comercio e contrabando entre Bahía e Potosí no século XVI". En: *Revista de Historia*. Sao Paulo, IV (1953) 195-212.

BRABO, Francisco Javier. 1872. *Colección de documentos relativos a la expulsión de los jesuitas de la República Argentina y del Paraguay en el reinado de Carlos III*. Madrid, Establecimiento Tipográfico de José María Pérez.

BRADING, David. 1991. *Orbe indiano. De la monarquía católica a la república criolla, 1492-1867*. México: Fondo de Cultura Económica.

BREMOND, Henri. 1929. "Saint Ignace et les Exercices". En: *La vie Spirituel. Suplement* (1929) 1-47; 73-111.

BRICEÑO JÁUREGUI, Manuel. 1991. "La prelección como elemento metodológico en la enseñanza de las humanidades en los colegios jesuíticos neogranadinos (s. XVII-XVIII)". En: José DEL REY FAJARDO (Edit). *La pedagogía jesuítica en Venezuela*. San Cristóbal, Universidad Católica del Táchira, II (1991) 589-698.

BROUWERS, Louis y Georges MEESEN. 2001. "Bélgica". En: Charles E. O'NEILL y Joaquín Mª DOMÍNGUEZ. *Diccionario histórico de la Compañía de Jesús*, I, 390-401.

BROUWERS, Louis. 2001. "Fonteyne, Hendrik". En: Charles E. O'NEILL y Joaquín Mª DOMÍNGUEZ. *Diccionario histórico de la Compañía de Jesús*, II, 1483-1484.

BUCKLEY, Michael J. 2007. "Contemplación para alcanzar amor". En: J. GARCÍA DE CASTRO (Director). *Diccionario de espiritualidad ignaciana*, I, 452-456.

BURKE-SAVAGE, Roland. 2001. "Betagh, Thomas". En: Charles E. O'NEILL y Joaquín Mª DOMÍNGUEZ. *Diccionario histórico de la Compañía de Jesús*, I, 430.

2001. "Callaghan, Richard". En: Charles E. O'NEILL y Joaquín Mª DOMÍNGUEZ. *Diccionario histórico de la Compañía de Jesús*, I, 603-604.

BURKE-SAVAGE, Roland. 2001. "Kenny, Peter". En: Charles E. O'NEILL y Joaquín Mª DOMÍNGUEZ. *Diccionario histórico de la Compañía de Jesús*, III, 2187-2188.

BURRIEZA SÁNCHEZ, Javier. 2007. *Jesuitas en Indias: entre la utopía y el conflicto. Trabajos y misiones de la Compañía de Jesús en la América Moderna*. Valladolid, Universidad de Valladolid.

BURRUS, Ernest J. 1951. "A Diary of Philippine Jesuits (1769-1770). En *Archivum Historicum Societatis Iesu*. Roma, 20 (1951) 269-299.

2001. "Kino (Chini, Chino) Eusebio Francisco". En: Charles E. O'NEILL y Joaquín Mª DOMÍNGUEZ. *Diccionario histórico de la Compañía de Jesús*. Roma-Madrid, III (2001) 2194-2195.

BURRUS, Ernest J. y Jesús GOMEZ FREGOSO. 2001. "Maneiro, Juan Luis". En: Charles E. O'NEILL y Joaquín Mª DOMÍNGUEZ. *Diccionario histórico de la Compañía de Jesús*. Roma-Madrid, III, 2493.

CABALLERO, Diosdado. 1814-1816. *Bibliothecae Scriptorum Societatis Jesu Supplementa. Sumplementum primum*, 1814. Supplementum alterum. Romae, F. Bourlié, 2 vols.

CABALLERO, José María. 1974. *Diario de la Independencia*. Bogotá. Talleres Gráficos Banco Popular.

CACHO NAZÁBAL, Ignacio. 2006. *Iñigo de Loyola el heterodoxo*. San Sebastián, Universidad de Deusto.

CAL MARTÍNEZ, M. Consuelo. 1979. *La defensa de la integridad territorial de Guayana con Carlos III*. Caracas, Academia Nacional de la Historia.

CAMPA, Hermenegildo de la. 2001. "Hervás y Panduro, Lorenzo". En: Charles E. O'NEILL y Joaquín Mª DOMÍNGUEZ. *Diccionario histórico de la Compañía de Jesús*, II, 1914-1916.

CAMPEAU, Lucien. 2001. "Marquette, Jacques". En: Charles E. O'NEILL y Joaquín Mª DOMÍNGUEZ. *Diccionario histórico de la Compañía de Jesús*. Roma-Madrid, III (2001) 2514.

CAMPO DEL POZO, Fernando. 1968. *Historia documentada de los Agustinos en Venezuela durante la época colonial*. Caracas, Academia Nacional de la Historia.

1979. *Los agustinos y las lenguas indígenas de Venezuela*. Caracas, Universidad Católica Andrés Bello.

CAPLICE, Richard I. 2001. "Estudios mesopotámicos". En: Charles E. O'NEILL y Joaquín Mª DOMÍNGUEZ. *Diccionario histórico de la Compañía de Jesús*, I, 806.

CARAMAN, Philip. 2001. "Inglaterra". En: Charles E. O'NEILL y Joaquín Mª DOMÍNGUEZ. *Diccionario histórico de la Compañía de Jesús*, III, 2021-2028.

CARAYON, Auguste. 1864. *Bilbiographie historique de la Compagnie de Jésus, ou catalogue des ouvrages relatifs à l'histoire des jésuites depuis leur origines jusqu'à nos jours*. Paris, A. Durand.

CARAYON, Augusto. 1869. *Documents inédits concernant la Compagnie de Jésus*. Tomo 20: *Missions des jésuites en Russie (1804-1824)*. Poitiers, H. Oudin.

CARROCERA, Buenaventura de. 1972. *Misión de los Capuchinos en los Llanos de Caracas. Documentos*. Caracas, Academia Nacional de la Historia.

1979. *Misión de los Capuchinos en Guayana. Documentos*. Caracas, Academia Nacional de la Historia.

1981. *Lingüística indígena venezolana y los misioneros capuchinos*. Caracas, Universidad Católica Andrés Bello.

Carta Circular, pidiendo informe sobre la división en suertes reducidas de las haciendas de los Jesuitas, destino de sus Casas, y otros puntos: y prescribiendo método para formar el Inventario de los papeles manuscritos. Madrid, 29 de julio, 1767 (Cfr. DEL REY F. *Documentos jesuíticos*, III, 131-134).

Carta circular, sobre que se haga Inventario de los Peltrechos de las imprentas que tenían los Regulares de la Compañía. Madrid, 14 de octubre, 1767. (Cfr. J. DEL REY F. *Documentos jesuíticos*, III, 139).

Carta de un religioso de los extintos jesuitas, a una hermana suya, religiosa del convento de Santa Catarina de la Puebla de los Angeles. Escrita en la ciudad de Bolonia, en 1º de octubre de 1785. Trata de lo acaecido a estos religiosos desde el día de su arresto, hasta esta fecha, con varias noticias de la Italia y ciudad de Roma. (Fue publicada en: Mariano CUEVAS. *Tesoros documentales de México siglo XVIII: Priego, Zelis, Clavijero*. México (1944) 15-177).

Cartas familiares del Abate D. Juan Andrés a su hermano D. Carlos Andrés,

1786. *dándole noticia del viage que hizo a varias ciudades de Italia en el año 1785. publicadas por el mismo D. Carlos*, Madrid, Antonio de Sancha, I, 1786.

CARVAJAL, Jacinto de. 1892. *Relación del descubrimiento del río Apure hasta su ingreso en el Orinoco*. León, Diputación Provincial.

CASAL Y MONTENEGRO, Benito. 1904. "Expulsión de los jesuitas que residían en Tunja en 1767". En: *Boletín de Historia y Antigüedades*. Bogotá, Año 2, N° 21 (1904) 573-576.

CASSANI, Joseph. 1967. *Historia de la Provincia de la Compañía de Jesús del Nuevo Reyno de Granada en la América*. Estudio preliminar y anotaciones al texto por José del Rey, s. J. Caracas, Biblioteca de la Academia Nacional de la Historia.

CASTELLOT, Joaquín. 177?. *Paralelo de las costumbres de este siglo con la moral de Jesu Christo*. Traducción del francés por el Dr. D. Joaquín Castellot. [177?].

CAST'ILLO LARA, Lucas G. 1980. *Los Mercedarios y la vida política y social de Caracas en los siglos XVII y XVIII*. Caracas, Academia Nacional de la Historia, 2 vols.

CAULÍN, Antonio (Fray). 1966. *Historia de la Nueva Andalucía*. Estudio preliminar y edición crítica por Pablo Ojer. Caracas, Academia Nacional de la Historia.

CEBOLLADA, Pascual. 2007. "Ejercitador/a". En: J. GARCÍA DE CASTRO (Director). *Diccionario de espiritualidad ignaciana*, I, 708-715.

CERCHIELLO, Gaetano. 1999-2000. "La estrategia antirromana de Bernardo Tanucci ante los acontecimientos de 1768". En: *Revista de historia moderna*. Alicante, n°., 18 (1999-2000) 41-66.

CERNITORI, José. 1793. *Biblioteca Polemica degli Scrittori Che dal 1770 sino al 1793 hanno o difesi, o impugnati i Dogmi della Cattolica Romana Chiesa*. Roma, Nella stamperia Salomoni col permesso.

CHAILLOT, G. L. 1879. *Pie VII et les jésuites d'après documents inedits*. Rome, imprimerie Salviuci.

CHANTRE Y HERRERA, José. 1901. *Historia de las Misiones de la Compañía de Jesús en el Marañón Español (1637-1767)*. Madrid, A. Avrial.

CHARLEVOIX, Pedro Francisco Javier de. 1913. *Historia del Paraguay*. Traducción del P. Pablo Hernández. Madrid, V. Suárez, I.

CHENU, Jeanne. 1981. "Une interprétation<éclerée> de la province de Santa Marta. Vision d'un jésuite exilé, le Padre Antonio Julian". En: *Etudes sur l'impact culturel du Nouveau Monde*. París, Editions L'Harmanttan (1981) 75-95.

CHÉRCOLES, Adolfo Mª y Joseph Mª RAMBLA. 2007. "Examen de conciencia". En: J. GARCÍA DE CASTRO (Director). *Diccionario de espiritualidad ignaciana*, I, 841-850.

CLAVÉ, J. 1902. *Morts ou vivants?. Supporesion et survivance de la Compagnie de Jésus.* Paris, H. Oudin, éditeur.

CLAVIGERO, Francisco Javier. 1780-1781. *Storia Antica del Messico cavata da'mighori storici spagnuoli e da' manoscritti...* divisa in dieci libri, e corredata di carte geografiche e di varie figure e dissertazioni sulla Terra, sugli animali, e sugli abitatori del Messico. Cesena, per Gregorio Biasini all' Insegna di Pallade.

CLEMENS XIV. 1773. *Encyclica missa ad omnes Episcopos a Congregationes dicta de abolenda Societate Jesu, simul ad ununquemque Episcopum exemplar Brevis extinctionis Dominus ac Redemptor, de mandato Sanctissimi, ut illud Breve omnes Episcopi puvblicent, ac promulgent*, etc. (En: Pablo VILLADA. "El primer centenario del restablecimiento de la Compañía de Jesús en todo el mundo". En: *Razón y Fe*. Madrid, 39 (1914) 211-212).

CLEMENTE XIV. 1773. *Breve de nuestro muy Santo Padre Clemente XIV por el qual su Santidad suprime, deroga, y extingue el instituto y orden de los Clérigos Regulares, denominados de la Compañía de Jesús, que ha sido presentado en el Consejo para su publicación*. Año 1773. En Madrid. En la Imprenta de Pedro Marín. Dado en Roma en Santa María la mayor, con el Sello del Pescador, el día 21 de Julio de 1773, año quinto de nuestro Pontificado".

CLEMENTIS XIV. 1773. "Congregatio Cardinalium et consultorum exequendo Brevi suppressionis Societatis Iesu praeponitur. *Gravissimis ex causis*". Datum Romae, die decimo tercio Augusti MDCCLXXIII. En: *INSTITUTUM Societatis Jesu*. Florentiae, Ex Typographia a SS. Conceptione, I (1892) 328-330.

Colección general de las providencias hasta aquí tomadas por el Gobierno

1767. *sobre el estrañamiento y ocupación de temporalidades de los Regulares de la Compañía, que existían en los Dominios de S. M. de España, Indias e Islas Filipinas a consequencia del Real Decreto de 27 de febrero y Pragmática-Sanción de 2 de abril de este año*. Madrid, en la Imprenta Real de la Gazeta, 1767 (Parte primera).

COLETI, Giovanni Domenico. 1771. *Dizionario storico-geográfico dell'America Meriodanale* di Giandomenico Coleti della Compagnia di Gesu. En Venezia: nella stamperia Coleti ...

COLLADO, Manuel. s/f. *Descripción de las Gobernaciones de Maracaibo, Santa Marta y Popayán*. (Mss.).

COLMENARES, Germán. 1969. *Las haciendas de los jesuitas en el Nuevo Reino de Granada*. Bogotá, Universidad Nacional de Colombia.

COLPO, Mario. 2001. "Compañía de la fe de Jesús: Paccanaristas". En: Charles E. O'NEILL y Joaquín Mª DOMÍNGUEZ. *Diccionario histórico de la Compañía de Jesús*, I, 886-889.

2001. "Compañía del Sagrado Corazón de Jesús (Padres del Sgdo. Corazón)". En: Charles E. O'NEILL y Joaquín Mª DOMÍNGUEZ. *Diccionario histórico de la Compañía de Jesús*, I, 888.

2001. "Italia". En: Charles E. O'NEILL y Joaquín Mª DOMÍNGUEZ. *Diccionario histórico de la Compañía de Jesús*, III, 2078-2114.

Constitutiones Societatis Iesu et Epitome Instituti. Romae, Apud Curiam Praepositi Generalis, 1943.

CORCORAN, Timothy. 1932. *The Clongowes Record 1814 to 1932*. Dublín, Browne and Nolan.

CORDARA, Julius. 1925. *De suppressione Societatis Iesu commentarii*. Padua, Edición de Albertotti.

CORDOVEZ MOURE, José María. 1903. *Reminiscencias de Santafé y Bogotá*. Bogotá, Gerardo Rivas Moreno Editor, 1997. Una primera edición: José María CORDOBÉS M. "D. Ignacio Tenorio y Carvajal. Excursionista, jesuita y oidor". En: *Boletín de Historia y Antigüedades*. Bogotá, nº., 16 (1903) 199-216.

CORELLA, Jesús. 2007. "Consolación". En: J. GARCÍA DE CASTRO (Director). *Diccionario de espiritualidad ignaciana*, I, 413-425.

CORTES DE CÁDIZ. 1813. *Discusión del proyecto de decreto sobre el Tribunal de la Inquisición*, Cádiz, Imprenta Nacional.

CORTÉS PEÑA, Antonio Luis. 1997. "Algunos ejemplos del control gubernamental sobre los jesuitas tras la expulsión". En: Antonio MESTRE SANCHÍS y Enrique GIMÉNEZ LÓPEZ (eds.). *Disidencias y exilios en la España moderna*. Alicante, Caja de Ahorros del Mediterráneo-Universidad de Alicante (1997) 691-701.

COSTA, Maurizio. 2007. "Banderas". En: J. GARCÍA DE CASTRO (Director). *Diccionario de espiritualidad ignaciana*, I, 211-221.

COTANILLA, José. s/f. *Reseña histórica sobre la expulsión general de los jesuitas de ambos mundos*. (Mss.). [APT. Legajo, 30].

CRAVIOTTO, José Antonio. 1960. "Sobre el origen del ideario independentista de Viscardo y de Godoy". En: *Anuario del Instituto de Investigaciones Históricas*. Rosario, 4 (1960) 423-442.

CRÉTINEAU-JOLY, Jacques. 1848. *Clemente XIV y los jesuitas, o sea Historia de la destrucción de los jesuitas escrita en francés con vista de auténticos e inéditos documentos por J. Crétineau-Joly y traducida al castellano de la segunda edición francesa considerablemente aumentada por el doctor D.N.V.M.* Madrid, Establecimiento Tipográfico-Literario de D. Nicolás de Castro Palomino, 1848.

1848. *Defensa de Clemente XIV y respuesta al Abate Gioberti, o sea complemento a la Historia de la destrucción de los jesuitas.* Madrid, Establecimiento Tipográfico-Literario de D. Nicolás de Castro Palomino y Compañía.

CROISET, Juan. 1729. *Parallèle des moeurs de ce siècle et de la morale de Jésu-Christ.* Bruxelles, chez Simon T'Serstevens.

CUERVO, A. 1893. *Colección de Documentos inéditos para la Geografía e Historia de Colombia.* Bogotá, Imprenta de Zalamea Hermanos, III.

CUERVO, Luis A. 1943. "El primer año de la Imprenta en Santafé". En: *Boletín de Historia y Antigüedades.* Bogotá, 30 (1943) 874-877.

CUEVAS, Mariano. 1944. *Tesoros documentales de México siglo XVIII: Priego, Zelis, Clavijero.* México, [Galatea].

CUNILL GRAU, Pedro. 1989. "Felipe Salvador Gilij, geógrafo dieciochesco de la cuenca del Orinoco y del Amazonas venezolano". En: *Montalbán.* Caracas, 21 (1989) 21-68.

CURRAN, Francis X. 2001. "Grassi, Giovanni Antonio". En: Charles E. O'NEILL y Joaquín Mª DOMÍNGUEZ. *Diccionario histórico de la Compañía de Jesús*, II, 1805-1806.

CURRAN, R. Emmett. 2001. "Kohlmann, Antony". En: Charles E. O'NEILL y Joaquín Mª DOMÍNGUEZ. *Diccionario histórico de la Compañía de Jesús*, III, 2211-2212.

2001. "Molyneux, Robert". En: Charles E. O'NEILL y Joaquín Mª DOMÍNGUEZ. *Diccionario histórico de la Compañía de Jesús*, III, 2720.

CUSSON, Gilles. 1971. "III. Les <Exercices spirituels>". En: M. VILLER, M., F. CAVALLERA, J. DE GUIBERT. *Dictionnaire de Spiritualité ascetique et mystique, doctrine et histoire.* París, VII (1971) 1306-1318.

1994. "Breve historia de la interpretación de los Ejercicios. Escuelas y tendencias". En: *Manresa.* Madrid, 66 (1994) 87-103.

D'EGAN, Harvey. 1976. *The Spiritual Exercices and the Ignatian Mystical Horizon.* St. Louis, The Institute of Jesuit Sources.

DALMASES, Cándido de y José ESCALERA. 2001. "Ejercicios espirituales". En: Charles E. O'NEILL y Joaquín Mª DOMINGUEZ. *Diccionario histórico de la Compañía de Jesús*, II, 1223-1232.

DALVILA Y COLLADO, Manuel. 1891. Reinado de Carlos III. Madrid, el Progreso Editorial.

DAVID, Bernard. 1984. *Dictionnaire biographique de la Martinique (1635-1848)*. "Le Clergé". Tome I, 1635-1715. Fort-de-France, Societé d'Histoire de la Martinique.

DÁVILA Y ARRILLAGA, José Mariano. 1889. *Continuación de la Historia de la Compañía de Jesus en Nueva España del P. Francisco Javier Alegre*. Puebla, Imp. del Colegio Pio de artes y oficios, II.

DE CHARRY, Jeanne. 2001. "Barat, Magdalena Sofía". En: Charles E. O'NEILL y Joaquín Mª DOMÍNGUEZ. *Diccionario histórico de la Compañía de Jesús*, I, 339-340.

DECORME, Gerardo. 1914. *Historia de la Compañía de Jesús en la República Mexicana durante el siglo XIX, Tomo I. Restauración y vida de secularización. 1816-1848*. Guadalajara, Alhóndiga y Don Juan Manuel.

DEHERGNE, Joseph. 2001. "Bourgeois, François [Nombre chino: Chao, Junxiu]. En: Charles E. O'NEILL y Joaquín Mª DOMÍNGUEZ. *Diccionario histórico de la Compañía de Jesús*, I, 510.

DEL REY FAJARDO, José y Felipe GONZÁLEZ. 2010. *Educadores, ascetas y empresarios. Los jesuitas en la Tunja colonial*. Bogotá-Tunja. Pontificia Universidad Javeriana-Academia Boyacense de Historia, 2 vols.

DEL REY FAJARDO, José y Germán MARQUÍNEZ ARGOTE. 2002. *Denis Mesland amigo de Descartes y maestro javeriano (1615-1672)*. Bogotá, CEJA, 2002.

DEL REY FAJARDO, José. 1964. "Venezuela y la ideología gumillana". En: *Sic,* Caracas (1964), 74-76.

1969. "Conspiradores y aventureros en el siglo XVIII venezolano". En: *SIC.* Caracas, 317 (1969) 310-312.

1971. *Aportes jesuíticos a la filología colonial venezolana*. Caracas, Ministerio de Educación, 1971, 2 vols.

1974. *Bío-bibliografía de los jesuitas en la Venezuela colonial*. Caracas, Oficina Central de Información-Universidad Católica Andrés Bello.

1974. *Documentos jesuíticos relativos a la Historia de la Compañía de Jesús en Venezuela*. Caracas, Academia Nacional de la Historia, 2 vols.

1974. "Filósofos y Teólogos Jesuitas en la Venezuela colonial". En *Montalbán*. Caracas, 3 (1974) 7-51

1979. *La pedagogía jesuítica en la Venezuela hispánica*. Caracas, Biblioteca de la Academia Nacional de la Historia.

1979. "Un manual de urbanidad y cortesía para estudiantes de humanidades (1762)". En: *Boletín de la Academia Nacional de la Historia*. Caracas, t. LXII, n°. 246 (1979) 389-400.

1990. *La expulsión de los jesuitas de Venezuela (1767-1768)*. San Cristóbal, Universidad Católica del Táchira.

1993. "Introducción al estudio de la Historia de las Misiones jesuíticas en la Orinoquia". En José DEL REY FAJARDO (Edit.). *Misiones jesuíticas en la Orinoquia*. San Cristóbal, I (1993) 209-399.

1993. "Miguel Alejo Schabel S. J. Escritor, aventurero y misionero". En: *Boletín universitario de Letras*. Caracas, I (1993) 169-195.

1994. "Antoine Boislevert (1618-1669) fundador [de las Misiones] de los Llanos de Casanare". En: *Boletín de la Academia Nacional de la Historia*. Caracas, t. LXXVII, n°., 308 (1994) 81-104.

1995. *Bío-bibliografía de los jesuitas en la Venezuela colonial*. San Cristóbal-Santafé de Bogotá, Universidad Católica del Táchira-Pontificia Universidad Javeriana.

1998. *Una utopía sofocada: Reducciones jesuíticas en la Orinoquia*. Caracas, Academia Nacional de la Historia.

1999. *Las bibliotecas jesuíticas en la Venezuela colonial*. Caracas, Biblioteca de la Academia Nacional de la Historia, 2 vols.

2002. *Catedráticos jesuitas de la Javeriana colonial*. Bogotá, CEJA.

2001. *La biblioteca colonial de la Universidad Javeriana de Bogotá*. Santafé de Bogotá-San Cristóbal, Universidad Católica Andrés Bello-Pontificia Universidad Javeriana, s/f [2001].

2003. *El aporte de la Javeriana colonial a la cartografía orinoquense*. Bogotá, Pontificia Universidad Javeriana.

2003. *Virtud y letras en el Maracaibo hispánico*. Caracas, Universidad Católica Andrés Bello-Alcaldía de Maracaibo.

2004. *Entre el deseo y la esperanza: los jesuitas en la Caracas colonial*. Caracas, Universidad Católica Andrés Bello.

2004. *Jesuitas, libros y política en el Real Colegio Mayor y Seminario de San Bartolomé*. Bogotá, Publicaciones Editores.

2004. *Los jesuitas en Cartagena de Indias 1604-1767*. Bogotá, Centro Editorial Javeriano, 2004.

2005. *Un sueño educativo frustrado: Los jesuitas en el Coro colonial*. Caracas, Universidad Católica Andrés Bello-Universidad Arturo Michelena.

2006. *Biblioteca de Escritores jesuitas neogranadinos*. Bogotá, Editorial Pontificia Universidad Javeriana.

2006. "José Gumilla, explorador científico de la Orinoquia". En: Juan PLAZAOLA (Edit.). *Jesuitas exploradores, pioneros y geógrafos*. Bilbao, Ediciones Mensajero (2006) 199-243.

2006. *Los jesuitas en Venezuela*. Tomo I: *Fuentes*. Caracas-Bogotá, Universidad Católica Andrés Bello-Pontificia Universidad Javeriana.

2006. *Los jesuitas en Venezuela*. Tomo I: *Las fuentes*. Caracas-Bogotá, Universidad Católica Andrés Bello-Pontificia Universidad Javeriana.

2007. *El mito Schabel. Las antinomias de un jesuita aventurero*. Valera, Universidad Valle del Momboy.

2007. "Los jesuitas alemanes en el Nuevo Reino de Granada. El Padre Gaspar Bek (1640-1684) y la primera visión del mundo sáliva". En: Kart KOHT y María Cristina TORALES PACHECO (eds). *Desde los confines de los imperios ibéricos. Los jesuitas de habla alemana en las misiones americanas*. Frankfurt-Madrid, Vervuert-Iberoamericana (2007) 541-603.

2007. *Los jesuitas en Venezuela*. Tomo II: *Los hombres*. Caracas-Bogotá, Universidad Católica Andrés Bello-Pontificia Universidad Javeriana.

2007. *Los jesuitas en Venezuela*. Tomo V: *Las Misiones germen de la nacionalidad*. Caracas-Bogotá, Universidad Católica Andrés Bello-Pontificia Universidad Javeriana.

2009. *La Universidad Javeriana, intérprete de la "otredad" indígena (siglos XVII-XVIII)*. Bogotá, Pontificia Universidad Javeriana.

2010. *La Facultad de Lenguas de la Universidad Javeriana colonial y la República de las Letras neograndinas*. Bogotá, Editorial El Búho.

2010. *Los precursores de la 'Sociedad del conocimiento' en la Javeriana colonial*. Bogotá, Editorial El Búho.

2011. *Los jesuitas en Venezuela*. Tomo III: *Topo-historia*. San Cristóbal, Fondo Editorial Simón Rodríguez. 2 vols.

DELATARE, Pierre. 1949-1957. *Les établissements des Jésuites en France depuis quatre siècles*. Repertoire topo-bibliographique publié a l'occasion du quatrième centenaire de la fondation de la Compagnie de Jésus 1540-1940. Sous la direction de Pierre Delattre s.j. avec le concours d'un grand nombre de collaborateurs. Enghien-Wetteren, Institut Supérieur de Théologie-Imprimerie de Meester Frères, 5 vols.

DELUMEAU, Jean. 1979. *Le catholicisme entre Luther et Voltaire*. París, Presses Universitaires de France.

DEPLACE, Louis. 1896. "Les Jésuites anglais de Liège pendant la Révolution française". En: *Précis historiques*, Bruxelles, 45 (1896) 226-235; 275-281.

DESAUTELS, Alfred R. 1956. *Les Mémoires de Trévoux et le mouvement des idées au XVIIIe siècle*. Roma, Institutum Historicum S.I.

2001. "Ilustración". En: Charles E. O'NEILL y Joaquín Mª DOMINGUEZ. *Diccionario histórico de la Compañía de Jesús*. Roma-Madrid, II (2001) 1993-1997.

DESPRAT, Jean-Paul. 2000. *Le Cardinal de Bernis: la belle ambition (1715-1794)*. Paris, Perrin.

DEVITT, Edward I. 1905. "The Suppression and Restoration of the Society of Jesus in Maryland". En: *Woodstock Letters*, XXXIV (1905) 203-235.

DIDEROT, Denis y Jean-le-Rond D' ALEMBERT. 1751. *Encyclópedie, ou Dictionnaire raisonné des sciences, des arts et des métiers* par une societé de gens de lettres, mis en ordre & publié par M. Diderot... & quant à la Partie Mathématique, par M. D'Alembert...; tome premier. A Paris: chez Briasson... chez David l'aîné... chez Le Breton... imprimeur ordinaire du Roy... chez Durand....

DIEGO JOSÉ DE CÁDIZ (Beato). 1794. *El soldado católico en guerra de religión. Carta instructiva ascético-histórico- política, en que se propone a un Soldado Católico la necesidad de prepararse... en la guerra actual contra el impío partido de la infiel, sediciosa y regicida Asamblea de Francia*. Écija, por D. Benito Daza.

DIEGO, Luis de. 2007. Espiritualidad del <magis>". En: J. GARCÍA DE CASTRO (Director). *Diccionario de espiritualidad ignaciana*, II, 1155-1168.

DOBRIZHOFFER, Martín. 1784. *Historia de Abiponibus Esquestri, Bellicosaque Paraquariae Natione locupletata*... Viennae, Typis Josephi Nob. De Kurzbek.

DOMERGUE, Lucienne. 2001. "Les jésuites espagnols écrivains et l'appareil d'État (1767-1808)". En: Manfred TIETZ (Ed.). *Los jesuitas españoles expulsos. Su imagen y su contribución al saber sobre el mundo hispánico en la Europa del siglo XVIII*. Madrid-Frankfurt/M, Iberoamericana-Vervuert (2001) 265-294.

DOMÍNGUEZ MORANO, Carlos. 2007. "Maneras de humildad". En: J. GARCÍA DE CASTRO (Director). *Diccionario de espiritualidad ignaciana*, II, 1185-1192.

DOMÍNGUEZ, Mónica. s/f. *Aproximación historiográfica a la pintura colonial del Estado Zulia*. (Mss.).

DONIS RÍOS, Manuel Alberto. 1992. "La cartografía jesuítica en la Orinoquia (siglo XVIII)". En: DEL REY FAJARDO (Edit). *Misiones jesuíticas en la Orinoquia*. San Cristóbal, I (1992) 783-840.

DONNELLY, John Patrick. 2001. "Lallemant, Louis". En: Charles E. O'NEILL y Joaquín Mª DOMÍNGUEZ. *Diccionario histórico de la Compañía de Jesús*, III, 2267-2268.

DONOSO, Ricardo. 1963. *Un letrado del siglo XVIII: el Dr. José Perfecto de Salas*. Buenos Aires, Universidad de Buenos Aires. Facultad de Filosofía y Letras. 2 volúmenes.

DRIVE, Agustín y Manuel TARRE. 1916. *María y la Compañía de Jesús*. Tortosa, Imprenta Moderna del Ebro.

DUARTE, Carlos F. 1997. "López. Juan Pedro". En: FUNDACIÓN POLAR. *Diccionario de Historia de Venezuela*. Caracas, Fundación Polar, II (1997) 1000-1001.

DUARTE, Carlos F. s/f. *El legado artístico-artesanal de la Compañía de Jesús en la Provincia de Venezuela. 1628-1767* [Mss.]

1996. *Juan Pedro López. Maestro de pintor, escultor y dorador. 1724-1787*. Caracas, Galería de Arte Nacional.

DUCLOS, Paul. 2001. "Barat, Louis". En: Charles E. O'NEILL y Joaquín Mª DOMÍNGUEZ. *Diccionario histórico de la Compañía de Jesús*, I, 339.

2001. Barruel, Agustín (de)". En: Charles E. O'NEILL y Joaquín Mª DOMÍNGUEZ. *Diccionario histórico de la Compañía de Jesús*, I, 358-359.

2001. "Bouvier, Pierre". En: Charles E. O'NEILL y Joaquín Mª DOMINGUEZ. *Diccionario histórico de la Compañía de Jesús*, I, 513-514.

2001. "Carayon, Auguste". En: Charles E. O'NEILL y Joaquín Mª DOMÍNGUEZ. *Diccionario histórico de la Compañía de Jesús*, I, 648.

2001. "Gloriot, Charles". En: Charles E. O'NEILL y Joaquín Mª DOMÍNGUEZ. *Diccionario histórico de la Compañía de Jesús*, II, 1743.

2001. "Leblanc, Pierre-Charles-Marie". En: Charles E. O'NEILL y Joaquín Mª DOMÍNGUEZ. *Diccionario histórico de la Compañía de Jesús*, III, 2313.

2001. "Roger, Pierre". En Charles E. O'NEILL y Joaquín Mª DOMÍNGUEZ. *Diccionario histórico de la Compañía de Jesús*, IV, 3400-3401.

DUHR, Bernhard. 1885. "Ungedruckte Briefe und Relationen über die Aufhebung der Gesellschaft Jesu in Deutschland". En: *Historisches Jahrbuch der Görres-Gesellschat*, VI (1885) 413-437.

DUQUESNE, Ignacio. s/f. *Relazione sopra il viaggio dei Gesuiti Della Provincia di Sta. Fede di Bogotá.* (Mss. APT. Leg., 700).

DURAND, Guillemo y Antonio GONZÁLEZ ANTÍAS. 2002. *Caracas en 25 escenas.* Caracas, Alcaldía de Caracas-Fundarte.

DURBIN, Marshall. s/f. "A surwey of the carib language family". En E. B. BASSO (ed): *Carib-speaking indians: culture, society and language.* Tucson. The University of the Arizona Press (The Anthropological Papers of the of Arizona, 28) S/f.

DURIS, Pascal. 1997. "Histoire naturelle". En: Michel DELON (Edit.). *Dictionnaire européen des Lumières.* Paris, Presses Universitaires de France (1997) 543-547.

EBELING, Gerhard. 1975. *Wort und Glaube.* Tübingen, J. C. B. Mohr (Paul Siebeck) III.

ECHÁNOVE, Antonio. 1955. "Origen y evolución de la idea jesuítica de <Reducciones> en las Misiones del virreinato del Perú". En: *Missionalia Hispanica.* Madrid (1955) 95-144.

ECHARD, Laurence. 1779. *Dictionnaire geographique-portatif...* traduit de l'anglois sur la treizieme édition de Laurent Echard, avec des additions & des corrections considérables par monsieur Vosgien, chanoine de Vaucouleurs. A Paris: chez Les Libraires Associes.

ECHARTE, Ignacio. 2001. "Congregación". En: Charles E. O'NEILL y Joaquín Mª DOMÍNGUEZ. *Diccionario histórico de la Compañía de Jesús,* I, 907-911.

ECHEVERRÍA, Juan Mª. 2005. *Las ideas escolásticas y el inicio de la revolución hispanoamericana.* Maracaibo, Universidad Católica Cecilio Acosta.

ECHEVERRÍA, Lamberto de et alii. 1983. *Código de derecho canónico.* Edición bilingüe comentada. Madrid, Biblioteca de Autores Cristianos.

Efemeridi Letterarie di Roma. X, XI, XII:

EGIDO, Teófanes e Isidoro PINEDO. 1994. *Las causas <gravísimas> y secretas de la expulsión de los jesuitas por Carlos III.* Madrid, Fundación Universitaria Española.

EGIDO, Teófanes. 1979. "Regalismo y relaciones Iglesia-Estado (s. XVIII)". En: Ricardo GARCÍA VILLOSLADA. *Historia de la Iglesia en España.* Vol. IV. La Iglesia en España de los siglos XVII y XVIII. Madrid, Biblioteca de Autores Cristianos (1979) 125-249.

EL EXJESUITA OPRIMIDO [Francisco Javier MARIÁTEGUI]. 1812. *Memoria que presenta a su Majestad, la Junta de Cortes, el ex jesuita F. X. M. Palma.* En la Oficina de Brusi, Año 1812.

ELORDUY, Eleuterio. 1948. "El humanismo suareciano". En: *Razón y Fe*. Madrid, 183 (1948) 35-64.

ELORDUY, Eleuterio. 1948. *La igualdad jurídica según Suárez*. Salamanca, Tirada aparte del HOMENAJE AL P. SUÁREZ.

ÉMONET, Pierre. 2007. "Primera semana". En: J. GARCÍA DE CASTRO (Director). *Diccionario de espiritualidad ignaciana*, II, 1477-1481.

Encyclica missa ad omnes Episcopos a Congregationes dicta de abolenda 1773. Societate Jesu, simul ad ununquemque Episcopum exemplar Brevis extinctionis Dominus ac Redemptor, de mandato Sanctissimi, ut illud Breve omnes Episcopi puvblicent, ac promulgent, etc.

ENDEAN, Philip. 2007. "Aplicación de sentidos". En: J. GARCÍA DE CASTRO (Director). *Diccionario de espiritualidad ignaciana*, I, 184-191.

ESCALERA, José. 2001. "Andrés Navarrete, Juan". En: Charles E. O'NEILL y Joaquín Mª DOMÍNGUEZ. *Diccionario histórico de la Compañía de Jesús*, I, 163.

2001. "Diosdado Caballero, Ramón". En: Charles E. O'NEILL y Joaquín Mª DOMÍNGUEZ. *Diccionario histórico de la Compañía de Jesús*, II, 1130.

2001. "López, Isidro". En: Charles E. O'NEILL y Joaquín Mª DOMÍNGUEZ. *Diccionario histórico de la Compañía de Jesús*. Roma-Madrid, III (2001) 2414-2415.

2001. "Tolrá, Juan José". En: Charles E. O'NEILL y Joaquín Mª DOMÍNGUEZ. *Diccionario histórico de la Compañía de Jesús*, IV, 3810-3811.

2001. "Uriarte, José Eugenio de ". En Charles E. O'NEILL y Joaquín Mª DOMÍNGUEZ. *Diccionario histórico de la Compañía de Jesús*, IV, 3861.

Espíritu de los mejores diarios literarios que se publican en Europa. 1787. *Dedicado a los literatos y curiosos de España. Que contiene las principales noticias que ocurren en las Ciencias, Artes, Literatura, Comercio: varias anécdotas curiosas, el anuncio de las obras que se publican, las invenciones que se hacen y los adelantamientos de las Ciencias*. El número 1 del periódico aparece el 2 de julio de 1787,

ESTEVE BARBA, Francisco. 1965. *Cultura virreinal*. Barcelona-Madrid, Salvat Editores.

1975. "La asimilación de los signos de escritura en la primera época". En: Demetrio RAMOS (Edit.). *Estudios sobre política indigenista española en América*. Valladolid, Universidad de Valladolid, I (1975) 257-264.

ÉVAIN, François. 2001. "Ontologismo". En: Charles E. O'NEILL y Joaquín Mª DOMÍNGUEZ. *Diccionario histórico de la Compañía de Jesús*, II, 1454-1455.

EYZAGUIRRE, Jaime. 1958. "Correspondencia de los jesuitas expulsos chilenos con el gobierno español". *Boletín de la Academia Chilena de la Historia*, 58 (1958) 89-101.

FELLER, Francisco Javier. 1790. *Recueil des représentations, protestations et réclamations faites à S.M.I. par les Etats des 10 provinces des Pays-Bas autrichiens* Liège, Tutot, 17 vols.

FERNÁNDEZ ARRILLAGA, Inmaculada. 2002. "La persecución de los jesuitas que no juraron la Constitución de Bayona". En: Enrique GIMÉNEZ LÓPEZ (Edit.). *Y en el tercero perecerán. Gloria, caída y exilio de los jesuitas españoles en el s. XVIII*. Alicante, Universidad de Alicante (2002) 587-609.

2002. "Los novicios de la Compañía de Jesús: la disyuntiva ante el autoexilio y su estancia en Italia". En: Enrique GIMÉNEZ LÓPEZ (Edit.). *Y en el tercero perecerán. Gloria, caída y exilio de los jesuitas españoles en el s. XVIII*. Estudios en homenaje al P. Miquel Batllori i Munné. Alicante, Universidad de Alicante (2002) 251-278.

2002. "Manuscritos sobre la expulsión y el exilio de los jesuitas (1767-1815)". En: Enrique GIMÉNEZ LÓPEZ (Edit.). *Y en el tercero perecerán. Gloria, caída y exilio de los jesuitas españoles en el s. XVIII*. Estudios en homenaje al P. Miquel Batllori i Munné. Alicante, Universidad de Alicante (2002) 495-511.

2003. *El legado del P. Manuel Luengo (1767-1815). Diario de la expulsión de los jesuitas de España. Colección de Papeles Curiosos y Varios (Índices)*. Alicante, Instituto Alicantino de Cultura "Juan Gil-Albert".

2004. *El destierro de los jesuitas castellanos (1767-1815)*. Salamanca, Junta de Castilla y León, Consejería de Cultura y Turismo.

2009. *Jesuitas rehenes de Carlos III: Misioneros desterrados de América presos en el Puerto de Santa María (1769-1798)*. Puerto de Santa María, Concejalía de Cultura del Ayuntamiento de El Puerto de Santa María.

FERNÁNDEZ G., Enrique. 2001. "Acuña, Cristóbal de". En: Charles E. O'NEILL y Joaquín Mª DOMÍNGUEZ. *Diccionario histórico de la Compañía de Jesús*. Roma-Madrid, I (2001) 13.

FERRER BENIMELI, José Antonio.1990. "Carlos III y la extinción de los Jesuitas". En: *Paramillo*. San Cristóbal, 9-10 (1990) 417-436.

1995. "Córcega y los jesuitas españoles expulsos 1767-1768. Correspondencia diplomática". En: *Paramillo*. San Cristóbal, 14 (1995) 5-196.

1995. *La expulsión y extinción de los jesuitas según la correspondencia diplomática francesa*. Tomo II. Córcega y Paraguay. [San Cristóbal], 1995.

1996. *La expulsión y extinción de los jesuitas según la correspondencia diplomática francesa.* I: 1766-1770. San Cristóbal, 1992. II: San Cristóbal-Zaragoza, 1996.

1996. *La expulsión de los jesuitas según la correspondencia diplomática francesa.* II. *Córcega y Paraguay.* Zaragoza, Universidad de Zaragoza.

1998. "La expulsión y extinción de los jesuitas según la correspondencia diplomática francesa 1770-1773". En *Paramillo.* San Cristóbal, 17 (1998) 5-386.

2004. "Los <otros> jesuitas de Bolonia". En: Patrizia GARELLI e Giovanni MARCHETTI. *Un 'hombre de bien'. Saggi di lingue e letterature iberiche in onore di Rinaldo Froldi.* Alessandria, Edizioni dell'Orso (2004) 483-500.

2008. "Estudio comparativo de la expulsión de los jesuitas de Portugal, Francia y España". En: VV.AA. *Homenaje a don Antonio Domínguez Ortiz.* Granada, Universidad de Granada, Consejería de Innovación, ciencia y empresa, III (2008) 311-326.

FERRER DEL RÍO, Antonio (Ed.). 1924. *Obras originales del Conde de Floridablanca y escritos referentes a su persona.* Colección hecha e ilustrada por D. Antonio Ferrer del Río. Madrid, Biblioteca de Autores Españoles, Tomo quincuagésimo noveno.

FERRER DEL RÍO, Antonio. 1856. *Historia del reinado de Carlos III en España.* Madrid, Imprenta de los señores Matute y Compagni, II.

FESSARD, Gaston. 1956-1984. *La dialectique des Exercices Spirituels de St. Ignace de Loyola.* París, Aubier, 3 vols.

FIGUERA, Guillermo. 1960. *La Iglesia y su doctrina en la Independencia de América.* Caracas, Academia Nacional de la Historia.

FOGARTY, Gerald P. 2001. "Sewall, Charles". En: Charles E. O'NEILL y Joaquín Mª DOMÍNGUEZ. *Diccionario histórico de la Compañía de Jesús,* IV, 3564.

FOIS, Mario. 2001. "Italia". En: Charles E. O'NEILL y Joaquín Mª DOMÍNGUEZ. *Diccionario histórico de la Compañía de Jesús.* Roma-Madrid, III (2001) 2078-2114.

FOLCH, Mateo. s/f. *Tractatus de Divina Scientia Media.* (Mss.).

1752. *Metaphysica Aristotelica iuxta Mentem utriusque Doctoris Angelici e Eximii Jesuitica methodo concinnata.* In hoc Sancti Iosephi Papayanensi Academia die 14 decembri, 1752.

1754. *Liber Primus Physicorum,* 1754. (Mss.).

1760. *Tractatus theologicus De Divina sciencia media.* 1760. (Mss.).

1761. *Tractatus Teheologicus de Essentia et attributis.* 1761 (Mss.).

s/f. *Tractatus Scholastico theologicus de Divina Scientia Media*. Mss.)

s/f. *Tractatus Theologicus. De quo S. Thomae angelice disputavit 1ª Parte a quaest. 50 ad 64 et alibi.* (Mss.).

FOLEY, Henry. 1877-1883. *Records of the English Province of the Society of Jesus*. London, Burns and Oates, 7 vols.

FONTANALS, Reis. 1994. *La Fundació canònica i imperial del Col·legi de Cordelles*. Barcelona, Biblioteca de Catalunya.

FONTDEVALL, José [Onofre PRAT DE SABA]. 1803. *Operum scriptorum Aragonensium olim e Societate Jesu in Italiam deportatorum Index* editus in lucem a Josepho Fonito a Valle Ausetano. S. l. y a. [al final, Romae, 1803].

FORNERI, José. s/f. "Elementi grammaticali della lingua Yarura". [ARSI. *Opera Nostrorum*, 342, fols., 202r-209v.].

s/f. *Informe sobre la Provincia de Caracas*. (Mss.).

FORTIQUE, José R. 1973. *Los motines antijudíos de Coro*. Maracaibo, Editorial Puente.

FORTIQUE, José Rafael. 1971. *Aspectos médicos en la obra de Gumilla*. [Caracas].

FOUCHER, Michel. 1990. "Géographie de la Compagnie de Jésus: une géopolitique spirituelle". En: *Hérodote*, 56 (1990) 55-66.

FRAILE MÍGUELES, Manuel. 1895. *Jansenismo y regalismo en España*. Valladolid, Imprenta, librería y taller de grabados de Luis N. de Gaviria.

FRANCISCA JOSEFA DE LA CONCEPCIÓN DE CASTILLO. 1956. *Su vida escrita por ella misma, por mandado de sus confesores*. Bogotá, Biblioteca de Autores Colombianos.

FRANCO QUIJANO, J. F. 1917. "La filosofía tomística en Venezuela". En: *Revista del Colegio Mayor de N. S. del Rosario*. Bogotá, XII (1917) 356-492.

FRANCO, José Eduardo y Christine VOGEL. 2002. *Monita Secreta*. Instruçoes Secretas dos Jesuítas. Historia de um Manual Conspiracionista. Lisboa, Roma editora.

FRANCO, José Eduardo. 2006-2007. *O mito dos jesuítas em Portugal, no Brasil e no Oriente (séculos XVI a XX)*. Lisboa, Gradiva, 2 vols.

FREILE, Guillermo. 1966. *Historia de la Filosofía*. III. *Del humanismo a la ilustración (siglos XV-XVIII)*. Madrid, Biblioteca de Autores Cristianos, III.

FREYRE, Gilberto. 1977. *Casa-Grande y Senzala*. Caracas, Biblioteca Ayacucho.

FRÍAS, Lesmes. 1929. "Campaña de Ejercicios en el antiguo reino de Quito, a mediados del siglo XVIII". En: *Manresa*, V (1929) 255-267.

FRÍAS, Lesmes. 1923. *Historia de la Compañía de Jesús en su Asistencia moderna de España*. Tomo I (1815-1835). Madrid, Administración de Razón y Fe.

FRITZ, Samuel. 1707. *El gran río Marañón o Amazonas con la misión de la Compañía de Jesús*. Quito, Juan de Narváez.

FÜLÖP-MILLER, René. 1929. *Macht und Gehemnis der Jesuiten: eine Kultur- und Geistesgeschichte*. Berlín, Knaur.

FURLONG CARDIFF, Guillermo. 1936. *Cartografía jesuítica del Río de la Plata*. Buenos Aires, Talleres S. A. Casa Jacobo Peuser.

FURLONG, Guillermo. 1947. *Nacimiento y desarrollo de la Filosofía en el Río de la Plata 1536-1810*. Buenos Aires, Editorial Guillermo Kraft limitada.

1969. *Historia social y cultural del Río de la Plata 1536-1810. El trasplante cultural: Ciencia*. Buenos Aires.

Gaceta de Madrid. 31 de agosto de 1773.

GACÍA-BAQUERO GONZÁLEZ, Antonio. 1988. *Cádiz y el Atlántico: el comercio colonial español bajo el monopolio gaditano*. Cádiz, Diputación Provincial.

GAGARIN, Jean Xavier. 1878. "Le P. Joseph Sineo della Torre, S. J. Notes biographiques d'après les manuscrits inédits du P. Grivel". En: *Précis historiques. Mélanges religieux, littéraires et scientifiques*. Bruxelles, 27 (1878) 314-323.

GALÁN GARCÍA, Agustín. 1995. *El Oficio de Indias de los jesuitas de Sevilla 1566-1767*. Sevilla, Fundación Fondo de Cultura de Sevilla.

GALETTI, Pietro. 1912. *Memorie storiche intorno al P. Ugo Molza e alla Compagnia di Gesù in Roma durante il secolo XIX*. Roma, Off. Pol. Laziale.

GALLARDO, Bartolomé José. 1811. *Diccionario razonado manual para inteligencia de ciertos escritores que por equivocación han nacido en España*. Cádiz, Imprenta del Estado Mayor.

GALLEGOS, Rómulo. 1987. *Doña Bárbara*. Bogotá, Oveja Negra.

GANUZA, Marcelino. *Monografía de las Misiones vivas de Agustinos Recoletos (Candelarios) en Colombia. Siglo XVII-XX*. Bogotá, San Bernardo, II, 1921.

GARCÍA CHUECOS, Héctor. 1937-1938. *Estudios de historia colonial venezolana*. Caracas, Tipografía americana.

GARCÍA DE CASTRO, José. 2007. "Consolación sin causa precedente". En: J. GARCÍA DE CASTRO (Director). *Diccionario de espiritualidad ignaciana*, I, 425-428.

2007. "Ejercitante". En: J. GARCÍA DE CASTRO (Director). *Diccionario de espiritualidad ignaciana*, I, 715-721.

GARCÍA DOMÍNGUEZ, Luis Mª. 2007. "Afección desordenada". En: J. GARCÍA DE CASTRO (Director). *Diccionario de espiritualidad ignaciana*, I, 91-95.

2007. "Orden/desorden". En: J. GARCÍA DE CASTRO (Director). *Diccionario de espiritualidad ignaciana*, II, 1378-1387.

GARCÍA ESTÉBANEZ, Albino. 2007. "Tercera semana". En: J. GARCÍA DE CASTRO (Director). *Diccionario de espiritualidad ignaciana*, II, 1701-1703.

GARCÍA GOLDÁRAZ, Carlos. 1947. "Vida del P. Bernardo Recio". En: Bernardo RECIO. *Compendiosa relación de la cristiandad de Quito*. Madrid, Consejo Superior de Investigaciones Científicas (1947) 21-45.

GARCÍA MATEO, Rogelio. 2001. "Ciencias de la religión". En: Charles E. O'NEILL y Joaquín Mª DOMÍNGUEZ. *Diccionario histórico de la Compañía de Jesús*, I, 812-816.

GARCÍA VILLOSLADA, Ricardo. 1948. "La idea del Sacro Romano Imperio, según Suárez". En: *Razón y Fe*. Madrid, 183 (1948) 286-311.

1954. *Manual de Historia de la Compañía de Jesús*. Madrid, Compañía Bibliográfica Española S. A.

GARCÍA, Láutico. 1968. "Francisco de Miranda y <lo> jesuítico". En: *Sic*. Caracas, n. 302 (1968) 80-83.

GARCIA-VILLOSLADA, Ricardo. 1986. *San Ignacio de Loyola. Nueva biografía*. Madrid, Biblioteca de Autores Cristianos.

GENOVESI, Juan Antonio. 1723. *La divozione di Maria Madre Santissima del Lume...* Palermo, Stefano Amato.

GENTRY, Jules. 1906. *Pie V: sa vie, son pontificat (1717-1799): d'après les Archives Vaticanes et de nombreux documents inédits*. Paris, A. Picard, 2 vols.

GERBI, Antonello. 1982. *La disputa del Nuevo Mundo. Historia de una polémica 1750-1900*. México, Fondo de Cultura Económica.

GERL, Herbert. 1968. *Catalogus Generalis Provinciae Germaniae Superioris et Bavariae Societatis Jesu 1556-1773*. Sin lugar de edición ni fecha. [München, 1968?].

GERVAIS, Pierre. 2007. "Segunda Semana". En: J. GARCÍA DE CASTRO (Director). *Diccionario de espiritualidad ignaciana*, II, 1624-1631.

GIARD, Luce. 1995. "Le devoir d'intelligence ou l'insertion des jésuites dans le monde du savoir". En: Luce GIARD (Dir.). *Les jésuites à la Renaissance. Système éducatif et production du savoir*. Paris, Presses Universitaires de France, 1995) XI-LXXIX.

2003. "Los primeros tiempos de la Compañía de Jesús: el proyecto inicial al ingreso en la enseñanza". En: François Xavier DUMORTIER, et alii. *Tradición jesuita. Enseñanza, espiritualidad, misión*. Montevideo, Presses Universitaires de Namur-Ausjal-Universidad Católica (2003) 11-44.

GILIJ, Felipe Salvador 1782. *Nachrichten der Völker am Orinokoflusse*. Aus dem Saggio di Storia Americana des Herrn Abbate Filippo Salvatore Gilij vormaligen Missionars am Flusse Orinoko, gedruckt zu Rom Ins deutsche übersetzt, mit einigen Verbesserungen vom Herrn Abbé Franz Xavier Veigl.

GILIJ, Felipe Salvador. s/f. *Anécdotas americanas*. (Mss.).

s/f. *Religión de los americanos* (Mss.).

1784. *Saggio di Storia Americana, ossia Storia Naturale, Civile e Sacra dei Regni, e delle provincie Spagnole di Terraferma nell'America meridionale*. Scritta dall'Abate Filippo Salvatore Gilij e consacrata alla Santità di N. S. Papa Pio Sesto felicemente regnante. Tomo I. *Della storia geografica e naturale della provincia dello Orinoco*. Roma MDCCLXXX. Per Luigi Perego Erede Salvioni, Stampatore vaticano nella Sapienza. 8º, XLIV-399 pp. Tomo II. *De' Costumi degli Orinochesi*. Roma, MDCCLXXXI. 8º, XVI-399 pp. Tomo III. *Della religione e delle lingue degli Orinochesi, e di altri Americani*. Roma, MDCCLXXXII. 8º, XVI-430 pp. Tomo IV. *Stato presente di Terra-Ferma*. Roma, MDCCLXXXIV. 8º, XX-498 pp.

1785. *Nachrichten vom Lande Guiana, dem Orinocoflus, und den dortigen Wilden*. Aus dem Italienischem des Abbt Philip Salvator Gilii Auszugsweise übersetzt. Hamburg, bei Carl Ernst Bohn.

1955. *Ensayo de Historia Americana*. Bogotá, Academia Colombiana de Historia, IV.

1965. *Ensayo de Historia Americana*. Caracas, Academia Nacional de la Historia, 3 vols.

1992. *Ensayo de Historia Americana*. Caracas, Colección V Centenario del Encuentro entre Dos Mundos, Estudio Preliminar Lulu GIMÉNEZ SALDIVIA. Edición y notas Horacio BIORD CASTILLO y Lulú GIMÉNEZ SALDIVIA. Caracas, I (1992) XXXII-252. II (1992) XXXIV-267.

GIMÉNEZ FERNÁNDEZ, Manuel. 1939. *El Concilio IV Provincial Mexicano*, Sevilla, Gavidia.

GIMÉNEZ LÓPEZ, Enrique (Ed.). 1997. *Expulsión y exilio de los jesuitas españoles*. Alicante, Publicaciones de la Universidad de Alicante.

2009. *Cartas desde Roma para la extinción de los jesuitas. Correspondencia, julio 1772-septiembre 1774. Conde de Floridablanca*. Alicante, Publicaciones de la Universidad de Alicante.

GIMÉNEZ LÓPEZ, Enrique e Inmaculada FERNÁNDEZ ARRILLAGA. "Estudio introductorio". En: LUENGO, Manuel. s/f. *Diario de 1808. El año de la conspiración*. Enrique Giménez López e Inmaculada Fernández Arrillaga (Eds.). Alicante, Publicaciones de la Universidad de Alicante, s. a.

GIMÉNEZ LÓPEZ, Enrique y Jesús PRADELLS NADAL. 1996. "Los jesuitas expulsos en el viaje a Italia de Nicolás Rodríguez Lasso (1788-1789)". En: *Revista de Historia Moderna*. Alicante, n° 15 (1996) 233-253.

GIMÉNEZ LÓPEZ, Enrique y Mario MARTÍNEZ GOMIS. 1997. "El P. Isla en Italia". En: Enrique GIMÉNEZ LÓPEZ (Ed). *Expulsión y exilio de los jesuitas españoles*. Alicante, Publicaciones de la Universidad de Alicante (1997) 347-360.

1997. "Un aspecto logístico de la expulsión de los jesuitas españoles: la labor de los comisarios Gerónimo y Luis Gnecco (1767-1768)". En: Enrique GIMÉNEZ LÓPEZ (Edit.). *Expulsión y exilio de los jesuitas españoles*. Alicante, Publicaciones de la Universidad de Alicante, 1997) 181-195.

1997. "La secularización de los jesuitas expulsos (1767-1773)". En: GIMÉNEZ LOPEZ, Enrique (Edit.). *Expulsión y exilio de los jesuitas españoles*. Alicante, Universidad de Alicante, 1997) 259-303.

GIMÉNEZ LÓPEZ, Enrique. 1993. "El ejército y la marina en la expulsión de los jesuitas de España". En: *Hispania Sacra*. Madrid, XLV, n°., 92 (1993) 577-630.

1997. "La devoción a la Madre Santísima de la Luz: un aspecto de la represión del jesuitismo en la España de Carlos III". En: Enrique GIMÉNEZ LÓPEZ (Ed.). *Expulsión y exilio de los jesuitas españoles*. Alicante, Universidad de Alicante (1997) 213-228.

2008. *Misión en Roma. Floridablanca y la extinción de los jesuitas*. Murcia, Universidad de Murcia.

GIRALDO JARAMILLO, Gabriel. 1951. "Notas bio-biliográficas sobre el P. F. S. Gilij y su *Saggio di Storia Americana*". En: *Boletín de Historia y Antigüedades*. Bogotá, 38 (1951), 696-713.

GIULIANI, Maurice. 2006. *Acoger el tiempo que viene*. Estudios sobre san Ignacio de Loyola. Traducción de Miguel Lop Sebastià. Bilbao-Santander, Ediciones Mensajero y Sal Terrae.

GOETSTOUWERS, Joannes B. 1950. *Synopsis historiae Societatis Jesu*. Lovanii, Typis ad Sancti Alphons.

GOIC, Cedomil (ed.). 1988. *Historia y crítica de la literatura hispanoamericana*. Barcelona, Crítica, 3 vols.

GÓMEZ BARRIENTOS, Estanislao. 1924. "Jesuitas antioqueños de antaño". En: *Repertorio histórico*. Medellín, año VI, n°., 10 (1924) 407-421.

GÓMEZ CAFFARENA, José. 1948. "Suárez filósofo". En: *Razón y Fe*. Madrid, 183 (1948) 137-156.

GÓMEZ CANEDO, Lino. 1967. *Las Misiones de Píritu. Documentos para su Historia*. Caracas, Academia Nacional de la Historia.

1974. *La Provincia Franciscana de Santa Cruz de Caracas. Cuerpo de documentos para su historia*. Caracas, Academia Nacional de la Historia.

GÓMEZ FERREYRA, Avelino Ignacio. 1973. *A dos siglos de una inválida extinción, 1773-21 de julio-1973. La inédita "retractación" de Clemente XIV*. Córdoba.

GÓMEZ F., Jesús. s/f. "Ventura, Lucas". En: Charles E. O'NEILL y Joaquín Mª DOMÍNGUEZ. *Diccionario histórico de la Compañía de Jesús*, IV, 3926.

GÓMEZ FRAGOSO, Jesús. 2001. "Panamá". En: Charles E. O'NEILL y Joaquín Mª DOMÍNGUEZ. *Diccionario histórico de la Compañía de Jesús*, III, 2964.

GÓMEZ PARENTE. Odilo. 1979. *Labor Franciscana en Venezuela: I. La Promoción indígena*. Caracas, Universidad Católica Andrés Bello.

GONÇALVES DA CAMARA, Ludovicus. 1943. "Memoriale seu diarium". En: *Fontes narrativi de S. Ignatio de Loyola et de Societatis Iesu initiis*. I: *Narraciones scriptae ante annun 1557*. A cargo de D. FERNANDEZ ZAPICO, C. DE DALMASES. Romae (1943) 508-755.

GONZÁLEZ CRUZ, Francisco. 2001. *Globalización y Lugarización*. La Quebrada, Universidad Valle del Momboy y Centro de Estudios Provinciales y Locales, 2001.

GONZÁLEZ MAGAÑA, J. Emilio. 2007. "Anotaciones". En: J. GARCÍA DE CASTRO (Director). *Diccionario de espiritualidad ignaciana*, I, 170-176.

GONZÁLEZ MORA, Felipe. 2004. *Reducciones y haciendas jesuíticas en Casanare, Meta y Orinoco ss. XVII-XVIII*. Arquitectura y urbanismo en la frontera oriental del Nuevo Reino de Granada. Bogotá, Universidad Javeriana.

GONZÁLEZ OBREGÓN, Luis (Edit.). 1953. *Los procesos militar e inquisitorial del P. Hidalgo*. México, Ediciones Fuente Cultural.

GONZÁLEZ OROPEZA, Hermann. 1979. "La religiosidad popular en Venezuela y su iconografía. Anotaciones en torno al libro de C. Duarte". En: *Iglesia Pascual*. Caracas, año V, n°., 12 (1979) 240-248.

1991. "La expulsión de los Jesuitas en la Venezuela Hispana". En: *Montalbán*. Caracas, 23 (1991) 35-68.

1997. "Díez Madroñero, Diego Antonio". En:: FUNDACIÓN POLAR. *Diccionario de Historia de Venezuela*. Caracas, Fundación Polar, II (1997) 114.

2001. "Venezuela". En: Charles E. O'NEILL y Joaquín Mª DOMÍNGUEZ. *Diccionario histórico de la Compañía de Jesús*, IV, 3923-3925.

GONZÁLEZ OROPEZA, Hermann. Manuel BRICEÑO. 2001. "JULIAN (JULIÀ), Antonio". En: Charles E. O'NEILL y Joaquín Mª DOMINGUEZ. *Diccionario histórico de la Compañía de Jesús*. Roma-Madrid. III (2001) 2163.

GONZÁLEZ STEPHEN, Beatriz. 1993. 'Sujeto criollo/conciencia histórica: la historiografía literaria en el período colonial'. En: José ANADÓN (ed.). *Ruptura de la conciencia hispanoamericana. Ruptura de la conciencia hispanoamericana*. Madrid-México, D.F., Fondo de Cultura Económica de España (1993) 15-58.

GRAMATOWSKI, Wiktor. 2001. "Generales. 19b. Gruber (Grueber), Gabriel". En: Charles E. O'NEILL y Joaquín Mª DOMÍNGUEZ. *Diccionario histórico de la Compañía de Jesús*, II, 1659-1660.

GRANADOS, Rafael María. 1940. *Resumen de historia de América*. Bogotá, Colegio de San Bartolomé.

GRISANTI, Ángel. 1953. "José Maria Antepara, primer biógrafo del General Miranda, no era jesuíta". En: *El Universal*. Caracas, n°., 15.740 (1953), 21 de marzo.

1954. *Miranda, precursor del Congreso de Panamá y del Panamericanismo*. Caracas, Editor Jesús A. Grisanti.

GROOT, José Manuel. 1889-1893. *Historia eclesiástica y civil de Nueva Granada*. Escrita sobre documentos auténticos. Bogotá, Librería Colombiana Camacho Roldán & Compañía, 5 vols.

GRZEBIEN, Ludwik. 2001. "Benislaswki, Jan". En: Charles E. O'NEILL y Joaquín Mª DOMÍNGUEZ. *Diccionario histórico de la Compañía de Jesús*, I, 407-408.

2001. "Brzozowski, Tadeo [Tadeusz]". En: Charles E. O'NEILL y Joaquín Mª DOMÍNGUEZ. *Diccionario histórico de la Compañía de Jesús*, II, 1660-1662.

2001. "Congregaciones Polocenes (Pololtsk)". En: Charles E. O'NEILL y Joaquín Mª DOMÍNGUEZ. *Diccionario histórico de la Compañía de Jesús*, I, 918-920.

2001. "Czerniewicz, Stanislaw". En: Charles E. O'NEILL y Joaquín Mª DOMÍNGUEZ. *Diccionario histórico de la Compañía de Jesús*, II, 1028-1030.

2001. "II. Provincia de la Rusia Blanca (1773-1820)". En: Charles E. O'NEILL y Joaquín Mª DOMINGUEZ. *Diccionario histórico de la Compañía de Jesús*. Roma-Madrid, IV (2001) 3443-3446.

2001. "Kareu (Karu), Francisco [Franciszek X.]". En: Charles E. O'NEILL y Joaquín Mª DOMÍNGUEZ. *Diccionario histórico de la Compañía de Jesús*, II, 1657-1659.

2001. "Lenkiewicz, Gabriel". En: Charles E. O'NEILL y Joaquín Mª DOMÍNGUEZ. *Diccionario histórico de la Compañía de Jesús*, III, 2330-2332.

2001. "Rusia. II. Provincia de la Rusia Blanca (1773-1820)". En: Charles E. O'NEILL y Joaquín Mª DOMÍNGUEZ. *Diccionario histórico de la Compañía de Jesús*, IV, 3443-3446.

GUALINO, Lorenzo. 1932. "Gli avvelenamenti criminosi dei Romani Pontifici". Estratto dal *Bolletino dell'Istituto Storico Italianio dell'Arte Sanitaria*. Apéndice a la "Rasegna di Clinica…". Año XXXI, fascículo II y III; marzo-junio.

GUARRASI, Nicolás (¿?). 1783. *Ad omnes supremos Principes tum Sacros, tum Profanos Supplex Castholicorum Libellus pro Societate Jesu*. Esther… procidit ad pedes Regis, flevitque & locuta ad eum oravit, ut malitiam Aman Agagitote & machinationes ejus pessimas, quas excogitaverat contra Judoeos, juberet irritas fieri. &. Esther, 8. Norimbergae, & alibi MDCCLXXXIII.

1792. *De tribus in Lusitanos Jesu Socios publicis Judiciis Dissertatio*. Domine Deus Deorum, & universae potestatis tribue Sermonem complositum… Exaudi vecem forum, qui nullam aliam spem habent, & libera eos. Esth. Cap. 14, v. 13 % 19. Norimbergae, 1792.

s/f. *Altera Apologia*. .. [Sin más información].

s/f. *Apologia por Societate Jesu in Alba Russia*. [Sin más información].

GUASTI, Niccolò. 2009. "Rasgos del exilio italiano de los jesuitas españoles". En: *Hispania Sacra*. Madrid, LXI, nº., 123 (2009) 257-278.

GUEVARA, Juncal. 2007. "Misterios de la vida de Cristo". En: J. GARCÍA DE CASTRO (Director). *Diccionario de espiritualidad ignaciana*, II, 1250-1255.

GUGLIERI NAVARRO, Araceli. 1967. *Documentos de la Compañía de Jesús en el Archivo Histórico Nacional.* Madrid, Editorial Razón y Fe.

GUIDÉE, Achille. 1860. *Notices historiques sur quelques membres de la Société des pères du Sacré-Coeur, et de la Compagnie de Jésus pour faire suite à la vie du R. P. Joseph Varin.* Paris, Ch. Douniol, 2 vols.

GUIDETTI, Armando. 2007. "Borgo, Carlo". En: Charles E. O'NEILL y Joaquín Mª DOMÍNGUEZ. *Diccionario histórico de la Compañía de Jesús,* I, 494-495.

GUILLÉN, Antonio T. 2007. "Desolación". En: J. GARCÍA DE CASTRO (Director). *Diccionario de espiritualidad ignaciana,* I, 570-580.

2007. "Reglas <distribuir limosnas>". En: J. GARCÍA DE CASTRO (Director). *Diccionario de espiritualidad ignaciana,* II, 1550-1553.

2007. "Reglas <Ordenarse en el comer>". En: J. GARCÍA DE CASTRO (Director). *Diccionario de espiritualidad ignaciana,* II, 1553-1555.

GUMILLA, José. 1741. *El Orinoco ilustrado.* Historia Natural, Civil y Geographica, de este Gran Río, y de sus caudalosas vertientes: Govierno, usos, y costumbres de los indios sus habitantes, con nuevas y utiles noticias de Animales, Arboles, Aceytes, Resinas, Yervas, y Raíces medicinales: Y sobre todo, se hallarán conversiones muy singulares a nuestra Santa Fé, y casos de mucha edificacion. *Escrita* por el P. Joseph Gumilla, de la Compañía de Jesús, Missionero, y Superior de las Missiones del Orinoco, Meta, y Casanare, Calificador, y Consultor del Santo Tribunal de la Inquisición de Cartagena de Indias, y Examinador Synodal del mismo Obispado, Provincial que fue de su Provincia del Nuevo Reyno de Granada, y actual Procurador a entrambas Curias, por sus dichas Missiones y Provincia. Madrid, Manuel Fernández Impressor de la Reverenda Camara Apostolica.

GUMILLA, José. 1970. *Escritos varios.* Estudio preliminar y compilación del P. José del Rey S. J. Caracas, Academia Nacional de la Historia.

GUSTÁ, Francisco. s/f. *Notizia degli Scrittori Gesuiti i quali dopo la abolizione della Compagnia hanno publicato diverse opere.* (Ms.)

1781. *Vita di Sebastiano Giuseppe de Carvalho, è Melo, March. di Pombal, Conkte di Oeyras ec. Secretario di Stato e Primo Ministro del Re di Portogallo D. Giuseppe I.* Sin lugar de edición, 5 vols.

GUTIÉRREZ CASILLAS, José. 2001. "México". En: Charles E. O'NEILL y Joaquín Mª DOMÍNGUEZ. *Diccionario histórico de la Compañía de Jesús,* III, 2645-2656.

GUTIÉRREZ DE LA HUERTA, Franciscco. 1845. *Dictamen del fiscal don Francisco Gutiérrez de la Huerta, presentado y leído en el Consejo de Castilla sobre el restablecimiento de la Compañía.* Madrid, Imprenta de Agustín Espinosa y Compañía, 1845. [La fecha indica que hubo que esperar hasta ese año para darlo a luz pública].

GUTIÉRREZ, Alberto. 1981. *La Iglesia que entendió el Libertador Simón Bolívar.* Caracas, Universidad Católica Andrés Bello.

2005. "Las opciones fundamentales del Libertador Simón Bolívar". En: *Boletín de Historia y Antigüedades.* Bogotá, nº., 831 (2005) 769-808.

GUTIÉRREZ, Juan y Jesús GÓMEZ FREGOSO. 2001. "Márquez, Pedro José". En: Charles E. O'NEILL y Joaquín Mª DOMÍNGUEZ. *Diccionario histórico de la Compañía de Jesús.* Roma-Madrid, III, 2514-2516.

GUTIÉRREZ, Ramón. 1993. "Las reducciones indígenas en el urbanismo colonial. Integración cultural y persistencias". En: Ramón GUTIÉRREZ (Coord.). *Los pueblos de indios. Otro urbanismo en la región andina.* Quito. Biblioteca Abya-Yala, nº., 1 (1993) 13-46.

HAIGT, Roger. 1987. "Fundamental issues in Jesuit Spirituality". En: *Studies in spirituality of jesuits,* 19/4. Septiembre.

HANISCH, Walter. 1972. *Itinerario y pensamiento de los jesuitas expulsos de Chile (1767-1815).* Santiago de Chile, Editorial Andrés Bello.

1976. *Juan Ignacio Molina. Sabio de su tiempo.* Santiago de Chile, Ediciones Nihil Mihi.

HANLEY, Thomas O'Brien (ed). 1976. *The John Carroll Papers.* Ed. Thomas O'Brien Hanley. Notre Dame-London, University of Notre Dame Press, 1976. Vol., I (1755-1791); vol., II (1792-1806); vol., III (1807-1815).

HARTOG, Johan. 1968. *Curacao. From colonial dependence to autonomy.* Aruba, De Wit.

HAUSBERGER, Bernd. 1995. *Jesuiten aus Mitteleuropa im kolonialem Mexico.* Eine Bio-Bibliographie. Wien-München, Verlag für Geschichte und Politik-R. Oldenburg Verlag.

HAZAÑERO, Sebastián. 1645. *Letras Anvas de la Compañía de Iesvs de la Provincia del Nuevo Reyno de Granada.* Desde el año de mil y seyscientos y treinta y ocho, hasta el año de mil y seys cientos y quarenta y tres. En Zaragoza.

HAZARD, Paul. 1958. *El pensamiento europeo del siglo XVIII.* Madrid, Ediciones Guadarrama.

HEGEL, Georg Wilhelm Friedrich. 1986. *Vorlesungen über die Philosophie der Geschichte*. Werke 12, Frankfurt/M, Suhrkamp Verlag.

HENLEY, Paul. 1989. "Los Tamanaku". En: *Paramillo*. San Cristóbal, 8 (1989) 605-643.

HENNESEY, James J. 2001. "Estados Unidos de América. 3. Territorios ingleses". En: Charles E. O'NEILL y Joaquín Mª DOMÍNGUEZ. *Diccionario histórico de la Compañía de Jesús*, II, 1323.

2001. "Lewis, John". En: Charles E. O'NEILL y Joaquín Mª DOMÍNGUEZ. *Diccionario histórico de la Compañía de Jesús*, III, 2344.

2001. "Carroll, Jonh". En: Charles E. O'NEILL y Joaquín Mª DOMÍNGUEZ. *Diccionario histórico de la Compañía de Jesús*, I, 668.

HERNÁNDEZ DE ALBA, Guillermo. 1969-1976. *Documentos para la historia de la educación en Colombia*. Bogotá, Patronato Colombiano de Artes y Ciencias, I (1969), II (1973), III (1976).

1983. *Escritos científicos de don José Celestino Mutis*. Tomo I. Medicina. Compilación, prólogo y notas de Guillermo Hernández de Alba. Bogotá, Editorial Kelly.

HERNÁNDEZ SÁNCHEZ-BARBA, Mario. 1988. "La ilustración indiana". En: *Historia de España*. XXXI, 2. *La época de la ilustración*. Madrid, Espasa-Calpe, XXXI (1988) 293-360.

HERNÁNDEZ, Pablo. 1908. *El extrañamiento de los jesuitas del Río de la Plata y de las misiones del Paraguay por decreto de Carlos III*. Madrid, V. Suárez.

HERRERA PUGA, Pedro. 2001. "Silva y Guzmán, José Fernando". En: Charles E. O'NEILL y Joaquín Mª DOMÍNGUEZ. *Diccionario histórico de la Compañía de Jesús*, IV, 3576.

1971. *Una personalidad inédita de la ilustración: el P. José de Silva, 1750-1829*. Granada, Universidad de Granada.

HERRERO, Javier. 1973. *Los orígenes del pensamiento reaccionario español*. Madrid, Cuadernos para el diálogo.

HERVÁS Y PANDURO, Lorenzo. 1778-1792. *Idea dell'Universo, che contiene la Storia della vita dell'uomo, elementi cosmografici, viaggio estatico al mondo planetario, e Storia della terra*. Cesena, Per Gregorio Blasini all'Insegna di Pallade, 22 volúmenes.

1800-1805. *Catálogo de las Lenguas de las naciones conocidas y numeración, división y clases de estas según la diversidad de sus Idiomas y dialectos*. Madrid, Imprenta de la Administración del Real Arbitrio de Benneficiancia, 6 vols.

1807. *Causas de la revolución de Francia en el año de 1789, y medios de que se han valido para efectuarla los enemigos de la religión y del estado*. Obra escrita en Italia por el Abate D. Lorenzo Hervás y Panduro, bibliotecario de N. SS. P. Pío VII, en carta que dirigió desde Roma a un respetado ministro del Consejo de Castilla, amigo suyo. Madrid, Librería de Sojo, 2 vols.

2007. *Biblioteca jesuítico-española (1759-1799)*. Estudio introductorio, edición crítica y notas: Antonio Astorgano Abajo. Madrid, Libris: Asociación Libreros de viejo, I.

HICKS, Leo. 1950. "The Fundation of the College of St. Omers". En: *Archivum Historicum Societatis Iesu*. Roma, 19 (1950) 146-180.

HILLENGASS, Alfred. 1917. *Die Gesellschaft vom heiligen Herzen Jesu* (Societé du Sacre-Coeur de Jésus). *Eine kirchenrechtliche Untersuchung*. Stuttgart, [Kirchenrechtliche Untersuchung herausgegeben von Ulrich Stutz. Heft, 89].

HOCHWÄLDER, Fritz. 1952. *Das heilige Experiment*. Zurich, 1941. *Sur la terre comme au ciel*. París.

HOECK, François van. 1934. "Lettres des supérieurs de la Compagnie de Jésus en Russi-Blanche aux Jésuites de Hollande (1797-1806)". En: *Archivum Histórium Societatis Iesu*. Roma, 3 (1934) 279-299.

HOLT, Geoffrey. 1973. "The English Province. The ExJesuits and the the Restoration (1773-1814)". En: *Archivum Historicum Societatis Iesu*. Roma, 42 (1973) 288-311.

1979. *St. Omers and Bruges Colleges, 1593-1773. A Biographical Dictionary*. Thetford, Catholic Record Society.

2001. "Plowden (Simón, Simeón), Charles". En Charles E. O'NEILL y Joaquín Mª DOMÍNGUEZ. *Diccionario histórico de la Compañía de Jesús*, IV, 3155.

2001. "Strickland, William". En: Charles E. O'NEILL y Joaquín Mª DOMÍNGUEZ. *Diccionario histórico de la Compañía de Jesús*, IV, 3648.

2001. "Strickland, William". En: Charles E. O'NEILL y Joaquín Mª DOMÍNGUEZ. *Diccionario histórico de la Compañía de Jesús*, IV, 3648.

HONTHEIM, John Nicholas von [seudónimo de Justinus FEBRONIUS]. 1763. *De statu Ecclesiae et legitima potestate Romani Pontificis liber singularis ad reuniendos dissidentes in religione Christianos compositus*. Bullioni, Apud Guillelmum Evardi,.

HUIDOBRO Y VELASCO, Fernando. 1768. *Delación de la doctrina de los intitulados jesuitas, sobre el dogma y la moral. Hecha a los Arzobispos y Obispos de Francia*. Hecha en español por el Dr. D. Fernando Huidobro y Velasco. Madrid, Antonio Marín.

HUMBOLDT, Alejandro de. 1941. *Viaje a las regiones equinocciales del nuevo continente*. Caracas, Ediciones del Ministerio de Educación de Venezuela.

HUONDER, Antón. 1899. *Deutsche Jesuitenmissionäre des 17. und 18, Jahrhunderts. Ein Beitrag zur Missionsgeschichte und zur deutschen Biographie*. Freiburg im Breisgau, Herder'sche Verlagshandlung.

HURTER, Hugo. 1903-1913. *Nomenclator Literarius recentioris Theologiae Catholicae theologos exhibens qui inde a Concilio Tridentino floruerunt aetate, natione, disciplinis distinctos*. Oeniponte, Libraria Academica Wagneriana, 5 vols.

IBÁÑEZ DE ECHÁVARRI, Bernardo. 1768. *Causa jesuítica de Portugal o documentos auténticos, bulas, leyes reales, despachos de la Secretaria de Estado ... y otras piezas originales, que precedieron á la Reforma, y motivaron después la expulsión de los Jesuitas de los dominios de Portugal... Traducidas del Latín y Portugués e ilustradas en esta edición española*. Madrid, Imprenta Real de la Gaceta.

IGUINIZ, Juan B. 1945. *Bibliografía de los escritores de la provincia mexicana de la Compañía de Jesús, desde su restauración hasta nuestros días*. México, Edit. Colonial.

INGLOT, Marek. 1997. *La Compagnia di Gesù nell'imperio russo (1772-1820) e la sua parte nella restaurazione generale della Compagnia*. Roma, Editrice Pontificia Università Gregoriana.

INSTITUTUM Societatis Jesu. 1892. Florentiae, Ex Typographia a SS. Conceptione, I.

Instrucción de lo que deberán executar los Comisionados para el Extrañamiento y ocupación de bienes y haciendas de los Jesuitas en estos Reynos de España e islas adyacentes, en conformidad de lo resuelto por S. M. (Cfr. J. DEL REY F. *Documentos jesuíticos relativos a la Historia de la Compañía de Jesús en Venezuela*. Caracas, Academia Nacional de la Historia, III (1974) 93-98).

Instrucción de lo que se deberá observar, para inventariar los libros, y Papeles existentes en las Casas, que han sido de los Regulares de la Compañía, en todos los Dominios de S.M. Madrid, 23 de abril, 1767. (Cfr. J. DEL REY F. *Documentos jesuíticos*, III, 118-121).

Instrucción de lo que se deberá observar, para inventariar los libros, y Papeles existentes en las Casas, que han sido de los Regulares de la Compañía, en todos los Dominios de S.M. Madrid, 23 de abril, 1767. (Cfr. J. DEL REY F. *Documentos jesuíticos*, III, 119).

Instrucción del modo con que deben hacer los Comisionados los Inventarios de los Papeles, muebles, y efectos de los Regulares de la Compañía, y Interrogatorio por el qual deben ser preguntados sus Procuradores. Madrid, 7 de abril, 1767. (Cfr. J. DEL REY F. *Documentos jesuíticos*, III, 113-118).

IPARRAGUIRRE, Ignacio. 1946. *Historia de la práctica de los Ejercicios Espirituales de San Ignacio de Loyola en vida de su autor (1521-1556)*. Roma, Institutum Historicum Societatis Iesu.

1955. *Historia de los Ejercicios espirituales de San Ignacio desde la muerte de San Ignacio hasta la promulgación del Directorio oficial (1556-1599)*. Roma, Institutum Historicum Societatis Jesu.

1973. *Historia de los Ejercicios de San Ignacio. Evolución en Europa durante el siglo XVII*. Roma, Institutum Historicum Societatis Jesu.

IRIARTE, Joaquín. 1948. "La proyección sobre Europa de una gran Metafísica –o– Suárez en la Filosofía de los días del Barroco". En: *Razón y Fe*. Madrid, 138 (1948) 229-283.

ISAZA, Horacio. 1931. "La leyenda sobre el tesoro de Caribabare". En: *Repertorio boyacense*. Tunja, vol., II, n° 97 (1931) 426-429.

ISLA, José Francisco de. 1754. *Compendio de la Historia de España. Escrito en francés por el R. P. Duchesne... Traducióle en castellano el R. P. José Francisco de Isla*. Amberes, Hermanos Cramer.

s/f. *Anatomía de la Carta Pastoral que (obedeciendo al Rey) escribió el Illmo. Señor Don Joseph Xavier Rodríguez de Arellano Arzobispo de Burgos del Consejo de S. M. Cartas de un abate romano, académico de los arcades, a un monseñor florentino, cadémico de la Crusca.* [Academia de la Historia. Madrid. Mss. 9/5822]

s/f. *Anatomía de la Consulta de Don Pedro Rodríguez de Campomanes, Fiscal del Consejo extraordinario de Castilla, sobre la respuesta que debía dar Su Magestad al Breve del Papa Clemente XIII acerca del Decreto expulsivo de todos los Jesuitas existentes en sus Reales Dominios. Obra de J. F. I., donde, sin violar la Ley del Silencio, y mucho menos la del respeto debido a N. Aug. Soberano, se trata según su mérito a los pérfidos Ministros y Consejeros que le engañaron.* Introducción y notas de Conrado Pérez Picón. León, Institución Fray Bernardino de Sahagún, 1979.

1882. *Memorial en nombre de las cuatro provincias de España de la Compañía de Jesús desterradas del Reino, a S. M. el Rey D. Carlos III...* Madrid, Imprenta de F. Maroto e Hijos calle de Pelayo, num. 34.

JANSSEN, Jean. 1887-1914. *L'Allemagne et la réforme*. París, E. Plon, Nourrit et Cie.

JARAMILLO MEJÍA, William (Dir.). 1996. *Real Colegio Mayor y Seminario de San Bartolomé.* -Nobleza e hidalguía- Colegiales de 1605 a 1820. Santafé de Bogotá, Instituto Colombiano de Cultura Hispánica.

JEREZ, Hipólito. 1952. *Los jesuitas en Casanare*. Bogotá, Prensas del Ministerio de Educación Nacional.

JOLÍS, José. 1789. *Saggio sulla storia naturale della provincia del Gran Chaco, e sulle pratiche e su' costumi dei popoli che l'abitano insieme con tre giornali...* In Faenza, per Lodovico Genestri.

JOUANÉN, José. 1941-1943. *Historia de la Compañía de Jesús en la antigua Provincia de Quito 1570-1774*. Quito, Editorial Ecuatoriana, 2 vols.

Journal des savants combiné avec les Mémoires de Trévoux. A Amsterdam, chez Marc Michel Rey. 1758.

Journal encyclopédique par une sociétè de gens de lettres, dédié a Son At. Ser. et Emin. Jean Théodore, Duc de Baviére, etc.... A Liège, de l'Imprimerie du Bureau du journal. 1759.

Journal Étranger ou notice exacte et détaillée des ouvrages des toutes los nations étrangéres, en fait d'arts, des sciences, de litterature, etc., par M. Fréron, des Académies d'Angers, de Montauban et de Nancy. A Paris, chez Michel Lambert. 1756.

JULIÁN, Antonio. 1769. *Tractatus Theologico-Scholasticus de Auxiliis elaborat. a P. Antonio Jualian S. J*. Anno 1769. [Archivio Vescovile. Ms. 53].

1790. *Dissertazione critico-espositiva sopra una parte del capitolo 3 della Epistola 2 di S. Pietro, che discopre aver GesuCristo visitato e predicato alle genti americane prima della sua ammirabile ascensione al cielo*. Roma.

1790. *Trasformazione Dell America ossia Trionfo Della S. Chiesa Sulla Rovina della Monarchia del Demonio in America Dopo La Conquista Fattane Da' Monarchi Della Spagna: Con Riflessioni Apologetiche, e coll' aggiunta di una Dissertazione Critico-Espositiva, nella quale spiegandosi le parole di S. Pietro Epi I. c. 3. Qui increduli fuerant in diebus Noe, cum fabricaretur Arca vv. 18, 19, 20. Dimostrasi con valide ragioni, essere tutto ció accaduto nell'America. Opera Del Sacerdote Antonio Julián per molti anni Missionario in quelle parti*. In Roma, MDCCXC.

1951. *La Perla de América*. Provincia de Santa Marta (1787), Bogotá, Biblioteca Popular de Cultura Colombiana.

1980. *La Perla de América, Provincia de Santa Marta, reconocida, observada y expuesta en discursos históricos por Don Antonio Julián*. Madrid, Antonio Sancha, 1787. *La Perla de América* ha conocido otras tres ediciones, además de la madrileña: una en París en 1854 y dos en Bogotá: 1951 y otra facsimilar: Bogotá. Academia Colombiana de la Historia.

1994. *Monarquía del Diablo en la gentilidad del Nuevo Mundo Americano*. Transcripción e introducción por Mario Germán Romero. Santafé de Bogotá, Instituto Caro y Cuervo, 1994. El verdadero título es: *Monarquía del diablo en la gentilidad del Nuevo Mundo Americano derribada y destruida por los Católicos Monarcas de España: Triunfos de la religión en los dominios conquistados con la fe, valor y armas de los españoles: con reflexiones para confundir a los anticatólicos mordaces émulos de la nación española benemérita de todas las naciones del orbe en conquista tan gloriosa. Historia interesante a la Religión y Monarquía. Compuesta por don Antonio Julián ex-Jesuita.*

s/f. *Effigies S. P. Ignatii rinovata, sive idea veri et rinovati jesuitae.* (Mss.)

s/f. *El paraíso terrestre en la América Meridional y Nuevo Reino de Granada.* (Mss.).

s/f. *Expositio singularis super caput XII Danielis in illa, praesertim verba: "usquequo fines horum mirabilium" usque ad finem capitis.* (Mss).

s/f. *Historia del río Grande: por otro nombre Magdalena, y río de Santa Marta;* con la descripción individual de todas las provincias del nuevo reino de Granada que baña con sus corrientes y les tributa sus aguas y de todas las minas, corrientes de oro y plata, otros metales, piedras preciosas, ramos de comercio y singulares producciones de la naturaleza". Tres tomos en 8º. El primer tomo contiene 30 discursos. La obra se acompañará con una planta exactísima del puerto de Santa Marta y con un mapa original, el más correcto e individual de las provincias del Nuevo Reino. (Mss.).

s/f. *Historias útiles en que el autor impugna algunos puntos de la Historia de Gilij.* (Mss.).

s/f. *In gratiam catholici Regis Caroli III pro recente exaltatione Inmaculatae Conceptionis Deiparae in patronatum dissertatio theoligo-expositiva.* (Mss.).

s/f. *Litania lauretana di María Santísima spiegata, e con pie considerazioni esposta alla devozione de fedeli.* (Mss.).

s/f. *Mapas de la Provincia de Santa Marta y del Nuevo Reino.* (Mss.).

s/f. *Saggio della devozione alla Madre Santísima del Lume con le novene e sette sabati in ossequio alla gran Madre.* (Mss.).

s/f. *Schola novissima ab occidente veniens in sinum ecclesiae, sive theologia christiano dogmatica, polemica, et scholastica ad forman iuris Canonici &c. in partes VIII distributa... concinata a missionario Soc. Jes. exule in Italia.* (Mss.).

s/f. *Sistema Theologicum Scholastico dogmatico de Dei Scientia et Providentia.* [Archivio Vescovile. Ms. 67].

s/f. *Storia apologetica dei guasti e pregiudizi cagionati dalle Nazioni Straniere alla Nazione e Monarchia Spagnola della Terra Ferma e in tutta America Meridionale soggetta al Monarca Catolico.* (Mss.)

s/f. *Tractatus de vera Christi Ecclesia.* [Archivio Vescovile. Ms. 66].

JULIÁN, Francisco Javier. s/f. *Anacreonte traducido en español con explicación de sus palabras para uso de los que estudian lengua griega*. (Mss.)

s/f. *Curso filosófico* en cinco tomos. (Mss.)

s/f. *La sovranitá pontificia: ossia opera sopra el dominio temporale del Papa*. (Mss.)

s/f. *Meditaciones breves*. (Mss.)

s/f. *Merx nova entium virtualium ab Europa nuper in Americam advecta*. (Mss.)

s/f. *Parafrasi de los salmos de David*. (Mss.)

s/f. *Pluto deiectus: vel destructio Erebi*. (Mss.)

Scholasticus Societatis Iesu practice instructus. (Mss.)

s/f. *Summa Theologiae scholasticae uno volumine comprensa*. (Mss.)

s/f. *Systema Molinae circa concordiam gratiae divinae cum libero arbitrio*. (Mss.)

s/f. *Traducción española de la obra de Wallerio sobre el origen del mundo y particularmente de la tierra*. (Mss.)

JULIÁN, Ignacio. s/f. *Lo mejor de la vida, Religión, Doctrina y Sangre recogido en un noble joven colegial de el Real, Mayor y Seminario Colegio de San Bartholomé, propuesto en Ynstrucción Christiano-Politica para el uso de dicho Colegio a quien lo dedica un Estudiante Theologo de la Compañía de Jesús en su segundo año a suplicas de la misma juventud noble*. [Biblioteca Nacional de Colombia. Sección de Libros Raros y Curiosos. Mss. 17].

JUST, Leo. 1960. "Febronianismus". En: Josef HÖFER y Karl RAHNER. *Lexicon für Theologie und Kirche*. Freiburg, Verlag Herder, IV (1960) 46-47.

JÜTTNER, Siegfried. 2009. "Índices de *Espíritu de los mejores diarios literarios que se publican en Europa*". En: *Europäische Aufklärung in Literatur und Sprache*. Frankfurt/M, Volumen 22.

KALISTA, Zdenek. 1968. "Los misioneros de los países checos que en los siglos XVII y XVIII actuaban en América Latina". En: *Ibero-Americana Pragensia*. Praga, II (1968) 153-154 para el Nuevo Reino.

KAUFMANN, William W. 1951. *British Policy and the Independence of Latin America, 1804–1828*. New Haven, Conn., Yale University Press.

KIECHLE, Stefan. 1754-1757. "Vencerse a sí mismo". En: J. GARCÍA DE CASTRO (Director). *Diccionario de espiritualidad ignaciana*, II.

KIEKENS, François. 1879. "Les enciens missionnaires belges de la Compagnie de Jesús dans les deux Ameriques". En: *Precis historiques*, 28 (1879) 146-152.

KINO, Eusebio. 1913-1922. *Las misiones de Sonora y Arizona*. México, Publicaciones del Archivo General de la Nación. Editorial Cultura.

KLAIBER, Jeffrey. 2005. *Globalización y evangelización en el siglo XVI y el XXI: ideología versus utopía*. Universidad Antonio Ruiz de Montoya. Lección inaugural, 28 de marzo. (Mss.).

KOCH, Ludwig. 1962. *Jesuiten-Lexikon. Die Gesellschaft einst und jetzt*. [Paderborn, 1934]. Löwen-Heverlee (Belgien). Verlag der Bibliothek SJ, I.

KRATZ, Guglielmo. 1942. "Gesuiti italiani nelle missioni spagnuole". En: *Archivum Historicum Societatis Jesu*. Roma, XI (1942) 27-68.

1954. *El tratado hispano-portugués de límites de 1750 y sus consecuencias*. Roma, Institutum Historicum S. I.

KRÍZOVÁ, Markéta. 2004. *La ciudad ideal en el desierto. Proyectos misionales de la Compañía de Jesús y la Iglesia Morava en la América colonial*. Praga, Universidad Carolina de Praga.

KÜHNER, Hans. 1960. *Lexicon der Päpste*. Hamburg-Wandsbek. Fischer Bücherei.

LABBÉ, Yves. 1995. "Cité de l'homme, cité de Dieu. Le testament théologico-politique moderne". En: *Nouvelle Revue Théologique*. Namur, t., CXVII (1995) 217-239.

LABOA, Juan María. 2000. *Historia de la Iglesia Católica. V. Edad contemporánea*. Madrid, Biblioteca de Autores Cristianos, 2000.

LACOUTURE, Jean. 1993. *Jesuitas. I. Los Conquistadores*. Barcelona-Buenos Aires-México, Ediciones Paidós.

1994. *Jesuitas. II. Los continuadores*. Barcelona-Buenos Aires-México, Ediciones Paidós.

LANDÍVAR, Rafael. 1781. *Rusticatio Mexicana, seu rariora quaedam ex agris mexicanis decerpta, atque in libros decem distributa*. Mutinae [Módena], apud Societatem Typographicam.

LAWRENCE, T[homas] J[oseph]. 1919. *The Society of Nations: Its Past, Present, and Possible Future*. New York, Oxford University Press.

LEAL, Ildefonso. 1966. "El colegio de los jesuitas en Mérida. 1628-1767". En: *Revista de Historia*. Caracas, 25 (1966) 35-75.

1978. *Libros y bibliotecas en Venezuela colonial (1633-1767)*. Caracas, Biblioteca de la Academia Nacional de la Historia. Fuentes para la Historia Colonial de Venezuela, 2 vols.

LEAL, Joaquín. 1768. *Geniale antimodernum philosophicum antiquo Aristotelicum...* elaboratum a R. A. P. Joachimo Leal e S. I. Eugubii. [Archivio Vescovile. Mss., 15].

1769. *Pars prima Philosophiae. Logica rationalis.* Metod. haud spernenda elaborata a R.P. Joachino Leal Soc. Jes. Et dicata Principi Militiae Caelestis Divo Machaeli Arch-Angelo. Eugubii, Anno Domini 1769. [Archivio Vescovile. Mss., 114].

1769. *Pars Tertia Philosophiae sive Psicología R. A. P. Joachini Leal S. J.* Eugubii. [Archivio Vescovile. Mss., 115].

1770. *Pars altera Philosophiae, seu Phisica universalis A. R. A. P. Joaquino Leal philosophiae Profesore dignísimo.* Eugubii. [Archivio Vescovile. Mss., 129].

1770. *Tertia pars Philosophiae sive Ontologia.* Eugubii. [Archivio Vescovile. Mss., 113].

s/f. *Tractatus de Animastica a Joachino Leal elaboratus.* [Archivio Vescovile. Mss., 18].

LECINA, Mariano. 1916. "Breve noticia bio-bibliográfica del P. José Eugenio de Uriarte y Basterrrechea S. J;". En: J. Eug. de URIARTE. *Catálogo razonado de obras anónimas y seudónimas de autores de la Compañía de Jesús pertenecientes a la antigua asistencia española*. Madrid, Establecimiento Tipográfico <Sucesores de Rivadenyra> Inpresores de la Real Casa, V (1916) XI-XXV.

LECLERC, Ch. 1878. *Bibliotheca Americana. Histoire, Geographie, Voyages, Archeologie et Linguistique des Deux Ameriques.* París, Maisonneuve et Cie, Libraires-Édititeurs.

LÉCRIVAIN, Philippe. 2007. "Montmartre". En: José GARCÍA DE CASTRO (Director). *Diccionario de espiritualidad ignaciana*, II, 1287-1291.

LEITE, António. 2007. "Carvalho, Sebastião José de. Pombal (marqués de)". En: Charles E. O'NEILL y Joaquín Mª DOMÍNGUEZ. *Diccionario histórico de la Compañía de Jesús*. Roma-Madrid, I, 672-675.

LEITE, Serafím. 1938-1950. *História da Companhia de Jesus no Brasil*. Lisboa-Rio de Janeiro, Livraria Portugália-Civilizaçao Brasileira, 10 vols.

LEIVA LAJARA, Edelberto. 2010. "Claves de un episodios: La Habana y el Puerto de Santa María en la expulsión de los Jesuitas de España y América". En: *Revista de Historia de El Puerto*. Puerto de Santa María, n°., 45 (2010) 109-135.

LEMMON, Alfred E. 1979. "Jesuits and Music in the Provincia del Nuevo Reino de Granada". En: *Archivum Historicum Societatis Jesu*. Roma, XLVIII (1979) 149-160.

LENZENWEGER, Josef et alii. 1989. *Historia de la Iglesia católica.* Barcelona, Editorial Herder.

LERTORA MENDOZA, Celina Ana. 1995. *Fuentes para el estudio de las ciencias exactas en Colombia.* Santa Fe de Bogotá, Academia colombiana de ciencias exactas, físicas y naturales. Colección Enrique Pérez Arbeláez, nº 9.

L'Esprit des Journaux. París. 1781, 1782, y 1785.

LETURIA, Pedro de. 1925. *El ocaso del patronato real en la América Española. La acción diplomática de Bolívar ante Pío VII, a la luz del Archivo Vaticano.* Madrid, Razón y Fe.

1940. "Ejercicios cerrados en la América española en los años de la Emancipación". En: LETURIA, Pedro. "Perché la Compagnia di Gesù divenne un Ordine insegnante". En: *Gregorianum.* Roma, 21 (1940) 350-382.

1960. *Relaciones entre la Santa Sede e Hispanoamérica 1493-1835.* Roma-Caracas, Universidad Gregoriana-Sociedad Bolivariana de Venezuela, III.

LEWIS, Mark A. 2001. "I Gesuiti nel Seicento: trionfi, ottimismo, disastro". En: Eugenio LO SARDO (Coordinador). *Athanasio Kircher. Il museo del mondo.* Exposición realizada en el Palacio de Venecia, Roma, del 28 de febrero al 22 de abril de 2001. Roma, Ed. De Luca (2001) 21-23.

LIMA, Francisco da. s/f. *De fructibus et rebus naturalibus Brasiliae.* (Mss.).

s/f. *Descriptio Histórica et Geographica Brasiliae.* (Mss.)

s/f. *Dioscorides Brasilicus seu de medicinalibus Brasiliae Plantis.* (Mss.)

LINGUET, Simon Nicolas Henri. 1768. *Histoire impartiale des Jesuites.* Depuis leur établissement jusqu'à leur première expulsion ...; [S.l. : s.n.], D'après Barbier.

LYNCH, John. 1989. *Las revoluciones hispanoamericanas, 1808-1826.* Barcelona, Ariel.

LLUBERES, Antonio. 2001. "Antillas". En: Charles E. O'NEILL y Joaquín Mª DOMÍNGUEZ. *Diccionario histórico de la Compañía de Jesús,* I, 189-192.

LODARES, Baltasar de. 1929-1931. *Los franciscanos capuchinos en Venezuela.* Caracas, Cia. Anon. Edit. Empresa Gütenberg, 3 vols.

LOP SEBASTIÀ, Miguel (Trad.). 2000. *Los directorios de Ejercicios 1540-1599.* Traducción, notas y estudios… Bilbao-Santander, Ediciones Mensajero-Sal Terrae [2000]

LOP, Miguel. 2007. "Directorios". En: J. GARCÍA DE CASTRO (Director). *Diccionario de espiritualidad ignaciana,* I, 603-607.

LORENZANA, Francisco Antonio. 1767. *Aviso pastoral a todos nuestros Hermanos los Párrocos, Jueces Eclesiásticos, Vicarios, Confesores, Seculares y Regulares, y demás clérigos de este arzobispado.* [México, s. i., 1767]. La pastoral está fechada en Zacualpam, a 12 de octubre de 1767.

LOYOLA, Ignacio de. s/f. *Ejercicios espirituales para vencer a si mismo y ordenar su vida sin determinarse por afección alguna que desordenada sea.* Innumerables ediciones.

1928. *Esercizi spirituali.* Turín, Prefazione de Giovanni Papini.

LOYOLA, Juan. 1734. *Tesoro escondido en el Corazón de Jesús descubierto a nuestra España, con la breve noticia de su dulcísimo culto, propagado ya en varias provincias del orbe cristiano.* Su autor el P. Juan de Loyola de la Compañía de Jesús, maestro de Teología y al presente Rector del colegio de Segovia. Con Licencia del Ilustrísimo Sr. Obispo de Valladolid y de los Superiores de la Religión. Impreso en la imprenta de Alonso del Riego. Valladolid, Imprenta de Alonso del Reigo.

LOZANO, Pedro. 1733. *Descripción Chorographica del terreno, Rios, Arboles y Animales de las dilatadíssimas Provincias del Gran Chaco, Gualamba y de los ritos y costumbres de las innumerables naciones barbaras e infieles que la habitan...* Córdoba, En el Colegio de la Assumpcion, por Joseph Santos Balbàs.

LUBIÁN, Roque. s/f. *Apéndice a la Real Expedición de límites entre los dominios de España y Portugal en América.* (Mss.).

s/f. *Historia del Orinoco.* (Mss.).

LUCENA GIRALDO, Manuel. 1991. *Laboratorio tropical. La Expedición de Límites al Orinoco, 1750-1767.* Caracas, Monte Avila Editores.

LUENGO, Manuel. 1770. *Diario de la expulsión de los jesuitas de los Dominios del Rey de España, al principio de sola la Provincia de Castilla la Viexa, después más en general de toda la Compañía, aunque siempre con mayor particularidad de la dicha Provincia de Castilla.* Consta de 63 tomos manuscritos y falta el tomo IV correspondiente al año 1770. [Archivo Histórico de Loyola].

2001. Memorias de un exilio. *Diario de la expulsión de los jesuitas de los dominios del Rey de España (1767-1768).* Estudio introductorio y notas de Inmaculada Fernández Arrillaga. Alicante, Universidad de Alicante.

2004. *El retorno de un jesuita desterrado. Viaje del P. Luengo desde Bolonia a Nava del Rey.* Inmaculada Fernández Arrillaga (Ed.). Alicante, Publicaciones de la Universidad de Alicante. Ayuntamiento de Nava del Rey (Valladolid), 2004.

LUKACS, Ladislao. 1961. *De origine collegiorum externorum deque controversiis circa eorum paupertatem obortis 1539-1608.* Romae, Institutum Historicum S. J.

1988. *Catalogus generalis seu Nomenclator biographicus personarum Provinciae Austriae Societatis Iesu (1551-1773)*. Romae, Institutum Historicum S. J., 3 vols.

LUTTEROTH, Henri. 1845. *La Russie et les Jésuites, de 1772 à 1820. D'après des documents la plupart inédits*. Paris, L.R. Delay.

Mac ERLEAN, John. 1930. "Irish Jesuits in Foreing Missions from 1574 to 1773". En: *Irish Jesuit Directory and Year Book*, (1930) 127-138.

MADRIGAL, Santiago. 2007. "Reglas <Sentir la Iglesia>". En: J. GARCÍA DE CASTRO (Director). *Diccionario de espiritualidad ignaciana*, II, 1555-1562.

MAJKOWSKI, Jozef. 2001. "Druzbicki, Kasper". En: Charles E. O'NEILL y Joaquín Mª DOMÍNGUEZ. *Diccionario histórico de la Compañía de Jesús*, II, 1149-1150.

MAJÓ FRAMIS, Ricardo. 1954. *Vidas de los navegantes y conquistadores españoles del siglo XVI [XVII y XVIII]: Colonizadores y fundadores en Indias* Madrid, Aguilar.

MANCINI, Jules. 1912. *Bolívar et l'émancipation des colonies espagnoles: des origines à 1815*, Paris, Perrin et Cie.

MANEIRO, Juan Luis. 1792. *Joannes Aloysii Maneiri veracrucensis de Vitis aliquot mexicanorum aliorumque qui sive virtute, sive litteris Mexici imprimis floruerunt*. Pars prima, Bononiae, 1791. Pars secunda. Bononiae, 1792. Pars tertia. Bononiae, Ex Typographias Laelii a Vulpe, 1792.

MANNHEIM, Karl. 1973. *Ideología y utopía: introducción a la sociología del conocimiento*. Madrid, Ediciones Aguilar.

MANTILLA, Luis Carlos. 1997. *Fuentes para la Historia Demográfica de la Vida Religiosa Masculina en el Nuevo Reino de Granada*. Santafé de Bogotá, Archivo General de la Nación de Colombia.

MARCH, José M. 1935. "Un voto al Sagrado Corazón de Jesús, propuesto por la duquesa de Villahermosa a Pío VI". En. *Razón y Fe*. Madrid, 108 (1935) 370-380.

1935-1936. *El restaurador de la Compañía de Jesús beato José Pignatelli y su tiempo*. Barcelona, Imprenta Revista "Ibérica", 2 vols.

MARCHENA, José. 1812. "Al Gobierno de Cádiz". En: 30-7-1812), *Gaceta de Madrid*, 30 de julio de 1812, p. 850.

MARÍN DE VELASCO, Jacinto. 1800. *Entretenimiento Físico-Médico con los Profesores de ambas Facultades de un convaleciente en la epidemia de Cádiz, para las precauciones en la recurrencia de otra análoga combinación meteorológica*. Cádiz, Manuel Ximénez impresor del Gobierno.

1811. *Representación de la Compañía de Jesús a la soberanía de la Nación Española, por un ex Jesuita, Ex Superior en su noviciado del Perú, menor hijo de ambas*. Cádiz, en la Imprenta de D. Josef Niel. Enero de 1811.

MARÍN, Canuto Hilario. 1941. *Spiritualia exercitia secundum Romanorum Pontificum documenta*. Barcelona, Editorial Libería Religiosa.

MARIN, Hilario. 1961. *El Sagrado Corazón de Jesús*. Zaragoza, Edit., Mensajero-Hechos y Dichos.

MARINHO, P. 1907. *Galeria de Tiranos*. ("O diário do Pe. Eckart ou as suas prisões em Portugal, desde 1755 até 1777"). Porto.

MARONI, Pablo. 1889. *Noticias auténticas del famoso río Marañón, y misión apostólica de la Compañía de Jesús de la Provincia de Quito*. Madrid, Establecimiento tipográfico de Fortanet, Impresor de la Real Academia de la Historia.

MARQUETTE, Jacques. 1855. *Récit des voyages et des découvertes du R. Père Jacques Marquette de la Compagnie de Jesús en l'année 1673 et aux suivantes... et le journal autographe du P. Marquetteen 1674 et 1675, avec la carte de son voyage tracée de sa main*. Albany, Impr. de Weed, Parsons & cie.

MARQUÍNEZ ARGOTE, Germán y José DEL REY FAJARDO. 2005. *Física especial y curiosa del maestro javeriano Francisco Javier Trías (1755)*. Bogotá, Pontificia Universidad Javeriana.

MARQUINEZ ARGOTE, Germán. 1987. "La Filosofía en Colombia. Bibliografía de los siglos XVI, XVII, XVIII". En *Cuadernos de Filosofía Latinoamericana*. Bogotá, 30.

MARTÍ, Bruno. 1775. *Lettera del Vescovo N. in Francia al Cardinal N. in Roma*. [22 de marzo de 1775. En Forli].

MARTINA, Giacomo. 1974. *La Iglesia, de Lutero a nuestros días*. II. Época del Absolutismo. Madrid, Ediciones Cristiandad.

MARTÍNEZ ALBIACH, Alfredo. 1969. *Religiosidad hispana y sociedad borbónica*. Burgos, Facultad Teológica del Norte de España.

MARTÍNEZ DE LA ESCALERA, José. 1982. "El P. Aymerich y la obra del P. Garzón". En: *Miscelánea Comillas*. Madrid, 40 (1982) 283-289.

2005. "Horizontes intelectuales de los hermanos Montón S. J. (1760-1805)". En: Allan R. BREWER-CARÍAS, et alii. *Libro homenaje al Padre José del Rey Fajardo sj*. Caracas, Editorial Jurídica Venezolana, I (2005) 183-193.

MARTÍNEZ DE RIPALDA, Juan. 1704. *De usu & abusu doctrinae divi Thomae, pro Xaveriana Academia Collegii Sanctafidensis in Novo Regno Granatensi*... Leodi, Apud Guilielmum Henricum Stsreel, M.DCC.IV.

MARTÍNEZ MARCO, Pascual. 1976. *Viage y derrotero de la ciudad de Cumaná a la de Santa Fee de Bogotá q. hizo y efectuó D. Pasqual Martínez Marco ... q. da principio oy diez de Febrero de 1749 años.* En: Jean-Paul DUVIOLS. "Pascual Martínez Marco, *Viaje y derrotero de la ciudad de Cumaná a la de Santa Fe de Bogotá (1749)*". En: *Cahiers du monde hispanique et luso-brésilien.* Toulouse, 26 (1976) 19-33.

MARTÍNEZ MILLÁN, José, Henar PIZARRO LLORENTE, Esther JIMÉNEZ PABLO (coordinadores). 2012. *Los Jesuitas. Religión, Política y Educación (Siglos XVI-XVIII).* Madrid, Universidad Comillas, 3 vols.

MARTÍNEZ RUBIO, Juan. 1966. "Relación del estado presente de las Misiones que llaman de los Llanos y el Orinoco, con ocasión de que el padre Vicente Loverzo fue muerto allí a manos de los infieles". En: *Documentos jesuíticos relativos a la Historia de la Compañía de Jesús en Venezuela.* Caracas, I (1966) 143-168.

MAS Y RUBÍ, Alejandro. s/f. *Astronomía física.* (Mss.).

s/f. *Compendio de la historia profana desde la creación del mundo hasta el año 1764 de la era cristiana.* (Mss.).

s/f. *Cronología con las Tablas del jesuita Musuner, añadidas y reducidas a mejor método; se añade la chronología de los soberanos de León, Navarra, Aragón, Borgoña, Austria y Orleans.* (Mss.).

s/f. *Elementos científicos de geometría con aplicación de sus proposiciones a las demás artes y ciencias.* (Mss.).

s/f. *Geografía astronómica, física y política.* (Mss.).

s/f. *Historia del imperio romano, de Alemania, Francia, España, Portugal, Inglaterra y del Imperio Otomano con relación de la vida de Mahoma.* (Mss.).

s/f. *Tabla cronológica o prospecto de la cronología.* (Mss,).

MASDEU, Juan Francisco. s/f. *Pruebas prácticas de mi amor a la Compañía de Jesús.* (Mss.),

MASSON, Joseph. 1940. *Missionnaires belges sous l'ancien régime (1500-1800).* Bruxelles-Paris, Ed. Universelle, 1940.

MATEOS, Francisco. 1944 "Antecedentes de la entrada de los jesuitas españoles en las Misiones de América". En: *Missionalia Hispanica.* Madrid (1944) 109-166.

1967. "El secuestro de papeles jesuíticos en el siglo XVIII, su concentración en Madrid, vicisitudes y estado actual". En: Araceli GUGLIERI NAVARRO. *Documentos de la Compañía de Jesús en el Archivo Histórico Nacional.* Madrid, Editorial Razón y Fe (1967) V-LXXXII.

MATTEI MULLER, Marie-Claude. 1989. "Gilij, pionero de la etnolingüística venezolana: sus métodos y logros". En: *Montalbán.* Caracas, 21 (1989) 91-104.

1992. "El Tamanaku en la lingüística caribe. Algunas propuestas para la clasificación de las lenguas caribes de Venezuela". En: DEL REY FAJARDO (Edit.). *Misiones jesuíticas en la Orinoquia.* San Cristóbal. II (1992) 461-613.

MAYMO Y RIBES, José. 1768. *Deducción chronológica y analítica, en que por la sucesiva serie de cada uno de los Reynados de la Monarquía Portuguesa, desde el Gobierno del Señor Rey Don Juan III hasta el presente se manifiestan los horrorosos estragos que hizo en Portugal y en todos sus dominios la Compañía de Jesús, por un plan y sistema que inalterablemente siguió desde que entró en este Reyno hasta su expulsión...* Escrita por el Doctor Joseph de Seabra de Silva... Traducida del idioma portugués por el Doctor don José Maymó y Ribes... ilustrada con notas muy curiosas y útiles. Madrid, Joachin Ibarra, 3 vols.

MAZZEO, Guido E. 1968. "Los jesuitas españoles del siglo XVIII en el destierro". En: *Revista Hispánica Moderna,* 34 (1968) 344-355.

McMANAMIN, Francis G. 2001. "White (Witus), Andrew". En: Charles E. O'NEILL y Joaquín Mª DOMÍNGUEZ. *Diccionario histórico de la Compañía de Jesús,* IV, 4030.

MEAURIO Ignacio de. 1974. "Estado espiritual de la Provincia del Nuevo Reyno y sus Ministerios". Año de 1718. En: José DEL REY FAJARDO. *Documentos jesuíticos relativos a la Historia de la Compañía de Jesús en Venezuela.* Caracas, Academia Nacional de la Historia, II (1974) 284-297.

MEDINA, Francisco de Borja. 1991. "Jesuitas andaluces en el exilio. El aspecto humano. (Notas para el estudio de una crisis)". En: *Montalbán.* Caracas, 23 (1991) 101-120.

1991. "Ocaso de una provincia de fundación ignaciana: la Provincia de Andalucía en el exilio (1767-1773)". En: *Archivo teológico granadino.* Granada, 54 (1991) 5-90.

2001. "Osuna [Ossuna], Juan de". En: Charles E. O'NEILL y Joaquín Mª DOMÍNGUEZ. *Diccionario histórico de la Compañía de Jesús.* Roma-Madrid, III, 2931-2932.

2003. "Destino de jesuitas del imperio ruso a Hispanoamérica (1819)". En: Javier VERGARA CIORDIA (Coordinador). *Estudios sobre la Compañía de Jesús: Los jesuitas y su influencia en la cultura moderna (S. XVI-XVIII).* Madrid, Universidad Nacional de Educación a Distancia (2003) 121-195.

2007. "Extrañamiento y extinción de la Compañía de Jesús: venturas y desventuras de los jesuitas en el exilio de Italia". En: Manuel MARZAL y Luis BACIGALUPO (editores). *Los jesuitas y la modernidad en Iberomérica 1549-1773.* Lima, Fondo Editorial de la Universidad Católica-Instituto Francés de Estudios Andinos-Universidad del Pacífico (2007) 468-469.

MEDINA, José Toribio. 1900-1908. *Biblioteca Hispano-Americana (1493-1810)* por José Toribio Medina. Santiago de Chile, Impreso y grabado en casa del autor, 6 tomos.

1888. *Bibliotheca americana. Catálogo breve de mi colección de libros relativos a la América latina; con un ensayo de bibliografía de Chile durante el período colonial.* Santiago de Chile, Typis Authoris.

1914. *Noticias bio-bibliográficas de los jesuitas expulsos de América en 1767.* Santiago de Chile, Impr. Elzeviriana.

MEIER, Johannes (Edit.). 2008. *Jesuiten aus Zentraleuropa in Portugiesisch- und Spanisch-Amerika. Ein bio-bibliographisches Handbuch mit einem Überblick über das aussereuropäische Wirken des Gesellschaft Jesu in der Frühen Neuzeit.* Band 3: NEBGEN, Christoph. *Neugranada (1618-1771).* Müster, Ashendorf.

MEISSNER, William W. 1995. *Ignacio de Loyola. Psicoanálisis de un santo.* Capedalles (Barcelona), Anaya & Mario Muchnik, 1995.

MELLINATO, Giuseppe. 2001. "Boero, Giuseppe". En: Charles E. O'NEILL y Joaquín Mª DOMÍNGUEZ. *Diccionario histórico de la Compañía de Jesús*, I, 469.

MELLONI, Javier. 2007. "Ejercicios espirituales: el texto". En: J. GARCÍA DE CASTRO (Director). *Diccionario de espiritualidad ignaciana*, I, 686-688.

Mémoires pour l'Histoire des Sciences et des beaux Arts, commencés d'etre imprimés l'an 1701 a Trevoux et dédiés a son Altesse Sérénissime Monseigneur le Prince Souverain de Dombes. A Paris. Chez Chabert: 1747, 1748, 1759.

Memorias de la Real Sociedad española de Historia natural.

1907. Tomo V: Homenaje a Linneo y Memoria 1ª, Madrid.

Memorias de los Padres y hermanos de la Compañía de Jesús de la Provincia de Nueva España, Difuntos después del arresto acaecido en la Capital de México el día 25 de junio de 1767. Escritas por Feliz de Sebastián Sacerdote de la misma Provincia Misionero que era de la Nación Tubara.

MÉNDEZ PLANCARTE, Gabriel (Edit.). 1962. *Humanistas del siglo XVIII*. Introducción y selección: Gabriel Méndez Plancarte. México, Universidad Nacional Autónoma de México.

MENDEZ, Domingo. 2001. "Pagés, José". En: Charles E. O'NEILL y Joaquín Mª DOMINGUEZ. *Diccionario histórico de la Compañía de Jesús*. Roma-Madrid. III (2001) 2947.

2001. "TORRES, Jaime". En: Charles E. O'NEILL y Joaquín Mª DOMÍNGUEZ. *Diccionario histórico de la Compañía de Jesús*. Roma-Madrid. IV (2001) 3822.

MENDIZÁBAL, Rufo. 1970. *Catalogus defunctorum in renata Societate Iesu ab a. 1814 ad a. 1970*. Romae, Curia Gen. S. I-Archivum Historicum S. I.

MENDOZA, Marcos Carneiro de. 1960. *O Marques de Pombal e o Brasil*. São Paulo, C.E.N.

MERCADO, Pedro de. 1957. *Historia de la Provincia del Nuevo Reino y Quito de la Compañía de Jesús*. Bogotá, Biblioteca de la Presidencia de la República, 4 vols.

MEREGALLI, Franco. 1972. "Filippo Salvatore Gilij e l'antropologia culturale". En: *Italia e Spagna nella cultura del '700*. Roma, Accademia Nazionale dei Lincei (1972) 163-172.

MESANZA, Andrés y Alberto ARIZA. 1981. *Bibliografía de la Provincia Dominicana de Colombia*. Caracas, Universidad Católica Andrés Bello.

MESTRE SANCHÍS, Antonio y Enrique GIMÉNEZ LÓPEZ (eds.). 1997. *Disidencias y exilios en la España moderna*. Alicante, Caja de Ahorros del Mediterráneo-Universidad de Alicante.

MESTRE, Antonio. 1989. *Epistolario de G. Mayans y M. Martínez Pingarrón*. Valencia, Ayuntamiento de Oliva, III.

MIJARES, Augusto. 1956. *Ideología de la revolución emancipadora*. Caracas, Universidad Central de Venezuela.

MILLARES CARLO, Agustín. 1964. *Archivos del Registro Principal de Maracaibo*. Protocolos de los Antiguos Escribanos (1790-1836). Maracaibo, Centro Histórico del Zulia.

MIMBELA, Mateo. 1725. *Scriptores Provinciae Novi Regni ab anno 1675*. Sanctafide in Novo Regno Granatensi, 25 Augusti a. 1725. (Mss.).

MINCUZZI, Rosa. 1967. *Bernardo Tanucci: ministro di Ferdinando di Borbone. 1759-1776*. Bari, Dedalo.

MIR, Miguel. 1913. *Historia interna documentada de la Compañía de Jesús*. Madrid, Imp. de J. Ratés Martín.

MIRANDA RIBADENEIRA, Francisco. 1955. *La primera imprenta ecuatoriana. Su primer promotor. El primer impresor*. Quito, Publicación del muy ilustre Concejo Municipal de Ambato.

MIRANDA, Francisco de. 1929-1938. *Archivo del General Miranda*. Caracas, Gobierno Nacional, 1929-1938, 24 vols.

1981. *Francisco de Miranda. Colombeia*. Caracas, Ediciones de la Presidencia de la República, IV.

MIRANDA, Francisco J. 2011. "Relación de los novicios de la provincia que fue del Paraguay y hoy San José". En: Carlos A. PAGE. *Relatos de exilio. Memorias de los jesuitas expulsos de la antigua Provincia del Paraguay*. Asunción del Paraguay, Consejo Superior de Investigaciones Científicas de España-Fundación Carolina-Consejo Nacional de Investigaciones Científicas y Tecnológicas (2011) 573-623.

MOELLER. Charles. 1958. *Literatura siglo XX y Cristianismo*. Madrid, Edit. Gredos, IV.

MOLINA, Juan Ignacio. 1782. *Saggio sulla storia Naturale del Chili*. Bologna, Stamperia di S. Tomaso.

MOLLAT DU JOURDIN, Michel. 1991. "Saint Ignace et les pèlegrinages de son temps". En : Juan PLAZAOLA, (Edit.). *Ignacio de Loyola y su tiempo*. Bilbao, Universidad de Deusto-Mensajero, [1991] 161-178.

MONFASINI, John. 1976. *George of Trebizond: A Biography and a Study of His Rhetoric and Logic*. Leiden: E. J. Brill.

MONTI DELLA CORTE, Alessandro Augusto.1915. *La Compagnia di Gesù nel territorio della Provincia Torinese, memorie storiche compilate in occasione del primo centenario dalla restaurazione di essa Compagnia*. Chieri, Stablimento tip. M. Ghirardi, III.

MONTI, Antonio. 1782. *Oratio habita in Archigymnasio Bononiensi quo die estudia solemniter sunt instaurata, anno 1781*. Bonnoniae, anno 1782.

MONUMENTA IGNATIANA. Series prima. 1911. *Sancti Ignatii de Loyola, Societatis Iesu fundatoris, epistolae et instructiones*. Matriti, Monumenta Historica Societatis Jesu, XII.

MOÑINO Y REDONDO, José Conde de Floridablanca. 1867. *Obras originales del Conde de Floridablanca y escritos referentes a su persona*. Madrid, Rivadeneyra.

MOREAU, Edouard de. 1940. "La vie secrète des jésuites belges de 1773 á 1830". En: *Nouvelle Revue Theologique*. Bruselas, 67/1 (1940) 32-69.

MORELLI, Ciriaco [Domingo MURIEL]. 1776. *Fasti Novi Orbis et Ordinationum Apostolicarum ad Indias pertinentium Breviarium cum Adnotationibus*. Opera D. Cyriaci Morelli Prebyteri, olim in Universitate Neo-Cordubensi in Tucumania Professoris. Venetiis, apud Antonium Zatta.

MORENO ALONSO, Salud. 1993. "Bucareli y el paso de los jesuitas por Cuba camino del destierro". En: *La Compañía de Jesús en América: evangelización y justicia. Siglos XVII y XVIII*. Córdoba, Provincia de Andalucía de la Compañía de Jesús-Junta de Andalucía, Ayuntamiento de Córdoba (1993) 197-202.

MORENO MOLINA, Agustín. 2011. *Poder espiritual y sociedad colonial. El obispo Antonio Díez Madroñero y su tiempo (1757-1769)*. Está fechada en Caracas en julio de 2011. [Mss.].

MORENO, José Ignacio. 1831. *Ensayo sobre la supremacía del papa, especialmente con respecto a la institución de los obispos*. Lima, Impr. de J. Masias.

MORNET, Daniel. 1954. *Les origines intelectuelles de la Révolution Française (1715-1787)*. París, Librairie Armand Colin.

MOZZI, Luigi. 1812. *Los proyectos de los incrédulos sobre la destrucción de los Regulares y la invasión de los eclesiásticos descubiertos en las obras de Federico el Grande, Rey de Prusia / Traducción del italiano*. Cádiz, En la oficina de la viuda de Comes

MUCCI, Giandomenico. 2001. "Rezzi, Luigi María". En: Charles E. O'NEILL y Joaquín Mª DOMÍNGUEZ. *Diccionario histórico de la Compañía de Jesús*, IV, 3341-3342.

MUIR, Thomas E. 1992. *Stonyhurst College 1593-1993*. London, James & James.

MULCRONE, Thomas F. 2001. "Inglaterra". En: Charles E. O'NEILL y Joaquín Mª DOMÍNGUEZ. *Diccionario histórico de la Compañía de Jesús*, III, 2025.

MUÑOZ ROMERO, Miguel Ángel. 2008. "La cuestión jesuita desde la embajada de Tomás Azpuru en Roma (1767)". En: INSTITUTO DE ESTUDIOS VASCOS. *Esteban de Terreros y Pando: vizcaíno, polígrafo y jesuita*. III Centenario: 1707-2007. Bilbao, Universidad de Deusto (2008) 563-580.

MURR, Chriostoph Gottlieb von. 1785. *Merkwürdige Nachrichten von den Jesuiten in Weissreussen. In Briefen. Aus dem Italienischen*. Übersetzer Chriostoph Gottlieb von Murr. Frankfurt und Leipzig.

1785. *Reisen einiger Missionarien der Gesellschaft Jesu in Amerika*. Aus ihren eigenen Aufsätzen herausgegeben von Christoph Gottlieb von Murr. Mit einer Landkarte und Kupfern. Nürnberg, bei Johann Eberhard Zeh, 1785.

MUSNICKI, Nicodemo. s/f. *Historia Societatis Iesu Russiae conservata in Alba-Russia...* auctore R. P. Nicodemo Musnicki. (Mss.)

NADAL, Hieronymi. 1962. *Commentarii de Instituto Societatis Iesu*, edidit Michael Nicolau. Romae, apud Monumenta Historica Soc. Iesu.

NATONSKI, Bronislaw. 2001. "Korycky, Karol". En: Charles E. O'NEILL y Joaquín Mª DOMÍNGUEZ. *Diccionario histórico de la Compañía de Jesús*, III, 2218.

NAVA RODRÍGUEZ, Teresa.1989. *Reformismo ilustrado y americanismo: la Real Academia de la Historia, 1753-1792*. Madrid, Universidad Complutense.

NAVARRETE, Juan Antonio. 1993. *Arca de letras y teatro universal*. Estudio preliminar y Edición crítica de Blas Bruni Celli. Caracas, Academia Nacional de la Historia.

NAVARRO, Nicolás Eug. 1929. *Anales eclesiásticos venezolanos*. Caracas, Tipografía Americana.

1940. *Los Jesuitas en Venezuela antaño y ogaño*. Caracas, Tipografía Americana.

NAVIA MÉNDEZ-BONITO, Silvia. 2005. "Las historias naturales de Francisco Javier Clavigero, Juan Ignacio de Molina y Juan de Velasco". En: Luis MILLONES FIGUEROA y Domingo LEDEZMA (Edits.). *El saber de los jesuitas, historias naturales y el Nuevo Mundo*. Frankfurt-Madrid, Vervuert e Iberoamericana (2005) 225-250.

NEBGEN, Christoph. 2004. "Christoph Gottlieb von Murr: ein protestant erhebt die Stimme gegen die Aufhebung der Gesellschatg Jesu". En: *Archivum Historicum Societatis Jesu*. Roma-Cleveland, n°., 145 (2004) 121-147.

2007. *Missionarsberufungen nach Übersee in drei Deutschen Provinzen der Gesellschat Jesu im 17. und 18. Jahrhundert*. Regensburg, Verlag Schnell & Steiner.

2008. *Jesuiten aus Zentraleuropa in Portugiesisch- und Spanisch-Amerika. Ein biobibliographisches Handbuch mit einem Überblick über das aussereuropäische Wirken des Gesellschaft Jesu in der Frühen Neuzeit*. Band 3: NEBGEN, Christoph. *Neugranada (1618-1771)*. Müster, Ashendorf.

NELL-BREUNING, Oswald von. 1967. "Säkularisation und Utopie". *Festschrift Ernst Forsthoff*. Stuttgart, W. Kohlhammer Verlag, (1967) 239.

NICOLAU, Miguel y Christopher J. VISCARDI. 2001. "Corazón de Jesús, Devoción". En: Charles E. O'NEILL y Joaquín Mª DOMÍNGUEZ. *Diccionario histórico de la Compañía de Jesús*, I, 944-948.

NIETO, Armando. 2001. "Perú". En: Charles E. O'NEILL y Joaquín Mª DOMÍNGUEZ. *Diccionario histórico de la Compañía de Jesús*, III, 3104-3111.

2001. "Vargas Ugarte, Rubén". En: Charles E. O'NEILL y Joaquín Mª DOMÍNGUEZ. *Diccionario histórico de la Compañía de Jesús*, IV, 3895.

NIFO Y CAGIGAL, Francisco Mariano. 1768. *Retrato de los Jesuitas formado al natural por los más sabios y más Ilustres Cathólicos. Juicio hecho de los Jesuitas, autorizado con auténticos e innegables Testimonios, por los mayores y más esclarecidos Hombres de la Iglesia y del Estado, desde el año 1540, en que fue su fundación, hasta el de 1650.* Traducido del Portugués en Castellano, para desterrar los obstinadas preocupaciones y voluntaria ceguedad de muchos incautos e ilusos, que, contra el hermoso resplandor de la verdad cierra los ojos. Segunda impresión. Madrid, Viuda de Eliseo Sánchez.

NOUEL, Carlos. 1979. *Historia Eclesiástica de la Arquidiócesis de Santo Domingo*. Santo Domingo, Editora de Santo Domingo, II.

Novena del Corazón de Jesús sacada de las prácticas de un librito intitulado Tesoro escondido en el Corazón de Jesús. Por un devoto del mismo Corazón, en la Imprenta de la Compañía de Jesús. Año de 1738.

Novisima Recopilacion de las Leyes de España mandada formar por el Señor don Carlos IV. Madrid, Imprenta Nacional del Boletín Oficial del Estado, IV, 1992.

NÚÑEZ, Enrique Bernardo. 1992-1993. "Nuestra Señora de la Luz. Ciudad Mariana de Caracas. Las casas capitulares". En: AA.VV. *Crónica de Caracas*. Caracas, Alcaldía de Caracas, núm. 86, año XLII, t., XV (julio de 1992-enero de 1993) 222-227.

Nuovo Giornale di Letteratura de Modena, t. 33,

O'DONOGHUE, Fergus. 2001. "Gahan, Matthew". En: Charles E. O'NEILL y Joaquín Mª DOMÍNGUEZ. *Diccionario histórico de la Compañía de Jesús*, II, 1550.

2001. "Irlanda". En: Charles E. O'NEILL y Joaquín Mª DOMÍNGUEZ. *Diccionario histórico de la Compañía de Jesús*, III, 2068-2075.

O'MALLEY, John W. s/f. *Los primeros jesuitas*. Bilbao-Santander, Ediciones Mensajero-Sal Terrae (s/f)

2007. "Cinco misiones del carisma jesuita. Contenido y método". En: *Apuntes ignacianos*. Bogotá, 51 (2007) 4-38.

O'NEILL Charles E. y Christopher J. VISCARDI. 2001. "31. Pío VI". En: Charles E. O'NEILL y Joaquín Mª DOMÍNGUEZ. *Diccionario histórico de la Compañía de Jesús*, III, 3003-3006.

2001. "Papas. 32. Pío VII". En: Charles E. O'NEILL y Joaquín Mª DOMÍNGUEZ. *Diccionario histórico de la Compañía de Jesús*, III, 3006-3008.

2001. "Pío VI. Giannangelo Braschi". En: Charles E. O'NEILL y Joaquín Mª DOMÍNGUEZ. *Diccionario histórico de la Compañía de Jesús*, III, 3003-3006.

O'NEILL, Charles E. 2001. "Ciencias históricas". En: Charles E. O'NEILL y Joaquín Mª DOMÍNGUEZ. *Diccionario histórico de la Compañía de Jesús*, I, 797-800.

2001. "Humanismo". En: Charles E. O'NEILL y Joaquín Mª DOMÍNGUEZ. *Diccionario histórico de la Compañía de Jesús*, II, 1967-1970.

2001. "Marotti, Giuseppe". En: Charles E. O'NEILL y Joaquín Mª DOMÍNGUEZ. *Diccionario histórico de la Compañía de Jesús*, III, 2511-2512.

2001. "Sauvage, Heny-Michel". En: Charles E. O'NEILL y Joaquín Mª DOMÍNGUEZ. *Diccionario histórico de la Compañía de Jesús*, IV, 3510.

O'NEILL, Charles E. et alii. 2001. "Antijesuitismo". En: Charles E. O'NEILL y Joaquín Mª DOMÍNGUEZ. *Diccionario histórico de la Compañía de Jesús*, I, 178-189.

O'NEILL, Charles E.. Christopher J. VISCARDI y José ESCALERA. 2001. "Papas. 30. Clemente XIV". En: Charles E. O'NEILL y Joaquín Mª DOMÍNGUEZ. *Diccionario histórico de la Compañía de Jesús*, III, 3000-3003.

OCHANDARENA, José. 1907. *Catálogo de los Padres y Hermanos pertenecientes a la Provincia de España de la misma Compañía; 1815-1863*. Madrid, G. López del Horno, 1907.

OJER, Pablo. 1982. *La Década fundamental en la controversia de Límites entre Venezuela y Colombia (1881-1891)*. Maracaibo, Corpozulia.

OLAECHEA, Rafael y José Antonio FERRER BENIMELI. 1978. *El conde de Aranda. Mito y realidad de un político aragonés*. Zaragoza, Libería General.

OLAECHEA, Rafael. 1966. "Anotaciones sobre la inmunidad local en el XVIII español". En *Miscelánea Comillas*. Madrid, nº., 46 (1966) 293-382.

1980. *El cardenal Lorenzana en Italia (1797-1804)*. León, Institución Fray Bernardino de Sahagún de la Diputación provincial, 1980.

1992. "Historiografía ignaciana del siglo XVIII". En: Juan PLAZAOLA (Edit.). *Ignacio de Loyola y su tiempo*. Bilbao, Universidad de Desuto (1992) 55-106.

1999. *Las relaciones hispano-romanas en la segunda mitad del XVIII*. Zaragoza, Institución Fernando el Católico-Asociación Española de Historia Moderna, 2 vols.

2001. "Luengo, Manuel Rodríguez". En: Charles E. O'NEILL y Joaquín Mª DOMÍNGUEZ. *Diccionario histórico de la Compañía de Jesús*. Roma-Madrid, III (2001) 2437.

OLESKO, Katheryn M. 2001. "Ciencias físicas". En: Charles E. O'NEILL y Joaquín Mª DOMÍNGUEZ. *Diccionario histórico de la Compañía de Jesús*, I, 794-797.

OLPHE-GALLIARD, Michel. 2001. "Croiset, Jean". Charles E. O'NEILL y Joaquín Mª DOMÍNGUEZ. *Diccionario histórico de la Compañía de Jesús*, II, 1010-1011.

OLZA, Jesús. 1989. "El Padre Felipe Salvador Gilij en la historia de la lingüística venezolana". En: *Paramillo*. San Cristóbal, 8 (1989) 349-449.

1992 "El Padre Felipe Salvador Gilij en la historia de la lingüística venezolana". En: DEL REY FAJARDO (Edit). *Misiones jesuíticas en la Orinoquia*. San Cristóbal, II (1992) 361-459.

ORTEGA, José. 1754. *Apostólicos afanes de la Compañía de Jesús, escritos por un Padre de la misma sagrada Religión de su provincia de México*. Barcelona, Pablo Nadal.

1887. *Apostólicos afanes de la Compañía de Jesús, escritos por un Padre de la misma sagrada Religión de su provincia de México*. México, Tipografía de E. Abadiano.

OSORIO ROMERO, Ignacio. 1988. "Estudio introductorio". En: Juan Luis MANEIRO. *Vida de algunos mexicanos ilustres*. Traducción de Alberto Valenzuela Rodarte. Estudio introductorio y apéndice de Ignacio Osorio Romero. México, Universidad Nacional Autónoma de México (1988) 30-38.

OSORIO ROMERO, Ignacio. 1980. *Floresta de gramática, poética y retórica en Nueva España (1521-1767)*. México, Universidad Nacional Autónoma de México.

OSORIO TEJADA, Nelson. 1993. "Formación del pensamiento crítico literario en la colonia". En: José ANADÓN (ed.), *Ruptura de la conciencia hispanoamericana*. Madrid-México, D.F., Fondo de Cultura Económica de España (1993) 59-76.

PACCA, Bartolomeo. 1830. *Memorie storiche del ministero de'due viaggi in Francia, e della prigionia nel Forte di S. Carlo in Fenestrelle del Cardinale Bartolomeo Pacca*. Roma, F. Bourlie.

1843. *Memorie storiche*. Orvieto, Tip. Pompei.

PACHECO ALBALATE, Manuel. 2007. *El Puerto: ciudad clave en la expulsión de los jesuitas por Carlos III*. El Puerto de Santa María, Concejalía de Cultura del Excmo. Ayuntamiento de El Puerto de Santa María.

2011. *Jesuitas expulsos de ultramar arribados a El Puerto de Santa María (1767-1774)*. El Puerto de Santa María, Servicio de Publicaciones de la Universidad de Cádiz con la colaboración del CEI Patrimonio Cultural y Natural.

PACHECO Y DE LEYVA, Enrique. 1915. *La intervención de Floridablanca en la redacción del Breve para la supresión de los jesuitas (1772-1773)*. Madrid, Junta para Ampliación de Estudios é Investigaciones Científicas, Escuela Española en Roma.

PACHECO, Juan Manuel 1953. "Los jesuitas del Nuevo Reino de Granada expulsados en 1767". En: *Ecclesiastica Xaveriana*. Bogotá, III (1953) 23-78.

1968. "La expulsión de los jesuitas del Nuevo Reino de Granada". En: *Revista de Indias*. Madrid, 113-114 (1968). 351-381.

1979. "Dos curiosos manuscritos coloniales". En: *Boletín de Historia y Antiguedades*. Bogotá, vol., 66, nº 727 (1979) 507-519.

1989. *Los jesuitas en Colombia*. Bogotá, Bogotá, Editorial San Juan Eudes, I, 1959; Hijos de Santiago Rodríguez, II, 1962; Pontificia Universidad Javeriana, III.

1991. "La Universidad Javeriana de Santafé de Bogotá durante la época colonial". En: José DEL REY FAJARDO (Edit.). *La pedagogía jesuítica en Venezuela 1628-1767*. San Cristóbal, I (1991) 77-173.

2001. "YARZA, José". En: Charles E. O'NEILL y Joaquín Mª DOMÍNGUEZ. *Diccionario histórico de la Compañía de Jesús*. Roma-Madrid. IV (2001) 4058.

2001. "Colombia". En: Charles E. O'NEILL y Joaquín Mª DOMÍNGUEZ. *Diccionario histórico de la Compañía de Jesús*, I, 861-867.

PACHO, Eulogio y Jacques LE BRUN. 1986. "Quiétisme". En: M. VILLER, F. CAVALLERA, J. DE GUIBERT. *Dictionnaire de Spiritualité ascetique et mystique, doctrine et histoire*. París, Beauchesne, XII/II (1986) 2756-2842.

PADBERG, John W. 2001. "Generales. 20. Fortis. Luis [Luigi]". En: Charles E. O'NEILL y Joaquín Mª DOMÍNGUEZ. *Diccionario histórico de la Compañía de Jesús*, II, 1662-1665.

PADILLA, Manuel. s/f. *Elementos gramaticales de la Lengua betoy*. [ARSI. Opera Nostrorum, 342, fols., 193-201v.].

s/f. *Vida del P. Andrés Villa que murió en Pérgola a 12 de abril de 1775*. En 4º.".

PAGDEN, Anthony. 1990. *Spanish Imperialism and the Political Imagination. Studies in European and Spanish-American Social and Political Theory*. New Haven, Yale University Press.

PAGE, Carlos A. 2011. *Relatos de exilio. Memorias de los jesuitas expulsos de la antigua Provincia del Paraguay*. Asunción del Paraguay, Consejo Superior de Investigaciones Científicas de España-Fundación Carolina-Consejo Nacional de Investigaciones Científicas y Tecnológicas.

PAGÉS, José. s/f. "Noticias sobre el Nuevo Reino de Granada". (Mss.).

PALLAS, Peter Simón. 1786-1787. *Linguarum totius orbis vocabularia comparativa; Augustissimae cura collecta. Sectionis primae, Linguas Europae et Asiae complexae, pars prior*, y la respectiva *pars posterior*. San Petersburgo.

PARADA, Manuel. s/f. *Disertaciones varias teológicas sobre las materias más discutidas de dogma y moral*. (Mss.).

s/f. Traducción de la obra del Dr. Bolgeni *sobre la caridad o amor de Dios con correcciones y añadiduras*. (Mss.).

PARRA PARDI, María Elena. 1997. "Solano y Bote, José". En: FUNDACION POLAR. *Diccionario de Historia de Venezuela*. Caracas, Fundación Polar, III, 1173-1174.

PARRA, Teresa de la. s/f. *Obras completas de Teresa de la Parra*. Caracas, Editorial Arte, S/f.

PARRA-PÉREZ, Caracciolo. 1939. *Historia de la Primera República*. Caracas, Tipografía Americana.

PASTOR, Ludovico. 1937. *Historia de los Papas en la época de la Monarquía absoluta. Clemente XIV (1769-1774)*. Barcelona, Editorial Gustavo Gili S. A., XXXI.

1960. *Historia de los Papas en la época de la Monarquía absoluta. Pío VI (1775-1799)*. Barcelona, Editorial Gustavo Gili, S. A., XXXVIII.

1960-1961. *Historia de los Papas en la Época de la Monarquía absoluta. Pío VI (1775-1799)*. Barcelona, Editorial Gustavo Gili S. A., XXXIX, 2 vols.

PAUW, Cornelius de. 1771. *Recherches philosophiques sur les Americains ou mémoires intéressants pour servir à l'histoire de l'espece humaine. Par M. de P***. Avec une dissertation sur l'Amérique & les Américains, par Dom Pernety*. ... London, [s. n.].

PAVA, Diego de. s/f. *Dissertationes Theologicae de visione Dei*. [Archivio Vescovile. Mss. 53].

s/f. *Tractatus theologico-moralis de saluberrimo sacramento penitentiae*. [Archivio Vescovile. Mss. 53].

s/f. *Tractatus theologicus de fide divina*. [Archivio Vescovile. Mss. 66].

s/f. *Tractatus theologicus de Incarnati Verbi Misterio*. [Archivio Vescovile. Mss. 66].

s/f. *Tractatus theologicus Docmagtico-Scholasticus*. [Archivio Vescovile. Mss. 66].

PAZ Y MELIÁ, Antonio. 1947. *Papeles de Inquisición. Catálogo y extractos*. Madrid, Patronato del Archivo Histórico Nacional.

PELLEPRAT, Pedro. 1965. *Relato de las Misiones de los Padres de la Compañía de Jesús en las islas* y en *tierra firme de América Meridional*. Estudio preliminar por José del Rey s.j. Caracas, Biblioteca de la Academia Nacional de la Historia.

PEÑA ROJAS, Juan de Dios. 2008. *Conflicto de fidelidades. Lasso de la Vega de realista a patriota (1815-1831)*. Mérida, Arquidiócesis de Mérida-Archivo Arquidiocesano de Mérida.

PERALTA RUIZ, Víctor. 2006. *Patrones, clientes y amigos. El poder burocrático indiano en la España del siglo XVIII*. Madrid: Consejo Superior de Investigaciones Científicas, 2006.

PÉREZ ALONSO, Manuel Ignacio. 2001. "El Salvador". En: Charles E. O'NEILL y Joaquín Mª DOMÍNGUEZ. *Diccionario histórico de la Compañía de Jesús*, II, 1236-1237.

PÉREZ ÁNGEL, Héctor Publio. 1987. *La participación de Casanare en la Guerra de Independencia 1809-18119*. Bogotá, ABC.

1997. *La hacienda de Caribabare. Estructura y relaciones de mercado 1767-1810*. Yopal (Casanare), Corpes Orinouia.

PÉREZ AYALA, José M.. 1951. *Amonio Caballero y Góngora, Virrey y Arzobispo de Santa Fe. 1723-1796*. Bogotá, Imprenta Municipal de Bogotá.

PÉREZ ESTEVES, Antonio. 1994. "Hegel y América". En: *Analogía Filosófica*. México, año 8, nº 2 (1994) 119-137.

PÉREZ HERNÁNDEZ, Francisco Javier. 1989. "Testimonios venezolanos sobre la obra lingüística de Felipe Salvador Gilij". En: *Montalbán*. Caracas, nº. 21 (1989) 179-201.

PÉREZ VILLANUEVA, Joaquín y Bartolomé ESCANDELL BONET (Edits.). 1984. *Historia de la Inquisición en España y América*. I. *El conocimiento científico y el proceso histórico de la Institución (1478-1834)*. Madrid, Biblioteca de Autores Cristianos-Centro de Estudios Inquisitoriales.

PÉREZ, Conrado y José ESCALERA. 2001. "Isla, José Francisco de". En: Charles E. O'NEILL y Joaquín Mª DOMÍNGUEZ. *Diccionario histórico de la Compañía de Jesús*. Roma-Madrid, III (2001) 2076-2077.

PÉREZ, Omar Alberto. 1997. "Río y Castro, Alonso del". En: FUNDACION POLAR. *Diccionario de Historia de Venezuela*. Caracas, Fundación Polar, III, 954-955.

PFÜLF, Otto. 1922. *Die Anfänge der deutschen Provinz der neu erstandenen Gesellschaft Jesu, und ihr Wirken in der Schweiz 1805-1847*. Freiburg im Breisgau, Herder & Co.

PHILAERETO, Ignatio [Seudónimo de: Nicolás GUARRASI o Bartolomé POU (¿?)]. 1793. *Apologiae pro Jesu Societate in Alba Russia incolumi Libri Quatuor, auctores Ignatio Philaereto ad Marcum Bolanum. Ex comune jure Principatus, et ex jure propio Imperatricis Augustissimae Catharinae II. Liber III.- Ex legitima institutione Tirocinii, et creatione Vicarii Generalis Liber IV. Editor lectori suo.* Ansteldami. Tres tomos.

PICÓN, Gabriel. 1916. *Datos para la historia de la Diócesis de Mérida*. Caracas, s. e.

PIECHNIK, Ludwik. 2001. "Piramowicz, Grzegorz Wincenty". En: Charles E. O'NEILL y Joaquín Mª DOMÍNGUEZ. *Diccionario histórico de la Compañía de Jesús*, IV, 3145.

2001. "Polonia". En: Charles E. O'NEILL y Joaquín Mª DOMÍNGUEZ. *Diccionario histórico de la Compañía de Jesús*, IV, 3173-3187.

PIERCING, Paul. 1896-1912. *La Russie et le Saint-Siège, études diplomatiques*. Paris, E. Plon, Nourrit et Cie, 5 vols.

PINARD DE LA BOULAYE, Henri. 1950. *Exercices spirituels selon la méthode de Saint Ignace*. París, Beauchesne et ses fils, 4 vols.

PINEDO IPARRAGUIRRE, Isidoro. 1995. "El antiguo régimen, el Papado y la Compañía de Jesús (1767-1773)". En: *Paramillo*. San Cristóbal, 14 (1995) 363-569.

1990. "La intervención del gobierno de Carlos III en el cónclave de Clemente XIV (1769)". En: *Paramillo*. San Cristóbal, 9-10 (1990) 437-449.

1996. "¿Intromisión británica a propósito de la extinción de los jesuitas?". En: *Revista de Historia Moderna*. Alicante, 15 (1996) 201-212.

1998. "El pontificado y los jesuitas al tiempo de la extinción de la Compañía de Jesús". En: *Anuario del Instituto Ignacio de Loyola*, (1998) 45-69.

1998. "Los jesuitas en su primer año de expulsión (1767) a la luz de la correspondencia de la embajada española en Roma". En: *Letras de Deusto*. Bilbao, 28 (1998) 211-222.

1998. "El pontificado y los jesuitas al tiempo de la extinción de la Compañía de Jesús". En: *Anuario del Instituto Ignacio de Loyola*. San Sebastián (1998) 45-69.

2001. "Compañía de Jesús. Tres hitos de su historia. II. Supresión". En: Charles E. O'NEILL y Joaquín Mª DOMÍNGUEZ. *Diccionario histórico de la Compañía de Jesús*. Roma-Madrid, I (2001) 878-884.

2001. "Regalismo". En: Charles E. O'NEILL y Joaquín Mª DOMÍNGUEZ. *Diccionario histórico de la Compañía de Jesús*. Roma-Madrid, IV (2001) 3319-3321.

2001. "Roda y Arrieta, Manuel", En: Charles E. O'NEILL y Joaquín Mª DOMÍNGUEZ. *Diccionario histórico de la Compañía de Jesús*. Roma-Madrid, IV (2001) 3384-3385.

2001. "Expulsión de la CJ [Compañía de Jesús] de España y de sus dominios y exilio en Italia (1767-1814). I. Expulsión de España". En: Charles E. O'NEILL y Joaquín Mª DOMÍNGUEZ. *Diccionario histórico de la Compañía de Jesús*, II, 1347-1353.

2001. *Luces y sombras de los ministros de Carlos III*. (Mss.).

PINO ITURRIETA, Elías. 1971. *La mentalidad venezolana de la Emancipación (1810-1812)*. Caracas, Universidad Central de Venezuela.

PIRRI, Pietro. 1954. "Angelo Mai nella Compgia di Gesù. Suo diario inedito di Orvieto". En: *Archivum Historicum Societatis Iesu*. Roma, 23 (1954) 234-282.

PLATTNER, F. Alfred. 1960. *Deutsche Meister des Barok in Südamerika im 17 und 18 Jahrhunderts*. Basel-Freiburg-Wien, Edit. Herder, 1960.

PLAZA, José A. 1850. *Memorias para la Historia de la Nueva Granada*, Bogotá, R. González.

POGGI, Vincenzo. 2001. "Lingüística". En: Charles E. O'NEILL y Joaquín Mª DOMÍNGUEZ. *Diccionario histórico de la Compañía de Jesús*, I, 807-812.

POLGAR, László. 1986. *Bibliographie sur l'histoire de la Compagnie de Jesús 1901-1980*. II. Les Pays. Roma, Institutum Historicum S. I.

POLISENSKY, Josef-Lubomír VEBR. 1971. "Miguel Sabel y los orígenes del comercio de Cristal de Bohemia con América latina". En: *Iberoamericana Pragensia*, V (1971) 93-116.

POPESCU, Oreste. 1967. *Sistema económico en las Misiones jesuíticas*. Barcelona, Ediciones Ariel.

PORTILLO, Enrique del. 1910. "Lorenzo Hervás. Su vida y sus escritos". En: *Razón y Fe*. Madrid, 27 (1910) 176-185.

1910. "Lorenzo Hervás. Su vida y sus escritos". En: *Razón y Fe*. Madrid, 27 (1910) 176-185.

1912. "Lorenzo Hervás". En: *Razón y Fe*. Madrid, 32 (1912) 14-28; 199-210.

POSADA, Eduardo. 1909. "Apostillas". En: *Boletín de Historia y Antigüedades*. Bogotá, 57 (1909) 500-502.

1917. *Bibliografía bogotana*. Bogotá, Biblioteca de Historia Nacional, XVI, I.

1917. *La imprenta en Santa Fe de Bogotá en el siglo XVIII*. Madrid, Imprenta General de Victoriano Suarez.

PRADELLS NADAL, Jesús. 2002. "La cuestión de los jesuitas en la época de Godoy: Regreso y segunda expulsión de los jesuitas españoles(1796-1803)". En: Enrique GIMÉNEZ LÓPEZ (Ed.). *Y en el tercero perecerán. Gloria, caída y exilio de los jesuitas españoles en siglo XVIII*. Salamanca, Publicaciones de la Universidad de Alicante (2002) 533-560.

PRAGMÁTICA SANCION de su Majestad, en fuerza de Ley, para el estrañamiento de estos Reynos a los Regulares de la Compañía, ocupación de sus Temporalidades y prohibición de su restablecimiento en tiempo alguno, con las demas precauciones que expresa. Dada en el Pardo a dos de Abril de mil setecientos y sesenta y siete años.1767.

PRAT DE SABA, Onofre. 1787. *Vicenalia sacra Aragoniensia sive de viris Aragoniensibus religione illustribus Hisce Viginti Annis gloriosa morte functis*. Ab Onuphrio Prat de Saba Sac. Hispano. Ferrariae, Ex typographia Franciswci Pomatelli.

PRÍNCIPE DE LA PAZ. 1965. *Memorias*. Madrid, Biblioteca de Autores Españoles, I.

PRUNA GOODGALL, Pedro M. 1991. *Los jesuitas en Cuba hasta 1767*. La Habana, Editorial de Ciencias Sociales.

QUECEDO, Francisco. 1952. "Manuscritos teológico-filosóficos coloniales santafereños". En: *Ecclesiastica Xaveriana*. Bogotá, 2 (1952) 191-294.

1961. "Manuscritos filosófico-teológicos de la Biblioteca General de la Universidad de Antioquia en Medellín". En: *Universidad de Antioquia*. Medellín, n° 147 (1961) 855-873.

QUERALT, Antonio. 2001. "Devotio moderna". En: Charles E. O'NEILL y Joaquín Mª DOMÍNGUEZ. *Diccionario histórico de la Compañía de Jesús*, II, 1106-1107.

RAAB, Heribert. 1973. "Ilustración". En: *Sacramentum mundi*. Barcelona, Editorial Herder, III (1973) 843-848.

RALEIGH, Walter. 1596. *The Discoverie of the large, rich and bewtiful empyre of Guiana, with a relation of the great and Golden Citie of Manoa (wich the Spanyards call El Dorado)...* London, Robert Robinson.

RAMÍREZ RAMÍREZ, Pedro Nel. 1988. *Nueva Filosofía Natural. Physica Specialis et curiosa*. Manuscrito colonial anónimo-1755. Bogotá, Biblioteca colombiana de Filosofía.

RAMÍREZ RIVERA, Hugo Rodolfo E. 1987. "La Compañía de Jesús y la propaganda satírica contra el rey don Carlos III de España, 1769-1772. Antecedentes y documentos". En: *Anuario de la Historia de la Iglesia en Chile*. Santiago de Chile, 5 (1987) 33-46.

RAMOS PÉREZ, Demetrio. 1973. *El mito del Dorado. Su génesis y proceso*. Caracas, Academia Nacional de la Historia.

1946. *El Tratado de Límites de 1750 y la expedición de Iturriaga al Orinoco*. Madrid, Consejo Superior de Investigaciones Científicas, Instituto Juan Sebastián Elcano.

1988. *Estudios de Historia venezolana*. Caracas, Academia Nacional de la Historia.

RANDA, Alexander von. s/f. "Los jesuitas austriacos en la provincia de Nueva Granada". En: *Tercer Congreso hispanoamericano de Historia. Segundo de Cartagena de Indias*. Cartagena de Indias, Talleres Gráficos Mogollón, I, 326-327.

RATTI, Aquiles. 1910. "San Carlo Borromeo e gli Esercizi spirituali di Sant'Ignazio". En: *San Carlo Borreomeo nel terzo Centenario de la canonizazione*. Milán (1910) 482-488.

RAUSCH, Jane M. 1984. *A tropical plains frontier*. Alburquerque, University of New Mexico.

RAVIGNAN, Francisco de la Cruz. 1854. *Clément XIII et Clement XIV par le R. P. Xavier de Ravignan de la Compagnie de Jésus*. Paris, Julien, Lanier et C., II.

REAL ACADEMIA ESPAÑOLA. 1969. *Diccionario de Autoridades*. Madrid, Editorial Gredos, Edición facsimilar [1737].

REAL ACADEMIA. 1969. *Diccionario de la lengua castellana, en que se explica el verdadero sentido de las voces, su naturaleza y calidad, con las phrases o modo de hablar, los proverbios o refranes, y otras cosas convenientes al uso de la lengua*. Madrid, en la Imprenta de la Real Academia Española, [1732]. [Madrid, Editorial Gredos].

Real Cédula, sobre crear Depositaría General para el resguardo y manejo de los caudales de los Jesuitas de España, e Indias, después de su extrañamiento. Madrid, 2 de mayo de 1767. (Cfr. J. DEL REY F. *Documentos jesuíticos*, III, 121-131).

Real Provision de S. M. A CONSULTA del Consejo, en el Extraordinario, aplicando las Boticas, existentes en las Casas de Regulares de la Compañía a Hospitales, Hospicios, Inclusas, y otras Casas de misericordia, que estén bajo de la Real Protección. Madrid, 22 de setiembre, 1767. (Cfr. J. DEL REY F. *Documentos jesuíticos*, III, 135-136).

Real Provision, de los Señores del Consejo en el Extraordinario, a consulta con S.M., para reintegrar a los Maestros y Preceptores seculares en la enseñanza de las primeras Letras, Gramática y Retórica, proveyéndose estos Magisterios, y Cátedras a oposición, y estableciendo viviendas, y casas de pupilage, para los Maestros y Discípulos, en los Colegios donde sea conveniente, informando por menor al Consejo. Madrid, 5 de octubre, 1767. (Cfr. J. DEL REY F. *Documentos jesuíticos*, III, 136-139).

RECIO, Bernardo. 1773. "Opúsculo y Catálogo De Los Jesuitas Escritores Naturales De Cataluña... Escrito por el mismo autor En Gerona Año de 1773". Apareció en el tomo 3 de su obra: Bernardo RECIO. *Compendiosa relación de la cristiandad de Quito*, 215-251.

1947. *Compendiosa relación de la cristiandad de Quito*. Madrid, Consejo Superior de Investigaciones Científicas.

REDMOND, Walter Bernard. 1972. *Bibliography of the Philosophy in the Iberian Colonies of America*. The Hage, Martinus Nijhoff.

REINHARD, Wolfgang. 1977. "Gegenreformation als Modernisierung? Prolegomena zu einer Theorie des konfesionellen Zeitalters". En: *Archiv für Reformationsgeschichte*. Güttersloh, 68 (1977) 226-252.

1981. "Konfession und Konfessionalissierung in Europa". En: Wolfgang REINHARD. *Bekenntnis und Geschichte. Die Confessio Augustana im historischen Zusammenhang*. München, Vögel (1981) 165-189.

RENDA, Francesco. 1993. *L'espulsione dei gesuiti dalla Due Sicile*. Palermo, Sellerio.

RESTREPO POSADA, José. 1952. "Rectores del colegio-seminario de San Bartolomé (1605-1767)". En: *Revista Javeriana*. Bogotá, XXXVIII (1952) 89-101.

RESTREPO SÁENZ, J. M. 1944. *Gobernadores de Antioquia*, 1579-1819. Bogotá, Biblioteca de Historia, Banco de la República.

RESTREPO, Daniel y Guillermo y Alfonso HERNANDEZ DE ALBA. 1928. *El Colegio de San Bartolomé*. I. El Colegio a través de nuestra historia. Por el P. Daniel Restrepo S. J. II. Galería de Hijos insignes del Colegio. Por Guillermo y Alfonso Hernández de Alba. Bogotá, Sociedad Editorial.

REVUELTA GONZÁLEZ, Manuel. 1979. "La Iglesia española ante la crisis del antiguo régimen (1808-1833)". En: Ricardo GARCÍA VILLOSLADA (Dir.). *Historia de la Iglesia en España*. Tomo V. *La Iglesia n la España contemporánea (1808-1975)*. Madrid, BAC (1979) 7-14.

2001. "España. II. Compañía de Jesús restaurada". En: Charles E. O'NEILL y Joaquín Mª DOMÍNGUEZ. *Diccionario histórico de la Compañía de Jesús*, II, 1279-1285.

2004. "La Compañía de Jesús restaurada (1815-1965)". En: Teófanes EGIDO (comp.). *Los jesuitas en España y en el mundo hispánico*. Madrid, Fundación Carolina. Centro de Estudios Hispánicos e Iberoamericanos-Marcial Pons Historia (2004) 281-397.

2012. "Las Cortes de Cádiz y los jesuitas: encrucijada entre la Antigua y la Nueva Compañía". En: MARTÍNEZ MILLÁN, José, Henar PIZARRO LLORENTE, Esther JIMÉNEZ PABLO (coordinadores). *Los Jesuitas. Religión, Política y Educación (Siglos XVI-XVIII)*. Madrid, Universidad Comillas, III (2012) 1859-1906.

REYNAL, François. 1770. *Histoire philosophique et politique des étabilissements et du comerce des Européens dans les deux Indes*. Amsterdam, [s. n.].

RIDEN, Stig. 1957. *Pedro Loefling en Venezuela*. Madrid, Lagovén.

RIEU-MILLAN, Marie Laure. 1990. *Los diputados americanos en las Cortes de Cádiz (Igualdad o independencia)*, Madrid, Consejo Superrior de Investigaciones Científicas.

Riflessioni delle corti borboniche sopra l'affare gesuitico. [Roma?] s.e. [1772?].

RINCÓN, Lucas del (Traductor). 1737. *La devocion de Maria Santissima de la Luz*, distribuida en tres partes por un sacerdote de la Compañia de Jesus. México, Imprenta Real del Superior Gobierno y del nuevo Rezado de doña María de Rivera.

RITCHIE KEY, Mary. 1976. "The linguistics discoveries of Catherine the Great". En: *The Third LACUS Forum 1976*. Columbia, S.C.: Hornbeam Press, págs. 39-45.

RIVAS SACCONI, José Manuel. 1977. *El Latín en Colombia. Bosquejo histórico del humanismo colombiano*. Bogotá, Instituto Colombiano de Cultura.

RIVERA, Diego de. 1756. *Sermón de la Madre Santísima de la Luz que en el día de su colocación en el precioso altar, y adorno, que le tenía preparado la devoción de sus congregantes en la Iglesia del Colegio Imperial de la Compañía de Jesús*. Madrid.

RIVERO, Juan. 1741. *Teatro del desengaño* en que se representan las verdades católicas, con algunos avisos espirituales a los estados principales, conviene a saber, *Clérigos, Religiosos y Casados*, y en que se instruye a los mancebos solteros para elegir con acierto su estado y para vivir en el ínterin en costumbres cristianas. obra póstuma, escrita por el V. P. Juan Rivero, Religioso Profeso de la Compañía de Jesús, misionero apostólico y Superior de las Misiones del Orinoco, Meta y Casanare, que cultiva la provincia del Nuevo Reyno, en la América Meridional. Córdoba.

1956. *Historia de las Misiones de los Llanos de Casanare y los ríos Orinoco y Meta*. Bogotá, Biblioteca de la Presidencia de Colombia.

ROBERTSON, William R. 1777. *History of America*. London, Printed for W. Strahan; T. Cadell, in the Strand, and J. Balfour, at Edinburgh.

1929. *The Life of Miranda*. Chapel Hill, University of North Carolina Press.

ROBINSON, David. 1969. "El significado de 'lugar' en América Latina". En: *Revista de la Universidad Nacional de Colombia*. Medellín, 26 (1969) 6-24.

RODRIGUES DE MELLO, José. 1781. *Josephi Rodrigues de Mello Lusitani Portuensis De Rusticis Brasiliae Rebus Carminum Libri IV*. Roma, ex Typographia Fratrum Pucinelliorum prope Templum S. Mariae in Valicella.

RODRÍGUEZ CUADROS, Evangelina et alii. 1993. *De las Academias a la Enciclopedia. El discurso del saber en la modernidad*. Valencia, Ediciones Alfonso el Magnánimo.

RODRÍGUEZ DEMORIZI, Emilio. 1959. *Familias Hispanoamericanas I*. Ciudad Trujillo, Editora Montalvo.

RODRÍGUEZ LÓPEZ-BREA, Carlos M. 1996. *Frailes y revolución liberal: el clero regular en España a comienzos del siglo XIX (1800-1814)*. Toledo, Azacanes.

RODRÍGUEZ MOLERO, Francisco Xav. 2001. "Palma, Luis de la". En: Charles E. O'NEILL y Joaquín Mª DOMÍNGUEZ. *Diccionario histórico de la Compañía de Jesús*, III, 2960-2961.

RODRÍGUEZ NÓBREGA, Janeth. 2002. "La Madre Santísima de la Luz en la Provincia de Caracas (1757-1770). El ocaso del barroco". Sólo conocemos el texto presentado el 9 de diciembre de 2002 en el "Encuentro internacional sobre el barroco andino" en Sancta Cruz de la Sierra. Bolivia.

RODRÍGUEZ, Manuel.1684. *El Marañon y Amazonas*: historia de los descubrimientos, entradas y reducciones de naciones, trabajos malogrados de algunos conquistadores, y dichosos de otros, asi temporales como espirituales en las dilatadas montañas y mayores rios de la America. Madrid, Impr. de Antonio Gonçalez de Reyes.

RODRÍGUEZ, Mariano y Cristian VELASCO. 2001. "Los caminos del Señor son senderos de misterio (o cómo y por qué cierta prensa ilustrada recuperó a los jesuitas en la polémica europea del aporte cultural español)". En: Manfred TIETZ (Ed.). *Los jesuitas españoles expulsos. Su imagen y su contribución al saber sobre el mundo hispánico en la Europa del siglo XVIII*, 527-556.

RODRÍGUEZ, Simón. 1830. *El Libertador del Mediodía de América y sus compañeros de armas, defendidos por un amigo de la causa social*. Arequipa, Imprenta Pública.

ROJAS, Enrique. s/f. *Informe sobre el corregimiento de Tunja*. (Mss.). Roma 48 (2), p. 173.

ROMERO, Mario Germán. 1951. "Apuntes para una biografía del doctor Francisco Margallo y Duquesne". En: *Boletín de Historia y Antigüedades*. Bogotá, 38 (1951) 1-116.

1955. "El P. Antonio Julián y su libro *Transformación de América*". En: *Bolívar*. Bogotá, 43 (1955) 463-475.

1955. "Introducción". En: Felipe Salvador GILIJ. *Ensayo de Historia Americana*. Bogotá, Biblioteca de Historia Nacional, Vol. LXXXVIII, 1955, pp. V-XVIII.

1994. "El Padre Antonio Julián y su libro *Monarquía del Diablo*". En: Antonio JULIÁN. *Monarquía del Diablo en la gentilidad del Nuevo Mundo Americano*. Santafé de Bogotá, Instituto Caro y Cuervo (1994) 7-33.

RONAN, Charles E. 2001. "Godoy del Pozo, Juan José". En: Charles E. O'NEILL y Joaquín Mª DOMÍNGUEZ. *Diccionario histórico de la Compañía de Jesús*. Roma-Madrid, II (2001) 1764-1765.

2001. "Viscardo y Guzmán, Juan Pablo". En: Charles E. O'NEILL y Joaquín Mª DOMÍNGUEZ. *Diccionario histórico de la Compañía de Jesús*. Roma-Madrid, IV (2001) 3986-3988.

RONAN, Charles E. y Jesús GÓMEZ F. s/f. "Clavigero (Clavijero), Francisco Javier Mariano". En: Charles E. O'NEILL y Joaquín Mª DOMÍNGUEZ. *Diccionario histórico de la Compañía de Jesús*, I, 824-825.

ROSA, Enrico. 1935. "Intorno al Pontificato di Clemente XIV". En: *La Civiltà Cattolica*. Roma, 86 (1935) 17-35.

ROUËT DE JOURNAL, Marie Joseph. 1922. *Nonciatures de Russie d'après les documents autentiques. Nonciature de'Arezzo: 1802-1806*. Roma, Polyglotte Vaticane.

ROYÓN, Elías. 2007. "Principio y fundamento". En: J. GARCÍA DE CASTRO (Director). *Diccionario de espiritualidad ignaciana*, II, 1490-1498.

RUBIO BORRÁS, Manuel. 1916. *Historia de la Real y Pontificia Universidad de Cervera*. Segunda parte, Barcelona, Universidad de Barcelona, 1916.

RUIGÓMEZ GARCÍA, María del Pilar. 1988. "I. La política exterior de Carlos III". En: Ramón MENÉNDEZ PIDAL y José María JOVER ZAMORA. *Historia de España. La época de la ilustración*, Vol., II: *Las Indias y la política exterior*. Madrid, Espasa-Calpe, S. A., tomo, XXXI (1988) 363-447.

RUI-WAMBA, Miguel Ángel. 2007. "Escrúpulos". En: J. GARCÍA DE CASTRO (Director). *Diccionario de espiritualidad ignaciana*, I, 789-794.

RUIZ JURADO, Manuel. 1975. "La elección del padre General Lorenzo Ricci (1758)". En: *Archivum Historicum Societatis Iesu*. Roma, 44 (1975) 236-244.

1976. "La espiritualidad de la Compañía de Jesús en sus Congregaciones generales". En: *Archivum Historicum Societatis Iesu*. Roma, 90 (1976) 264-268.

1991. "Ejercicios". En: Ignacio IPARRAGUIRRE, Cándido de DALMASES y Manuel RUIZ JURADO. *Obras de San Ignacio de Loyola*. Madrid, Biblioteca de Autores Cristianos, 1991.

2001. "Álvarez, Baltasar". En: Charles E. O'NEILL y Joaquín Mª DOMÍNGUEZ. *Diccionario histórico de la Compañía de Jesús*, I, 91-93.

2001. "Cardaveraz, Agustín de". En: Charles E. O'NEILL y Joaquín Mª DOMÍNGUEZ. *Diccionario histórico de la Compañía de Jesús*, I, 650-651.

2001. "Compañía de Jesús. III. Restauración". En: Charles E. O'NEILL y Joaquín Mª DOMÍNGUEZ. *Diccionario histórico de la Compañía de Jesús*, I, 884-886.

2001. "Ejercicios espirituales". En: Charles E. O'NEILL y Joaquín Mª DOMÍNGUEZ. *Diccionario histórico de la Compañía de Jesús*, II, 1227-1229.

2001. "Nadal, Jerónimo". En: Charles E. O'NEILL y Joaquín Mª DOMINGUEZ. *Diccionario histórico de la Compañía de Jesús*. Roma-Madrid, 3 (2001) 2793-2796.

RUYER, Raymond. 1950. *L'Utopie et les utopies*. París, Presses Universitaires de France.

RYAN, J. J. 1903. "Our Scholasticate. An Account of its Growth History to de Opening of Woodstock". En: *The Woodstock Letters*, 32 (1903) 190-204.

SÁENZ DE SANTA MARÍA, Carmelo. 2001. "Guatemala". En: Charles E. O'NEILL y Joaquín Mª DOMÍNGUEZ. *Diccionario histórico de la Compañía de Jesús*, II, 1829-1830.

SÁEZ, José Luis. 1991. "Universidad Real y Pontificia de Santiago de la Paz y de Gorjón en la Isla Española (1747-1767)". En: José DEL REY FAJARDO (Edit.). *La pedagogía jesuítica en Venezuela*. San Cristóbal, I (1991) 175-224.

1997. "Los jesuitas en el Caribe insular de habla castellana (1575-1767)". En: *Paramillo*. San Cristóbal, 16 (1997) 5-156.

SÁINZ OLLERO, Héctor et alii. 1989. *José Sánchez Labrador y los naturalistas jesuitas del Río de la Plata: la aportación de los misioneros jesuitas del siglo XVIII a los estudios medioambientales en el Virreinato del Río de la Plata, a través de la obra de José Sánchez Labrador*. Madrid, Secretaría General Técnica, Centro de Publicaciones, Ministerio de Obras Públicas y Urbanismo.

SALAS, Josef Ignacio de [Seudónimo de Juan José TOLRÁ]. 1803. *Compendio histórico de la vida, carácter moral y literario del célebre P. Josef Francisco de Isla, con la noticia analítica de todos sus escritos. Compilado por D. Josef Ignacio de Salas, Presbítero. Dalo a luz D.ª Maria Francisca de Isla y Losada, hermana del mismo P. Isla...* Madrid, por la viuda de D. Joaquín Ibarra.

SALAZAR, José Abel. 1946. *Los estudios eclesiásticos superiores en el Nuevo Reino de Granada (1563-1810)*. Madrid, Consejo Superior de Investigaciones Científicas, 1946.

1947. "El P. Gilij y su Ensayo de Historia de América". En: *Missionalia Hispánica*. Madrid, 4 (1947) 248-328.

SALCEDO BASTARDO, José Luis. 1996. "Rodríguez, Simón" En: *Diccionario de Historia de Venezuela*. Caracas, Fundación Polar, III (1996) 971-972.

1997. "Miranda, Francisco de". En: FUNDACION POLAR. *Diccionario de Historia de Venezuela*. Caracas, Fundación Polar, III (1997) 173-179.

SALILLAS, Antonio. s/f. *Historia Natural del Orinoco*. (Mss.).

s/f. *Informe sobre los Llanos de San Juan*. (Mss.).

SALVO, Francesco. 2001. "Aguilera, Emmanuele". En: Charles E. O'NEILL y Joaquín Mª DOMÍNGUEZ. *Diccionario histórico de la Compañía de Jesús*, I, 21-22.

2001. "Angiolini, Gaetano". En: Charles E. O'NEILL y Joaquín Mª DOMÍNGUEZ. *Diccionario histórico de la Compañía de Jesús*, I, 169-170.

SAMPAIO COSTA, Alfredo. s/f. "Elección". En: J. GARCÍA DE CASTRO (Director). *Diccionario de espiritualidad ignaciana*, I, 726-734.

SAMPER CORTÉS, Ana. 2002. "Un acercamiento al proceso de la extinción de la Compañía de Jesús, a través de la correspondencia diplomática del Conde de Mahony, embajador español en Viena". En: Enrique GIMÉNEZ LÓPEZ (Edit.). *Y en el tercero perecerán. Gloria, caída y exilio de los jesuitas españoles en el s. XVIII*. Estudios en homenaje al P. Miquel Batllori i Munné. Alicante, Universidad de Alicante (2002) 383-405.

SAMUDIO, Edda. 1985. *Las haciendas del colegio San Francisco Javier de la Compañía de Jesús en Mérida. 1628-1767*. Mérida, Universidad de los Andes, 1985.

1992. "Las haciendas de las misiones de los Llanos del Casanare, Meta y Orinoco". En: José DEL REY FAJARDO (edit.). *Misiones jesuíticas en la Orinoquia*, I, 717-781.

SAMUDIO, Edda; José DEL REY FAJARDO. Manuel BRICEÑO JAÚREGUI. 2003. *El Colegio San Francisco Javier en la Mérida colonial, germen histórico de la Universidad de los Andes*. Mérida, Universidad de los Andes, 8 tomos.

SÁNCHEZ ASTUDILLO, Miguel. 1959. *Textos de catedráticos jesuitas en Quito colonial*. Quito, Casa de la Cultura ecuatoriana.

SÁNCHEZ LABRADOR, José. s/f. *Paraguay Catholico*. (Mss.).

s/f. *Paraguay cultivado* (Mss.).

s/f. *Paraguay natural ilustrado* (Mss).

SÁNCHEZ MONTAGUD, Ana. 2002. "Nápoles en la correspondencia del cardenal Torrigiani (1758-1762)". En: Enrique GIMÉNEZ LÓPEZ (Edit.). *Y en el tercero perecerán. Gloria, caída y exilio de los jesuitas españoles en el s. XVIII*. Alicante, Universidad de Alicante (2002) 147-162.

SANGUINETTI, Sebastián. 1882. *La Compagnia di Gesù e la sua legale esistenza nella Chiesa*. Roma, Tipografía di Roma.

1984. *La Compagnie de Jésus et son exitence canonique dans l'Eglise*. Reponse au livre de l'abbé Chaillot Pie VII et les jesuitas. Paris, Bray et Reteaux.

SANNA, Demetrio. 1891. *Il peccato in Religione, ed in Logica degli Atti e Decreti del Concilio Diocesano di Pistoia celebrato l'anno 1786, nel quale si confutano e dimostrano alcuni errori, inesattezze e contraddizioni, di cui n'é peno zeppo il detto sinodo di Pistoja. Opera Postuma del fu P. Mariano Postofilo degli Eusebij di città Geropoli.* In Assisi, per Ottavio Sgariglia, MDCCCXCI.

1892. *Seconda Parte, ossia appendice all'opera intitolata Il peccato ... l'anno 1788 in cui si prende di mira singolarmente la giusta difesa dello Stato monastico e regolare troppo ingiustamente attaccato dalla moderna Filosofia per detto Diocesano Concilio. Opera postuma del medesimo fu P. Mariano ... Geropoli.* In Pesaro, MDCC-CXCII, dalla stamperia Garelli, 4º, 159 pp.

s/f. *In insanientem Theologum Pistoiensem. Elegia.*

SANTOS HERNÁNDEZ, Ángel. 1992. "Actividad misionera de los jesuitas en el continente americano". En: J. DEL REY FAJARDO (Edit.). *Misiones jesuíticas en la Orinoquia.* San Cristóbal, I (1992) 34-56; 65-83.

2000. *Jesuitas y obispados.* Tomo II: *Los jesuitas obispos misioneros y los obispos jesuitas de la extinción.* Madrid, Universidad Pontificia de Comillas.

2001. "Avogadro, Giovanni Andrea". En: Charles E. O'NEILL y Joaquín Mª DOMÍNGUEZ. *Diccionario histórico de la Compañía de Jesús,* I, 395.

2001. "Grimaldi, Giuseppe". En: Charles E. O'NEILL y Joaquín Mª DOMÍNGUEZ. *Diccionario histórico de la Compañía de Jesús,* II, 1818.

2001. "Pavesi, Girolamo". En: Charles E. O'NEILL y Joaquín Mª DOMÍNGUEZ. *Diccionario histórico de la Compañía de Jesús,* III, 3066.

SARANYANA, Josep-Ignasi (Dir.) y Carmen-José ALEJOS GRAU (coord.). 2008. *Teología en América Latina.* Volumen II/2. *De las guerras de independencia hasta finales del siglo XIX (1810-1899).* Madrid, Iberoamericana. Vervuert, 2008.

SARANYANA, Josep-Ignasi. 2005. "Introducción". En: SARANYANA, Joseph-Ignasi y Carmén-José ALEJOS GRAU. *Teología en América Latina.* Volumen, II/1. *Escolástica barroca, Ilustración y preparación de la Independencia (1665-1810).* Madrid, Iberoamericana-Vervuert (2005) 27-46.

SAUVAGE, Henri-Michel. 1755. *Realité du Project de Bourg-Fontaine démontré par l'exécution.* Paris, Chez la Veuve Dupuy, 2 vols.

SCHLEGELBERGER, Bruno. 2001. "Antonio Julián y su descripción de las culturas autóctonas". En: Manfred TIETZ (Ed.). *Los jesuitas españoles expulsos. Su imagen y su contribución al saber sobre el mundo hispánico en la Europa del siglo XVIII.* Madrid-Frankfurt/M, Iberoamericana-Vervuert (2001) 581-596.

SCHMIDT, Wilhelm (S.V.D). 1926. *Die Sprachfamilien und Sprachenkreise der Erde.* Heidelberg, Carl Winter.

SCHOP SOLER, Ana Mª. 1970. *Die spänisch-russischen Beziehungen im 18. Jahrhundert*. Wiesbaden, O. Harrassowitz.

1971. *Las relaciones entre España y Rusia en la época de Carlos IV*. Barcelona, Universidad de Barcelona.

1984. *Un siglo de relaciones diplomáticas y comerciales entre España y Rusia 1733-1833*. Madrid, Ministerio de Asuntos Exteriores.

SCHULZE, Winfried. 1987. "Gerhard Öestereichs Begriff <Sozialidisziplinierung> in der frühen Neuzeit". En: *Zeitschrift für historische Forschung*, 14 (1987) 265-302.

SCHUNCK, Christine W. M. 1997. "Michael Joannes Alexius Schabel S.J. <Notitia de Coraçaco, Bonayre, Oruba> 1705 and <Diurnum> (1707-1708)". En: *Archivum Historicum Societatis Iesu*. Roma, LXVI (1997) 89-162.

SCHWARTZ, Jorge. 1991. *Las vanguardias latinoamericanas*. Madrid, Ediciones Cátedra.

SCHWEIGER, Georg. 1967. "La ilustración desde una perspectiva católica". En: *Concilium*. Tomo III (1967) 93-111.

SCHWINDS, Joseph. 1910. *Damian Hugo Philipp Graf von und zu Lehrbach (1738–1815) ein Wohltäter der Speyerer Domkirche*. Speyer, Jäger'sche Buchdruckerei.

Seconda Memoria Cattolica contenente il triunfo Della Fede e Chiesa de' Monarchie, e Della Compagnia di Gesù e sue Apologie collo sterminio de' loro Nemici, da presentarsi a Sua Santità, ed ai Principi Cristiani. Opera divisa in tre tomi, e parti, e postuma in una richiesta, e gradita da Clemente XIII. Nella nuova Stamperia Camerale di Buon'aria. 1783-1784, 3 vols.

SELVAGGI, Filippo. 2001. "Filosofía de las ciencias". En: Charles E. O'NEILL y Joaquín Mª DOMÍNGUEZ. *Diccionario histórico de la Compañía de Jesús*, II, 1435-1439.

SERRANO Y SANZ, Manuel. 1906. "El Consejo de Castilla y la censura de libros en el siglo XVIII". En: *Revista de Archivos, Bibliotecas y Museos*. Madrid, XV (1906) 387-402.

SIERRA NAVA, Luis. 1975. *El cardenal Lorenzana y la Ilustración*. Madrid, Fundación Universitaria Española.

SIERRA, Vicente D. 1944. *Los Jesuitas germanos en la conquista espiritual de Hispanoamérica. Siglos XVII-XVIII*. Buenos Aires, Institución Cultural Argentino Germana.

SIEVERNICH, Michael. 2005. "La Misión de la Compañía de Jesús: inculturación y proceso". En: José Jesús HERMANDEZ PALOMO y Rodrigo MORENO JERIA (Coord.). *La Misión y los jesuitas en la América española, 1566-1767.* Sevilla, Consejo Superior de Investigaciones Científicas-Escuela de Estudios Hispano-Americanos (2005) 265-287.

2007. "Pecado". En: J. GARCÍA DE CASTRO (Director). *Diccionario de espiritualidad ignaciana*, II, 1419-1426.

SILVA, Antonio Ramón. 1908. *Documentos para la historia de la diócesis de Mérida.* Mérida, Imprenta diocesana, I.

SOLÀ, Francisco de Paula. 2001. "Martí, Bruno". En: Charles E. O'NEILL y Joaquín Mª DOMÍNGUEZ. *Diccionario histórico de la Compañía de Jesús*, III, 2519-2520.

SOMMERVOGEL, Carlos. 1890-1932. *Bibliothèque de la Compagnie de Jésus.* Bruxelles, Schepens-París, Picard, 11 vols.

STEFANUCCI, Horace. 1768. *De appellationibus ad Romanum Pontificem dissertatio canonica.* Romae, ex typographia Generosi Salomoni, anno reparatae salutis, MDCCLXVIII.

STEPANEK, Pavel. 1993. "El jesuita Miguel Schabel (Sabel), misionero en Venezuela y la iconografía del cristal de Bohemia". En: *Montalbán*. Caracas, 25 (1993) 75-98.

STIERLI, José. 1958. *Cor Salvatoris.* Barcelona, Edit. Herder.

STOECKLEIN, Joseph. 1726-1761. *Der neue Welt-Bott. Mit allerhand Nachrichten dern Missionariorum Soc. Jesu. Allerhand so lehr- als geist-reiche Brief, Schrifften und ReisBeschreibungen, welche von denen Missionariis der Gesellschaft Jesu aus beyden Indien und andern über Meer gelegenden Ländern ... in Europa angelangt seynd. Jetzt zum erstenmal, theils aus handschrifftlichen Urkunden, theils aus denen französischen Lettres édifiantes.* Ausburg-Graz-Wien, Im Verlag Philipp, Martin und Jo. Veith seel. Erben.

STORNI, Hugo. 1968. "Los jesuitas argentinos expulsos (1767-1830). En: *Anales de la Universidad del Salvador.* Buenos Aires, 4 (1968) 177-231.

1979. "Jesuitas italianos en el Río de la Plata (antigua Provincia del Paraguay, 1585-1768)". En: *Archivum historicum Societatis Iesu.* Roma, 48 (1979) 3-64.

1980. *Catálogo de los jesuitas de la Provincia del Paraguay (Cuenca del Plata).* Roma, Institutum Historicum S. I.

1980. *Catálogo de los jesuitas de la Provincia del Paraguay (Cuenca del Plata), 1585-1768*. Roma, Institutum Historicum S. I.

2001. "Argentina". En: Charles E. O'NEILL y Joaquín Mª DOMÍNGUEZ. *Diccionario histórico de la Compañía de Jesús*, I, 227-230.

2001. "Ganucci, Filippo". En: Charles E. O'NEILL y Joaquín Mª DOMÍNGUEZ. *Diccionario histórico de la Compañía de Jesús*, II, 1568.

STREIT, Rob. 1927. *Bibliotheca Missionum*. Freiburg/Br, Herder & Co., III.

STROBEL, Ferdinand. 2001. "Dies(s)bach, Nikolaus Joseph Alber von". En: En: Charles E. O'NEILL y Joaquín Mª DOMÍNGUEZ. *Diccionario histórico de la Compañía de Jesús*, II, 1119.

2001. "Sineo della Torre, Giuseppe". En: Charles E. O'NEILL y Joaquín Mª DOMÍNGUEZ. *Diccionario histórico de la Compañía de Jesús*, IV, 3581.

2001. "Suiza". En: Charles E. O'NEILL y Joaquín Mª DOMÍNGUEZ. *Diccionario histórico de la Compañía de Jesús*, IV, 3667-3670.

SUAU, Pierre. 1989. "Un document inédit de Clemente XIV". En: *Lettres des Scolastiques d'Uclés*, vol., XVI, (1989) 178-192.

TAMPE, Eduardo. 2001. "Chile". En: Charles E. O'NEILL y Joaquín Mª DOMÍNGUEZ. *Diccionario histórico de la Compañía de Jesús*, I, 770-776.

2001."Febrés Oms, Andrés". En: Charles E. O'NEILL y Joaquín Mª DOMÍNGUEZ. *Diccionario histórico de la Compañía de Jesús*, II, 1385-1386.

2001."Febrés Oms, Andrés". En: Charles E. O'NEILL y Joaquín Mª DOMÍNGUEZ. *Diccionario histórico de la Compañía de Jesús*, II, 1385-1386.

TAPIA, Matías de. 1966. *Mudo Lamento de la vastisima, y numerosa gentilidad que habita las dilatadas margenes del caudaloso Orinoco, su origen, y sus vertientes, a los piadosos oidos de la Magestad Catholica de las Españas, nuestro Señor Don Phelipe Quinto (que Dios guarde)*. Madrid, 1715. [Reproducido en: José DEL REY. *Documentos jesuíticos relativos a la Historia de la Compañía de Jesús en Venezuela*. Caracas, Academia Nacional de la Historia (1966) 169-213].

TEJERA, Manuel. 2007. "Cuarta semana". En: J. GARCÍA DE CASTRO (Director). *Diccionario de espiritualidad ignaciana*, I, 511-515.

TEJERINA, Ángel. 2007. "Modos de orar". En: J. GARCÍA DE CASTRO (Director). *Diccionario de espiritualidad ignaciana*, II, 1278-1283.

TEJERINA, Belén. 1997. "<El delincuente honrado> de Jovellanos. Traducido al italiano por el jesuita Antonio García (1807)". En: *Revista de Historia Moderna*. Anales de la Universidad de Alicante. Alicante, 16 (1997) 51-69.

TELLECHEA IDÍGORAS, J. Ignacio. 1987. *Ignacio de Loyola solo y a pie*. Madrid, Ediciones Cristiandad.

TÉREZ, José. s/f. *Tractatus Tehologico Moralis de Matrimonio*. [Archivio Vescovile. Mss. 67].

s/f. *Tractatus theologicus de Deo Trino*. [Archivio Vescovile. Mss. 66].

TERMANINI, Tommaso. 2006. "La vita del P. Lorenzo Ricci Generale della Compagnia di Gesù. Trascrizione e note di F. Coralli". En: *Archivum Historiae Pontificiae*. Roma, Pontificia Universitas Gregoriana, 44 (2006) 35-139.

TERRERO ATIENZA, Blas. 1926. *Theatro de Venezuela y Caracas. Dispónelo de varios documentos auténticos y concordantes dividido en dos eras Eclesiástica y Política*. Caracas, Litografía del Comercio.

THEINER, Augustin. 1841. *Die neuesten Zustände der Katholischen Kirche beider Ritus in Polen und Rußland seit Katharina II. bis auf unsere Tage mit einem Rückblick auf die Russische Kirche und ihre Stellung zum heiligen Stuhle seit ihrem Entstehen bis auf Katharina II. bis auf unsere Tage: mit einem Bande Dokumente*. Augsburg, Verlag der Karl Kollmann.

1852. *Histoire de Pontificat de Clement XIV. d'après des documents inédites des Archives Secrètes du Vatican*. París, Firmin Didot, 2 vols.

1854. *Clementis XIV Pont. Max. Epistolae et Brevia selectiora ac nonulla alia acta pontificatus ejus*. Florentiae, Tipis Aloysii Niccolai.

THEOBALD, Christoph. 1995. "La <théologie spirituelle>. Point critique pour la théologie dogmatique". En: *Nouvelle Revue Théologique*, 117 (1995) 178-198.

THURMAN P. et PUT E. 1992. "La suppression!». En: *Les jésuites belges 1542-1 992. 450 ans de la Compagnie de Jésus dans les Provinces belgiques*. Brussels, Association Royale des Anciens Elèves du collège Saint-Michel (1992) 109-115.

TIENDA, Diego de. s/f. *Diario de la navegación de los Jesuitas de la Provincia de Andalucía desde el Puerto de Santa María y Málaga a Civitavecchia*. (Mss.).

TIETZ, Manfred (Edit.). 2001. *Los jesuitas españoles expulsos. Su imagen y su contribución al saber sobre el mundo hispánico en la Europa del siglo XVIII*. Madrid-Frankfurt/M., Iberoamericana-Vervuert.

2001. "Prólogo". En: Manfred TIETZ (Ed.). *Los jesuitas españoles expulsos. Su imagen y su contribución al saber sobre el mundo hispánico en la Europa del siglo XVIII*. Madrid-Frankfurt/M, Iberoamericana-Vervuert (2001) 7-17.

TISNÉS, Roberto M. 1967. "Jesuitas expulsados de la Nueva Granada en 1767". En: *Revista de la Academia Colombiana de Historia Eclesiástica*, 2 (1967) 135-165.

TOBAR, José de. 1751. *La invocación de Nuestra Señora con el título de Madre Santísima de la Luz*. En Madrid, en la imprenta de la viuda de Diego Miguel de Peralta, impresora del Consejo de Indias.

TOLRÁ, Juan José. Elías ROJO y José OTERO. 1812. *Memorial de los Exjesuitas Españoles a S. M. al Congreso de la Nación en sus Cortes Generales y Extraordinarias, sobre la nulidad e injusticia de la Pragmática Sanción de dos de Abril de mil setecientos sesenta y siete para el Extrañamiento de los mismos, y Apertura que pide de su Causa en Tribunal competente y público*. Santiago, en la Imprenta de los dos Amigos, 1812. Tuvo al menos 4 ediciones.

1813. *Reclamación de tres ex-jesuitas españoles residentes en la Península*. En Cádiz. En la Oficina de D. Nicolás Gómez de Reguera, Impresor del Gobierno por S. M. Plazuela de las Tablas, año 1813.

TOLRÁ, Juan José. 1797. *Justificación histórico-crítica de la venida del Apóstol Santiago el Mayor a España y de su sepulcro en Compostela*. Madrid, imprenta de la viuda de Ibarra.

TORRE VILLAR, Ernesto de la. 1965. "La Iglesia en México. De la guerra de la Independencia a la Reforma. Notas para su estudio". En: *Estudios de historia moderna y contemporánea de México*. México, 1 (1965) 9-34.

TORRES SALDAMANDO, Enrique. 1882. *Los antiguos jesuitas del Perú*. Biografías y apuntes para su Historia. Lima, Imprenta Liberal.

TORRES SÁNCHEZ, Jaime. 1999. *Haciendas y posesiones de la Compañía de Jesús en Venezuela. El Colegio de Caracas en el siglo XVIII*. Sevilla, Consejo Superior de Investigaciones Científicas-Universidad de Sevilla-Diputación de Sevilla.

TORRES, Jaime. s/f. *Traducción española de la <Historia de la Iglesia del Japón> publicada* en francés por el jesuita Juan Crasset. En 4 tomos (Mss.).

1893. *Vida del jesuita Juan Saloni, natural de Granadella, diócesis de Lérida*. Madrid, por Joaquín Ibarra [segunda edición en Barcelona, 1893].

TORRUBIA, José. 1972. *Crónica de la Provincia Franciscana de Santa Cruz de la Española y Caracas*. Estudio preliminar y notas de Odilo Gómez Parente. Caracas, Academia Nacional de la Historia.

TOVAR PINZON, Hermes. 1986. "Rentas y beneficios de las haciendas neogranadinas". En: *Ibero-Amerikanisches Archiv*. Berlín, vol., 12-3 (1986) 280-301.

TOVAR, Antonio. 1965. "Estudio preliminar". En: Felipe Salvador GILIJ. *Ensayo de Historia Americana*. Caracas, Biblioteca de la Academia Nacional de la Historia, No. 71 (1965) pp. XI-XXXIII.

1986. *El lingüista español Lorenzo Hervás*. Estudio y selección de obras básicas. Alcobendas (Madrid), Sociedad General Española de Librería.

TREASURE, Geoffrey. 1985. *The Making of Modern Europe*. London, ed. Metheun.

TRIANA Y ANTORVEZA, Humberto. 1993. *Las lenguas indígenas en el ocaso del imperio español*. Bogotá, Colcultura-Instituto Colombiano de Antropología.

TROCONIS DE VERACOECHEA, Ermila. 1971. *Las obras pías en la iglesia colonial venezolana*. Caracas, Academia Nacional de la Historia.

TROUSSON, Raymond. 1979. "L'Abbé F. X. de Feller et les Philosophes". En: Roland PORTIER y Hervé HASQUIN (Edit.). «L'influence française dans les Pays-Bas autrichiens et la Principauté de Liège au temps de Voltaire et de Jean-Jacques Rousseau». En: *Etudes sur le XVIIIè siècle*. Bruxelles, Volume VI, Editions de l'Université (1979) 102-115.

TURRENT, Lourdes. 1993. *La conquista musical de México*. México, Fondo de Cultura Económica.

TYLENDA, Joseph N. 2001. "Hoyos, Bernardo Francisco de". En: Charles E. O'NEILL y Joaquín Mª DOMÍNGUEZ. *Diccionario histórico de la Compañía de Jesús*, II, 1959-1960.

URIARTE, Eugenio de. 1880. *Principios del reinado del Corazón de Jesús en España*. Madrid, Imprenta a cargo de D. Blas Araque.

URIARTE, J. Eug. de. 1904-1916. *Catálogo razonado de obras anónimas y seudónimas de autores de la Compañía de Jesús pertenecientes a la antigua asistencia española*: con un apéndice de otras de los mismos, dignas de especial estudio bibliográfico... Madrid, Sucesores de Rivadeneyra, 5 vols.

URIARTE, José Eug. De y Mariano LECINA. 1925. *Biblioteca de escritores de la Compañía de Jesús pertenecientes a la antigua Asistencia de España desde sus orígenes hasta el año de 1773*. Madrid, Imprenta de la Viuda de López del Horno, I.

URIARTE, Manuel. 1952. *Diario de un misionero de Mainas*. Transcripción, introducción y notas del P. Constantino Bayle S. J. Madrid, Consejo Superior de Investigaciones Científicas.

URICOECHEA, Ezequiel. 1872. "Los americanistas". En: *El Americano*. París, nº 12 (junio 11 de 1872) 203.

URRUTIA, José Luis de. 1961. *Teología del Sagrado Corazón*. Historia. Problemática. Documentos Pontificios. Madrid, Editorial Apostolado de la Prensa.

Usos y costumbres de esta Provincia de Quito, sacados de los antiguos, confirmados por nuestro P. General Vincencio Carafa, dispuestos por el P. Visitador Diego Francisco Altamirano, o reconocidos por el P. Provincial Pedro Calderón, habiéndolos consultado con sus Consultores de Provincia, el 27 de Marzo de 1697. En: J. JOUANEN. *Historia de la Compañía de Jesús en la antigua Provincia de Quito* II, 699-700.

UTRERA, Cipriano. 1932. *Universidades de Santiago de la Paz y de Santo Tomás de Aquino y Seminario Conciliar de la Ciudad de Santo Domingo en la Isla Española*. Santo Domingo, Padres Franciscanos Capuchinos.

VALLE LLANO, Antonio. 1950. *La Compañía de Jesús en Santo Domingo durante el período hispánico*. Ciudad Trujillo, Seminario de Santo Tomás.

VALMONT-BOMARE, Jacques Christophe. 1764. *Dictionnaire raisonné universel d'histoire naturelle:* contenant l'histoire des animaux, des végétaux et des minéraux... & des autres principaux phénomènes de la nature avec l'histoire et le description des drogues simples tirées des trois regnes... par M. Valmont de Bomare... A Paris: chez Didot, le jeune... [et. al.].

VAN DUERM, Charles. Franz Maria THUGUT, (Freiherr von). 1896. *Un peu plus de lumière sur le conclave de Venise, et sur les commencements du pontificat de Pie VII, 1799-1800. Documents inédits, extraits des archives de Vienne.* Louvain, C. Peeters, éditeur; Paris, V. Lecoffre, libraire.

VAN HOECK, François. 1934. "Lettres des supérieurs de la Compagnie de Jésus en Russie-Blanche aux Jésuites de Hollande". En: *Archivum Historicum Societatis Iesu.* Roma, 3 (1934) 279-299.

VARGAS JURADO, J. A. 1902. *Tiempos coloniales*. Bogotá, Biblioteca de Historia Nacional.

VARGAS SÁEZ, Pedro. 1945. *Historia del Real Colegio Seminario de S. Francisco de Asís de Popayán*. Bogotá, Biblioteca de Historia Nacional.

VARGAS UGARTE, Rubén. 1934. *Jesuitas peruanos desterrados a Italia*. Lima, La Prensa.

1945. *El Episcopado en los tiempos de la Emancipación Sudamericana*. Buenos Aires, Editorial "Huaspes".

1947. *Relaciones de Viajes (siglos XVI, XVII y XVIII. Biblioteca Histórica Peruana*, Lima, Compañía de Impresiones y Publicidad, V.

1963-1965. *Historia de la Compañía de Jesús en el Perú*. Burgos, Imprenta de Aldecoa, 4 vols.

1964. *La Carta a los españoles americanos de don Juan Pablo Viscardo y Guzmán*. Lima, Librería e Imprenta Gil. 2a ed.

VASSAL, Armand de. 1921. *Le Père Pierre Suau de la Compagnie de Jésus (1861-1916)*. Toulouse, Apostolat de la prière.

VAZ DE CARVALHO, José. 2001. "Leite, Serafim". En: Charles E. O'NEILL y Joaquín Mª DOMÍNGUEZ. *Diccionario histórico de la Compañía de Jesús*. Roma-Madrid, III, 2326-2327.

2001. "Portugal". En: Charles E. O'NEILL y Joaquín Mª DOMÍNGUEZ. *Diccionario histórico de la Compañía de Jesús*, IV, 3198-3199.

VEGA, Agustín de. 2000. *Noticia del principio y progresos del establecimiento de las Missiones de gentiles en la río Orinoco por la Compañía de Jesús*. Estudio introductorio: José del Rey Fajardo sj y Daniel de Barandiarán. Caracas, Academia Nacional de la Historia.

VELANDIA, Roberto. 1989. *La villa de San Bartolomé de Honda*. Tomo I: Épocas de la Conquista y de la Colonia. Bogotá, Editorial Kelly.

VELASCO, Juan de. 1960. "Relación histórico-apologética sobre la prodigiosa imagen, devoción y cuto de Nuestra Señora, con el título de Madre Santísima de la Luz…". En: Aurelio ESPINOSA POLIT. *Los jesuitas quiteños del extrañamiento*. Quito, Biblioteca Ecuatoriana Mínima (1960) 104-110.

1981. *Historia del Reino de Quito en la América Meridional*. Edición, prólogo, notas y cronología [por] Alfredo Pareja Diezcanseco. Caracas, Biblioteca Ayacucho.

s/f. *Historia moderna del Reino de Quito y Crónica de la, Provincia de la Compañía de Jesús del mismo reino* (Ms. que reposa en el Archivo de la Provincia de Toledo. Leg., 382)

VÉLEZ, Rafael de. 1812. *Preservativo contra la Irreligión, o los planes de la Filosofía contra la Religión y el Estado, realizados por la Francia para subyugar la Europa, seguidos por Napoleón en la conquista de España, y dados a luz por algunos de nuestros sabios en perjuicio de nuestra patria*. Cádiz, Imprenta de la Junta de Provincia.

VENEGAS, Miguel. 1757. *Noticia de la California y de su conquista temporal y espiritual hasta el tiempo presente*. Madrid, en la Imprenta de la Viuda de Manuel Fernández.

VERGARA, José M. 1931. *Historia de la Literatura en Nueva Granada*. Bogotá, Editorial Minerva.

VILLADA, Pablo. 1914. "El primer centenario del restablecimiento de la Compañía de Jesús en todo el mundo". En: *Razón y Fe*. Madrid, XXXVIII (1914) 19-32; 277-291; 39 (1914) 205-219.

VILLALBA, Jorge y J. Mª DOMÍNGUEZ. 2001. "Fritz, Samuel". En: Charles E. O'NEILL y Joaquín Mª DOMÍNGUEZ. *Diccionario histórico de la Compañía de Jesús*. Roma-Madrid, II (2001) 2194-2195.

VILLALBA, Jorge. 2001. "Chantre y Herrera, José". En: En: Charles E. O'NEILL y Joaquín Mª DOMÍNGUEZ. *Diccionario histórico de la Compañía de Jesús*. Roma-Madrid, I (2001) 751-752.

2001. "Ecuador". En: Charles E. O'NEILL y Joaquín Mª DOMÍNGUEZ. *Diccionario histórico de la Compañía de Jesús*, II, 1187-1193.

2001. "Maroni, Pablo". En: Charles E. O'NEILL y Joaquín Mª DOMÍNGUEZ. *Diccionario histórico de la Compañía de Jesús*. Roma-Madrid, III (2001) 2511.

2001. "Maugeri, José María". En: Charles E. O'NEILL y Joaquín Mª DOMÍNGUEZ. *Diccionario histórico de la Compañía de Jesús*. Roma-Madrid, III (2001) 2580.

2001. "Recio, Bernardo". En: Charles E. O'NEILL y Joaquín Mª DOMÍNGUEZ. *Diccionario histórico de la Compañía de Jesús*. Roma-Madrid, IV, 3304.

2001. "Rodríguez Villaseñor, Manuel". En: Charles E. O'NEILL y Joaquín Mª DOMÍNGUEZ. *Diccionario histórico de la Compañía de Jesús*. Roma-Madrid, IV (2001) 3398.

2001. "Velasco Petroche, Juan de". En: Charles E. O'NEILL y Joaquín Mª DOMÍNGUEZ. *Diccionario histórico de la Compañía de Jesús*. Roma-Madrid, IV (2001) 3919.

VILLALONGA, Gabriel. s/f. *Ad Tractatum Theologicum Moralem de Contractibus*. [Archivio Vescovile. Mss. 67].

VILLEGAS, Juan. 2001. "Uruguay". En: Charles E. O'NEILL y Joaquín Mª DOMÍNGUEZ. *Diccionario histórico de la Compañía de Jesús*, IV, 3864-3866.

VISCARDO Y GUZMÁN, Juan Pablo. 1799. *Lettre aux Espagnols américains, Par un de leurs compatriotes*. Philadelphie [Londres], [P. Boyle].

VIVIER, Alexander. 1897. *Nomina Patrum ac Fatrum qui Societatem Jesu ingressi in ea supremum diem obierunt* (7 augusti 1814-7 augusti 1894). Parisiis, R. Leroy.

VOGEL, Christine. 2006. *Der Untergang der Gesellschaft Jesu als europäisches Medienereignis (1758-1773)*. Mainz, Philipp von Zabern.

VOGT, Nicolaus y Johannes Ignaz WEITZEL. 1813. *Rheinisches Archiv für Geschichte und Literatur*. Wiesbaden, X (1813) 256 y ss.

WEBER, Federico. 2001. "Cartesianismo". En: Charles E. O'NEILL y Joaquín Mª DOMÍNGUEZ. *Diccionario histórico de la Compañía de Jesús*, II, 1443-1447.

2001. "Eclecticismo y empirismo". En: Charles E. O'NEILL y Joaquín Mª DO-MÍNGUEZ. *Diccionario histórico de la Compañía de Jesús*, II, 1447-1451.

2001. "Positivismo y Tradicionalismo". En: Charles E. O'NEILL y Joaquín Mª DOMÍNGUEZ. *Diccionario histórico de la Compañía de Jesús*, II, 1452-1454.

WEBSTER, Charles K. (ed.). 1938. *Britain and the Independence of Latin America, 1812–1830: Select Documents from the Foreign Office Archives*. London, New York, Published for the Ibero-American Institute of Great Britain by the Oxford University Press, 2 vols.

WITEK, John W. 2001. "Amiot, Jean Joseph-Marie [Nombre chino: Qian Deming, Rouse]". En: Charles E. O'NEILL y Joaquín Mª DOMÍNGUEZ. *Diccionario histórico de la Compañía de Jesús*, I, 155.

WOLF, Peter Philipp. 1792. *Allgemeine Geschichte der Jesuiten von dem Ursprunge ihres Ordens bis auf gegenwärtige Zeiten*. Zürich, Drell, Gessner, Füssli und Compag, III.

WRBA, Johann. 2001. "Austria. II. Nueva CJ (1820-1829)". En: Charles E. O'NEILL y Joaquín Mª DOMÍNGUEZ. *Diccionario histórico de la Compañía de Jesús*, I, 292-293.

WRIGHT, Jonathan. 2005. *Los jesuitas. Una historia de los "soldados de Dios"*. Santa Perpetua de Mogoda (Barcelona), Debate.

YA, Mikhail. MOROSHKIN. 1867. *Iezuity v Rosii, s tsarstvovaniia Ekateriny II i do nashego vremen* [Los jesuitas en Rusia desde el reinado de Catalina II hasta el presente]. San Petersburgo, I.

YARZA, José. 1974. "Expulsio Sociorum, 1767. Narratur historia laborum Societatis inter Indianos, quórum indoles et mores describuntur. Iter exsulium Jesuitarum in Italiam. Suppressio Societatis". Fue publicada la segunda parte por el P. Juan M. Pacheco en *Revista Javeriana*. Bogotá, XXXVIII (1952) 170-183, con el título "La expulsión de los jesuitas del Nuevo Reino de Granada en 1767". Y ese texto lo reprodujimos en el tomo III de *Documentos jesuíticos relativos a la Historia de la Compañía de Jesús en Venezuela*. Caracas, III (1974) 73-90.

ZACCARIA, Francesco Antonio. 1760. *Lettere dell'abate N.N. milanese ad un prelato romano apologetiche della Compagnia di Gesu' contro due libelli intitolati Riflessioni sopra il memoriale presentato da'PP. Gesuiti alla Santità di Papa Clemente XIII ... e Appendice alle Riflessioni ; tomo secondo, che contiene tre lettere apologetiche contro Le Riflessioni*. Fossombrone, per Gino Bottagrafi e Compagni.

ZALENSKI, Estanislao. 1886. *Les Jésuites dans la Russie Blanche*. Ouvrage traduit du polonais par le P. Alexandre Vivier. París, Letouzey et Ané,

1888. *I gesuiti della Russia Bianca*. Opera volta dal polacco in francese... dal francese in italiano dal Sac. Antonio Buzzetti. Con approbazione dell'autore. Prato, Giachetti.

ZAMBRANO, Francisco y José GUTIÉRREZ CASILLAS. 1961-1977. *Diccionario bío-bibliográfico de la Compañía de Jesús en México*. México, Edit. Jus, 16 vols.

ZANFREDINI, Mario. 2001. "Bettinelli, Saverio". En: Charles E. O'NEILL y Joaquín Mª DOMÍNGUEZ. *Diccionario histórico de la Compañía de Jesús*. Roma-Madrid, I, 432.

2001. "Cordara, Giulio Cesare". En: Charles E. O'NEILL y Joaquín Mª DOMÍNGUEZ. *Diccionario histórico de la Compañía de Jesús*, I, 950-951.

2001. "Estética". En: Charles E. O'NEILL y Joaquín Mª DOMÍNGUEZ. *Diccionario histórico de la Compañía de Jesús*, II, 1439-1443.

2001. "Faure, Giovanni Battista". En: Charles E. O'NEILL y Joaquín Mª DOMÍNGUEZ. *Diccionario histórico de la Compañía de Jesús*, II, 1382-1383.

2001. "Filosofía". En: Charles E. O'NEILL y Joaquín Mª DOMÍNGUEZ. *Diccionario histórico de la Compañía de Jesús*, II, 1430-1435.

2001. "Lagomarsini, Girolamo". En: Charles E. O'NEILL y Joaquín Mª DOMÍNGUEZ. *Diccionario histórico de la Compañía de Jesús*, III, 2261.

2001. "Mozzi de Capitani, Luigi". En: Charles E. O'NEILL y Joaquín Mª DOMÍNGUEZ. *Diccionario histórico de la Compañía de Jesús*, III, 2760.

2001. "Roberti, Giovanni Battista". En: Charles E. O'NEILL y Joaquín Mª DOMÍNGUEZ. *Diccionario histórico de la Compañía de Jesús*. Roma-Madrid, IV, 3378.

2001. "Tiraboschi, Girolamo". En: Charles E. O'NEILL y Joaquín Mª DOMÍNGUEZ. *Diccionario histórico de la Compañía de Jesús*. Roma-Madrid, IV, 3804-3805.

2001. "Zaccaria, Francesco Antonio". En: Charles E. O'NEILL y Joaquín Mª DOMÍNGUEZ. *Diccionario histórico de la Compañía de Jesús*, IV, 4063-4064.

ZARANDONA, Antonio. 1890. *Historia de la extinción y restablecimiento de la Compañía de Jesús* por Antonio Zarandona; brevemente anotada y aumentada por el P. Ricardo Cappa. Madrid, Imp. de D. Luis Aguado, III.

ZEA, Leopoldo. 1971. "Prólogo". En: Elías PINO ITURRIETA. *La mentalidad venezolana de la Emancipación (1810-1812)*. Caracas, Universidad Central de Venezuela (1971) 7-12.

ZELIS, Rafael. 1871. *Catalogo de los sugetos de la Compañía de Jesús, que formaban la Provincia de México el día del arresto, 25 de Junio de 1767.* Contiene: los sugetos por orden alfabético, por orden de edad, por orden de grado; los colegios, las misiones y los difuntos. Comenzado en Roma por Don Rafael Zelis de el día 27 de Junio, y terminado el 23 de Agosto de 1786. México, 1871.

ZIGGELAAR, August. 2001. "Ciencias naturales y matemáticas". En: Charles E. O'NEILL y Joaquín Mª DOMÍNGUEZ. *Diccionario histórico de la Compañía de Jesús*, I, 803-804.

ZUBILLAGA, Félix. 2001. "Priego, Antonio López de". En: Charles E. O'NEILL y Joaquín Mª DOMÍNGUEZ. *Diccionario histórico de la Compañía de Jesús*. Roma-Madrid, IV, 3230.

2001. "Zelis, Rafael José de". En: Charles E. O'NEILL y Joaquín Mª DOMÍNGUEZ. *Diccionario histórico de la Compañía de Jesús*. Roma-Madrid, IV, 4074.

ÍNDICE

INTRODUCCIÓN 11

LIBRO I: LA EXPULSIÓN 41

Capítulo I: La intimación de la pragmática sanción (2 de abril de 1767)
a los jesuitas de la provincia del nuevo reino de granada 43

    El significado jurídico del "extrañamiento" 44
    La ejecución de la orden de extrañamiento en la Provincia del Nuevo Reino 45
    El acto jurídico de la intimación de la Pragmática Sanción.......................... 47

Capítulo 2º: El itinerario de la muerte de la Provincia del Nuevo Reino:
Del mar Caribe al mar Adriático 67

    I. Las rutas continentales 69
    II. La travesía atlántica 83
    III. El Puerto de Santa María 92
    IV. Córcega y el nuevo status de la Provincia del Nuevo Reino 115
    V. Las rutas italianas 135
    VI. El destino final: La legación de Urbino 138

LIBRO II: LA EXTINCIÓN 151

Capítulo 3º: El breve Dominus ac redemptor (21 de julio de 1773)
y sus implicaciones legales 153

    I. Los preludios a la extinción de la Compañía de Jesús (1772-1773) 153
    II. Las presiones de las cortes borbónicas ante la Santa Sede
    para extinguir los jesuitas 156
    III. Los manejos secretos utilizados para la consecución del Breve 175
    IV. Las exigencias jurídicas para la intimación del Breve *Dominus ac Redemptor*
    y sus consecuencias 185
    V. La intimación del Breve *Dominus ac Redemptor* (16 de agosto de 1773) 194
    VI. La segunda pretendida justificación jurídica de la extinción:
    El doble "proceso legal" contra el General Lorenzo Ricci 207
    VII. Los últimos desencuentros entre Clemente XIV y los jesuitas 213
    VIII. Las reacciones jesuíticas ante el Breve *Dominus ac Redemptor* 226

Capítulo 4º: La muerte de la Compañía de Jesús. De jesuitas a abates y a abolidos (1773-1814) 231

I Parte: Los trabajos y los días en la nueva cotidianidad 231

    I. Las exigencias de la nueva vida cotidiana 231
    II. Las nuevas opciones de vida 246

Capítulo 5º: La muerte de la Compañía de Jesús. De jesuitas a abates y a abolidos (1773-1814) 289

II. Parte: Los insertados en el mundo intelectual, universitario y cultural 289

    I. El oficio del "escritor exilado" y sus azares 290
    II. La "literatura de exilio" y sus fuentes 293
    III. Los planos del edificio bio-bibliográfico levantado en el exilio 301
    IV. El "americanismo" desde el exilio en Italia (1768-1814) 321

LIBRO III: LAS RESTAURACIONES 359

Capítulo 6º. La Compañía que nunca murió (Los jesuitas en Bielorrusia) 361

    I. La Compañía de Jesús "no extinta" a través de la diplomacia europea 362
    II. El constante reconocimiento de la Compañía en la Rusia Blanca 381
    III. Y los otros "supervivientes"… 400

Capítulo 7º: El proceso de las restauraciones (1779-1815) 407

    I. Las profundas transformaciones vividas en el mundo occidental 409
    II. Ensayos para crear una supervivencia del modelo jesuítico 415
    III. Instituciones permanentes capaces de realizar el ideal jesuítico 427
    IV. Las restauraciones de la Compañía y sus procesos 434
    V. Los cauces oficiales para lograr la restitución 450

Capítulo 8º: La bula Sollicitudo omnium ecclesiarum y la restauración universal de la Compañía de Jesús 509

ARCHIVOS Y BIBLIOGRAFÍA 523

BIBLIOTECA DE LA ACADEMIA NACIONAL DE LA HISTORIA

Serie Fuentes para la Historia Colonial de Venezuela

Distribución: Palacio de las Academias Bolsa a San Francisco, planta baja.
Distribuidora: Telf.: 482.27.06 | Librería: Telf.: 745.40.64

De venta en la Academia Nacional de la Historia, Coordinación de Publicaciones, Palacio de las Academias, Bolsa a San Francisco, Teléfono 482.27.06 y en las librerías.

Vol. 54: *Descubrimiento y conquista de Venezuela.* Estudio preliminar de Joaquín Gabaldón Márquez. Tomo I.

Vol. 55: *Descubrimiento y conquista de Venezuela..* Advertencia del compilador: Joaquín Gabaldón Márquez. Tomo II.

Vol. 56: *Tratado de Indias y el doctor Sepúlveda.* Fray Bartolomé de las Casas. Estudio preliminar de Manuel Giménez Fernández.

Vol. 57: *Elegías de varones ilustres de Indias.* Juan de Castellanos. Estudio preliminar de Isaac J. Pardo.

Vol. 58: *Venezuela en los cronistas generales de Indias.* Estudio preliminar de Carlos Felice Cardot. Tomo I.

Vol. 59: *Venezuela en los cronistas generales de Indias.* Tomo II.

Vol. 60: *Arca de letras y teatro universal.* Juan Antonio Navarrete. Estudio preliminar de José Antonio Calcaño.

Vol. 61. *Libro de la razón general de la Real Hacienda del departamento de Caracas.* José de Limonta. Estudio preliminar de Mario Briceño Perozo.

Vol. 62: *Recopilación historial de Venezuela.* Fray Pedro de Aguado. Estudio preliminar de Guillermo Morón. Tomo I.

Vol. 63: *Recopilación historial de Venezuela.* Fray Pedro de Aguado. Tomo II.

Vol. 64: *Actas del cabildo eclesiástico de Caracas.* Estudio preliminar de Manuel Pérez Vila. Tomo I (1580-1770).

Vol. 65: *Actas del cabildo eclesiástico de Caracas.* Tomo II (1771-1808).

Vol. 66: *Noticias Historiales de Venezuela.* Fray Pedro Simón. Edición restablecida en su texto original, por vez primera por Demetrio Ramos Pérez, con Estudio preliminar y notas. Tomo I.

Vol. 67: *Noticias Historiales de Venezuela.* Fray Pedro Simón. Idem, también anotado por Demetrio Ramos Pérez. Tomo II.

Vol. 68: *El Orinoco ilustrado.* José Gumilla. Comentario preliminar de José Nucete Sardi y Estudio bibliográfico de Demetrio Ramos Pérez.

Vol. 69: *Los primeros historiadores de las misiones capuchinas en Venezuela.* Presentación y estudios preliminares sobre cada autor de P. Buenaventura de Carrocera, O.F.M.

Vol. 70: *Relaciones geográficas de Venezuela durante los* siglos *XVI, XVII y XVIII.* Estudio preliminar y notas de Antonio Arellano Moreno.

Vol. 71: *Ensayo de historia americana.* Felipe Salvador Gilij. Traducción y estudio preliminar de Antonio Tovar. Tomo I.

Vol. 72: *Ensayo de historia americana.* Felipe Salvador Gilij. Tomo II.

Vol. 73: *Ensayo de historia americana.* Felipe Salvador Gilij. Tomo III.

Vol. 74: *Documentos para la historia de la Iglesia colonial en Venezuela.* Estudio preliminar y selección del Padre Guillermo Figuera. Tomo I.

Vol. 75: *Documentos para la historia de la Iglesia colonial en Venezuela.* Tomo II.

Vol. 76: *Instrucción general y particular del estado presente de la provincia de Venezuela en los años de 1720 y 1721.* Pedro José de Olavarriaga. Estudio preliminar de Mario Briceño Perozo.

Vol. 77: *Relato de las misiones de los padres de la Compañía de Jesús en las islas y en Tierra Firme de América Meridional.* P. Pierre Pellaprat, S.J. Estudio preliminar del Padre José del Rey.

Vol. 78: *Conversión de Píritu.* P. Matías Ruiz Blanco. *Tratado histórico.* P. Ramón Bueno. Estudio preliminar y notas de P. Fidel de Lejarza, O.F.M.

Vol. 79: *Documentos jesuíticos relativos a la historia de la Compañía de Jesús en Venezuela.* Estudio preliminar del P. José del Rey S.J.

Vol. 80: *Protocolo del siglo XVI.* Estudio preliminar de Agustín Millares Carlo.

Vol. 81: *Historia de la Nueva Andalucía.* Fray Antonio Caulín. Estudio preliminar y edición crítica de P. Pablo Ojer, S.J. Tomo I.

Vol. 82: *Estudio de la Nueva Andalucía.* Fray Antonio Caulín. (Texto y Notas). Tomo II.

Vol. 83: *Las Misiones de Píritu. Documentos para su historia.* Selección y estudio preliminar de Lino Gómez Canedo, O.F.M. Tomo I.

Vol. 84: *Las Misiones de Píritu. Documentos para su historia.* Tomo II.

Vol. 85: *Historia de la provincia de la Compañía de Jesús del Nuevo Reyno de Granada en la América.* P. Joseph Cassani. S.J. Estudio preliminar y anotaciones al texto del P. José del Rey, S.J.

Vol. 86: *La historia del Mundo Nuevo.* M. Girolano Benzoni. Traducción y Notas de Marisa Vannini de Gerulewicz. Estudio preliminar de León Croizat.

Vol. 87: *Documentos para la historia de la educación en Venezuela.* Estudio preliminar y compilación de Ildefonso Leal.

Vol. 88: *Misión de los capuchinos en Cumaná.* Estudio preliminar y documentación seleccionada por el R.P. Fray Buenaventura de Carrocera, O.F.M., Cap. Tomo I.

Vol. 89: *Misión de los capuchinos en Cumaná.* Estudio preliminar y documentación seleccionada por el R.P. Fray Buenaventura de Carrocera, O.F.M., Cap. Tomo II.

Vol. 90: *Misión de los capuchinos en Cumaná.* Estudio preliminar y documentación seleccionada por el R.P. Fray Buenaventura de Carrocera, O.F.M., Cap. Tomo III.

Vol. 91: *Historia documentada de los agustinos en Venezuela durante la época colonial.* Estudio preliminar de Fernando Campo del Pozo, Agust.

Vol. 92: *Las instituciones militares venezolanas del período hispánico en los archivos.* Selección y estudio preliminar de Santiago-Gerardo Suárez.

Vol. 93: *Documentos para la historia económica en la época colonial, viajes e informes.* Selección y estudio preliminar de Antonio Arellano Moreno.

Vol. 94: *Escritos Varios.* José Gumilla. Selección y estudio preliminar de José del Rey, S.J.

Vol. 95: *Documentos relativos a su visita pastoral de la diócesis de Caracas (17711784).* Obispo Mariano Martí. Libro personal. Estudio preliminar de Lino Gómez Canedo, O.F.M. Tomo I.

Vol. 96: *Documentos relativos a su visita pastoral de la diócesis de Caracas (17711784).* Obispo Mariano Martí. Libro personal. Tomo II.

Vol. 97: *Documentos relativos a su visita pastoral de la diócesis de Caracas (17711784).* Obispo Mariano Martí. Libro de inventarios. Tomo III.

Vol. 98: *Documentos relativos a su visita pastoral de la diócesis de Caracas (17711784).* Obispo Mariano Martí. Libro de inventarios. Tomo IV.

Vol. 99: *Documentos relativos a su visita pastoral de la diócesis de Caracas (17711784).* Obispo Mariano Martí. Libro de Providencias. Tomo V.

Vol.100: *Documentos relativos a su visita pastoral de la diócesis de Caracas (17711784).* Obispo Mariano Martí. Compendio de Juan José Guzmán. Tomo VI.

Vol. 101: *Documentos relativos a su visita pastoral de la diócesis de Caracas (17711784).* Obispo Mariano Martí. Compendio de Juan José Guzmán, Tomo VII.

Vol. 102: *La Gobernación de Venezuela en el siglo XVII.* José Llavador Mira.

Vol. 103: *Documentos para el estudio de los esclavos negros en Venezuela.* Selección y estudio preliminar de Ermila Troconis de Veracoechea.

Vol. 104: *Materiales para la historia de las artes decorativas en Venezuela.* Carlos E. Duarte.

Vol. 105: *Las obras pías en la Iglesia colonial venezolana.* Selección y estudio preliminar de Ermila Troconis de Veracoechea.

Vol. 106: *El real consulado de Caracas* (1793-1810). Manuel Nunes Días.

Vol. 107: *El ordenamiento militar de Indias.* Selección y estudio preliminar de Santiago-Gerardo Suárez.

Vol. 108: *Crónica de la provincia franciscana de Santa Cruz de la Española y Caracas.* Estudio preliminar y notas de Odilio Gómez Parente, O.F.M.

Vol. 109: *Trinidad, Provincia de Venezuela.* Jesse A. Noel.

Vol. 110: *Colón descubrió América del Sur en 1494.* Juan Manzano Manzano.

Vol. 111: *Misión de los Capuchinos en los Llanos de Caracas. Introducción y resumen histórico. Documentos (1657-1699).* de R. P. Fray Buenaventura de Carrocera. O.F.M. Capuchino. Tomo I.

Vol. 112: *Misión de los Capuchinos en los Llanos de Caracas. Documentos (1700-1750).* de R. P. Fray Buenaventura de Carrocera. O. F. M. Capuchino. Tomo II.

Vol. 113: *Misión de los Capuchinos en los Llanos de Caracas. Documentos (1750-1820).* de R. P. Fray Buenaventura de Carrocera. O. F. M. Capuchino. Tomo III.

Vol. 114: *Población de origen europeo de Coro en la época colonial.* Pedro M. Arcaya.

Vol. 115: *Curazao hispánico (Antagonismo flamenco-español).* Carlos Felice Cardot.

Vol. 116: *El mito de El Dorado. Su génesis y proceso.* Demetrio Ramos Pérez.

Vol. 117: *Seis primeros obispos de la Iglesia venezolana en la época hispánica (1532-1600).* Mons. Francisco Armando Maldonado.

Vol. 118: *Documentos jesuíticos relativos a la historia de la Compañía de Jesús en Venezuela.* José del Rey Fajardo, S. J. Tomo II.

Vol. 119: *Documentos jesuíticos relativos a la historia de la Compañía de Jesús en Venezuela.* José del Rey Fajardo, S. J. Tomo III.

Vol. 120: *Hernández de Serpa y su "Hueste" de 1569 con destino a la Nueva Andalucía.* Jesús María G. López Ruiz.

Vol. 121: *La Provincia Franciscana de Santa Cruz de Caracas. Cuerpo de documentos para su historia (1513-1837).* Selección, estudio preliminar, introducciones especiales, edición y notas de Lino Gómez Canedo.

Vol. 122: *La Provincia Franciscana de Santa Cruz de Caracas. Cuerpo de documentos para su historia. Consolidación y expansión (1593-1696).* Selección, estudio preliminar, introducciones especiales, edición y notas de Lino Gómez Canedo.

Vol. 123: *La Provincia Franciscana de Santa Cruz de Caracas. Cuerpo de documentos para su historia. Florecimiento, crisis y extinción (1703-1837).* Selección, estudio preliminar, introducciones especiales, edición y notas de Lino Gómez Canedo.

Vol. 124: *El sínodo diocesano de Santiago de León de Caracas de 1687. Valoración canónica del regio placet a las constituciones sinodales indianas.* Manuel Gutiérrez de Arce. Tomo I.

Vol. 125: *Apéndices a el sínodo diocesano de Santiago de León de Caracas de 1687. Valoración canónica del regio placet a las constituciones sinodales indianas.* Manuel Gutiérrez de Arce. Tomo II.

Vol. 126: *Estudios de historia venezolana.* Demetrio Ramos Pérez.

Vol. 127: *Los orígenes venezolanos (Ensayo sobre la colonización española en Venezuela).* Jules Humbert.

Vol. 128: *Materiales para la Historia Provincial de Aragua.* Lucas Guillermo Castillo Lara.

Vol. 129: *El Oriente venezolano a mediados del siglo XVIII, a través de la visita del Gobernador Diguja.* Alfonso F. González González.

Vol. 130: *Juicios de Residencia en la provincia de Venezuela. I. Los Welser.* Estudio preliminar de Marianela Ponce de Behrens, Diana Rengifo y Letizia Vaccari de Venturini.

Vol. 131: *Fortificación y Defensa.* Santiago-Gerardo Suárez.

Vol. 132: *Libros y Bibliotecas en Venezuela Colonial (1633-1767). Siglo XVII (1633-1699).* Ildefonso Leal. Tomo I.

Vol. 133: *Libros y Bibliotecas en Venezuela Colonial (1633-1767). Siglo XVII (1727-1767).* Ildefonso Leal. Tomo II.

Vol. 134: *Las acciones militares del Gobernador Ruy Fernández de Fuenmayor (1637-1644).* Lucas Guillermo Castillo Lara.

Vol. 135: *El Régimen de "Las Gracias al Sacar" en Venezuela durante el período hispánico.* Santos Rodulfo Cortés. Tomo I.

Vol. 136: *El Régimen de "Las Gracias al Sacar" en Venezuela durante el período hispánico. (Documentos anexos).* Santos Rodulfo Cortés. Tomo II.

Vol. 137: *Las Fuerzas Armadas Venezolanas en la Colonia.* Santiago-Gerardo Suárez.

Vol. 138: *La Pedagogía Jesuítica en la Venezuela Hispánica.* José del Rey Fajardo, S. J.

Vol. 139: *Misión de los Capuchinos en Guayana. Introducción y resumen histórico. Documentos, (16821785).* R. P. Fray Buenaventura de Carrocera, O. F. M. Capuchino.). Tomo I.

Vol. 140: *Misión de los Capuchinos en Guayana. Documentos (1760-1785).* R. P. Fray Buenaventura de Carrocera, O. F. M. Capuchino. Tomo II.

Vol. 141: *Misión de los Capuchinos en Guayana. Documentos (1785-1819)*. R. P. Fray Buenaventura de Carrocera, O. F. M. Capuchino. Tomo III.

Vol. 142: *La defensa de la integridad territorial de Guayana en tiempos de Carlos III*. María Consuelo Cal Martínez.

Vol. 143: *Los Mercedarios y la política y social de Caracas en los siglos XVII y XVIII*. Lucas G. Castillo Lara. Tomo I.

Vol. 144: *Los Mercedarios y la vida política y social de Caracas en los siglos XVII y XVIII*. Lucas G. Castillo Lara. Tomo II.

Vol. 145: *Juicios de Residencia en la Provincia de Venezuela*. II - Juan Pérez de Tolosa y Juan de Villegas. Recopilación y estudio preliminar de Marianela Ponce y Letizia Vaccari de Venturini.

Vol. 146: *Las salinas de Araya y el origen de la Armada de Barlovento*. Jesús Varela Marcos.

Vol. 147: *Los extranjeros con carta de naturaleza de las Indias, durante la segunda mitad del siglo XVIII*. Juan M. Morales Alvarez.

Vol. 148: *Fray Pedro de Aguado: Lengua y Etnografía*. María T. Vaquero de Ramírez.

Vol. 149: *Descripción exacta de la Provincia de Venezuela*. Joseph Luis de Cisneros. Estudio preliminar de Pedro Grases.

Vol. 150: *Temas de Historia Colonial Venezolana*. Mario Briceño Perozo.

Vol. 151: *Apuntes para la Historia Colonial de Barlovento*. Lucas Guillermo Castillo Lara.

Vol. 152: *Los comuneros de Mérida (Estudio)*. Edición conmemorativa del bicentenario del movimiento comunero. Tomo I.

Vol. 153: *Los censos en la Iglesia Colonial Venezolana (Sistema de préstamos a interés)*. Estudio preliminar y recopilación de Ermila Troconis de Veracoechea. Tomo I.

Vol. 154: *Los censos en la iglesia Colonial Venezolana (Sistema de préstamos a interés)*. Recopilación de Gladis Veracoechea y Euclides Fuguett. Tomo II.

Vol. 155: *Los censos en la iglesia Colonial Venezolana (Sistema de préstamos a interés)*. Recopilación de Euclides Fuguett. Tomo III.

Vol. 156: *Hombres y mujeres del siglo XVI venezolano*. Ismael Silva Montañés. Tomo I (A-C).

Vol. 157: *La ocupación alemana de Venezuela en el siglo XVI. Período llamado de los Welser (1528-1536)* de Jules Humbert. Traducción y presentación de Roberto Gabaldón.

Vol. 158: *Historia del periodismo y de la imprenta en Venezuela*. Tulio Febres Cordero G.

Vol. 159: *Hombres y mujeres del siglo XVI venezolano*. Ismael Silva Montañés. Tomo II (CH-K).

Vol. 160: *Juicios de Residencia en la Provincia de Venezuela. I- Don Francisco Dávila Orejón Gastón (1673-1677)*. Estudio introductorio, recopilación y selección documental de Letizia Vaccari S. M.

Vol. 161: *Juicios de Residencia en la Provincia de Venezuela. II- Don Francisco Dávila Orejón Gastón (1673-1677)*. Estudio introductorio, recopilación y selección documental, de Letizia Vaccari S. M.

Vol. 162: *Juicios de Residencia en la Provincia de Venezuela. III- Don Francisco Dávila Orejón Gastón (1673-1677)*. Estudio introductorio, recopilación y selección documental de Letizia Vaccari S. M.

Vol. 163: *La aventura fundacional de los isleños. Panaquire y Juan Francisco de León.* Lucas Guillermo Castillo Lara.

Vol. 164: *Hombres y mujeres del siglo XVI venezolano.* Ismael Silva Montañés. Tomo III (LP).

Vol. 165: *La unidad regional. Caracas-La Guaira-Valles, de 1775 a 1825.* Diana Rengifo.

Vol. 166: *Hombres y mujeres del siglo XVI venezolano.* Ismael Silva Montañés. Tomo IV (Q-Z).

Vol. 167: *Materiales para el estudio de las relaciones inter-étnicas en la Guajira, siglo XVIII. Documentos y mapas* de P. Josefina Moreno y Alberto Tarazona.

Vol. 168: *El contrabando holandés en el Caribe durante la primera mitad del siglo XVIII.* Celestino Andrés Araúz Monfante. Tomo I.

Vol. 169: *El contrabando holandés en el Caribe durante la primera mitad del siglo XVIII.* Celestino Andrés Araúz Monfante. Tomo II.

Vol. 170: *Guayana y el Gobernador Centurión (1766-1776).* María Isabel Martínez del Campo.

Vol. 171: *Las Milicias. Instituciones militares hispanoamericanas.* Santiago-Gerardo Suárez.

Vol. 172: *San Sebastián de los Reyes. La ciudad trashumante.* Lucas Guillermo Castillo Lara. Tomo I.

Vol. 173: *San Sebastián de los Reyes. La ciudad raigal.* Lucas Guillermo Castillo Lara. Tomo II.

Vol. 174: *Los Ministros de la Audiencia de Caracas (1786-1776). Caracterización de una élite burocrática del poder español en Venezuela.* Alí Enrique López Bohorquez.

Vol. 175: *El control de la gestión administrativa en el juicio de Residencia al Gobernador Manuel González Torres de Navarra.* Marianela Ponce. Tomo I.

Vol. 176: *El control de la gestión administrativa en el juicio de Residencia al Gobernador Manuel González Torres de Navarra.* Marianela Ponce. Tomo II.

Vol. 177: *El control de la gestión administrativa en el juicio de Residencia al Gobernador Manuel González Torres de Navarra.* Marianela Ponce. Tomo III.
Vol. 178: *Historia de Colombia y de Venezuela. Desde sus orígenes hasta nuestros días.* Jules Humbert. Traducción de Roberto Gabaldón.
Vol. 179: *Noticias historiales de Nueva Barcelona.* Fernando del Bastardo y Loayza. Estudio preliminar y notas de Constantino Maradei Donato.
Vol. 180: *La implantación del impuesto del papel Sellado en Indias.* María Luisa Martínez de Salinas.
Vol. 181: *Raíces pobladoras del Táchira: Táriba, Guásimos (Palmira), Capacho.* Lucas Guillermo Castillo Lara.
Vol. 182: *Temas de Historia Colonial Venezolana.* Mario Briceño Perozo. Tomo II.
Vol. 183: *Historia de Barinas (1577-1800).* Virgilio Tosta. Tomo I.
Vol. 184: *El Regente Heredia o la piedad heroica.* Mario Briceño-Iragorry. Presentación de Tomás Polanco Alcántara.
Vol. 185: *La esclavitud indígena en Venezuela (siglo XVI).* Morella A. Jiménez G.
Vol. 186: *Memorias del Regente Heredia.* José Francisco Heredia. Prólogo de Blas Bruni Celli.
Vol. 187: *La Real Audiencia de Caracas en la Historiografía Venezolana (Materiales para su estudio).* Presentación y selección de Alí Enrique López Bohorquez.
Vol. 188: *Familias coloniales de San Carlos.* Diego Jorge Herrera-Vegas. Tomo I (A-H).
Vol. 189: *Familias coloniales de San Carlos.* Diego Jorge Herrera-Vegas. Tomo II (I-Z).
Vol. 190: *Lenguas indígenas e indigenismos - Italia e Iberoamérica. 1492-1866.* Ana Cecilia Peña Vargas.
Vol. 191: *Evolución histórica de la cartografía en Guayana y su significación en los derechos venezolanos sobre el Esequibo.* Manuel Alberto Donis Ríos.
Vol. 192: *Elementos historiales del San Cristóbal Colonial. El proceso formativo.* Lucas Guillermo Castillo Lara.
Vol. 193: *La formación del latifundio ganadero en los Llanos de Apure: 1750-1800.* Adelina C. Rodríguez Mirabal.
Vol. 194: *Historia de Barinas (1800-1863).* Virgilio Tosta. Tomo II.
Vol. 195: *La visita de Joaquín Mosquera y Figueroa a la Real Audiencia de Caracas (1804-1809). Conflictos internos y corrupción en la administración de justicia.* Teresa Albornoz de López.
Vol. 196: *Ideología, desarrollo e interferencias del comercio caribeño durante el siglo XVII.* Rafael Cartaya A.

Vol. 197: *Fundadores, primeros moradores y familias coloniales de Mérida (1538-1810). Los Fundadores: Juan Maldonado y sus compañeros (1559).* Roberto Picón-Parra. Tomo I.

Vol. 198: *Fundadores, primeros moradores y familias coloniales de Mérida (1538-1810). Los fundadores: Juan Rodríguez Suárez y sus compañeros (1558).* Roberto PicónParra. Tomo II.

Vol. 199: *Historia de Barinas (1864-1892).* Virgilio Tosta. Tomo III.

Vol. 200: *Las Reales Audiencias Indianas. Fuentes y Bibliografía.* Santiago-Gerardo Suárez.

Vol. 201: *San Cristóbal, Siglo XVII. Tiempo de aleudar.* Lucas Guillermo Castillo Lara.

Vol. 202: *Las Encomiendas de Nueva Andalucía en el siglo XVII. 1688. Traslado y estudio preliminar de* Antoinette Da Prato-Perelli. Tomo I.

Vol. 203: *Las Encomiendas de Nueva Andalucía en el siglo XVII. 1688. (Traslado y estudio preliminar).* Antoinette Da Prato-Perelli. Tomo II.

Vol. 204: *Las Encomiendas de Nueva Andalucía en el siglo XVII. 1688. (Traslado y estudio preliminar).* Antoinette Da Prato-Perelli. Tomo III.

Vol. 205: *Las Encomiendas de Nueva Andalucía en el siglo XVII. 1688. (Traslado y estudio preliminar).* Antoinette Da PratoPerelli. Tomo IV.

Vol. 206: *Simón Rodríguez maestro de escuela de primeras letras.* Gustavo Adolfo Ruiz.

Vol. 207: *Linajes calaboceños.* Jesús Loreto Loreto.

Vol. 208: *El discurso de la fidelidad. Construcción social del espacio como símbolo del poder regio (Venezuela siglo XVIII).* Carole Leal Curiel.

Vol. 209: *Contribución al estudio de la "aristocracia territorial" en Venezuela colonial. La familia Xerez de Aristeguieta. Siglo XVIII.* Elizabeth Ladera de Diez.

Vol. 210: *Capacho. Un pueblo de indios en la Jurisdicción de la Villa de San Cristóbal.* Inés Cecilia Ferrero Kelleroff.

Vol. 211: *Juan de Castellanos. Estudios de las Elegías de Varones Ilustres.* Isaac J. Pardo.

Vol. 212: *Historia de Barinas (18931910).* Virgilio Tosta. Tomo IV.

Vol. 213: *La Nueva Segovia de Barquisimeto.* Nieves Avellán de Tamayo. Tomo I.

Vol. 214: *La Nueva Segovia de Barquisimeto.* Nieves Avellán de Tamayo. Tomo II.

Vol. 215: *El Régimen de la Encomienda en Barquisimeto colonial, 15301810.* Reinaldo Rojas.

Vol. 216: *Crítica y descolonización. El sujeto colonial en la cultura latinoamericana.* Beatriz González Stephan y Lucía Helena Costigan (Coordinadoras).

Vol. 217: *Sobre Gobernadores y Residencias en la Provincia de Venezuela. (Siglos XVI, XVII, XVIII).* Letizia Vaccari.

Vol. 218: *Paleografía Práctica (su aplicación en el estudio de los documentos históricos venezolanos).* Antonio José González Antías y Guillermo Durand González.

Vol. 219: *Tierra, gobierno local y actividad misionera en la comunidad indígena del Oriente venezolano: La visita a la Provincia de Cumaná de don Luis de Chávez y Mendoza (1783-1784).* Antonio Ignacio Laserna Gaitán.

Vol. 220: *Miguel José Sanz. La realidad entre el mito y la leyenda.* Lenín Molina Peñaloza.

Vol. 221: *Historia de Barinas (1911-1928).* Virgilio Tosta. Tomo V.

Vol. 222: *Curazao y la Costa de Caracas: Introducción al estudio del contrabando en la Provincia de Venezuela en tiempos de la Compañía Guipuzcoana 1730-1780.* Ramón Aizpúrua.

Vol. 223: *Configuración textual de la recopilación historial de Venezuela de Pedro Aguado.* José María Navarro.

Vol. 224: *Fundadores, primeros moradores y familias coloniales de Mérida (1558-1810).* Roberto Picón Parra. Tomo III.

Vol. 225: *Fundadores, primeros moradores y familias coloniales de Mérida (1558-1810).* Roberto Picón Parra. Tomo IV.

Vol. 226: *El ordenamiento jurídico y el ejercicio del derecho de libertad de los esclavos en la provincia de Venezuela 1730-1768.* Marianela Ponce.

Vol. 227: *Los fiscales indianos origen y evolución del Ministerio Público.* Santiago-Gerardo Suárez.

Vol. 228: *Misiones capuchinas en Perijá. Documentos para su Historia 1682-1819.* Ana Cecilia Peña Vargas. Tomo I.

Vol. 229: *Historia social de la región de Barquisimeto en el tiempo histórico colonial 1530-1810.* Reinaldo Rojas.

Vol. 230: *Misiones capuchinas en Perijá. Documentos para su historia 1682-1819.* Ana Cecilia Peña Vargas. Tomo II.

Vol. 231: *El Teniente Justicia Mayor en la Administración colonial venezolana.* Gilberto Quintero.

Vol. 232: *En la ciudad de El Tocuyo.* Nieves Avellán de Tamayo. Tomo I.

Vol. 233: *En la ciudad de El Tocuyo.* Nieves Avellán de Tamayo. Tomo II.

Vol. 234: *La conspiración de Gual y España y el ideario de la Independencia.* Pedro Grases.

Vol. 235: *Juan Picornell y la conspiración de Gual y España.* Casto Fulgencio López.

Vol. 236: *Aportes documentales a la historia de la arquitectura del período hispánico venezolano.* Carlos F. Duarte.

Vol. 237: *El mayorazgo de los Cornieles.* Zulay Rojo.

Vol. 238: *La Venezuela que conoció Juan de Castellanos. Siglo XVI (Apuntes geográficos).* Marco Aurelio Vila.

Vol. 239: *Nuestra Señora del Rosario de Perijá. Documentos para su historia.* Ana Cecilia Peña Vargas. Tomo I.

Vol. 240: *Nuestra Señora del Rosario de Perijá. Documentos para su historia.* Ana Cecilia Peña Vargas. Tomo II.

Vol. 241: *Nuestra Señora del Rosario de Perijá. Documentos para su historia.* Ana Cecilia Peña Vargas. Tomo III.

Vol. 242: *Testimonios de la visita de los oficiales franceses a Venezuela en 1783.* Carlos Duarte.

Vol. 243: *Dos pueblos del sur de Aragua: La Purísima Concepción de Camatagua y Nuestra Señora del Carmen de Cura.* Lucas Guillermo Castillo Lara.

Vol. 244: *Conquista espiritual de Tierra Firme.* Rafael Fernández Heres.

Vol. 245: *El Mayorazgo del Padre Aristiguieta. Primera herencia del Libertador.* Juan M. Morales.

Vol. 246: *De la soltería a la viudez. La condición jurídica de la mujer en la provincia de Venezuela en razón de su estado civil. Estudio preliminar y selección de textos legales.* Marianela Ponce.

Vol. 247: *Las bibliotecas jesuíticas en la Venezuela colonial.* José del Rey Fajardo, S. J. Tomo I.

Vol. 248: *Las bibliotecas jesuíticas en la Venezuela colonial.* José del Rey Fajardo, S. J. Tomo II.

Vol. 249: *Catecismos católicos de Venezuela hispana (Siglos XVI-XVIII).* Compilación de los textos, notas y estudio preliminar de Rafael Fernández Heres. Tomo I.

Vol. 250: *Catecismos católicos de Venezuela hispana (Siglos XVI-XVIII).* Compilación de los textos, notas y estudio preliminar de Rafael Fernández Heres. Tomo II.

Vol. 251: *Catecismos católicos de Venezuela hispana (Siglos XVI-XVIII).* Compilación de los textos, notas y estudio preliminar de Rafael Fernández Heres. Tomo III.

Vol. 252: *Aristócratas, honor y subversión en la Venezuela del Siglo XVIII.* Frédérique Langue.

Vol. 253: *Noticia del principio y progreso del establecimiento de las misiones de gentiles en río Orinoco, por la Compañía de Jesús.* Agustín de Vega. Estudio introductorio de José del Rey Fajardo, S. J. y Daniel Barandiarán.

Vol. 254: *Patrimonio hispánico venezolano perdido (con un apéndice sobre el arte de la sastrería).* Carlos F. Duarte.

Vol. 255: *Nortemar Aragüeño. Las querencias de Azul y Oro. Noticias coloniales de Choroní, Chuao y Zepe.* Lucas Guillermo Castillo Lara. Tomo I.

Vol. 256: *Nortemar Aragüeño. Las querencias de Azul y Oro. Noticias coloniales de Choroní, Chuao y Zepe.* Lucas Guillermo Castillo Lara. Tomo II.

Vol. 257: *Separación matrimonial y su proceso en la época colonial.* Antonietta Josefina De Rogatis Restaino.

Vol. 258: *Niebla en las sierras. Los aborígenes de la región centro-norte de Venezuela 1550-1625.* Horacio Biord.

Vol. 259: *Asentamiento español y articulación interétnica en Cumaná (1560-1620).* Ricardo Ignacio Castillo Hidalgo.

Vol. 260: *Francisco de Miranda y su ruptura con España.* Manuel Hernández González.

Vol. 261: *De la Ermita de Ntra. Sra. Del Pilar de Zaragoza al convento de San Francisco.* Edda Samudio.

Vol. 262: *La República de las Letras en la Venezuela Colonial (la enseñanza de las Humanidades en los colegios jesuíticos).* José del Rey Fajardo S.J.

Vol. 263: *La estirpe de las Rojas.* Antonio Herrera-Vaillant B.

Vol. 264: *La estirpe de las Rojas.* Antonio Herrera-Vaillant B.

Vol. 265: *La artesanía colonial en Mérida (1556-1700).* Luis Alberto Ramírez Méndez.

Vol. 266: *El Cabildo de Caracas. Período de la colonia (1568-1810).* Pedro Manuel Arcaya.

Vol. 267: *Nuevos aportes documentales a la historia de las artes en la provincia de Venezuela (período hispánico).* Carlos R. Duarte.

Vol. 268: *A son de caja de guerra y voz de pregonero. Los Bandos de Buen Gobierno de Mérida. Venezuela 1770-1810.* Edda O. Samudio y David J. Robinson.

Vol. 269: *El Nudo Deshecho: Compendio Genealógico del Libertador.* Antonio Herrera-Vaillant B.

Vol. 270: *Nosotros también somos gente. Indios y jesuitas en La Orinoquia.* José del Rey Fajardo. S.J.

Vol. 271: *El cabildo de Caracas durante el período de los Borbones: cartas del cabildo de Caracas 1741-1821.* Lila Mago de Chópite.

Vol. 272: *La provincia de Guayana para mediados del siglo XVIII.* Manuel Alberto Donís Ríos.

www.ingramcontent.com/pod-product-compliance
Lightning Source LLC
Chambersburg PA
CBHW021111300426
44113CB00006B/117